GLOSSAIRE

DES MOTS ESPAGNOLS ET PORTUGAIS

DÉRIVÉS DE L'ARABE

GLOSSAIRE

DES MOTS ESPAGNOLS ET PORTUGAIS

DÉRIVÉS DE L'ARABE

PAR

R. DOZY

ET

LE Dr. W. H. ENGELMANN

———

Seconde édition,
revue et très-considérablement augmentée

AMSTERDAM
ORIENTAL PRESS
MLMXV

Réimpression de la seconde édition, Leyde 1869

PRÉFACE

LA SECONDE ÉDITION.

———◦◦◦◦◦◦———

La première édition de ce Glossaire, publiée par M. Engelmann seul en 1861, a été accueillie par le public lettré, non-seulement avec cette indulgence à laquelle le jeune auteur avait des droits incontestables, mais avec une grande faveur. Un linguiste très-distingué, M. Mahn[1], a déclaré que c'était un travail excellent; un savant orientaliste, M. Gosche[2], en a parlé dans les termes les plus honorables, et deux juges dont la haute compétence ne sera contestée par personne, M. Müller (de Munich) et M. Defrémery, lui ont consacré des articles étendus, le premier dans le Bulletin des séances de l'Académie de Munich[3], le second dans le Journal asiatique[4]. Selon M. Defrémery, c'est le premier exemple d'un recueil critique de mots arabes adoptés par une ou plusieurs langues européennes, les essais du même genre qui avaient été tentes auparavant laissant beaucoup à désirer. Il trouve que M. Engelmann est un homme versé dans l'étude critique des langues, nullement disposé à se laisser égarer par de fausses lueurs, et ce qui lui semble particulièrement digne d'éloges, c'est cette partie de l'introduction qui traite des altérations que l'écriture

---

1) *Etymologische Untersuchungen auf dem Gebiete der romanischen Sprachen*, p. 143.

2) Dans le supplément au XXᵉ volume du Journal de la société asiatique de l'Allemagne, *Wissenschaftlicher Jahresbericht über die morgenländischen Studien*, 1859 *bis* 1861, p. 248.

3) *Sitzungsberichte der königl. bayer. Akademie der Wissenschaften*, année 1861, t. II, p. 95—115.

4) Année 1862, t. I, p. 82—96.

ou la prononciation ont introduites dans les mots arabes adoptés par les Espagnols et les Portugais. De son côté M. Müller s'exprime en ces termes: «L'auteur s'est placé au seul point de vue véritable, celui de l'étude comparée des langues, qui est un produit des temps modernes, qui interroge l'histoire, et qui s'applique avant tout à établir des lois certaines. Il possède une connaissance étendue de la langue arabe, surtout de celle des epoques plus rapprochées de nous, et plus particulièrement encore de l'idiome que parlaient les Maures de la péninsule ibérique, de sorte que ses résultats, pris en gros, ne pourront être qu'approuvés par les connaisseurs.»

Ce qui prouve d'ailleurs que cet ouvrage a été fort goûté du public, c'est qu'en peu d'années une nouvelle édition en est devenue nécessaire. Malheureusement M. Engelmann n'était pas à même de la donner. Etant entré au service de la société biblique néerlandaise vers l'époque où il publia son glossaire, il a dû étudier le sanscrit et les langues de l'Archipel indien, après quoi il a été envoyé par cette société à Java afin d'y composer une grammaire et un dictionnaire de la langue sonde. Ces nouvelles études l'ont arraché à celle de l'arabe, et comme il était persuadé qu'une nouvelle édition de son Glossaire ne devait pas être une simple réimpression de la première, augmentée seulement des remarques présentées par MM. Defrémery et Müller, il répondit à l'éditeur, M. Brill, qui lui avait écrit à ce sujet, qu'il lui était impossible d'accéder à sa proposition, d'abord parce qu'il était devenu trop étranger à ce genre d'études, ensuite parce qu'à Bandong, où il se trouvait et où il se trouve encore, il manquait des livres nécessaires pour remplir convenablement sa tâche. Alors M. Brill s'adressa à moi pour me demander si je voulais me charger de cette seconde édition. Je n'hésitai pas à y consentir, pourvu toutefois que M. Engelmann agréât ce dessein, car quoique j'eusse été tout-à-fait étranger à la première édition de l'ouvrage de mon ancien disciple, je l'avais étudié avec soin et j'avais annoté pendant plusieurs années mon exemplaire interfolié. L'approbation de M. Engelmann ne se fit pas attendre, et il me donna carte blanche en m'autorisant à introduire dans son livre tous les changements et toutes les additions que je jugerais convenables.

La tâche que j'avais acceptée était cependant bien plus lourde que je ne l'avais soupçonné, et les notes que j'avais écrites ne suffisaient nullement pour l'accomplir. Le Glossaire était incomplet, je le savais, mais j'ignorais à quel degré il l'était; c'est pendant le cours de mon travail que ce défaut m'est apparu dans toute sa gravité. Il est moins sensible dans la lettre A, parce que l'origine arabe des mots qui commencent par elle, surtout si la première syllabe est l'article arabe *al*, est aisément reconnaissable; aussi n'ai-je pas même eu besoin d'augmenter de moitié le nombre des articles de l'A [1]. Mais le reste était à peine ébauché, et dans cette partie j'ai dû ajouter 325 articles aux 171 qu'elle contenait. Même avec ces additions très-considérables, je n'ose pas affirmer que cette édition soit complète. J'ai fait ce que j'ai pu: pour l'espagnol, j'ai parcouru d'un bout à l'autre un dictionnaire ancien, celui de Victor, et un dictionnaire moderne, celui de Nuñez de Taboada; de même, pour le portugais, le glossaire de Sª. Rosa et le dictionnaire de Vieyra; en outre mes lectures m'ont fourni un assez grand nombre de mots qui appartiennent en propre à l'ancien espagnol, à la basse latinité de la péninsule ibérique et aux dialectes (M. Engelmann avait aussi admis tous ceux qu'il connaissait et ce sont précisément ceux-là qu'on a le plus besoin de trouver dans un ouvrage de cette nature); enfin M. Simonet, professeur d'arabe à Grenade, a eu la bonté de m'indiquer quelques termes qui sont encore en usage en Andalousie, mais qui manquent dans les dictionnaires, et M. Lafuente y Alcántara m'a communiqué une liste de termes de charpenterie qui se trouvent dans la *Carpinteria de lo blanco y tratado de Alarifes*, par Diego Lopez Arenas, ouvrage dont il a paru deux éditions (Séville, 1633 et 1727), mais qui est devenu extrêmement rare (à Madrid on n'en connaît que deux exemplaires) et que M. Mariategui fait réimprimer en ce moment. Je n'ai donc rien négligé pour rendre cette édition aussi complète que possible, et cependant je crains de ne pas y avoir réussi. Lire des dictionnaires depuis le commencement jusqu'à la fin et tâcher de se rendre compte de l'origine de tous les mots, est un travail extrêmement pénible et rebutant. Quelques termes vous échappent, malgré l'attention que vous y mettez. J'espère toutefois que ceux que j'aurais dû admettre seront peu nombreux [2].

1) M. Engelmann a 427 articles sous l'A; les miens sont au nombre de 234.

2) Je dois prier le lecteur de consulter l'index chaque fois qu'il cherche un mot dans cet ouvrage et qu'il ne le trouve pas. Comme beaucoup de mots espagnols et portugais existent sous plusieurs formes différentes, j'ai ordinairement réuni toutes ces formes dans un seul article, et c'est l'index qui est destiné à remplacer les renvois, dont j'ai été très-sobre. Cette remarque me paraît d'autant plus nécessaire, que M. Müller a quelquefois reproché à M. Engelmann d'avoir omis un mot que ce dernier avait donné sous une autre forme.

Il y en a aussi que j'ai omis à dessein; ce sont ceux qui n'ont jamais eu droit de cité: ceux qui appartiennent exclusivement au dialecte espagnol corrompu et mêlé d'arabe dont se servaient les Mauresques, et qui ont été rassemblés par M. de Gayangos [1]; ceux qui ne se trouvent que chez des voyageurs en Orient, dans des traductions d'ouvrages arabes, etc.

Si les articles nouveaux, presque le double de ceux de la première édition, sont nombreux, les additions que j'ai faites aux anciens articles le sont bien plus encore. Elles servent soit à confirmer les étymologies proposées par mon devancier, soit à compléter ses renseignements, soit enfin à réfuter ses opinions. Par suite de ces additions de différente nature, la seconde édition d'un opuscule qui, dans la première, n'avait que 137 pages, est devenue un gros volume qui en a presque 400 beaucoup plus compactes. C'est donc moi qui suis responsable de plus de trois quarts de ce livre, et afin de distinguer ma propriété de celle de M. Engelmann, j'ai ajouté un astérisque à mes additions; quand j'ai intercalé ces dernières dans le texte même de M. Engelmann, j'ai pris soin de les mettre entre des crochets accompagnés de l'astérisque. Les personnes qui compareront la seconde édition avec la première, verront que j'ai changé tacitement plusieurs choses qui n'étaient pas d'une grande importance. Je n'ai pas à m'en excuser, M. Engelmann m'ayant laissé toute latitude à cet égard. Il en est de même pour ce qui concerne certaines suppressions et additions. Je crains même de n'être pas allé assez loin quant aux premières, M. Engelmann ayant voulu que je supprimasse toutes les étymologies qui me paraîtraient absolument manquées. Je l'aurais fait s'il s'était agi d'un ouvrage manuscrit; mais j'avais affaire à un livre imprimé et par conséquent à des étymologies connues du public et ayant parfois une apparence de vérité. Je croyais mieux faire de les réfuter que de les supprimer. J'ai donc usé avec réserve de la liberté que j'avais.

Quant aux termes auxquels on avait attribué à tort une origine arabe et que M. Engelmann avait admis seulement pour réfuter les étymologies accréditées, je les ai réunis dans un appendice et j'y ai joint ceux que MM. Engelmann, Müller et Defrémery ont considérés mal à propos comme arabes.

Pour faciliter les recherches, je dois avertir que, dans l'ordre des articles,

---

1) Dans le *Memor. hist. esp.*, t. V, p. 427 et suiv. Pour être conséquent à ce principe, j'ai dû supprimer les articles *aciduque* et *guadoch* qui se trouvaient dans la première édition de ce livre.

je suis resté fidèle à l'orthographe moderne. Ainsi j'ai écrit constamment *c* devant *e* et *i*, et *z* devant *a, o, u,* même quand il s'agissait de termes qui ne se trouvent que chez des auteurs anciens, lesquels écrivaient *z* devant *e* et *i*, et *ç* devant *a, o, u*. Seulement j'ai adopté une orthographe plus ancienne pour ce qui concerne le *j* espagnol, car je l'ai rendu par *x* là où il représente le *chîn* arabe.

J'ose espérer que ce livre sera de quelque utilité pour les travaux lexicographiques. On y trouvera plusieurs termes espagnols et bas-latins qui ne sont pas dans les dictionnaires; mais il pourra servir surtout à compléter les lexiques arabes, car la plupart des mots qui ont passé dans l'espagnol et le portugais y manquent. C'est justement ce qui constitue la difficulté, mais aussi l'attrait et l'importance de ces études étymologiques.

R. DOZY.

PRÉFACE

DE

LA PREMIÈRE ÉDITION.

Quelque considérables que soient les progrès que l'étymologie des langues romanes a faits dans ces derniers temps, il est cependant incontestable que, pour ce qui concerne la dérivation des mots espagnols, il reste encore beaucoup de problèmes à résoudre. Outre les mots d'origine latine, qui offrent de nombreuses difficultés, il y a dans cette langue des mots empruntés au basque et à l'arabe. Quant aux premiers, nous ne sommes guère plus avancés qu'on ne l'était du temps de Larramendi, et il serait à désirer qu'un philologue profondément versé dans cette langue si peu accessible, nous éclaircît sur l'influence qu'elle a exercée sur l'espagnol. Les mots arabes, au contraire, ont été plusieurs fois l'objet de travaux plus ou moins étendus. Malheureusement ce sont des écrits sans méthode, et leurs auteurs n'ont étudié ni le dialecte vulgaire ni les auteurs arabes de l'Espagne, ce qui revient à dire qu'ils ont négligé les sources principales où ils auraient dû puiser.

Occupé depuis quelque temps à préparer une nouvelle édition du *Vocabulista aravigo* de Pedro de Alcala[1], j'ai cru ne pas faire un travail inutile si je pro-

---

1) * Cet excellent livre est devenu très-rare et très-cher; hors d'Espagne on n'en trouve presque pas d'exemplaires complets, même dans de grandes bibliothèques publiques; en outre il est d'un usage difficile, d'abord parce qu'il a l'espagnol avant l'arabe, ensuite parce que les mots arabes y sont écrits, non pas avec les caractères propres à cette langue, mais en caractères gothiques, de sorte qu'on a souvent bien de la peine à en fixer

fitais des matériaux que j'ai rassemblés pour composer un nouveau glossaire des mots espagnols dérivés de l'arabe, et j'ai pensé qu'un tel glossaire pourrait servir d'appendice au dictionnaire étymologique de M. Diez.

Avant tout je me suis efforcé de mettre en système les changements qu'on a fait subir aux mots arabes pour les adapter à la prononciation espagnole, — chose absolument nécessaire et sans laquelle l'étymologie, au lieu d'être une science sérieuse, n'est qu'un jeu puéril. Puis j'ai pris pour règle de ne proposer aucune étymologie sans avoir démontré que le mot arabe dont il s'agissait était employé dans la même acception que son dérivé espagnol. Quand cela était impossible, j'ai cherché à constater le sens primitif du mot, et à indiquer les causes qui lui ont fait donner une signification différente. Pour ce qui concerne les termes techniques, j'ai eu recours à des livres arabes, tant imprimés que manuscrits, qui traitent de l'astronomie, de la botanique, etc.; seulement, comme je ne connais aucun auteur arabe qui ait écrit sur l'architecture, l'étymologie et quelquefois même la signification de plusieurs termes qui se rapportent à cet art, me sont restées obscures.

Parfois j'ai donné une place à des mots sur l'origine desquels je n'avais pas une opinion bien arrêtée, mais que je présumais être arabes. Je l'ai fait parce que je voulais appeler sur eux l'attention d'autres orientalistes. Quant aux mots qu'on avait à tort dérivés de l'arabe, leur nombre étant trop grand pour les traiter tous, il me fallait faire un choix. Je me suis donc borné à réfuter

---

la véritable orthographe. Pour toutes ces raisons j'avais engagé M. Engelmann à le réimprimer (projet qu'autrefois j'avais formé moi-même), et je lui avais conseillé de placer l'arabe, en caractères arabes, avant l'espagnol, de ranger les mots selon l'ordre de leurs racines, et de justifier ses transcriptions, s'il en était besoin, par des passages tirés des auteurs arabes-espagnols. A l'époque où il allait partir pour Java, il avait jusqu'à un certain point achevé ce travail; mais par un excès de modestie et parce que plusieurs termes lui étaient restés obscurs, il le condamna à l'oubli. Alors j'ai cru devoir reprendre moi-même cette tâche. J'en avais fait, il y a bien longtemps, environ la troisième partie, et je l'ai terminée il y a trois ans ; mais au lieu de me borner à donner une nouvelle édition d'Alcala, je crois mieux faire de publier toutes mes notes lexicographiques, qui formeront un supplément aux dictionnaires arabes et qui concerneront principalement le dialecte de l'Espagne et celui du Nord de l'Afrique. Je ne puis pas encore préciser l'époque où ce travail verra le jour, car il me reste plusieurs livres à dépouiller; mais j'y consacre tout le temps que j'ai à ma disposition.

les étymologies accréditées, et j'ai laissé de côté celles qui ne méritent pas d'être prises au sérieux.

Peut-être quelques mots arabes ont échappé à mon attention. C'était presque inévitable, quoique j'aie parcouru tout le Dictionnaire espagnol et que je me sois rendu compte de l'étymologie de tous les mots dont l'origine latine n'était pas évidente.

W. H. ENGELMANN.

INTRODUCTION.

Le long séjour des Arabes dans la péninsule ibérique a exercé une grande influence sur les mœurs, les coutumes, et même sur le langage des naturels. Les centaines de mots arabes qu'on trouve dans l'espagnol sont autant de traces de la conquête, traces ineffaçables et qui subsistent encore à présent que les derniers débris des Mauresques ont depuis longtemps repassé le détroit de Gibraltar. L'étude de ces mots offre un intérêt particulier. Si nous n'avions aucun autre document pour l'histoire de l'Espagne arabe, ils nous mettraient en état de nous former quelque idée sur les rapports qui existaient entre les deux peuples. Les noms des impôts, les *alcabalas* et les *garramas*, les *almoxarifes* qui les percevaient, les *alcaldes* et les *alguaciles* qui exerçaient la juridiction ou la police, les noms des poids et des mesures, les *almotacenes* qui en avaient la surintendance — tout cela montre assez clairement, lequel des deux était la race dominante. D'un autre côté, le grand nombre de termes de botanique, de chimie, d'astronomie, d'arts et métiers, que les Espagnols ont empruntés aux Arabes, prouvent incontestablement que la civilisation de ces derniers était plus avancée. Il en est toujours ainsi: les conquérants imposent leur langue aux peuples vaincus quand ils sont plus civilisés qu'eux, tandis que, lorsqu'ils le sont moins, ils adoptent celle de la race soumise. Les Espagnols romanisés ont fait oublier aux Goths, leurs maîtres, le langage de leurs aïeux. Les Romains, au contraire, ont propagé le latin dans tous les pays barbares où pénétraient leurs légions. De même qu'eux, les Arabes avaient la supériorité, non-seulement sur les champs de bataille, mais encore dans les arts et les sciences. C'est pour cette raison que

1

leur idiome a laissé des traces dans l'espagnol, tandis que le nombre des mots espagnols qui ont passé dans l'arabe est presque nul [1].

Toutefois il ne faut pas exagérer l'influence de l'arabe sur l'espagnol. Ni la grammaire, ni la prononciation ne s'en sont ressenties. Le génie de ces deux langues était trop différent pour que l'une exerçât sur l'autre une action tendant à la modifier. Il faut donc considérer comme de vaines imaginations «l'intonation arabe» et «les teintes mauresques» de l'espagnol, dont quelques-uns ont parlé. Le vocabulaire seul a été enrichi de mots arabes. Sauf quelques rares exceptions, ce sont tous des termes concrets, que les Espagnols ont reçus avec les choses qu'ils désignaient. De ces substantifs se sont formés des verbes, et de ces verbes de nouveaux substantifs, mais tout cela s'est fait suivant les règles de la langue espagnole. C'est donc bien à tort qu'on a voulu quelquefois dériver des verbes espagnols directement de l'arabe [2].

---

1) *·Cette assertion doit être modifiée: le nombre de termes espagnols qui ont passé dans l'arabe et que j'ai notés, n'est guère moins considérable que celui des mots espagnols, dérivés de l'arabe, que contenait la première édition de ce Glossaire. Il est vrai qu'on n'en trouve pas beaucoup chez les historiens et les voyageurs arabes-espagnols; mais ils sont assez fréquents chez les botanistes. En effet, il était fort naturel que les Arabes d'Espagne adoptassent, pour désigner des plantes qui ne viennent pas en Orient, les noms par lesquels les Espagnols les indiquaient. La même observation s'applique aux noms de quelques animaux. Puis, au fur et à mesure que les Espagnols recouvraient le terrain perdu et faisaient des progrès dans la civilisation, leurs termes s'introduisaient de plus en plus dans l'arabe, et parmi les Mauresques de Grenade, qui vivaient sous la domination chrétienne, ils étaient nombreux, comme on peut le voir, p. e., dans Pedro de Alcala. Ils le sont encore aujourd'hui dans le dialecte du Maroc et dans celui de Tunis, par suite de l'émigration forcée des Mauresques. «Les chapeliers de Tunis,» dit M. de Flaux (*La régence de Tunis*, p. 45), «sont presque tous descendants des Maures d'Andalousie; leurs outils portent encore des noms espagnols.» Peut-être même quelques-uns de ces mots ont-ils passé dans l'arabe à une époque assez reculée. La circonstance qu'on ne les trouve pas chez les auteurs arabes ne prouve pas qu'ils n'étaient pas en usage chez le peuple arabe, car en général ces auteurs aimaient trop la pureté de langage pour ne pas répudier des termes étrangers. Cependant ils se trouvent même chez eux plus souvent qu'on ne le pense ordinairement; mais les éditeurs et les traducteurs ne les ont pas toujours reconnus.

2) * La règle établie en cet endroit par M. E. me semble excellente; seulement je crois qu'elle souffre un très-petit nombre d'exceptions. A mon avis *acicalar*, *ahorrar* (épar-

A mesure que les descendants des Goths, reprenant possession de l'héritage de leurs ancêtres, refoulaient les Arabes, leur langue se dégageait des alluvions étrangères, de sorte qu'en comparaison des anciennes chroniques et des chartes où l'on rencontre à chaque pas des mots arabes, le castillan moderne n'en contient qu'un petit nombre.

I.

Les premiers essais pour éclaircir cette partie des origines de la langue espagnole ont été tentés par des religieux qui étaient interprètes du tribunal de l'inquisition à Grenade pour la langue arabe. L'un d'eux, le P. Francisco Lopez Tamarid, de Grenade, a composé un *Diccionario de los vocablos que tomó de los Arabes la lengua Española* [1]. Un autre, le P. Francisco de Guadix, a écrit un livre sur le même sujet [2].

Je ne connais les ouvrages de ces deux auteurs que par les extraits qu'en donne Cobarruvias dans son *Tesoro de la lengua Castellana* (Madrid, 1611). A en juger par ces extraits, les révérends Pères savaient parfaitement l'arabe vulgaire, mais voilà tout. Ils ne se sont pas rendu compte des changements que le génie de la langue espagnole a fait subir aux mots arabes, et l'idée ne leur est pas venue de les exposer d'une manière systématique. De là des conjectures hasardées au lieu d'étymologies.

En outre Cobarruvias a consulté Diego de Urrea, interprète du roi Philippe III. Cet éminent connaisseur de la langue arabe mérite à juste titre la confiance que lui a accordée le lexicographe espagnol [3]. Il donne quelquefois des renseignements précieux sur des mots arabes

---

gner), *alifar* (?) et *tamar* viennent directement de verbes arabes. Les Mauresques, quand ils écrivaient en espagnol, formaient assez souvent des verbes de cette manière : *mesar* ou *messar* de مَسَّ, *adhebar* de عَذَّبَ, *adissar* de دَسَّ, etc.

1) *Voyez* Nic. Antonio, *Bibl. Hisp.*, I, 334 éd. de Rome.

2) *Ibid.*, I, 329. [* Nic. Antonio avoue qu'il ne connaît pas le titre de cet ouvrage].

3) «Yo doy mucho credito á Urrea, porque sabe la lengua magistralmente.» *Tesoro*, fol. 29 v°.

qu'on chercherait en vain dans les dictionnaires. Malheureusement il a parfois cédé à la tentation de donner des explications plutôt ingénieuses que vraies. Dans la suite j'aurai souvent l'occasion de citer ou de réfuter ses étymologies.

Au commencement de ce siècle, Martinez Marina a donné, dans le IVe volume des *Memorias de la real Academia de la historia*, un *Catálogo de algunas voces Castellanas, puramente arábigas, ó derivadas de la lengua griega, y de los idiomas orientales, pero introducidas en España por los Arabes*. Ce travail laisse beaucoup à désirer sous divers égards. On y trouve des centaines de mots dont l'origine romane saute aux yeux [1], et qui pis est, les mots prétendus arabes, dont Marina les dérive, ne le sont nullement [2]. Pour cette raison il y a plus de mille articles à biffer de son glossaire. Néanmoins on ne saurait lui dénier tout mérite. Parfois il donne des mots espagnols qui manquent dans les dictionnaires, et les passages des anciennes chartes qu'il cite mettent le lecteur en état d'en établir la signification.

L'ouvrage le plus récent que j'aie pu consulter est celui de M. Hammer. Dans le Bulletin des Séances de l'académie de Vienne, de l'année 1854, ce savant a donné un «catalogue *complet*» des mots espagnols qui sont d'origine arabe, en se proposant de corriger et de compléter celui de Marina. Il est vrai qu'il en a retranché plusieurs absurdités; mais il en a enlevé aussi des parties parfaitement saines, et d'un autre côté, il a laissé subsister et a même confirmé des erreurs palpables. Quant aux additions, le lecteur sera bientôt à même d'en juger. Cet opuscule n'a pas la moindre valeur, et je pourrais m'épargner la peine d'en donner ici une critique détaillée. De plus, en communiquant les résultats fâcheux que j'ai obtenus en l'examinant, je risque de me voir accusé de la malicieuse envie de jeter des pierres sur le tombeau d'un défunt. C'est ce qui me fait hésiter, et si mon ouvrage ne s'addressait qu'aux orientalistes, je n'en dirais pas un mot. Mais il y a un motif qui m'engage à le critiquer, et à le critiquer sévèrement. Bien que plus d'une fois on ait fait justice des écrits de M. Hammer, la haute

---

1) *acabar, acabdalar, acreer, afeitar*, etc.

2) *Taberna*, p. e., est dérivé d'un mot arabe qui n'est que la transcription du terme latin (!).

considération dont ils jouissent auprès du public non-orientaliste n'en a pas été ébranlée. Voulant donc empêcher que son autorité n'en impose à ceux qui s'occupent exclusivement de l'étude des langues romanes et qui ne sont pas en état de contrôler les étymologies tirées de l'arabe, je me crois obligé de publier ici le résumé des critiques que j'ai à adresser à son glossaire; j'espère qu'on les trouvera assez significatives pour me dispenser d'en relever toutes les bévues et d'y revenir dans la suite de mon travail. Je dirai donc:

1°. M. Hammer montre partout la plus profonde ignorance de l'espagnol, tant vieux que moderne.

2°. Il n'a pas étudié les auteurs arabes-espagnols, et il n'a pas daigné profiter des renseignements qu'il aurait pu trouver dans les écrits d'autres orientalistes.

3°. Tout l'ouvrage porte l'empreinte d'être écrit à la hâte et avec une extrême négligence. On y trouve aussi plusieurs échantillons de cette fausseté d'esprit, de goût et de jugement qui caractérise tous les écrits de cet auteur.

L'ignorance de M. Hammer saute le plus aux yeux dans les articles où il s'est proposé d'expliquer les mots arabes qui se trouvent chez Mendoza. En voici quelques exemples! Dans sa *Guerra de Granada* (p. 7 de l'édition Baudry), Mendoza parle de *salteadores*, c'est-à-dire, d'exilés, de *outlaws*, qui se réunissaient en bandes et faisaient le brigandage, et il ajoute qu'on les appelait en arabe *monfíes*. Voyant, à ce qu'il paraît, des *sauteurs* dans ces *salteadores*, M. Hammer en a fait des *danseurs*. «*Monfi*,» dit-il, «signifie en arabe un *exilé*; il semble que les danseurs ont été exilés pendant quelque temps sous le régime d'un prince sévère (peut-être sous celui du prince des Almohades [lequel? car il y en a eu plusieurs]) et qu'à cause de cela on leur a donné ce nom.»

D'une autre phrase de Mendoza (p. 41): «Llaman adalides en lengua Castellana á las guias y cabezas de gente del campo, que entran á correr tierra de enemigos; y á la gente llamaban almogávares,» M. Hammer a tiré ce non-sens: «Almogawir se dit proprement des éclaireurs qui pillent le pays ennemi; ce sont les *akindschi* des Turcs (en italien *Sacheggiatori*), d'où vient le mot *Sackmann* des anciens écrits allemands qui traitent des Turcs; en espagnol ils s'appelaient *adalides* (de l'arabe *delil*), comme en français *guides.*» Il est difficile de méconnaître plus ouvertement le sens des paroles de l'auteur castillan.

Ailleurs (p. 44) Mendoza dit que le pays des Mauresques était divisé en districts, gouvernés par des alcaides, et il ajoute que ces districts s'appelaient en arabe *tahas*, terme dérivé de *tahar que en su lengua quiere decir sujetarse*. Il est clair qu'il a en vue le verbe *tá'a* (طاع), *obéir*; mais M. Hammer y trouve l'arabe تَحِيَّة (*tahîya*, l'infinitif de la seconde forme du verbe *haiya*, *saluer*), «qui signifie *qu'il vive*, formule de politesse très-usitée et dont les subalternes font usage en parlant à leurs supérieurs [c'est apparemment le «que quiere decir sujetarse» de Mendoza], le πολυχρονιξειν des Byzantins, le πολυ τα ετη σας des Grecs modernes.» Qu'on relise le passage de Mendoza en faisant usage de cette explication, et on verra ce qu'il est devenu sous les mains de M. Hammer.

Dans un autre endroit (p. 77) Mendoza explique le terme *atajadores*. Ne s'étant pas aperçu qu'il ne s'agit ici ni de Mauresques, ni d'un mot mauresque, M. Hammer veut l'expliquer par l'arabe *at-tali'a* (الطليعة), qui signifie *avant-garde*. S'il avait eu la moindre idée de l'analogie espagnole, il aurait vu que *atajador* dérive du verbe *atajar*, qui est formé à son tour du substantif *taja*, ital. *taglia*, fr. *taille*. — Ce sont là quelquer-uns des nouveaux articles que M. Hammer a ajoutés au catalogue de Marina et qu'il lui reproche d'avoir omis.

Il y a encore d'autres fautes dont l'académicien de Madrid s'est rendu coupable selon l'opinion de M. Hammer. Ainsi il le tance vertement parce qu'il a donné des mots comme *acabdalar*, *acebache*, etc., «qui ne se trouvent pas dans les dictionnaires espagnols ordinaires.» Malheureusement pour lui, M. Hammer n'a prouvé par de telles critiques qu'une seule chose, à savoir, qu'il ne savait pas se servir de ces dictionnaires, qui offrent les mots en question sous les formes *acaudalar*, *azabache*, etc.

Ayant trouvé chez Marina que *abarraz* (herbe aux poux) dérive de *habb ar-ras* (ce qui est très-vrai), M. Hammer a eu la malencontreuse idée de voir dans ce mot une autre forme de *albarazo* (lèpre blanche); après quoi il s'écrie, comme si Marina avait dit une grande sottise: «Qu'est-ce que ce mot arabe, qui ne signifie que *grain de la téte*, a de commun avec la lèpre blanche?».

Les dictionnaires espagnols ont joué plusieurs mauvais tours à M. Hammer. Ils expliquent, p. e., *ajonjoli* (sésame) par *alegria*. M. Hammer, ne soupçonnant pas que ce soit le nom d'une plante, a pensé que ce terme signifiait *allégresse*, *gaieté*, et il le dérive de الانجلجل (*al-djoldjol*), *sonnette*, «ou plutôt encore de l'allemand *Schelle*,» apparemment parce qu'à son avis le bruit d'une sonnette est d'une grande gaieté. Autre exemple: *alfageme* (barbier) est expliqué dans les dictionnaires espagnols par *barbero*. M. Hammer semble avoir été d'opinion que c'était *un barbare*, car le mot arabe العجم (*al-'adjam*), auquel il le compare, a en effet cette signification.

Quiza (peut-être) dérive, suivant M. Hammer, de l'arabe كذا (*cadzâ*), *ainsi*. S'il avait lu quelque auteur espagnol du moyen âge, il aurait vu que ce mot s'écrivait anciennement *qui sab* et il en aurait saisi immédiatement l'étymologie romane.

Si j'ajoute à tout cela que M. Hammer a retenu plusieurs autres étymologies arabes de mots latins (*cubo, matar, afarto*, etc.) qu'il avait trouvées dans Marina, je crois avoir raison de dire, non-seulement qu'il n'avait pas saisi le génie de la langue espagnole, mais aussi qu'il ne comprenait aucun auteur qui ait écrit dans cette langue, et que, par son ignorance des variations orthographiques les plus ordinaires, il n'était pas à même de consulter un dictionnaire espagnol.

Passant au second point, je dirai que si M. Hammer avait mis à profit les notes de M. Quatremère sur l'histoire des Mamlouks, les ouvrages de M. Dozy, surtout son Dictionnaire des noms des vêtements et son Glossaire sur Ibn-Adhârî, le Glossaire sur Ibn-Djobair de M. Wright, etc., etc., il aurait évité des bévues comme celles-ci:

Alcabala. «Ce n'est que dans sa signification arithmétique que ce mot dérive de l'hébreu ou de l'arabe, a savoir de *el-mokabelet, el-Dschebr wel Mokabelet* étant le nom arabe de l'algèbre; dans la signification d'impôt ou de tribut il n'a rien de commun avec *el-kiblet*, le sud.» Marina ayant écrit par erreur القبلة au lieu de القبالة, M. Hammer suppose gratuitement qu'il a pris ce mot dans cette acception; mais quant au terme arabe القبالة (*alcabála*), *impôt*, il avait déjà été expliqué plus d'une fois, par M. Quatremère dans le *Journal des savants* (janvier 1848), et par M. Dozy dans son glossaire sur Ibn-Adhârî (II, 38).

Acitara «(paries communis) dérive peut-être de *as-sitara* (auleum tentorium).» Dans le même glossaire il aurait pu voir que *sitára* signifie en arabe *un mur extérieur*.

Acebache «vient de as-sobha (globuli rosarii).» S'il avait consulté les *Loci de Abbadidis* de M. Dozy (I, 32), il y aurait trouvé les renseignements nécessaires pour le convaincre que Marina a parfaitement raison en le dérivant de *sabadj*.

M. Hammer se fâche de ce que Marina a dérivé *albanego* (*sic*) d'un mot arabe *albanica*. Cependant M. Dozy a consacré, dans son *Dict. des noms des vêtem.*, un assez long article à l'étymologie de l'espagnol *albanega*.

Barragana «(vestis species) vient de برقان (*sic*), qui manque dans le *Dict. des noms des vêtem.* de M. Dozy, bien que Freytag en donne cinq différentes formes.» La cinquième forme de Freytag est celle du pluriel, et si M. Hammer n'avait pas oublié l'orthographe du mot arabe (بركان et non برقان), il l'aurait trouvé à sa place dans le Dictionnaire de M. Dozy, où cet article occupe trois pages (p. 68 et suiv.).

Quant à l'extrème négligence de M. Hammer et sa fausseté d'esprit, en voici quelques échantillons :

Café «dérive de *kahwe*, qui signifie les *graines du cafier*.» Tout le monde sait que les graines du cafier s'appellent en arabe *bounn*, et que *cahwe*, qui désignait autrefois *le vin*, ne se dit jamais que de la boisson.

Acelya «(beta) dérive peut-être du turc *schalgam*, mais nullement de l'arabe *selka*, qui ne signifie rien autre chose que *terra aequalis*.» Cependant tous les dict. arabes ont *silc* dans la signification de *beta olus*.

«L'arabe *as-saniya*, auquel Marina compare l'espagnol *aceña*, n'a d'autre signification que celle de *haute, élevée*.» La première signification que Freytag attribue au verbe *saná* est celle de *arroser la terre*, et il donne au substantif *as-sániya* qui en dérive une acception analogue.

«*Cifra* dérive très-certainement de l'arabe *djefr* جفر, qui se trouve déjà chez Freytag, *'ilm al-djefr*.» Malheureusement le terme *'ilm al-djefr*, dans lequel M. Hammer semble avoir trouvé l'arithmétique, ne signifie que *ars divinandi ex membrana camelina* (!).

Ayant lu chez Marina que *adarga* vient de l'arabe *ad-daraca*, il rejette cette étymologie, «parce que ce mot arabe ne signifie pas *bouclier*,» et il préfère le dériver de *tars* ou *tors*, qu'il met en rapport avec l'allemand *Tartsche*. Toutefois on trouve chez Freytag *ad-daraca* dans la signification de *scutum ex corio confectum*, et pour faire changer *tors* (car *tars* n'existe pas en arabe) en *adarga*, il faudrait des altérations semblables à celle qui fait venir *alfana* d'*equus*.

Tout en accordant que *alabarda* est l'allemand *Hellebarde*, M. Hammer le compare néanmoins à l'arabe *harba* qui signifie *hasta brevis*. De même, quelque évidente que soit la dérivation de *resma* (rame de papier) de l'arabe *rizma*, il s'obstine à le dériver de l'allemand *Riess*. [*Ce mot allemand vient lui-même de l'arabe; voyez mes remarques sur l'art. RESMA].

Acibar «dérive de *aç-çabr*, qui signifie *l'aloès*, mais aussi *la patience*, parce qu'elle est plus amère que l'aloès; c'est pour cette raison que *acibar* a aussi en espagnol la signification de *amertume*.»

Adunia (assez, beaucoup) «dérive peut-être de *ad-dounya*, *le monde*, où tout est en abondance.»

Nacar (nacre) vient «de *naccâra* (trompette), à cause de la ressemblance qu'il y a entre le son perçant de cet instrument et la crudité de la couleur rouge [1].»

Dans son introduction M. Hammer, en parlant de l'ouvrage de Pedro de Alcala, fait remarquer que ce Père «a donné plusieurs étymologies.» Le fait est que M. Hammer n'a vu que le titre de cet ouvrage; s'il l'avait consulté, il se serait aperçu qu'Alcala ne fait que traduire mot pour mot sans s'occuper d'étymologie.

En examinant les permutations des consonnes, M. Hammer en a malheureusement oublié les plus marquantes (par exemple celle de *l* et *r*), et quant aux voyelles — «elles n'y font absolument rien [2].» Il aurait dû ajouter: «et les consonnes fort peu,» car il faut bien recourir à cette règle pour opérer des changements tels que celui de *tors* en *adarga*, de *chalgam* en *acelga*, etc.

Je crois en avoir dit assez pour justifier l'opinion défavorable que j'ai émise sur l'opuscule de M. Hammer, et j'espère avoir contribué, dans la mesure de mes forces, à paralyser l'influence fâcheuse que son autorité pourrait exercer sur l'étymologie des langues romanes.

---

1) «welches schreiet wie die hochrothe Farbe.»

2) «Die Selbstlaute sind gleichgiltig und werden willkürlich geändert.»

Quant au portugais, le nombre de mots arabes y est beaucoup moindre qu'en espagnol. Ils ont été recueillis et expliqués par Sousa, dans ses *Vestigios da lingoa Arabica em Portugal*, Lisboa, 1789, ouvrage qui a été réimprimé en 1830 avec les additions de Moura. Ce livre, bien qu'il ne soit pas exempt de fautes graves, est beaucoup supérieur au catalogue de Marina. Il contient moins de mots d'origine romane, moins de mots latins en caractères arabes; qui plus est, il y a quelque idée de système. Il explique aussi les noms géographiques qui sont d'origine arabe; mais comme il n'entrait pas dans le plan de mon ouvrage de m'occuper des noms propres, je les ai omis. J'en ai fait de même de quelques termes de médecine, que Sousa a tirés d'une traduction portugaise d'Avicenne [1]. Ces mots ne se trouvant nulle part ailleurs et ayant été forgés par le traducteur, on ne peut les considérer comme appartenant au domaine de la langue portugaise. C'est pour cette raison que je n'ai pas jugé nécessaire de les admettre. — Il me reste à parler du livre de Santa Rosa [2]. Ce recueil précieux, infiniment supérieur à tous les autres lexiques de ce genre, ne contient que fort peu d'étymologies et son auteur ne s'était pas occupé de l'étude de l'arabe; mais on y trouve une foule de mots anciens avec les variantes, et à l'aide des passages tirés des chartes et des chroniques que le savant auteur cite en abondance, on peut non-seulement établir la signification de ces mots, mais préciser en outre les lieux et les temps où ils étaient en usage. On a donc toutes les données nécessaires pour en explorer l'histoire. Je n'ai pas besoin de dire combien tout cela est essentiel pour l'étymologie, combien il est indispensable de connaître toutes les variantes orthographiques, quand il s'agit d'une langue aussi irrégulière à cet égard que le vieux portugais. Ce livre m'a été, par conséquent, d'une grande utilité.

---

1) *Avicena, ou Ebnsina, traduzido do Arabe em Portuguez*, por Xalom de Oliveira, Hebreo dos que sahirão de Portugal, impresso em Amsterdão no anno de 1652. [* M.E. a aussi omis, avec raison je crois, plusieurs autres mots qui n'ont jamais eu droit de cité en portugais, et que Sousa et Moura ont trouvés dans le Dictionnaire latin-portugais de Bento Pereira, dans la *Pharmacopéa Tubulense*, dans les voyageurs, etc.].

2) Elucidario das palavras, termos, e frases, que em Portugal antiguamente se usárão, e que hoje regularmente se ignorão, por Fr. Joaquim de Santa Rosa de Viterbo. Lisboa, 1798.

Il va sans dire que les ouvrages des romanistes, quelque soit d'ailleurs leur mérite, ne donnent que des renseignements très-inexacts et quelquefois faux sur la partie arabe. Aussi l'éminent étymologiste des langues romanes, M. Diez, n'a-t-il donné une place dans son dictionnaire qu'à un petit nombre de mots espagnols et portugais dont il faut chercher l'origine dans cette langue. Il n'y a pas de reproche à lui faire, si ce sont là les articles dans lesquels il a le moins réussi. Il s'appuyait uniquement sur l'autorité de nos lexiques arabes, et ceux-ci sont tout-à-fait insuffisants pour des recherches étymologiques. Quelquefois il est impossible d'y retrouver la signification primitive des mots, et ils ne donnent aucun indice sur l'époque où ces mots étaient en usage, ou sur le dialecte auquel ils appartenaient. Il est extrêmement dangereux de s'en servir quand on n'a pas étudié les auteurs arabes. Qu'il me soit permis d'en donner ici un exemple éclatant!

Dans ses *Recherches étymologiques sur les langues romanes* [1] (p. 48), M. Mahn dérive *arrebol* (couleur rouge que prennent les nues frappées des rayons solaires pendant les deux crépuscules), de l'arabe *ar-rabâb* qui signifie chez Freytag: «nubes alba, aut quae modo alba, modo nigra apparet, aut nubes pendens sub altera nube sive sit alba, sive nigra.» Quand on compare le mot espagnol avec les autres de la même racine (*arrebol*, «rouge, fard rouge,» *arrebolar*, «farder, peindre de rouge comme sont les nuages»), on voit que c'est l'idée de *rouge* qui y prédomine. *Ar-rabâb* au contraire, qui est un mot du langage du désert et de l'ancienne poésie, signifie primitivement *nuage*. On le trouve en ce sens dans le Diwan de Tahmân [2], poète arabe du premier siècle de l'Hégire, et un vers, cité par son scoliaste, est conçu en ces termes: «Le *rabâb* au-dessous du nuage ressemble à une autruche suspendue par les pieds.» De même le grammairien Ibn-Doraid, dans son *Traité sur les noms et les épithètes des nuages et des pluies* [3], explique ce terme par «un nuage qui semble être suspendu à un autre.» Il

---

1) *Etymologische Untersuchungen auf dem Gebiete der Romanischen Sprachen.* Berlin, 1854—1858. [* Cet ouvrage a été continué; la dernière livraison que j'en possède et qui va jusqu'à la page 160, a été publiée en 1864].

2) *Apud* Wright, *Opuscula Arabica*, p. 76.

3) *Ibid.*, p. 21. Cf. le Diwan des Hodzailites, p. 213 éd. Kosegarten.

est clair qu'il n'implique pas la moindre idée de couleur et que sa signification n'a rien de commun avec celle de *arrebol* [1]. En outre il appartenait exclusivement au langage poétique des Bédouins; chez les
Mauresques *rabáb* ne signifiait rien autre chose que *violon* (en esp. *rabel*).

II.

C'est par la bouche du peuple et non par les écrits des savants que
les mots arabes ont passé dans l'espagnol. Aussi n'appartiennent-ils pas
à la langue civilisée, mais au dialecte vulgaire. Pour pouvoir en donner l'explication étymologique, il faut donc avant tout étudier la prononciation. A cet égard le *Vocabulista* [2] de Pedro de Alcala est de la
dernière importance. Ecrivant dans le but de faciliter aux religieux
la conversion des Mauresques, cet auteur a rendu les mots arabes exactement comme le peuple les prononçait, sans se soucier beaucoup de
l'orthographe. Comme il est notre seul guide pour le dialecte de l'Espagne, j'ai tâché de le compléter par les renseignements que j'ai pu
recueillir sur le langage du Maroc, qui est à peu près le même que
celui dont se servaient les Mauresques. A cet effet j'ai surtout mis à
profit la grammaire de Dombay [3]. En communiquant le résultat de ces
études, je ferai aussi connaître les changements que le génie de la langue espagnole a fait subir aux lettres arabes. On aura plus d'une fois
l'occasion de remarquer des analogies frappantes avec les lois qui ont
réglé la transformation des mots latins en mots espagnols.

I. *Consonnes.*

Afin de ne pas séparer les éléments affiliés, je rangerai les consonnes

---

1) Quant à l'étymologie de *arrebol*, je crois que Cobarruvias a raison en le dérivant
du latin *rubor*. Dans la première syllabe il ne faut chercher ni l'article arabe, ni la préposition latine *ad:* c'est tout simplement un *a* prosthétique après lequel on a redoublé la
consonne. Ceci est très-usité dans la langue basque; mais en espagnol il y en a aussi
quelques traces, et l'existence de la forme *arruga*, à côté de *ruga*, m'en semble être un
exemple incontestable.

2) Vocabulista aravigo en letra castellana, Granada, 1505.

3) Grammatica linguae Mauro-arabicae juxta vernaculi idiomatis usum, Vindobonae 1800.

d'après les organes qui servent à les produire, et non d'après l'ordre alphabétique. Je les considérerai sous trois rapports: *au commencement, dans l'intérieur*, et *à la fin* des mots.

ا et ع

Le ا (*alif*), qui n'est qu'un signe de douce aspiration, n'est pas rendu dans l'écriture espagnole. Il en est de même du ع (*'ain*), lequel représente un son guttural qui est la propriété exclusive des langues sémitiques. Ce n'est que par exception que cette lettre, dans l'intérieur des mots, est quelquefois exprimée par *h*: *alhanzaro, alhidada,* [*alahilca, alhagara,* et ce *h* se change en *f*: *alfagara*].

*Le ع devient quelquefois *g*: *algarabia, algarrada, algazafan, almartaga, alnagora* (sous ANORIA), *acimboga*. Les Magribins substituent assez souvent le *gain* au *'ain;* voyez la nouvelle édition d'Edrîsî, Introduction, p. XXII.

خ

Le خ (*khâ*) initial manque.
*M. E. semble donc avoir pensé qu'aucun mot arabe commençant par le خ n'a passé dans l'espagnol. Cependant il a noté lui-même dans le Glossaire *halifa* et *califa*, et ces exemples ne sont pas les seuls. Il faut donc dire que le خ initial devient 1°. *h*: *halifa, hacino* (voyez ma note sur cet article), *haloch, haloque;* 2°. ce *h* est supprimé: *aloque;* 3°. ou devient *f: fatèxa;* 4°. le خ devient *c: califa;* 5°. ce *c* devient *ch* comme dans les langues romanes (chanceller, chantre, chapitel, chien, chose, etc.): *cherva* (voyez mes remarques sur cet article), *choza;* 6°. le خ devient *g: gafete, galanga, ganinfa, garroba*.
Médial il se change en *f: alforjas, alkhordj,* — *alfayate, alkhaiyât* — *alfombra, alkhomra,* — *alfange, alkhandjar*. Ce *f* permute dans l'orthographe avec le *h: almohada, alhucema, alhacena, alheli*. On trouve aussi des formes comme *alacena, aleli,* dans lesquelles le *h* est syncopé.
Le *khâ* se change en *c* (*qu*) dans: *alcana, alcarchofa, xeque* (de *cheikh*). Dans ce dernier mot le *kh*, qui est terminal en arabe, a été augmenté d'un *e*.

* Le *khá* médial devient *g: algarroba, albudega* (= *albudeca*), *algua-rismo, algafacan*, et dans la basse latinité *ch: alchaz* (prononcez: alkhaz).

ح

Le ح (*há*) initial et médial est rendu par *f* ou *h: hafiz, hacino, hasta* (*fasta*), *horro, alhamel, almohalla* (*almofalla*), *alholba*. En portugais le *f* est plus usité: *fasta, alforvas, alforrecas*. — Le *h* est quelquefois retranché: de l'arabe *habb ar-ras* on a formé *abarraz* aussi bien que *habarraz* et *fabarraz;* [* *afice* (= *hafiz*), *aciche, alboaire*].

* Placé entre deux voyelles, le *há* devient parfois *y: atarraya;* comparez فاكية (*fâkiya*) pour فاكهة (*fâkiha*) chez Dombay (p. 10).

Je ne connais que deux exemples d'un *há* final: dans les mots catalans *almatrach* et *mestech*. Ce *ch* se prononce comme *c;* voyez Ròs, *Dicc. Val. Cast.*, p. 6 de l'Introduction. En castillan on a ajouté un *e* ou un *o: almatraque, mistico*. [* Ajoutez l'esp. *almandarahe* et *almandaraque*].

ه

Cette lettre, qui ne diffère de la précédente que par son aspiration plus douce, éprouve les mêmes changements: *alholi* (*alfoli*), *alfadia*. Seulement elle se syncope plus facilement. A la fin des mots elle est toujours retranchée: *alfaqui*(*h*) et tous les mots qui ont la terminaison féminine *a*(*h*).

* Elle devient quelquefois *g* et même *gu: algorio, algorin, alguarin*.

غ

Le غ (*gain*) tant initial que médial est rendu par *g* (*ga, go, gu, gue, gui*): *galima, gacela, garrama, guilla, gorab, algaphite, regueifa, algorfa;* [* *gua: guadamaci*, b. lat. *guarapus*]. — Elle semble être retranchée dans *almofar* (de *almigfar*). Cependant, à ma connaissance, c'est là le seul exemple de syncope du *gain:* c'est ce qui me rend cette étymologie fort suspecte.

* C'est à tort que M. E. a douté de cette étymologie. Le *gain* est aussi retranché dans *alára, arel, adur* (?), *moeda*. Il est devenu *h* dans *moheda*, *v* dans *alvarral*.

ق

Le ق (quâf) initial est constant: *carmesi*, *quilate*. Je n'y connais pas une seule exception, et je crois que M. Diez s'appuie avec raison sur cette circonstance pour révoquer en doute la dérivation selon laquelle *gabela* viendrait de l'arabe *cabála*.

* Je ne partage pas cette opinion; voyez mes remarques sur l'article ALCABALA. Autres exemples: *gabilla* (val. *gabèlla*) de قبيلة, *gambux*, et pour le ك: *gumia*. Chez P. de Alcala le ك initial est *g* dans *al guezir* (الكثير; sous *los mas*); au Maroc le ق se prononce constamment *g* (Dombay, p. 5).

Dans l'intérieur des mots le ق reste: *alcahuete*, *alcaduz*, *alquermez*, *alquitran;* ou il se change en *g*: *alfondiga*, *alhelga*, *albondiga*, *azogue*.

Final il devient en catalan *ch*: *almajanech* (en castillan *almajaneque*).

* Il se change en *t*, de même que le *t* devient *c*: *adutaque*.

ك

* Le ك (câf) se prononçait parmi les Arabes d'Espagne presque de la même manière que le *quâf;* un témoignage formel s'en trouve chez Maccarî, I, 828, l. 3 a f. Aussi le nom propre *Cutanda* s'écrit-il قتندة et كتندة (voyez Maccarî, II, 759, l. 17). P. de Alcala ne fait aucune distinction entre ces deux lettres. Au Maroc elles se confondent aussi; on y écrit سلك pour غرنوق, سلق, قدم pour كدم, قدم pour غرنوق, حُكّ pour حَقّ (Dombay, p. 10), et dans un *Formulaire de contrats* (man. 172), écrit dans ce pays, je trouve (p. 4): وعشرة اطباق وعشرة, حكوكا (au lieu de حقوقا). Par conséquent:

Le *câf* est rendu en espagnol exactement de la même manière que le *quâf*.

Initial: *cafila*, *cubeba*.

Médial: *alcandara*, *alquequenge*, *alquile*, *alquicer*, *mesquino*, *adargama*, *almartaga*.

* Il se change en *ch* (comparez ce que j'ai dit sur le *khâ*): *chirivia* (à côté de *alquirivia*), *charabe* (= *carabe*), ou en *t*, de même que le *t* devient *c*: *taba*.

ﺝ

Avant de rendre compte des changements de cette lettre, il est nécessaire de faire une remarque sur la manière dont se prononçaient
autrefois en espagnol les consonnes *x* (*j*) et *g* (*ge*, *gi*).

1. Dans la transcription des noms propres que les Espagnols ont
empruntés aux Arabes, ils se sont constamment servis du *x* ou du *j*
pour rendre les consonnes arabes *chîn* et *djîm:*

واد ¹ الحجارة (*Wâd al-hidjâra*) *Guadalaxara*

واد آش (*Wâd ích*)   *Guadix*

لوشة (*Lôcha*)   *Loxa*

شريش (*Cheréch*)   *Xerez*

جيان (*Djayén*)   *Jaen*

استنجة (*Estidja*)   *Ecija,* etc.

2. P. de Alcala, ayant à exprimer dans l'écriture espagnole les sons
arabes en question, se sert également de *x*, *j*, *g* et quelquefois de *ch*.

Pour rendre l'arabe جرحة *djarha* pl. *djiráh*   il écrit *jarha, giráh*

»   »   »   زجل *zedjel*   »   »   *zejel*

»   »   »   مجلس *medjlis* pl. *medjélis* »   »   *mexleç, megeliç*

»   »   »   تاج *tídj*   »   »   *tich*

»   »   »   مرج *mardj* pl. *morôdj*   »   »   *marge, moroch*

»   »   »   وحش *wahch*   »   »   *guahx*

»   »   »   جلد *djild* pl. *djoloud*   »   »   *jeld, julud.*

De ces exemples, qu'il serait facile de multiplier, il résulte qu'encore
au commencement du XVIᵉ siecle (le livre de P. de Alcala a été imprimé en 1505), le *x* et le *j* (*g*) avaient un son correspondant à celui
du *chîn* et du *djîm* des Arabes. Je ne suis pas à même de préciser
l'époque à laquelle cette prononciation, qui s'est perpétuée jusqu'à nos
jours dans les Asturies ², a été remplacée par la prononciation guttu-

---

1) *M. E. avait écrit وادى et *Wâdí;* mais il faut suivre dans cette circonstance la
prononciation vulgaire qui était واد (voyez p. e. Maccarî, II, 143, l. 16) (aujourd'hui
on écrit *Oued* en Algérie).

2) Voyez la note de M. Malo de Molina, *Rodrigo el Campeador,* p. xLvi du *Discurso*

rale. Par conséquent je ne puis que recommander aux romanistes l'examen de ce changement assez remarquable.

Maintenant il est clair comment le *djim* au commencement des mots est devenu *j* ou *g : jabali*, *jorfe*, *jaez*, *julepe*, *geliz*, *gengible*, *Gibraltar*.

Dans l'intérieur des mots il est rendu de même par *j*, *g : aljama*, *almojabana*, *algebra*, *algibe*.

* Le *djim* initial est rendu par *ch* dans *charel*, *chibo*, *choca*, *chumeas*.

* Au milieu des mots le *djim* avec la voyelle *a* devient quelquefois *ga : galanga* (de *khalandjân*), *almagama*, *mogangas*; b. lat. *alagara* et *tagara*.

* «Il arrive souvent,» dit M. Renou (à la fin de l'ouvrage de M. Carette, *Géographie de l'Algérie*, p. 291), «que les Arabes prononcent un *djim* pour un *z*, et réciproquement.» Ainsi les Egyptiens disent جَرْزُون pour زَرْجُون (Humbert, p. 196), et au Maroc جلاجلان s'écrit et se prononce *silslán* (Hœst, *Nachrichten von Marokos*, p. 275; comparez aussi زنجلان dans ma note sur *aljonjoli* et Fleischer, *de Glossis Habicht.*, p. 49). En esp., et surtout en port., le *djim* est aussi rendu quelquefois par le *z* (*ç*): a. pg. *zarra* (= *jarra*), pg. *zorro* (= *jorro*), pg. *zirgelim* (= *gergelim*), *zafio*, *zalona*.

ش

Le ش (*chin*) initial est rendu par *x : xabega*, *xaqueca*, *xaquima*, *xeque*, etc. Dans l'orthographe moderne ce *x* est remplacé par le *j*. Les mots *sorbete* et *sirop* ne font pas exception à la règle que je viens d'indiquer. Les Esp. les avaient déjà reçus des Arabes sous les formes *xarabe* et *xarope*, tandis que *sorbete* et *sirop* sont probablement entrés dans l'espagnol par l'intermédiaire du français ou de l'italien.

* Le *chin* initial est aussi rendu quelquefois par *g : git* (pg.), *giny* (cat.).

Médial le *chin* est de même rendu par *x : almarraxa*, *axuar*, *axarafe*, *axedrea*, ou par *ch : achaque*, *alcarchofa*.

Final: *almofrex*, *almoradux*.

---

preliminar; [* comparez aussi les remarques de M. Müller dans le Bulletin des séances de l'Académie de Munich, année 1860, p. 247].

*Le *chîn* se change souvent en *c* (*ce*, *ci*), en *s* (*sa*, *so*, *su*), ou en *z*. Les Mauresques écrivaient *sahit* = شاهد, *sam* = شام, *sarx* = شرج, *sukata* = شُهَداء (*Mem. hist. esp.*, V, 447). En portugais un chérif s'appelle *serife* = *xerife*, et dans cette langue le persan لشكرى (soldat) est devenu *lascarim*. Ce changement est très-fréquent pour le dernier *chîn* des noms propres: شريش, Xerez, مشيش, Moxiz, باب الحنش, Bebalhanes (voyez mes *Recherches*, II, p. LXXIII et suiv.). De même dans les mots: *almosarife* et *almozarife* (= *almoxarife*), *marcasita* (= *marcaxita*), *acicate*, *aciche*, *alesor* (voyez sous ALAXOR); *albuce*, *alfreses*, *asesino*, *bisnaga*, *borcegui*, *secacul*.

س

Le *sîn* tant initial que médial devient *z*, qui se permute dans l'orthographe avec *c* (*ça*, *ço*, *çu*, *ce*, *ci*): *zafari*, *zaquizami*, *zoca*, *azuda*, (*açuda*), *azote* (*açote*), *azacan* (*açacan*), *acelga*, *acitara*, *zaga*.

*Le *sîn* initial devient quelquefois *x* (de même que le *çâd*): *xafarron* = *zaharron*, *xelma*. Comparez *xabon* de *sapo*, *ximio* de *simius*, etc.

A la fin des mots il se change toujours en *z*: *alarguez*, *abarraz*, *alcaduz*, *alcartaz*, *aljaraz*.

ص

Le ص (*çâd*) est rendu par *z* (*c*, *ç*).
Initial: *zafariche*, *zavalmedina*, *zabacequia*, *cifra*, *cendal*. [*Quelquefois (comme le *sîn*) *x* ou *ch*: *chafariz* = *zafariche*, *xenabe*].
Médial: *aceipha*, *azalato*, *alcorzá*.
Final: *alcahaz*, *alficoz*, *algez*.

ز

Le ز (*zá*) est rendu de même par *z* (*c*).
Initial: *zarzahan*, *zarca*, *zagal*, *zamboa*.
Médial: *aceituna*, *acerola*, *aceche*, *acemila*, *alcuza*, *azogue*, *rezma*.
Final: *arroz*, *agenuz*, *cafiz*, *alquermez*.
Le *z* permute quelquefois avec le *djîm*. Ainsi *zoráfa* est devenu *girafa*, *zendjebil*, *gengible* (avec l'article *agengible*). De même on a fait de *djedwâr*, *cedoaria*; [*mais les Arabes eux-mêmes écrivent ce mot

soit avec le *djîm*, soit avec le *zá*]. Dans l'ancien portugais on trouve *zarra* = *jarra*.

*Comparez mes remarques sur le *djîm*. Le *zá* se change en *g* devant *e* et *i*: *algerife*, *algeroz* et *algiroz*, *ginete*, en *j* devant *a*, *o* et *u*: *aljarfa*, *aljaroz*.

ض

Le (*dhâd*) [*qui, chez P. de Alcala, est toujours *d*] est rendu en esp. par *d*.

Initial: *daifa*.

Médial: *alidada*, *aldea*, *algaida*, *aldaba*, *alcalde*; [*t* dans *atafera*, *fatel*].

*Le *dhâd* final devient aussi *t* (*arriates*), *s* (*alefris*), ou *z* (*hamez*).

ط

Le ط (*tâ*) initial est rendu par *t*: *terides*, *taza*, *tarima*.

Médial de même: *ataifor*, *alicates*, *atalaya*, *atabal*, *atahona*, *alcartaz*; ou il se change en *d*: *badana*, *badeha*, *adobe*, *axedrea*; ou en *z*: *mazmorra*.

ظ

*Le ظ (*dhâ*) initial devient *t*: *toldo*.

Médial il devient *d*: *nadir*, *alhandal*, *anadel* [*comme chez Alc. sous *canto*, *gruesso*, *engrandecer*; au Maroc c'est un *d* dur; Dombay, p. 5; ou *t*: *albatara*]; ou *z*: *añazmes*.

Final il se change en *z*: *hafiz*.

ذ

Le ذ (*dzâl*) devient *d*: *adive*, *almuedano*; [ou *t*: *atequiperas*; ou *ss*: *assaria*].

ت

Le ت (*tâ*) reste toujours *t*. [*Se permute avec le *c*: *carsax*].

Initial: *tagarnina*, *taibique*, *tarbea*, *tarifa*, *toronja*.

Médial: *atalvina*, *atanor*, *atramuz*, *atanquia*.

Final il devient *d* dans *ataud*.

 د

Au commencement et dans l'intérieur des mots le د (*dâl*) reste *d*: *danique*, *darsenal*, *dinero*, *adarme*, *adarmaga*. [* Devient *t* dans *ataire*].

A la fin des mots il est rendu par *d*, *de* ou *te*: *almud*, *alcaide*, *acemite*, *alcahuete*.

ث

Le ث (*thâ*) se change en *t*: *tagarino*, *tomin*.

Il est devenu *z* dans le nom *zegri* qui, ainsi que *tagarino*, dérive de l'arabe *thagrî*. [* Aussi dans *zirbo*].

Médial: *mitical*, *atafarra*. [* *c* (*ç*), *z* dans: *açorda*, *atacir*, *azumbre*; chez Alc. *alguezir* = الكثير sous *los mas*].

ب

Le ب (*bâ*) initial reste *b*: *bacari*, *badana*, *baladi*, [* ou devient *p*; trois exemples sous le P; pg. *pateca*].

Médial: *albanega*, *albayalde*. Par l'adoucissement du *b* en *v* ces mots s'écrivent aussi *alvanega*, *alvayalde*, *valadi*, etc.

*Ce *v* se change en *f*: *alforfião* (= *fervion*), *algerife* (= pg. *algerive*), *aljarfa*, *anafega*.

Dans l'intérieur des mots le *b* se change quelquefois en *p*: *rapita*, *julepe*, *arrope*.

A la fin des mots le *b* se change en *n*: *almotacen* (*almohtesib*), *alacran* (*alacrab*).

Les lettres *b* et *m* se permutent. P. de Acala traduit *violeta* par *menefsedj* au lieu de *benefsedj*. Suivant Dombay on dit au Maroc *lacm* au lieu de *lacb*; [* en Algérie le septième mois de l'année musulmane s'appelle *Rdjem* au lieu de *Redjeb*; Martin, *Dialogues*, p. 204]. De même en portugais et dans l'anc. espagnol *al-bondoca* est devenu *almondega*: Comparez encore les mots espagnols *bandibula* du latin *mandibula*, *mandurria* = *bandurria* (Sanchez), etc.

* Grâce à cette règle il est possible de donner l'étymologie des mots: *almear*, *baraço*, *jabalon*. etc.

ف

Le ف (*fä*) est constamment rendu par *f*. Ce *f* se permute dans l'orthographe espagnole avec *h*.

Initial: *farda, foluz, fulano.*

Médial: *alfocigo (alhocigo), alfondiga (alhondiga), alfaqueque, cafiz (cahîz).* [* Devient *p*: *alpicoz*].

و

Le و (*w*) initial est rendu par *gu*: [* *guadafiones, guahate, guedre*].

Médial il est également rendu par *gu*: *alguacil*; ou *hue*: *alcahuete*. En portugais par *v*: *alvacil*; [* en esp.: *adarve, alhavara*. Par *b*: *albacea, albexi*].

A la fin des mots il devient *u*: *alfaxu*.

* Les syllabes *wa* et *wou* sont rendues par *o* ou *u*, comme elles se prononcent quelquefois dans la langue vulgaire: *aloquin, aluquete*.

م

Le م (*mîm*) tant initial que médial reste *m*: *medina, mezquino, mozarabe, marlota, almohada, almohaza, almud*.

A la fin des mots il se change souvent en *n*: *almocaden, alcotan*, [* parce que les Esp. prononcent le *m* final comme *n*].

ن

Le ن (*noun*) au commencement des mots reste: *naguela, nadir, naranja.*

Médial il reste *n*: *anadel, anoria, anzarotes*; ou devient *ñ* (pg. *nh*): *añazea, añafil, añil, albañi*; ou *l*: *galima, falifa*.

A la fin des mots il est rendu par *n*: *alezan, arraihan, rehen*; ou par *l*: *torongil (torondjän)*.

* Dans le dialecte algérien le *n* et le *l* se substituent souvent l'un à l'autre; M. Cherbonneau en donne des exemples dans le *Journ. asiat.* de 1861, II, 361; cf. بانذيكل chez Dombay, p. 59.

* Le *n* se change en *m* dans *almojatre*; comparez ce que je dirai à l'art. HARON.

* Le *n* final est devenu *r* dans *mudejar*.

La langue portugaise a horreur du *n* et évite l'usage de cette lettre

de plus d'une manière. Cf. M. Diez, *Gramm.*, I, 256 de la première
édition.

    I. Au commencement des mots il est changé en *l: laranja* au lieu
de *naranja*.

    II. Dans l'intérieur des mots il se syncope. Ainsi *almoneda* devient
almoeda, de même que *persona* est devenu *pessoa, sonare, soar,
seminare, semear*, etc.

    III. A la fin des mots le *n* se change en un son nasal exprimé

1°. par *m: refem, armazem, foam* (esp. *rehen, almazen, fulano*).
Comparez *bem* de *bene, fim* de *finis, sem* de *sine*, etc.

2°. Par un ˜ au-dessus de la voyelle. *Açafrão, alacrão, alquitrão*
au lieu de *azafran, alacran, alquitran*. Comparez les mots latins
canis (cão), panis (pão), manus (mão), etc.

ل

Le ل initial est constant: *limon*.

Dans l'intérieur et à la fin des mots il se change en *r: acetre (as-
sitl), alcacel* ou *alcacer, alfiler* ou *alfilel, arcaduz (alcadous), alborbolas
(albuelvolas), alforvas (alholba)*.

  *Le changement du *l* en *r* était en usage chez les Arabes. Dans
le *Mosta'înî* on trouve: قلقاس والعامّة تقول له قرقاس, et ailleurs: هو نجم
النّجيل الذى تعرفه العامّة بالنّجير (la dernière forme chez Alcala sous
grama yerva). *Silsila* est chez Alcala (sous *collar*) *cércele*; de même
chez Marmol, *Descripcion de Affrica*, II, fol. 90 *b:* « *Bib circila*, puerta
de la cadena.»

  *Le *ll* devient *ñ: aboñon, albañal, albañar;* ou *j: abojon;* ou *rr:
azurracha*.

En portugais le *l* entre deux voyelles se syncope: *adail (ad-dalîl),
maquia (maquila), foam (fulano), methcaes*.

ر

Au commencement des mots le *r* est constant: *ribete, rehen, rabel,
rafez, rapita*.

Médial et final il se change en *l:* [*esp. *chifla* = pg. *chifra*, esp.
xaloque = pg. *xaroco;* ital. *sciroppo*, mais aussi *sciloppo*], *alquile, alholi, añafil, alguazil, anadel*.

Observations générales sur les consonnes.

1°. Les lettres *l* et *r* sont souvent intercalées dans l'intérieur ou ajoutées à la fin des mots: *a(l)mirante*, pg. *alcat(r)uz*, *alquina(l)*, *alquice(r)* ou *alquice(l)*, *ald(r)ava*, [* *alha(l)me*, *alhe(l)me*, *alice(r)se* (= *alicece*), *alfe(r)ce*, *alfo(r)za*, *alquiva(l)*].

Dans d'autres cas elles se syncopent au contraire: *a(l)jonjoli*, [* *a(l)balorio*, *a(l)guaxaque*]. C'est ce qui arrive surtout à la fin des mots polysyllabes: *alfange* (*al-khandjar*), *alfarma* (*al-harmal*).

2°. Les combinaisons *mr* et *ml* intercalent un *b* euphonique: *alfombra*, *Alhambra*, *zambra*, *rambla*.

* C'est ce qui avait déjà lieu en arabe; Alcala écrit bien quelquefois خَمْرِى, mais sous *hosco* il a خَمْرِى; de même أَمْبلَس pour أَمْلَس sous *lisa cosa*, مُنْبلى pour مُمْلى sous *lleno*, جُمْبلَة pour جُمْلَة sous *mercar* en *uno*, أَمْبلَج pour أَمْلَج sous *mejor*.

3°. La combinaison *st* est adoucie en *z* (*c*, *ç*): *mozarabe* ou *moçarabe* de *mosta'rab*, *Ecija* de *Estidja*, *almaciga* de *almastaca*, *alfocigo* de *al-fostoc*, *azaguan* de *ostowán*.

4°. Devant le ض (*dhâd*) on intercale un *l* euphonique: *alcalde* de *al-câdhî*, *albayalde* de *al-bayâdh*, *aldea* de *ad-dheï'a*, *aldava* (pg. *aldrava*) de *ad-dhabba*, *arrabal* (au lieu de *arrabalde?*) de *ar-rabadh* [* *arrabalde* est en effet la forme port.]. Ce *l* ne s'intercale pas quand le ض est précédé de *ai* ou de *r*: *alfaide* de *alfaidh*, [* *albaida*], *alarde* de *al'ardh*.

* Toutefois le *l* est intercalé dans le nom propre *Albelda* = *Al-baidhâ* (la blanche; charte dans l'*Esp. sagr.*, XXXIII, 467: «qui locus vocatur illorum incredulorum Caldea lingua Albelda, nosque latino sermone nuncupamus Alba»). Au reste ce *l* sert à exprimer le son emphatique du ض. On l'intercalait aussi parfois devant le د; *aldargama* (= *adargama*), *aldebaran*, *aldiza*,. et devant le ط: *altabaque*, *balde* (?).

5°. Devant le *x* dans l'intérieur des mots on intercale souvent un *n*. Ceci est plus fréquent en portugais qu'en espagnol. De l'arabe *ach-cheb* on a fait aussi bien *enxebe* que *axebe*. De même *ach-charbîya* est devenu en portugais *enxaravia*, *ach-chaquîca* — *enxaqueca*, *ach-chabaca* — *enxavegos*, *ach-chac* — *enxeco*.

Comparez *ensayo* de *exagium*, *ensiemplo* de *exemplum*, *enxambre* de *examen*, etc. Cf. M. Diez, *Gramm.*, I, 268.

Le latin *exitus* est devenu en portugais *exido*, *enxido* et *eyxido* (voir Sª. Rosa). A ces formes en *ey* on peut comparer *eyxeco* (*enxeco*) et les mots valenciens *eixortins* de *ach-chorta* [* lisez *ach-chortî*], *eixovar* (esp. *axuar*), *aixorca* (esp. *axorca*).

Le *n* est de même intercalé dans *alca(n)for*, *ara(n)cel*, [* *mo(n)zon*, *mo(n)çăo*].

* 6°. La dernière consonne, qu'on entendait mal, est changée arbitrairement. Le nom propre qui, dans une charte de 1159 (*Esp. sagr.*, XLIX, 378), est encore écrit correctement *Calatajub*, est devenu *Calatayud*. De *al-fénîd* les Port. ont fait *alfenim*, les Esp. *alfeñique*. *Annechîd* est devenu en esp. *anexir*, en port. *anexim*. De *al-'acrab* on a fait *alacran* et *alacral*; de *ad-dalîl*, *adalid*; de *az-zorób*, *algeroz*; de *khattéf*, *fatèxa*, etc.

7°. Il y a quelquefois transposition des consonnes. Dombay (p. 7 *a*) nous informe qu'on lit:

oudjâb au lieu de *djouwâb* (جواب)

neul » » » *leun* (لون)

rendjes » » » *nerdjes* (نرجس)

djedâd » » » *dedjâdj* (دجاج), etc.

* « Les Algériens ont interverti, dans bon nombre de mots, l'ordre des lettres radicales » (d'Escayrac de Lauture, *Le Désert et le Soudan*, p. 263). « سجّادة; en vulgaire on prononce *seddâdja*; les lettrés eux-mêmes commettent la faute » (Cherbonneau, *Voy. d'Ibn-Batouta en Afrique*, p. 54). Dans les man. cette transposition est fréquente. Chez Edrîsî (Clim. III, Sect. 5) il est question de bains chauds où se rendent اهل البلايا مثل المقعدين وانمفلوجين; c'est المقعدين qu'il faut lire. Par contre, deux man. d'Ibn-Batouta (IV, 342, l. 4) portent يقعد au lieu de يعقد. Dans le *Cartâs* (p. 145, l. 5 a f.) on trouve مصفح pour مصاكف, leçon qu'on ne rencontre que dans un seul man. Ailleurs (p. 98 de la traduction, n. 10) عقب pour تعب. Dans un autre endroit (p. 105, l. 9 a f.) اسبانله pour اسلابه (cf. p. 127, l. 13 a f.). Dans le passage d'Edrîsî, p. 121, l. 11: وقد اتت العرب على عمارتها وطمست وغيرت, le mot عشار, qui se trouve dans trois man. (le

quatrième a (عثار) et qui nous a fort embarrassés, M. de Goeje et moi (cf. le Glossaire, p. 343), est sans doute une faute de l'auteur pour شعار, comme le montre ce passage d'Ibn-Khaldoun, *Hist. des Berbères*, II, 147, l. 11: وسار السلطان فى عساكره يتفقّى شعارها وبلادها بالحطم والانتساف والعيث. Une faute de la même nature chez Edrîsî, c'est qu'il a écrit النواشى au lieu de الشوانى (voyez le Glossaire sur cet auteur, p. 331). Chez Maccarî (II, 799, l. 9) tous les man., à l'exception d'un seul, et l'édition de Boulac ont اوتار pour اتنوار. Chez P. de Alcala le verbe نَبُل (se flétrir) est constamment بْذُل (*enmarchitarse*, etc.). Quelques-unes de ces transpositions, p. e. عَرّادة (esp. *algarrada*) pour رَعّادة, se trouvent même dans la langue classique.

On peut observer la même chose dans les mots espagnols:

adelfa	pour	adefla
adargama	»	adarmaga
albahaca	»	alhabaca
aliacran	»	aliarcan
arrelde	»	arredle
* alboheza	»	alhobeza
* albohol	»	alhobol
* arrafiz	»	arrazif
* azulaque	»	aluzaque
* guedre	»	guerde
* hamarillo	»	haramillo
* hamez	»	mahez

II. *Voyelles.*

Le *fatha* est chez P. de Alcala *a* ou *e*; de même en espagnol: *bada-na, alhandal, almedina, almenara, almexia.* [* Rarement *o*: *albornia, hoque;* cf. Dombay, p. 7 *b*].

* Le *ma* préfixe qui sert à former les noms de lieu devient *mo* ou *mu*: *almohalla.* Voyez sur ce changement, qui est très-ancien chez les Arabes d'Espagne, mes remarques à l'art. ALMUZARA.

Le *a* long est presque toujours, chez P. de Alcala, *i*, et quelquefois *é*. Il écrit:

bîb	au lieu de	*bâb*	
licîn	» » »	*licân*	
bilîd	» » »	*bilâd*	
quiguîd	» » »	*cauwâd*	
xebbîba	» » »	*chebbâba*	
hagim	» » »	*haddjâm*	
ricela pl. *raceil*	» » »	*riçâla* pl. *raçâil*	
zeyet	» » »	*zaiyât*.	

Dans d'autres cas le *â* conserve sa prononciation primitive : *dâr*, *khaiyât*, etc. Jusqu'ici je n'ai pas encore réussi à ramener à des règles fixes les cas dans lesquels il faut suivre l'une ou l'autre prononciation.

* M. Müller (dans le Bulletin des séances de l'Acad. de Munich, 1860, p. 248, 249) avoue aussi qu'il n'a pas trouvé ces règles ; il pense bien que les lettres emphatiques sont peu favorables à ce qu'on appelle l'*imâla*, mais en ajoutant que même cette loi négative souffre des exceptions. Au reste Ibn-al-Khatîb a signalé cette particularité dans le dialecte des Grenadins ; تَغْلِبُ عليهم الامالة, dit-il (man. de M. de Gayangos, fol. 14 r°). Le changement du *â* en *î* se retrouve dans l'arabe corrompu de Malte, et même, quoique rarement, dans le dialecte du Maroc ; Jackson (*Account of Timbuctoo*, p. 141) écrit *makine* = ما كان ; Dombay (p. 10 *l*) donne نيب, خطّيف, pour ناب, خطّاف.

En espagnol le *a* long [* reste *a*: *acitara*, etc., ou] devient *e*: *alcahuete*, *almirez*, *alhacena*, *alhamel*, *axabeba*; en portugais *e* ou *ei*: *almofreixe*, *almoqueire*; [* ou *i*: *aciche*, *adoquin*, *alfil*, *aljabibe*, *aljofifa*, *atifle*; ou *o*: *xarope* = *xarabe*; comparez mes remarques sur FALUCA ; *alfeloa*].

Le *i* bref est, chez P. de Alcala et dans l'espagnol, *i* ou *e*: *alhelga*, *acelga* [cf. Dombay, p. 8 *d*].

Il se change souvent en *o* (*ou*). Au Maroc on dit (Domb., p. 8 *e*):

mouchmâch	au lieu de	*michmâch*
mousni	» » »	*misni*
noudjs	» » »	*nidjs*.

P. de Alcala écrit *muçmar* au lieu de *miçmar*. — Ceci nous explique comment les Espagnols ont altéré :

> *almikhadda* en *almohada*
> *almihaça* » *almohaza*

*Le *mi* préfixe qui sert à former les noms d'instrument ou de vase, devient presque toujours *ma* chez P. de Alcala et dans l'espagnol: *almadana*, *almalafa*, *almarada*, *almarraxa*, *almarrega*, *almartaga*, etc.; aussi *mo: almofrez*, *almohaza*, etc.

Le *i* long est souvent rendu, chez P. de Alcala, par *é*. Il écrit:

> *çaguer* au lieu de *çagîr* صغير
> *çafeha* » » » *çafîha*

En espagnol il reste *i: acemite*, *adalid*, *alamin*, *alarife*, etc.

*Ou bien il devient *é*, ce qui est beaucoup plus fréquent. Le nom propre Abou-'r-Rabi' est Aborrabé dans un traité de paix de 1309 (*apud* Capmany, *Memorias sobre la marina de Barcelona*, IV, 42). De même dans *alaqueca*, *alcablea*, *alcacel*, *alcatea*, *axaqueca*, etc.

*La terminaison *i* des adjectifs est rendue par *e: alarbe*, *aloque*, *irake*; en portugais par *im: calaim*.

Le *o* se change souvent en *i* [*ce qui suppose la prononciation *ou*; dans la poésie arabe *i* et *ou* riment ensemble]: *algibe* [* = *aljube* et *aljup*], *albondiga* (*al-bondoca*), *alfocigo* (*al-fostoc*), *alhondiga* (*al-fondoc*) [* (de même au Maroc, Dombay, p. 8 *f*); ou bien il est rendu par *u: adunia*, *adufe*, *alhucema*].

Le *ou* est rendu par *u: abenuz*, *aduar*, *alamud*; ou par *o: albacora*, *albogue*, *adobe*, *alaxor*; [* ou par *i: acicate* (= *açucate*), *almizate*].

Pour l'euphonie on intercale des voyelles entre deux consonnes consécutives. — Suivant Dombay (p. 8 *i*) on dit: *semen* (*semn*), *neher* (*nehr*), *cha'ar* (*cha'r*). P. de Alcala écrit: *hajar* (*hadjr*), *cejen* (*sidjn*) سجن, *cufal* (*cofl*), *maharuç* (*mahrouç*), *cuddeç* (*codç*), *nakhorot* (*nakhrot*), *necel* (*neçl*), *tagirida* (*tagrida*), *xahar* (*xahr*), etc. [* De même en espagnol: *alcohol*, *aljafana*, etc.]

Au contraire des voyelles brèves sont quelquefois syncopées [*cf. Fleischer, *de Glossis Habicht.*, p. 25, dern. note]. Suivant Dombay (p. 8 *h*) on dit:

> *dafr* au lieu de *tafar* (ظفر)
> *derca* » » » *deraca*

Cf. l'espagnol *adarga*.

III. *Diphthongues.*

Le ـُوْ est rendu par *au: atauxia;* ou par *o: azogue, azote* (pg. *açoute*).

* Au Maroc cette diphthongue devient très-souvent *ou:* فُوقَى pour فَوْقَى ,
جُوف pour جَوْف (Dombay, p. 86), etc.; de même en esp.: *adula, açular.*

Le ـَىْ est rendu par *ai: daifa, azofaifa, aljofaina;* ou par *ei: aceite,
aceituna;* ou par *e: aldea, almea, almez, xeque.*

IV. *Observations sur la forme des mots.*

* 1°. Les substantifs qui se terminent par une consonne sont très-
souvent augmentés d'un *e* final: *xeque, almandarahe* et *almandaraque,
almatraque, almajaneque, adutaque, alfaqueque, elche, zafereche, aceche,
acebuche, azabache, aciche, alarde, albayalde, alfaide, alfayate, azafate, almarbate, acicate, acemite, alcahuete, alcaide, algaphite, julepe, arrope, alarife, almoxarife, arrecife.* Cette remarque s'applique aux lettres ب, ت, ث, د, ر, ط, ص, ش, ج, ق, ح, خ et ف.

2°. Les substantifs sont quelquefois augmentés de la terminaison du
féminin ـَة *a.* Ainsi (Dombay, p. 11 *p*) *hadjr* (حَجْر) est au Maroc
hadjra, etc. De même en esp.: [* *alhondiga, alhurreca, almanjarra,
almartaga, argolla, azurracha;* mais je crois que, dans la plupart des
cas, cet *a* doit s'expliquer par le génie de la langue espagnole plutôt
que par celui de la langue arabe].

* 3°. La terminaison اة ou ات (*át*) est quelquefois rendue en esp. par
a ou *i: alcana, asequi, azaqui.*

* 4°. Les mots perdent leur dernière syllabe, surtout quand ils sont
longs: *alcouce* (= *alcoceifa*), *almaciga, almaja, tegual.*

* 5°. Un très-grand nombre d'entre eux ont passé dans l'esp. sous la
forme du pluriel: *acicate, alcor, algeroz, alhaquin, alizace, foluz, zaraguelles,* etc.

TITRES DES DICTIONNAIRES ET VOCABULAIRES

QUI ONT SERVI A LA COMPOSITION DE CET OUVRAGE.

DICTIONNAIRES ESPAGNOLS.

Diccionario de la lengua Castellana por la Real Academia Española. Madrid, 1726. 6 vol. in-folio.

Même ouvrage, 6e édition, 1 vol in-folio, Madrid, 1822. — Cette édition n'a pas les exemples, mais elle contient beaucoup d'articles nouveaux.

Nuñez de Taboada, Dictionnaire espagnol-français, 9e édition. Paris, 1842.

Victor (Hierosme), Tesoro de las tres lenguas, Española, Francesa, y Italiana. Genève, 1609, Cologne, 1637.

Cobarruvias, Tesoro de la lengua Castellana. Madrid, 1611.

Ròs (Carlos), Breve diccionario Valenciano-Castellano. Valencia, 1739.

DICTIONNAIRES PORTUGAIS.

De Moraes Silva (Antonio), Diccionario da lingua Portugueza, 5ª ediçāo. Lisboa, 1844. 2 vol. in-folio.

Vieyra, Dictionary of the Portuguese and English languages. London, 1827.

Santa Rosa. Voyez plus haut, p. 10, n. 2.

DICTIONNAIRES ARABES.

Freytag, Lexicon Arabico-Latinum. Halis Saxonum, 1830. 4 vol. in-quarto.

Lane, Arabic-English Lexicon. London, 1863. Les trois premières livraisons jusqu'à la lettre ج.

Pedro de Alcala, Vocabulista Aravigo en letra Castellana. Granada, 1505.

Bocthor, Dictionnaire français-arabe, revu et augmenté par Caussin de Perceval, 3e édition. Paris, 1864.

Berggren, Guide français-arabe vulgaire. Upsal, 1844.

Dombay, Grammatica linguae Mauro-Arabicae. Vienne, 1800.

Marcel, Vocabulaire français-arabe des dialectes vulgaires africains. Paris, 1837. — Marcel a incorporé dans son livre le vocabulaire de Dombay, auquel Humbert a fait aussi plusieurs emprunts. Ni l'un ni l'autre ne l'ont avoué; mais il est inutile de les citer quand le terme dont il s'agit se trouve chez l'auteur qu'ils ont copié.

Hélot, Dictionnaire de poche français-arabe et arabe-français, à l'usage des militaires, des voyageurs et des négociants en Afrique, 4e tirage. Alger (sans date).

Roland de Bussy, L'idiome d'Alger. Alger, 1847. — Cet auteur a emprunté beaucoup de ses articles au dictionnaire dont le titre précède.

Humbert, Guide de la conversation arabe. Paris et Genève, 1838.

Naggiar (Mardochée), Vocabulaire arabe et zenati, man. de Leyde, n°. 1645. — Naggiar était un juif de Tunis qu'employait le colonel Humbert.

DICTIONNAIRE BERBÈRE.

Dictionnaire français-berbère (dialecte écrit et parlé par les Kabaïles de la division d'Alger); ouvrage composé par ordre de M. le ministre de la guerre. Paris, 1844.

A.

A̯AÇA *val.* (lance). C'est le mot arabe عصا (*'açâ*) qui signifie chez Freytag *baculus* et chez P. de Alcala *lança, asta.*

* J'ai donné des exemples du mot *'açâ*, avec le sens de *lance*, dans mes *Recherches*, II, Appendice, p. xii, n. 2 de la 2ᵈᵉ édit.

ABALORIO, *pg.* avelorios (conterie, grains de verre), semble être une altération de l'arabe البلور (*al-ballôr*), *du cristal.*

* ABANICO *a. pg.* Voyez *albanega.*

ABARRAZ, albarraz, *pg.* paparaz (staphisaigre, herbe aux poux) de حب الراس (*habb ar-ras*) qui signifie «delphinium staphisagria» (Ibn-al-Baitâr, I, 281 [1]; cf. Bocthor sous *staphisaigre* [* et Berggren, p. 878, *staphisagria*]. On trouve aussi les formes *habarraz* et *fabarraz,* qui se rapprochent plus du mot arabe.

* ABELMOSCO (ambrette, petite fleur, *Hibiscus Abelmoschus* L.) de حب المسك (*habb el-mosc*), littéralement *graine de musc;* nous disons *ambrette,* mais la dénomination arabe est bonne aussi, car cette fleur sent l'ambre et le musc, mêlés ensemble. En espagnol le mot n'est pas ancien; il semble que ce n'est autre chose que le mot français *abelmosch,* ou mieux *abelmosc.*

ABENUZ (ébénier). Les Espagnols, bien qu'ils eussent déjà *ebano,* du latin *ebenus,* ont emprunté encore *abenuz* aux Arabes, qui disent ابنوس (*abenous*), mot qui dérive à son tour du grec ἔβενος.

* ABITAQUE (grosse poutre, «lo mismo que cuarton, ó la cuarta parte de una viga; es voz Arábiga» Acad.) de?

* ACAFELAR *pg.* Selon Sᵃ. Rosa, Moraes et Sousa, ce verbe signifiait: *boucher avec des pierres et de la chaux,* et ils citent ce passage de Damião de Goes: «Mandou tapar as Bombardeiras antes que os Mouros

---

1) Je cite la traduction allemande de M. Sontheimer.

viessem, com pedra, e barro, e acafelar, de maneira, que parecia tudo parede igual.» Leur explication n'est pas tout-à-fait exacte, parce qu'ils ne connaissaient pas l'origine du mot. Il est formé de *cafr*, قفر ou كفر, car ce terme s'écrit de ces deux manières (voyez Ibn-al-Baitâr, II, 309 et 385); et كفر, que Freytag n'a pas, se prononce كَفْر, car c'est ainsi que ce mot est écrit dans les deux man. du *Mosta'înî*, celui de Naples et celui de Leyde, sous كفر اليهودى. *Cafr* signifie *bitume de Judée*, *asphalte*, et le verde *acafelar* veut dire par conséquent : *boucher avec de l'asphalte*.

ACEBIBE (des raisins secs) de الزبيب (*az-zebîb*) qui désigne la même chose.

*Comparez Ducange sous *azebit*. En portugais *acipipe* a reçu un autre sens, mais l'origine du mot est la même.

ACEBUCHE, *pg.* azambujo (olivier sauvage), de l'arabe الزنبوجة (*az-zanboudja*), comme nous l'apprend P. de Alcala. N'ayant jamais rencontré ailleurs ce mot arabe qui manque dans les lexiques, j'en donne ici la transcription telle que je l'ai trouvée dans un glossaire latin-arabe (man. 231 Scal.) à l'article *oleaster*.

*Ce mot n'est pas arabe, mais berbère; le Dictionnaire berbère donne, sous *olivier sauvage*, تَزَبّوجْتْ. Toutefois les Arabes d'Espagne l'employaient, comme le prouve ce passage du *Mosta'înî* à l'article زيتون برّى (*olivier sauvage*) : هو الزنبوج ينبت فى الشعارى يحمل زيتونا صغيرا, «c'est le *zanboudj*; il croît dans les bois et porte de petites olives dont on fait une espèce d'huile blanche et liquide.» Ibn-Labboun (*Traité d'agriculture*, man. de Grenade) écrit ce mot de la même manière et l'explique par الزيتون الجبلى. Chez Hélot c'est aussi زنبوج, chez Humbert (p. 53) زَبّوج. M. de Colomb (*Exploration des ksours et du Sahara de la province d'Oran*, p. 23), qui écrit *zebboudj*, donne *rhamnus lycioides* comme le nom botanique.

ACECHE, aciche, acige (sorte de minéral), de الزاج (*az-zédj*), «vitriolum,» Ibn-al-Baitâr, I, 512.

*ACEDARAQUE (azédarac, arbre) de آزادِرخت (*âzéddirakht*); voyez Ibn-al-Baitâr, I, 30, Ibn-al-'Auwâm, I, 334. Ce mot est persan d'origine.

ACEITE (de l'huile) de الزيت (*az-zeit*).

Aceituna (olive) de الزيتونة (az-zeitouna).

* Aceituni (espèce d'étoffe). Voyez setuni.

Acelga, pg. aussi celga (bette, poirée), de السلقة (as-silca ou asselca), nom d'unité (voyez Alcala sous açelga) du collectif as-silc, beta vulgaris, Ibn-al-Baitâr, II, 41. [* Le mot arabe lui-même vient de σικελός; Théophraste dit que la variété blanche de la Beta vulgaris s'appelle sicilienne; voyez Mahn, Etym. Unters., p. 95, 96].

Acemila, pg. azemola, azimela, azemela, azemala (bête de somme) de الزاملة (az-zémila), qui a le même sens.

* Dans le dialecte valencien, le plur. adzembles signifie selon Ros: 1°. compagnies, bandes, troupes, 2°. bagage. Dans le premier sens c'est l'arabe الزملة (az-zomla), chez Freytag comitum turba, turba, agmen; dans le second c'est الزاملة (az-zémila), mais dans un sens que Freytag n'a pas. Selon Burckhardt (Travels in Nubia, p. 267) ce mot signifie aussi: full, or great camel load, et Ibn-Batouta (II, 128) l'emploie dans le sens de bagage.

Quant au portugais azemel dans le sens de muletier («o almocreve que trata, e guia as azemolas» Sª. Rosa), il est facile d'y reconnaître le mot arabe الزمّال (az-zemmél) qui manque dans les lexiques: il n'y a que P. de Alcala qui le donne dans la signification de azemilero.

* M. Defrémery observe que le mot zemmél se trouve chez Ibn-Batouta, II, 115, où il sert à expliquer le mot persan kherbende (خربنده), qui signifie muletier. On le rencontre aussi dans deux autres passages du même voyageur: III, 352 et 353.

Sª. Rosa ajoute que azemel s'emploie encore dans le sens de «campo, ou arrayal, cidade volante, e cujos edificios são tendas.» C'est l'arabe الزملة (az-zemela ou az-zamala) qui a aussi passé dans le français sous la forme de smala, mot assez connu par l'histoire d'Abd-el-Kader.

Acemite (fleur de farine) de السميد (as-semîd) qui signifie fleur de farine de froment (Bocthor).

Aceña, [* cenia, Yanguas, Antig. de Navarra, I, 219], pg. azena, azenia, acenia, asenha, assania (espèce de machine hydraulique), de l'arabe السانية (as-sâniya ou as-séniya) que P. de Alcala traduit par aceña.

* En espagnol et en portugais la signification ordinaire de ce mot est

5

moulin à eau. En arabe il en a un grand nombre; on les trouvera indiquées dans le Glossaire sur Edrîsî, p. 320 et suiv.

Acepha, aceipha, azeipha. A en croire Marina, ce mot signifie dans l'ancien castillan *armée,* ce qui est à peu près exact. C'est l'arabe الصائفة (*aç-çâifa* ou *aç-céifa*), qui signifie proprement *expédition pendant l'été,* et de là *l'armée qui fait une telle expédition. Voyez* Ibn-Adhârî, II, p. 57, 65, et Dozy, *Recherches;* I, p. 168, 174 de la seconde édition. — En portugais on trouve *aceifa* [* et *ceifa*], *le temps de la récolte.* C'est l'arabe الصيفة (*aç-ceifa*), «l'été.» De *aceifa* [* lisez *ceifa*] dérive le verbe *ceifar* (moissonner).

* Pedro de Alcala traduit *cosecha* et *miese* par *çâifa,* c'est-à-dire, صيفة, et on trouve chez Berggren (sous *récolte*) que la récolte d'été s'appelle صيفية (lisez صيفية). Chez Bocthor صيّف est *glaner,* صيفة, *glanure,* صياف, *glaneur;* de même chez Berggren. On voit donc que l'étymologie proposée par M. E. est certaine. M. Diez (II, 111) a demandé, dans la seconde comme dans la première édition de son livre, quelle est l'origine du verbe port. *ceifar;* il aurait pu trouver la réponse à cette question dans le livre de M. E.

Acequia, cequia (canal, conduit d'eau), de الساقية (*as-sâquiya* ou *asséquiya*) qui désigne la même chose.

Acerola, azarolla (espèce de fruit) de الزعرور (*az-za'rôra*), «mespilus azerolus», Ibn-al-Baitâr, I, 532.

* Chez Freytag la première voyelle du mot arabe est *o;* elle est *a* chez P. de Alcala, Berggren, etc.

Acetre, cetre, celtre, *pg.* acetere, [* *cat.* setri dans Capmany, *Memorias,* II, 412], mot que Sª. Rosa explique par «lavatorio portatil, vaso de agua ás mãos.» Il ajoute mal à propos: «vem do Latino *acetrum*», car c'est le mot arabe السطل (*as-setl* du persan *setil*), «catinus parvus.»

* Le mot *acetrum,* qui appartient à la basse latinité et que Ducange a rencontré dans une lettre du pape Innocent III, n'est autre chose, comme Ducange l'a dit avec raison, que l'esp. *acetre.* Quant au mot arabe, il ne vient pas, comme M. Engelmann a trouvé dans Freytag, du persan ستل (*setl*) (car c'est ainsi que Freytag aurait dû écrire); mais c'est, de même que ce mot persan, une altération du latin *situla,*

que les Coptes prononçaient σιτλα; voyez M. Fleischer, *de Glossis Ha-bicht.*, p. 74, et les notes de M. Sachau sur Djawâlìki, p. 41.

ACHAQUE. La signification de l'arabe الشكاء (*ach-chacá* ou *ach-chaquí*), *morbus*, s'est conservée dans le portugais moderne où *achaque* désigne «á indisposição, ou má disposição do temperamento, que actual, ou habitualmente vexa, e opprime o corpo humano» Sᵃ Rosa; [* aussi en espagnol: *infirmité*, *maladie habituelle*]. Dans l'anc. portugais et aussi en espagnol *achaque* se dit dans le sens de *accusation*, et le verbe *achacar* dans celui de «accusar, fazer queixa, ou denuncia contra alguem;» il en est de même en arabe, car P. de Alcala traduit *acusar* par *chacá* et Bocthor donne شكاوة (*chacáwa*) dans le sens de *accusation*. [* Marcel donne dans le même sens *chaquíya* (شكية) et ce mot se trouve dans le Fuero de Calatayud de 1131 (*apud* Muñoz, *Fueros*, I, 461): «Et non sit ibi altera achachia (var. achaquia), neque referta in jura»]. — Quant à la signification de *excuse*, *prétexte*, *occasion*, je ne l'ai pas re-trouvée en arabe. Peut-être le mot en question a-t-il signifié d'abord *excuse à cause d'une indisposition*, et de là *excuse en général*, *cause*, *prétexte*. On pourrait y comparer l'arabe علة ('*illa*) qui s'emploie éga-lement dans toutes ces significations. [* D'après le Dict. de l'Acad., le mot *achaque* ne s'emploie de cette manière que par métaphore].

ACIAL, aciar, *pg.* aziar (morailles, instrument de maréchal, avec le-quel on pince le nez d'un cheval difficile), de الزيار (*az-ziyâr*) qui dé-signe la même chose (cf. Bocthor à l'article *morailles*).

ACIBAR, *pg.* azevre, azevar, azebre, de même que l'arabe الصبار (*aç-cibâr*), signifie *l'aloès* (cf. Alcala).

* M. Müller donne les formes *azábara*, *zabila*, *zábida*, peut-être aus-si, ajoute-t-il en citant Clemencin, Don Quijote, I, 84, *espar*, qu'il dérive de صبر (*çabir*), «mot qui ne signifie pas *myrrhe*, comme dit Freytag, mais *aloès*; cf. *Description de l'Egypte*, I, 224: صبر سقطرى, *aloe perfoliata*.» P. de Alcala, sous *çavilla yerva del acibar*, donne les mots arabes *çabáyra*, *çabára* et *çabíra*. Dans le Glossaire sur le *Mançourí* par Ibn-al-Hachchâ (man. 331 (5)) *çabbára* se trouve comme une forme magribine (وشاجرته تسمّى بالمغرب الصَّبارة); les voyelles sont dans le man.).

ACICALAR, *pg.* açacalar (polir). Bien que ثقل (*çacala*) signifie en arabe *polir*, je crois être plus exact en dérivant *acicalar* du substantif الصقال (*aç-cicâl*) que Freytag traduit par *politura*.

* Je crois au contraire que *acicalar* ne vient ni de *çacala*, ni de *aç-cicâl*, mais d'un verbe qui manque chez Freytag, à savoir صيقل (*çaicala*), qui est formé de صيقل (*çaical*) (politor gladii). En effet, P. de Alcala traduit *acecalar* et *espejar luzir algo* par *çaical*, et sous *luzio* il donne le participe *mocaical*. Cette diphthongue *ai* est devenue *î*, car dans le Dictionnaire berbère *polir* est سيقَل (*sîkel*), ou même *i*, car chez Roland de Bussy *polir* est سقَل, qu'il prononce *siqqol*.

ACICATE (éperon). Je ne saurais admettre les étymologies arabes qu'ont données de ce mot M. Diez (de الشوكة *ach-chauca*) et Sousa (de *ach-chicca*). Le changement de *ch* (ش) en *c* serait tout-à-fait contre les règles, et de plus on ne saurait expliquer la dernière syllabe *te*. En outre je ne connais pas en arabe un substantif الشكة (*ach-chicca*) dans le sens d'*éperon*: il n'y a que le verbe شك (*chacca*) qui signifie *percer*. La véritable étymologie est donc encore à trouver. — Les Basques ont aussi *cicatea* dans la signification d'*éperon*. Il me faut laisser à d'autres le soin d'examiner si le mot appartient à cette langue.

* Une étymologie tirée du basque a été donnée par M. Mahn, dans une livraison de ses Recherches étymologiques (p. 142—144) qui a paru deux ans après la publication du livre de M. E. Comme je ne sais pas le basque, j'ignore si elle est bonne; j'observe seulement qu'en tout cas le premier *a* ne se trouve pas en basque; mais ce qui me paraît étrange, c'est que ce mot appartiendrait à cette langue, tandis que tout le monde, sans en excepter M. 'Mahn, s'accorde à dire que c'est une espèce d'éperon dont les Maures font usage. Pour prouver sa thèse, ce savant linguiste aurait peut-être dû commencer par démontrer que l'*acicate* est le véritable éperon des habitants des Pyrénées. En second lieu, les Basques étaient sans contredit des montagnards intrépides, des coureurs excellents — il court comme un Basque, dit le proverbe — mais ils n'avaient pas la réputation d'être de bons cavaliers, la nature de leur pays leur permettant à peine de se servir de chevaux, tandis que les Maures au contraire étaient des cavaliers accomplis et d'une grande renommée. *A priori* il est donc plus vraisemblable que le mot *acicate* leur appartient, et peut-être la dérivation de *ach-chauca* n'est-elle pas tout-à-fait inadmissible. Le changement de *ch* en *c* ne doit pas nous arrêter ; j'en ai donné plusieurs exemples dans l'Introduction (p. 18), et pour M. E. lui-même ce n'était pas un mystère (voyez p. e. son art. ALMOXARIFE) ; puis *ach-chauca* signifie réellement *éperon ;* Bocthor, Humbert (p. 59), Marcel et Hélot le donnent en ce sens, et les deux derniers prononcent *ach-chouca,* au plur. *ach-choucât.* Or, le portugais a aussi la forme *açucate* (voyez Vieyra) [1], qui répond fort bien à *ach-choucât,* car la terminaison *ate,* qui a embarrassé M. E., n'est autre chose que le plur. arabe, *des éperons, une paire d'éperons.* Le sens particulier du mot esp. et pg. vient à l'appui de cette étymologie, car en arabe *chauca* signifie proprement *épine,* et *acicate* est un éperon à l'extrémité duquel il y a une pointe, un aiguillon, *une épine* pour ainsi dire, au lieu d'une étoile ou molette. C'est un véritable éperon maure, un «éperon à la genette,» comme dit Victor, c'est-à-dire, un éperon dont se servaient les Berbères de la tribu de Zenéta, qui étaient au service des rois de Grenade et qui avaient aussi leur selle particulière, *silla gineta* (voyez mon article GINETE). Aujourd'hui encore les Maures ont de tels éperons. Je crois donc devoir me prononcer pour l'origine arabe du mot, et sa ressemblance à des mots basques me semble purement accidentelle.

* ACICHE (hachette de carreleur; «termino de soladores; el instrumento á manera de piqueta con corte por ambos lados, que sirve para cortar los ladrillos,» Acad.) de حشّاش (*hachchâch,* ou *hachchich,* d'après la prononciation des Arabes d'Espagne). Freytag n'a pas ce mot, mais on lit chez Pallme (*Beschreibung von Kordofan,* p. 137): » On ne connaît dans le Kordofan ni charrue, ni herse, ni aucun autre instrument aratoire; un morceau de fer en forme de faucille et taillé en pointe aux deux bouts, avec un manche au milieu, remplace tous les instruments nécessaires. On l'appelle *haschasch.*» Comparez p. 101, 157 et 187. M. d'Escayrac de Lauture (*Le Désert et le Soudan,* p. 415, 425) donne de même *hachchach* dans le sens de *béche* ou *pelle,* «qui a la forme d'un petit croissant dont la partie concave offre un trou dans lequel pénètre le manche en bois de l'instrument.» P. de Alcala a aussi ce mot, mais sous une forme et avec une signification un peu différen-

---

1) Sur le changement de *au* en *u* et de *u* en *i,* voyez l'Introd , p. 28 et 27.

tes, car il traduit *paja para leer* et *puntero para señalar* par *haxîxa*. On voit que c'est toujours un instrument pointu.

ACIRATE (passage étroit entre deux terres). Bien que l'arabe الصراط (*aç-cirât*) ne signifie chez Freytag que *via patens*, je crois néanmoins que le mot espagnol en tire son origine. M. Lane, *Modern Egyptians*, I, 91, atteste que *aç-cirât* désigne: « un pont au milieu de l'enfer, plus étroit que le tranchant d'un glaive, sur lequel doivent passer les âmes. » Il peut donc fort bien se prendre dans le sens de *passage très-étroit*. Cependant je dois avouer que jusqu'ici je ne l'ai jamais rencontré chez un auteur arabe dans cette acception particulière.

*Pour que cette étymologie fût admissible, il faudrait précisément prouver par des passages d'auteurs arabes, que le mot *cirât* a été employé en ce sens; mais j'ose prédire qu'on les cherchera en vain. Il y a plus: le mot *acirate* semble une corruption; du moins l'Académie dit (sous *acidates*) qu'il est écrit *acidates* dans le *Libro de la Monteria* d'Alphonse XI. Elle ne cite pas de feuillet, et je ne l'ai pas trouvé dans ce livre. Je le regrette, car il va sans dire que, pour expliquer le mot en question, un passage d'un livre du XIVᵉ siècle serait d'une grande utilité.

ACITARA, citara (mur extérieur), de السِّتَارَة (*as-sitâra*) qui ne signifie chez Freytag que *couverture;* mais P. de Alcala le traduit par *acitara de ladrillo*, Bocthor par *parapet*, et on le trouve en ce sens chez Ibn-Adhârî, I, 211, et chez Ibn-Djobair, p. 308. — La signification de *couverture* est restée dans l'ancien portugais, car Sᵃ. Rosa explique le mot par « tapete, alcatifa, reposteiro, panno de raz, cubertor bordado, capa, manto de tela fina, e preciosa. »

*En arabe le mot *sitâra*, de la racine *satara*, *couvrir*, a un sens très-large, car il signifie, comme dit Freytag, *omnis res qua tegitur*. Dans un sens plus spécial il signifie: 1°. ce que Freytag a exprimé très-bien par *aulaeum*, car on sait que ce mot signifie tout ce qui est brodé superbement et dont on se sert, soit pour couvrir les murs, les bancs, les lits, etc., soit en guise de rideau. On le rencontre souvent en ce sens dans les documents latins du moyen âge, et j'ajoute ces exemples à ceux qu'on peut trouver chez Ducange et chez Sᵃ. Rosa: « Dono etiam frontales, pallas, acitaras auro textas, grecírias (*lisez* greciscas) varias, et serici lineique ornamenti diversa genera, » document de 812, *Esp.*

sagr., XXXVII, 317; « Octo vestimenta ad conversis. Decem citharas. Novem sabanas, » testament de 969, *ibid.*, XVIII, 332; « Item : citarias de sirico magnas. Item quatuor cortinas de sirico parvas ad formam coopertorii. Item magnam cortinam de lino, » inventàire des meubles d'une église, de 1310, *ibid.*, XLV, 255; « It. ocho cobertores. It. dos cidaras, » autre inventaire, de 1326, *ibid.*, XLVIII, 226; « Dedit quoque praefatae Ecclesiae duas citharas, serico et auro textas, praetiosissimas, » Gesta Roderici. C'est par erreur que Berganza a dit que le mot en question signifie *coussin*, et cette faute a été reproduite dans le Dict. de Nuñez. Dernièrement M. Cavanilles (Mémoire sur le Fuero de Madrid, dans les *Memorias de la Academia*, VIII, 15) est tombé dans une erreur bien plus lourde encore, en disant qu'au moyen âge les *citaras* dans les églises étaient, soit des instruments de musique, des sistres, soit des vases, des *acetres* (voyez plus haut ce mot). — En arabe et en espagnol le mot en question désigne 2°. *une housse.* Cette signification manque chez Freytag, mais Ibn-Batouta emploie le mot en ce sens dans trois passages (III, 228, 237, 395), et chez lui c'est toujours une housse incrustée d'or et de pierres précieuses, comme chez Gonzalo de Berceo, *Vida de Santa Oria*, copla 78 :

> Vedia sobre la siella muy rica acitára,
> Non podria en este mundo cosa ser tan clara;
> Dios solo faz tal cosa que sus siervos empara,
> Que non podria comprarla toda alfoz de Lara.

Dans mes *Recherches* (II, Appendice, p. XL de la 2de édit.), où j'ai cité ce passage, j'ai observé que P. de Alcala et Victor connaissent encore ce sens du mot. — Il signifie 3°. *mur extérieur, parapet, un mur faible qui couvre un homme*, comme s'exprime Becrî, c'est-à-dire, de hauteur d'homme, mais pas davantage, *une muraille fort étroite et faible* (Victor), « pared delgada como tabique, que se fabrica de ladrillo y cal ; en algunos lugares de Castilla debajo de este nombre se comprehende tambien la pared gruessa, que está no en frente, sino á los lados de la casa » (Acad.). Ce sens du mot est en arabe un néologismo, et c'est pour cette raison qu'on ne le trouve pas dans nos dictionnaires. Aux passages cités par M. E., on peut ajouter ceux qu'on trouve dans le Glossaire sur Edrîsî (p. 314) et ceux-ci : Tidjânî dans le *Journ. asiat.* de 1853, I, 140; Ibn-Batouta, I, 131; *Cartás*, p. 276, l. 9 a f.; Maccarî, I, 335, l. 6; II, 161, n. *a;* «مطارة (*sic*), mur de terrasse,» Roland de Bussy.

* Açorda *pg.* (espèce de mets; «comida de migas de pão, azeite, vinagre, e alho; ou adubada com ovos, assucar, e manteiga,» Moraes) de الثردة (*ath-thorda*), chez Freytag *in frusta fractus panis, cui iusculum carnis infunditur,* chez Alcala *migas de pan cozido* et *sopa de pan.* Je profite de cette occasion pour observer qu'il faut restituer ce mot dans le *Cartâs,* p. 130, l. 6 a f., où on lit mal à propos تردة; la bonne leçon se trouve chez Ibn-Çâhib-aç-çalât, man. d'Oxford, fol. 22 v°, qui raconte la même histoire.

* Açular *pg.* (haler, exciter, en parlant de chiens qu'on excite à se jeter sur quelque autre chien ou sur quelque personne). Ce verbe est formé du nom d'action *çaul* (صول), ou *çaula,* qui signifie: *l'action de se jeter sur quelqu'un. Açular o cão* est donc: exciter le chien à faire la *çaula,* c'est-à-dire, à se jeter sur quelqu'un.

Adahala, adehala (présent au delà du prix convenu, pot-de-vin). Suivant Diego de Urrea, ce mot dérive de دخل (*dakhala*) «que vale sacar una cosa, o entrar, porque se saca demas, y entra con lo que se compra» et il ajoute que ce terme est usité en Afrique. Ce renseignement semble être exact. Ayant trouvé chez Bocthor مدخول (*madkhoul*), qui est de la même racine (*dakhala*), dans le sens d'*émolument,* je serais porté à croire qu'il a existé un substantif *ad-dakhla* avec la même signification que l'espagnol *adahala.*

* Cette étymologie, vraie au fond, n'est pas cependant tout-à-fait exacte, car l'accent dans le mot espagnol (*adahála*) montre que le mot arabe doit être *ad-dakhâla* (الدخالة). Il est vrai que Freytag n'a pas cette forme, mais on la trouve deux fois chez Maccarî (I, 372, l. 3 a f., et 384, 3 a f.), où cependant elle a un autre sens que l'esp. *adahala.*

Adalid, *pg.* adail, *val.* adalil, de الدليل (*ad-dalîl*), dérivé du verbe *dalla, montrer le chemin.* Ainsi s'appelaient les guides et chefs de la cavalerie légère qui courait le pays ennemi. Voyez Mendoza, *Guerra de Granada,* p. 41.

* La forme correcte *adalil,* qui s'est conservée dans le dialecte valencien et dans le portugais (*adail* pour *adalil*), se trouve aussi dans une charte de 1253, publiée dans le *Memor. hist. esp.,* I, 15 (mais dans l'édition qu'en avait donnée Espinosa (*Hist. de Sevilla,* II, fol. 17 *b*), on lit *adalid*) et dans les *Opúsculos legales* d'Alphonse X (I, 122, 125).

* ADARAJA, adraja (harpe, pierre d'attente qui sort d'un mur) de الدرجة (*ad-daradja*), *degré*, *marche*. Müller. — M. Lafuente y Alcántara, qui dérive ce terme du même mot arabe, m'en a fourni cette explication tirée de la *Carpinteria de lo blanco :* «Los dientes ó puntas alternativamente salientes y entrantes que forman el adorno principal de los racimos. (Racimo es la piña ó adorno en forma de cono invertido, que pende de la clave de algunos techos góticos, ó armaduras de madera).»

ADAREME, adarme, de l'arabe الدرهم (*ad-dirhem*), espèce de poids et de monnaie. Le mot *dirhem* lui-même n'est qu'une altération du grec δραχμή.

ADARGA, darga (bouclier). Je ne m'occuperai pas ici de l'origine de *targa*, fr. *targe*, mais je crois que *adarga* vient directement de l'arabe الدرقة (*ad-daraca*). J'ai déjà remarqué qu'on le prononçait *ad-darca* (voyez l'Introd., p. 27 à la fin) [* aussi chez Naggiar], et en outre on peut comparer le changement de *daraca* en *darga* à celui de *auctoricare* en *otorgar*, où il y a la même élision d'une voyelle brève et la même altération de *c* en *g*. — Du reste ce mot était très-usité en Espagne: non-seulement P. de Alcala traduit *escudo* par *daraca* et *darca*, mais il donne encore *darraca* (adargar), *modarrac* (adaragado, broquelado, escu dado), et *darrác* (escudero que haze escudos).

* En espagnol on disait aussi *adaraga;* Nuñez donne cette forme et elle se trouve dans les *Cortes de Leon y de Castilla*, II, 84, 99, ainsi que chez Alcala sous *adaragadante* (cf. plus loin l'article ANTA).

ADARGAMA, aldargama (espèce de pain) de الدرمكة (*ad-darmaca*) qui signifie *pan blanco* (Alc.).

* Le mot espagnol désigne aussi du froment ou de la farine de première qualité. L'Académie l'explique ainsi: «Es una suerte de harina de trigo, que corresponde á lo que llamamos oy harina de flor, de que hacian el pan mas delicado.» En arabe *darmac* a le même sens; voyez Alcala sous *trigo candial;* Becrî, p. 48, l. 14; Ibn-Batouta, III, 582; al-Cabbâb (man. 158(2), fol 79 vº): دقيق الدرمك الطيّب, «l'excellente farine du *darmac*.»

ADARVE («el espacio ó camino que hai en lo alto de la muralla, sobre

6

el qual se levantan los almenas» Acad.). En arabe *ad-darb* se dit dans le sens de *chemin*, *passage étroit*, mais je dois avouer que je ne l'ai jamais rencontré dans une acception analogue à celle de l'espagnol *adarve*.

* M. Müller dérive ce mot de الذِّروة (*adz-dzirwe* ou *adz-dzorwe*), *créneau*, qui convient quant à la forme, car le *dzál* devient *d* en espagnol, et le changement dans la première voyelle (qui, comme on voit, n'est pas constante, même en arabe) n'est pas d'une grande importance. Le sens me semble convenir aussi, car à mon avis le mot *adarves* (on l'employait de préférence au plur.) signifiait d'abord en esp. *créneaux* ; puis, en prenant la partie pour le tout, *muraille crénelée*. Dans le Fuero de Molina, publié par Llorente (*Noticias de las tres provincias Vascongadas*, IV, 119), on lit: «*Qui casa poblada toviere.* Do vos en fuero al concejo de Molina, que vecino que en Molina toviere casa poblada de dentro de adarves, sea siempre excusado de pechar, e nunca peche sino es en la labor de los muros.» Ici *adarves* signifie évidemment *la muraille d'enceinte*. Victor aussi ne donne rien autre chose que ceci: «*adárves*, les murs d'une ville.» Dans le Fuero de Madrid de 1202, publié dans les *Memorias de la Academia*, t. VIII, on trouve trois fois (p. 40 *a*, cf. p. 46 *b*) «la obra del adarve,» ce qui équivaut à l'expression «la labor de los muros» dans le Fuero de Molina. Dans une ordonnance de 1351, où il est question de la division de l'argent provenant d'une amende, on lit de même (*Cortes de Leon y de Castilla*, II, 89): «et la otra tercia parte para los adarves de los lugares do acaescier.» Dans un passage du *Poema de Alexandro*, où il est question du siége d'une ville, on lit (copla 204):

Que ya querian los de fuera al adarve entrar ;
Mas bien gelo sabien los de dentro vedar.

Aujourd'hui encore on parle des *adarves* à Grenade; ce sont des fortifications construites, dit-on, par le marquis de Mondejar (voyez Gimenez-Serrano, *Manual del viagero en Granada*, p. 140); «les *Adarves*, qui font partie de l'Alhambra,» dit M. Davillier (*Hist. des faïences hispano-moresques à reflets métalliques*, p. 15), «sont situés près de l'enceinte fortifiée de ce palais.» C'est par catachrèse qu'on a donné aussi le nom d'*adarve* à l'espace qui règne dans le haut de la muraille crénelée; un écrivain du XVe siècle, l'auteur anonyme de la Vie de Don Miguel Lucas, donne à ce chemin le nom de «el andamio del adarve» (dans le *Memor. hist. esp.*, VIII, 345), ce qui est une expression plus exacte. Cependant les Arabes eux-mêmes semblent avoir employé ذروة en ce sens, car on lit dans un passage d'Ibn-al-Khatîb, cité par Maccarî (Seconde Partie, III, 45, l. 12 édit. de Boulac) et où il est question de l'escalade d'une forteresse : واتّخذوا آلة تدرك ذروته-لـقـعـود لعقود), «ils prirent un échafaud au moyen duquel on pouvait atteindre *l'adarve* et qui se trouvait là à cause d'une bâtisse qui n'était pas encore achevée.»

*ADEFINA, adafina, dafina (ragoût autrefois en usage parmi les juifs d'Espagne). Aux deux exemples donnés par l'Académie, j'ajoute ces deux autres : l'Archiprêtre de Hita, copla 755 :

> Algunos en sus casas pasan con dos sardinas,
> En agenas posadas demandan gollerias,
> Desechan el carnero, piden las adefinas,
> Desian que non combrian tosino sin gallinas ;

Cancionero de Baena (p. 457, et non pas p. 447, comme on trouve dans le glossaire) :

> Señor, non manjedes manjar d'adefyna,
> El qual gostaredes con grand amargueça.

Ce mets est encore en usage parmi les juifs d'Afrique; M. Prax en parle (dans la *Revue de l'Orient et de l'Algérie*, VIII, 279); il écrit *defina* et il dit que c'est un potage aux herbes. Le mot, toutefois, n'appartient pas, je pense, à la langue des juifs, mais à celle des Arabes. Casiri (*apud* Marina) atteste que les Orientaux font encore usage de ce mets et qu'ils l'appellent *ad-dafîna* et *al-medfouna;* il ajoute qu'il est composé de viande, de choux et d'épiceries, et que le mot dérive du verbe دفن (*dafana*), *cacher, ensevelir.* Ces renseignements ne sont nullement fastasques, comme prétend Marina («yo sospecho ser todo esto caprichoso»); au contraire, ils sont confirmés par le témoignage de Berggren qui atteste (p. 264, n°. 69) que مدفونة, *medfouné,* signifie aujourd'hui (en Syrie probablement) *choux au riz.*

Dans le *Cancionero de Baena* (p. 445), où l'on trouve ces deux vers :

> Johan Garcia, mi adefyna
> Vos diré yo mucho cedo

«Jean Garcia, je vous dirai très-promptement mon *adefina*,» ce mot ne peut pas signifier une espèce de mets, comme l'ont cru les auteurs du glossaire. C'est bien le même mot arabe, mais avec son acception ordinaire: *res quae absconditur*. Le sens est donc: « je vous dirai très-promptement ma pensée secrète. »

*ADAZAL (pas dans les dict.). Décrivant la pêche du thon, Escolano (*Hist. de Valencia*, I, 730) dit qu'on emploie deux espèces de filets, dont l'un, qui est fait de sparte, s'appelle *adaçal*. C'est l'arabe الدسار (*ad-disâr*), qui, dans l'arabe classique, signifie *une corde faite des fibres du palmier*, et que l'on peut fort bien appliquer à un filet fait de sparte.

ADELA *pg.* (fripière, « que vende fato nas feiras, e pelas ruas ») de الدلالة (*ad-dellâla*) qui est le féminin de *dellâl*, *courtier*. Le mot arabe dérive du verbe *dalla*, qui, à la seconde forme, signifie *vendre à l'enchère*, « almonedear » (Alc.).

ADELFA (laurier-rose) de الدفلى (*ad-diflá*), *rhododendron* (Bocthor), *nerium oleander* (Ibn-al-Baitâr, I, 420. [* Le mot arabe lui-même est une altération de δάφνη].

*ADEME (étançon, étai, pièce de bois avec laquelle on soutient les travaux intérieurs d'une minière) de الدعمة (*ad-di'me*) ou الدعامة (*ad-di'éme*), *columna, trabes supra quas exstruitur tectum*. Müller.

*ADERRA (corde de jonc dont on entoure le marc de raisin sous le pressoir). M. Müller dérive ce mot, qui est en usage en Aragon, de الدرة (*ad-dirra*), comme l'avait déjà fait Marina; mais cette opinion me paraît inadmissible. En effet, le mot *dirra* a un tout autre sens; c'est un nerf de bœuf ou une espèce de cravache faite de cordes tordues ensemble, dont on se sert pour donner des coups; celle du calife Omar Ier, qui n'y allait pas de main morte quand il était en colère, était fort redoutée dans le temps et elle est restée célèbre. En Aragon au contraire, l'*aderra* ne sert pas à frapper, mais à entourer, et cette circonstance explique l'origine du mot. Il vient de la racine دار (*dâra*), *entourer*, et c'est الدائرة (*ad-deira*), chez Freytag *une chose qui en entoure une autre*; chez Ibn-Batouta (III, 223) c'est *sangle*, en parlant d'une selle, et l'*aderra* aragonaise est aussi une sangle.

*ADIAFA (les présents et les rafraîchissements que l'on donne aux navires qui arrivent dans un port), *pg.* diafa (ce qu'on donne aux ouvriers au delà de leur salaire, lorsque le travail est terminé) de الضيافة (*adh-dhiâfa*), *don d'hospitalité*, *festin* (voyez Quatremère, *Hist. des sult. maml.*,

I, 1, 76; mes *Loci de Abbad.*, II, 192, n. 23, et le Glossaire sur Edrîsî, p. 338). Il est étrange que Marina et M. E. aient oublié ce mot; M. Müller y a pensé.

ADIVAS (maladie des bêtes, squinancie) de الذِبحَة (*ad-dzibha*), «dolor in gutture»...? P. de Alcala traduit *esquinancia* par *dobôh* (ذبوح), qui vient de la même racine.

* Quoiqu'elle ait une apparence spécieuse, l'étymologie donnée par M. E. n'est pas la véritable, et je propose de changer cet article de cette manière:

* ADIVAS, abivas (Victor), adinas (Nuñez), *fr.* avives (maladie des chevaux, semblable à l'esquinancie ou angine chez les hommes, et qui provient de l'enflure des glandes à la gorge) de الذِّئبَة (*ad-dzîba, ad-dîba*), chez Freytag: «morbi species, qua affici solet guttur iumenti.» Dans un *Traité d'hippiatrique* (man. 299(3), fol. 100 v°.—102 v°.) on trouve des détails sur cette maladie, qui y est appelée الذِّيبَة والخِناقِيَّة, et sur la manière de la guérir. Ibn-al-'Auwâm (II, 603, cf. 593) en parle aussi.

ADIVE, adiva, *pg.* adibe (espèce d'animal) de الذِّئب (*ad-dzib*). Il semble être inexact de traduire ce mot arabe par *loup;* Maccarî (I, 122) atteste qu'il y a en Espagne une espèce de bête fauve appelée *lob* (lobo) et il ajoute que cet animal est un peu plus grand que le *dzib*.

* M. Müller a sur cet article une note qu'il vaudra mieux passer sous silence. M. Defrémery observe que le mot *dzib* signifie en Algérie *chacal*, mais chez les poètes et les naturalistes *loup*. Cette remarque est fondée; une foule de voyageurs attestent qu'en Afrique le *dzib* est le chacal (quelques-uns d'entre eux nomment mal à propos le renard); voyez, p. e., les relations de Marmol (I, 26 *b*), de Shaw (I, 262 trad. holland.), de Hœst (p. 294), de Bruce (V, 84, 110), de Poiret (I, 235), de Jackson (p. 26, et *Account of Timbuctoo*, p. 299), de Daumas (*Sahara*, p. 179), de Pflügl (dans les *Wiener Jahrb.*, t. LXIX, Anz. Bl., p. 29), de Tristram (p. 383), d'Urmsby (p. 291), *Revue de l'Orient et de l'Alg.*, XIII, 90. En espagnol et en portugais adive ou adibe a toujours indiqué le même animal, jamais le loup, et bien que P. de Alcala traduise *lobo* par *dib*, je crois néanmoins que le peuple arabe en

Espagne entendait sous ce mot le chacal, comme ses frères d'Afrique. Quant au loup, le peuple lui laissait son nom espagnol *lobo*, qui en arabe avait acquis droit de cité, comme le prouvent ces deux passages du *Mosta'înî* : مرارة الذئب هى مرارة اللب et زبل الذئب هو خرو اللب.

ADOBE (brique crue) de الطوب (*at-tób*), *brique*.

* ADOQUIN. Ce mot est expliqué de cette manière par Nuñez: «Morce: pierre pour les pavés et pour quelques autres usages, taillée d'une manière particulière. — *Adoquines* Canivaux: gros pavés qui traversent le milieu d'une rue pour le passage des voitures. — Contre-jumelle: pavés des ruisseaux. — Parements: gros quartiers de pierre qui bordent un chemin pavé.» C'est donc en général un gros quartier de pierre, et je crois que c'est le mot arabe الدكان, *ad-dokkân*, *ad-dokkîn* selon la prononciation des Arabes d'Espagne. *Dokkân*, ainsi que *dakka*, autre mot de la même racine, signifie un banc en pierre ou en bois (*dakkah*, «bench of stone and wood,» Burton, *Pilgrimage*, I, 305), particulièrement un banc en pierre («stone bench,» Burton, II, 31), tel qu'on en trouvait dans les portes des villes et aux portes des maisons ou des mosquées. Ainsi on lit chez Bicâ'î (dans Kosegarten, *Chrest. Arab.*, p. 143): فرايت صخرة عظيمة ملساء فيها تربيع بقدر ما يجلس عليها النفر كالدكة, «je vis une pierre grande et lisse, dont le côté supérieur présentait un carré assez grand pour qu'une personne pût s'y asseoir, de sorte que cette pierre était comme une *dakka*.» Dans les *Fables de Bidpai* (p. 281): جلس على دكة فى باب المدينة, «il s'assit sur une *dakka* dans la porte de la ville.» Chez Becrî (p. 118): فجلسا فى دكان على باب الدار, «ils s'assirent sur un *dokkân* à côté de la porte de l'hôtel» (M. de Slane a traduit mal à propos *boutique*). Chez Ibn-Batouta (II, 351): «Je passai un jour près de la porte de la mosquée de Sinope; il y a en cet endroit des *dokkân* où les habitants s'asseyent» وبخارجه دكاكين يقعد عليها الناس). Il est possible que les tailleurs de pierres aient donné le nom de *dokkân* à des quartiers de pierre qui ressemblaient à des bancs en pierre, bien qu'ils fussent destinés à un autre usage, et il y a dans Ibn-Batouta un passage qui me confirme dans cette supposition. En parlant d'une colonne près d'Alexandrie, il s'exprime en ces termes (I, 30): وهو قطعة واحدة محكمة النحت قد اقيم على قواعد حجارة مربعة امثال

الدكاكين العظيمة, «elle est d'une seule pièce, artistement taillée, et on
l'a dressée sur des assises en pierres carrées qui ressemblent à de
grands *dokkán*.»

* ADOR (temps limité pour arroser, dans les endroits où l'eau d'arrosage appartient au commun) de الدور (*ad-daur*), *periodus*, le retour périodique de l'arrosage. Comparez l'article ADULA.

ADUANA, *it.* dogana, *prov.* doana, *fr.* douane (bureau où l'on paye les
droits imposés sur l'entrée et la sortie des marchandises) de l'arabe
الديوان (*ad-diwân*) qui est lui-même d'origine persane. Il signifie
d'abord *registre*, et de là: l'endroit où les employés qui tiennent les
registres (c'est-à-dire, les administrateurs des finances) se réunissent,
bureau. Ensuite il se prend dans l'acception de *chancellerie, conseil
d'état, salle d'audience*, etc. Comparez pour toutes ces significations les
Prolégomènes d'Ibn-Khaldoun (II, 16). Quant à la signification de *bureau de douane*, qui manque chez Freytag, on la trouve chez Ibn-
Batouta, I, 112; [* IV, 265; Ibn-Djobair, p. 36; Maccarî, I, 728, l.
21; II, 148, l. 4 a f.; 511, l. 14 et 15; Ibn-Khaldoun, *Hist. des Berbères*, I, 401, 483, 493, 494, 597, et surtout 637; *I diplomi arabi
del R. archivio fiorentino* éd. Amari, *passim*, p. e. p. 103; *Documentos
arabicos para a historia portugueza* éd. Sousa, *passim*, p. e. p. 52; Bocthor, Marcel et le *Dictionnaire berbère* sous *douane;* Humbert, p. 210].

ADUAR. En arabe الدور (*ad-douar*) ou الدوار (*ad-douâr*) se dit d'un
campement de Bédouins, dont les tentes sont rangées en cercle avec les
troupeaux au milieu. Un *douar* consiste ordinairement de cent ou de
cent cinquante habitations. *Voyez* Marmol, *Descripcion de Affrica*, I,
fol. 36 vᵒ. — Le mot arabe lui-même est dérivé du verbe دار (*dâra*),
circumivit, gyrum egit.

* M. Engelmann n'aurait pas dù laisser au lecteur le choix entre deux
formes arabes. Le mot est الدوّار (*ad-dauwâr* ou *ad-douwâr*), au plur.
دواوير. Il manque chez Freytag en ce sens, mais on le trouve déjà chez
un auteur du XIIᵉ siècle, à savoir chez Edrîsî, qui dit (Clim. I, Sect.
8): مدينتان كالقرى وبينهما قرى صغار ودواوير رَحَّالة كالعرب « deux villes
qui ressemblent à des villages, et entre lesquelles il y a des hameaux
et des douars de Bédouins.» On le rencontre aussi chez Ibn-Batouta
(II, 69).

* ADUCAR, alducar («cierta tela de seda de especie, y suerte no la mas fina; es de mas cuerpo que el tafetán doble, y tiene sobresaliente cordoncillo. Hablan de ella las Ordenanzas de Sevilla, titulo Tejedóres de terciopelo; yá no se fabrica este género de tela. *Pragm. de tassas*, año 1680, fol. 6: Cada vara de adúcar negro á catorce reales,» Acad.; chez Nuñez aussi: la soie extérieure et grossière du cocon, contilles, strasses, rondelettes). Je crois pouvoir expliquer l'origine de ce mot, mais en partant de trois suppositions. Selon la première, il signifie proprement *strasse;* selon la seconde, la forme *alducar* est la meilleu-re, et selon la troisième, il y a dans cet *alducar* une de ces transposi-tions de lettres qui sont très-fréquentes (cf. l'Introd., p. 24 et 25), car à mon avis c'est proprement *alcudar* ou *alcadur*, en arabe القَذَل. Frey-tag a *al-cadhar*, «sordicies, sordes,» et «spurcus, sordidus,» ainsi que *al-cadhour* (القَذُل), «sordidus, immundus.» Je trouve ce mot, quelles qu'en soient les voyelles, avec le sens de *strasse*, dans un passage des *Mille et une nuits* (I, 311 éd. Habicht). Une dame y dit: Dieu a béni l'argent dont j'ai hérité; انا اغزل الحرير واخرج القذر, «je file la soie et je rejette la strasse.» C'est évidemment une locution proverbiale et dont le sens est: je suis assez riche pour n'employer que ce qui est très-fin et je ne veux pas de ce qui est grossier, de même qu'un fileur opulent rejette la strasse, dont d'autres, qui sont sans fortune, se ser-vent pour en fabriquer une espèce de soie de basse qualité. Comparez l'article ANAFAYA, car ce mot signifie de même *strasse* et *espèce d'étoffe faite de strasse.*

* ADUFA *pg.* (contrevents, grands volets de bois qui servent à garan-tir en dehors une fenêtre, et qui s'ouvrent et se ferment suivant le besoin; — *adufa* d'un moulin, la planche qu'on place dans la bouche du conduit, afin d'empêcher l'eau d'arriver au moulin) de الدَفّة, *ad-douffa*, car c'est ainsi qu'on prononçait en Espagne le mot qui chez Freytag est *daffa* et qu'il explique d'une manière si peu satisfaisante, que M. E. a omis le mot *adufa*, bien qu'il eût été noté par Sousa. Il est facile de voir que le mot port. désigne proprement *une planche*, et telle est aussi la signification propre du mot arabe; Humbert (p. 191), Bocthor et Berggren le donnent sous *planche*. Mais comme une planche, ou plusieurs planches réunies ensemble, sert à différents usages, le mot arabe (qui chez Bocthor et chez Marcel est aussi quelquefois دَرَفة,

altération de دفّة) signifie en outre : 2°. *battant* d'une porte ; voyez
Bocthor, Berggren et Marcel sous *battant*. En décrivant une mosquée,
l'auteur du *Cartâs* (p. 39) parle des الدّقف [1] الحمر التى على ابواب القبلة
«battants rouges des portes qui sont situées du côté du midi.» 3°. *porte.*
Alcala traduit *puerta de madera* par *dúf*, au pl. *diféf*; *de dos puertas cosa* est
chez lui *min dufetéy*; Dombay, p. 90, *janua*; Humbert, p. 192, *petite
porte.* On lit dans le *Cartâs* (p. 39): ثلاثة مفاتيح فى أوّل دقّة وجعل له
, وثلاثة فى الباب الثانى «il fit faire trois clés pour la première porte,
et trois autres pour la seconde.» Et plus loin (p. 153): فوقع الحجر
من المنجنيق فى وسط دقّة باب المهدية فاطوى وسطه والدقّة من الحديد
كلّه, «la pierre lancée par le mangonneau vint tomber au milieu de la
porte d'al-Mahdîya, qui était entièrement de fer, et la fit plier au milieu.» 4°. porte posée horizontalement sur une ouverture à rcz-dc-
chaussée, c'est-à-dire, *trappe*. Ibn-Batouta (I, 264) rapporte qu'au milieu de la mosquée de Médine il y a دقّة مطبقة على وجه الارض مقفلة
على سرداب «une trappe couvrant le sol et fermant l'ouverture d'un
souterrain pourvu de marches, et qui conduit à la maison d'Abou-Becr,
au dehors de la mosquée.» 5°. *contrevent*, comme *adufa* en portugais;
Bocthor sous *contrevent* et sous *volet*; Hélot; Cherbonneau, *Dialogues*,
p. 76. On s'aperçoit aisément qu'au fond cette signification est la même
que celle de *battant* de porte. 6°. *gouvernail*, un gouvernail étant aussi
une planche; Humbert (p. 128), Hélot; Bocthor et Marcel sous *gouvernail*; Berggren et Bocthor (يد الدقّة) sous *timon*. En parlant d'un
naufrage, Ibn-Batouta dit (IV, 187): ونزل صاحبه ا ٔ ـى البرّ على الدقّة,
«le patron du vaisseau gagna la terre sur le gouvernail,» et dans les
Mille et une nuits (III, 55 édit. Macnaghten) on trouve: «La pierre
tomba sur la poupe du navire, la brisa, et fit voler le gouvernail
(الدفّة) en vingt morceaux.» — Je dois encore faire observer que la
prononciation avec la voyelle *ou* ne semble avoir été usitée que dans la

---

1) C'est ainsi qu'il faut prononcer d'après Alcala, et non pas دَقَف, comme l'a fait
l'éditeur, M. Tornberg. Chez les Grenadins le plur. était aussi دقَاف; voyez *Kitâb
akhbâr al-ʾaçr* (dans Müller, *Die letzten Zeiten von Granada*), p. 24, l. 12.

péninsule ibérique; d'après les dictionnaires de la langue moderne on prononce aujourd'hui partout (même au Maroc selon Dombay) *deffa, deffé* ou *diffé*.

ADUFE (espèce de tambour) de الدفّ (*ad-douff*), que Bocthor traduit
par *tambour de basque*.

*ADULA, dula. Ce mot a deux significations qui au premier abord
semblent tout-à-fait distinctes. En premier lieu c'est, comme disent les
Espagnols, une «voz de regadío,» dont on se servait à Tudèle, et qui
a été expliquée peu exactement par l'Académie et par Nuñez. Selon
Yanguas (*Antigüedades de Navarra*, I, 7, 8) c'est: «todo aquel tiempo
en que las aguas de ciertos regadíos, repartidas á dias entre diferentes
campos ó heredades, corrian su curso hasta que todos ellos hubiesen
disfrutado, volviendo á comenzarlo de nuevo.» C'est l'arabe الدولة (*ad-
daula*), *periodus*, le retour périodique de l'arrosage; comparez plus haut
l'article ADOR, mot qui a le même sens, et voyez aussi Becrî, p. 48,
l. 4 a f. L'explication de Yanguas m'a été fort utile; si je n'avais eu
que celle que fournit l'Académie et qui sans doute est tout-à-fait fausse
(«locus rigationibus carens»), il m'eût été impossible d'expliquer l'origine du mot.

En second lieu, il signifie en Aragon et en Navarre: «troupeau de
gros bétail appartenant à différents particuliers, que mène paître un
dulero, c.-à-d., un homme payé par la communauté.» Freytag n'a rien
qui puisse faire soupçonner que le mot arabe a ce sens; cependant il
s'emploie encore au Maroc dans la même acception, car Dombay donne
(p. 99): «*grex*, دولة, *dūla*,» et je me tiens persuadé qu'au fond c'est
le même *daula, periodus*. On menait paître *périodiquement* le troupeau,
et c'est par abus qu'on a donné le nom de *daula* ou *dula* au troupeau
ui-même. En général le mot *daula*, de même que *daur*, signifie tout
ce qui revient à des temps marqués. Chez Pedro de Alcala, par exemple, c'est *leçon que donne un professeur* (*lecion del que lee*; en ce sens
ce mot se trouve chez Maccarî, III, 201, l. 2 a f. éd. de Boulac),
parce qu'un professeur donne ses leçons dans des temps fixes et réglés.

ADUNIA (beaucoup, abondamment) de الدنيا (*ad-donyâ*), *le monde*, substantif qui en Espagne était usité comme adverbe, car P. de Alcala
traduit *harto por mucho* par *ad-donya*, et *mojarse mucho* par *intaca'a ad-
donya* انتقع الدنيا. De même dans la demande du confesseur: «Jugas-

tes dineros deseando ganar con mucha cobdicia,» il a rendu les derniers mots par *tarbah* (تربح) *ad-donya*.

* En Algérie le mot *ed-dounia* s'emploie encore à peu près de la
même maniere, car on lit chez Cherbonneau, *Dialogues*, p. 71: «Mon-
sieur, vous ne trouverez pas à meilleur compte, آلّى ما شى معلّمـيـن
يفسّدوا لك الدنيا بالكل, à moins que vous n'employiez de mauvais ouvriers qui vous gâteront tout.» Le portugais a aussi *adunia* comme
adverbe, mais il signifie dans cette langue *partout, en tout lieu;* «vejo
tormentos adunia,» est l'exemple que donne Moraes.

* ADUR pg. Selon S^a. Rosa et Bluteau, cité par Moraes, ce mot signifie *méchanceté, trahison*, dans ce passage de la *Vida d'El-Rei D. João I*
par Fernão Lopes: «Aonde tantas virtudes moravão adur podia nenhum
cuidar.» C'est peut-être un mot formé de la racine غدر (*gadara*), *pro-
didit, perfide egit*, mais en arabe غدور (*gadour*) signifie *perfide*, et non
perfidie.

* ADUTAQUE (fleur de la farine de froment). Ce mot, qu'on trouve
dans les Ordonnances de Séville (Acad.) et qui est sans doute d'origine
arabe, me semble une altération de *aducaque*, de la racine دق (*dacca*).
Dakik, qui vient de la même racine, signifie *farine*, et selon la définition de l'Académie, le mot *adutaque* désigne: «la harina de la adargama,» c'est-à-dire, la farine de cette espèce de froment qu'on nomme
adargama, en arabe *ad-darmac* (voyez plus haut). Or un jurisconsulte de
Fez, al-Cabbâb, qui vivait au XIVe siècle, fait mention (man. 138(2),
fol. 79 v°) de l'excellent *dakik* du *darmac*, دقيق الدرمك الطيّب. On
voit donc que *dakik ad-darmac* répond à *adutaque*. Quant au mot *dou-
câc*, qui signifie *tenuis, subtilis*, de même que *dakîk* quand on l'emploie comme un adjectif, il se prend aussi dans le sens de *farine*, car
selon M. Lane (traduction des *Mille et une nuits*, II, 377, n. 4), il signifie *farine de lupin*.

AGENUZ, axenuz (nielle), de الشنوز (*ach-chenouz*) comme on disait en
Espagne (Alc.) au lieu de *ach-chouniz*, qu'on trouve chez Freytag.
Celui-ci traduit ce mot par «medicamenti species,» et «nomen herbæ.»
C'est Bocthor qui en donne la véritable signification, celle de *nielle,
herbe aux épices*; dans la traduction d'Ibn-al-Baitâr (II, 111) «nigella
sativa.»

AGENGIBRE, gengibre, gengible, de الزنجبيل (*az-zendjebîl*), *du gingembre*, « amomum zingiber » · Ibn-al-Baitâr, I, 537. *Voyez* p. 18 de l'Introduction.

AGUAXAQUE (gomme ammoniaque) de الوشق (*al-wochchac*), *ammoniacum.*

*Dans le *Libro de la Monteria* d'Alphonse XI on trouve (fol. 19 *a*) : «galvano e aluayaque.» Il faut lire *aluaxaque;* c'est une forme plus correcte que *aguaxaque.*

*AHORRAR, dans le sens d'*affranchir*, voyez sous HORRO; mais M. Müller observe avec raison que ce verbe signifie aussi *épargner, économiser*, et que, pris en ce sens, il vient de وفر (*waffara*). En effet, *waffara* a ce sens, bien que Freytag ne le donne pas. Alcala traduit *acaudalar ahorrar en el gasto* par *waffar;* voyez aussi Humbert, p. 219, Hélot, Berggren sous *épargne*, Bocthor sous *économe*, etc., *épargne*, etc. Dans l'*Akhbâr madjmou'a* (man. de Paris, fol. 111 v°) on lit au sujet de l'émir Abdallâh : وعاجز عن نصره قـواده والتزم التقوى واظهار النسك وتوفير ما فى يده من اموال المسلمين حياطة عليها ونظرا لهم فيها وهلكت الجبايات باشتداد شوكة الثوار عليه بكل ناحية فوفر اعطيات الاجناد وضيّق على من بقى معه منهم, « ses capitaines n'étant pas en état de l'aider, il s'appliqua à la piété et aux exercices de la dévotion, en économisant l'argent public qu'il avait entre les mains et qu'il gardait soigneusement dans l'espoir qu'un jour il pourrait être utile. Puis, comme les impôts ne se payaient pas par suite de la puissance à laquelle les révoltés étaient parvenus partout, il épargnait l'argent destiné à payer les soldats des divisions militaires, et retranchait de leur solde à ceux d'entre eux qui se trouvaient encore auprès de lui.» De même chez Maccarî, I, 231, l. 2 a f.; *Mille et une nuits*, III, 66, l. 4 a f. éd. Macnaghten.

ALACENA, alhacena (buffet, armoire pratiquée dans l'épaisseur d'un mur), de الخزانة (*al-khazéna*), «apotheca, cella.»

*La forme classique est *al-khizâna*, mais chez P. de Alcala la première voyelle est aussi *a*. Aujourd'hui encore ce mot signifie *buffet* (voyez Lane), et on le trouve en ce sens chez Maccarî, II, 516, l. 14.

ALACIR *a. pg.* (la vendange) de العصير (*al-'acîr*) que P. de Alcala traduit par *otoñada*.

* Il y a donc une singulière erreur dans ces paroles de Marmol (*Rebelion de los Moriscos*, fol. 9 *a*): «Los tres meses del año, que ellos llaman la Azir, que quiere dezir la primavera.»

ALACRAN, *pg.* alacral, alacrão, lacrão (scorpion), de العقرب (*al-'acrab*) qui désigne le même animal.

* ALADROQUE *murc.* (anchois qui n'est pas salé). Dans une liste d'espèces de poissons, Cazwînî (II, 120, l. 1) nomme aussi الرقروق (*ar-racrôc*), mais je ne sais pas si c'est l'anchois, car le mot ne se trouve pas dans les dictionnaires.

ALAFIA (beneficio, salud) de العافية (*al-'âfiya*) que P. de Alcala traduit par *salud*.

* M. E. aurait mieux fait de ne pas suivre Marina en expliquant ce mot espagnol. Selon l'Académie, il signifie seulement *pardon, miséricorde*, et il ne s'emploie que dans la locution *pedir alafia*, demander pardon, en parlant d'un homme qui se rend à son ennemi. Il faut remarquer toutefois que dans cette expression *'âfiya* n'est pas proprement *pardon*, quoique le verbe *'afâ* signifie *pardonner; 'âfiya* doit se prendre dans son sens ordinaire, *incolumitas* chez Freytag, et *pedir alafia* est: demander la conservation de la vie, demander la vie, en parlant d'un homme qui prie son ennemi de ne pas le tuer.

* ALAGARA, alfagara, alhagara, alfajara, alfagiara *b. lat.* On lit dans une charte (*Esp. sagr.*, XXXVI, p. XLIII): «de belos (i. e. velos) de templo alhagara una grecisca, frontales duos.» Dans une autre (*ibid.*, p. XXVII): «alhagaras II de sirice (de soie), frontales III de altare de serico.» Dans une troisième (*ibid..*, p. XXXV): «alfagara I grecisca, et frontales II.» Dans une quatrième (*ibid.*, p. LXI): «et cucumam argenteam, et unam alagaram dimisam in viride.» Dans une cinquième (*apud* Yepes, *Coronica de la Orden de San Benito*, VII, Apend., fol. 10 v°): «alfagiaram unam.» Il faut lire le même mot au lieu de *alara* dans une charte citée par Sª. Rosa sous *alveici*: «et unum morcum, alara una de alvejci» (cf. plus loin l'article ALGUEXI), et dans une autre publiée par Sota (*Chronica de los principes de Asturias y Cantabria*, p. 686 *b*), où le texte porte: «frontales de serico II, albayalem I,» car *albayal* n'existe pas, du moins à ma connaissance. Carpentier, dans son supplément au glossaire de Ducange, n'a cité de ce mot qu'un seul exemple («tuli inde — — coronam argenteam, et duas alfajaras, et unum calicem de argento»), et il ne l'a pas compris, car il a cru que c'était l'espagnol *alhaja* (en arabe الحاجة), qui signifie *meuble*. C'est un tout autre mot. On a vu, par les citations qui précèdent, qu'il désignait un rideau de soie ou de brocart dont on se servait dans les églises; il est donc aisé d'y reconnaître le mot arabe العجارة (*al-'idjâra* ou *al-'adjâra*), qui signifie réellement *rideau*, et qui, dans la traduction arabe de la Bible, sert à indiquer le voile dont Moïse se couvrait le visage chaque fois qu'il retournait auprès des Israëlites après avoir parlé avec l'Eternel (Exode, chap. XXXIV à la fin).

* ALAHELA, alahea, algela *pg.* (petit camp), de الحلة (*al-hilla*), «gens quae aliquo loco subsistit, tentoria. »

ALAHILCA («colgadura, ó tapiceria para adornar las paredes» (Acad.)?

* Je me tiens persuadé que Marina (qui écrit *alailca*) a eu raison de dire que c'est l'arabe العلقة (*al-'ilca*). Ce mot vient de la racine '*alaca*, qui, à la seconde forme, signifie *pendre*, *suspendre;* il répond donc exactement à l'espagnol *colgadura* (draperie, tapisserie), qui vient de *colgar*, verbe qui signifie également *pendre, suspendre*. On suspendait les tapisseries le long des murailles; de là leur nom en espagnol, en vieux allemand (*Umbehanc*), en anglais (*hangings*), en hollandais (*behangsel*) et en arabe, car dans les *Mille et une nuits* elles sont appelées quelquefois السنور المعلقة (*as-sotour al-mo'allaca*, littéralement *les rideaux suspendus*) et aussi التعاليق (*at-ta'âlîc*) (I, 804 éd. Macnaghten; il faut lire de même dans l'édition de Habicht, II, 347, l. 2, III, 31, l. 5, 53, l. 10, au lieu de التعليق, ce qui est une orthographe défectueuse = التعليق). Ces mots dérivent de la même racine.

* ALAMAR (ganse de soie, de fil d'étain, d'argent ou d'or, que l'on coud sur le bord du vêtement, et qui sert, soit d'ornement, soit de boutonnière). M. Müller fait venir ce mot de العلم (*al-'alam*), qui, selon lui, signifie *tresse, galon*. Malheureusement il ne signifie pas cela (M. Müller semble avoir mal compris Freytag), et même s'il le signifiait, le changement de *al-'alam* en *alamar* serait un peu trop fort. Marina avait pensé à الخمل *al-khaml*); chez Freytag: «incisae fimbriae strati villosi, cui insidetur,» et M. de Gayangos (dans le *Memor. hist. esp.*, IX, 92), qui du reste a confondu *alamar* avec *alfamar*, mot dont la signification et l'origine sont tout-à-fait différentes, est de la même opinion.

Al-khaml pourrait, il est vrai, devenir *alamar*, mais le changement ne serait pas léger ; en outre la signification ne convient pas (voyez le Lexique de Lane), et encore faudrait-il prouver qu'il était usité dans le langage ordinaire des Arabes d'Espagne, ce dont je doute.

A mon avis, *alamar* vient d'un mot qui manque dans les dictionnaires arabes ; mais avant d'exposer son origine, il convient d'établir quel est son sens propre. Victor dit ceci : « *alamáres,* ce sont plusieurs boucles entrelacées en forme de chaîne, cordons entrelacés comme sont les boutons à queue ;» puis il a encore un autre mot qui ne se trouve pas dans les dictionnaires modernes, ou plutôt une autre forme du même mot, à savoir *alamber;* « *alambér,* bord, cordon.» J'en conclus que le mot signifie proprement *cordon.* En effet, ce qu'on a appelé plus tard *alamár* se nommait anciennement *cuerda,* témoin ce passage d'une ordonnance de l'année 1348 (*Cortes de Leon y de Castilla,* I, 619) : «Otrosy ningund omme de nuestro sennorio que non traya adobos ningunos en los pannos, — — salvo que puedan traer en los mantos texiellas é cuerdas.» En second lieu, la forme *alambér* montre que la troisième radicale est bien décidément un *r,* et qu'il faut appliquer ici la règle établie avec raison par M. E.: «La combinaison *nr* intercale un *b* euphonique.» Cela posé, j'ose croire que *alamár* est العمارة (*al-'amára*). D'après Roland de Bussy, ce dernier mot signifie *ligne de pêche;* c'est, comme on le voit sans peine, le même sens que *cordon.* Cherbonneau (dans le *Journ. asiat.* de 1849, I, 546) le donne dans l'acception de *garniture d'un vêtement,* et dans ses *Dialogues* (p. 225) il traduit حيّاك عمارة par «des haïks avec garniture.» Cela ressemble déjà beaucoup à l'*alamár* espagnol ; mais il y a dans Marmol un passage qui est décisif. Dans la description de Fez, ce voyageur du XVIe siècle s'exprime en ces termes (*Descripcion de Affrica,* II, fol. 97 *b*) : «Todos tienen hermosas cuerdas, y sementales labrados de oro, y seda, y aljofar, con borlas de diferentes colores que caen sobre los estribos (que llaman *Amaras*) y los cubren todos.» La construction est ici un peu louche, comme elle l'est souvent chez Marmol qui n'était pas un grand écrivain ; mais comme les étriers n'ont jamais porté le nom d'*amaras,* il est facile de voir que c'est celui des beaux cordons d'or et de soie, ornés de pierreries et garnis de houppes de différentes couleurs, dont se paraient les cavaliers et dont ils se couvraient entièrement. Voilà donc les *alamáres* dont l'usage a été introduit en Espagne par les Maures.

Une seule question reste à résoudre: celle de savoir comment le mot *'amára* a reçu le sens de *cordon*, car la racine *'amara* a des significations tout-à-fait différentes. Aussi je crois que dans l'origine ce n'est pas un mot arabe, mais un mot berbère. Dans cette langue *corde* est اَمْرَار (*amrár*); les Arabes en ont fait *'amára*.

ALAMBIQUE, *pg.* lambique, *fr.* alambic (vaisseau pour distiller), de الانبيق (*al-anbíc*) qui dérive à son tour du grec ἄμβιξ ou ἄμβικος.

ALAMIN (vérificateur des poids et mesures) de الامين (*al-amîn*), « fiel de quien confiamos,» et de là « fiel de los pesos, fiel de las medidas del pan» (Alc.).

* En espagnol comme en arabe ce mot a encore plusieurs autres acceptions, mais comme elles proviennent toutes de la signification propre «fiel de quien confiamos,» je me dispense de les énumérer. *Alamina* (amende que payaient, etc.) vient de *alamin;* voyez l'Académie.

ALAMUD (verrou) de العمود (*al-'amoud*) qui signifie chez Freytag *columna*. Cependant il a désigné en Espagne la même chose que son dérivé, car P. de Alcala traduit *cerrojo* par *'amoud.*

* Le mot *'amoud*, qui désigne souvent *une masse d'armes* (voyez les exemples rassemblés par M. de Jong dans son Glossaire sur le *Latáif al-ma'árif* de Tha'âlibî, p. xxix et xxx), signifie proprement *une barre de fer* (voyez Bocthor sous *barre*). Aussi le verrou qui s'appelle *alamud*, est-il défini de cette manière par Nuñez d'après l'Académie: «barre de fer carrée pour fermer les portes et les fenêtres.»

* ALAQUECA, *pg.* aussi laqueca, pierre brillante des Indes qui arrête le flux de sang, comme disent les dictionnaires. C'est العقيقة (*al-'aquîca*), *cornaline*, pierre précieuse qui, selon les Arabes, arrête le flux de sang (voyez Ibn-al-Baitâr, II, 201).

* ALARA (seulement dans l'expression «huevo en alára,» pellicule au dedans d'un œuf) de غلالة (*galála*), que Freytag n'a pas en ce sens, mais qui est donné par Bocthor sous *pellicule*. Le changement de *galála* en *alára* est parfaitement régulier: le *gain* a été retranché (voyez l'Introd., p. 14) et le second *l* est devenu *r* (*ibid.*, p. 22). L'esp. a aussi la forme *algara ;* voyez ma note sur ce mot.

ALARBE, *pg.* alarve (hombre barbaro, rudo, aspero), de العرب (*al-'arab*), *un Arabe.*

* Mieux chez Sousa: de العربى (*al-'arabî*), car *al-'arab* est un collectif, *les Arabes*. Quant à la terminaison *e* = *î*, voyez l'Introd., p. 27.

ALARDE (revue) de العرض (*al-'ardh*), «recensio exercitus.» [* Ce mot a encore un autre sens; voyez plus loin l'article ALCAMIZ].

ALARGUEZ (bois de rose) de الارغيس (*al-ârguîs*), mot d'origine berbère qui désigne l'écorce de la racine de la plante *berbârîs*. Ibn-al-Baitâr, I, 4.

* Selon Ibn-al-Baitâr, ce mot n'indique, chez les Berbères et les Arabes, que l'écorce de la racine du *berbârîs*, c'est-à-dire, de l'épine-vinette. On en fait des onguents (voyez Ibn-al-Baitâr et l'Acad. sous *alarguez:* «sus raices sirven para hacer unguentos»); aussi le *Libro de la Monteria* d'Alphonse XI nomme-t-il (fol. 19 *a*) parmi les poudres à employer pour faire revenir la chair d'une plaie: «palascias, é alargues, é cortezas de mill granas.» En port. *largis* est, selon Vieyra, «une sorte d'écorce qui vient de l'Inde et qui ressemble beaucoup à la cannelle.» L'explication de Victor est celle-ci: «bois appelé bois de rose, pource qu'il en a l'odeur, et selon aucuns, une écorce délicate d'un certain bois qui est de couleur jaune.» Mais les Berbères et les Espagnols ont aussi donné le nom d'*alarguez* à l'épine-vinette même, ou à un arbuste qui lui ressemble, car on lit dans le *Glossaire sur le Mançourî* par Ibn-al-Hachchâ (man. 331(5), fol. 156 v°) à l'article حصص هو عصارة ماجلوبة تسمّى كحل خولان وشجرها موجود بالمغرب (succus lycii): يسمّى الارغيس بالبربريّة, «c'est un suc qu'on importe et qui s'appelle aussi *cohl khaulân;* l'arbrisseau qui le produit se trouve au Magrib et porte en berbère le nom d'*ârguîs;*» et l'explication de l'Académie esp. est celle-ci: «plante qui ressemble à l'épine blanche, de la hauteur d'un petit arbre, et dont les fleurs ont de la conformité avec les roses.»

ALARIDO. Voyez ALGARADA.

ALARIFE, *val.* aarif, alarif (hombre que sabe de edificios), de العريف (*al-'arîf*), *architecte*, «alarife juez albañir, juez de edificios.» Ce mot arabe est très-usité dans ces significations, que lui donne P. de Alcala, mais qui manquent chez Freytag. *Voyez* Maccarî, I, 373, le *Cartâs*, p. 36, Dozy, Glossaire sur Ibn-Adhârî, p. 34.

ALARIXES, arixes («especie de uvas, que son del tamaño y hechura de las albillas, pero mui roxas,» Acad.). En arabe العريشة (*al-'aricha*) a la signification de *vigne* (cf. Alcala au mot *parra o vid cepa*). Bien que plus d'une fois le nom d'une plante désigne aussi les fruits de cette plante, je ne suis pas à même de décider si le mot arabe en question a été usité dans le sens de *raisin*.

* Cette étymologie me paraît bonne au fond, mais je crois devoir la modifier un peu. Les mots *'arîch* (qui est fort mal expliqué par Freytag), *'arîcha* et *mo'arrach* (qui manquent chez ce lexicographe) signifient proprement *un berceau*, un treillage taillé en voûte sur lequel on fait monter du jasmin, du chèvrefeuille, de la vigne, .etc. (voyez Bocthor sous *berceau*), surtout *une treille*, un berceau de ceps de vigne entrelacés et soutenus par un treillage (Bocthor, Berggren, Marcel, Humbert (p. 54, 182), Hélot et le Dictionnaire berbère sous *treille*). On lit dans les *Fables de Bidpai* (p. 176): «Ils avaient un berceau (*'arîch*) sous lequel ils s'assemblaient et s'entretenaient.» Chez Ibn-Batouta (II, 205): «Le bétel est un arbre qu'on plante à l'instar des ceps de vigne, et on lui prépare des berceaux (*mo'arrachât*) avec des cannes, ainsi qu'on le pratique pour la vigne.» Ailleurs (II, 309): «Sur les deux rives du fleuve sont plantés des arbres de diverses espèces, des ceps de vigne et des berceaux (*mo'arrachât*) de jasmin.» Plus loin (II, 434): «Depuis la porte de l'église jusqu'à celle de cette enceinte, il y a un berceau (*mo'arrach*) de bois très-haut sur lequel s'étendent des ceps de vigne, et dans le bas, des jasmins et des plantes odoriférantes.» Chez Davidson (*Notes taken during travels in Africa*, p. 42): «A covered walk of laris» (dans un jardin). Jackson (*Account of Marocco*, p. 95) explique *el-araice* par: «flower, or pleasure gardens;» c'est parce que les jardins au Maroc se composent ordinairement de berceaux; comparez chez Ibn-Khaldoun, *Hist. des Berbères*, I, 413: واتّخذ ايضا بخارج حضرته البستان الطائر الذكر يشتمل على جنّات معروشات وغير معروشات, «il forma aussi dans le voisinage de la capitale le fameux parc, dont les jardins étaient en partie composés de berceaux.» Ensuite le mot *'arîch* se dit aussi, comme *treille* en français, des ceps de vigne qui montent contre une muraille ou contre un arbre. C'est en ce sens qu'Ibn-Djobair l'emploie quand il dit (p. 255): وقد امتدّ بطول الجدار عريش كرم مثمر عنبا, «le long de la muraille s'étendait une treille qui portait des raisins.» On a vu qu'Alcala donne aussi cette signification;

il l'a en outre sous *vid o parra o cepa* et sous *vid abraçada con arbol*. Il se dit enfin abusivement, comme *treille* en français, des raisins qui viennent sur treilles et que Becrî (p. 148, l. 7 a f.) appelle *al-'inab al-mo'arrach*, chez Ibn-al-'Auwâm (I, 366, 368, 375, 376) *al-carm al-mo'arrach*. C'est là le mot espagnol *alarixes* ou *arixes*, car les raisins qu'il désigne ont des ceps très-hauts (Herrera cité par l'Acad.), ce qui les rend fort propres à monter contre un treillage.

*ALAROZA. Ce mot qui se trouve dans le *Cancionero de Baena* (p. 354) dans l'acception de *fiancée, nouvelle mariée*, est l'arabe العروسة (*al-'arôsa*), qui a le même sens. L'ancienne langue n'avait que *'arós* pour *sponsus* et pour *sponsa*; mais de bonne heure on a donné à ce mot la forme féminine, *'arósa*, quand il s'agissait d'une femme. On la trouve chez un poète populaire du XIe siècle (*apud* Maccarî, II, 143, l. 16); le *Cartás* l'a aussi (p. 272, dern. l.); Alcala la donne sous *esposa* et sous *novia*, et aujourd'hui elle est partout en usage.

ALAXU, alaxur, alfaxu, alfaxur («cierta pasta que hazen los Moros, hecha de pan rollado, miel, alegria y especias» Cob.). L'arabe الحشو (*al-hachou*) démontre que *alfaxu* est l'orthographe la plus exacte et que les autres formes n'en sont que des altérations. Quant à la signification, on trouve dans les lexiques: *alhachou*, «farctum;» c'est P. de Alcala qui le donne dans l'acception qu'il avait en espagnol.

ALAXOR, alexor, [*alesor dans Muñoz, *Fueros*, I, 375] (espèce d'impôt), de العشور (*al-'ochôr*), pl. de *al-'ochr*, *la dîme*. [*Chez Nuñez je trouve *alejor*, «mesure agraire.» Ce mot semble avoir une origine semblable].

ALATAR (droguiste) de العطار (*al-'attâr*), «celui qui vend des parfumeries (عطر *'itr*).» [*En arabe *al-'attâr* est aussi *droguiste*; voyez le Glossaire sur Edrîsî, p. 346].

*ALATRON (aphronitre, écume de fleur de nitre) de الاطرون (*al-atrón*) que l'on trouve chez de Sacy, *Chrest. arab.*, II, p. 10, l. 5 du texte, au lieu de la forme ordinaire النطرون (*an-natrón*). Müller.

ALAZAN, *py.* alazão, *fr.* alezan (de couleur fauve, en parlant d'un cheval). C'est l'arabe الحصان (*al-hiçân*) qui signifie *equus nobilis et pulcher*. Au Magrib ce mot a une acception plus étendue, car selon Bocthor et Marcel il y désigne *un cheval* en général. [*De même chez l'auteur espagnol Becrî, p. 35, et chez Alcala sous *caballo*]. Les Espagnols au contraire, semblent l'avoir pris dans une signification plus restreinte, en y attachant l'idée d'une certaine couleur. [* Cette étymologie me paraît fort suspecte, car le mot arabe n'a jamais été un adjectif désignant une certaine couleur, et Alcala traduit *alazan* par un tout autre mot].

ALAZOR (carthame) de العصفر (*al-'oçfor*), «carthamus tinctorius,» Ibn-al-Baitâr, II, 196.

ALAUDE *pg.*, *esp.* laud, *it.* liuto, *fr.* luth, de العـود (*al-'oud*) qui désigne le même instrument.

* ALBACAR *val.* («barbacana,» Ròs)?

ALBACARA (petite poulie) de البكرة (*albacara*) qui a le même sens.

* Comme on prononce *albacára*, il vaut peut-être mieux dire que c'est l'arabe البكارة (*al-baccâra*). Cette forme manque chez Freytag, mais elle se trouve souvent chez Alcala (avec le pl. بكاكير), p. e. sous les mots *carreta como rodaja*, *garrucha*, *polea*, *roldana o carrillo*; on la rencontre aussi dans le *Cartás*, p. 36 med., 106, l. 9, et chez Hélot.

* Au XVe siècle *albacara* avait encore un tout autre sens, celui de *tour* dans les fortifications selon Nuñez, et M. de Gayangos, dans une note sur la Chronique du connétable Don Miguel Lucas (dans le *Memor. hist. esp.*, VIII, 308), cite ce passage de la *Crónica de Don Juan II* (édit. de Logroño, 1517, fol. 9 *d*), où il est question de la ville de Setenil: «é tiene una puerta al cabo de la villa, y en el comienzo del castillo, con una albacara, cerca de una torre muy grande é muy hermosa; é tras esta albacara tiene otra como manera de alcáçar, é hay dos puertas desta albacara al alcáçar,» et plus loin (*ibid.*): «y embióles tres lombardas para que tirassen en derecho del albacara del alcáçar del castillo, do estava la puerta.» M. de Gayangos ne doute pas de l'origine arabe de ce mot, qui selon lui désigne une espèce de tour, et il en propose deux étymologies; mais l'une est aussi inadmissible que l'autre; il n'est pas nécessaire de les réfuter, car il va de soi que *al-bacara* (البكرة), *poulie*, convient aussi peu que *al-wacra* (الوَكَرَة, et non pas الوَقَرَة comme écrit M. de Gayangos), *nid d'oiseau*. Il est étrange que ce savant ne se soit pas aperçu que le passage de la chronique du connétable qu'il commentait, fournit à la fois l'étymologie et la véritable signification du mot. Il y est question de l'approvisionnement

d'une forteresse et on y lit : «metióles dentro en el alvacara (*var.* al-bacara) fasta quatrocientas vacas, y terneras las mas famosas y gordas que jamas se vieron.» L'*albacara* contenait donc quatre cents vaches et veaux; or, *al-bacar* (البقر) est en arabe le mot ordinaire pour *bœufs*, et il est clair qu'*albacara* signifiait, non pas une espèce de tour, mais une vaste étable où les habitants et la garnison d'une forteresse mettaient le gros bétail. Les Arabes disaient sans doute «l'étable des *bacar*,» mais les Espagnols disaient *albacara* tout court. Que si l'on relit à présent le passage de la Chronique de Don Juan II, on verra qu'il ne contient rien qui s'oppose à cette interprétation, et les deux endroits que j'ai cités sont les seuls, si je ne me trompe, où ce terme se trouve.

ALBACEA (exécuteur testamentaire) de الوصى (*al-waçî*) [*qui a le même sens; voyez Quatremère, *Hist. des sult. maml.*, I, 1, 237, II, 2, 109].

ALBACORA, bacora (grosse figue noire précoce). L'arabe الباكور (*al-bâcôr*) signifie *précoce*, et au Magrib *une espèce de figue précoce;* Dombay traduit *bâcôr* par «grossus, ficus præcox» et M. Cherbonneau (dans le *Journ. asiat.* de 1849, I, 538) par «figue fraîche.» [* Comparez Shaw, I, 223 de la trad. holland.; mais je crois que M. E. s'est trompé en citant Dombay. Ce dernier donne (p. 71): «*bâcôr*, primitiae ficuum,» et le «grossus, ficus praecox» est la traduction de *albacora* dans le dict. de l'Acad. esp.].

* En esp. et en port. *albacora* est aussi le nom d'un poisson de mer semblable à la bonite (Nuñez) ou au thon (Moraes, Vieyra; ce dernier donne aussi les formes *albacor* et *albecora*). Je n'ai pas trouvé ce mot dans les dictionnaires arabes, qui sont extrêmement défectueux pour ce qui concerne les noms de poissons.

* ALBADEN (pas dans les dict.) doit avoir été le nom d'une étoffe, car dans une ordonnance d'Alphonse X réglant le prix de certaines choses, on trouve nommé parmi les étoffes: «El albaden rreforçado é porpolado cinco mrs.; el otro albaden sensillo dos mrs. é medio» (*Cortes de Leon y de Castilla*, I, 68). Je crois que c'est l'arabe البطانة (*al-bitâna* ou *al-biténa*), ou peut-être le pluriel, البطائن (*al-batéïn*). Freytag et Lane ne l'ont que dans le sens de *doublure;* il signifie aussi *peau de mouton préparée*, et avec cette acception il a passé dans l'esp. sous la forme *badana* (voyez cet article); mais elle ne convient pas pour le passage qui nous occupe. Chez Pellissier (*Description de la Régence de Tunis*,

p. 153) je trouve: « *betania* , couverture bariolée en laine, » et chez Naggiar, parmi les objets qui composent le lit: « بطانية, couverture. » Cette signification semble plus appropriée, et peut-être faut-il l'admettre aussi pour un passage d'Ibn-Iyâs que j'ai cité dans mon *Dict. des noms des vélem.*, p. 85, et où on lit que, par suite d'une grande mortalité, on ne pouvait plus se procurer des étoffes de coton de Baalbec, ni des *batëïn*, pour en envelopper les cadavres.

* ALBAFAR, albafora *pg.* (grand poisson sur les côtes du Portugal, Vieyra)?

ALBAFOR *pg.* (encens, parfum) de البخور (*al-bakhòr*) qui a la même signification. J'observerai à cette occasion que c'est à tort qu'on a voulu dériver le verbe *avahar* (chauffer avec l'haleine, etc.) de l'arabe بخر (*bakhara*). En espagnol la syllabe *ar* n'est que la terminaison de l'infinitif, tandis qu'elle est radicale dans le mot arabe, et il est évident que *avahar*, ainsi que *vahear*, *bafear*, vient de *baho* ou *bafo* (cf. Diez, II, 100). [* L'Académie, sous *avahar*, a donné la bonne étymologie].

ALBAHACA, alfabega, albabega, alabega, [* *fr.* fabrègue] (espèce d'herbe, basilic), de الحبق (*al-habac*), «mentha pulegium,» Ibn-al-Baitâr, I, 283.

* ALBAIDA. 1°. Chez Victor: «blancheur; c'est aussi une petite pièce de monnaie qui s'appelle autrement *Blanca*, laquelle vaut environ un denier tournois.» L'explication itâlienne («bianchezza, è una picciola moneta detta bianco») me fait soupçonner que le mot ne signifiait pas blancheur, mais seulement une petite pièce de monnaie, et que *blancheur* n'est qu'une explication du lexicographe. Quoi qu'il en soit, il est certain que *albaida* est l'adjectif féminin البيضاء (*al-baidhâ*), *la blanche*. C'étaient sans doute les Mauresques qui se servaient de ce terme pour désigner la pièce de monnaie appelée *blanca* par les Castillans. En effet, dans un document tolédan de l'année 1323, les *blancas* sont appelées الفرود البيض (*al-foroud al-bîdh*); voyez les *Memorias de la Academia*, V, 311. — 2°. Selon l'Acad. (6e édit.): «Arbrisseau rameux haut d'environ deux pieds; *ses feuilles sont blanchâtres* et ses fleurs jaunes. Anthyllis cytisoides.» Les mots que j'ai' soulignés prouvent qu'en ce sens *albaida* est le même adjectif arabe.

* ALBAIRE (œuf, dans la langue des bohémiens). Je crois avec Marina que c'est une altération de البيضة (*al-baidha* ou *al-baidhe*), le mot ordinaire pour *œuf*.

ALBALA, albaran, albara, *pg.* alvara (quittance, cédule, diplôme, passe-port), de البرآء (*al-barâ*) que P. de Alcala traduit par *cedula hoja o carta, contrato.* Dans les Voyages d'Ibn-Batouta (I, 112) on le trouve dans la signification de *passe-port.*

*Freytag écrit ce mot برآء et le place sous la racine برى; il aurait dû le mettre sous برأ et l'écrire برآءة, car telle est la forme classique, tandis que برآء est la forme vulgaire (voyez le Lexique de Lane). Il signifie proprement *quittance,* comme l'indique l'étymologie, et on le trouve en ce sens chez des auteurs anciens, p. e. chez Mohammed ibn-Hârith, *Hist. des cadis de Cordoue,* man. d'Oxford, p. 303, 338; plus tard on l'a employé pour désigner toutes sortes d'écrits, et aujourd'hui c'est en Algérie le mot ordinaire pour *lettre* (de même chez Ibn-Khaldoun, *Hist. des Berbères,* II, 351, dern. l., et chez Ibn-Batouta, IV, 268). Mais anciennement le mot *albala, albara, alvara, albarra,* avait un tout autre sens, à savoir celui de *district* (voyez Yanguas, *Antigüedades de Navarra,* I, 25 et 26), ou plutôt de *territoire qui s'étend autour d'une ville, banlieue;* «el concello de Tudela ó de su albara, »lit-on dans un document de 1330 (*apud* Yanguas, III, 421). En ce sens c'est l'arabe *al-barra* (البرة). Le mot بر (*barr*) signifie: *ce qui est hors d'une ville ou d'une maison, la banlieue d'une ville* (voyez Quatremère dans les *Notices et Extraits,* XIII, 205, et *Hist. des sultans mamlouks,* II, 1, p. 80), et *barra* se dit dans la même acception. Hélot donne *barr* et *barra, le dehors,* et Burton (*Pilgrimage,* II, 18) *barra, les faubourgs.* Dans les documents espagnols *alvara* se prend aussi dans le sens de *village ou hameau appartenant à la banlieue d'une ville,* comme dans le Fuero de Cabanillas de 1124 (*apud* Yanguas, I, 157): «Et quod ulla alvara de Tudella non faciat vobis de embargo de quantum ibi est hermo et populato cum suis montibus et suis aquis;» dans une donation faite par Alphonse-le-Batailleur à l'église de Tudèle en 1121 (*Esp. sagr.,* XLIX, 331) on lit: «Et dono vobis similiter et concedo totas illas Mezquitas cum suis haereditatibus, quae sunt in illos castellos, in illas almunias, que sunt de alvaras de Tudela, cum suos furnos et cum totas suas haereditates;» et plus loin (p. 332): «Et similiter dono Deo et

Sanctae Mariae totas illas decimas de totas almunias, quae sunt vel erunt in termino de Tutela, aut ubi unquam habuerunt alvaras illos Moros de Tutela aut haereditates, quod sit propria haereditas de Deo et de Sancta Maria per saecula cuncta.» Ces renseignements peuvent servir à corriger l'article *Alvara* dans Ducange.

* ALBANÉCAR (pas dans les dict.). M. Lafuente m'a fourni de ce mot l'explication suivante tirée de la *Carpinteria de lo blanco*: El triángulo rectangulo formado por el partoral, la lima tesa y la solera.

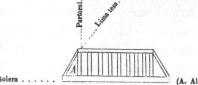

(A. Albanécar).

Il le dérive de البُنَيْقَة (*al-banîca*), ce qui, comme on pourra le voir en comparant l'article suivant, est parfaitement exact.

ALBANEGA («réseau de forme ronde, que les femmes portent ordinairement sur la tête et avec lequel elles retroussent les cheveux» Cob.). C'est l'arabe البُناقَة (*al-banâca* ou *al-banîca*) que P. de Alcala traduit par *cofia de muger* et par *alvanega cofia*. Voyez plus de détails sur ce mot dans le *Dict. des noms des vêtem.* de M. Dozy, p. 90 et suiv.

* J'ai à faire quelques additions à l'article de mon *Dict. des noms des vêtements* cité par M. E. D'abord la forme du mot arabe ne semble pas être البُناقَة, bien que P. de Alcala donne *banéca* sous *alvanega*, mais البُنَيْقَة, car Alcala écrit *banica* sous *cofia de muger*, Diego de Haedo *beniga* (son *albanega* paraît plutôt la forme espagnole) [1], et Daumas (*Le Sahara algérien*, p. 242) mentionne des «bonnets de femme appelés *benika.*» Dans la langue classique *banica* signifie *la pointe* d'une chemise, le morceau d'étoffe, taillé en pointe, que l'on coud sur les côtés d'une chemise, entre le devant et le derrière, pour lui donner plus d'ampleur (voyez Lane); mais plus tard il a reçu d'autres sens. Chez

---

1) En citant ce passage de Haedo, j'ai avoué que j'ignorais comment il faut écrire le mot *lartia*, qui y est l'équivalent de *beniga*. Je l'ai trouvé depuis chez Berggren, qui donne (p. 805) لانتِيَه, «bonnet des dames, orné de petites monnaies d'or ou d'argent,» et sous *bonnet* لاطبيه, «bonnet d'évêque.»

Maccarî (II, 711, l. 14 et 15, où il faut substituer deux fois بُنَيِّقَة, comme on trouve dans l'édition de Boulac, à نُبَيِّقَة) il signifie *lé* (largeur d'une étoffe entre ses deux lisières), et Barth (*Reisen*, V, 704) donne *benîge*, raies d'une chemise. Dans l'anc. portugais *abanico*, qui est sans doute le même mot, avait un autre sens qu'*albanega* en espagnol. Ce n'était pas une espèce de coiffe (« un albanega morisca, con unas barbas postisas, » lit-on dans un inventaire publié par Saez, *Valor de las monedas*, p. 531), mais une sorte de collet ou de fraise ; « compunha-se de huma tira de garça, ou volante, da largura de huma mão travessa, tomada en préga » (Sª. Rosa).

*« ALBAÑAL, albañar, albellon, abojon, arbollon (cloaque, égout). La diversité des formes étant si grande, il sera bien permis d'insister d'abord sur celle qui dans la seconde syllabe a le *l* ou le *j* qui est provenu de *ll*. Si nous supposons ensuite que le *n* à la fin a été substitué à un *l*, et si nous pensons à *alquinal*, mot dans lequel le *l* est provenu d'un 'ain (القِناع, *al-quinâ'*), alors il ne sera pas impossible de reconnaître le mot arabe البِالوع (*al-bâlou'*), البِالوعة (*al-bâlou'a*), qui a le même sens, comme celui qui a donné naissance au mot espagnol.» Müller. — Ces remarques sont sans doute justes au fond, mais elles me semblent devoir être modifiées. En premier lieu je dois observer que la forme *bâlou'*, donnée par M. Müller, n'existe pas en arabe; mais cette langue a pour *égout* ces quatre formes: *ballou'a*, *bâlou'a* (dans le dialecte de Baçra), *ballâ'a* et *bollai'a* (voyez Lane). La première, *al-ballou'a* ou *al-bellô'a*, s'est conservée presque sans altération dans le valencien *albelló*; c'est l'esp. *albellon*, *albollon* ou *albolon* (voyez le Glossaire sur le 3ᵉ volume de Sanchez), *arbollon*, *aboñon* (avec *ñ* ou *nn* pour *ll*) dans l'Alexandre, copla 994, *abojon* (avec *j* pour *ll*). La troisième forme *al-ballâ'a* a donné naissance aux formes espagnoles *albañal* et *albañar*, le *ñ* (*nn*) ayant été substitué à *ll*, comme dans *aboñon*, et le *r* ou le *l* à l'ain, comme dans *al-quinâ'*, *alquinal*.

ALBAÑÍ, albañir, albañil, *pg.* alvanel [* et albanez dans l'Alentejo] (maçon), de البِنّاء (*al-bunnâ*, *al-bunné*, *albunnî*), dérivé du verbe *banâ*, *bâtir*.

ALBAQUIA (le reste d'une dette) de البَقِيّة (*al-baquîya*), « reliquiæ, residuum. »

ALBARAZO, *pg.* alvaraz (la lèpre blanche), de البَرَص (*al-baraç*) qui a le même sens.

9

ALBARDA (bât) de البردعة (al-barda'a) que Bocthor traduit par «bât rembourré pour un âne, une mule.»

* ALBARDAN. Ce mot dont l'Académie donne une étymologie tout-à-fait fausse et qui se prend ordinairement dans le sens de bouffon, signifiait dans l'origine fou, sot; l'archiprêtre de Hita l'emploie en ce sens (copla 259) et Victor donne aussi fou. C'est l'arabe البردان (al-bardân), qui n'est pas classique (voyez Lane), mais qui, dans la langue moderne, laquelle aime beaucoup à substituer la forme fa'lân à celle du partici-pe, est l'équivalent de bârid. Freytag ne donne bârid. et bardân que dans le sens de froid, mais ces mots signifient aussi sot. Bocthor donne sous sot : شى بارد, sotte chose, كلام بارد, sot discours. Burton (Pilgri-mage, I, 270) s'exprime en ces termes: «A cold of countenance is a fool. Arabs use the word cold in a peculiar way. «By Allah, a cold speech!» that is to say, a silly or an abusive tirade.» Dans la Chres-tomathie de Kosegarten (p. 50) on lit : ولى فى هذا المعنى املح من قول هذا البارد, «j'ai composé sur ce sujet des vers bien plus jolis que ceux de ce fou.» Un vers cité par Becrî (p. 122) est conçu en ces termes:

منتك نفسك ان تكون خليفة هيهات هذا من حديثك بارد

«Flatté par l'amour-propre, tu voudrais devenir calife; allons donc! c'est là une de ces sottises dont tes discours sont toujours remplis.» Chez Maccarî (Seconde partie, III, 472, l. 5 a f.) on lit : وآب يحمل عذرا باردا, «mon messager retourna en m'apportant de sa part une sotte excuse;» cf. Mille et une nuits, I, 163, 246 éd. Macnaghten. La 10e forme du verbe barada signifie de même: juger qu'une chose ou une personne est sotte; voyez Maccarî, I, 137, l. 4, 511, l. 17, II, 506, l. 11; et barâda a le sens de sottise, bêtise (Humbert, p. 238). Albar-dan est donc proprement: un homme qui dit des sottises, et de là un bouffon.

* ALBARDIN (plante qui ressemble au sparte, lygeum spartum selon l'Acad.) de البردى (al-bardî), le papyrus selon de Sacy, Relation de l'Egypte par Abd-allatif, p. 109; à Grenade ce mot signifiait jonc; voyez P. de Alcala sous enea. Müller. — Voyez aussi Alcala sous espa-daña. Dans le Glossaire sur le Mançourî par Ibn-al-Hachchâ (man. 331(5), fol. 151 r°) le mot اجمة est expliqué de cette manière: هى جماعة القصب والبردى (sic) وشبههما مما ينبت فى المياه القائمة; cf. Cherbonneau, *Dialogues*, p. 198. Dans le dialecte valencien le mot arabe s'est conservé sans altération: *albardi* (Fischer, *Gemälde von Valencia*, I, 219).

* ALBARDON (bête de somme, sommier, Victor) de البرذون (*al-birdzaun*), qui en Espagne se prononçait *al-bardéun* (Alcala sous *haca pequeño cavallo*) et qui signifie *un cheval de bât* (cavallo albardon chez Victor). On l'emploie aussi, en arabe (voyez Quatremère, *Hist. des sult. maml.*, I, 2, 132) comme en espagnol (*mulo albardon* chez Victor), pour désigner *un mulet de bât*.

* ALBAREME. Voyez ALCATENES.

ALBARICOQUE, albarcoque, alvarcoque, albercoque (abricot), de البرقوق (*al-barcôc*). — L'histoire de ce mot est assez curieuse pour en exposer ici les détails. De même que les Arabes ont pris *al-bâcôr* dans la signification restreinte de *figue précoce*, les Romains ont désigné les abricots, qu'ils nommaient ordinairement *mala armeniaca*, par l'adjectif *praecox*. C'est ce qui résulte d'un passage de Dioscoride (I, 165), où on lit: τὰ μῆλα ἀρμηνιακά, ῥωμαϊστὶ δὲ πραικόκια. Lorsque l'ouvrage de Dioscoride fut traduit en arabe, l'on a transcrit le mot πραικόκιον conformément au génie de cette langue et l'on en a fait *barcôc*, avec l'article *al-barcôc*. Ainsi arabisé, il a fait le tour de la Méditerranée et s'est introduit, non-seulement dans l'espagnol et le portugais (*albricoque, albercoque, alboquorque*), mais aussi dans les autres langues romanes. On ne saurait méconnaître l'article arabe dans le provençal *aubricot* et dans l'italien *albercocca*, *albicocca*. Ainsi ce mot, après avoir bien changé sur la route, est retourné dans sa patrie. — Voyez M. Diez et l'excellent article de M. Mahn (Recherches étymologiques, p. 49).

* Selon toute probabilité le nom complet, par lequel les Romains désignaient les abricots, était *Persicum praecox*, car les abricots ont beaucoup de ressemblance avec les pêches, et au XVIe siècle les abricots s'appelaient aussi en Hollande *vroege persen* (pêches précoces) ou *avant-pêches* (voyez Dodonaeus, *Cruydt-Boeck*, p. 1340 *b*). Du pluriel latin *precocia* les Grecs ont fait leur πραικόκια ou πραικόκκια, πρεκόκκια, d'où s'est formé le singulier πραικόκκιον. Ce dernier a passé dans l'arabe; mais comme les Arabes n'ont point de *p* et qu'ils ne peuvent prononcer deux consonnes consécutives, le mot est devenu chez eux *barcôc*, *bercôc*, ou aussi *bircôc* et *borcôc*. Mais M. Mahn et M. E. prétendent à tort que les Arabes ont appris à connaître ce mot par la traduction arabe de Dioscoride. En soi-même il est peu vraisemblable que le peuple ait emprunté le nom d'un fruit bien connu et abondant à la traduction d'un livre qui était trop savant pour être lu par lui; et ce qui tranche la question, c'est que les paroles de Dioscoride dont il s'agit, ont été omises par son traducteur arabe, comme je m'en suis assuré en consultant l'exemplaire que nous possédons de cette traduction (man. 289, fol. 47 v°). Il faul donc dire que les Arabes ont emprunté le mot aux habitants des provinces qu'ils avaient conquises sur l'empire byzantin. Au reste il faut encore remarquer que chez eux le mot *barcôc* a gardé une signification aussi vague que le latin *praecox;* ce dernier désignait aussi des prunes précoces, et de même *barcôc* signifie non-seulement *abricot,* mais aussi *prune.* Du temps d'Ibn-al-Baitâr (voyez I, 132), c'était en Espagne et dans le Magrib *abricot,* et en Syrie, *prune;* aujourd'hui c'est partout *prune* (voyez Dombay, p. 70, 71; Humbert, p. 52, Bocthor, Marcel et le *Dictionnaire berbère* sous *abricot* et sous *prune*).

ALBARRADA, *a. pg.* abbarrada («vaso de barro, para beber, ou de louça da India em que se mettem flores. Porém entre nós não só se tomava por vaso de barro, mas tambem de prata, ou ouro» Sª. Rosa). C'est l'arabe المرادة (*al-barrâda*) qui signifie proprement *un vase de terre pour rafraîchir l'eau,* mais qu'on semble avoir employé aussi pour désigner un vase de toute autre matière, d'or, d'argent, etc. P. de Alcala le traduit par *jarro con dos asas.*

En espagnol [* et en portugais] *albarrada* signifie encore tout autre chose, à savoir «la pared que se haze de piedra seca», et Cobarruvias le dérive du verbe «*berdea,* que vale cubrir una cosa con otra, o poner una cosa sobre otra, como se haze en la albarrada que se pone una piedra sobre otra sin cal, ni barro, ni otra materia.» Ne connaissant pas le verbe arabe que Cobarruvias a ici en vue, je ne puis admettre cette étymologie, mais sans avoir à en proposer une meilleure.

* Ce verbe, qui manque dans Freytag, mais qu'Alcala donne sous *enalbardar* (bâter, mettre le bât), est بردع (*barda'a*); ce qui le prouve, ce sont les mots qui suivent chez Cobarruvias immédiatement après ceux qu'a cités M. E.: «Deste verbo se dixo *al-barda* y *barda.*» D'après cette étymologie, *albarrada* serait donc البردعة (*al-barda'a*), c'est-à-dire, le

même mot que celui qui a donné naissance à l'espagnol *albarda*; mais j'avoue que je ne la trouve pas vraisemblable.

ALBARRAN, *pg.* albarráa, alvarráa (forastero) ⎫ C'est à cause de leur
ALBARRANA (torre) ⎬ origine commune que
ALBARRANA (cebolla) ⎭ je réunis ces trois
mots dans un seul article. L'arabe براني (*barrâni*) est un adjectif dérivé de *barr* (terre, champ) et ayant les mêmes significations que *barrî* (agrestis, externus). De tels adjectifs en *âni* étant de formation postérieure, ils manquent pour la plupart dans les lexiques. C'est P. de Alcala qui nous viendra au secours. Ce lexicographe traduit les mots *avenedizo*, [* *estraño*, *estrangero*], *forastero* par *barrâni*: c'est précisément la signification de *albarran*. — Le féminin de *barrâni* est *barrânîa*, et ce mot répond chez Alcala à *albarrana torre*, parce qu'il désigne « une tour *au dehors* de la muraille d'une ville. » (Comparez le *Cartás*, p. 22: القوس البراني). — Quant à *albarrana cebolla*, Cobarruvias nous informe que c'est la «cebolla que se cria en el campo á diferencia de la cultivada en las huertas.» Il désigne donc *des oignons sauvages* par opposition à ceux qu'on cultive dans les jardins.

* M. Defrémery observe avec raison que M. E. aurait dû citer à cette occasion une excellente note de Quatremère, dans les *Notices et Extraits*, XIII, p. 205, 206; mais en outre les mots dont il est question dans cet article, ne viennent pas de *al-barrâni*, car il n'y a pas de trace de la terminaison *î;* ils viennent, comme dit M. de Gayangos (dans le *Memor. hist. esp.*, VIII, 291, n. 1), de البرّان, *al-barrân*, au féminin *al-barrâna*, adjectif que Quatremère donne aussi et qui a le même sens que *al-barrâni*. De *barr* on a formé d'abord *barrân* (forme *fa'lân*), et ensuite de ce dernier, *barrâni*. — Anciennement *albarran* signifiait aussi *célibataire;* c'est encore un adjectif en *ân*, que les dictionnaires de la langue classique n'ont pas, mais qui vient d'une autre racine, à savoir de برى (*baria*), *être libre*.

ALBATARA (espèce de maladie «que da á las mugeres en la boca de la madre, ó utero» Acad.) de البطّارة (*al-badhâra*), «superioris labii caruncula vel protuberantia.»

* L'explication latine de l'Acad. est: «excrescens in ore uteri caruncula, femineus quidam morbus,» et M. E. aurait mieux fait de donner, non pas la première, mais la seconde signification notée par Freytag;

che. Lane, qu'on peut consulter, *badhâra* est le synonyme de *badhr*.

ALBATOZA, *pg.* albetoça (espèce de navire). Voyez Jal, *Glossaire nautique*. Ce mot serait-il une altération de l'arabe المطبسة (*al-botsa*)? *Voir* Abd-al-wâhid, p. 204, Quatremère, *Hist. des sult. maml.*, I, 2, p. 86, 272.

* Dans quelques-uns des exemples cités par Quatremère (voyez aussi Freytag) la dernière lettre est un *chîn*; Dombay (p. 100) a aussi بطاش (*batâch*), «navis major duobus instructa malis,» et je crois, de même que M. Jal, que ce mot est identique avec l'esp. *patache*. Pour ce qui concerne son origine, je pense qu'elle doit être cherchée chez un peuple essentiellement marin, à savoir chez les Dalmates, car Ducange a: «*bastasia*, naviculae apud Dalmatas species.»

ALBAYALDE, *pg.* alvayade (céruse), de البياض (*al-bayâdh*) qui désigne la même chose.

* *Bayâdh* est proprement *blancheur*, et Freytag ne dit pas que c'est *céruse*; aussi appartient-il en ce sens à la langue vulgaire, comme l'atteste formellement l'auteur du *Mosta'înî* (man. 15), qui s'exprime en ces termes: أسفيذاج هو البياض ويعرف ببياض جلوى وهو من كلام العامّة, «*isfîdzâdj* [céruse]: c'est le *bayâdh*, connu généralement sous le nom de *bayâdh djalawî*, mot qui appartient au langage populaire.» Alcala traduit *alvayalde* par *bayâdh*.

ALBEITAR, *pg.* alveitar (vétérinaire), de البيطار (*al-beitâr*) qui a le même sens [* et qui est une altération du grec ἱππίατρος; voyez les notes de M. Sachau sur Djawâlîkî, p. 15].

ALBENDA (espèce de draperie, «especie de colgadura de lienzo blanco con piezas entretexidas á manera de red, ú de encaxes de hilo con varios animales y flores labrados en el mismo texido,» Acad.). En arabe البند (*al-bend*) signifie *drapeau*, *bannière*, et aussi *ceinture* (Dozy, *Dict. des noms des vêtem.*, p. 88). N'ayant jamais rencontré ce mot arabe dans un sens analogue à celui de l'espagnol *albenda*, ce n'est qu'en hésitant que je propose cette étymologie.

* Je crois avec M. E. que cette étymologie n'est guère satisfaisante. A mon avis *albenda* est un mot tronqué qui vient de البنداريّة (*al-bendâriya*). Ce dernier terme n'est pas dans les dictionnaires, pas même dans ceux de la langue persane, bien qu'il soit composé évidemment des deux mots persans *bend* (notre *bande*) et *dâr* (*tenant*); mais je le trouve

dans les *Mille et une nuits* (I, 153 éd. Habicht), où les *bendârîyât* sont nommés conjointement avec les اينزرة d'un salon. Ce dernier mot signifie *draperies, rideaux* [1]; *bendârîyât* a probablement le même sens et nullement celui de *petits drapeaux*, comme Habicht l'a soupçonné dans son glossaire. On voit donc que sa signification s'accorde fort bien avec celle de l'esp. *albenda*.

* ALBENGALA (étoffe de lin très-fine dont les Maures d'Espagne ornaient leurs turbans) semble être formé du nom propre *Bengale*, car c'est dans cette province que l'on fabrique la mousseline la plus fine que l'on connaisse dans l'Inde.

ALBERCA, *pg.* aussi alverca (étang), de البركة (*al-birca*), « piscina. »

ALBIHAR, abihar (espèce de plante), de البهار (*al-bahâr*), « anthemis valentina, » Ibn-al-Baitâr, I, 181.

ALBITANA (« pièce de bois s'élevant en dedans de l'étrave et de l'étambot, auxquels elle adhère, et placée là pour lier fortement l'étambot et l'étrave à la quille » Jal). Comme la racine بطن (*batana*) signifie *entrer dans le dedans*, البطانة (*al-bitâna*) peut fort bien avoir eu une signification nautique, analogue à celle du mot espagnol.

ALBOAIRE (terme d'architecture) « de la palabra arabe *al-boair* (?), que significa lugar para encender fuego á manera de un horno » Acad.

* La définition de l'Académie est celle-ci: « Labor que antiguamente se hacia en las capillas ó bóvedas adornandolas con azuléjos. » C'est certainement l'arabe البحير ou البحيرة (*al-bohair* ou *al-bohaira*), diminutif de البحر (*al-bahr*), car Edrîsî (p. 113, l. 3, et p. 210, l. 2 de l'édit. de Leyde) emploie ce dernier mot dans un sens analogue.

ALBOGUE (espèce de trompette) de البوق (*al-bóc*), « lituus. »

ALBOHERA, albofera (lac), de البحيرة (*al-boheira*), qui est le diminutif de *bahr*, mer.

* ALBOHEZA (mauve, plante) de الخبازى (*al-khobéza*) qui a le même sens.

* ALBOHOL (liseron, liset). On a donné à cette plante le nom de *funis arborum*, parce qu'elle s'entortille comme une corde autour des ar-

---

1) Le mot سلالت au contraire, qui se trouve aussi dans ce passage et auquel Habicht et Freytag attribuent le même sens, en a un tout autre; voyez à ce sujet une note de M. Lane dans sa traduction des *Mille et une nuits*, II, 242, n. 113.

bres (voyez Dodonaeus, *Cruydt-Boeck*, p. 700 *b*), et tel est aussi le sens du mot espagnol, car *albohol* est une transposition de الـحـبـول (*al-hoból*), plur. de حـبـل (*habl*), *corde*. Chez les botanistes arabes, le grand liseron porte le nom de حـبـل الـمـسـاكـيـن (*habl al-masákín*), *corde des pauvres*[1]; voyez Ibn-Djazla, man. 576, *in voce*, Ibn-al-Baitâr, I, 283, et comparez le *Mosta'ní* (man. 15), où on lit : حـبـل الـمـسـاكـيـن قـيـل انـه الـذى يـقـال لـه بـالـعـاجـمـيـة بـنـكـه[2] وهـو صـنـف مـن الـلـبـلاب الـكـبـيـر الـذى اذا قـطـع مـنـه شـىء خـرج مـنـه الـلـبـن وراىـت انـه الـلـبـلاب الـكـبـيـر بـعـيـنـه وهـو الـذى يـتـعـلّـق بـالـسـيـاجـات ويـنـبـت بـيـن الـدىـس, « *Habl al-masákín:* on dit que cette plante est celle qui s'appelle en espagnol *vinca*[3]; c'est une espèce du grand liseron, dont il sort du lait quand on en coupe quelque chose; je crois que c'est le grand liseron même; il s'attache aux haies et croît parmi le *dís*. »

ALBONDIGA, *pg.* almondega (boulette de viande hachée). C'est à cause de sa figure qu'on lui a donné ce nom, car en arabe الـبـنـدقـة (*al-bondoca*) signifie *boulette*.

ALBORBOLA (cri de joie). Dans l'anc. espagnol on trouve *albuerbola* et aussi *albuélvola* (*voir* l'Archiprêtre de Hita, copl. 872); P. de Alcala traduit *alborbolas de alegria* par *teguelgúl* (تـولـول), et le verbe arabe *walwala* (ولـول), auquel les lexiques ne donnent d'autre sens que celui de *pousser des gémissements*, se trouve chez Abd-al-wâhid, p. 211, dans la signification de *pousser des cris d'allégresse*. On ne peut donc douter que le mot espagnol en question ne dérive de *al-walwala* qui est l'infinitif de ce verbe. *Voir* la note de M. Dozy, *Recherches*, t. II, p. LXIV de l'Appendice.

* De même que M. E., M. de Gayangos a reproduit, dans le *Mem. hist. esp.*, VIII, 201, une partie des détails que j'ai donnés sur ce mot

1) Une espèce de clématite s'appelle aussi en français *herbe aux gueux*, parce que les mendiants se servent de ses feuilles pour faire paraître leurs membres livides et ulcérés.

2) Telle est la leçon du man. de Leyde; dans celui de Naples on trouve بـنـكـة, mais c'est une faute.

3) *Vinca pervinca* (d'où vient le fr. *pervenche*) chez Pline; voyez Dodonaeus, *Cruydt-Boeck*, p. 725 *b*, qui donne *pervinqua* comme le nom esp. du liseron; Nuñez a *vincapervinca*, pervenche, clématite.

dans mes *Recherches*, mais en se dispensant de nommer l'auteur auquel il les avait empruntés.

ALBORNIA (grand vase vernissé, qui a la forme d'une écuelle) de البرنية (*al-barnîya*), «vas fictile in quo quid recondunt.»

ALBORNOZ, *pg.* albernoz (espèce de manteau fermé, garni d'un capuchon), de البرنس (*al-bornos*). Voyez sur ce mot Dozy, *Dict. des noms des vêt.*, p. 73 et suiv.

*ALBORONIA, almoronia, boronia, moronia (mets composé de melongènes, de citrouilles, de pommes d'amour et de piment) est peut-être البورانية (*al-bôrânîya*), mot qui ne se trouve pas dans Freytag, |mais qui, dans les *Mille et une nuits* (VIII, 288 éd. Habicht), désigne une espèce de mets. Selon toute apparence, ce mets a été nommé ainsi d'après Bôrân ou Bourân, l'épouse du calife Mamoun.

ALBOROQUE (ce que l'on paie au courtier par l'intermédiaire duquel une chose a été vendue, courtage). L'arabe بروك (*borouc*) auquel Marina compare ce mot, m'est inconnu.

*Le mot *alboroque* ou *alboroc*, qui est très-ancien en espagnol, puisqu'il se trouve déjà dans les actes latins du concile de Léon de l'année 1020 (dans les *Côrtes de Leon y de Castilla*, I, 7) sous la forme *alvaroch*, variantes *alvoroch* et *alvoroc*, dans l'ancienne traduction espagnole (*ibid.*, p. 17) *alvaroc*, signifie en général, comme on peut le voir dans le Dictionnaire de l'Académie, *pot-de-vin*, *épingles*, *ce qui se donne par manière de présent au delà du prix convenu*, et Cobarruvias avait raison de le mettre en rapport avec le verbe hébreu בֵּרֵךְ (*bérék*), *bénir*, car le substantif בְּרָכָה (*beraca*) qui en dérive, signifie non-seulement *bénédiction*, mais aussi *cadeau*, *présent*, de même qu'au moyen âge, comme l'observe Gesenius en citant Ducange, le mot *benedictio* s'employait en parlant des présents que les papes envoyaient aux rois. En arabe des substantifs dérivés de la même racine (برك) ont aussi reçu le sens de *cadeau*, ce qu'il faut attribuer peut-être à l'influence des juifs. Ainsi on trouve chez Daumas (*La grande Kabylie*, p. 388): «Le chef de la Zaouïa leur fait tenir, à certaines époques, des présents connus sous le nom de *baraket el cheikh*, la bénédiction du cheikh.» Dans l'ouvrage de MM. Sandoval et Madéra (*Memorias sobre la Argelia*, p. 322) on lit que les aghas et les câïds recouvraient promptement les sommes qu'ils avaient payées à Abd-el-Kader pour obtenir leurs emplois, grâce

aux présents qu'ils se faisaient donner par leurs sujets et qui s'appelaient *barouc el-bournous*. Cette dernière forme, qui est exactement
celle qu'on trouve dans les actes du concile de Léon, a donné naissance à l'espagnol *alboroc* ou *alboroque*.

* Alborque *pg.* (échange, troc) de?

Albricias (cadeau que l'on donne à celui qui apporte une bonne nouvelle) de البشارة (*al-bichâra*) qui a précisément le même sens. En
espagnol ce mot est un peu altéré: le portugais *alviçaras* et le valencien
albixeres se rapprochent beaucoup plus du terme original.

* Albuce («albuce y alcaduz de anoria, pots de la poseraque qui pui-
sent l'eau et la portent en haut,» Victor) de البوش (*al-bouch*), que
Dombay (p. 93) traduit par *dolium parvum*. Ce mot n'est pas arabe;
selon toute apparence il est d'origine berbère.

Albudega, albudeca (espèce de melon), de l'arabe البطيخة (*al-billîkha*
que P. de Alcala écrit *al-batîkha*) ou bien de son diminutif *al-bouteikha*,
comme semblent l'indiquer les voyelles du mot espagnol. — A en croire
Cobarruvias, *albudeca* était usité à Valence et en Catalogne, tandis que
dans les autres provinces on disait *badeha* ou *badea*. Il est facile de
reconnaître dans *badeha* le même mot arabe sans l'article. [* *Pg.* pateca].

Albur, de même que l'arabe البورى (*al-bourî*), désigne une espèce de
poisson (muge), qui a emprunté son nom à la ville de Boura en Egypte.
Voyez Macrîzî, *Descript. de l'Egypte*, I, 108 éd. de Boulac.

Alcabala, alcavala (impôt, taxe), de القبالة (*al-cabâla*), mot très-usité
chez les auteurs arabes, bien qu'il manque dans les lexiques; [* il se
trouve déjà chez Ibn-Haucal, qui écrivait au Xe siècle; voyez le Glossaire sur Edrîsî]. Chez Macrîzî (*Descript. de l'Egypte*, I, 82 de l'édition de Boulac) il signifie «l'adjudication d'une terre, ou de tout autre
objet, moyennant une taxe, une redevance, que l'on s'engageait à payer
au fisc,» et de là «la taxe, que l'on payait, en vertu de cet engage-
ment.» De même le verbe *cabala* à la Ve forme signifie *prendre à
ferme, à bail*. *Voir* Quatremère dans le *Journ. des Sav.* de 1848, p. 49.
A Maroc *alcabala* était «une taxe qui se percevait sur la plupart des
professions et sur la vente des objets de première nécessité.» *Voir*
Edrîsî, man. de Paris, Suppl. arab. 893, fol. 56 v°; cf. t. I, p. 216
de la traduction Jaubert [* dans l'édition de Leyde p. 70 du texte, p. 80
de la traduction]. Le mot arabe en question se trouve encore chez

Ibn-Adhârî, I, 125, dans le *Cartâs*, p. 258. Dans un autre passage de ce dernier livre il désigne «la ligne de bureaux de douane,» comme l'a fait remarquer M. Dozy, Gloss. sur Ibn-Adhârî, p. 38. Quant à *gabela*, it. *gabella*, fr. *gabelle*, je crois que M. Diez a raison de le dériver de l'anglo-saxon *gaful*, *gafol*, d'où on a fait le latin *gablum*, *gabulum*. Le fait que le ج initial ne se change jamais en *g* (cf. p. 15 de l'Introduction) est un argument décisif contre l'étymologie arabe. En outre, P. de Alcala, ayant à traduire *gabela*, dit: *gabela en italiano como alcavala*. Il le considérait donc comme un mot italien. C'est une raison de plus pour croire qu'il n'y a aucun rapport étymologique entre *alcabala* et *gabela*.

* Je dois avouer que les raisons données par M. E. pour nier l'origine arabe de *gabela*, etc., ne me semblent pas concluantes. D'abord l'argument tiré des paroles d'Alcala n'est pas valable à mon avis: ce lexicographe atteste que *gabela* n'est pas la forme castillane, ce que j'admets volontiers; mais comme il dit aussi que c'est la même chose qu'*alcabala* en castillan et *cabála* en arabe, j'inférerais plutôt de ses expressions que c'est aussi le même mot sous une autre forme. L'autre argument me paraît aussi loin d'être décisif: le ج initial devient quelquefois *g* (voyez l'Introd., p. 15), et l'on semble avoir perdu de vue qu'en Italie on écrivait aussi *caballa* et *cabella*; les continuateurs de Ducange en donnent beaucoup d'exemples sous ces deux mots, mais au lieu d'affirmer que c'est pour *gabella*, ils auraient dû dire au contraire que les formes qui commencent par le *c* sont les bonnes, et que ce *c*, comme cela est arrivé dans une foule d'autres cas, a été adouci en *g*. Le mot anglo-saxon au contraire, présente, quant à la forme, de grandes difficultés, et en outre il serait assez étrange que les peuples du midi eussent emprunté le nom d'un impôt aux Anglais, avec lesquels ils avaient bien peu de rapports, tandis qu'ils en avaient beaucoup avec les Arabes. Les habitants de l'Italie méridionale vivaient même sous la domination de ces derniers et c'était à eux qu'ils payaient les tributs. — Au reste on sait qu'en vertu de l'*imâla*, l'arabe قبالة se prononce *cabéla* aussi bien que *cabála*.

En espagnol *alcabala* se dit encore dans le sens de *filet*. En arabe الكابول (*al-eáboul*) désigne la même chose. Peut-être ce mot a-t-il été altéré par l'influence de *alcabala*.

* ALCABAZ (pas dans les dict.). Dans une pièce de vers composée sur une victoire remportée par les Castillans sur les Grenadins et qui se trouve dans le *Cancionero de Baena* (p. 331), on lit:

> Señor Rrey, desque las hases
> Fueron todas ayuntadas
> E las trompetas tocadas,
> Fuyeron como rrapases,
> ¡Dexaron los contumases
> El campo á los generosos
> ·Fidalgos é venturosos,
> Fueron sse los Aĺcabazes.

Dans le glossaire, ce terme est expliqué par *capitaine, chef;* je ne connais pas de mot arabe qui ait cette signification et qui ressemble à *alcabaz;* en outre, ce n'étaient pas les chefs seuls qui fuyaient, mais les guerriers grenadins en général. Comme il s'agit d'une troupe qui avait fait à l'improviste et avec la plus grande rapidité une incursion sur le territoire chrétien, car plus haut le poète avait dit:

> Señor Rrey, corryeron moros
> El prymer lunes de mayo,
> *E mas rresios que un rrayo*
> Levando vacas é toros,

je crois que *alcabaz* est الكبـّاس (*al-eabbâs*). Le verbe كبس (*cabasa*) signifie, ce que Freytag a négligé de dire, *fondre sur l'ennemi, l'attaquer impétueusement et tout à coup;* voyez Ibn-Badroun, p. 35, l. 15. Chez Ibn-Haiyân (man d'Oxford, fol. 78 r°.) on lit: فسرّح اصحابه الى العسكر بصحراء الربض وقد اصاب من اعله غرّة اذ لم يكن فيه الا البايتنة (*lisez* البائتنة) من الغلمان فى سرادق السلطان وفيه نفر من الرماة فكبسهم الفاجر بمن معه يريدون احراق السرادق, «Ibn-Hafçoun se rendit avec ses camarades vers le camp du sultan, qui se trouvait dans la plaine du faubourg et où l'on n'était pas sur le qui vive; en outre, il ne s'y trouvait que les pages qui étaient de garde dans la grande tente du sultan, et une petite troupe d'archers. Le scélérat et ses compagnons fondirent sur eux dans le but de brûler la grande tente.» Dans Maccarî (Seconde Partie, III, 45, l. 12 éd. de Boulac), où il est question d'une troupe qui escalade à l'improviste le mur d'une forteresse:

وكبسوا حرسيا باعلاه بما اقتضى صمانته, « ils fondirent sur une sentinelle qui se trouvait sur le mur et la forcèrent à ne pas faire de bruit.» Et plus loin (p. 53, l. 5 a f.): وكبس رضوان فى بيته فقتله, « il fondit sur Ridhwân, qui se trouvait dans son palais, et le tua.» Un vers d'un célèbre poème d'Ibn-al-Abbâr (apud Ibn-Khaldoun, Hist. des Berbères, I, 392) est conçu en ces termes:

سرعان ما عات جيش الكفر واحرِبا عيث الدبا فى مغانيها التى كبسا

«Comme les infidèles y ont promptement répandu la désolation! Quelle ruine! Semblables aux sauterelles, ils fondent sur nos séjours pour les ravager.» Enfin Ibn-Khaldoun dit (ibid., I, 230): وكبس العرب فى, ايامه بالقلعة وهم غارون واكتسحوا جميع ما وجدوه بظواهرها وعظم عيثهم

«sous son règne, les Arabes fondirent à l'improviste sur le territoire d'al-Cal'a pendant qu'ils faisaient une razzia; ils s'emparèrent de tout ce qu'ils trouvèrent dans les campagnes et commirent de grands ravages.» On voit donc que *cabasa* s'emploie précisément en parlant de ceux qui font une razzia,

> Mas rresios que un rrayo
> Levando vacas é toros.

Le substantif *cabsa* (dans de Sacy, *Chrest. ar.*, I, 46, l. 5 a f. du texte) signifie de même: *attaque violente et subite*, et *cabbâs* est la forme régulière pour désigner celui qui fait habituellement de telles attaques.

* ALCABELLA, alcaballa, alcavala *pg.* (troupe, compagnie, *voyez* Moraes), de القبيلة (*al-cabîla*), *tribu*. En espagnol, comme l'observe M. Müller, *alcavera* chez Berceo, *El sacrificio de la misa*, copl. 146, et *Milagros de Nª. Sª.*, copl. 330; corrompu en *valcavera*, Alexandre, copl. 117.

ALCABOR, alambor («el hueco de las bovedas en los techos, y en las campanas de las chimenéas» Acad.). Dans *alcabor* il est facile de reconnaître l'arabe القبو (*al-cabó*) qui désigne, comme terme d'architecture, *un toit voûté*, *une voûte*. Voyez le *Cartâs*, p. 34, Ibn-Adhârî, II, 244, et le Glossaire sur Ibn-Djobair de M. Wright; [* voyez surtout le Glossaire sur Edrîsî]. Le *r* final a été ajouté comme dans *alfaxur* (cf. p. 23 de l'Introduction). Suivant les académiciens de Madrid, le mot *alcabor* est propre à la province de Murcie, tandis que dans la Manche et dans quelques autres districts on dit *alambor*. L'étymologie de ce mot ne m'est pas claire. Faut-il le dériver de الحنو (*alhanó*), «omnis pars corporis aliusve rei, in qua est curvitas?»

* A mon avis, *alambor*, qui est aussi la forme portugaise, n'est qu'une altération de *alcabor ;* puisqu'il désigne précisément la même chose, il est naturel de supposer que c'est aussi le même mot.

* ALCABTEA (pas dans les dict.; dans le *Cancionero de Baena*, p. 113 *b*, toile de lin très-fine) de القبطية (*al-cobtîya* ou *al-kibtîya*). C'est le féminin de l'adjectif *cobtî*, *copte*, *égyptien ;* en arabe on appelle ces étoffes الثياب القبطية, *les étoffes coptes.* Les Mauresques employaient *cabdia* en ce sens (*Mem. hist. esp.*, V, 438).

ALCACEL, alcacer, *a. pg.* alchazar chez Sª. Rosa (dragée, blé ou orge en herbe qu'on fait manger en vert aux chevaux), de القصيل (*alcacîl*) que P. de Alcala traduit par *alcacel de cevada.* — *Alcacel* ou *alcacer* désigne aussi dans l'Alemtejo *un champ d'orge*, et *alchazar* avait le même sens, comme il résulte d'un passage d'un testament, cité par Sª. Rosa; le testateur y lègue au cloître d'Alcobaça, où il désire être enterré, «alchazar illud, quod lucratus sum in Saborosa.»

* ALCADAFE *pg.* (Vieyra), alcadef *pg.* (Moura), alcadefe *pg.* (Moraes) (pot de terre au-dessus duquel les cabaretiers et les boutiquiers mesurent les liquides qu'ils vendent, et qui reçoit l'excédant), de القداف (*al-codâf* ou *al-codéf*), «scutella, urceus figulinus.» Le catalan avait *cadaf* sans l'article arabe; «vint cadaffes è setriys de terra,» lit-on dans un document de 1331 publié par Capmany (*Memorias sobre la marina de Barcelona*, II, 412).

ALCADUZ, arcaduz, *pg.* alcatruz ¬(seau d'une machine hydraulique pour puiser l'eau et la porter en haut), de القادوس (*al-câdous*), «haustrum in rota aquaria,» *alcaduç de añoria* Alc.

* Le mot *câdous* est le grec κάδος; voyez Fleischer, *De glossis Habicht.*, p. 74. La signification primitive est donc celle qu'a indiquée M. E., à savoir, *seau ;* mais en espagnol *alcaduz* a encore un autre sens, celui de *tuyau, conduit, canal*, chez Victor: «*alcaduce de aguaduche*, le tuyau ou buisine d'un aqueduc.» Il en est de même en arabe, quoique Freytag n'en dise rien. Alcala traduit *alcaduç de canos* par *caiduç*, de même que *alcaduç de añoria ;* Dombay (p. 91) donne: *câdous, canalis ;* Hélot: *tuyau, conduit d'eau ;* Roland de Bussy: *conduit pour l'eau ;* dans le Dictionnaire berbère: *tuyau* (conduit). Chez M. Prax (dans la *Revue de l'Orient et de l'Algérie*, VII, 273) on lit: «Une source d'eau comprise dans la ville (Ghdâmes) arrive au bazar, par un conduit

maçonné, dans un bassin appelé *H'afrat-el-Gaddous*, le puits du seau;»
mais on voit facilement que cet estimable voyageur se trompe ici sur
le sens du mot *câdous*. Un auteur du XI⁰ siècle, Becrî, emploie dans
cette acception la forme قدس (*cadas*), quand il dit (p. 30, l. 1) qu'Obaid-
allâh avait fait venir l'eau à al-Mahdîya d'un village voisin فى اقداس
«au moyen de tuyaux.» L'auteur du *Cartâs* se sert de la forme *câdous*;
voyez p. 36, l. 3 a f., p. 41, l. 9 et 10.

ALCAFAR (couverture de cheval) de الكفل (*al-cafal*), » stragulum quod
equi clunibus imponi solet.»

ALCAHAZ (cage) de القفص (*al-cafaç*) qui désigne la même chose.

ALCAHUETE, *a. py.* alcayote, *prov.* alcavot et alcaot (maquereau, en-
tremetteur), de القوّاد (*al-cauwâd*), «leno.» L'ancien portugais *alcofa*
chez Sª. Rosa semble être une altération du même mot arabe. Mais le
nom moderne *alcoviteiro* ne vient pas directement de l'arabe, car il a
une terminaison portugaise et il est dérivé du verbe *alcovitar*, esp.
alcahuetar.

ALCAICERIA, alcaeceria, *pg.* alcaçarias, de l'arabe القيساريّة (*al-caisâ-
rîya*) qui désigne *une série de boutiques, un bazar. Voyez* Ibn-Batouta,
I, 151, III, 4, le *Cartâs*, p. 22, et P. de Alcala au mot *lonja de
mercadores;* [* note de M. Fleischer, *De glossis Habicht.*, p. 39, de
Quatremère, *Notice sur Becrî*, p. 34 et 227 du tirage à part].

* En catalan *alcaceria* paraît avoir désigné aussi: *les choses qui se
trouvent dans les bazars, marchandises,* car dans une lettre que les
magistrats de Barcelone écrivirent à ceux de Séville en 1315 et qui
a été publiée par Capmany (*Memorias sobre la marina de Barcelona*,
II, 75), on lit: «preseren una nau, on havia Moros è Moras è roba è
alcaceria, è altres coses de gran quantitat.»

ALCAIDE (châtelain, commandant d'une forteresse). En arabe قايد
(*câïd*, le participe de *câda*, «duxit exercitum») signifie *chef* en général.
Chez les Mauresques le *alcaide* était le chef d'une *taha*, c'est-à-dire,
d'un district (Mendoza, *Guerra de Granada*, p. 44). Chez les Espagnols
ce mot a reçu la signification plus restreinte de *commandant d'une
forteresse.*

ALCALA, dans plusieurs noms de lieux, est l'arabe القلعة (*alcal'a*) qui
signifie *château.*

ALCALA *b. lat.* Dans une charte citée par Sª. Rosa on lit: «Reginæ Domnæ Sanciæ dedi omnes *alcálas* meas, acitaras, et colchias.» Le savant portugais croit que ce sont des tapisseries («pannos de raz») auxquelles on aurait donné ce nom à cause des *châteaux* qui y étaient représentés. «Nos pannos de raz ainda hoje se costumão ver não só montarias, e bosques, mas tambem guerras, gente armada, praças, e castellos, que bem póde ser fossem antigamente os principiaes objectos, que nestes pannos se divisassem, e daqui lhes viesse o nome de *alcalás*.» Une telle supposition me paraît trop arbitraire, à moins qu'on ne la prouve par des arguments décisifs. Je serais plus porté à reconnaître dans *alcala* l'arabe الخلعة (*al-khil'a*), «vêtement d'honneur donné par un prince.»

* Dans une note insérée dans la nouvelle édition de Ducange, M. Dubeux croit que cet *alcala* est الكلة (*al-quilla*), chez Freytag «velamentum subtilius tentorii forma consutum ad prohibendos culices, conopeum,» et comme dans le texte les *alcalae* sont nommés conjointement avec les *acitarae* et les *colchiae*, cette opinion me paraît préférable à celle de Sª. Rosa et à celle de M. E. Chez Pedro de Alcala *killa* répond aux mots *cielo de cama* (كلّة من سماء), *corredor de cama, cortina ó corredor* et *paramento de cama;* il prononce *quélle.* En Algérie on entend sous ce terme «les rideaux d'une porte ou d'une fenêtre» (Martin, *Dialogues*, p. 77).

ALCALDE de l'arabe القاضى (*alcâdhí*), juge.

ALCALI (terme de chimie, sel tiré de la soude) de القلى (*al-cali*) qui a le même sens.

ALCALLER (celui qui fait des cruches). Une cruche, *cantaro*, s'appelle en arabe *colla* (cf. *alcolla*). De ce mot on peut former le substantif *al-callâl, al-callél,* القلّال, pour désigner celui qui fait des *colla*, et bien que je ne l'aie pas rencontré ailleurs, sa formation est si conforme au génie de la langue arabe, que je n'ai aucun doute à l'égard de l'étymologie proposée.

* En effet, le mot en question existe et signifie *potier;* M. Cherbonneau (dans le *Journ. asiat.* de 1849, I, 548) le donne en ce sens, et M. Prax (dans la *Revue de l'Orient et de l'Alg.*, VI, 276) nomme le quartier *el-Gollalin, les Potiers,* à Tunis; plus loin (p. 297) il écrit *gallalin.* Becrî (p. 25) nomme le باب القلّالين, *la porte des potiers.* à

Cairawân; mais son premier traducteur, Quatremère, ne connaissait pas le mot *callâl* ou *callél*, et il a proposé deux manières de le changer, l'une aussi malheureuse que l'autre (voyez sa *Notice sur Becrî*, p. 39, n. 1 du tirage à part), tandis que le second traducteur de Becrî, M. de Slane, l'a rendu mal à propos par *fabricant de seaux en cuivre*.

^{*} ALCAM (coloquinte) est exactement l'arabe علقم (*'alcam*). Müller. — L'article de l'Académie sur ce mot est conçu en ces termes: « Planta medicinal mui amarga, cuyo fruto es semejante al cohombrillo, pero algo mayor. Es voz puramente Arabe que (segun su Diccionario) significa todo lo que es amargo. Lat. *Colochintis. Servid. de Abulcac.* trat. 2, fol. 25. Todo amargo segun los Arabes se llama *Alcam*. Y en esto mucho se trabajaron los exponedóres, porque algunos de ellos dixeron que era la colochintida, y otros que era otra cosa. » Le fait est que, parmi les Arabes d'Espagne, *'alcam* n'était pas la coloquinte, mais le *concombre-d'âne*, ou *sauvage, momordica elaterium*. L'auteur du *Mosta'înî* (man. 15) dit sous قثّا الحمير (*concombre-d'âne*): وهو العلقم, « c'est le *'alcam*, » et Ibn-al-Baitâr dit sous le même mot: وهو العلقم عند عامّتنا بالاندلس, « c'est ce que le peuple en Espagne nomme le *'alcam*. »

ALCAMIZ (rôle où sont inscrits les soldats) de الخميس (*al-khamîs*), *l'armée*. Ce mot arabe est dérivé de *khams* (cinq), parce que l'armée consistait en cinq parties; savoir: l'avant-garde, le centre, l'arrière-garde et les deux ailes.

* Cette étymologie, qui est aussi celle de Marina et de M. de Gayangos (dans le *Mem. hist esp.*, IX, 355), me paraît extrêmement malheureuse. D'abord le mot *khamîs* a bien signifié *armée*, mais jamais il n'a eu le sens de liste des noms des soldats. En second lieu — et il est étrange, non pas que cette remarque ait échappé à Marina et M. de Gayangos, qui ne font pas attention à de telles choses, mais qu'elle ne se soit pas présentée à M. E. — *khamîs* lui-même, dans le sens d'*armée*, appartient à une époque de la langue beaucoup plus ancienne que celle où l'on trouve employé le mot *alcamiz*, c'est-à-dire que le XIVe siècle; c'est « an old term » (Lane), et longtemps avant le XIVe siècle il avait cessé d'être en usage dans la langue ordinaire, car je ne parle pas de celle des poètes. Il y a plus: le mot *alcamiz* n'a jamais eu droit de cité en espagnol; il ne se trouve qu'une fois dans la *Cronica De Don Alfonso XI*, où il est donné comme un mot arabe. Voici ce passage (cap. CCLIV, p. 450 éd. Cerdá y Rico): «Et éste (un Ginoes) dixo, que luego que el Rey Albohacen pasó allende la mar, que fizo requerir los alcamices, que es asi como dicen, los alardes, en que fueron escriptos los nombres de todos aquellos que pasaron la mar, et que por aquella cuenta fallaron, que de la gente que pasó aquende, que menguaban quatrocientas veces mill personas.» Il est vrai que le mot se trouve aussi chez Morgado (*Hist. de Sevilla*, fol. 75 *b*), cité par l'Académie, et chez Barrantes Maldonado (dans le *Mem. hist. esp.*, IX, 355); mais ils parlent l'un et l'autre de la même bataille, celle de Tarifa, et ils le font d'après la Chronique d'Alphonse XI, que Morgado cite; ils sont donc dans cette circonstance de simples copistes, et comme je l'ai dit, le seul passage qui doive nous occuper, est celui dont j'ai donné le texte. Il est fort possible que le mot y soit altéré, et comme il n'y a pas en arabe un terme qui signifie *rôle* et qui ressemble à *alcamiz*, je crois devoir y substituer *almaiz* (المـيـز), qui a réellement ce sens ou qui du moins peut fort bien l'avoir. L'Académie a déjà fait venir *alcamiz* de *al-maiz*, qui, comme elle l'observe avec raison, signifie *alarde* chez Alcala (de même dans le *Kitáb akhbár al-'açr, apud* Müller, *Die letzten Zeiten*, p. 3, l. 16), et d'un autre côté on a vu que dans la Chronique d'Alphonse XI le mot dont il s'agit est expliqué par *alarde;* mais au lieu de croire avec l'Académie que la leçon *alcamiz* est bonne et que c'est une corruption de *al-maiz*, je suppose au contraire, parce qu'une telle altération dans la langue parlée n'est pas vraisemblable, que la véritable leçon est *almaiz* et qu'elle a été altérée par un copiste. Ce qui me confirme dans cette idée, c'est que le mot a aussi été altéré, mais d'une autre manière, dans un passage de la Chronique portugaise d'Alphonse IV, cité par Moraes et par Francisco de S. Luiz (*apud* Sousa), où on lit ceci: «E dos mouros, segundo depois se soube pelos seus alcaizes, que sam como livros d'alardo, e apurações, em que todos os que passaram a Espanha eram escritos, morreriam quatrocentos e cincoenta mil.» Je ne suis pas à même de consulter cette chronique, mais comme Alphonse IV de Portugal prit une grande part à la glorieuse victoire remportée sur les Maures près de Tarifa en 1340, je n'hésite pas à croire qu'il s'agit de la même bataille, et dans ce cas *alcaiz* est, comme *alcamiz*, une corruption de *almaiz*, mais une corruption plus légère, attendu qu'il n'y a qu'une seule lettre à changer. Quant au sens de ce mot, c'est proprement *revue de soldats* et la II⁰ forme du verbe signifie assez souvent, bien que Freytag n'en dise rien: *passer* des soldats *en revue;* voyez Alcala sous *alardear* et sous *contar gente;* Maccarî, I, 272, l. 9; II, 765, l. 3 a f.; Ibn-al-Khatîb dans Müller, *Beiträge*, p. 18, l. 6; *Cartâs*, p. 88, l. 2 a f.; p. 115, l. 9 a f.; p. 125, l. 4 a f.; p. 193, l. 4 a f.; p. 207, l. 7; p. 211 med.; p. 238, l. 4 et 5; *Kitâb akhbár al-'açr*, p. 3, l. 14; p. 4, l. 2; mais comme *alarde*, qui est l'arabe العرض, signifie aussi *revue de soldats*, et qu'il a reçu, comme on a pu le remarquer, l'acception de *rôle où sont inscrits les soldats*, il est tout-à-fait naturel que son synonyme *al-maiz* ait reçu le même sens, et celui de *contar gente*, qu'Alcala attribue au verbe *maiyaza*, sert d'appui à cette supposition.

ALCAMONIAS, alcomenias [*, *pg.* alcamonia, alcamunia, alcomonia] (nombre colectivo de varias especias Mar.). En arabe الكمون (*al-cammôn*) désigne *le cumin*. Il se peut très-bien qu'*al-cammôníya* ait été en usage pour désigner des épiceries parmi lesquelles se trouvait le cumin.

ALCANA (lieu où sont les boutiques des marchands). A Tolède c'était le nom d'une rue où étaient les boutiques des merciers juifs (Cobarr.). Je crois que ce mot n'est qu'une altération de الـخـانـات (*al-khânât*), *les boutiques*.

ALCANAVY *a. pg.* («linho canamo,» Sª. Rosa) de القنب (*al-connab* ou *al-kinnob*), *du chanvre*. [*Plutôt de l'adjectif qui est formé de ce substantif et qu'on trouve chez de Sacy, *Chrest. ar.*, I, p. 74, l. 5 a f. du texte, القنبى (*al-connabî* ou *al-kinnabi*)] ¹.

---

1) Je crois que M. E. a eu raison de ne pas admettre le mot *alcance* (pourchas, poursuite, chasse, etc.), qui, selon M. Diez (II, 85), viendrait de القنص. La signification conviendrait assez bien, mais comme dans l'Alexandre ce mot est *encalzo*, en prov. *encaus*, dans la Chanson de Roland *encalz*, *enchalz*, et que le verbe est dans l'Alexandre à la fois *alcanzar* et *encalzar*, en prov. *encaussar*, dans la Ch. de Rol. *encalcer*, *enchalcer* (voyez le glossaire de M. Damas Hinard sur la Chanson du Cid), il est certain que la syllabe *al* est une altération de la syllabe *en* et que le mot vient du latin *calx*. Le port. *alcanços* (serres des faucons) ne vient pas non plus de l'arabe, comme l'a pensé M. Diez.

ALCANCIA (boîte à cacher de l'argent, tirelire). En arabe الْكَنْز (al-canz) désigne *un trésor caché*, et aussi *la chose dans laquelle on cache le trésor*. Je serais porté à croire qu'il a existé un mot *al-canzîya* formé de la même racine, et dont la signification répondait à celle du mot espagnol.

ALCANDARA, [+ pg. alcandora] («la percha, o el varal donde ponen los halcones y aves de bolateria» Cob.). C'est l'arabe الكندرة (al-candara), qui désigne *une perche*.

ALCANDIA (espèce de blé)?

* L'espagnol a aussi *candeal* ou *candial*, le portugais *candil* ou *candial*, et comme ces mots désignent une espèce de blé qui rend le pain très-blanc, je crois avec Cobarruvias et l'Académie qu'ils viennent de la racine latine *cand*, qui a donné naissance à *candeo, candefacio, candico, candidus, candor*, etc. Mais les Arabes d'Espagne ont emprunté ce mot aux Espagnols, car P. de Alcala traduit *trigo candial* par *candial*; c'est avec l'article *al-candial*, et de là est venu l'esp. *alcandia*, la dernière lettre ayant été omise.

ALCANDORA («vestidura blanca, como camisa» Cob.). Ce mot est d'origine berbère, car dans cette langue تقندورت (ta-candour-th, ou, sans le prèfixe, *candour*) signifie *une chemise* (Marcel). [* Voyez le Glossaire sur Edrîsî, p. 364, et ajoutez-y que قندور se trouve aussi dans les *Mille et une nuits*, VII, 27 éd. Habicht]. Par l'intermédiaire des Arabes il s'est introduit dans l'espagnol, comme le démontre l'article *al*.

Quant à *alcandora* dans le sens de *hoguera, fuego para dar señal*, D. de Urrea le dérive d'un mot arabe «*canderetun*, que vale luminaria, linterna, hoguera.» Un tel substantif arabe m'est inconnu, ainsi que le mot *calavándar* que P. de Alcala traduit par *hoguera llama de fuego*.

* Comme selon Cobarruvias, on dit dans d'autres districts *candela* pour *alcandora*, et que *candela* vient de قنديل (candîl), *lanterne*, je serais porté à ne voir dans *alcandora* qu'une corruption du même mot (*al-candîl*, alcandîla, alcandîra, alcandora), et je pense que D. de Urrea, chez lequel *un* est la nunnation arabe, comme Cob. le dit expressément, a voulu indiquer le même mot.

ALCANFOR, pg. alcamphor (le camphre), de الكافور (al-câfôr) qui désigne la même chose.

ALCANTARA de القنطرة (al-cantara), pont.

ALCAPARRA (câpre) de الـكـبـيـار ou الـقـبـيـار (al-cabbâr) [* plutôt du nom d'unité, al-cabbâra, qu'Alcala donne sous alcaparra]. Bien que ce mot arabe soit d'origine étrangère, l'article al démontre que les Espagnols ont tiré leur alcaparra de cette langue et non du grec κάππαρις.

* ALCAPETOR ou alcupetor pg. (espèce de poisson chez Gil Vicente, et non alcupretor comme donne Moraes; voyez le Glossaire sur Gil Vicente dans l'édit. de Hambourg, 1834) de?

* ALCAR pg. (marrube, plante) de الـقـارة (al-câra) qui, dans la pénin- sule ibérique, avait le même sens; voyez Ibn-al-Baitâr, II, 20 et 275.

ÁLCARAVAN., pg. alcaravão (espèce d'oiseau, butor), de الـكـروان (al-cara- wân), «nomen avis ex perdicum genere.» Voir les Mille et une nuits, éd. Fleischer, X, 210.

* Dans ce passage cet oiseau (Charadrius œdicnemus L.) est tout sim- plement nommé; mais il faut consulter une note de M. Lane dans sa traduction des Mille et une nuits, III, 82, n. 5. Les Arabes le nom- ment aussi كـجـروان (Mille et une nuits, III, 5 éd. Macnaghten); mais M. Pellissier est tombé dans une singulière erreur quand il dit (Descrip- tion de la régence de Tunis, p. 451): «L'œdicnème, appelé dans le pays oiseau de Kaïrouan.»

ALCARAVEA (carvi, plante) de الـكـرويا (al-carawia) qui a le même sens.

* ALCARAVIZ pg. («cano de ferro, por onde se communica o vento do folle áo fogão da forja,» Moraes), esp. alcribis. الـقـرابـيـس (al-carâbis), plur. de al-carabous, ne peut pas convenir, car il signifie: la partie élevée de l'arçon de devant et de derrière; et comme les mots port. et esp. désignent, parmi les forgerons, une certaine espèce de tuyau, je serais presque tenté d'y voir une corruption de al-cawâdîs, plur. de câdous, qui, comme on l'a vu plus haut à l'article ALCADUZ, signifie précisément tuyau.

ALCARCEÑA (ers, vesce noire, plante) de الـكـرسـنـة, al-carsena chez Freytag, mais al-carsenna, avec le techdid, dans le man. de Leyde du Mosta'înî (n°. 15, fol. 67 v°), [* de même dans celui de Naples].

ALCARCHOFA, alcachofa, pg. alcachofra, ital. carcioffo (artichaut), de الـخـرشـوف (al-khorchouf) comme l'écrit P. de Alcala, tandis que dans le lexique de Freytag on trouve الـحـرشـف (al-harchaf), «carduus altilis.»
* Dans le Mosta'înî (man. 15) on trouve la forme kharchof, mais

l'auteur dit: « Dans beaucoup de livres j'ai vu ce mot écrit avec le *kh*, comme je l'ai donné ici ; toutefois la véritable orthographe est avec le *h* et avec la voyelle *a* dans la dernière syllabe.» Le *kh* est aussi chez Hœst, *Nachrichten von Marokos*, p. 308, chez Marcel, etc.

ALCARIA, alqueria, *a. port.* alcheria (ferme, métairie), de l'arabe القرية (*al-carya*) qui a le même sens.

*En portugais *alcaria* est aussi le nom d'une plante qui croît dans les terrains sablonneux et dont les feuilles ressemblent à celles des violettes (Moraes). C'est l'arabe الكرية (*al-carîya*), « nomen·plantae nascentis in arenis.»

ALCARRADA *pg.* (boucle d'oreille) de القرط (*al-cort*), «inauris,» ou bien d'un substantif *al-carrâta*, de la même racine.

*Un tel substantif n'existe pas. *Alcarradas* (car Moraes ne donne que le plur.), *arrecadas*, et en esp. *arracadas* (cf. *arraca*), sont des altérations de الاقراط (*al-acrât*), le plur. de *al-cort;* alcorde, qui est formé du singulier, se trouve, selon Marina, dans l'ancienne traduction esp. de la Bible, Juges, VIII, vs. 26. Mais en portugais *alcarradas* signifie en outre: *les mouvements que fait le faucon pour découvrir la proie* (Moraes). C'est, je pense, une corruption de l'arabe الركضات (*ar-racadhât*), plur. de *ar-racdha*, « motus, impulsus,» car le verbe *racadha* signifie entre autres choses: *motitavit alas in volatu avis.*

ALCARRAZA (vaisseau de terre, cruche) de الكراز (*al-corrâz*), «cantharus, hydria,» ou bien d'un substantif *carrâsa* (comparez *albarrada*), dérivé du verbe قرّس (*carrasa*), *rafraîchir.* Du moins Cobarruvias dit que c'est une *cantarilla que sustenta fresca el agua que se echa en ella,* et de même en provençal *alcarazas* se dit d'un «vase de terre très-poreux, destiné à faire rafraîchir l'eau» (Honnorat, *Dictionnaire provençal*).

*La seconde dérivation me paraît inadmissible: d'abord, parce *carrâsa* n'existe pas, du moins à ma connaissance; ensuite, parce la racine *carasa* et les mots qui en dérivent n'expriment pas l'idée de fraîcheur, mais celle d'un grand froid qui gèle l'eau; et enfin, parce que *carasa* et ses dérivés sont des mots de l'ancienne langue, que le peuple ne comprenait pas et que les scoliastes étaient obligés d'expliquer (voyez p. e. Harîrî, p. 260 de la première édit.; de Sacy, *Chrest. ar.*, II,

p. 388, n. 66; *Hamâsa*, p. 564). L'autre dérivation me paraît au contraire la véritable. Ordinairement le mot الكراز se prononçait *al-carrâz*, comme l'atteste Tibrîzî dans son *Commentaire sur la Hamâsa*, p. 17, dern. l. — p. 18, l. 4, et comme de Sacy a fait imprimer dans son édition de Harîrî, p. 330, l. 2, sans doute d'après de bons manuscrits. Il désignait une cruche à goulot étroit[1] et par conséquent fort propre à tenir l'eau fraîche. D'après le *Commentaire sur Harîrî* (p. 330), il appartenait au dialecte irâcain, et selon toute probabilité les Arabes d'Espagne l'ont reçu des Irâcains conjointement avec l'objet qu'il désignait, de même qu'ils recevaient d'eux les belles bouteilles (voyez plus loin l'article IRAKE). Comparez Maccarî, II, 799, l. 10, où « des cruches de l'Irâc, » اكواب عراقية, sont nommées parmi les objets précieux qui se trouvaient dans l'Alhambra.

ALCARTAZ (emboltorio de especias), de l'arabe القرطاس (*al-cartás*) qui signifie *du papier commun pour envelopper* (Marc.), *cornet, papier roulé en cornet* (Bocth.), *alcartaz* (Alc.). Le mot arabe dérive à son tour du grec χάρτης.

* Le mot arabe *cartás* signifie proprement, comme χάρτης, *une feuille de papier*, et en ce sens il s'est conservé dans le portugais, où *cartaz* signifie: charte écrite sur grand papier, édit, diplôme, sauf-conduit, et aussi affiche. Le sens qu'a l'espagnol *alcartaz* est aussi donné par Hélot (*cornet*); cf. *Mille et une nuits*, I, 56, l. 5 a f. éd. Macnaghten.

ALCATEA *pg.* («manada, rebanho de gado. Tambem se diz alcatea de lobos,» Sousa). C'est l'arabe القطيع (*al-catî'*) qui signifie *troupeau*. [* Il faut lire: القطيعة (*al-catî'a*), qui a le même sens; voyez le Glossaire sur Edrîsî, p. 368].

* ALCATENES. Dans le *Cancionero de Baena* on trouve (p. 549 et suiv.) un poème adressé par Ferran Sanches Calavera à Pero Lopes de Ayala, dans lequel il expose ses doutes sur le dogme de la prédestination. Il les compare constamment à une plaie qu'il a dans le cœur, et il désire que l'autre lui donne un onguent, un baume, pour la guérir. Dans

---

1) Biffez la signification *figulus* chez Freytag, qui a mal compris les paroles de Tibrîzî, p. 18, l. 4. Dans sa traduction de la *Hamâsa* (I, 35, l. 7) il a évité cette erreur.

sa réponse, Pero Lopes de Ayala s'attache à la même image, et il dit entre autres choses (p. 554):

> E con este inguente (= ungüento) mucho valdria
> El alcatenes de grant contriçion,
> E devota bidma (= bizma) de la conffesyon
> Por mi consejo ally sse pornia.

Dans le glossaire on a considéré cet *alcatenes* comme le plur. de *alcaten* — ce qui est tout-à-fait inadmissible, attendu que le verbe et l'article sont au singulier, «mucho valdria el alcatenes» —, et on a fait venir cet *alcaten* de l'arabe ختن (*khatana*), *circoncire*. Je ne comprends pas comment la forme *alcatenes* pourrait venir de cette racine; mais en outre la signification ne convient nullement, car «la circoncision de grande contrition» est sans contredit un non-sens. A mon avis, le mot a été altéré par le copiste. Le sens exige un terme arabe qui signifie la même chose qu'*onguent* dans le vers précédent, et *emplâtre* dans le vers suivant. Or, l'arabe a مرهم (*marham*) dans l'acception d'*emplâtre*, et en Espagne ce mot se prononçait, avec le changement de *m* en *b*, *barham*, car telle est la forme que donne Alcala sous *diaquilon medicina* et sous *enplasto para cerrar llaga*, avec l'article *albarham*, ou, comme on peut prononcer aussi, *al-barheme*, *al-bareme*, car le *h* (ه) est à peu près muet. C'est cet *albareme* que je crois devoir substituer à *alcatenes*. Dans les anciens man., le *b* se change facilement en *c* et le *r* en *t*, tandis que la terminaison *eme* a le même nombre de jambages que *enes*. Quand on lit de cette manière, le sens est parfaitement clair.

Alcatifa, alquetifa (tapis, couverture), de القطيفة (*al-catîfa*) qui se dit dans le même sens, comme l'a démontré M. Dozy, *Dict. des noms des vêt.*, p. 232, n. 1.

*Alcatra *pg.* («l'extrémité de la partie charnue de l'épine dorsale d'un bœuf ou d'une vache; selon d'autres, ce mot indique les deux trumeaux de derrière et les reins,» Moraes). On voit que les Portugais ne connaissent plus le sens précis de ce mot. Le fait est que l'arabe القطرة (*al-catra*) avait une signification beaucoup plus générale, puisqu'il signifiait *morceau* (de viande, de poisson, ou d'autre chose). Freytag ne le donne que dans le sens de *goutte*, et à en juger par le silence des dictionnaires de la langue moderne, il ne signifie plus

aujourd'hui *morceau;* mais en Espagne il s'employait dans cette acception, car P. de Alcala le donne, avec le plur. قـطــار (*kitâr*), sous les
mots: *cacho por pedaço, callo de herradura* (قطرة من صفيحة), *miembro
a miembro* (قطرة فى قطرة), *pedaço, pieça lo mesmo es que pedaço, puesta
o pieça o pedaço, rueda como de pescado, tajada de algo, torrezno de
ŗocino* (قطرة مـن خنزير), *traço* (lisez *troço*); le diminutif *cotaira* se trouve
chez lui sous *çatico de pan.* Ibn-Djobair (p. 235, l. 13) dit de même,
en parlant de la poix, qu'après l'avoir exposée à l'action du feu,
يقطعونه قطرات, «on la coupe en morceaux» [1]. Voyez aussi l'article
suivant.

* ALCATRATE *pg.* («part of the keel or bottom of a ship,» Vieyra;
«peça da borda do navio, ou lancha, que encaixa nos braços, e fica
por baixo da tabica, que cobre a borda,» Moraes). C'est, je crois,
القطرات (*al-catrât* pour *al-catarât*), le plur. du mot dont il a été question dans l'article qui précède, où l'on a vu qu'Ibn-Djobair emploie ce
plur., littéralement *les morceaux, les pièces.*

ALCAUCIL, alcacil, alcarcil (carde bonne à manger), de *al-cabcîl,* qu'on
trouve chez P. de Alcala dans le même sens. N'ayant jamais rencontré
ailleurs ce mot arabe, je ne suis pas à même d'en donner la transcription.

* ALCAUDON (moquette, petit oiseau qui sert d'appeau pour attirer
d'autres oiseaux dans les filets). L'Académie fait venir ce mot de *cauda,*
parce que l'oiseau qu'il désigne a une très-grande queue. Si cette
étymologie est la véritable, les Arabes ont emprunté *caudon* aux Espagnols, et le leur ont rendu augmenté de leur article.

ALCAVALLAS *a. pg.* Dans un passage d'une ancienne chronique, cité
par Sª. Rosa dans le supplément, il est question de barques chargées
de «alcavallas, e de trigo, e de uvas,» et plus loin d'une «fusta na
qual achárão muitas alcavallas, e figos, e amendoas.» Sª. Rosa pense
que c'est une espèce de fruit semblable aux caroubes. L'étymologie de
ce mot m'est inconnue.

* Moraes, qui cite le second passage, prend le mot dont il s'agit dans

---

1) Sousa donne: «القطرة, parte do espinhaço da réz. Deriva-se ao verbo قطر, *dar no
lado,* ou no espinhaço.» *Je regrette de devoir dire que, dans tout cela, il n'y a pas
un mot de vrai.*

le sens de : argent provenant des alcabalas (« dinheiro de tributos »), ce qui ne me semble nullement convenir. Je pense avec Sᵃ. Rosa que c'est le nom d'un fruit, et je crois que c'est الكوّارة (al-cauwâra), nom d'unité de al-cauwâr, que Dombay (p. 71) donne dans le sens de melon d'eau, pastèque.

ALCAYATA. Le Dicc. marit. esp. (1831) dit (apud Jal, Glossaire nautique) : « nombre que se da á un nudo muy usado á bordo. » Le Dict. de l'Acad. esp. donne à alcayata la signification de « crochet ayant une forme demi-circulaire, et fait pour soulever de terre les fardeaux et les suspendre en l'air. » Suivant M. Jal ce renseignement est inexact : le mot en question désigne « un nœud d'agui, un nœud fait avec un bout de cordage pour serrer fortement un corps, et qui est enlevé avec le corps qu'il presse au moyen d'un crochet. » Je crois que l'étymologie décide en faveur de cette assertion, car l'arabe قيـد (caid) ou قيـاد (quiyâd), d'où alcayata tire son origine, dérive du verbe caiyada qui signifie vinculis constrinxit.

ALCAZABA, pg. alcaçova (forteresse), de القصبة (al-caçaba) qui a le même sens.

ALCAZAR (château, citadelle) de القصر (al-caçr), château.

ALCAZUZ, pg. alcaçuz (réglisse, plante), corruption de عرق سوس ('irc-sous) ; comparez l'article sur le mot orozuz, qui a le même sens.

ALCHATIN « es el lugar que está sobre el salvonor, debaxo de los riñones, » Gutierr. de Toledo, p. 4, c. 5. Marina, à qui j'emprunte ce passage, retrouve [* avec raison ; voyez Avicenne, I, 15 éd. de Rome] dans alchatin l'arabe القطن (al-catan), « quod inter duas est coxas. »

* ALCHAZ. On lit dans une donation de Rudesind (apud Yepes, V, fol. 424 rᵒ), de l'année 942 (car telle est la date véritable ; voyez Esp. sagr.. XXXVII, p. 273) : « casulas silineas X, alias casulas XIII, quinque de alchaz. » C'est l'arabe الخزّ (al-khazz), espèce de soie, et il faut lire de même dans une donation de l'année 951, où le texte, publié dans l'Esp. sagr. (XXXIV, 455, l. 3), porte : « quarta (casula) de albaz similiter amarella. »

ALCOBA, it. alcova, fr. alcôve (cabinet), de القبة (al-cobba) qui se dit dans la même acception.

* Freytag a négligé de noter ce sens de cobba, mais M. Lane dit

(*The thousand and one Nights*, I, 231) qu'il désigne: «a closet or small chamber adjoining a saloon,» et Nowairî (*Hist. d'Espagne*, man. 2 *h*, p. 450) l'emploie dans cette acception. Plus loin, je donnerai un article sur *alcubilla*.

* En esp. *alcoba* signifie en outre *la châsse* d'une balance, le morceau de fer par lequel on soulève, on soutient une balance, lorsqu'on pèse quelque chose («la caja ò manija del peso de adonde pende la balanza, y en que se rige el fiel» Acad.). C'est le même mot arabe, pris dans un sens qu'on ne trouve pas non plus chez Freytag (comparez toutefois ce qu'il donne sous قَبّ), mais bien chez P. de Alcala, qui traduit *manija del peso* par *cúbba*, pl. *quibéb* (chez Berggren *châsse à balance* est قب الميزان, *qabb el-mizân*). Le jurisconsulte Abou-Yahyâ ibn-Djamâ'a de Tunis (*apud* al-Cabbâb, man. 138 (2), fol. 118 r°) l'emploie en ce sens quand il dit: لا يلزم فى الوزن ان يخرج لسان الميزان وانّما يلزم ان يعتدل فى قبّة الميزان, «quand on pèse quelque chose, il n'est pas nécessaire que la languette sorte de la châsse, mais elle doit y être d'aplomb.»

* Anciennement *alcoba* avait encore un troisième sens, car on lit dans le Fuero de Madrid de l'année 1202 (dans les *Memor. de la Acad.*, VIII, 43 *a*): «*De farina pesar*. Iudeo vel christiano, qui farina pesaret, en alcoba peset; et si en alcoba non pesaret, pectet X. m°., si exierit de alcoba, á los fiadores.» Selon l'éditeur, M. Cavanilles (voyez *ibid.*, p. 5), *alcoba* signifie ici: «peso publico,» balance publique, balance approuvée par l'autorité et dont tous les marchands sont obligés de se servir. Cette explication est sans doute la véritable. C'est l'arabe القبان (*al-cabbân*), qui vient du persan كبان (*capân*) et que Freytag traduit par *statera maior*. Selon Ibn-Batouta (III, 397), la balance s'appelait ainsi dans l'Inde; mais le mot n'était pas seulement en usage dans ce pays éloigné, et aujourd'hui encore on l'emploie en Egypte et ailleurs, car Bocthor donne: *grande balance*, قبّانة, et selon M. Lane (*Modern Egyptians*, I, 83), la personne chargée de peser les marchandises sur le marché, s'appelle au Caire قبّانى (*cabbânî*). C'est sans doute par l'influence de *alcoba* dans le sens de *cabinet* et de *châsse* d'une balance, qu'*al-cabbân* a été changé en *alcoba*, car il n'a rien de commun avec l'arabe *al-cobba*.

ALCOCEIFA («sitio, bairro, ou casa, em que vivem as meretrizes» S^a. Rosa dans le supplément, document de l'année 1158). En arabe le verbe قصف (caçafa) signifie *saltavit cum clamore*, le subst. *caçf* (Maccarî, I, 412, 438) *saltatio cum clamore*, et *macçaf* se dit d'un *locus amœnus sed abditus, quem adeunt, qui compotationibus et bacchanalibus libere indulgere cupiunt*. — Je serais porté à croire qu'un substantif arabe القصيفة (al-coceifa), dérivé du même verbe et désignant un *lieu de débauche*, a donné naissance au mot portugais en question. — Quant à *alcouce* qu'on trouve chez S^a. Rosa dans le même sens [* et qui aujourd'hui encore signifie *bordel*], il me semble être une altération de *alcoceifa*, dont on aura retranché la dernière syllabe.

ALCOFA (panier) de القفة (al-coffa) qui a le même sens.

ALCOHELA (espèce de plante) de الكحيلا (al-cahîla) ou de son diminutif *al-coheila*, «borago officinalis,» Ibn-al-Baitâr, II, 351.

* *Alcohela* en esp. ne signifie nullement *borago officinalis*, c'est-à-dire, *bourrache*, mais *chicorée*. Chez les botanistes arabes je ne trouve pas de *coheila* qui ait cette acception, et il paraît que c'est un provincialisme, car à en juger par les paroles de Cobarruvias, le terme n'était en usage qu'à Tolède. Ce lexicographe a aussi fort bien expliqué l'origine du nom, qui signifie proprement: *la petite noire:* on l'a donné à la chicorée à cause de sa semence noire.

ALCOHOL, [* a. arag. alcofol, Acad.], catal. alcofoll, de الكحل (al-cohl) qui désigne l'antimoine avec lequel les femmes en Orient se teignent les paupières.

* «Le cohol est la galène ou sulfure de plomb; ce qui a été reconnu d'ailleurs sur un échantillon que j'ai apporté. C'est à tort que plusieurs auteurs ont traduit le mot cohol par antimoine,» Prax, *Commerce de l'Algérie*, p. 29. Au reste je renvoie à la savante dissertation que M. Mahn a consacrée à ce mot et à ses différentes acceptions (*Etymol. Unters.*, p. 107—109).

ALCOLLA (grande cruche) de l'arabe القلة (al-colla) qui signifie la même chose et aussi *une mesure d'huile;* voyez la note de M. Dozy, *Recherches*, I, 546 de la première édition.

ALCOR (colline) de القور (al-côr), le pluriel de القارة (al-câra), «collis.» Ce n'est pas le seul exemple d'un mot arabe qui s'est introduit dans l'espagnol sous la forme du pluriel; [* comparez l'Introd., p. 28, n°. 5].

ALCORA (globe, sphère) de الكرة (al-cora) qui désigne la même chose.

ALCORAN, pg. alcorão (le Coran), de القرآن (al-cor'án), du verbe cara'a qui signifie lire, réciter.

ALCORCI («joyel, ú otro adorno de muger» Acad.). Marina dérive ce mot de الكرسة (al-corsa), «fibula.» Le changement de l'a final en i me semble inadmissible. C'est ce qui me fait douter de la vérité de cette étymologie.

*Il y a mille autres bonnes raisons pour ne pas l'admettre, et nous ne nous en occuperons pas. *Alcorci* est un vieux mot et qui se trouve seulement, autant que je sache, dans le testament de Pierre-le-Cruel, publié par Llaguno Amirola à la fin de son édition de la *Cronica de Don Pedro* par Ayala. Le roi y nomme (p. 562, l. 12) parmi les pierres précieuses, les perles, etc., dont se composait un *alhaite* ou collier: «quatro alcorcis doro esmaltados,» et plus loin (*ibid.*, l. 18), où il est question d'un autre *alhaite*, on retrouve les mêmes mots. Cet *alcorci* ne peut être rien autre chose que l'arabe الكرسى (al-corsi), siége, qu'en espagnol on transcrivait constamment de cette manière, qui, du reste, est très-bonne. Ainsi la constellation de Cassiopée, qui en arabe s'appelle ذات الكرسى (= Inthronata), est nommée dans les *Libros de Astronomia* d'Alphonse X (I, 13) *decalcorci* (lisez *detalcorci*); autre exemple, *ibid.*, I, 168; voyez aussi *Mem. hist. esp.*, V, 430. Il est vrai que le sens ne semble nullement convenir; mais Llaguno Amirola, qui, dans ses notes sur ce testament, se montre très-bien informé sur ces sortes de matières, sans doute parce qu'il a consulté ou fait consulter des Africains, remarque ceci: «Les femmes chez les Maures donnent le nom de *curci* ou *corci* à de petites pièces d'argent ou d'or, qu'elles ont dans leurs colliers. Il y en a de diverses figures; mais ordinairement elles ont la forme de coussins, et c'est de là qu'elles tirent leur nom, attendu que les coussins de lit et d'estrade s'appellent *corci*.» Je n'oserais pas affirmer que *corsi* a été rendu exactement par *coussin* (almoada); mais au fond cette explication est sans doute la véritable.

ALCORQUE. Suivant Diego de Urrea, ce mot vient de l'arabe القرق (al-corc), qui désigne une sandale avec la semelle de liége. L'étymologie de ce mot arabe m'est inconnue. Il me faut avouer la même chose à l'égard de *alcornoque* (l'arbre appelé liége). Cependant je serais porté à croire que l'arabe *cortîcha*, qu'on trouve chez P. de Alcala aux mots *alcornoque* et *corcha* o *corcho* de *alconorque*, n'est qu'une altération du latin *cortex*. — Le mot *chirque* par lequel Alc. traduit *roble arbol y madera*, et *enzina de grana o coscoja* est également obscur. Peut-être dérive-t-il du latin *quercus*. Voyez M. Dozy, *Dict. des noms des vêt.*, p. 53, 363.

ALCORZA (pâte très-blanche de sucre et d'amidon, dont on fait toutes sortes de figures) de القرصة (*al-corça*) qui désigne *des pastilles*.

* اقـراص, plur. de قـرص (*corç*), a ce sens, et M. Sanguinetti donne (dans le *Journ. asiat.* de 1866, t. I): «اقراص الـمَـلِـك, pastilles rougeâtres, où entre, dit-on, un fruit qui croît dans l'Inde et dans quelques parties de la Syrie.» Proprement *corç* et *corça* désignent plusieurs choses rondes: un petit pain rond, — un morceau d'ambre rond (*Mille et une nuits*, I, 44 éd. Macnaghten), — une marquette ou pain de cire vierge (Alcala: *pan de cera*, قـرصة من قيـر), — et même le disque du soleil; mais l'idée de rondeur s'est peu à peu perdue, et ces mots ont reçu le sens de *pâte*, comme le montre l'esp. *alcorza*, en port. *alcorça* et *alcorce*, et le témoignage de Berggren (p. 266), selon lequel قـرصة الـحلاوى signifie aujourd'hui *massepain*. Dans les *Mille et une nuits* (I, 57 éd. Macnaghten) les اقراص ليمونية وميمونية (l'édition de Habicht, I, 149, a seulement اقراص مامونية) sont nommés parmi les choses qu'on mange au dessert.

ALCOTAN (oiseau de proie, «esmerejon» Cob. [* «mayor que el esmerejon» Acad.]) de القطام (*al-catâm*) ou القطامى (*al-cotâmî*), «accipiter.»

* ALCOTANA (hachette, décintroir, instrument de maçon) semble être une altération de القطاعة (*al-cotâ'a*), que Freytag n'a pas, mais qui, selon Quatremère (*Hist. des sultans maml.*, I, 2, 3), signifie: *un pic ou un autre instrument tranchant;* et je trouve chez Berggren sous *marteau:* «marteau et hachette à la fois, قطاعة (*catâ'a*).» C'était certainement un instrument de maçon, car Macrîzî dit: «Ce prince, lorsqu'il reçut cette dépêche, était debout sur le rempart de Kaisarieh, travaillant en personne à la démolition de ce mur, et tenant une *cotâ'a.*» Quatremère prononce *cattâ'a*, et Berggren *catâ'a*, mais en Espagne on semble avoir dit *cotâ'a*. Humbert (p. 84) donne *micta'*, qui vient de la même racine *cata'a*, *couper*, dans le sens de *hache*.

ALCOUCE *pg*. Voyez ALCOCEIFA.

ALCREBITE (du soufre) de الكبريت (al-quibrît) qui a le même sens.

* ALCROCO (safran, crocus) est le mot latin que Rabbi Yehouda ben-Koreich (*Epistola ad synagogam Judaeorum civitatis Fez de studii Targum utilitate*, p. 105, l. 13 éd. Bargès et Goldberg) écrit כרוכו, et qui, par conséquent, est كروكو en arabe, avec l'article arabe.

* ALCUBA. Dans l'inventaire des biens d'un évêque de Vich, dressé dans l'année 1243 et publié par Villanueva (*Viage literario*, VII, 253), on lit: « Preterea habemus in nostro palacio Vici unam alcubam. Et habemus apud Valenciam in domibus nostris aliam alcubam maiorem et pulcriorem illâ aliâ predictâ. » C'est l'esp. *cuba* (cuve, tonneau), que les Arabes avaient adopté, car Alcala traduit *cubero* (tonnelier) par *caguâb*, et qui, comme on voit, est retourné dans l'espagnol, augmenté de l'article arabe.

* ALCUBILLA (terme de Grenade, réservoir, château d'eau). C'est le diminutief espagnol de القبة (al-cobba ou al-coubba), que nous avons déjà rencontré plus haut (voyez l'article ALCOBA).

ALCUÑA, *pg.* alcunha (« el origen ó ascendencia de familia ó linage, ó la hazaña famosa de donde se toma el nombre ó apellido, que recuerda algun hecho » Acad.) de الكنية (al-counya) qui signifie non-seulement *surnom*, mais encore *renonbre de linaje* (Alc.). Cette dernière acception manque dans les lexiques. Le mot valencien *conill*, que Ròs traduit par *linage*, dérive-t-il de même de l'arabe *counya?*

* Cette dernière phrase provient d'une singulière erreur. Ròs a noté, dans son Dictionnaire valencien, quelques noms de familles nobles en y ajoutant le mot *linage* (famille), entre autres celui de Conill; on voit donc que *conill* n'est nullement un mot valencien, mais le nom d'une famille valencienne. — Quant à l'étymologie de *alcuña*, elle exige quelques explications, car M. Diez (II, 86) croit bien que *alcuño, surnom* (mot que M. E. a oublié, de même que l'Acad.), vient de l'arabe, mais pour ce qui concerne *alcuña, lignage*, il pense qu'il vient plutôt du gothique *kuni*, gén. *kunjis*, dat. *kunja, genus*, attendu que le surnom, c'est-à-dire, le surnom composé avec Abou, change avec chaque individu et n'a rien de commun avec l'idée de lignage. Jo reviendrai tantôt sur cette dernière considération; mais si l'étymologie de M. Diez est la vraie, d'où vient alors la syllabe *al?* M. Diez a oublié de nous l'apprendre. En second lieu, le portugais *alcunha* ne signifie pas *lignage*, comme le prétend ce savànt, mais *surnom* (voyez Moraes, qui donne beaucoup d'exemples), comme *counya* en arabe, et l'esp. *alcuña*, qui n'en diffère que par l'orthographe, a, selon toute apparence, la même origine. Le fait est que M. Diez n'a pas bien compris *counya*. Ses connaissances de l'arabe se bornent à ce qu'il peut trouver dans le lexique de Freytag; mais cette fois ce livre aurait pu lui suffire, car s'il l'avait consulté avec attention, il y aurait vu que *counya* ne signifie pas seulement le surnom composé avec *Abou* (père), mais aussi le surnom composé avec *Ibn* (fils); chez Alcala *nonbre tomado del padre, cúnia.* Or les surnoms composés avec *Ibn*, tels que Ibn-Omaiya, Ibn-'Abbâd, Ibn-al-Ahmar, Ibn-Khaldoun, etc., etc., car on peut les compter par milliers, sont de véritables noms de famille; ils n'indiquent pas que le père, mais qu'un des illustres aïeux de l'individu dont il s'agit s'appelait Omaiya, 'Abbâd, etc., et quand on prend *counya* en ce sens, la signification de l'esp. *alcuña* s'explique d'elle-même.

ALCUZA (cruche, vase à l'huile) de الكوزة (*al-couza*) que Bocthor traduit par *cruchon.*

* Au moyen âge, ce mot s'employait aussi sans l'article arabe, car on lit dans une donation de l'année 998 (*Esp. sagr.*, XL, 409): «vasos vitreos, eouza (*lisez* couza) Irake,» c'est-à-dire, une cruche faite dans l'Irâc (voyez plus haut l'article ALCARRAZA et plus loin l'article IRAKE).

ALCUZCUZ, alcuzcuzu, alcoscuzu, de الكسكس (*al-couscous*) [* ou الكسكسو (*al-couscousou*), Ibn-Batouta, IV, 394, Checourî, *Traité sur la dyssenterie catarrhale*, man. 331 (7), fol. 193 r°, Alcala sous *hormigos de massa*], qui désigne une sorte de mets très-usité en Barbarie.

ALDABA, *pg.* aldrava (le verrou d'une porte, le loquet), de الضبة (*adh-dhabba*) qui signifie chez Freytag «repagulum ferreum» et que M. Lane, dans la longue description qu'il en donne (*Modern Egyptians*, I, 25), traduit par *serrure de bois.* — Voyez pour le *l*, qui n'est pas celui de l'article arabe, p. 23, n°. 4 de l'Introduction.

* ALDABIA (solive, poutre) de?

* ALDACA (pas dans les dict.) signifiait: «pecha que pagaban los moros de Fontellas á su señor, y se reducia á la espalda de cada carnero;» voyez Yanguas, *Antigüedades de Navarra*, I, 28, 513 dans la note, II, 628. Est-ce une corruption de *al-actâf*, pl. de *quitf*, *épaule?* Elle

serait bien forte, j'en conviens, mais Alcala traduit ainsi *espalda como de carnero* et c'est le mot ordinaire pour *épaule*.

ALDEA (bourgade) de الضبيعة (*adh-dhei'a*) qui a la même signification.

* ALDEBARAN. En arabe cette étoile s'appelle الـدبـران (*ad-debarân*). Dans les *Libros de Astronomia* d'Alphonse X on trouve (I, 63) *aldebaran* comme le mot arabe, mais plus loin (I, 144) *addevaran*. Dans la première forme, le *l* est euphonique; voyez l'article suivant.

ALDIZA (espèce de jonc) [* de الـديـسـة (*ad-dîsa*), nom d'unité, donné dans le Glossaire sur Edrîsî (p. 303), de *ad-dîs*]. *Jonc* se nomme en arabe ديس (*dîs*) [* et non pas *dais*, comme donne Freytag; voyez le Glossaire sur Edrîsî], mais avec l'article on dit *ad-dîs* et non *al-dîs*. Ainsi, pour en dériver le mot espagnol en question, il faut supposer que le *l*, qui précède le *d*, est euphonique. Cf. p. 23 de l'Introduction.

ALECRIM (romarin) de الاكليل (*al-iclîl*), «rosmarinus officinalis," Ibn-al-Baitâr, I, 72.

* ALEFANGINAS, alephanginas (pilules purgatives faites avec différents aromates). Je trouve aussi ce mot, mais écrit d'une manière un peu différente, dans la relation flamande d'un voyage en Orient fait en 1481 (*Tvoyage van Mher Joos van Ghistele*). L'auteur y conseille (p. 2) à ceux qui veulent entreprendre un tel voyage, de se munir de «pillen van alphaginen.» Les recherches que mon savant collègue, M. Evers, professeur en médecine à notre université, a bien voulu faire à ma demande, ont montré que les pilules dites *alephanginae*, *elephanginae* ou *alophanginae* étaient fort en usage au XVIᵉ et au XVIIᵉ siècle, et qu'actuellement encore elles se trouvent dans la pharmacopée de Wurtemberg (pilulae aloephanginae). Elles ont été inventées par Lampon de Péluse (voyez Galien, XIII, 564 éd. de Paris); mais Mésué les a perfectionnées et s'est attribué l'honneur de leur invention; voyez Joannis Mesuae Damasceni *De re medica libri tres*, Iacobo Sylvio Medico interprete, Paris, 1561, fol. 139 vᵒ. — Quant à l'origine de ce terme, le Dict. de l'Acad. esp. dit ceci: «Selon l'origine arabe, ces pilules devraient s'appeler *alephagginas*; mais l'usage a changé l'un des *g* en *n*, pour faciliter la prononciation.» Les académiciens semblent donc avoir connu l'origine du mot; cependant cette apparence est peut-être trompeuse. Chez Mésué le terme ne se trouve pas; on lit bien sur la marge: *Pil. alephanginae*, mais ces paroles semblent de Sylvius, le traducteur;

Mésué lui-même n'a que « catapotia aromatica, » et peut-être le terme qui nous occupe est-il une altération de الاثاوية (al-efâwîh), qui en arabe signifie *aromates*.

* ALEFRIS, *pg.* alefriz (terme de marine, mortaise, entaille faite à une pièce de bois pour l'assembler avec une autre). L'Académie et Vieyra donnent ce mot au sing., mais Moraes ne l'a qu'au plur., *alefrises*, et l'étymologie démontre que c'est mieux, car c'est évidemment الغراض (al-firâdh ou al-ferâdh, al-ferîdh selon la prononciation des Arabes d'Espagne, par transposition al-efrîdh), plur. de *fardh*, qui signifie précisément « incisura, crena » (Freytag), *entaille* (Bocthor).

ALELI, alheli, alhaili (giroflée), de الخيري (al-khîrî), qu'on prononçait au Magreb *al-khaili*, Dombay, § 12 *l* [* par euphonie, parce que le *khâ* précède; Cherbonneau dans le *Journ. asiat.* de 1861, II, 362], et que Bocthor traduit par *giroflée jaune*.

ALERZE (espèce d'arbre, cèdre) de الارزة (al-arza ou al-erze), « cèdre » Bocthor.

ALETRIA (espèce de vermicelle) de الاطرية (al-'itriya) qui désigne la même chose.

ALEXIXAS (espèce de bouillie faite avec de la farine d'orge) de الجشيش (al-djechîch), farine de froment cuite avec de la viande ou avec des dattes.

* Cette étymologie n'est pas tout-à-fait exacte, car dans l'Ouest on ne disait pas *al-djechîch*, mais الدشيش, *ad-dechîch*. C'est ce qui résulte des paroles d'al-Cabbâb, de Fez, dans son Commentaire sur le Traité d'Abou-Yahyâ, de Tunis, qui roule sur les ventes et les achats. Ayant trouvé dans l'auteur qu'il explique الدشيش المطبوخ, « le *dechîch* cuit, » il dit (man. 138 (2), fol. 78 r°): واما الدشيش فاصله فى اللغة الجشيش بالجيم وهو طاحنا طحنه غير مبالغ فيه, « Le mot *dechîch* vient de celui qui, dans la langue classique, est *djechîch*, avec le *djîm*; on appelle ainsi l'orge quand elle n'a été moulue que jusqu'à un certain point » (comparez dans l'Acad. sous *alexijas*: « la cebada quebrantada y media molida »). Cette forme est aussi la seule que donne P. de Alcala sous *fresadas de cevada* (دشيش من شعير) et sous *ordiate para dolientes*. De nos jours elle est aussi en usage, car M. Prax (dans la *Revue de l'Orient et de l'Alg.*, VIII, 348) écrit adchîcha (du blé concassé et préparé comme le riz, avec de l'ache). Il faut donc dire que *alexixas*

vient de *ad-dechicha* (Freytag et Lane (sous خِـشِـيـشِـة) donnent cette forme), et que le *d* a été changé en *l*. En effet, ces deux lettres se permutent; ainsi le verbe qui aujourd'hui est *dejar* (laisser), était anciennement aussi *lejar*.

* ALFABA ou alhaba (petite mesure de terrain) semble être الحبّة (*al-habba*), *grain*, et aussi *petite partie* d'une chose; mais en arabe je ne le connais pas dans le sens qu'il avait en espagnol.

ALFACE *pg.* (laitue) de الخسّ (*al-khass*), « lactuca. »

* ALFAÇOS *pg.* (espèce de champignon). Ce mot semble peu usité (Moraes le donne d'après Bluteau) et la véritable orthographe me paraît être *alfacos* sans cédille. Dans ce cas, c'est الفقع (*al-fac'*), qui signifie *champignon*. D'après Moraes, l'espèce de champignon indiquée par le mot portugais a le chapeau rouge, et le verbe فقع (*faqui'a*), ainsi que ses dérivés, signifie précisément *être rouge*.

* ALFADA *b. lat.* (pas dans Ducange). Dans le Fuero donné par Alphonse VII, dans l'année 1118, aux Mozarabes, aux Castillans et aux Français de Tolède, et publié par M. Muñoz (*Fueros*, I, p. 365), on lit : « De cetero vero si aliquis homo ceciderit in homicidium, aut aliquem livorem absque voluntate, et probatum fuerit per veridicas testimonias, si fideiusorem dederit, non sit retrusus in carcerem, et si fideiusorem non habuerit, non feratur alicubi extra Toletum, sed tantum in Toletano carcere trudatur, scilicet de alfada, et non solvat nisi quintam partem calupnie non plus.» C'est, comme on lit dans la note, الفدا (*al-fadâ*), *rédemption*, *rachat*, et le sens est que la personne en question doit rester en prison jusqu'à ce qu'elle ait racheté sa liberté en payant le cinquième de l'amende.

ALFADIA (don, cadeau) de الهديّة (*al-hadîya*) qui a le même sens.

ALFAGEME (barbier) de الحجّام (*al-haddjém*) que P. de Alcala traduit par *barbero*. Quant à la signification de *official*, *que compõe*, *ou guarnece espadas* chez Sᵃ. Rosa, elle m'est inconnue en arabe. [* Aussi *alfageme* n'a-t-il reçu en portugais le sens de *fourbisseur*, que parce que c'étaient les barbiers qui fourbaient les épées, comme le dit Sᵃ. Rosa dans le supplément; voyez aussi Moraes. — Quant au passage de la Chronique de Jean Iᵉʳ, que cite Sᵃ. Rosa et où des cavaliers ont des « alfagemes nas mãos,» je crois avec Moraes que c'est une corruption de *alfanges*].

ALFAHAR, [* alfar] (atelier de potier), de الـفـخّــار (al-fakhkhâr) [* qui signifie *potier;* Ibn-Djobair, p. 82, l. 17, Alcala sous *hazedor de barro* et sous *jarrero,* Berggren, Marcel; le mot pour *atelier,* p. e. *dâr* (cf. Marcel), a été supprimé par les Espagnols, et au lieu de dire *dâr al-fakhkhâr,* ils disaient *alfahar* tout court. Quant à *alfarero* (potier), ce n'est pas فـاخـورى ou فـخّـار, comme le pense M. Defrémery, mais c'est الـفـخّـار, dans le sens de *poterie, vaisselle de terre,* avec la terminaison espagnole *ero,* qui indique le nom de métier].

ALFAIDE. Suivant M. Jal (*Glossaire nautique*), ce mot était en usage sur la côte de l'Andalousie pour désigner *la marée vive.* C'est l'arabe الفيض (al-faidh) qui signifie *inondation, crue;* voyez le *Cartâs,* p. 63, et Ibn-Djobair, p. 40. Dans ce dernier passage il se dit de l'inondation du Nil. Cette signification manque dans le lexique de Freytag. [* De même Ibn-Djobair, p. 49, l. 17, p. 51, l. 10; مفيض النيل chez Ibn-Khaldoun, *Hist. des Berb.,* I, 439. Le verbe فاض, suivi de على, signifie *inonder.* On lit dans le *Mosta'ini* sous زهر الملح اذا: مياه النيل اذا، فاضت على الارض, «lorsque les eaux du Nil inondent la terre.» Telle est la leçon du man. de Naples; celui de Leyde porte انصبّ. Ibn-al-Khatîb, *Mi'yâr al-ikhtibâr,* p. 22, l. 7 éd. Simonet, emploie «*faidh* de la mer» dans le sens qu'avait le mot andalous].

ALFALFA (herbe appelée le grand trèfle, fœnum |Burgundiacum) de الـحـلـفـة (al-halfa) que P. de Alcala traduit par *esparto yerva propria de España.*

* M. E. a confondu ici deux plantes entièrement différentes, et son étymologie, que M. Diez (II, 87) a copiée, est tout-à-fait inadmissible. En arabe الـحـلـفـاء (al-halfâ) désigne bien cette espèce de roseau ou sparte que les botanistes nomment ordinairement *stipa tenacissima,* mais aussi *arundo epigeios* (Ibn-al-Baitâr, II, 315, de Sacy, *Chrest. ar.,* I, 279, Sanguinetti dans le *Journ. asiat.* de 1866, t. I), dont on fait des nattes, des chapeaux, des cordes pour tirer l'eau des puits, des sacs, etc. (voyez Daumas, *Le Sahara algérien,* p. 211, 313), et dont dernièrement on a fait aussi du papier (voyez *Revue de l'Orient et de l'Alg.,* nouvelle série, XII, p. 285 et suiv., où le nom latin est *macrochloa tenacissima*); c'est le *esparto* d'Alcala; mais en espagnol *alfalfa, alfalfe, alfalfez,* désigne au contraire, comme M. E. l'a dit avec raison, cette espèce de

trèfle que les Grecs nommaient μηδικὴ, parce qu'ils l'avaient reçue de Médie, que plus tard on a nommée *foin de Bourgogne*, parce qu'elle abonde dans cette province, et qui aujourd'hui s'appelle *luzerne*. En arabe, *halfâ* n'a jamais désigné cette dernière plante, et l'esp. *alfalfa* a une tout autre origine. M. E. aurait pu la trouver chez Alcala, qui traduit *alfalfa* par *fâçfaça*. En effet, la forme *alfalfez*, qui est la moins altérée, est une corruption de الفصفصة (*al-façfaça*, chez Freytag *al-fiç-fiça*), *luzerne*, *medica* chez Freytag; Ibn-al-Baitâr, II, 257; dans le *Mosta'inî*: هى بالعاجمية يَرْبَهْ ذَمُولَهْ اى عشبة البغلة (man. de Naples دى مولﻪ), «elle s'appelle en espagnol *yerba de mula*, c'est-à-dire, herbe de mule.» On voit qu'au lieu de *alfaçfez*, les Espagnols on dit *alfalfez*, et ce dernier mot a ensuite été corrompu en *alfalfe* et *alfalfa*. Chez les Arabes eux-mêmes ce mot s'est altéré, car M. Prax donne (*Revue de l'Orient et de l'Alg.*, VIII, 348) *fs'afs'a* et *faç'a*; déjà chez Léon l'Africain (voyez Freytag sous فَصّة) on trouve cette dernière forme, et Rauwolf (*Aigentliche Beschreibung der Raisz*, p. 55) écrit aussi *fasa*. Au reste, la véritable étymologie du mot esp. n'était pas inconnue: elle avait été donnée par Bochart, par l'Académie, par Marina, etc., et, longtemps auparavant, par l'illustre botaniste hollandais Dodonaeus (*Cruydt-Boeck*, p. 994 *a*).

ALFAMAR (tapis, couverture). Dans l'ancien portugais on disait *alfanbar*: c'est ce qui nous met sur la trace de l'étymologie de ce mot. *Alfanbar* répond exactement à l'arabe الحنبل (*al-hanbal*). A en croire Freytag, ce terme désigne *une pelisse usée*, ou *une botte usée*. En Espagne il se disait dans le sens de *couverture ou tapis à mettre sur un banc ou sur un marchepied*, et de là dans celui de *tapis* en général. Voyez P. de Alcala aux mots *bancal*, *repostero lo que se tiende*. En effet, on le trouve dans cette acception chez Maccarî, II, 711. L'espagnol *arambel* n'est qu'une altération de ce même mot arabe. Le *h* (*f*) est syncopé, et le *l* est changé en *r*. Dans le portugais moderne on trouve encore les formes *alambel* et *lambel*.

* Dans le *Mem. hist. esp.* (IX, 92), M. de Gayangos dérive *alfamar* de الخمل (*al-khaml*), «tapetum brevibus villis instructum» chez Freytag. Au premier abord, cette étymologie se recommande par sa simplicité, et il n'y a rien à y objecter pour ce qui concerne le changement des consonnes et des voyelles; toutefois je ne puis l'admettre, parce que ce mot arabe, autant que je puis me rappeler, n'existait pas dans le langage ordinaire des Arabes d'Espagne. J'avais proposé moi-même, il y a longtemps, une autre dérivation, et M. Defrémery observe, à propos de l'article de M. E.: « Quant à *alfamar*, je préférerais le tirer, avec M. Dozy (Glossaire sur le Bayân, p. 23), de الخمار (*al-khimâr*), *couverture.* » Je suis d'une autre opinion, parce que, en réalité, *al-khimâr* ne se dit pas dans le sens de *tapis*, et je crois que la dérivation de M. E. doit être comptée parmi ses étymologies les plus heureuses. Je me bornerai donc à y ajouter une ou deux remarques.

* L'arabe *hanbal*, dans le sens de *tapis*, n'appartient pas à la langue classique (Lane ne l'a pas dans cette acception), mais bien à celle des Arabes de l'Ouest. Alcala ne l'a pas seulement sous les mots cités par M. E., mais aussi sous *poyal para cobrir el poyo*; chez Dombay (p. 93) c'est « tapes lineatus; » chez Humbert (p. 204), « tapis non bigarré; » chez Roland de Bussy, « sorte de tapis; » chez Carette (*Géographie de l'Algérie*, p. 220), « long tapis rayé; » chez Cherbonneau (dans le *Journ. asiat.* de 1849, I, 66), « tapis à raies de couleur que l'on fabrique à Tripoli de Barbarie et à Alger » (cf. ses *Dialogues*, p. 225); de même chez Martin, *Dialogues*, p. 77. Ce terme a, pour ainsi dire, donné naissance à deux familles de mots: prononcé comme *al-hambel*, il a produit: alambel (lambel), harambel (chez Victor), arambel; — prononcé comme *al-hanbal*, il a donné: alfanbar, alfabar (chez Moraes), alfamar; — mais le sens est toujours resté le même.

Alfaneque. Dans l'espagnol moderne ce mot désigne *une tente*, mais ce n'est pas sa signification primitive, comme nous allons le démontrer. — Dans une charte citée par Ducange et par S³. Rosa, il est question de « lectos cum suos tapetes ... et fateles [1] alfanegues, » et dans une autre de « fulcra serica, et coopertorium unum de alfanez. » Un troisième document, de l'an 1084, porte: « et una pelle alfanehe. » De ces passages il résulte qu'il s'agit d'une espèce de fourrure. Sans m'occuper des conjectures étymologiques proposées par S³. Rosa, je me contenterai de citer un auteur arabe qui nous éclaircira sur l'origine du mot en question. Chez Maccarî, I, 271, on trouve, parmi plusieurs autres

---

1) [* Plus loin je donnerai un article sur ce mot].

vêtements, فـنـڬ فـروى (farwai fanec), c'est-à-dire, deux pelisses de fanec, duas pelles alfanehe quand on le traduit dans le langage des anciennes chartes. Fanec («mustela foina,» Ibn-al-Baitâr, II, 265) est un animal de la peau duquel on se servait pour fabriquer des fourrures, une espèce de belette. Farwa fanec, ainsi que pelle alfanehe, désigne donc une pelisse, une couverture, faite de la peau de cet animal. Mais en espagnol on a employé aussi alfaneque pour désigner une couverture de laine, etc. («Os Hespanhoes chamão hoje alfaneque a qualquer cobertor de papa, ou lãa» Sª. Rosa). Est-ce que dans la suite on a encore élargi cette signification jusqu'à en faire une tente? — Quant à alfaneque dans le sens de faucon, P. de Alcala traduit halcon alfaneque par fanéque, فناكة ou فناقة. N'ayant jamais rencontré ce mot ailleurs, je n'ose pas décider s'il est vraiment arabe, ou s'il n'est qu'une transcription du terme espagnol, auquel il faut peut-être attribuer une origine tout-à-fait différente.

* Je crois pouvoir expliquer l'origine du mot alfaneque dans le sens de tente, laquelle, à mon avis, diffère entièrement de celle de alfaneque dans le sens d'espèce de fourrure; mais je tâcherai d'abord de compléter les renseignements donnés par M. E. sur cette dernière acception, et d'indiquer l'origine de alfaneque, espèce de faucon.

* I. Dans sa traduction de Becrî (p. 33 du tirage à part), Quatremère a consacré une petite note, dans laquelle il cite le voyageur Bruce, à l'animal appelé fanec, et M. de Slane en a fait autant dans la sienne (Journ. asiat. de 1858, II, 464). Ce gracieux quadrupède a aussi été décrit par le voyageur anglais Tristram (The great Sahara, p. 383 et suiv.) et par M. de Colomb (Exploration des ksours et du Sahara de la province d'Oran, p. 40—42). Enfin M. Clément Mullet lui a consacré, dans la Revue de l'Orient et de l'Alg. (nouvelle série, VI, 289—295), un mémoire intéressant, auquel j'emprunte ce qu'on va lire:

* Parmi les naturalistes européens, le fanec, dont parlent les auteurs arabes, mais d'une manière peu précise, a été considéré bien longtemps comme un être problématique. Ce ne fut qu'en 1777 que Brander, dans les Transactions de Suède, en donna une description qui puisse satisfaire le naturaliste et où l'animal est désigné sous le nom de Zerda. Bruce ensuite le décrivit et le figura, dans son Voyage en Abyssinie, sous son vrai nom oriental de fanec. Cependant toute la polémique

soulevée par le *fanec* n'était point terminée. Buffon, qui ne le connaissait que par ce qu'il en avait lu dans Bruce, n'osa pas lui conserver son nom: il le décrivit sous celui d'*animal anonyme;* et Geoffroy Saint-Hilaire, malgré les témoignages irréfragables qu'il possédait, rejeta encore le *fanec*, déclarant qu'il ne pouvait exister, au moins comme espèce hors du genre *galogo.* Enfin deux couples de cet animal sont venus au jardin des plantes, arrivant l'un du Sennar et l'autre du nord de l'Afrique. Son existence est donc bien constatée et le doute n'est plus permis.

*Le *fanec* habite les régions chaudes de l'Afrique depuis l'Abyssinie et le Darfour jusqu'au nord de l'Afrique, à Constantine [il faut lire: à Oran]. Les Arabes l'ont connu et ils se servaient de sa fourrure; mais comme selon eux le lieu principal de sa provenance était « le pays des Slaves,» il est certain que le nom de *fanec* était encore appliqué à d'autres animaux, ou plutôt à d'autres fourrures, soit qu'elles vinssent du Nord ou du Midi. Primitivement nom d'animal, *fanec* sera devenu celui de la peau, et comme elle était précieuse, on lui a comparé les belles fourrures, même celles du Nord, et on se sera habitué à les comprendre toutes sous le même nom, en oubliant sa valeur primitive.

*Tel est le résumé du mémoire de M. Clément Mullet. Ce qu'il dit en dernier lieu sur l'extension donnée à la signification de *fanec*, me semble fondé. Chez Ibn-al-Hachchâ, qui écrivait à Tunis dans la première moitié du XIII⁰ siècle, il est question du véritable *fanec*, car il dit (*Glossaire sur le Mançourî*, man. 331 (5), fol. 168 v⁰): فـنـك هـو

, حيوان يتّخذ من جلده الفراء يُعّرف بصاحراء افريقيـة «le *fanec* est un animal de la peau duquel on fait des pelisses; on le connaît dans le Sahara d'Ifrîkiya;» mais chez Maccarî (I, 230, l. 3) il est question de «pelisses faites de peaux de *fanec* du Khorâsân,» et Marmol dit en parlant de Cairawân (*Descripcion de Affrica*, II, 287 a): «Ceux qui y demeurent à présent, sont pauvres et méprisés; pour la plupart ils s'occupent à préparer certaines peaux d'agneaux petites et très-fines, dont les principaux parmi les Bédouins portent des manteaux et qui s'appellent *finque*.» *Finque* est une autre prononciation (celle que donne Damîrî) de *fanec*, et l'on voit que, par laps de temps, ce mot a même reçu le sens de *peaux d'agneaux;* à moins toutefois que Marmol ne se soit trompé et qu'il ait pris pour des peaux d'agneaux des peaux qui en réalité étaient celles du *fanec*. Je crois même que cette dernière supposition est beaucoup plus vraisemblable.·

*II. *Alfaneque* pour désigner une certaine espèce de faucon, est certainement d'origine arabe, quoique M. E. en ait douté. Ce qui le prouve, c'est que ces faucons appartenaient à la Barbarie et qu'on les vendait en grand nombre à Oran (voyez l'Acad.). Apprivoisés, ils servaient pour la chasse, et ils étaient très-adroits a prendre des perdrix, des sacrets, des lapins, des lièvres et des butors (*ibid.*). Remarquons à présent 1°. que, selon Becrî (p. 21, l. 15), on chassait le *fanec* dans l'Ifrîkia, c'est-à-dire, dans cette partie de l'Afrique qui, parmi ses villes, compte Oran, où les faucons dits *alfaneques* se vendaient en grand nombre; 2°. que, selon M. de Colomb, le *fanec* est très-commun dans le Sahara de la province d'Oran. Prenons aussi le *halcon alfaneque* d'Alcala, que celui-ci rend en arabe par *fanêq*, nom d'unité *fanêque*, et traduisons-le littéralement en arabe, alors nous obtiendrons باز الفنك (*bâz al-fanec*), c'est-à-dire, *le faucon du fanec*, ou, en d'autres termes: le faucon avec lequel on chasse (non-seulement des lapins et des lièvres, mais aussi et surtout) des *fanec*. *Bâz al-fanec* était sans doute la dénomination primitive; mais pour la brièveté on a supprimé plus tard le mot *bâz*, et voilà comment il s'est fait que le nom d'un quadrupède est aussi devenu celui d'un oiseau.

*III. *Alfaneque* dans le sens de *tente* n'appartient pas à «l'espagnol moderne,» comme l'a cru M. E.; c'est un mot qui a vieilli (Acad.), et pour cette raison M. de Gayangos a rassemblé, dans le *Mem. hist. esp.* (IX, 351), quelques passages d'anciens auteurs où il se trouve [1]. Je crois qu'il est d'origine berbère. Dans cette langue le mot *áfarãg* semble signifier proprement *enceinte*, *ce qui forme clôture autour d'un espace*, et ensuite, comme *enceinte* en français, *l'espace même qui est clos, entouré*. Dans le dialecte des Auelimmides, qui parlent un berbère très-pur, le halo ou couronne lumineuse, que l'on voit quelquefois autour de la lune, s'appelle *áfarãg-n-aiór* (Barth, *Reisen*, V, 675); ils donnent aussi le nom de *afardg* à une *hale* (*ibid.*, p. 081, où Barth

---

1) On peut y ajouter Gonzalez de Clavijo, *Vida del gran Tamorlan*, p. 181 éd. Llaguno Amirola: «una grande tienda fecha como alfaneque.»

dit à tort que c'est un mot arabe), et chez eux une clôture, faite de claies, dans laquelle on renferme les moutons, porte le nom de *áfaráġ-n-úlli* (*ibid.*, p. 712). Chez les Berbères de l'Algérie, qui écrivent أَفْرَاڭ et prononcent *afrag*, ce mot signifie *cour* d'un douar ou d'une maison (voyez le *Dict. berbère* sous *cour* et M. Brosselard dans le *Journ. asiat.* de 1851, I, 83, n. 14); on voit facilement que c'est *enceinte* dans le second sens. Chez Ibn-Khaldoun (*Hist. des Berb.*, II, 365, l. 6) on lit: اوعز السلطان بيناء البلد المسمّى افراك أَعْلَى سيتة «le sultan donna l'ordre de bâtir une ville, que l'on nomma *Afaráġ*, sur la partie la plus élevée de la péninsule de Ceuta.» Ici *áfaráġ* est devenu un nom propre, de même qu'en berbère *agâder* ou *agadir*, qui signifie primitivement la muraille qui entoure une ville, est devenu le nom propre d'une ville (cf. Renou, *Description géogr. de l'empire de Maroc*, p. 37 et suiv.). En outre, on a donné le nom d'*áfaráġ* à l'énorme enceinte de toile, «la muraille de toile de lin,» comme s'exprime Ibn-Djobair (p. 177, l. 3) [1], qui, dans les pays musulmans, entoure la vaste tente du souverain, et qui en arabe s'appelle سرادق (*sorâdic*), en persan سراجه (*serâtche*) (ce mot signifie aussi *halo*, de même que *áfaráġ*) ou سراپرده (*seráperde*) (cf. Defrémery, *Voyages d'Ibn-Batouta en Perse*, p. 124, n. 2, et le même dans le *Journ. asiat.* de 1850, II, 71). Ibn-Batouta dit à plusieurs reprises que le mot persan *serâtche* désigne ce qu'au Magrib on nommait *áfaráġ*, افراج; voyez II, 369, III, 44, 251, 415, et comparez II, 405. Chez Ibn-Khaldoun (*Prolégomènes*, II, 61) on lit que افراك, «mot dont la dernière lettre a un son intermédiaire entre le ک et le ک,» est un terme berbère qui désigne la clôture en toile de

---

1) La même expression se trouve chez Coppin (*Le bouclier de l'Europe*, p. 201), qui dit: «Chacun des Sangiacs ou Beis de l'Egypte n'a pas moins de sept ou huit tentes auprès de la sienne, qui surpasse de beaucoup les autres en étendue et en hauteur. Ce principal pavillon contient plusieurs chambres, et il est tout environné de murs qui sont d'une toile tissue de coton et de fil diversifiée de couleurs éclatantes qui en rendent l'aspect fort agréable.» Et plus loin (p. 204): «Quand le Bacha approche du Caire, il trouve de superbes tentes que ceux de la ville lui tiennent prêtes; elles sont au dehors de toile cirée de différentes couleurs, et une muraille de la même toile de six pieds de haut fait un enclos autour de tous ces pavillons qui sont fort grands et qui ne sont pas moins de douze.»

lin, dont les souverains magribins entouraient leurs tentes et pavillons.
Dans le *Cartâs* on trouve (p. 145, l. 6 a f.) que, lorsque le sultan
almohade Almançor eut résolu de faire une campagne contre les Castillans, ‏امر باخراج افراق والقبّة الحمراء‎, «il ordonna de préparer le *àfarâg*
(un des man. porte ‏افراج‎, les Arabes n'ayant point de lettre pour rendre
le *g* berbère) et la grande tente rouge.» Mais quoique cet auteur distingue la grande tente du *àfarâg* et que cette distinction soit au fond
exacte, on employait néanmoins ce mot pour désigner tout ce qui se
trouvait dans l'enceinte de toile, c'est-à-dire, les tentes du sultan, ou
plutôt, comme disent Léon l'Africain (*Descr. Africae*, p. 374) et Marmol
(*Descr. de Affrica*, II, 101 *b*), son énorme tente qui ressemblait à une
ville avec des murailles et des tours de toile. Déjà dans plusieurs des
passages d'Ibn-Batouta que j'ai cités, on peut voir qu'on donnait par
extension ce sens au mot en question, et un voyageur fort instruit, le
Danois Hœst (*Nachrichten von Marokos*, p. 153), dit qu'à Maroc le titre
Múla Elfrák signifie *Zeltmeister*, c'est-à-dire, qu'il désigne l'officier
chargé de prendre soin de la grande tente du sultan.

 * Ce mot berbère répond exactement, quant à la signification, à l'espagnol *alfaneque*, car dans trois passages de la Chronique d'Alphonse
XI, cités par M. de Gayangos, et dans deux autres qu'il ne cite pas
(p. 455, l. 3 et 10), ce dernier désigne le *àfarâg* du roi de Maroc
Abou-'l-Hasan. Quant à la forme, il faut se garder de croire que la
première syllabe *al* est l'article arabe, car, comme le mot est berbère,
aucun des auteurs arabes que j'ai cités ne lui donne l'article, et *al*
n'est autre chose que la première syllabe *à*. Ensuite il faut se rappeler
qu'en vertu de l'*imâla*, le *à* se prononce aussi *é*, et que le *r* se change
en *n*, lettre du même organe. On a dit par conséquent: *àfarâg*,
àfaréc, *àfanéc*, *alfaneque*, et probablement les deux autres *alfaneque*
(fourrure et faucon), qu'on avait déjà, ont contribué à l'altération
du mot.

ALFANGE (coutelas) de ‏الخنجر‎ (*al-khandjar*) qui signifie la même chose.

ALFAQUE (banc de sable, bas-fond) de?

ALFAQUEQUE (celui qui rachète les captifs) de ‏الفكّاك‎ (*al-faccéc*) qui a
le même sens. Le mot arabe vient du verbe *facca* qui signifie *délivrer*,
racheter.

 * Le mot esp. désignait aussi, ce que je ne trouve dans aucun

dictionnaire, une espèce de navire, car je lis chez Rojas, *Relaciones de algunos sucessos postreros de Berberia*, Lisboa, 1613, fol. 32 r°: « embarcaronse para Oran y Argel los de Aragon y Catalunia en los alfaqueques de Tortossa. » Leur a-t-on donné ce nom parce qu'ils servaient dans l'origine au transport de ceux qui allaient racheter des captifs en Barbarie? C'est ce qui devient assez vraisemblable quand on compare *azogue*. Ce mot signifie *vif-argent;* mais *azogues* sont les vaisseaux qui portent le vif-argent en Amérique.

Alfaqui. Chez les Musulmans le Coran est la base de la jurisprudence aussi bien que de la théologie. A ces deux sciences combinées on donne le nom de *fikh*, et de là un فقيه (*faquîh*) désigne un *théologien-jurisconsulte*.

Alfaras («cavallo generoso, e exercitado na guerra» Sᵃ. Rosa) de الفرس (*al-faras*), *cheval*.

Alfarda, farda, *pg.* alfitra (espèce de contribution que payaient les Mauresques qui vivaient sous la domination des chrétiens). C'est l'arabe الفردة (*al-farda*) qui signifie *taxe* (Bocthor), *charge, contribution* (Marcel), *income-tax* (Lane, *Modern Egyptians*, I, 196). Un percepteur de cet impôt s'appelle مفرد (*mofrid*). Cf. Dozy, *Loci de Abbad.*, I, 76. — Quant à *alfardas* dans le sens de *tirants de charpenterie*, il pourrait dériver de l'arabe الفرض (*al-fardh*) qui signifie chez Freytag «lignum ex tentorii sive domus lignis.» N'ayant jamais rencontré ce mot chez un auteur arabe, et la définition très-vague de Freytag ne permettant pas d'en établir la signification précise, je n'ose pas affirmer que cette étymologie est la vraie.

*فردة, dans le sens de contribution, est pour فريضة, de la racine فرض, «imperavit aliquid necessario observandum.» Dans la langue moderne on substitue fort souvent le د au ص, ces deux lettres se prononçant presque de la même manière. Dans le poème d'un Mauresque, composé en espagnol, mais écrit en caractères arabes, et publié par M. Müller (dans les *Sitzungsber. d. bayer. Akad.* de 1860, p. 226), le texte a الفرد (*alfarda*, dans le sens de *devoir*) au lieu de الفرص, et فروضات (pl. du pl. de فرض) se trouve avec le sens de *contributions payées par les Mauresques aux chrétiens*, dans le *Kitâb akhbâr al-'açr* (dans Müller, *Die letzten Zeiten*, p. 54, l. 6). Au reste il va de soi que *alfarda*, *farda*, dans l'acception de «droit que l'on paie pour les eaux d'arrosement» (arag.), a la même origine.

* Pour ce qui concerne *alfarda* comme terme de charpenterie, M. Lafuente y Alcántara m'en a donné cette explication tirée de la *Carpinteria de lo blanco*: Cada uno de los maderos que forman la pendiente de una armadura por uno y otro lado, conocidos hoy con el nombre de *pares*.

Il le dérive de الفرد (*al-fard*), sans doute avec raison, car ce mot signifie *pars paris altera*, et il répond par conséquent au terme *pares* dont on se sert actuellement. Seulement pour être tout-à-fait exact et pour expliquer la terminaison du mot esp., j'aimerais mieux le dériver de la forme الفردة (*al-farda*), que Freytag n'a pas en ce sens, mais qui s'emploie en parlant des deux côtés d'une chose, de deux choses qui, réunies, forment un tout. Ainsi il signifie *battant* (chacun des deux côtés d'une porte); voyez Bocthor sous *battant* et les *Mille et une nuits*, I, 43 éd. Macnaghten. M. Cherbonneau (dans le *Journ. asiat.* de 1849, I, 546) le donne dans le sens d'*étrivières*; c'est pour la même raison qu'il l'a reçu.

* ALFARDON (rondelle de fer passée dans l'essieu entre la roue et le corps de la voiture). La terminaison *on* semble l'augmentatif espagnol; mais en arabe je ne connais pas un *al-fard* qui ait une telle signification, et l'étymologie proposée par l'Acad. me semble inadmissible.

ALFAREME (espèce de voile ou de coiffure) de الحريم (*al-harîm*) [* lisez: de الحرام (*al-harâm* ou *al-harém*), comme on dit vulgairement pour الاحرام (*al-ihrâm* ou *al-ihrém*); voyez M. Lane, traduction des *Mille et une nuits*, III, 570, n. 21]. En arabe ce mot désigne une pièce d'étoffe dont se servent les Musulmans pendant le pèlerinage; mais en Espagne et au Magrib il désigne aussi une sorte de coiffure. Cf. le *Dict. des noms des vêt.*, p. 136. Aux passages arabes cités par M. Dozy, j'ajouterai Ibn-Djobair, p. 47. Ce voyageur nous informe que le Khatib au Caire portait «un *tailesân* de toile de lin noire; c'est ce qu'on nomme au Magrib *ihrâm*.»

* Aux passages que j'ai déjà cités ailleurs, on peut joindre aussi

Ibn-Batouta, IV, 116, où je crois que le mot en question doit se prendre dans cette acception. Dans un *Formulaire de contrats* (man. 172, p. 4) un الكتـان مـن احـرام, «*ihrâm* de toile de lin» est nommé parmi les objets dont se compose le trousseau. Le voyageur Browne (*Reize naar Afrika*, I; 39) atteste qu'à Siwa on donne le nom d'*ihhram* à une espèce de voile dont on se couvre les épaules, et selon Barth (*Reisen*, V, 270; comparez IV, 349), *harâm* désigne un châle qui couvre la moitié du visage.

* Quant à l'*alfareme* espagnol, l'Académie a déjà cité un passage de Gonzalez de Clavijo où il se trouve (c'est, dans la nouvelle édition, p. 131, l. 11). On peut y ajouter un autre qui se trouve chez le même auteur (p. 196) et où on lit: «E al tercero dia en la noche el Tamurbec mandó por su hueste, que las mugeres se pusiesen alfaremes en las cabezas, porque paresciesen omes.»

ALFARGE. Suivant le Dict. de l'Acad. ce mot désigne à Séville «el poyo redondo, labrado de ladrillo, ó piedra, donde encaxan la piedra de abaxo.» Cobarruvias dit que c'est cette pierre même («la piedra inferior del molino del azeyte»). Le mot arabe الـفـرش (*al-farch*), dont il semble dériver, ne signifie dans les lexiques que «stratum, stragulum.» Mais le verbe فرش (*faracha*) est usité dans le sens de *paver*. Chez Ibn-Batouta, I, 318, il est question d'une «coupole dont l'intérieur est pavé (*mafrouch*) de marbre blanc.» Cf. Ibn-Djobair, p. 85. Il se peut donc très-bien que *al-farch* ait servi en Espagne à désigner «une sorte de pavé sur lequel était placée la pierre inférieure du moulin.»

* Je crois devoir assigner à ce mot une tout autre origine, mais il faut d'abord en fixer la véritable signification. On a vu que, selon Cobarruvias, c'est *la meule de dessous* ou *meule gisante*. Ce témoignage est confirmé par Victor, qui donne: «alfarge de molino, la meule de dessous du moulin, le tordoir ou la meule d'un pressoir à huile,» et par P. de Alcala, qui traduit *alfarge* ou *alfarje* par مطاحنة, qui signifie *meule* (cf. Alcala sous *muela*), et aussi par *hâjar arrihâ* et *hâjar albéd*, littéralement, *la pierre du moulin*. La signification étant donc certaine, *alfarge* ne peut être rien autre chose que l'arabe *al-hadjar* (الحـجـر), *la pierre;* au lieu de *alhadjre*, qui était désagréable à l'oreille, on a dit *alhardje*, *alfardje* (on sait que le *h* et le *f* se permutent constamment), *alfarge;* comparez p. e. pg. *alfurja* = *alfugera*. Le mot

qui devait suivre (la pierre *du moulin*) a été supprimé, mais en arabe on l'omet aussi, et qui plus est, on y emploie *hadjar* dans le sens de *moulin*. Ainsi on lit chez Maccarî (II, 146, l. 11; cf. les Addit.):

وقد سمعت عن كثرة ارحى واديها يقال انها تنيف على خمسة الاف حَجَر ,

« vous avez entendu parler du grand nombre de moulins que fait tourner le Guadalquivir: on dit que ce sont plus de cinq mille moulins (*hadjar*). » Un lieu à Médine s'appelait *ahdjâr az-zait* (*Marâcid*, I, 29), et cette dénomination signifie évidemment: « les meules, ou les moulins, à huile. » Anciennement *alfarge* avait en espagnol le même sens, comme l'atteste Tamarid (voyez l'Acad.). — Je conclus de tout cela qu'à Séville on a donné à ce terme une signification un peu différente de celle qu'il devait avoir.

*Dans la même ville, *alfarge*, selon l'Acad., a encore une autre acception, puisqu'il y désigne: *un plancher artistement travaillé* (de même dans la *Carpintería de lo blanco*, où ce mot est écrit *alfarxes*). En ce sens il vient du verbe فرش (*faracha*), dont parle M. E., et qui signifie non-seulement *paver*, mais aussi *planchéier*, *garnir de planches ;* voyez Bocthor sous *planchéier*. Le substantif est *al-farch*, qui signifie *plancher;* voyez Ibn-Djobair, p. 295, l. 17, Ibn-Batouta, IV, 92, Maccarî, I, 560, l. 11, où l'on trouve aussi le verbe. Ce renseignement servira en outre à expliquer l'origine du mot suivant, à savoir:

*ALFARGIA, alfagia (petite solive). Dérivé de *al-farch*, dont nous venons de parler, الفرشية (*al-farchîyah*) signifie proprement: un soliveau dont on se sert quand on fait un plancher. Dans la *Carpintería de lo blanco* le mot *alfarxes* ne signifie pas seulement *plancher artistement travaillé*, mais aussi les pièces dont il se compose.

ALFARMA, alharma, alhargama, harma, harmaga, armaga, *pg.* harmale (rue sauvage), de الحرمل (*al-harmal*), « ruta silvestris. »

ALFAYATE (tailleur) de الخياط (*al-khaiyât*) qui a le même sens.

*ALFEIRE *pg.* Selon Moraes ce mot a deux sens: 1°. troupeau de brebis qui n'ont pas encore mis bas et qui ne sont pas pleines; 2°. clôture dans laquelle on élève des cochons. La seconde signification est la primitive, car c'est l'arabe الحير (*al-heir*), *clôture pour le bétail.* L'autre s'explique aisément: on enfermait les brebis dans une clôture pour empêcher leur accouplement, et au lieu de dire: les brebis du *alfeire*, on disait *alfeire* [tout court. Les expressions: *ovelha alfeiria* et *gado alfeiro*, que le port a aussi, sont plus exactes.

* **Alfeiza** (et non pas alfeizar, comme chez Nuñez; alfeizar est le verbe; voyez l'Acad.) (embrasure, «fusior in pariete apertura, vel fissura, ubi aptatur fenestra» Acad.) de الفسحة (*al-fesha*), que Bocthor donne dans le sens d'*espace vide* (chez Freytag *fosha*, «spatium»). Les embrasures sont justement les espaces qu'on laisse vides, quand on bâtit les murailles. P. de Alcala donne ce mot dans l'acception de *intervalo de tiempo* (en ce sens dans les *Mille et une nuits*, I, 258, l. 1 éd. Macnaghten); c'est au fond la même signification.

* **Alfeizar** *pg.* (le manche d'une scie). Sousa fait venir ce mot de الغيزار, dérivé de فزر (*fazara*), «fidit, rupit;» malheureusement un tel mot n'existe pas. Peut-être le terme port. est-il d'origine berbère. Dans cette langue اغاسّن *ifássen* ou *iféssen*) est le plur. de اڡوس (*afous*), qui signifie *manche* d'un outil (proprement *main;* en arabe يد (*yad*) a aussi ces deux sens).

Alfeloa *pg.* (anciennement sucreries en général (v. Sᵃ. Rosa), aujourd'hui sucre pour confire) de الحلاوة (*al-helâwa*) [* pas dans Freytag, mais très-fréquent], *des sucreries.* De là un confiseur s'appelle حلاوى (*helâwî*), en vieux portugais *alfeloeiro*.

Alfeñique, *pg.* alfenim (pâte faite avec du sucre et de l'huile d'amandes douces) de الفانيد (*al-fénîd*), dérivé du persan بانيد (*pânîd*), « species dulciorum, saccharum. «

* **Alferce** *pg.* (bêche, houe) de الفاس (*al-fa's* ou *al-fe's*), chez Freytag *securis*, chez Alcala *açadon*, chez Bocthor et chez Hélot *bêche;* Drummond Hay, *Western Barbary*, p. 55: «*fas*, a large Moorish hoe.»

Alferecia, alferiche, alfeliche (épylepsie). Le P. Guadix dérive ce mot de *faras* (cheval), parce que c'est une «enfermedad de temblores que suele dar á los cavallos.» N'étant pas à même de décider, si c'est là un fait incontestable ou bien une fiction du révérend père, je ne puis ni rejeter ni accepter cette étymologie. La forme *alfeliche* et l'idée de *trembler* (temblores) semblent indiquer du rapport avec la racine arabe خلج (*khaladja*), «palpitavit.»

* M. Müller observe: «النار الفارسية (*an-nár al-fárisîya*) est *érésipèle* chez les Marocains (Dombay, p. 89); de même chez Avicenne, p. 64 et 25. Quant à la forme, ceci répond fort bien au mot espagnol. L'autre forme, *alfeliche*, *alferiche*, répondrait à الفالِج (*al-fâlich*), *hémiplégie*. Toutefois je ne vois pas comment il serait possible de transporter le nom d'une de ces deux maladies à l'épilepsie.»

* La difficulté à résoudre est en effet très-grande, et ce n'est qu'avec beaucoup d'hésitation que j'ose proposer l'explication qu'on va lire.

* Le mot esp., sous ses différentes formes, signifie proprement «une maladie de petits enfants» (Victor), «enfermedad peligrosa que suele dar á los niños» (Cob.), «usase de esta voz mas propriamente quando los niños padecen esta enfermedad; *epilepsia*, *morbus puerilis*» (Acad.), et en arabe *convulsions* s'appelle تشنّج (*tachannodj*) (pas dans Freytag, mais voyez Berggren sous *convulsions* et sous *spasme*, Bocthor sous ce dernier mot, et une note de M. Müller dans le Bulletin des séances de l'Acad. de Munich, année 1863, II, 24). Or chez Avicenne (I, 327) le chapitre sur les convulsions (التشنّج), dans lequel il parle des convulsions chez les enfants, suit immédiatement celui qui traite du *al-fâlidj*, c'est-à-dire, de l'hémiplégie. Je me demande donc s'il ne serait pas possible qu'un médecin juif ou chrétien se fût servi d'un exemplaire ou plutôt d'une traduction d'Avicenne, où le titre du chapitre sur les convulsions était omis, de sorte que les convulsions semblaient être traitées dans le chapitre sur le *al-félidj* ou *alfeliche*. On sait que, dans les anciennes traductions, les noms arabes étaient ordinairement conservés, et de cette manière on s'explique comment il s'est fait que le terme servant à désigner l'hémiplégie, a été transporté aux convulsions.

ALFEREZ (porte-drapeau) de الفارس (*al-fâris* ou *al-féris*). Ce mot arabe signifie d'abord *cavalier*, et, puisqu'on confiait ordinairement l'étendard royal à un cavalier courageux et bien monté, qui ne lâchait pas le pied dans la mêlée, les Espagnols donnèrent le nom de *alferes* à l'officier, soit à pied, soit à cheval, qui portait cet étendard. Telle est l'explication donnée par Sᵃ. Rosa.

ALFETENA, alfetna, alfechna. Ces mots se trouvent dans plusieurs documents du Xᵉ et du XIᵉ siècle dans le sens de *hostilidade*, *guerra*, *contenda* (Sᵃ. Rosa). En arabe الفتنة (*al-fitna*) se dit dans la même acception.

ALFICOZ, alpicoz (concombre), de الفقّوص (*al-faccóç*) qui a le même sens.

ALFIL (augure) de الفأل (*al-fa'l*), «omen.» Au jeu des échecs, *alfil*, *arfil,* désigne *le fou ;* cette pièce ayant en Orient la figure d'un éléphant, on l'appelait الفيل (*al-fil*), du persan پيل (*pil*), éléphant.

ALFILEL, alfiler, *pg.* alfinete, *val.* hilil (épingle), de الخلال (*al-khilél*). Chez Freytag ce mot signifie «ligna acuta, quibus vestimentorum partes inter se connectunt.» Mais P. de Alcala le traduit par *alfilel,* d'où il résulte qu'il faut ajouter aux lexiques arabes la signification d'*épingle*. [* Marcel l'a aussi sous *épingle*].

ALFITETE (espèce de pâte) de الفتاتة (*al-fitâta,* ou *al-fitita* suivant la prononciation espagnole). Ce mot arabe manque dans les lexiques. Suivant P. de Alcala il désigne *mendrugo, migaja de qualquier cosa.*

* M. Defrémery observe: «Bocthor: *miette* فتاتة et فتيت. C'est de ce dernier, ou mieux de la forme consacrée au nom d'unité, que vient l'esp. *alfitete,* plutôt que de الفتاتة.» — Ce qu'on nomme *alfitete* est une espèce de couscousou (v. l'Acad.), et l'on trouve chez Berggren (p. 262): «فتيتة, *fetité,* espèce de boudin fait avec du lait aigre et beaucoup de beurre.» Burckhardt (*Notes on the Bedouins*, p. 52) parle aussi d'un mets qu'il nomme *fitita.* La forme que préfère M. Defrémery semble donc la véritable; cependant je crois devoir me déterminer en faveur de celle que donne M. E., mais avec une légère modification. Ce qui m'y engage, c'est que *al-fetite* chez Berggren et Burckhardt semble appartenir au dialecte de la Syrie, tandis que dans le nord de l'Afrique, c'est-à-dire, dans le pays où la langue ressemble le plus à celle des Arabes d'Espagne, on dit *al-fetât.* C'est ce qu'atteste le capitaine Lyon, qui parle de ce mets (*Travels in Northern Africa*, p. 48, 51), et qui écrit *fetaat.* En arabe الفتات est un collectif, *miettes,* le mets en question étant fait de miettes («a kind of crumpet» chez Lyon). Prononcé à la manière des Arabes espagnols, c'est *al-fetét* (la première voyelle est *i* chez Dombay, p. 8 *f*), et le dernier *e* dans *alfitete* ne me semble ajouté que par euphonie.

⁺ ALFOBRE *pg.* (rigole, petit fossé qu'on creuse dans la terre pour faire couler de l'eau dans un jardin) de الحفرة (*al-hofre*) qui a le même sens. L'explication du mot *pg.* que j'ai donnée, m'a été fournie par Vieyra; mais on voit par Moraes qu'on en a étendu le sens en l'appliquant aussi à une *planche,* c'est-à-dire, à un petit espace de terre que l'on cultive avec soin pour y faire venir des légumes, et qui est baigné par une rigole. De là vient que Sᵃ. Rosa explique les mots *alfovre, alfoufre, alfoufe* et *alfouve*, qui s'employaient autrefois et qui sont encore en usage dans la province du Minho, par: «hum pequeno pedaço de terra.» Les formes *alfovre* et *alfoufre* répondent fort exactement à l'arabe *al-hofre* ou *al-houfre*.

ALFOCIGO, alfostigo, alfonsigo, *pg.* aussi fistico (pistache), de الفستق (*al-fostac* ou *al-fostoc*) qui a le même sens.

ALFOLLA, alholla (texidos de seda y oro), de الحلة (*al-holla*) qui désigne une sorte de vêtement rayé. [* En arabe *holla* a un sens très-vague, car il désigne plusieurs sortes d'étoffes précieuses; voyez le Glossaire sur Edrîsî, p. 288].

ALFOMBRA (tapis) de الخمرة (*al-khomra*) qui désigne *un tapis à prier.*

ALFOMBRA (rougeole) de الحمرة (*al-homra*), «rubedo,» «rougeole» Marcel.

* ALFORADO (caballo alforado). Dans une constitution de Pierre, roi de Sicile, citée par Carpentier dans Ducange, on lit: «Quod nullus eorum baronem, alium feudatarium, ... qui ex causa exceptionis ejusdem, sive alia quavis causa servitio equi armati seu alforati, aut quocumque alio servitio, servire nostrae curiae teneatur.» Carpentier dérive cet *alforatus* de l'esp. *alforja*, ce qui est inadmissible. Dans les documents esp. du moyen âge il est aussi question de *cavallos alforados*, en catalan *cavalls alforrats*, et M. Mérimée (*Histoire de don Pèdre Ier*) a dit dans une note (p. 230): «*Cavalls armats e cavalls alforrats*; les premiers étaient bardés de fer, les seconds avaient des couvertures de cuir ou de toile piquée.» M. Antonio de Bofarull (*Crónica de Don Pedro IV el Ceremonioso*, p. 47 dans la note), qui me semble dire à tort que M. Mérimée est revenu plus loin (p. 452) sur cette opinion, avoue qu'il a été fort embarrassé par le terme en question; cependant il s'est décidé à le traduire par *ahorrado*, parce qu'il le fait venir de l'arabe *al-horr*, *libre*. J'ai des doutes sur cette étymologie. *Horr* signifie bien «equus nobilis,» mais *alforado* ne peut pas venir directement de ce mot: il viendrait d'un verbe esp. *alforar* (= *ahorrar*), et signifierait *affranchi*; ce qui ne convient pas. La signification semble bien être, comme Carpentier l'a dit, *bardé de fer*, et le terme s'employait, non-seulement en parlant d'un cheval, mais aussi en parlant d'un mulet, car dans une lettre catalane écrite en 1368 par Pierre IV d'Aragon et publiée par Capmany (*Memorias sobre la marina de Barcelona*, II, 393), je lis: «è si hom armat tot de cap à peus ab cavall, roci, ò mul alforrat.

V sols;» mais quant à son origine, je dois avouer qu'elle m'est inconnue.

* ALFORFIÃO *pg.* (euphorbe) de الفربيون (*al-forbiyôn*), la forme arabe de *euphorbium.*

* ALFORFON (blé noir ou sarrasin) de الفرفور (*al-forfór*), chez Freytag «farina parata ex fructu arboris yanbut» (cf. Ibn-al-Baitâr, II, 603); mais en Espagne ce sens semble s'être modifié.

ALFORJA (besace) de الخرج (*al-khordj*) qui a la même signification.

* ALFORRA *pg.* (nielle, maladie des grains) ⎫ Je réunis ces deux mots
* ALHORRE (croûte de lait, maladie des en- ⎬ parce qu'ils ont la même
fants nouveau-nés) ⎭ origine et qu'ils ont
éprouvé le même changement dans la seconde voyelle. En arabe la racine حرّ (*harra*) signifie «caluit, incaluit, ferbuit;» de là الحرّ (*al-harr*), *chaleur*, qui a donné naissance au mot pg. et au mot esp., quelque différentes que soient leurs significations. Quant à *alforra, nielle*, nous n'avons qu'à donner la définition de Moraes, pour qu'on s'aperçoive à l'instant même qu'il vient de *al-harr*. Voici ce qu'il dit: «Humidade, que cái nas seáras, e pães, e *ennegrecendo com o calor do Sol*, as róe como a ferrugem ao ferro.» Pour ce qui concerne l'esp. *alhorre*, l'explication de Victor suffira également: «espèce de gale et *feu volant* bien mauvais.»

* Chez l'Archiprêtre de Hita (copl. 981) le mot *alhorre* est employé dans un tout autre sens, mais je ne comprends pas cette phrase, dont Sanchez a donné une explication inadmissible, et peut-être le texte est-il altéré.

ALFORZA, alhorza (troussis, pli pour raccourcir une robe, «la dobladura que se toma en la saya por la parte de abaxo» Cob.). Sans m'occuper des conjectures proposées par le P. Guadix et par Diego de Urrea, il me suffira de citer P. de Alcala pour établir l'étymologie du mot en question. Chez cet auteur c'est الحزّة (*al-hozza*) qui répond à *alforza* et à *borde del vestido*. [* Chez Hélot *pli*].

ALFOZ, au pluriel alfoces, alfozes, alhobzes (canton). Suivant Sª. Rosa, *alfoz* désigne un district qui a sa propre juridiction et qui se gouverne selon son *fuero* particulier. Pour la plupart un *alfoz* n'embrassait qu'une parochie, ou un château avec ses dépendances. — Il dérive de l'arabe الحوز (*al-hauz*) qui désigne *canton*, *district*. Il est clair que le renseignement de Ducange: «*alhobzes* ... vox arabica, qua arces et castella notantur,» est inexact.

* ALFRESES *a. pg.* Dans une charte de 1352, citée par Sᵃ. Rosa, on lit: «Calças, alfreses, especias, bacias, agumys, e outras cousas, que tragem pera si.» Sᵃ. Rosa donne à ce mot le sens de *meubles*, ce qui n'est pas tout-à-fait exact, car c'est l'arabe الفراش (*al-firéch*) qui signifie «tapis à longues laines qui sert de lit» (de Colomb, *Exploration des ksours et du Sahara de la province d'Oran*, p. 8).

* ALFUGERA, alfurja, alfuja *pg.* (ruelle entre les maisons, dans laquelle les habitants de ces maisons jettent les immondices) de الفرجة (*al-fourdja*), «intercapedo, interstitium.»

* ALGAFACAN (pas dans les dict.). Dans le *Cancionero de Baena* (p. 140 *b*) on lit:

> Desid, amigo é señor,
> Miss fechos qué via van,
> Quo despues quo mo partí
> De vos, llegando aqui,
> En mi cassa adolesci,
> Yo ssofryendo mucho afan
> Con dolor de algafatan.

Les auteurs du glossaire ont négligé de noter cet *algafatan;* il était cependant nécessaire d'en parler, d'autant plus que la leçon est altérée. C'est *algafacan* qu'il faut lire, en arabe الـخـفـقان (*al-khafacán*), *palpitation de cœur.*

ALGAGIAS (équipement d'un soldat à cheval) de الغاشية (*al-gáchiya*) qui désigne *une couverture de selle.* Voyez la note de M. Quatremère, *Histoire des sult. maml.,* I, 1, 4 et suiv.

* M. E. a trouvé ce terme esp. chez Victor, dont il a reproduit l'explication française (l'explication italienne est: «vestito da soldati a cavallo»); mais je doute qu'un mot qui désigne *les habits* d'un soldat, puisse venir d'un autre qui signifie *couverture de selle.* Joignez-y que, dans l'Ouest, le mot *gáchiya* ne signifiait pas cela; les voyageurs qui, comme Ibn-Batouta (voyez III, 228, 257, 395), l'avaient entendu en Orient, sont obligés de l'expliquer quand ils s'en servent. Selon mon opinion, *algagias* est une altération de الـحـوائـج (*al-hawâidj*), plur. de *al-hádja*, qui signifie précisément *les habits;* voyez mon *Dict. des noms* *des vêtem.*, p. 303, n. 1; aux passages que j'y ai cités on peut joindre: *Extraits du roman d'Antar*, p. 24, l. 8; Hœst, *Nachrichten von Marokos*, p. 153; Humbert, p. 19; Delaporte, *Dialogues*, p. 53. Le mot étant pour un étranger d'une prononciation difficile, il a été corrompu par les Espagnols.

ALGAIDA (bois, hallier) de الغيضة (*al-gaidha*), « arundinetum.»

* En ce sens le mot esp. a vieilli; mais on l'emploie encore fréquemment sur les côtes de l'Andalousie pour désigner: *un amas de sable* que le vent forme sur les bords de la mer et qu'il déplace sans cesse (Acad.). Dans cette acception, il semble dérivé du verbe غاص (*gâça*) qui signifie *s'enfoncer*, p. e. فى الارض, «dans la terre» (cf. Ibn-Djobair, p. 115, l. 17, Maccarî, II, 248, l. 4 a f., *Mille et une nuits*, I, 87 éd. Macnaghten), et الغيضة (*al-gaiça*), si telle est la forme du mot, me paraît signifier proprement: amas de sable *où l'on s'enfonce*. J'explique de la même manière le mot *gauz*, que je trouve dans le *Voyage au Ouadây* trad. par Perron (p. 269, 286) avec le sens de *terrain sablonneux*, *plaine sablonneuse*.

ALGALABA (« vid sylvestre» Acad.). Les académiciens de Madrid sont inexacts en faisant venir ce mot de عنب الثعلب, *'inab-ath-tha'lab*. [* On ne voit pas comment *algalaba* pourrait être une altération de ce terme-là; aussi les acad. ne disent-ils pas cela: ils font venir *algalaba* de *'inab al-kalb*, qu'ils estropient un peu et que Freytag n'a pas, mais qu'Alcala donne sous *escaramujo* o *gavança*, c'est-à-dire, *églantier*. Selon eux *al-kalb* ou *al-keleb* serait devenu en s'adoucissant *algalaba*]. Le fait est que le mot espagnol en question n'indique qu'une espèce de ce genre de plantes. Je trouve dans deux traités arabes sur les simples, man. 13 (1 et 3), qu'il y en a deux, dont l'une est cultivée dans les jardins, tandis que l'autre est sauvage, et que cette dernière était désignée en Espagne par le terme populaire de الغالبة *al-gâliba*. C'est donc là l'origine de l'espagnol *algalaba*.

* Le n°. 1 dans notre man. 13 est un exemplaire d'Ibn-al-Baitâr, et le n°. 3 est un abrégé de l'ouvrage de ce botaniste, fait par Ibn-al-Cotbî (cf. le catalogue des man. orient., III, 259); M. E. aurait donc pu se borner à citer le texte arabe d'Ibn-al-Baitâr, le mot étant altéré dans la traduction de Sontheimer (II, 212).

ALGALIA (civette) de الغالية (*al-gâliya*) qui a le même sens.

ALGANAME *a. pg.* (berger, « o principal pastor, e que toma sobre si a obrigação de conservar e aumentar o rebanho » Sª. Rosa). En arabe غنم (*ganam*) signifie *moutons*. Un substantif غنّام (*gannâm*), dans le sens de *berger*, ne m'est pas connu; mais il serait si conforme au génie de la langue, que le mot portugais *alganame* me semble suffire pour en démontrer l'existence.

* Le portugais a aussi ce mot sans l'article arabe, *ganham* chez Sª. Rosa sous le *g*, ou, ce qui revient au même, *ganhão* chez Moraes et chez Vieyra. En esp. c'est *gañan*, qui s'emploie encore (« vaqueros y gañanes, » Lafuente y Alcántara, *Cancionero popular*, I, p. XLIX). Au reste l'opinion de M. E. est confirmée par le témoignage de Marcel, qui donne : « berger, *gannâm*. »

ALGAPHITE chez Marina, gafeti (eupatoire, aigremoine), de الغافت (*al-gâfit*), « agrimonia eupatorium, » Ibn-al-Baitâr, II, 227.

ALGAR (caverne) de الغار (*al-gâr*), « spelunca. »

ALGARA, aussi bien que l'arabe الغارة (*al-gâra*), désigne *une incursion de troupes à cheval dans un pays ennemi pour piller*, et aussi *les troupes à cheval qui font une telle incursion*.

* *Algara* signifie en outre : *pellicule très-mince* d'œuf, d'ognon, d'ail, etc. C'est une altération de الغلالة (*al-galâla*), *pellicule*, que nous avons déjà rencontré plus haut sous la forme *alara;* voyez cet article.

* ALGARABIA, algaravia, *pg.* aussi algravia, arabia chez Gil Vicente (la langue arabe; — baragouin, galimatias; — bruit confus de plusieurs voix), est العربية (*al-'arabîya*), *la langue arabe;* dans un passage chez Ducange on lit : « scientes loqui algaraviam seu sarracenice; » mais comme cette langue semblait à ceux qui ne la comprenaient pas, un galimatias ou un bruit confus, on a aussi donné ces deux sens à ce mot. — 2º. *Algarabio*, au fem. *algarabia*, en pg. avec le *v*, signifie aussi appartenant au royaume d'Algarve, un homme ou une femme né dans ce pays. C'est الغربى (*al-garbí*), au fem. *al-garbîya*. — 3º. *Algarabia* désigne aussi, selon Nuñez, deux espèces de plantes, à savoir : *a)* euphraise; *b)* plante du genre centaurée. D'après l'Acad., c'est une plante sauvage, qui ressemble au thym, mais qui est plus haute; ses feuilles sont entrelacées, et on en fait des balais. Les académiciens supposent qu'elle a reçu ce nom à cause de ses feuilles entrelacées et par

allusion au sens qu'*algarabia* a ordinairement. Cette explication me
paraît peu naturelle ; mais en même temps je dois avouer que, puisque
ach-chauca al-'arabîya (*épine-arabique*) (dans le *Mosta'înî* sous باذاورد et
sous شكاعى, et chez Ibn-al-Baitâr, II, 114) ne convient pas, je n'ai
trouvé, chez les botanistes arabes, rien qui explique l'origine du nom
de ces plantes.

   * ALGARADA (cris poussés par des gens de guerre qui se battent) ⎱ Je réunis
   * ALARIDA, alarido (clameur, vacarme, hurlement)   ⎰ ces deux
mots parce qu'ils pourraient bien avoir une origine commune. M. E. a
avoué qu'il ignore l'origine du second, et quant au premier, il a suivi
l'opinion générale en le dérivant de *algara*.   Elle est assez plausible, j'en
conviens : les Maures avaient la coutume de pousser des cris, des hurlements, pendant leurs *algaras* ou incursions; en outre le verbe *algarear*
(crier, pousser des hurlements) et le substantif *algarero*, qui signifie à
la fois *crieur* et *celui qui faisait partie de l'algara*, viennent à l'appui
de cette étymologie.   Toutefois je préférerais pour *algarada* un mot
arabe qui signifierait précisément *cris, hurlements*.   Or, un tel mot
semble avoir existé, et il explique en même temps l'origine de *alarida*.
Sa racine est le verbe غرد (*garida*), qui, dans la langue classique, ne
signifie que *chanter*, en parlant d'un oiseau, mais qui, dans la langue
des Magribins, signifiait aussi *crier, hurler*.   C'est ce qui résulte d'un
passage d'une Histoire des Hafcides de Tunis, laquelle est écrite dans
une langue qui semble à peu près celle du peuple, et dont M. Cherbonneau a publié de longs extraits.   Dans ce passage on lit (*Journ. asiat.*
de 1852, II, 218) : غرد بالنداء كلّ من فى محلّته بقولهم الغرب الغرب ,
« tous les soldats de son armée se mirent à crier : Partous pour l'Occident ! »   Sans doute on a aussi formé de ce verbe un substantif dans
le sens de *clameur*, et il me paraît indubitable que *alarida, alarido*,
vient de ce côté-là.   Quant à *algarada*, je n'ose pas être aussi affirma-
tif, l'autre étymologie pouvant être admise; cependant je serais tenté
de le faire venir de la même racine, et de supposer que le *d* a été
omis par euphonie dans *algarear* et dans *algarero*.

   * ALGARAVIDE. Ce mot se trouve comme le nom d'un impôt dans le
Fucro de Castroverde de Campos (vers 1197), où on lit (*apud* Llorente,
Noticias de las tres provincias vascongadas, IV, 348) : «Concedo vicinis

de Castroviride ut non pectent homicidium, non rausum, non manne-
riam, non nuntium, non etiam algaravide, non furnum regis, non
zobacado, non castellage, non sigillum, nec vicini nec eorum vasalli.»
Le sens et l'origine de ce terme me sont inconnus.

   * Algarivo, algaribo (pas dans les dict.). En arabe الغريب (*al-garîb*)
signifie *étrange*, *inusité*, et aussi *étranger*. Cette dernière acception est
encore fort reconnaissable dans le testament d'Henri II de Castille (dans
Ayala, *Crónica de D. Enrique II*, p. 119), où on lit: «Otrosi, por quanto
la merced que ovimos fecho á Doña Beatriz de lo mostrenco é algaribo
de la Frontera, se la avemos quitado,» etc. Ici *algaribo* doit signifier:
les biens des étrangers décédés en Castille et qui appartiennent au roi,
comme le prouve la comparaison de *mostrenco*, qui désigne les biens
dont le maître est inconnu et qui appartiennent au roi. Mais en esp.
le sens du mot arabe s'est sensiblement modifié, car il a reçu dans
cette langue celui de *mauvais*, *méchant*. Ainsi on lit dans l'Alexandre
(copl. 1519):

> Asmaron un conseio malo é algarivo
> Por alguna manera que lo presiessen vivo.

Dans le *Cancionero de Baena* il a même celui de *démon*, car on y
trouve (p. 237):

> Angel fuste Lusifer,
> Mas tornaste algarivo.

   Algarrada (machine de guerre pour lancer des 'pierres) de العرّادة
(*al-'arrâda*) qui désigne la même chose.

   * Dans les deux autres acceptions indiquées par Nuñez, c'est = *algarada*; voyez l'Acad.

   Algarroba, [* garroba], *pg.* alfarroba (caroube), de الخرّوبة (*al-khar-
rôba*) qui a le même sens.

   * Algarve («vent du couchant, garbin,» Victor) de الغرب (*al-garb*),
l'ouest, (vent) *d'ouest.* — Games emploie *algarve* dans le sens de *algar*,
caverne, quand il dit (*Cronica de Don Pedro Niño*, p. 24): «Andando
un dia Juan Niño por la tierra faciendo guerra con otros, acogieronsele
á un algarvo fasta docientos omes: el algarvo estaba muy alto en una
peña --; é Juan Niño fizoles poner una escala» etc.

   Algava, algaba (bosque), de الغابة (*al-gâba*) qui a le même sens.

   * Algazafan. On lit dans le *Cancionero de Baena* (p. 156):

16

Non floresca don Fulan,
Nin sus palabras dañadas,
Crueles, compoçoñadas,
Pilloros de algaçafan.

Dans le glossaire ce mot est expliqué ainsi: « Racine amère comme la coloquinte, dont on faisait des pilules purgatives. C'est un mot arabe. » Quand on ne donne pas le mot arabe, il est facile de dire que c'est une « racine amère, » mais ce qui l'est moins, c'est de le prouver, et pour ma part je ne puis voir dans cette explication qu'une conjecture. Il s'agit sans doute d'un médicament très-désagréable au goût, et je crois reconnaître dans le mot en question le terme arabe العفص (al-'afç), noix de galle. Les Arabes eux-mêmes ont transposé les lettres de ce mot, car chez Alcala agalla est 'açfa; de même chez Dombay, p. 78. Or, le changement de al-'açfa, prononciation adoucie al-'açafa, en algaçafan, est parfaitement régulier, excepté que le n est de trop, et peut-être le poète ne l'a-t-il ajouté que pour la rime. Joignez-y que les Arabes faisaient réellement usage de pilules de noix de galle, comme le prouve ce passage emprunté à la traduction latine de Serapion (éd. de Venise de 1550, fol. 88 c): « Pilulae quae fiunt cum gallis, et conferunt ad diariam antiquam, et lubricitatem, et singultum. ℞. gallarum viridium, » etc.

ALGAZARA [, *pg. algazarra, ital. gazzarra et gazzurro, réjouissances à coups de canon, au bruit des instruments militaires] (bruit, cris). Ayant à faire ici avec un mot arabe qui était particulier au langage vulgaire, et qu'on chercherait en vain dans les lexiques et chez les auteurs, je donnerai tout ce que j'ai pu recueillir sur ce terme et sur quelques autres qui sont de la même famille. — Suivant P. de Alcala le verbe gazzara غزر signifie baladrear, ladrar, [* gañir, dezir a menudo, parlar o hablar,] hablar a menudo, murmurar (et aussi médire; P. de Alcala traduit la demande du confesseur: Detraxistes de algun diziendo mal del, par من احد وقلت عيب منه (gazart) (غزرت). Le substantif غزير (gazîr) se dit dans le sens de baladron, bozinglero, parlero, hablador, deslenguado que habla mucho, et enfin غزارة (gazâra) signifie parla, murmullo de gente, roydo murmurando, roydo con ira. C'est évidemment le mot qui a donné naissance à l'espagnol algazara. — Dans ma transcription de gazara en caractères arabes, j'ai suivi le système de P. de

Alcala, bien que les significations données ne présentent aucun rapport logique avec la racine غـزر, à laquelle les lexiques n'attribuent d'autre sens que celui de *copiosus fuit*, *abundavit*. Toutefois il y a d'autres racines dont le son ressemble un peu à *gazara*, et qui expriment la même idée. Le verbe هـدر (*hadara*), p. e., signifie *gemuit*, *rugiit*, et هذر (*hadzara*), *deliravit*, *garrulus fuit in sermone*. D'un autre côté, la XIIᵉ forme de *hadara* s'emploie dans le sens de *copiose effusa fuit* (*pluvia*), ce qui n'a rien de commun avec les autres significations de ce verbe, mais ce qui semble avoir de l'analogie avec غزر (*gazara*), *copiosus fuit*. Je crois donc qu'à cause de la facilité avec laquelle les lettres du même organe, le ه et le غ, le د, le ذ et le ز, se permutent, il y a quelque rapport entre les trois racines هذر, هدر et غـزر, et qu'on peut ainsi ajouter à la racine غـزر les significations que j'ai tâché de lui attribuer. En examinant d'autres racines arabes, on pourra trouver d'autres d'exemples du même fait. Sans doute il y a dans les lexiques plusieurs significations hétérogènes qui se laissent expliquer de cette manière.

* Je ne comprends pas comment M. Müller, après avoir lu cet article, a encore pu voir dans *algazara* une transposition de الـزغـرتـة (*azzagrata*), nom d'action du verbe quadrilittère زغرت (*zagrata*).

* ALGAZUL, selon l'Acad. «mesembryanthemum nodiflorum,» dont la cendre contient de l'alcali. En arabe الغسول (*al-gasoul*) signifie *alcali*, *soude*, dont on fait du savon ou de la poudre de savon; comparez Harîrî, p. 86 et 228, de Sacy, *Chrest. ar.*, III, 209. Forskâl, qui est cité par Freytag, donne également الغاسول pour mesembryanthemum nodiflorum. Müller. — Comparez le Glossaire sur Edrîsî, p. 354. Chez Fischer (*Gemälde von Valencia*, I, 136): «*Aguasul*, sorte de mesembryanthemum.»

ALGEBRA. En arabe الجبر (*al-djebr*) signifie *réduction*, et de là on dit: علم الجبر والمقابلة (*'ilm al-djebr wa'l-mocâbala*), «la science des réductions et des comparaisons,» l'algèbre. [* Cf. Mahn, *Etym. Unters.*, p. 150. Dans l'ancien port. *almocabala* ou *almucabala* seul désignait aussi l'algèbre; voyez Moraes]. — Le mot arabe en question, ainsi que son dérivé espagnol, se dit aussi dans le sens de *réduction*, *opération de chirurgie par laquelle on réduit les os luxés ou fracturés*. De là *algebrista* signifie *concertador de guesos*.

ALGEMAS *pg.* (menottes, fers qu'on met aux poignets d'un prisonnier) de الجامعة (*al-djâmi'a*), «columbar.» Ce mot arabe dérive du verbe *djama'a* (réunir, lier ensemble), parce que ces fers lient ensemble les deux mains. Comparez le terme espagnol *esposas*, dans lequel on retrouve la même idée.

*ALGEMIFAO (petit mercier qui vend des choses de peu de valeur et qui transporte sans cesse sa boutique d'un endroit à un autre) est composé de l'arabe الجميع (*al-djemî'*), *le tout*, et de la terminaison burlesque *fao*, avec laquelle on peut comparer *frado* dans *algimifrado* (voyez cet article). Le sens est: celui qui vend toutes sortes de choses [1].

ALGERIFE, *pg.* algerive (grand et long filet de pêcheur). Bien que je n'aie aucun doute sur l'origine arabe de ce mot, ainsi que de *aljarfa* [* aussi *aljarfe*] qui est évidemment de la même famille, je n'ai pas encore réussi à trouver le terme arabe d'où il vient. La racine جرف (*djarafa*), qui y répondrait exactement pour ce qui concerne la forme, ne présente aucun rapport quant à la signification.

*M. Defrémery demande si ces mots ne viendraient pas de غرف (*garafa*), *hausit*; mais comme un filet ne sert pas à puiser de l'eau, il faut répondre négativement à cette question. Pour découvrir leur origine, il faut appliquer la règle dont il a été question dans l'Introduction (p. 18, 19) et selon laquelle le *z* arabe se change quelquefois en *g* devant *e* et *i*, en *j* devant *a*, *o* et *u*. Suivant une autre règle (*ibid.*, p. 20), le *b* arabe devient *v* (pg. *algerive*), et ce *v* se change ensuite en *f*. La racine arabe est donc زرب (*zaraba*) et le substantif qui en dérive est الزرب (*az-zarb*), qui signifie proprement *enceinte de filets* et de là *filet*; voyez plus loin ma note sur l'article ALMADRABA. En esp. ce mot est devenu selon les règles établies plus haut et en négligeant l'assimilation de la consonne de l'article, ce qui était néces-

---

1) ALGER devrait suivre ici selon M. Müller, qui a très-bien prouvé qu'en arabe الجير signifie *chaux*; mais je dois avouer que l'existence de ce mot en espagnol me paraît fort douteuse. Aucun dictionnaire ne le donne excepté celui de Cobarruvias, où M. Müller l'a trouvé dans le sens de *plâtre*. Ne serait-ce pas une faute d'impression pour *algez*, qui signifie précisément cela et qui manque chez Cob.? Remarquez en outre qu'il dit: «cierto genero de yesso, y algezar, el yessar de donde se saca.» Or *algezar* (plâtrière) ne peut pas venir de *alger*; il vient de *algez*, et c'est ainsi que je crois devoir lire chez Cob.

saire parce que le *z* avait été changé en *j :* (aljarbe, aljarve) *aljarfe*,
aljarfa, qui signifie 1°. un filet épais et goudronné, 2°. la partie la plus
épaisse d'un filet; voyez l'Acad. qui ajoute: «retis quoddam genus,
Arabibus usitatum.» Un autre substantif dérivé de la même racine et
ayant aussi le sens de grand filet, est الزريبة, *az-zeríbe*, ou, selon les
mêmes règles: (algeribe), *algerive* (chez Vieyra), *algerife*. Comparez
l'article qui suit.

* ALGEROZ *pg.*, algiroz *pg.*, aljaroz *pg.* (gouttière). Il faut faire sur
ces mots presque les mêmes observations que sur ceux dont je viens de
parler. La racine est de nouveau *z-r-b*, زرب, *zariba*, mais dans le
sens de *fluxit* (aqua). La substantif est aussi *az-zarb* (pour la voyelle
voyez Lane), «canalis aquae *vel* aquae via,» au plur. الزروب (*az-zorób*),
ou d'après les règles citées précédemment, *al-jorób*. La première
voyelle a été corrompue dans toutes les formes port., de même que la
dernière consonne, ce qui arrive très-souvent (voyez l'Introd., p. 24,
n°. 6). Le mot portugais ne vient donc pas du sing., mais du plur.;
c'est proprement *les gouttières*. Son origine a déjà été exposée très-bien
par Sousa, et elle ne saurait être douteuse, quelques graves changements que le terme ait éprouvés, car aujourd'hui *une gouttière* s'appelle
en Afrique et en Asie مزراب (*mizrâb;* chez Freytag aussi «canalis
aquae»), qui vient de la même racine; voyez Bocthor, Berggren, Marcel
et Hélot sous *gouttière*, Humbert, p. 193.

ALGEZ (gypse, plâtre) de الجص (*al-djeçç*) qui a le même sens.

ALGIBE (citerne) de الجب (*al-djoubb*), «puteus,» algibe de agua (Alc.).
En espagnol *algibe* se dit encore dans le sens de *prison, cachot*. Cette
signification, qui manque dans les lexiques arabes, se trouve chez P.
de Alcala au mot *carcel en el campo* et dans une note de M. Quatremère, *Hist. des sult. maml.*, I, 1, 70 [* et II, 2, 95; de même chez
Ibn-Batouta, I, 256, IV, 47 et 48, et dans les *Mille et une nuits*, XII,
306 éd. Fleischer, où *djoubb* est le synonyme de سجن, *prison*].

* Le *ou*, qui est devenu *i* dans *algibe* (cf. l'Introd., p. 27), s'est
conservé dans le pg. *aljube;* dans un document navarrais de 1351 (*apud*
Yanguas, *Antig. de Navarra*, I, 30) on lit *aljup*, et les Mauresques écrivaient *alchupe* (*Mem. hist. esp.*, V, 430). Le pg. *enxovia* (prison sou-
terraine) est une altération du même mot.

* ALGIBEIRA *pg.* (poche). Aujourd'hui le mot الجبيرة (*al-djebíra*) signifie en Algérie et parmi les Touàreg: un sac en cuir, une giberne, que le cavalier suspend à l'arçon de sa selle, et qui tombe librement comme la sabretache ; voyez Cherbonneau dans le *Journ. asiat.* de 1849, I, 65; Daumas, *La grande Kabylie*, p. 253 ; Carette, *Géographie de l'Algérie*, p. 111 ; Carteron, *Voyage en Algérie*, p. 315. Tout le monde dans la grande colonie française connaît ce mot *djebîra*, et peu s'en faut qu'il n'ait déjà acquis droit de cité en France, car les auteurs qui vivent en Algérie et qui écrivent des scènes de mœurs, des nouvelles, etc., l'emploient comme un mot très-ordinaire et sans le souligner (voyez p. e. la *Revue de l'Orient et de l'Alg.*, nouvelle série, VIII, 237, 245). Cependant il n'est pas dans les lexiques arabes et on ne peut pas même le rattacher à la racine جبر (*djabara*). M. Prax, il est vrai, a tâché de l'en dériver. « *Djebîra*,» dit-il (*Commerce de l'Algérie*, p. 15), «vient du verbe *djebar*, qui signifie *trouver*. C'est là en effet que le Targui trouve tout ce dont il a besoin.» Il est très-vrai que ce verbe a reçu en Barbarie le sens de *trouver ;* mais au reste cette étymologie est dans le genre de celle qui fait venir *posca* de *poscere*, «quia quisque poscere poterat.» Le fait est que *al-djebîra* est une altération du pg. *algibeira*, qui est un mot hybride. L'arabe a الجيب (*al-djeib*), qui signifie proprement *la fente* d'une chemise ; mais «comme les Arabes,» dit M. Lane, «portent souvent des objets dans la fente de la chemise, ils appliquent à présent ce terme à *une poche ;*» cf. Bocthor et Berggren sous *poche*. En Afrique on prononce ordinairement *al-djîb* (Marcel et le *Dict. berbère* sous *poche*, Dombay, p. 82, Barth, *Reisen*, V, 705), et à cet *al-djîb* ou *algib* les Portugais ont ajouté la terminaison *eira* qui appartient à leur langue, *algibeira*. Chez eux le sens est resté absolument le même; *algibeira* est une poche d'habit, de gilet, etc. («bolso nos vestidos, onde se guarda alguma cousa» Moraes); mais le mot ayant été rendu par eux, sous la forme qu'ils lui avaient donnée, aux Africains, avec lesquels ils avaient des rapports fréquents, sa prononciation et sa signification ont été modifiées. *Algibeira* étant une forme barbare, on a dit *al-djebîra*, qui serait une forme très-correcte si le mot venait réellement de la racine *djabara*. Quant à la signification, de même que *poche* se prend aussi chez nous dans le sens de *sac* (une poche de blé, etc.), on a donné en Afrique à *djebîra* le sens de *sac en cuir*. Déjà chez les Maures d'Espagne il avait reçu un sens analogue, puisque P. de Alcala traduit *porta cartas* par *jabáyra*. En Algérie *djebîra* signifie de même *portefeuille* (voyez Hélot); mais je dois encore observer que la forme donnée par Alcala et qui en portugais est *aljabeira* (chez Moraes), n'est pas tout-à-fait la même. Voici comment je l'explique: au lieu de *djaib* ou *djîb*, on a dit aussi جـب *djabb*, de même qu'on dit aujourd'hui *djabba* (جـبّـة) pour *poche* (Marcel, Hélot), et à ce *djabb* ou *djab*, *jab*, les Esp. et les Port. ont ajouté leur terminaison *era* ou *eira*, car je me tiens persuadé qu'en espagnol aussi il a existé autrefois un mot comme *aljabera*.

* *Giba* dans le latin du moyen âge (voyez Ducange; l'arabe a aussi *djîba* ou *giba* pour *poche*, cf. Bocthor), et le fr. *giberne* (ital. *giberna*) me semblent aussi venir du même mot arabe *djib*.

* Algimifrado (paré, fardé) est un mot dans le genre de *algemifao*. En arabe الـجـمـيـل (*al-djemîl*, *al-djimîl* par l'influence de la voyelle longue qui suit) signifie: *beau, joli;* on en a retranché la dernière lettre et on y a ajouté *frado*, qui, comme *fao* dans un *algemifao*, n'est qu'une terminaison burlesque. *Adonisé* répondrait assez bien au terme espagnol.

* Algirão *pg.* (l'ouverture dans le filet, par laquelle le thon y tombe) de?

Algodon, [* alcoton, v. Nuñez, alchoton, Villanueva, VI, 274, l. 1, algoton, *Esp. sagr.*, XXXIV, 455, l. 2] *pg.* algodão (du coton), de الـقـطـن (*al-coton*) qui a le même sens. De ce mot arabe dérive encore le vieux français *aucoton*, ainsi que les formes *auqueton*, *aucton*, *acoton*, *aquetvn*, et le nom moderne *hoqueton*, pour désigner une sorte de casaque militaire qui se mettait par-dessus la chemise. Voyez Burguy, *Gloss. de la langue d'Oïl*, p. 3.

Algorfa, algofra (grenier, sobrado), de الـغـرفـة (*al-gorfa*) qui signifie *celda camara, cenadero en sobrado, camara donde dormimos, camara como quiera* (Alc.), *chambre haute* (Bocthor).

* Algorin («séparation dans un moulin à huile, où l'on dépose les olives à mesure qu'on les apporte» Nuñez),

* Alguarin (en Aragon le petit magasin où l'on dépose la farine ou les olives à moudre; aussi: la caisse où tombe la farine qui sort de dessous la meule). Ces deux mots, ou plutôt ces deux formes du même mot, viennent de الـهـرى (al-horî), *magasin*, comme l'Académie le dit avec raison ; mais si elle a trouvé *alguarin* dans Alcala, elle a été plus heureuse que moi. Au reste *al-horî* a encore une fois passé dans l'espagnol sous la forme *alholi*, et pour *alholi* on disait en Navarre *algorio;* voyez Yanguas, *Antig. de Navarra*, I, 29.

*Algoz pg. (bourreau). Le mot الـغـزّ (*al-Gozz*) désigne proprement une tribu turque, mais on l'a appliqué aux Curdes ; voyez Weijers dans Rutgers, *Historia Jemanae*, p. 143, 144 ; Quatremère, *Hist. des sult. maml.*, I, 2, 272 et 274 ; Ibn-Khaldoun, *Hist. des Berbères*, II, 302, l. 4 a f. Dans la seconde moitié du XIIᵉ siècle, un corps de Gozz vint de l'Egypte dans le nord de l'Afrique avec Carâcoch, qui joua un grand rôle dans ce pays. Peu à peu ces Gozz entrèrent comme archers au service des Almohades, et les chroniqueurs, tels qu'Abd-al-wâhid, Ibn-Khaldoun et l'auteur du Cartâs [1], parlent très-souvent d'eux. En France on les connaissait aussi. Un troubadour provençal, Gavaudan le Vieux, les nomme dans son appel à la croisade contre le roi de Maroc Almançor, composé en 1195, quand il dit (dans Raynouard, *Choix*, IV, 85) :

> Totz los Alcavis a mandatz,
> Masmutz, Maurs, Gotz e Barbaris.

«Il (le roi de Maroc) a appelé aux armes tous les alcavis [toutes les tribus, *al-cabíla*], Masmoudes, Maures, Gozz [2] et Berbères.»

Sous l'empire des Almohades, les Gozz jouissaient d'une très-grande faveur. Almançor préférait ces étrangers aux soldats de son propre pays, et tandis que ces derniers ne touchaient leur solde que trois fois par an, les Gozz touchaient la leur tous les mois, et encore était-elle beaucoup plus forte. «Ce sont des étrangers,» disait le monarque; «ils ne possèdent rien ici, ils vivent uniquement de leur solde, tandis que mes autres serviteurs ont des terres et des fiefs.» Et pourtant les chefs des Gozz recevaient de lui des fiefs beaucoup plus considérables que ceux que possédaient les Africains, tant sa partialité pour eux était excessive [3]. Ce fut l'époque de leur puissance et de leur grandeur;

---

1) Ce dernier les nomme comme faisant déjà partie de l'armée de Yousof ibn-Téchoufîn, ce qui est une erreur.

2) M. Diez (*Leben und Werke der Troubadours*, p. 525) traduit *Goths*, et naturellement il trouve fort étrange que le poète ait confondu les Goths avec les Sarrasins.

3) Ces détails curieux se trouvent chez 'Abd-al-wâhid, p. 210.

mais peu à peu les circonstances changèrent. Nous ignorons comment cela se fit ; toujours est-il qu'au XVIIᵉ siècle nous les trouvons bien déchus du haut rang qu'ils occupaient autrefois. Dans ce temps-là c'étaient encore des archers, mais dans un autre sens, savoir dans celui d'agents de police chargés de mettre les fers aux prisonniers, de leur donner le fouet, et enfin, de leur couper la tête, comme nous le savons par le P. Francisco de San Juan de el Puerto, qui, dans son intéressante *Mission historial de Marruecos*, parle souvent de ces «Algozes infernales» (voyez p. 266 *a*, 293 *b*, 297 *b*, 300 *a*, 311 *a*, etc.). — On voit donc comment il s'est fait que *algoz* a reçu en port. le sens de *bourreau* et *algozaria* celui d'*action cruelle*.

ALGUACIL, *a. pg.* alvacil, alvazil, alvazir, alvasir, alvasil, alvacir (Sᵃ. Rosa), de الوزير (*al-wazîr*), *vizir*. Quant au changement des lettres, ce mot n'offre rien de remarquable ; c'est la grande différence entre un *vizir* et un *alguacil* espagnol qui m'oblige à entrer dans quelques détails historiques ; je voudrais indiquer les causes qui ont amené un changement aussi considérable dans la signification primitive du mot. En Orient ce sont les membres du conseil qui portent le titre de vizir, tandis que le premier ministre est le grand vizir, ou le vizir par excellence. Mais sous le règne des Omaiyades en Espagne, le fonctionnaire le plus puissant était le *hâdjib* (chambellan) ; ainsi le fameux Almanzor était le *hâdjib* du calife Abdérame III ; et le nombre de ceux qui portaient alors le titre de vizir était très-grand : le monarque le conférait souvent aux gouverneurs des villes, de sorte qu'il était devenu à peu près l'équivalent de notre *duc* (cf. M. Dozy, *Recherches*, I, 15 de la 1ʳᵉ édit.). Dans un passage d'Ibn-al-Abbâr p. e. (*apud* Dozy, *Recherches*, I, p. xxxiv de la 2ᵉ édit.), le calife Hichâm II nomme Abdallâh, surnommé Pierre-sèche, gouverneur de Tolède, en ajoutant à cette dignité le titre de vizir. Chez Ibn-Adhârî (II, 266), Yahyâ le Todjibide, gouverneur de Saragosse, porte le même titre. C'est dans cette acception que le mot a passé dans la langue des Espagnols et dans celle des Portugais. Les passages des anciennes chartes cités par Sᵃ. Rosa ne laissent aucun doute à cet égard. Dans un document de 1087 il est question de D. Sisnando, «alvacir e senhor de Coimbra, e de toda a terra de Santa Maria,» et dans un autre on lit: «Dux in Colimbria Sesnandus alvazir.» Les moines de St. Pierre de Arouca

portent plainte contre les héritiers de l'église de St. Etienne de Moldes
« ante Alvazir Domno Sisnando, qui dominus erat de ipsa terra ipsis
temporibus.» De ces documents et de quelques autres, tous du XIe
siècle, il résulte que dans ce temps-là *alvazir* se disait dans le sens de
gouverneur d'une ville, d'un district, qui y exerçait en même temps
la juridiction. Cette dernière attribution seule s'est perpétuée. Dans
les documents du XIIe, du XIIIe et du XIVe siècle, *alvazil* a le sens
de juge ordinaire et de première instance. Dans les actes des Cortes
de Lamego, de 1142, on lit ces paroles: « Mulier, si fecerit malfairo
viro suo cum homine altero, et vir eius accusaverit eam apud alvazil,»
etc. Ces juges étaient choisis par la commune, tandis qu'au contraire
les *Iudices* étaient nommés par le souverain. — Plus tard on trouve
plusieurs sortes de *alguaciles* qui ajoutaient à leur titre le nom du tribunal dans lequel ils siégeaient; ainsi il y avait des *alguaciles de la
Santa Inquisicion, de Cruzada, de las Ordenes militares*, etc. (Acad.). —
On les désignait encore en général par le nom de *alguaciles mayores*,
afin de les distinguer des *alguaciles menores*, qui n'étaient que les exé-
cuteurs des sentences des tribunaux, les huissiers. C'est dans cette
acception spéciale que le mot est usité dans l'espagnol moderne.

ALGUAQUIA (once, chez Marina) de الاوقيـبـة (*al-ouquîya*) ou الـوقيـبـة (*al-
woquîya*) qui a le même sens.

ALGUAQUIDA, [* aulaquida,] (allumette), de الوقيـد (*al-waquîd*) que Marcel traduit par *allumette*.

* Pour *al-waquîd* dans le sens d'*allumette*, Quatremère (*Hist. des sult.
maml.*, II, 2, 132) cite Delaporte, *Dialogues*, p. 36; ajoutez Berggren,
Hélot et Naggiar sous *allumette;* mais quant au mot esp., il vaut mieux
le faire venir de la forme *al-waquîda*, que P. de Alcala donne sous
mecha para encender. Au reste, M. Müller observe avec raison que
M. E. a oublié les formes *aluquete* et *luquete;* mais il n'est pas tout-
à-fait exact de dire, comme il le fait, que c'est la même forme; c'est
le diminutif *al-wouqueid*, que donnent Dombay (p. 80) et Humbert (p. 196).

* ALGUARIN. Voyez après ALGORIN.

ALGUARISMO, [* guarismo, algoritmo] (l'arithmétique). Ce nom est dérivé
de الغبار (*al-gobâr*), *les figures par lesquelles on représente les nombres*.
De là علم الغبار ou حساب الغبار (*'ilm al-gobâr* ou *hisâb al-gobâr*) désigne
l'arithmétique.

*P. de Alcala traduit *alguarismo* par *hisáb al-gobár;* mais quoique ce soit la même chose, on ne voit pas comment ce serait aussi le même mot, et M. Defrémery observe avec raison: «Il est maintenant bien connu, grâce aux recherches de MM. Reinaud (*Mém. sur l'Inde*, p. 303 et suiv.), Michel Chasles (*Comptes rendus de l'Acad. d. sciences*, t. XLVIII, séance du 6 juin 1859) et Woepcke (*Sur l'introd. de l'arithm. indienne en Occident*, p. 16 et suiv.), que le mot *alguarismo* et sa forme française *algorisme* viennent de الخوارزمى (*al-Khowârezmî*), surnom du fameux algébriste Abou-Dja'far Mohammed ibn-Mousâ, par les traducteurs duquel la méthode du calcul en question pénétra en Europe au XIIᵉ siècle, et qui est désigné dans les man. par les noms de Mohammed, filius Moysis *Alchorismi* ou Giafar *Alkoresmi*, ou simplement *Alchoresmi*.»

ALGUAZA (gond, penture)?

*L'origine de ce mot, qui est usité en Aragon, ne saurait être douteuse, car *gond*, *penture*, a toujours été en arabe الرزّة (*ar-razza*); voyez Freytag, Lane, Alcala sous *visagra de mesa*, Dombay, p. 91, Humbert, p. 192, Bocthor et Marcel sous *gond*, Berggren sous *penture*. Les Aragonais doivent l'avoir reçu de personnes qui ne pouvaient pas prononcer le *r*, et qui, par conséquent, étaient aussi obligées dans cette circonstance de ne pas assimiler la consonne de l'article à la première consonne du substantif.

ALGUEXI, albexi, alveci, alveici b. lat. Dans une charte citée par Ducange on lit: «Mantos duos aurifusos, alio *alguexi* auro texto, ... cum dalmaticis duabus auro fusis, et alia *albexi* auro texta.» C'est l'arabe الوشى (*al-wachî*) qui désigne *une sorte d'étoffe précieuse.* D'après Edrîsî, cité par M. Dozy (*Dict. des noms des vétem.*, p. 134, cf. 437), on la fabriquait à Ispahan, et selon Maccarî (1, 123), que M. Dozy cite aussi, il y avait à Almérie, à Malaga et à Murcie des fabriques de *al-wachî al-modhahhab*, «*al-wachî* entremêlé d'or.» Ces derniers mots répondent précisément au *alguexi auro texto* chez Ducange. Dans un document cité par Sᵃ. Rosa il est question de «alara [*ce mot est altéré; comparez mon article ALAGARA] una de *alvejci* ... tres avectos, unum de *alveci* et alia tisaz [*lisez tiraz].» Je crois reconnaître dans cet *alvejci* ou *alveci*, que Sᵃ. Rosa explique par *une sorte de soie blanche et très-fine*, le même mot arabe *al-wachî*.

*Les copistes des cartulaires ont souvent altéré ce mot; il faut le

restituer p. e. dans un document de 1073, publié dans l'*Esp. sagr.*
(XXXVI, p. LXI), où on lit: «et tunicam de *carchexi*, et dalmaticam
de tiraz;» et dans un autre de 998 (*ibid.*, XL, 409), où le texte porte:
«dalmatica de *ozoli* una, et alia tiraze.» On disait aussi *oxi* et *oxsi;*
voyez M. Defrémery, *Mémoires d'hist. orient.*, p. 208.

* ALGUIDAR *pg.* (vase de terre) de الغضار (*al-ghidhâr*), qui, comme je
l'ai démontré ailleurs (Glossaire sur Edrîsî, p. 354), a le même sens.
Chez Maccarî (Seconde partie, III, 125, l. 12 éd. de Boulac) on lit:
فوضع بين يديه غضارا من اللون المطبوخ بالمرى, «il plaça devant lui
un plat contenant un mets apprêté avec de la saumure.» Voyez aussi
ibid., l. 14.

* ALHADA *pg.* (mets assaisonné avec de l'ail). Comme l'ail rend les
mets piquants, *alhada* est selon toute apparence le participe au féminin
الحادّة (*al-hấdda*), *la piquante*. Le substantif est sous-entendu.

* ALHADIDA (cuivre brûlé, oxyde de cuivre) est exactement l'arabe
الحديدة (*al-hadida*), que Freytag n'a pas en ce sens et qui appartenait au langage populaire des Arabes d'Espagne, car l'auteur du *Mosta'înî* dit à l'article حلقوص (c'est le grec χαλκός), «nom sous lequel
on entend le cuivre brûlé» وهو الحديدة بلسان عامّة :(النحاس المحرق)
الاندلس, «c'est ce qui s'appelle *al-hadîda* dans le langage populaire
de l'Espagne.» Cette phrase manque dans le man. de Leyde, mais
elle se trouve dans celui de Naples, qui est plus complet, et, en général, plus correct. Le mot est encore en usage en Afrique, car on lit
chez M. Prax (dans la *Revue de l'Orient et de l'Alg.*, V, 22): «*hadîda*,
le protoxyde de cuivre, est chauffé à la vapeur et dissous ensuite dans
une petite quantité d'eau; les femmes se servent de cette préparation
pour fermer les pores de la peau et arrêter ainsi la transpiration du
corps. Cette préparation est aussi employée comme un collyre pour la
guérison des yeux.» Hœst (*Nachrichten von Marokos*, p. 275) nomme
parmi les marchandises d'exportation: «*hedida*, un minerai.»

ALHAITE. Dans le testament de D. Pedro (*apud* Ayala, *Chronic.*,
p. 962) on lit: «E otro si mando á la dicha infant ... la corona que
fué del rey mio padre ... é dos *alhaites* de los que yo tengo.» Dans
le Dict. de l'Acad. ce mot est expliqué par *joyel*. Ce renseignement
est conforme à l'étymologie, car l'arabe الخيط (*al-khait*) se dit dans

la même acception (cf. P. de Alcala au mot *joyel*). Chez Marina le mot
en question est écrit *alahytes*. C'est la comparaison avec l'arabe qui
m'a fait préférer la forme *alhaite*.

* Si M. E. avait connu le testament de Don Pèdre, roi de Castille,
non-seulement par les citations de l'Acad. et de Marina, mais aussi par
le texte qui a été publié d'après l'original et avec beaucoup de soin
par Llaguno Amirola, à la fin de la chronique de ce roi par Ayala, il
aurait vu qu'il n'y a aucun doute sur la véritable leçon, laquelle est
alhayte. Le mot se trouve six fois dans ce testament (p. 562, l. 6,
13, 19, p. 563, l. 22, 34, p. 564, l. 5), et le roi énumère minutieu-
sement les pierres précieuses, les perles, etc., dont se composaient ses
alhaytes. En arabe *khait* signifie proprement *fil*, et de là *cordon de
choses enfilées, collier*, en esp. *sartal*. Aussi P. de Alcala a-t-il: *sartal
de aljofar, khait min djauhar.* « Aujourd'hui, » dit Llaguno Amirola,
«les Maures appellent ainsi le collier de perles, de corail ou de pierres
précieuses, dont leurs femmes font usage pour parer le cou et la poitrine.» Dans le long testament de Jean Ier (dans la *Cronica de Don
Enrique III*, p. 434, l. 15) il est aussi question du «alhayte de los
balaxes.»

ALHAJA (ameublement, ménage) de الحاجة (*al-hâdja*). Chez Freytag
ce mot arabe n'a que la signification très-générale de «res necessaria.»
Il désigne encore *des habits* (cf. Dozy, *Dict. des noms des vêt.*, p. 303),
trebejo de niños, joya, alhaja (Alcala).

* *Alhaja*, qui s'emploie surtout au plur., désigne en général toute
chose qui a quelque valeur, et plus spécialement tout ce qui est destiné
à l'usage ou à l'ornement d'une maison ou d'une personne, comme
tapisseries, lits, bureaux, etc., ou habits, bijoux, etc. (Acad.). En
arabe le plur. *al-hawâidj* signifie de même, comme Quatremère l'a démontré (*Hist. des sult. maml.*, I, 2, 138): «les objets qui servent à
l'usage d'un homme, ses ustensiles, ses meubles;» aussi, comme je l'ai
dit ailleurs, «ses habits,» et en ce sens le mot a encore une fois passé
dans l'espagnol sous la forme *algagias;* voyez ma note sur cet article.

\+ ALHALME
* ALHAME   } Tous ces mots appartiennent au XVe siècle. Dans
* ALHAMERIA   } un inventaire publié par Saez (*Valor de las monedas
* ALHELME   } durante el reynado de Don Enrique IV*, p. 527) on lit:

Cosas de alhameria.

Dose piesas de alhame de lino.

Dos piezas de almalafas.

Dies piesas de alhames de seda.

Quatro piezas de almocazas.

Seis almaisares.

On voit que *alhame* désigne ici une espèce d'étoffe, et je crois y reconnaître l'arabe الكُحام (*al-khâm*). Ce mot, qui est d'origine persane, est proprement un adjectif et signifie dans cette langue, de même qu'en arabe (voyez Lane): *cru*, *écru*. Employé en manière de substantif, il désigne 1°. *toile écrue*, celle qui n'a point été blanchie; 2°. *soie écrue*, celle qui n'a point été mise à l'eau bouillante. Ces deux significations cadrent à merveille avec l'inventaire, où il est question d'abord de *alhame* de toile, ensuite de *alhame* de soie; en outre les étoffes appelées *al-khâm* étaient fabriquées en Espagne, notamment à Almérie, vers l'époque où l'inventaire a été dressé, car Ibn-al-Khatîb appelle cette ville «celle du *khâm* et du marbre» (*Mi'yâr al-ikhtibâr*, p. 13, l. 1 éd. Simonet). Quant à *alhameria* (lingerie), il est facile d'y reconnaître *alhame* augmenté de la terminaison esp. *eria*. — Dans le *Cancionero de Baena*, *alhame*, *alhalme* et *alhelme* sont employés dans le sens de *tunique*, *chemise*. On y lit (p. 511):

> Si al me provãdes, aqui me someto
> De nunca vestir camisa nin *alhame*.

Ailleurs (p. 339):

> Aquesta tierra non lleva
> *Alhalmes* nin alcandoras.

Et enfin (p. 289):

> Delgado como varal,
> Traya Juan de Perea
> Un *alhelme* por librea
> Ceñido con un hyscal.

C'est le même mot arabe, le vêtement ayant reçu le nom de l'étoffe dont il était fait. Le *l* est intercalé comme dans beaucoup d'autres mots esp. dérivés de l'arabe (voyez l'Introd., p. 23, n°. 1), et *alhelme* (alheme) est *al-khâm* prononcé comme *al-khém*. — Il est vrai que dans le Glossaire sur le Cancionero, ces mots sont dérivés du verbe حَـلَـمَ

(*hamá*), qui signifie *défendre* ; mais c'est une de ces assertions hasardées comme il y en a tant dans ce travail, et dont il serait inutile de s'occuper.

ALHAMEL (portefaix) de الـحـمـال (*al-hammél*) qui est dérivé du verbe *hamala*, *porter*.

* Anciennement *alhamél* signifiait sans doute *portefaix* ; Cobarruvias, qui cite Tamarid, et Victor ne lui connaissent pas d'autre sens, et *hammél* signifie cela en arabe (*ganapan* chez Alcala). Mais selon l'Acad. *alhamél* est en Andalousie : un homme qui se loue pour transporter des fardeaux sur son cheval. Sans doute le mot arabe avait aussi cette acception, car *hammél* est au Maroc *le cafileur*, celui qui loue ses chameaux, ses chevaux ou ses mulets, pour le transport des marchandises, des bagages des voyageurs, etc. (voyez Hœst, *Nachrichten von Marokos*, p. 90, 278). En outre, on donne en Andalousie le nom d'*alhamél* au cheval de somme. C'est peut-être par catachrèse ; il se peut que les Andalous aient détourné le sens du mot en l'appliquant non-seulement à l'homme qui loue sa bête, mais encore à cette bête même ; cependant, comme les Arabes disent «un vaisseau *hammél*» pour désigner un vaisseau de transport (voyez le Glossaire sur Edrîsî, p. 288, 289), ils peuvent aussi fort bien avoir dit «un cheval *hammél*» dans l'acception de sommier.

ALHANDAL (trochisque de coloquinte) de الـحـنـظـل (*al-hantal*), «colocynthis. »

ALHANIA («alcoba, camara donde se duerme» Cob.) de الـحـانـيـة (*al-hâniya*), «officina, taberna.»

* Etymologie très-malheureuse pour beaucoup de raisons, car 1°. l'accent s'y oppose (*alhania*), 2°. la signification ne convient nullement, 3°. le mot arabe n'était pas en usage en Espagne, etc. M. Defrémery dit fort justement que *alhania* vient de الـحـنـيـة (*al-hanîya*), *arc, voûte, arcade*. Je puis établir la vérité de cette assertion par une preuve sans réplique, à savoir, par ces paroles de Gonzalez de Clavijo (*Vida del gran Tamorlan*, p. 155): «E ante la puerta desta alhania, *que era un gran arco.*»

ALHANZARO. C'est le nom arabe de la fête de Saint-Jean, الـعـنـصـرة (*al-'ançara*). Dans la *Cronica general* (fol. 325, col. 4) il faut lire *alhāzaro*, c'est-à-dire, *alhanzaro*, au lieu de *alhazaro*, comme l'a démontré M. Dozy (*Recherches*, II, p. LXXV).

* Comme il s'agit ici d'un mot espagnol qui n'est pas dans les dictionnaires, quoiqu'il ait donné naissance à un verbe, et d'un mot arabe qui, dans cette acception, n'est pas non plus dans les lexiques et dont je n'ai pu parler qu'incidemment dans mes Recherches, où j'avais une tout autre question à traiter, je crois devoir entrer ici dans quelques nouveaux détails.

* Les Arabes ont sans doute reçu le mot 'ançara des juifs. Dans l'Ancien Testament עֲצָרָה ('açara) signifie: assemblée, réunion du peuple pour célébrer les fêtes religieuses. Du temps de Josèphe, c'était la pentecôte, et dans le Talmud on trouve le mot dans la même acception (voyez Gesenius, *Thesaurus* in voce, et Winer, *Bibl. Realwörterbuch*, II, 244). Encore aujourd'hui la forme arabe *ançara* désigne, parmi les Coptes, la pentecôte (v. Lane, *Modern Egyptians*, II, 363) et Freytag l'a en ce sens sous عصر; mais comme en réalité la signification primitive du terme est très-vague, il n'est pas étonnant qu'on l'ait aussi appliqué à d'autres fêtes. En Espagne c'était la Saint-Jean[1], que les Maures fêtaient aussi bien que les chrétiens (cf. *Mem. hist. esp.*, IX, 102). Cet usage s'est perpétué dans le Maroc, et l'on trouve des détails curieux sur ce sujet chez Mouette, *Histoire des conquestes de Mouley Archy*, p. 355 (*lansera*), et chez Chénier, *Recherches historiques sur les Maures*, III, 224 (*al-ansarà*); voyez aussi Grâberg di Hemsö, *Specchio geogr. e statist. dell' impero di Marocco*, p. 236, et Hœst, *Nachrichten von Marokos*, p. 251. Ce dernier voyageur a donné (p. 255) la traduction d'un calendrier où *Elánsera* est fixé au 25 juin, ce qui, comme on voit, est une légère erreur. Les Espagnols ont formé de ce substantif le verbe *alanzorear* dans le sens de *fêter* quelqu'un. Je le trouve chez Rojas, *Relaciones de algunos sucessos de Berberia* (Lisboa,

---

1) Comparez avec le passage de Maccarî (II, 88), que j'ai déjà cité ailleurs, Ibn-al-Baitâr (man. 13) sous l'article لسوف : وهو يوم العنصرة يوم المهرجان. De même chez Ibn-al-'Auwâm, II, 442. Ce dernier auteur donne souvent le nom de «mois de l'ançara» au mois de juin, et chez lui l'adjectif *'ançarî* désigne un fruit qui mûrit au mois de juin (voyez p. e. I, 271). Dans le calendrier de Rabî' ibn-Zaid, dont Libri a publié une ancienne traduction latine (*Hist. des sciences mathémat. en Italie*, I, 428), on lit sous le 24 juin: « Est dies alhansora. — — Et in ipso est festum nativitatis Johannis filii Zaccharie. »

1615, fol. 36 r°), qui dit: «A esto vino el Grani que estava en Fez, donde havian alanzorear á Muleixeque, y truxo consigo hasta 600 cavallos. »

ALHAQUIN («sabio, docto, especialmente medico» Marina) de الحكيم (al-haquîm) qui se dit dans la même acception.

* Aussi *alfaquim* (chez Villanueva, XVIII, 294, trois fois). En outre, *alhaquin* signifiait *tisserand*. Dans cette acception il vient de الحائك (al-hâïc), selon M. Müller, de ce mot, «ou de الحياك (al-haiyâc), ou plutôt encore de الحوكى (al-hauquî),» selon M. Defrémery. Aucun de ces mots ne me semble convenir suffisamment avec *alhaquin*, et dans ce dernier je crois reconnaître le plur. الحائكين (al-hâïquîn) (on sait que, dans la langue vulgaire, le plur. est toujours *în*, jamais *oun*), *les tisserands*. Il est notoire que plusieurs mots arabes ont passé dans l'esp. sous la forme du plur. (voyez l'Introd. p. 28, n°. 5), et dans le cas dont il s'agit, il y avait une fort bonne raison pour l'employer, car le quartier où demeuraient les tisserands s'appelait *al-hâïquîn* (comparez l'article ZACATIN), et il était fort naturel que les Espagnols donnassent à un homme de ce quartier le nom de *alhaquin*. La même observation s'applique peut-être à *zarracatin* (voyez cet article).

ALHARACA («es un desasossiego y alboroto que alguno tiene con demasiado sentimiento y movimiento de cuerpo por cosa de poco momento» Cob.) de الحركة (al-haraca), *mouvement*.

ALHAVARA («cierto derecho que se pagaba en las atahonas de Sevilla» Acad.)?

* C'est uniquement par conjecture que les Acad. ont donné ce sens à *alhavara*, car de leur temps le mot avait cessé d'être en usage, et ils ne le connaissaient que par ce passage des *Ordenanzas de Sevilla:* «Otrosi que el alhavara de las atahónas que sea puesta en doce maravedis del cahiz.» A mon avis ce n'est nullement le nom d'un impôt, mais celui d'une espèce de farine, et le sens est que, pour chaque *cahiz* (nom d'une mesure pour les grains) de *alhavara* (espèce de farine), il fallait payer douze maravedis. Si l'on prend le mot en ce sens, son origine s'explique à merveille, car en arabe الحوارى (al-houwârâ), qui est proprement un adjectif, *blanc*, en parlant de fleur de farine (voyez Lane), est devenu un substantif qui désigne la meilleure espèce de fleur

18

de farine; voyez Freytag, M. Engelmann sous ALMODON, et M. de Goeje, Glossaire sur Belâdzorî, p. 33 sous خبز. Chez Ibn-Djobair (p. 291, l. 19) on lit: خبز الحوارى, «du pain de houwârâ.»

ALHELGA, helga (anneau), de الحلقة (al-helca), «annulus.»

* ALHEMA. Dans un procès entre Tudèle et Tarazona sur le droit d'arrosage, procès qui a été jugé en 1320 et que Yanguas a publié dans ses *Adiciones al Dicc. de antig. de Navarra*, on lit (p. 358): «El dia 26 de cada mes se abaten segunda vez las aguas, y dura dicho abatimiento los dias 27, 28 y 29, excepto el último que se abstrae en los meses de abril y mayo, y la agua que se dá en estos cuatro dias, y tres tan solo en abril y mayo, se llama *alhema*, y la tienen Tudela, Calchetas y Murchante: el 30 de cada mes recobran los de Tarazona dichas aguas: que por cuanto el agua que caia en el rio el dia 29, que es el último de alhema» etc. C'est الحمى (al-himâ), *défendu, chose défendue*, parce que, pendant la période ainsi nommée, il était défendu à ceux de Tarazona de se servir des eaux.

ALHEÑA, en arabe الحنا (al-hinnâ), est le nom d'un arbrisseau (lawsonia inermis) dont les femmes en Orient emploient les feuilles pour se teindre les ongles.

* ALHETA *pg.* (ourlet) de الخياطة (al-khiyéta). Pas dans Freytag, mais Ibn-Batouta (I, 99) l'emploie en ce sens. — Dans un vaisseau *alhetas* désigne les deux pièces de bois courbées à l'extérieur de la poupe. Je présume que c'est الحيطان (al-hitân), pl. de الحائط, «paries, septum.»

* ALHEXIXA, chez Alonso del Castillo *alhaxix*, est l'arabe الحشيش (al-hachîch) ou *al-hachîcha*; voyez *Mem. hist. esp.*, III, 31. Tout le monde connaît le *hachiche*.

* ALHOJA (petit oiseau; l'Acad. présume que c'est l'alouette). Je crois que ce mot est الحاج (al-hâdje), littéralement *le pèlerin*. Les lexiques n'ont pas ce terme comme le nom d'un oiseau, mais Jackson (*Account of Marocco*, p. 70) le donne. Cet oiseau est appelé ainsi parce qu'il accompagne les caravanes qui vont à la Mecque; pour cette raison il est aussi considéré comme sacré. Il est à peine aussi grand qu'un merle, et son plumage est de couleur cendrée. Il se nourrit d'escarbots et d'autres insectes.

ALHOLBA, alholva, alforva, alforria, albolga, *pg.* alforvas (espèce de plante, fenugrec), de الحلبة (al-holba), «fœnum græcum.»

ALHONDIGA, *pg.* alhandega. En arabe الفندق (*al-fondoc*) désigne *une hôtellerie* [* *alfondeca* a le même sens dans le traité conclu en 1115 entre Alphonse I⁰ʳ et les Maures de Tudèle, dans Muñoz, *Fueros*, I, 416, où on lit: «Et quod intrent in Tutela sinon V christianos de mercaders, et quod pausent in illas alfondecas»]; mais en Espagne il se disait encore d'un magasin, destiné aux marchands qui venaient dans la ville pour y vendre leur blé («es la casa diputada para que los forasteros que vienen de la comarca á vender trigo á la ciudad, lo metan alli» Cob.). P. de Alcala donne le mot arabe dans la même acception, car il le traduit par *alhondiga* et par *bodega*.

ALHOLI, alfoli, alforiz (grenier, magasin à blé), de الهرى (*alhorî*), « horreum. »

* En Navarre on disait *algorio*, et le mot arabe a encore une fois passé dans l'espagnol sous la forme *algorin* ou *alguarin*; voyez plus haut. — Dans le dialecte valencien ce mot a reçu un autre sens, car selon Fischer (*Gemälde von Valencia*, I, 5), *alforins* y désigne: les maisons dans les campagnes.

* ALHONDON («le fond de quelque chose,» Victor). C'est le mot esp. *hondon* (fond) qui a passé dans l'arabe (on trouve الفندون (*al-fondón*) comme nom propre chez Edrîsî, p. 194, l. 7 du texte), d'où il est retourné dans l'espagnol, augmenté de l'article arabe.

* ALHORMA est donné par Nuñez, qui le traduit par «camp militaire des Maures.» Je ne sais si cette traduction est bonne, car l'arabe الحرمة (*al-horma*) ne s'emploie pas dans cette acception. Il faudrait savoir où Nuñez a trouvé le mot.

* ALHORRE. Voyez après ALFORRA.

ALHUCEMA, *pg.* alfazema (lavande), de الخزامى (*al-khouzéma*) que P. de Alcala traduit par *espliego alhuzema*.

ALHURRECA, *pg.* alforrécas (écume salée qui s'attache aux roseaux, joncs et herbes des rivages de la mer), de الحراق (*al-horréc* ou *al-hourréc*), «valde salsa» (aqua).

ALIACAN, aliacran, de اليرقان (*al-yaracán*), *la jaunisse*.

ALIARA. Dans un passage de l'Archiprêtre de Hita (copl. 1254) ce mot, qui y est écrit *alhiara*, désigne, suivant Sanchez: «vaso de cuerno pastoril.» [* C'est le sens ordinaire de *aliara*]. Je crois y retrouver l'arabe الـجـرّة (al-djarra), qui a encore une fois passé dans l'espagnol sous la forme *jarra*. Voyez ce mot.

* Alicatado. Les maçons andalous donnent le nom de *obra de alica-tado* aux *azuléjos* ou carreaux de faïence de diverses couleurs, qui, dans les maisons bâties à la mauresque, se trouvent dans les cours (*pátios*) et dans les salles (Acad.). On s'aperçoit au premier abord que ce mot est fort corrompu; cependant un passage de Maccarî nous mettra peut-être à même d'en expliquer l'origine. On y lit (I, 124, l. 5) que les Andalous se servent d'*azuléjos* pour paver les *câ'ât* (قاعات, les cours) de leurs maisons. Cet *al-câ'ât* pourrait bien avoir donné naissance à *alicatado*, et dans ce cas *obra de alicatado* signifierait proprement: *obra de los pátios*.

* Alicates (pinces, petites tenailles). Il est singulier que M. E. ait oublié ce mot, dont l'origine arabe avait déjà été indiquée assez bien par Marina et par Sousa. M. Defrémery observe qu'il vient «de اللقاط (*al-laccât*); cf. Bocthor *tenailles*, et le mot *milcât*, pince.» *Laccât* se trouve aussi chez Dombay (p. 80 *batillum*, p. 96 *forceps*).

Alidada, [* alhidada dans les Libros de Astronomía d'Alphonse X, *passim;* chez Victor] alhadida (règle mobile dans l'astrolabe), est en arabe العـضـادة (*al-'idâda*). Les lexiques ne donnent à ce mot que le sens de «postis januæ;» mais dans un traité arabe sur la construction de l'astrolabe (man. 193 (1), fol. 5 v°), je l'ai trouvé dans sa signification technique, car on y lit que c'est une espèce de *mastara* (مسطرة) ou *règle*.

Alifafe (couverture de lit) de اللـحـاف (*al-lihâf*) que P. de Alcala traduit par *colcha de cama* et qui se trouve avec cette signification dans les *Mille et une nuits* (I, 82 éd. Macnaghten).

* En ce sens, qui a vieilli, *alifafe* ou *aliphafe* se trouve souvent dans les chartes du moyen âge. Aux exemples déjà cités par Sᵃ. Rosa, par l'Acad. esp., etc., on peut ajouter *Esp. sagr.*, XVIII, 332. Mais les copistes des cartulaires ont fréquemment commis la faute de changer le dernier *f* en *s;* il faut donc corriger les articles *alifase* et *aliphase* chez Sᵃ. Rosa, et l'article *aliphasis* chez Ducange. — L'Académie a déjà soupçonné que ce terme signifiait aussi *pelisse*, et cette conjecture est pleinement confirmée par un passage d'une ordonnance d'Alphonse X réglant le prix de certaines choses, où on lit (*Cortes de Leon y de Cas-*

tilla, I, 70): «alifafe de lomos de conejos quinse mrs.; alifafe de es-
quiroles quinse mrs.; alifafe de cervales dose mrs.; alifafe de ginetas
veinte é cinco mrs.; é de conejos cinco mrs.; é de liebres dos mrs.
4 medio. »

* Aujourd'hui encore *alifafe* est en usage en Espagne aussi bien qu'en
Portugal, mais dans le sens de *courbe*, espèce de tumeur dure qui vient
aux jambes des chevaux. En arabe cette tumeur s'appelle النـفـخ (*an-
nafakh*); voyez le *Traité d'hippiatrique* (man. 299) et Ibn-al-'Auwâm (II,
646). Je présume que ce terme a été altéré en esp. et en port. par
l'influence de l'autre *alifafe*.

* ALIFAR (dans le dialecte de la Manche, polir). Le verbe الف signifie à la 2ᵉ forme (*allafa*) *préparer*, *apprêter*, et le sens particulier est
déterminé par le substantif qu'on y joint; voyez le Glossaire sur Edrîsî,
p. 271; les exemples qui y ont été donnés prouvent que ce verbe peut
fort bien s'employer dans le sens de *polir*. Cependant ce n'est qu'avec
beaucoup d'hésitation que j'en dérive l'esp. *alifar*, et si je le fais, c'est
parce que je ne vois pas comment il viendrait du latin. On ne peut
y voir une transposition de *afilar*, car la différence entre *aiguiser* et
polir est trop grande.

* ALIFARA, lifara. Anciennement ce mot signifiait en Aragon: le repas,
ou l'argent pour un repas, que l'acheteur donnait au vendeur au-dessus
du prix de la chose achetée. Aujourd'hui c'est dans ce pays un mot
familier pour repas (Acad.). C'est l'arabe الخـفـارة (*al-khifâra*) qui désigne
proprement: l'argent qu'on donne à un *khafir* ou protecteur (voyez
Lane), mais dont la signification s'est sensiblement modifiée dans *alifara*.
Sans doute ce mot désignait dans l'origine *l'argent* que l'acheteur donnait au vendeur au-dessus du prix convenu, mais on voit que l'idée
de *protection* a disparu. Ensuite, comme la coutume s'introduisit que
l'acheteur donnait un repas au lieu de donner de l'argent, le mot a
été détourné encore davantage de sa véritable signification.

* ALIGER (garde d'une épée). Je ne connais pas ce mot en arabe,
mais il doit venir de la racine حـجـر (*hadjara*), qui, de même que ses
dérivés, exprime l'idée de *garder*.

* ALIMARA (feu que l'on fait sur la côte pour donner quelque avis)
serait, selon M. Müller, une transposition de الـعـلامة (*al-'alâma*). Le
changement serait un peu trop fort, et je m'étonne que M. Müller, qui

se sert de P. de Alcala, n'ait pas trouvé la véritable étymologie. On
n'a qu'à transcrire le mot en arabe: الامارة (al-imâra); chez Alcala c'est
señal (de même que علامة), signal dans le Dict. berbère.

*ALINDE, alhinde, alfinde. Les dictionnaires espagnols, et surtout les
dictionnaires arabes, sont encore si peu satisfaisants, que j'ai à dire sur
ce mot bien des choses nouvelles. En arabe الهِنْد (al-hind) signifie les
Indiens, et mohannad, qui en dérive, « ex Indico ferro factus» (ensis);
c'est tout ce qu'on trouve dans Freytag. Il faut y ajouter que al-hind
désigne aussi l'acier, qui a été appelé ainsi parce que, dans l'origine,
on le tirait de l'Inde. Le mot est donné en ce sens par Alcala (sous
azero et sous ballesta de azero قوس هند), par Hœst (Nachrichten von
Marokos, p. 270), par Dombay (p. 80 et 102), par Marcel, par Humbert (p. 171) et par Hélot, et on le trouve dans l'Inventaire des biens
d'un juif marocain, décédé en 1751 (man. 1376). Dans le Mosta'înî,
sous l'article حديد (fer), c'est le synonyme de ce dernier mot (seulement dans le man. de Naples). Au moyen âge alfinde avait le même
sens en espagnol. Dans les Libros de Astronomia d'Alphonse X on lit
(II, 118): «Et sea esta pierna movible de azero, ó de alfinde." Et
plus loin (II, 129): «Et toma un pedaço de alfinde ó de fierro calçado
con acero.» Ce renseignement peut servir à corriger et à expliquer un
passage qui se trouve dans le Cancionero de Baena. Un poète y dit
(p. 481):

> Ca sabe por cierto que mi amargura
> Es toda de alhynde.

Les auteurs du glossaire supposent que cet alhynde vient du latin ali-
unde, et ils le traduisent par: «de otra parte, de tierra lejana.» On
n'a qu'à jeter les yeux sur la pièce de vers en question, pour se convaincre que cela ne donne aucun sens. Le fait est que amargura, qui
ne convient pas non plus, est altéré; il faut le changer en armadura:
«mon armure est toute d'acier;» car alhynde est identique avec alfinde,
et l'orthographe est même meilleure.

Ce point établi, nous arrivons aux miroirs. Le miroir d'acier, en
arabe mirât hindiya, est nommé par Ibn-Djobair. En parlant d'une
pierre, il dit (p. 42, l. 6 et 7) qu'elle est «très-noire et très-luisante,
de sorte qu'elle réfléchit l'image des individus en entier, comme si
c'était un miroir d'acier poli récemment.» Chez Ibn-al-Khatib c'est

mirát al-hind. «Quand nous arrivâmes à Grenade,» dit-il (dans Müller, *Beiträge*, p. 40), «le ciel était poli comme un glaive, clair comme un miroir d'acier.» Chez Alcala on trouve aussi *alinde espejo,* en arabe *miri* (= *mirá*) *min hind.* Est-ce la même chose que chez les deux auteurs arabes que je viens de citer, c'est-à-dire, un miroir qui sert uniquement à renvoyer l'image des objets? C'est possible; cependant je ne voudrais pas l'affirmer, car l'Acad. ne connaît pas *alinde* comme miroir plan, mais seulement comme miroir concave et qui sert, soit à brûler les objets qu'on lui présente, soit à les grossir. C'est surtout au dernier usage que l'*alinde* était destiné. Victor, p. e., ne l'a pas comme miroir ardent, mais c'est chez lui: «certaines lunettes qui font paraître les choses démesurément grandes.» On retrouve ce sens en Afrique, car Dombay donne (p. 100) *miráya del-hind, telescopium,* et M. Prax dit (dans la *Revue de l'Orient et de l'Alg.*, V, 78): «Une longue vue, appelée par les Arabes *miroir de l'Inde»* (cette traduction n'est bonne que jusqu'à un certain point).

Enfin *alinde* est encore chez Victor et chez Nuñez: le tain, la feuille d'étain qu'on met derrière les glaces. Je ne sache pas qu'en arabe il ait eu ce sens.

ALIZACE, *pg.* alicerse, [* *pg.* aussi alicece et alicesse] (les fondements), de الاساس [* (*al-isás*), plur. de *ass, iss* ou *oss*, qui a le même sens. Les formes portug., parmi lesquelles *alicece* est la plus correcte, doivent être expliquées par la prononciation *al-isés*].

* ALIZAQUE. Selon l'Académie, ce mot, qui ne se trouve, je crois, que chez P. de Alcala, serait le même que celui qui précède. Il a bien le même sens, mais il a une tout autre origine, supposé toutefois qu'Alcala ne se soit pas trompé. Il traduit *aliçaque o çanja* par *liçáq,* c'est-à-dire, لزاق ou لصاق (ce qui est la même chose), et ce mot pourrait bien avoir ce sens, bien que les dictionnaires ne le donnent pas.

ALIZARES, alizeres, aliceres («la cinta ó guarnicion de azuléjos con que los Moriscos adornaban las paredes de las salas por la parte inferior» Acad.). L'arabe الازار (*al-izár*), dont il faut dériver le mot espagnol, a désigné dans l'origine une sorte de vêtement; plus tard il a été usité dans une acception technique qui manque dans les dictionnaires. On la trouve chez Ibn-Djobair, p. 193 [* aussi p. 196, l. 16, Edrîsî, p. 209, *Mesálic al-abçár* dans Quatremère, *Hist. des sult. maml.*, I, 2, 44,

Ibn-Khaldoun, *Prolégom.*, II, 218, l. 17], où *izâr* désigne *un lambris;* de là le verbe *azara* signifie à la IIe forme *lambrisser*, et à la Ve *être lambrissé.* Voyez le Glossaire de M. Wright, p. 17 [et surtout le Glossaire de M. de Goeje sur Belâdzorî, p. 11, 12].

ALIZARI (espèce de garance, rubia seca)?

ALJABA, *pg.* aljava (carquois), de الجَعبة (*al-dja'ba*), « pharetra. »

ALJABIBE, *pg.* algibebe [* aussi aljabebe chez Moraes] (fripier). En arabe *djoubba* désigne une *aljuba.* Je crois qu'un substantif الجِبَّاب (*al-djabbâb*, *al-djabbéb*, *al-djabbîb*), « celui qui vend des *djoubba*, » est l'origine des mots esp. et port. en question. Il est vrai que je n'ai pas trouvé en arabe ce *djabbâb*, mais il serait si conforme au génie de cette langue, que l'espagnol *aljabibe* me semble suffire pour en démontrer l'existence. [Il se trouve comme nom propre chez Mohammed ibn-Hârith, *Hist. des cadis de Cordoue*, man. d'Oxford, p. 344].

ALJAFANA (écuelle) de الجَفنة (*al-djafna*), « scutella. »

* ALJAMA de الجماعة (*al-djamâ'a*). Dans l'origine ce mot arabe avait le sens très-vague de *réunion d'hommes.* Un autre substantif qui y était joint, en précisait la signification; ainsi جماعة المشيخة, « la réunion des anciens» (Ibn-Khaldoun, *Hist. des Berbères*, I, 642, l. 12), désignait le conseil municipal; mais ce second substantif peut aussi être supprimé et l'on sait qu'aujourd'hui encore le conseil municipal porte en Afrique le nom de *al-djamâ'a.* C'est en ce sens que l'esp. *aljama* s'employait au moyen âge, et c'était surtout le sanhédrin qu'on appelait ainsi. Quand Alexandre fut arrivé devant les murs de Jérusalem, lit-on dans le poème qui porte son nom (copl. 1090):

> Decie el aliama: mal somos confondidos;

et Gonzalo de Berceo, quand il raconte que le sanhédrin se rendit chez Pilate pour le prier de placer une garde auprès du sépulchre du Seigneur, afin que les disciples ne volassent pas le corps, s'exprime en ces termes (*Duelo de la Virgen Maria*, copl. 166):

> Moviose el alfama (*lisez* aljama) toda de su lugar;
> Entraron á Pilato por conseio tomar,
> Que non gelo podiesen los discipulos furtar.

Mais *aljama* avait encore un autre sens. Dans les villes, les juifs qui y demeuraient, étaient appelés par les Arabes *djamâ'a al-yehoud*, « la réunion des juifs,» ou simplement *al-djamâ'a*, et comme ils avaient un quartier qui leur était propre, les Espagnols ont appliqué le mot *aljama* à ce quartier. Plus tard, quand ils se furent emparés de plusieurs villes musulmanes, ils ont aussi donné ce nom au quartier habité par les Maures. Voyez Gonzalo de Berceo, *Milagros de N. S.*, copl. 650, l'Acad. et P. de Alcala, qui traduit *aljama de judios* et *aljama de moros* par جَمَاعَة.

ALJAMIA. En arabe الْعَجَم (*al-'adjam*) désigne *les barbares*, dans le sens que ce mot avait chez les anciens; les Arabes appelaient ainsi tous ceux qui ne parlaient pas leur langue, tous les étrangers. L'adjectif féminin, dérivé de ce substantif, est الْعَجَمِيَّة (*al-'adjamîya*). C'est par ce terme que les Arabes d'Espagne désignaient la langue espagnole. [* Les Espagnols, de leur côté, donnaient le nom d'*aljamia* au castillan corrompu et mêlé de mots arabes que parlaient les Mauresques. Sur la côte d'Afrique et en Syrie, c'était la *lingua franca*, ce singulier mélange d'espagnol, de portugais, d'italien, de français et d'arabe, que parlaient les chrétiens et les renégats; voyez Mocquet, *Voyages*, p. 164, 380; *Journaal wegens de rampspoedige reystocht van Cap*. Steenis *in* 1751; Hœst, *Nachrichten von Marokos*, p. 232].

ALJARAZ (sonnette) de الْجَرَس (*al-djaras*) qui a la même signification. [* Sousa donne aussi *aljorses*, qui est en usage dans la province de Beira et qui y désigne les clochettes qu'on pend au cou des bêtes].

ALJARFA. Voyez ALGERIFE.

* ALJAZAR *pg.* (terrain mis à sec et entouré par l'eau de la mer, Vieyra) est الْجَزَر (*al-djazar*), « terra e qua fluctus maris decrescit. »

ALJOFAINA, aljufaina. *Al-djofaina* ou *al-djoufaina* est le diminutif arabe de *al-djafna*, l'espagnol *aljafana*. Voyez ce mot.

ALJOFAR, *a. pg.* algofar (perle), de الْجَوْهَر (*al-djauhar*) qui désigne la même chose.

ALJOFIFA (torchon) de الْجَفَّافَة (*al-djaffâfa*), mot qui manque dans les lexiques. Il dérive du verbe *djaffa* qui, à la IIe forme, signifie *torcher*, *essuyer*. Voyez P. de Alcala au mot *esponja de mar*.

* C'est proprement *éponge*, comme l'Acad. le remarque fort bien en citant Alcala, et elle ajoute: « y porque seria lo mas próprio fregar y enjugar el suelo con esponjas se diria » etc. *Djaffâfa* est proprement « enjugadora, » « celle qui sèche, essuie, » de *djaffafa*, *sécher*.

19

* L'espagnol a aussi eu autrefois le verbe *aljafifar* (avec le *a*); il se trouve chez P. de Alcala, qui donne *suelo que se aljafifa* السطح الجَفّافة; et Victor a un substantif *aljofifar* : « aljofifár ladrillado, pavement de salle fait de petits carreaux peints, comme ouvrage de marqueterie, ou damasquinés et émaillés de plusieurs couleurs.» Sans doute on l'a appelé ainsi parce qu'on le torchait régulièrement; c'était un «suelo que se aljafifa.»

ALJONGE, AJONGE (suc de chardon dont on fait le glu). L'arabe جنجلى (*djondjolî*), par lequel P. de Alcala traduit ce mot, m'est inconnu. Chez Freytag je trouve *djondjol* dans le sens de «olus aspa-rago similis, quod comeditur,» «humulus lupulus» chez Ibn-al-Baitâr, I, 265. Est-ce qu'il y a du rapport entre ces deux mots?

* Je ne vois pas quel rapport il pourrait y avoir entre des choses si différentes. *Aljonge* est un mot tronqué; la forme arabe que donne Alcala, l'est un peu moins; cependant elle n'est pas complète, et le *n* doit y être considéré comme remplaçant le *l*. Le mot arabe est abso-lument le même que celui dont M. Engelmann parle dans l'article suivant, à savoir الجلجلان (*al-djoldjolán*) (sésame); mais le sens diffère un peu. En esp. *aljonge* doit avoir désigné dans l'origine, non pas le suc d'une plante, mais cette plante même; en d'autres mots: il doit avoir eu le sens qu'on attache aujourd'hui à *aljongéra* qui en dérive et qui désigne la condrille, plante dont les racines donnent un suc qui, mêlé avec du miel ou du sirop, sert de glu en Espagne. Or, une variété de la condrille était appelée par les Grecs *sesamoides micron*, parce qu'elle ressemble tant soit peu au sésame; en outre, on substituait dans la médecine sa semence à celle du sésame (voyez Dodonaeus, *Cruydt-Boeck*, p. 1081 et suiv.). Il est naturel que les Arabes aient suivi l'exemple des Grecs. *Al-djoldjolán* désignait donc chez eux, non-seulement le sésame, mais aussi la condrille. Par le changement de *l* en *n* et par suite de l'*imála*, les Arabes d'Espagne prononçaient ce mot *al-djondjo-lin* (voyez l'article suivant), puis *al-djondjolî* (voyez Alc. chez M. E.), et enfin il est devenu chez les Espagnols *aljonge*, *ajonge*. Les Portu-gais l'ont altéré encore davantage, car chez eux c'est *aljus* ou *aljuz*.

ALJONJOLI, ajonjoli, [* *fr.* jugeoline] (sésame), de الجلجلان (*al-djol-djolán*) qu'on prononçait en Espagne *al-djondjolîn*, comme on peut le

voir dans P. de Alcala au mot *alegria*. [* Aujourd'hui encore on substitue en Afrique le *n* au *l* dans ce mot; mais en outre on a changé
le *dj* en *z*, de sorte qu'on écrit نزجلان; voyez Dombay, p. 73, et Hélot.
En pg. c'est *gergelim* et *zirgelim*].

* ALJOR (pierre à plâtre) de الاجر (*al-odjor*), «lateres coctiles.»

ALJUBA (vêtement maure, que les Espagnols portaient aussi) de الجبة
(*al-djoubba*); cf. Dozy, *Dict. des noms des vêtem.*, p. 107 et suiv. De
ce mot arabe dérivent encore l'espagnol *juba*, [* *chupa*], l'it. *giuppa*,
le fr. *jupe* [* et une foule d'autres mots dans je ne sais combien de lan-
gues].

* ALJUS *pg.* Voyez ALJONGE.

ALKAQUENGI, alquequenge, de الكاكنج (*al-câkendj*) qui désigne une
espèce de résine.

* Ce mot arabe est expliqué de cette manière par Freytag d'après le
Câmous; mais on sait qu'il désigne aussi, de même que les mots esp.
et pg. qui en dérivent, la plante appelée *coqueret* et *alkekenge;* voyez
le Mosta'înî *in voce,* Ibn-al-Baitâr, II, 213, Bocthor sous *alkekenge* et
sous *coqueret,* Berggren, p. 827, Richardson *in voce,* Sanguinetti dans
le *Journ. asiat.* de 1866, I, 319, etc.

ALLOZA, [* *pg.* arzolla] (la almendra verde), de اللوزة (*al-lauza*), *amande.*

* ALMACAERO. Voyez ALMANCEBE.

* ALMACEGA *pg.* Voyez ALMACIGA.

ALMACEN, almagacen, almarcen, magacen, *pg.* almazem, armazem,
it. maggazino, *fr.* magasin, de المخزن (*al-makhzen*) qui désigne un
dépôt de marchandises, de la racine *khazana, mettre en dépôt, garder.*

ALMACIGA, almastiga, almastec, amazaquen, de المصطكا (*al-maçtacâ*)
[* qui est une altération du grec μαστίχη], *du mastic.*

* *Almáciga* est aussi un terme de jardinage; c'est un petit espace de
terre abrité, où les jardiniers sèment les légumes pour les transplanter,
quand ils seront devenus un peu grands, dans les grands carrés. D'où
vient le nom de cette *planche* ou *couche?* Je crois que le mot esp. est
un peu altéré. Berggren donne sous *couche:* «couche de terre, مسكبة»
(*mascaba*), et peut-être *almáciga* est-il *al-mascaba* dont on a retranché
la dernière syllabe: almasca, almasga, prononciation adoucie almáciga.
Le sens de la racine *sacaba* vient à l'appui de cette étymologie, car ce
verbe signifie *épandre, verser* de l'eau; *mascaba* est donc proprement:

l'endroit où l'on verse de l'eau, que l'on arrose, et les jeunes plantes dans les *almácigas* ont justement besoin d'être souvent arrosées. Enfin le pg. *almácega* me confirme encore davantage dans mon opinion. Il a un autre sens: c'est un petit bassin ou étang communiquant avec un autre qui est plus grand, et servant de réservoir pour l'eau qui tombe d'une machine hydraulique ou pour celle de la pluie (Moraes). Evidemment c'est encore *al-mascaba* altéré de la même manière et dans le sens de: *endroit où l'eau s'épand ;* exactement le: «tanque onde deságua a agua» de Moraes.

[*Almadana,] almadena, [*almadina] (marre de vigneron, outil de tailleur de pierre). P. de Alcala traduit *marra o almadana* par *matán* ou *matána*. N'ayant jamais rencontré ailleurs ces mots arabes, c'est l'autorité de Dombay (p. 96 ماطنة *vectis aduncus*) qui m'engage à les transcrire par المطان et المطانة.

* Le mot est donc transcrit, mais non pas expliqué, car il n'y a pas de racine مطن et la racine طين ne convient pas. Pour ma part, je me tiens persuadé que ce terme était déjà altéré à l'époque où Alcala composait son vocabulaire. Il désigne, selon l'Acad.: «un instrument de fer comme une grande masse, qui sert aux mineurs pour rompre les rochers.» Cette explication s'accorde fort bien avec celle que donne Freytag sous معدن (*mi'dan*): «mucronato capite malleus, quo rumpuntur saxa.» Joignez-y qu'on emploie ce *mi'dan* dans les mines (car *ma'din*, esp. *almaden*, signifie mine), de même que l'*almadána* espagnol. *Almadána* ou *almadéna* vient donc de *al-mi'dan*, que le peuple prononçait *al-ma'dan* ou *al-ma'den*, car dans les noms d'instrument les Arabes d'Espagne ont presque toujours substitué la voyelle *a* à la voyelle *i*.

Almaden (mine, minière) de المعدن (*al-ma'din*) qui a la même signification.

Almadia (radeau) de المعدية (*al-ma'diya*) qui désigne «un bac pour passer une rivière.» Voyez sur ce mot M. Quatremère, *Hist. des sult. maml.*, II, 1, 156.

Almadraba (l'endroit où se fait la pêche du thon). Suivant Cobarruvias les *almadrabas* sont certains parages sur la côte de la Méditerranée, où les thons se rassemblent en masse une fois par an. D. de Urrea y retrouve un mot arabe *medraba* qu'il dérive du verbe *daraba* «que significa *encerrar*, porque en aquel espacio del almadrava encierran los

atunes.» Un tel mot arabe m'est inconnu: il n'y a que le verbe زرب
(*zaraba*) qui signifie *entourer d'une haie*, tandis que *darraba* n'a d'autre
sens que celui de *accoutumer*. Pour cette raison, cette étymologie ne
me semble pas fort plausible. Pour en trouver une autre, il est nécessaire d'examiner de quelle manière on pêchait le thon. C'est Edrîsî
qui nous éclaircira sur ce point. Nous lisons chez cet auteur (II, 5 de
la traduction de M. Jaubert): «Il existe auprès de Ceuta des lieux où
l'on pêche de gros poissons, et l'on se livre particulièrement à la pêche
du gros poisson qui s'appelle le *thon* et qui se multiplie beaucoup dans
ces parages. On s'embarque dans des nacelles, muni de lances (ou de
harpons); l'extrémité de ces lances renferme des ailes qui, en se dé-
ployant, pénètrent dans le corps du poisson" etc. Ainsi on les frappait
à coups de harpon. Or P. de Alcala traduit le mot espagnol en question par *madraba*. Le verbe ضرب (*dharaba*, que P. de Alcala écrit *daraba*) signifie en arabe *battre*, *frapper*, et, suivant le génie de cette langue, *madraba* peut signifier *un lieu pour battre, pour frapper*. Nous
aurions ainsi un substantif arabe مصربة (*madhraba*), désignant *un lieu
où l'on frappe (les poissons)*. Il va sans dire que tant que l'on n'aura
pas trouvé ce mot écrit en caractères arabes, mon explication n'est
qu'une conjecture. — En outre, *almadraba* signifie en esp.: *tuilerie,
fabrique de tuiles*, et chez P. de Alcala *madraba* répond à *tejar do hazen
tejas* et à *ladrillar donde se hazen ladrillos*. Serait-ce le même mot que
celui qui a donné naissance à l'autre *almadraba?* Est-ce-qu'on aurait
dit en arabe, en parlant de briques, *dharaba at-toub* (الطوب), de même
qu'on dit *dharaba as-sicca* (السكة), *battre monnaie?*

 * Je me tiens persuadé que cela se disait. Freytag, il est vrai, n'a
ni *madhraba*, ni *madhrab*, dans le sens de *lieu où l'on frappe*; mais
Ibn-al-Khatîb (dans Müller, *Beiträge*, p. 5) nomme Malaga: مقصر المتاع
المشدود ومضرب الدست المضروب, «l'endroit où l'on foule le drap qui
doit être pressé, où l'on bat les étoffes [1] qui doivent être bien frappées." Ibn-Djobair dit de même (p. 307, l. 6), en parlant de St. Jean
d'Acre, qui était alors au pouvoir des croisés: فعادت صوامعها مضارب
للنواقس, «ses minarets sont devenus des endroits où l'on frappe (où l'on

---

1) Comme *ad-dast* est ici un collectif, il ne peut avoir d'autre sens que celui d'*étoffes*,
que lui attribue le Câmous. L'ensemble du passage plaide aussi pour cette interprétation.

sonne) des cloches.» Mais si je suis d'accord avec M. E. pour ce qui
concerne l'origine d'*almadraba* dans le sens de *tuilerie*, je dérive au
contraire l'autre *almadraba*, comme je l'ai déjà dit dans le Glossaire
sur Edrîsi (p. 510), de المزربة (*almazraba*), et comme dans un ouvrage
de la nature de celui-ci il n'est peut-être pas permis, quand il s'agit de
l'origine arabe d'un mot espagnol, de renvoyer tout simplement à un
autre livre, que le lecteur pourrait ne pas avoir sous la main, je me
crois obligé de reproduire mes arguments en cet endroit, mais en y
ajoutant quelque chose.

  * Le mot زرب (*zarb*) signifie proprement *une haie*, *une clôture*, mais
chez Ibn-Haucal et chez Edrîsi, là où ils parlent de la pêche du thon,
le pluriel *zoroub* désigne *des filets*. Plus haut nous avons vu que les
mots *aljarfe*, *aljarfa*, *algerive* et *algerife*, qui en dérivent, ont le même
sens, et c'est par la manière dont le thon se pêche, qu'on peut s'expliquer pourquoi un mot qui signifie *haie* dans l'origine, a reçu le sens
de *filet*. «Dans la pêche dite *à la thonaire*, la plus pratiquée,» lit-on
dans l'Encyclopédie publiée chez Treuttel et Würtz (art. *thon*), «les ba-
teaux, disposés en demi-cercles, réunissent leurs filets de manière à
former *une enceinte* autour d'une troupe de thons, lesquels, effrayés par
le bruit, se rapprochent du rivage, vers lequel on les ramène de plus
en plus en rétrécissant *l'enceinte*, jusqu'à ce qu'enfin on tende un dernier et grand filet terminé en cul de sac, et dans lequel on tire vers
la terre les poissons capturés, que l'on tue ensuite avec des crocs. Dans
la pêche *à la madrague*, on construit, à l'aide de *filets placés à demeure*
[c'est précisément le الزروب المنصوبة d'Edrîsi], une suite *d'enceintes*, au
milieu desquelles la troupe s'égare, jusqu'à ce que, contrainte à entrer
dans le dernier compartiment de ce labyrinthe, elle y est tuée à coups
de crocs.» On voit que le mot *zoroub*, *haies* ou *enceintes*, s'applique
parfaitement à ces *enceintes de filets*. *Al-mazraba*, en esp. *almadraba*,
a le même sens, car suivant les dictionnaires, ce dernier mot signifie
aussi: *une enceinte faite de câbles et de filets pour prendre des thons;*
cf. Fischer, *Gemälde von Valencia*, I, 126. Diego de Urrea avait donc
raison de dire qu'il dérive du verbe *daraba*, «que significa *encerrar*,
porque en aquel espacio del almadrava encierran los atunes.» Ce sens
de *zaraba* est le véritable; il signifie, d'après Humbert (p. 181), *clore*
de haies; Bocthor) sous *clore* et sous *clos*) donne la 2ᵉ forme, qui si-

gnifie aussi *mettre en cage* (Marcel sous *cage*, Hélot). Proprement *al-mazraba* est un nom de lieu: l'endroit où l'on tend les filets. Au reste, la double signification de *zarb* et de *mazraba* se retrouve dans l'esp. *bardas*. «Ce sont,» dit Sᵃ. Rosa (art. *abarga*), «des estacades, de menus bâtons d'osier, ou des haies faites de verges ou baguettes entrelacées, qui servent aujourd'hui de bergeries, mais avec lesquelles on prenait autrefois le poisson.» Un autre mot esp., savoir *corral*, signifie aussi: «clôture où l'on met le bétail,» et «enclos pratiqué dans une rivière pour prendre le poisson.» Selon Fischer (*Reise von Amsterdam über Madrid und Cadiz nach Genua*, p. 341) les bergers ont la coutume, dans certaines parties de l'Espagne, de mettre le bétail pendant la nuit dans des clôtures faites de filets.

ALMADRAQUE, *cat.* almatrach (lit, matelas), de المطرح (*al-matrah*) que Bocthor traduit par *lit*.

* Le verbe *taraha*, qui est la racine de ce mot, signifie *jeter*, et chez Freytag *matrah* ne signifie rien autre chose que *locus, quo quid proiicitur*. Cependant il est assez ancien dans le sens de *matelas*; un écrivain né en Perse vers l'an 961, Tha'âlibî, l'emploie trois fois dans son *Latâif al-ma'ârif* (voyez le Glossaire de M. de Jong, p. XXVII). Chez Cazwînî on le trouve aussi (voyez de Jong, *ibid.*), et dans un passage de Mohammed al-'Imrânî, que M. de Jong m'a signalé, on lit (man. 595, p. 60) : وتحته مطرح خزّ اسود, «Hâroun ar-rachîd était couché sur un *motrah* de soie noire.» Si cette prononciation, avec le *o* dans la première syllabe, était la véritable, le mot serait proprement un participe passif: *jeté*; ce qui serait plus approprié qu'un nom de lieu. Peut-être a-t-on dit d'abord *motrah*, et plus tard *matrah*. En Espagne ce terme était également en usage dans cette acception, car je lis chez Ibn-Haiyân, qui florissait au XIᵉ siècle (*apud* Ibn Bassâm, man. de Gotha, fol. 4 rº, et man. de M. de Gayangos): «Celui qui a raconté ceci, ajouta qu'il a vu, parmi les lits de repos (*foroch*) dans la salle de ce personnage, des matelats (*matârih*, plur. de *matrah*) faits de la peau du dos du *fanec* [1] et brodés tout autour de siglaton de Bagdad.» Aujour-

---

1) Voyez l'art. ALFANEQUE. Le texte porte مطارح من صلب الفنك ; cette expression répond à «alifafe *de lomos* de conejos,» comme on trouve dans une ordonnance d'Alphonse X (*Cortes de Leon y de Castilla*, I, 70).

d'hui encore le mot est en usage; Bocthor le donne, non-seulement sous *lit*, mais encore sous *matelas*, et on le trouve aussi chez Humbert (p. 203), chez Marcel, chez Hélot, dans le *Dict. berbère*, et chez Martin (*Dialogues*, p. 77). *Al-matrah* a passé dans les langues romanes. La forme la plus pure est le prov. *almatrac* (Raynouard, II, 56); *almatracum* chez Ducange; cat. *almatrach;* puis une forme esp. *almadrac* dans un document de 1392 (*apud* Yanguas, *Antigued. de Navarra*, I, 30); esp. et port. *almadraque* [1]. Sans l'article et avec une terminaison romane, qui a remplacé la forte aspiration *h:* ital. *materasso*, fr. *materas* et *matelas*, chez Ducange *materacium* et *materatium*. — Le rapport entre *matelas* et la racine *taraha*, *jeter*, s'explique de cette manière: dans l'origine, un matelas n'était pas un objet sur lequel on se couchait pour dormir, mais c'était une espèce de coussin sur lequel on s'asseyait, et quand on voulait changer de place, on le *jetait* là où on désirait s'asseoir. Comparez mon article ATARRAYA, où le changement de signification est à peu près le même.

ALMAGESTO de المـجـسـتـى (*al-madjistî*) qui n'est qu'une altération du grec ἡ μεγίστη sc. συντάξις.

ALMAGRA (ocre rouge) de المغرة (*al-magra*) qui a le même sens. Voyez P. de Alcala.

* ALMAGRAN, magran. *Almagran*, comme le nom d'une espèce d'impôt, se trouve dans des chartes d'Alphonse X (dans le *Memor. hist. esp.*, I, 108, 110), et Victor donne-*magran*, qu'il explique par «tribut, dace.» C'est l'arabe مغرم ou المغرم (*magram* ou *al-magram*), que Freytag n'a pas en ce sens, mais que P. de Alcala donne sous une foule d'articles et qui est très-fréquent chez les auteurs magribins.

* ALMAIZ. Voyez ALCAMIZ.

ALMAIZAR, almaizal (espèce de toque ou voile) de المئزر (*al-mi'zar*); voyez M. Dozy, *Dict. des noms des vêtem.*, p. 42 et suiv.

* ALMAJA (droit que l'on payait en Murcie sur les fruits secs). — المجبا (*al-madjbâ*) signifie *impôt;* le terme esp. en serait-il une altération? Dans ce cas, ce serait un mot tronqué: *almaja* pour *almajaba* (cf. l'Introd., p. 28, n°. 4).

---

1) Dans l'ancien portugais *almandraque;* voyez Sª. Rosa. *Almandra*, que ce lexicographe a trouvé dans un acte de l'année 1053 et qu'il n'a pas compris, est une altération du même mot.

ALMAJANEQUE, almoianege (Sanchez), *cat.* almajanech (machine de guerre), de المنجنيق (*al-mandjanîc*), «ingenio petrecho para tirar» Alc. Ce mot arabe dérive à son tour du grec μάγγανον.

* ALMAJAR. On lit chez l'Archiprêtre de Hita (copl. 889):

> Luego en el comienzo fis aquestos cantares,
> Levógelos la vieja con otros adamares:
> Señora, dis, compradme aquestos almajares;
> La dueña dixo: plasme desque me los mostráres.

L'éditeur, Sanchez, n'a pas compris le sens de ce mot, parce qu'il n'en connaissait pas l'origine. C'est sans doute المتجر (*al-matdjar*), *marchandise.*

* ALMAJARA, armajara (endroit où il y a des couches pour hâter la végétation) est, je crois, المجرى (*al-madjrâ*), *rigole.* Plus haut j'ai noté le mot pg. *alfobre,* en arabe *al-hofre,* qui signifie proprement *rigole,* et ensuite un petit espace de terre que l'on cultive avec soin pour y faire venir des légumes, et qui est baigné par une rigole. Je présume que la signification de *almajara* s'est modifiée de la même manière.

ALMALAFA (ropa que se ponia sobre todo el demas vestido, y comunmente era de lino) de الملحفة (*al-milhafa*) qui désigne: «le grand voile ou manteau dont se couvrent les femmes en Orient, quand elles sortent.» Voyez M. Dozy, *Dict. des noms des vêtem.*, p. 401.

* ALMALAQUE. Comme ce mot a le même sens que celui qui précède, je crois, avec l'Acad. et Marina, que c'en est une altération.

ALMALLAHE (saline) de الملاحة (*al-mallâha*), «salina do se coge sal» Alc., dérivé de ملح (*milh*) qui désigne *du sel.*

* Comme ce mot, que donne Marina, mais sans en citer un exemple, n'est pas dans les dictionnaires, j'ajoute ce passage que je trouve dans le Fuero de Molina (*apud* Llorente, *Noticias de las tres provincias Vascongadas*, IV, 119): «Do á vos en fuero, que siempre todos los vecinos de Molina — — prendan sendos cafices de sal cada anno, é den en prescio de aquestos cafices sendos mencales (*lisez* meticales), et que prendades aquestos cafices en traid ó en almallahe con vuestro escribano ó con el mio; et qui otramientre lo rescibiere, peche cient maravedis.»

* ALMANACA. Selon l'Acad. (6e édit.) ce mot, qui n'est plus en usage, signifiait: «bracelet de femme.» J'en doute; du moins je ne connais pas en arabe un mot pour *bracelet* qui y ressemble; mais المنطقة (*al-*

minlaca), qu'on prononçait *al-manlaca* en Espagne, désigne *une ceinlure d'or ou d'argent*; voyez mon *Dict. des noms des vêtem.*, p. 420.

ALMANAQUE. Bien que ce mot ne soit pas du nombre de ceux que je m'étais proposé de traiter, je me crois obligé de réfuter quelques-unes des étymologies qu'on en a données. C'est sans doute à cause de la première syllabe *al*, qu'on a voulu en chercher l'origine dans l'arabe. Les uns l'ont dérivé de la racine ﻣﻨﺢ (*manaha*) qui signifierait *compter*; malheureusement il n'y a que l'hébreu מנה qui soit usité dans cette acception; dans l'arabe il n'y en a pas la moindre trace. D'autres l'ont mis en rapport avec le substantif *al-minha* qui signifie *don, cadeau*. Ils ont supposé une chose qui est au moins très-problématique, savoir que les Arabes aient eu la coutume de se faire cadeau d'almanachs. Mais il y a une grande différence entre les calendriers arabes et nos élégants almanachs: les premiers ne sont rien autre chose que des tables astrologiques, et on n'a qu'à y jeter un coup d'œil pour se persuader qu'ils ne sont pas de nature à servir de cadeaux. Du reste, et ceci est un argument décisif, les Arabes nomment constamment leurs calendriers *tecwîm* ou *rouz-nâme*; même dans des manuscrits arabes qui traitent cette matière, je n'ai pas réussi à découvrir un mot qui ressemblât tant soit peu à notre *almanaque*. Cependant il faudrait justement avoir trouvé un tel mot, pour avoir le droit d'avancer qu'*almanaque* est d'origine arabe.

Dans un passage de Porphyre, cité chez Eusèbe (*de præpar. evangelica*, III, 4 éd. Gaisford), il est question de calendriers égyptiens, qui y sont désignés par le nom de ἀλμενιχιακά. Ce mot admet-il une explication raisonnable en copte? Serait-il l'origine de notre *almanaque?* Voilà des questions que je ne suis pas à même de décider; mais quant à l'opinion de Saumaise (*De annis climactericis*, p. 605), qui, en décomposant ce ἀλμενιχιακά, y a trouvé trois mots persans, elle ne mérite pas d'être réfutée.

⁺ Après la publication du livre de M. E., les différentes opinions sur l'origine de ce mot ont été rassemblées et discutées avec beaucoup de soin par M. Mahn (*Etym. Unters.*, p. 129—134); mais il continue à défier les efforts des étymologistes et même en copte il ne semble pas avoir de sens.

⁺ ALMANCEBE. Selon l'Académie ce mot signifiait autrefois: les filets, la barque et tous les autres instruments nécessaires pour une certaine espèce de pêche dans le Guadalquivir aux environs de Séville. Il vient certainement de la racine نصب (naçaba), *posuit, fixit*. Il est vrai que dans Freytag on ne trouve rien qui puisse motiver une telle opinion; mais le substantif *naçba* répond chez Alcala à *presa para prender* (proie), à *cepo para caer en el* (piége) et à *lazo para tomar bestias fieras* (lacs, panneau); en outre le verbe *naçaba* se dit dans le sens de *tendre;* Bocthor a نصب شرك, *tendre des filets*, figurément نصب له شرك *tendre un piége à quelqu'un*, et Edrîsî emploie le participe passif en parlant de filets (*az-zoroub al-mançouba*). Il s'ensuit que le nom de lieu المنصب (*al-manceb*), en esp. *almancebe*, désigne proprement: l'endroit où les pêcheurs tendent leurs filets, leurs lacets, en un mot tous les piéges dont ils se servent pour prendre les poissons. C'est un mot qui ressemble beaucoup à *almadraba* (voyez ma note sur cet article), mais de même que ce dernier, il a peu à peu reçu un sens plus large. On l'a employé d'abord pour désigner les filets, ensuite pour indiquer tout l'attirail d'un pêcheur, pourvu toutefois que l'explication donnée par l'Acad. soit bonne; car le terme a vieilli, et dans les deux passages des Ordonnances de Séville que cite l'Acad., il pourrait fort bien avoir son sens primitif. On y lit: « Otrosi que ningun almacaero no sea ossado de empachar mas de un almancebe, » et « que ningun almatrero de sabogales de aqui adelante non tome almancebe fasta mediado el mes de Febrero. » Quant à ces mots *almacaero* et *almatrero*, qui ne se trouvent pas ailleurs, je serais fort porté à les considérer comme fautifs et à les changer en *almancebero*.

* ALMANCHAR *pg.* Voyez ALMIXAR.

ALMANDARAHE, almandaraque (lieu de retraite pour les navires, rade, «lugar donde meten navios»). Un lieu de retraite pour les navires s'appelle en arabe مستراح (*mostaráh*); *voir* Edrîsî (*passim*) [* et j'ajoute hardiment, quoique M. E. n'ait pas osé le faire, que le mot esp. en est une altération. Seulement, comme le terme n'est pas dans Freytag, je transcris ces passages tirés d'Edrîsî: comme adjectif: Clim. V, Sect. 2: هو موسى لطيف مستراح كثير الماء ; *ibid.*, Sect. 3: ومرسى مستراح ; comme substantif: *ibid.*, Sect. 2: وهو مستراح للاساطيل حسن ; aussi dans Amari, *Bibl. Arab. Sic.*, p. 23, l. 12, où il faut ajouter la copulative (ومستراح), que j'ai trouvée dans les man. A. et B.].

* Almanjarra *pg.* (la poutre d'un moulin ou d'une machine hydraulique, à laquelle on attache la bête, qui la fait tourner) de المـاجـر (*al-
madjarr*), *poutre.*

* Almanta est, selon l'Acad. qui cite l'Agriculture de Herrera, la
même chose que *almáciga* (voyez cet article), c'est-à-dire, une couche
ou planche pour les jeunes légumes qu'on transplante plus tard dans
les grands carrés. Je me tiens persuadé que c'est une altération de
المـنـبـتـة (*al-manbata*), car une telle planche, servant précisément au
même usage, est nommée par Ibn-al-'Auwâm (II, 141) *al-manbat* (chez
Freytag «locus, ubi proveniunt germinantve plantaè;» dans le passage
d'Ibn-al-'Auwâm Banqueri l'a traduit fort bien par *almáciga*), et la
forme *almanbata* est employée, quoique dans un sens plus général, par
Motamid, dans un vers que j'ai publié dans mes *Loci de Abbad.*, I,
63, l. 5 (où j'ai donné d'autres voyelles à ce mot, parce que je ne
connaissais pas cette forme, qui manque dans Freytag; mais la comparaison de l'esp. *almanta* montre qu'elle est bonne).

* Almarada (stylet). Chez P. de Alcala *maráda*, au pl. *maradíd*,
répond à *punçon*, et c'est sans doute, comme l'observe l'Acad., le même
mot, parce que l'espèce de stylet qu'on nomme *almarada* ressemble à
un poinçon. Mais un tel mot n'existe pas en arabe, et je crois oser
dire que les Mauresques, parmi lesquels vivait Alcala, l'ont altéré. Le
mot pour *poinçon* y ressemble beaucoup: c'est المـخـرز (*al-mikhraz*) dans
la langue classique, et المـخـراز chez Bocthor. En Espagne, où le *mi*
des noms d'instrument se changeait presque toujours en *ma*, on prononçait *al-makhráz*, et c'est de là que vient *almaráda*. D'autres mots sont
altérés de la même manière chez Alcala. Ainsi il traduit *almarraxa*
par *marráxa*, au pl. *marárix*, comme si ce mot venait de la racine
مـرش (*maracha*), tandis qu'il vient très-certainement de la racine رش
(*rachcha*), comme l'a dit M. E. Au reste le mot arabe a aussi été
fort altéré dans le port., où il est devenu *almofáte* (voyez cet article),
et il a encore une fois passé dans cette langue sous la forme *almofrez*,
qui est correcte.

* Almarax («ó alcantara, un pont» Victor). Les mots arabes pour
pont sont bien connus, mais parmi eux il n'y en a aucun qui ressemble
à *almarax*. المـعـرج (*al-ma'radj*) est «locus ubi adscenditur,» et aussi

«instrumentum, cuius ope adscenditur, scala.» Les Arabes d'Espagne l'auraíent-ils employé dans le sens de pont?

* ALMARBATE (pas dans les dict.) signifie selon la *Carpinteria de lo blanco :* madero cuadrado del alfarxe (voyez ALFARGE) que sirve para formarle, uniendose con los pares ó alfardas; de là le verbe *almarbatar, réunir deux pièces de bois.* C'est évidemment مربـط (*mirbet, marbet* selon la prononciation vulgaire) qui signifie *lien.* Sous cette racine Freytag ne donne aucun mot comme un terme de charpenterie; mais chez P. de Alcala *travar edificio* est ربط à la 1re forme, et *travazon de edificio,* ربطة (*rabta*). A l'article *ataurique* l'Acad. cite ce passage des *Ordenanzas de Sevilla :* «El dicho Maestro sepa labrar sus portádas de hyesería .... con chapinétes, é *almaribates,* e atauriques, y todas las molduras que convienen.» C'est sans doute le même mot.

ALMARCHA («pueblos assentados en vegas» Cob.), almarjales (tierras baxas como prados), [* armajal, marjal] *pg.* almarge, almargem, [* almargeal] (prado). Tous ces mots dérivent de المرج (*al-mardj*), mot que les Arabes ont tiré du persan, et qui signifie *prairie, champ.*

* ALMARJO (pariétaire, plante qui croît sur les murs). En arabe cette plante a d'autres noms, comme on peut le voir chez Ibn-al-Baitâr, I, 308, chez Bocthor et chez Berggren. Cependant P. de Alcala traduit *almarjo* par *mărjo,* mot dont la forme n'est pas arabe et qui, je présume, est une altération de *muralio,* l'ablatif de *muralium;* c'est le nom que cette plante porte chez Pline. Les Arabes l'auront reçu des Espagnols (en valencien c'est *morella;* voyez Escolano, *Hist. de Valencia,* I, 688), et après l'avoir corrompu, ils le leur auront rendu augmenté de leur article.

* ALMARO. Les Espagnols désignent aussi cette sorte d'herbe odoriférante par le mot *maro,* qu'ils ont reçu directement des anciens (μάρον, marum); mais quant à *almaro,* ils l'ont reçu des Arabes, qui écrivent المرو (*al-maró*); voyez Ibn-al-Baitâr, II, 502, et le *Mosta'ìnî* à l'article مرماخوز, où on lit que, d'après Zahrâwî, le nom espagnol est مندبونة, c'est-à-dire, *mentha bona.* Chez Dodonaeus (*Cruydt-Boeck,* p. 141 *b*) c'est *yerva buena.*

* ALMARRAES, «outils qui servent à étouper le coton» dit Nuñez; mais cette explication est trop vague pour que j'ose essayer de donner l'étymologie de ce mot.

ALMARRAXA, *pg.* almarracha (vase de verre pour arroser). En arabe
شر (*rachcha*) signifie *arroser;* de là المرشّة (*al-mirachcha* [* *al-marach-cha* selon la prononciation des Arabes d'Espagne]) se dit dans le sens
de « instrumentum quo adspergitur,» « almarraxa» Alc.

ALMARREGA, *a. pg.* almárfaga, almáffega (espèce d'étoffe très-grossière
dont on fait des vêtements de deuil). On trouve encore *marga* et *mar-rega.* En prenant *almarfaga* comme la forme primitive et (et il me semble
hors de doute qu'il faut le faire, parce qu'alors les changements dans
l'orthographe se laissent expliquer sans peine), il nous faudrait un mot
arabe المرفقة (*al-mirfaca*) qui y correspondrait. Malheureusement ce substantif ne désigne que *oreiller.* C'est ce qui m'oblige à avouer que
l'étymologie de ce mot m'est encore obscure, bien que je n'aie guère
de doute sur son origine arabe.

* Dans le *Memor. hist. esp.* (IX, 180), M. de Gayangos a traité de
ce mot. Il semble, dit-il, que *márfaga* ou *márfega* a désigné en esp.
un grand oreiller sur lequel on se couchait en s'appuyant sur le coude,
et c'est l'arabe *mirfaca* ou *marfaca.* Il est possible, ajoute-t-il, que
l'étoffe grossière qui servait à couvrir ces oreillers ait été nommée aussi
márfega par une espèce de synecdoche. — On voit que ce ne sont que
des conjectures, mais elles me semblent bonnes, et je crois être en
état de démontrer qu'elles le sont.

* La première chose à faire, c'est de fournir la preuve que le mot
en question a réellement été en usage dans le sens de *coussin.* Je la
trouve dans un inventaire de l'année 1336, publié par Villanueva (*Viage
literario*, XVII, 287), où on lit: « Item invenimus in domibus, ubi dictus
deffunctus morabatur, in sala unam tabulam longam plegadiçam cum
suis pedibus. Item unum scannum lecti. Item unam marfficam. Item
unum lodicem. Item unum manil sive carapitam. Item unum pulvi-
nar. -- Item invenimus in quadam camera dicti hospicii, ubi dictus
deffunctus consuevit jacere, unum scutum ad signum crucis. Item sex
manades lavandi vasa vinaria. Item unum banchum. Item unam plumb-
baciam. Item unam marficam. Item unum coxinetum libidum. Item
unum travesserium lividum,» etc. — La circonstance que le sens de
ce mot a été détourné et qu'on l'a l'appliqué à l'étoffe qui servait à
couvrir cette espèce de coussin, n'a rien d'étonnant; comparez p. e.
almohada, qui dans l'origine signifie *oreiller*, mais qui s'emploie aussi,

en arabe (cf. Alcala sous *funda de almohada*) et en espagnol, pour désigner *une taie d'oreiller*, le linge qui sert d'enveloppe à un oreiller. De là à nommer ainsi l'étoffe qui sert à couvrir un coussin, il n'y a qu'un pas, et on l'a fait en donnant le nom de *marfega* etc. à la bure qui servait, non-seulement à couvrir les coussins, c'est-à-dire les sacs rembourrés, mais aussi à en faire des sacs non rembourrés («marfaca de quo fiunt sacci,» lit-on dans un passage cité chez Ducange, et l'Acad. dit que *marga* est une étoffe «que sirve para hacer sacas de lana») —, des couvertures de bêtes de somme (voyez l'Acad. à l'art. *almarrega*, Moraes sous *almafega*), des couvertures de lit pour les bergers (Acad. sous *marraga*, Nuñez sous *marfaga*), et enfin des vêtements de deuil. Par un hasard étrange, mais facile à expliquer, le mot a presque recouvré sa signification primitive sous la forme *márragon*, car dans la Rioja ce terme désigne un très-grand coussin, une paillasse de lit, «y parece se llamó assi por hacerse regularmente de márraga» (Acad.).

ALMARTAGA (litharge, oxyde de plomb) de المرتك (*al-mortac*, en Espagne *al-martac*) que P. de Alcala traduit par *espuma de plomo*.

ALMARTAGA [*almartega, almartiga*] (sorte de bride à chevaux faite de broderie et de dorure). Suivant Diego de Urrea ce mot dérive du verbe «*reteca* que significa tener fuerte y tirar para si.» Ce verbe m'est inconnu. Faut-il supposer que Urrea a eu en vue le verbe رتك (*rata^ca*), qui, à la IVe forme, signifie «effecit ut brevibus passibus incederet?»

*M. E. a emprunté à Victor l'explication qu'il donne de ce mot esp. Elle est bonne jusqu'à un certain point — «una almartaga, labrada de filo de oro y de seda,» lit-on dans un inventaire publié par Saez (*Valor de las monedas*, p. 531) — mais proprement *almartaga* ne signifie rien autre chose que *licou* («que sirve para atar los caballos y mulas, y tenerlos en los pesebres, ó llevarlos de una parte á otra» Acad.). Il vient de la racine رتع (*rata'a*), qui, dans la langue classique, exprime l'idée de *paître librement et sans entraves*, mais qui, dans celle du peuple, a reçu une signification opposée. Chez P. de Alcala le substantif *rata'* est «un pieu auquel on attache une bête» (*estaca para atar bestia*), et en Algérie c'est aujourd'hui *entraves*. M. Cherbonneau (dans le *Journ. asiat.* de 1849, I, 542) le donne dans cette acception, et on lit chez Martin, *Dialogues*, p. 130 : « Ayez soin de ne pas oublier la couverture, la musette et les entraves (الرتـع) des chevaux. » L'idée d'*entraves* se lie étroitement à celle de *licou*, car de même que les en- traves servent à lier les jambes d'un cheval pour l'empêcher de s'éloigner trop du lieu où on veut qu'il paisse, le licou sert à l'attacher au rate- lier et à l'empêcher qu'il s'en éloigne. Suivant les règles de la langue arabe, le licou doit avoir porté le nom de *al-mirta'a* (« l'instrument pour retenir un cheval »), *al-marta'a* selon la prononciation des Arabes d'Espagne, ce qui est devenu *almartaga* par le changement ordinaire du *'ain* en *g* (cf. l'Introd., p. 13).

* ALMATRERO. Voyez ALMANCEBE.

* ALMATRICHE (canal d'arrosement) doit venir de la racine طرش (*tara- cha*) qui, à la 2ᵉ forme, signifie *arroser* (p. e. *Mille et une Nuits*, I, 53 éd. Macnaghten); mais je n'ai pas encore rencontré ce substantif en arabe.

ALMATRIXA *pg.* (sorte de couverture de cheval). L'étymologie de ce mot ne m'est pas claire. Je ne puis que traiter d'absurde la dérivation proposée par Sousa, qui le met en rapport avec l'arabe طرش *taracha* dans le sens d'*arroser*.

* C'est une contraction de *almadraquexa*, qui se trouve chez Sª. Rosa dans le sens de traversin ou oreiller, et qui, ainsi que l'observe le savant éminent que je viens de nommer, est le diminutif de *almadraque* (matelas), les traversins étant autrefois si grands, qu'ils ressemblaient à de petits matelas. Cependant il ne faut pas s'imaginer que le dimi- nutif de *almadraque*, pris dans le sens de *housse*, a quelque chose à faire avec *almadraque* dans l'acception de *matelas*. Dans ma note sur ce dernier mot, j'ai déjà expliqué son origine : il vient de طرح (*taraha*), *jeter*, et des mots dérivés de cette racine peuvent s'appliquer à des objets fort différents, p. e. à un filet qu'on *jette* dans l'eau (voyez l'art. ATARRAYA), et aussi à une couverture qu'on *jette* sur le dos du cheval (cf. *Mille et une nuits*, II, 11, l. 1 éd. Habicht). Au reste, la déri- vation que j'ai proposée est certaine, car le mot طرّاحـة (*tarrâha*), qui vient de la même racine, signifie *housse*, couverture de cheval (Bocthor sous *housse*, Burckhardt, *Notes on the Bedouins*, p. 125). Il signifie aussi *matelas* (Humbert, p. 203, Berggren sous *matelas*, Bocthor sous *matelasser*, Lane, *Modern Egyptians*, I, 227), car c'est absolument le synonyme de *matrah;* mais ces deux significaticns doivent s'expliquer par celle du verbe.

* ALMAVAR (pas dans les dict.). M. Simonet m'apprend qu'à Grenade ce mot désigne *une grande aiguille* dont on se sert pour coudre les chaussures dites *alpargates.* C'est évidemment المِثبَر (al-mibar, al-mabar selon la prononciation des Arabes d'Espagne), employé dans le sens de ابرة (ibra), *aiguille.* Berggren donne sous *aiguille;* «gros carrelet de cordonnier, ميبرة, *mèybara,*» et Bocthor a: «*carrelet*, grande aiguille carrée, ميبر.»

ALMAZARA (moulin à huile) de المعصرة (al-ma'çara) que P. de Alcala traduit par *molino de azeyte.*

* Voyez sur ce mot arabe, qui manque dans Freytag, le Glossaire sur Edrîsî, p. 345, 346.

ALMEA (espèce d'herbe) de المَيعة (al-mei'a), «styrax officinalis,» Ibn-al-Baitâr, II, 539.

* Il est à peine besoin de dire que M. E. a confondu ici deux choses tout-à-fait différentes, le styrax ou storax n'étant nullement une «espèce d'herbe.» — Selon l'Acad. les Esp. entendent sous *almea:* l'écorce de l'arbre appelé storax après qu'on lui a enlevé toute la résine; c'est ce que les Arabes appellent *mei'a yâbisa* (sèche), tandis qu'ils donnent à la résine le nom de *mei'a sâila* (liquide); mais selon Tamarid (*apud* Cobarruvias) c'est «cierto genero de goma» (de même dans l'Acad. sous *azumbar*), et par conséquent la résine du storax. Quoi qu'il en soit, il est certain qu'on a aussi donné le nom d'*almea* à d'autres plantes aromatiques, car chez Victor c'est spicanard ou nard indien, et en outre c'est le fluteau ou plantain-d'eau, plante de la famille des alismacées et dont la racine est odoriférante. C'est en ce sens que le mot se trouve chez P. de Alcala, qui traduit *almea yerva* par *méaâ.* C'est évidemment ميعة. Comparez l'art. AZUMBAR.

ALMEAR, almiar (meule de foin) de المِيار (al-miyâr), le pluriel de الميرة (al-mîra) qui désigne *fourrage.* (?).

* Outre qu'un tel plur. n'existe pas, le sens (*mîra* est *vivres*, et non *fourrage*) ne conviendrait point, ce que M. E. semble avoir senti lui-même. — Selon Berggren «meule, monceau, pile de blé fauché ou de paille» — «une meule de foin n'est guère connue dans le Levant» — est en arabe البيدر (al-beidar) (chez Freytag le verbe *beidara* est expliqué par: « in varios acervos collegit » frumentum): Maintenant il faut faire attention à deux choses: 1º. au changement du *b* en *m*, qui est fréquent (voyez l'Introd., p. 20); 2º. à l'élision du *d* quand il se trouve entre deux voyelles. En Hollande cette élision est presque constante dans certains cas, non-seulement chez le peuple, mais aussi chez les gens bien élevés. Elle l'est également chez les Andalous, qui disent *toa* pour *toda*, *alborotao* pour *alborotado*, *sacao* pour *sacado*, *cudiao* pour *cuidado*, *maldecio* pour *maldecido* (= *maldito*), *juio* pour *judio*, *à puñaos* pour *à puñados*. Ces exemples sont empruntés aux chansons andalouses publiées par Willkomm, *Zwei Jahre in Spanien*, III, 401 et suiv., où l'on en trouvera encore d'autres. On voit donc que l'esp. *almear*, « meule de foin ou de paille, » est formé régulièrement de *albeidar* qui a le même sens (albeidar — almedar — almear).

ALMECE *pg.*, aussi almice, almiça (« o soro do leite, que escorre do queijo quando o apertão » Sousa), de المصل (*al-meçl*), « serum lactis. »

* Cette étymologie n'est pas la véritable. Dans le *Glossaire sur le Mançouri* par Ibn-al-Hachchâ (man. 331 (5), fol. 163 vº) je trouve cet article: ماء الجبن هـو ماء يخـرج من اللبن من المائيّة عند عقده جبنًا ويُسمّى بالمغرب الميّس وتسمّيه العرب المضل والمصالة بالاسم العام لكـل ما مصل اى قطر. On voit donc que les Arabes du désert donnaient bien le nom de *al-meçl* au petit-lait, mais que ceux de l'Ouest ont fait de ce mot: *al-meiç*. Ce terme, qui a donné naissance au mot port., ne se trouve pas dans Freytag, mais bien chez P. de Alcala (*suero de la leche*, *méiz*) et chez Bocthor (sous *petit-lait*).

ALMEDINA (grande ville) de المـدیـنـة (*al-medina*) qui se disait dans le sens de *capitale*, comme l'a démontré M. de Gayangos dans la traduction de Maccarî, I, 529. Cf. M. Dozy, *Recherches*, I, 312 de la seconde édition.

* ALMEITIGA, meitega *a. pg.*, était un déjeuner ou repas léger qu'on donnait au receveur des impôts royaux (voyez Sª. Rosa). Je présume que c'est une corruption de المائدة (*al-méïda*), « mensa cibis obtecta » et « cibus. »

* ALMEJA (moule, mollusque bivalve). Comme ce mollusque, dégagé de sa coquille, ressemble assez à une pituite, je pense que *almeja* vient de la racine مـجّ (*medjdja*) qui signifie *cracher*. Un autre mollusque

testacé, le limaçon, s'appelle بزاقة (bezáca) (voyez Berggren sous *limaçon* et sous *coquillage*), mot qui signifie aussi proprement *pituite, flegme,* et cette circonstance me confirme dans ma supposition; mais j'ignore comment il faut écrire le substantif en arabe.

Almena («cierta medida de aridos» Marina) de المنا (*al-mená*) qui a la même signification.

* Almenar (pied de fer sur lequel on mettait des torches de résine ou de bois résineux pour s'éclairer, dans les campagnes) de المنار (*al-menár*), proprement «locus lucis.» Actuellement le synonyme *manwar* a ce sens en Egypte, car c'est selon M. Lane (*Modern Egyptians*, II, 210): «a long stave, with a number of lamps attached to it at the upper part.»

Almenara («el fuego que se haze en las torres de la costa para dar aviso» Cob.) de المنارة (*al-menára*) qui désigne *un phare*.

* C'est proprement *locus lucis*, comme *al-menár* dont je viens de parler. Aussi *almenara* a-t-il eu en esp. le même sens que *almenar*, et en outre c'était une espèce de grand chandelier à plusieurs mèches et destiné à éclairer les appartements. En arabe *al-menára* s'employait dans le même sens; voyez Ibn-Batouta, II, 231, et P. de Alcala sous *almenara de açofar*. — Mais en Aragon *almenara* a encore un tout autre sens; c'est: un canal par où coule dans la rivière l'excédant de l'eau des canaux d'arrosement ou des moulins. Dans cette acception c'est l'arabe المنهر (*al-menhar*), chez Freytag: «fissura seu canalis castellum penetrans, per quem fluit aqua.» Dans Maccarî (I, 371, l. 9) le plur. مناهر (*menáhir*) se trouve dans le sens de *canaux, aqueducs*, et si à cause de l'accent du mot arag. (*almenára*), on veut dériver ce dernier du plur. arabe, je ne m'y opposerai pas.

Almexia, almaxia, almegi, almegia (sorte de tunique ou de vêtement de dessus), de المحشية (*al-mahchiya* ou *al-mehchiya*) comme on disait en Espagne au lieu de المحشاة (*al-mahchát*). Voyez M. Dozy, Glossaire sur Ibn-Adhârî, p. 52, 33, *Dict. des noms des vêt.*, p. 142, 143.

* Ce mot est mal expliqué dans les dictionnaires port. Alphonse IV de Portugal ayant ordonné aux Maures de porter une *almexia* au-dessus de leurs habits quand ils n'avaient pas leur propre costume, on a pensé que c'était une espèce de signe distinctif; mais c'est une erreur.

Almez (alizier) de الميس (*al-meis*) auquel le Dict. de Freytag n'attribue d'autre sens que celui de *nomen arboris magnœ*. C'est Bocthor qui le traduit par *alizier*.

* Selon M. Müller (*Die letzten Zeiten von Granada*, p. 109), ce terme arabe ne désignerait l'alizier qu'en Syrie ou en Egypte, tandis que *almez* est le nom « d'un arbre tout-à-fait différent, » à savoir du *Celtis australis* (micocoulier), comme dit l'Acad. esp. et comme Sontheimer a rendu le terme arabe dans sa traduction d'Ibn-al-Baitâr (II, 539). L'étymologie de *almez* est en tout cas certaine, et si M. E. s'est trompé, d'autres se sont trompés avec lui. Franceson, dans son Dict. esp., comme l'a déjà observé M. Müller, traduit aussi *almez* par *alizier;* chez Victor M. E. a trouvé: «*almez*, macoucoulier, qui est une sorte d'alizier,» et on lit chez Dodonaeus (*Cruydt-Boeck*, p. 1420 *b*): «Lobel dit qu'en France le lotier est appelé par quelques-uns *alizier*, en Languedoc *micocoulier*, en Espagne *almez*.»

ALMIBAR (du sucre fondu et cuit avec de l'eau; aussi, mais surtout au plur., des fruits confits dans cette liqueur) de المبيّرت (*al-mibrat*) qui désigne *du sucre*.

ALMICANTARAT, almucantarat (petits cercles de la sphère parallèles à l'horizon), de المقنطرات (*al-mocantarât*), «circuli paralleli ad horizontem.»

ALMIDANA. Suivant M. de Gayangos (trad. de Maccarî, II, 485) ce mot se trouve en vieux espagnol dans le sens d'*hippodrome*. Evidemment c'est l'arabe الميدان (*al-meidàn*), qui désigne la même chose.

* ALMIHUAR. Ce terme étant employé fort souvent dans les *Libros de Astronomia* d'Alphonse X, on peut en conclure qu'au XIIIᵉ siècle il avait droit de cité. Il est expliqué de cette manière (II, 248): «Almihuar nombran el clavo que entra por el forado del medio dell alhidada et por el de la madre de las tablas et de la red.» C'est exactement الماحور (*al-mihwar*); voyez M. Dorn, *Drei astron. Instrumente mit arab. Inschriften*, p. 27, 77, 79, 87.

ALMIRANTE, *it.* almiraglio, ammiraglio, *pr.* amiralh, *fr.* amiral. Dans les premières syllabes de ce mot il est facile de reconnaître l'arabe *amir* (commandant). Le fait que ce substantif est suivi de l'article *al* démontre qu'il doit avoir eu un complément, qu'on a retranché dans les langues européennes. Pour retrouver ce complément, il faut examiner comment les Arabes nommaient l'officier à qui était confié le commandement des forces navales. Suivant Ibn-Khaldoun (*Proleg.*, man. 1350,

fol. 95) le commandant d'une escadre se nommait *câïd al-ostoul*, tandis
que, quand il s'agissait d'une grande expédition navale, on conférait
le commandement suprême de toutes les escadres à un *amîr*. Or dans
un passage d'Abou-'l-mahâsin (II, 116 de l'édition de M. Juynboll) un
tel *amîr* porte le titre de *amîr-al-bahr* (commandant de la mer). Évidemment c'est là l'origine du mot en question. Le français *amiral* se
rapproche le plus de l'original ; en italien et en espagnol le mot a été
altéré. Le *l* de la première syllabe de *almirante* est purement euphonique. Voyez p. 23, n°. 1 de l'Introduction.

* Cette explication ne me paraît pas admissible. A mon avis le *al*
dans *amiral* n'est pas l'article arabe, mais la terminaison latine *alis* ou
alius, et voici pourquoi : 1°. Au moyen âge le mot en question n'avait
pas ordinairement la signification de *commandant sur mer*, mais celui
de *commandant sur terre ;* on peut en trouver une foule de preuves
chez Ducange sous *amir*, dans le *Lexique roman* de Raynouard, et en
général dans les dictionnaires des langues du moyen âge ; d'où il s'ensuit qu'on pensait seulement à un émir, et non pas à un émir sur mer;
al n'est donc pas *al-bahr*, qu'on aurait tronqué. 2°. Quand on parlait
réellement d'un commandant sur mer, on ajoutait après *amiral*, ou
quelle que fût la forme du terme dans les différentes langues, les mots
de la mer ; ainsi on trouve dans des chartes esp. de 1254 et des années
suivantes : «almiraje (*ou* almirage) de la mar» (dans le *Mem. hist. esp.,*
I, 36, 97, 100, 107, 113, 154); dans la *Cronica de D. Alonso XI*
(p. 112) et chez Barrantes Maldonado (dans le *Mem. hist. esp.*, IX, 36,
et dans la signature d'une charte, p. 205) «almirante de la mar ;»
chez le Flamand Velthem «ammirael van der zee.» Par conséquent
l'idée de commandant *sur mer* n'était pas dans le terme même. 3°. Les
différentes formes du mot prouvent aussi que ce qui suit après *amir*
n'est qu'une terminaison, car outre *alis* ou *alius*, c'est aussi *agius*,
almiragius chez Ducange, dans l'ancien esp. *almirage* ou *almiraje ; ans*,
ablatif *ante*, esp. *almirante*, a. fr. amirant ; *arius*, *amirarius* chez Ducange;
atus, *amiratus* chez le même; *andus*, *amirandus*, etc.

ALMIREZ, almofariz (aussi *pg.*), a. *pg.* almafariz (mortier), de المهراس
(*al-mihrâz*, suivant la prononciation espagnole *al-mihréz* ou *al-mihrîz*),
«mortarium.»

ALMIRON (chicorée sauvage) de الميرون (al-mirón) qui, chez P. de Alcala, répond à *almiron*. Voyez ce même auteur au mot *cicorea yerva*.

* Le mot *mirón*, que P. de Alcala donne comme le terme arabe, est corrompu: c'est اميرون (amirón) qu'il faut. Dans le *Mosta'înî* on lit sous l'article هندبا (chicorée): والبرّى منه يقال له اميرون , « l'espèce sauvage s'appelle *amîrón*. » Chez Ibn-al-Baitâr sous le même article, là où il parle de l'espèce sauvage: ويسمّى عندنا الاميرون , « on l'appelle chez nous *al-amîrón*» (le passage est altéré dans la trad. de Sontheimer, II, 575). Dans le *Glossaire sur le Mançouri* par Ibn-al-Hachchâ (man. 331 (5), fol. 161 r°) on trouve que le طرخشقون est صنف من الهندبا برّى يسمّى بالمغرب الاميرون « une espèce de chicorée sauvage qui au Magrib s'appelle *al-amîrón*. » C'est le mot grec ἄμυρον.

ALMIXAR (lieu où l'on fait sécher les figues). En arabe le verbe شرّ (*charra*) signifie « exposer quelque chose au soleil afin de le sécher. » Suivant l'analogie المشرّ (al-micharr) désigne *un lieu où l'on sèche*, et c'est là précisément la signification du mot espagnol.

* Le port. a dans le même sens *almanchar* ou *manchar* (voyez Moura), qui est المنشر (al-manchar), de *nachara*, verbe qui signifie *étendre*, mais comme on étend les choses qu'on veut sécher (Ibn-al-'Auwâm, I, 669, emploie le participe *manchour* en décrivant la manière dont il faut sécher les figues), *al-manchar* a reçu le sens de « séchoir, lieu où l'on fait sécher des toiles, etc. » (Bocthor). Je serais porté à considérer l'esp. *almixar* comme une altération du même mot, parce que je doute que le verbe *charra*, dans le sens de *sécher*, ait été en usage parmi le peuple, et aussi parce que l'existence d'un nom de lieu, dérivé de ce verbe, est fort problématique. En tout cas le mot esp. est altéré; il devrait être *almaxar*, car *almixar* serait « l'instrument avec lequel on sèche. »

* ALMIZATE (pas dans les dict.) signifie selon la *Carpinteria de lo blanco*: la partie centrale d'une charpente. C'est الموسط (al-mausat), *centre*, mot qui, prononcé comme *al-mousat*, donne régulièrement *almizat* ou *almizate* par le changement de *ou* en *i*.

ALMIZQUE, almizcle, *pg.* almiscar (musc) de المسك (al-misc).

* ALMOCABALA, almucabala, *a. pg.* Voyez ALGEBRA.

* ALMOCABEL *b. lat.* Dans un privilége accordé à un cloître et publié par Yepes (*Cronica de la Orden de S. Benito*, VII, fol. 21 r°), on lit: «Et vestras tendas nullus alₐacil, neque almuserifus, neque almocabel violenter intret, neque violentiam aliquam habitantibus in eis in aliquo inferat, et de ulla re vestra portaticum neque alcaualam unquam persolvatis, nec vos nec vestri homines.» Ce mot n'est nullement = *al-motacel* (c'est-à-dire, al-mohtasib), comme l'a pensé Sᵃ. Rosa, qui, de même que Ducange, a eu tort de l'écrire* avec un *c* cédille; mais c'est une légère altération de المتقبل (*al-motacabbil*), qui désigne: le receveur de l'impôt dit *alcabala*.

ALMOCADEN, *pg.* almocadem (commandant, capitaine), de المقدم (*al-mocaddem*) que P. de Alcala traduit par *capitan*. C'est le participe passif de la seconde forme du verbe *cadama*, «præfecit.»

ALMOCAFE, almocafre (garabato de hierro, Marina). Suivant le dictionnaire de l'académie, ce mot dérive de l'arabe *al-mikhtâf*, et ce dict. ajoute qu'il faut attribuer son altération à la difficulté qu'avaient les Espagnols à prononcer le son *kht*. Ceci semble être exact. P. de Alcala traduit le mot arabe en question (المخطاف) par *anzuelo garavato*, *garavato*, *cayado de pastor*.

* Je ne saurais partager cette opinion, car *almocafre* signifie *hoyau*, *plantoir*, *sarcloir*, et المخطاف n'a jamais été un terme de jardinage. Dans le mot esp. je reconnaîtrais plutôt المحافر (*al-mahâfir*), plur. de *al-mihfar*, chez Freytag «ligo, et omne instrumentum, quo effoditur;» comparez Lane. C'est réellement un terme de jardinage et en outre il se rapproche beaucoup plus du mot esp. Dans la bouche du peuple le *h* est devenu un *kh*, et ce *kh* a été rendu par le *c*. On pourrait aussi penser à المجرفة (*al-midjrafa*), prononcé comme *al-modjrafe*, houe d'un jardinier (voyez *Mille et une nuits*, III, 259 éd. Habicht, où l'édition de Macnaghten, I, 889, a فأس).

ALMOCARABES (labor en los techos enlazados que se usaban de madera Acad.) de المقربص (*al-mocarbeç*) le participe du verbe قربص (*carbaça*). Ce mot se trouve plusieurs fois dans les Voyages d'Ibn-Djobair; M. Wright (p. 28 du Glossaire) l'explique par «ornamental carving in wood or any other material.»

* On le rencontre aussi dans les *Mille et une nuits*, III, 208, l. 8 éd.

Habicht, où il faut lire وسقوفه مقريصة au lieu de مقرنصة. M. Fleischer (*De glossis Habicht.*, p. 69) n'a pas été heureux en traitant de ce passage, qui est rédigé d'une autre manière° dans l'édition de Macnaghten (I, 850, l. 4) et dans celle de Boulac (I, 561, l. 11). Dans un autre endroit du même livre, l'édition de Macnaghten (I, 210) et celle de Boulac (I, 78) portent وسـقـفـه مقريص (dans l'édition de Habicht, cette phrase manque). — Dans la *Carpinteria de lo blanco* le mot esp. est *mocárabes*, sans l'article arabe.

ALMOCATI (moelle, cerveau) de الماخ (*al-mokhkha*, plur. *al-mokhkhât*), moelle.

* ALMOCATRACIA (certain droit sur les étoffes de laine) de?

ALMOCAVAR *pg.* [* aussi almocovar, voyez Sª. Rosa] (cimetière) de المقبر (*al-macbar*), de la racine *cabara*, *enterrer*.

* Non pas de *al-macbar*, qui est une forme poétique, mais, l'accentuation étant almocávar, de المقابر (*al-macâbir*), plur. de *macbara*. Ce dernier mot s'emploie dans le sens de *tombeau*, *sépulcre*; ainsi le saint sépulcre à Jérusalem est nommé par Edrîsî (Clim. III, Sect. 5) المقبرة المقدّسة. Le plur. *al-macâbir* est *tombeaux*, comme dans Kosegarten, *Chrest. Arab.*, p. 50, l. 6 a f., ou bien c'est un collectif dans le sens de *cimetière*. On lit p. e. dans le Voyage de Tidjânî (dans le *Journ. asiat.* de 1853, I, 152): «En dehors de Tripoli, dans la partie du nord et au-dessus du cimetière, مشرف على المقابر, se trouve» etc.; de même dans les *Mille et une nuits*, II, 34 éd. Macnaghten (= III, 314 éd. Habicht). — M. Simonet m'apprend qu'à Almérie les cimetières s'appellent encore aujourd'hui *macabes*.

* ALMOCAZA (pas dans les dict.). Par un passage que j'ai donné à l'art. ALHALME, on voit que ce mot désignait une espèce d'étoffe. C'est, je crois, المقصب (*al-mocaççab*), qui désigne *une étoffe brodée, dans laquelle sont incrustées de petites lames d'or ou d'argent;* voyez Quatremère, *Hist. des sult. maml.*, II, 2, 75, 76, et comparez mon *Dict. des noms des vétem*, p. 331, 332.

* ALMOCEDA. L'explication de ce vieux mot donnée par Nuñez, est: «droit d'arrosage pendant un certain nombre de jours;» et dans un procès que Tudèle et Tarazona ont eu sur le droit d'arrosage et qui a été jugé en 1320, on lit (*apud* Yanguas, *Adiciones al Dicc. de antig.*

de Navarra, p. 357): «D. Garcia de Miraglo, vecino de Tudela, mani-
festó, que dia 22 de cada mes al amanecer abatian el agua de todas
las cequias al rio Queiles, y duraba dicho abatimiento los dias 23 y 24,
y que el 25 ocupaban todas las aguas los de Tarazona, y las tenian
todo aquel dia en sus cequias: que la agua de estos tres dias se llama
almóceda, y es de los hombres de la ribera del Queiles.» Je présume
que c'est المسدى (*al-mosdá*), participe passif de la 4e forme du verbe
sadá. En parlant de chameaux, cette 4e forme signifie: «libere ut
abirent, quo vellent, dimisit;» en parlant de l'eau, c'est par conséquent: «laisser couler librement,» ce qui cadre fort bien avec le texte
en question, car pendant le 22e, le 23e et le 24e jour de chaque mois,
on ne faisait pas entrer l'eau du Queiles dans les canaux, mais on la
laissait couler librement, afin qu'elle servît à l'usage des riverains.

ALMOCELLA, almucelia, almozela, almozala, [* almocelia, Villanueva,
VI, 252, almuzalla et almozala, *Esp. sagr.*, XVIII, 332, XXXIV, 455,
XXXVI, p. XLIII, p. LX, almoceria et almuceria, Villanueva, VII, 252,
253] (sorte de tapis ou de couverture, «cobertor, ou manta de seda,
lãa, ou linho» Sª. Rosa), de المصلّا (*al-moçallá*) [* au plur. المصليات
(*al-moçallayât*)], qui signifie *un petit tapis sur lequel on s'agenouillait
pendant la prière*, et qui vient du verbe *çallá, prier*. Aux passages
arabes déjà cités par M. Dozy (*Recherches*, I, 398 de la première édition) ajoutez *Hist. calif. al-Walidi et Solaimani* éd. Anspach, p. 10;
[* *Hist. khalif. Omari II* etc. éd. de Goeje, p. 15, l. 12 et n. *b; Ibn-
Batouta*, III, 156, 220; *Cartás*, p. 98 de la traduction, n. 10; *Mille
et une nuits*, II, 308, l. 4 éd. Macnaghten]. — Du reste il va sans dire
que le mot en question n'a rien de commun avec le français *aumusse*,
prov. *almussa*, esp. *almucio*, etc. *Voir* Diez, p. 13.

ALMOCREVE, *a. pg.* almoqueire, [* *fr.* moucre] (muletier, celui qui a
des mules à louer), de المكارى (*al-mocárî* ou *al-moquérî*), qui est le
participe de la troisième forme du verbe *cara, louer*.

ALMODON (sorte de farine de froment) de المدهون (*al-madhón*), mot qui
manque dans les lexiques avec cette acception spéciale. C'est dans un
traité de médecine (man. 331 (7), fol. 191 v°) [1] que *madhón* est nommé
parmi les quatre sortes de farine de froment. Les trois autres sont le

---

1) * Le livre que cite ici M. E. est le *Traité sur la dyssenterie catharrhale* par Checourí.

سميد (semîd, esp. acemite), le حوارى (houwârâ) [*esp. alhavara] et le خشكار (khochcâr).

* Selon Ibn-Batouta (III, 382) on donnait dans l'Inde le nom de khochcâr à l'espèce de farine qui s'appelait madhôn en Afrique, et d'après le jurisconsulte Cabbâb, de Fez (man. 138 (2), fol. 79 v°), le دقيق مدهون ou la «farine madhôn» (plus loin il l'appelle al-madhôn tout court) est moins bonne et moins chère que le دقيق الدرمك الطيب, c'est-à-dire, que «la bonne farine d'adargama,» comme disaient les Espagnols. La définition exacte se trouve dans un passage que l'Acad. a tiré de la Medicina Sevillana par Juan de Aviñon. On y lit ceci: «Segun la manéra de la farina, que hai aqui de ella de tres manéras, farina seca, é almodón, é adargama.... El almodón remojanlo en agua, é muelenlo despues gruessamente, é despues tiran aquel afrecho gruesso, y lo que finca es mui bueno, é face mui buen pan, é sabroso.» Cette explication est d'une grande valeur, surtout parce qu'elle éclaircit le véritable sens de madhôn, qui est le participe passif du verbe dahana. Les traducteurs d'Ibn-Batouta, qui ne se sont pas aperçus que c'est le nom d'une espèce de farine, l'ont rendu par «grossièrement moulu (litt. concassé);» mais dahana ne signifie pas concasser (voyez Freytag et surtout Lane); c'est mouiller légèrement, et madhôn est aussi «leviter madefactus;» c'est justement le «remojado en agua» d'Aviñon.

ALMOFAR, almofre, pg. almafre (partie de l'armure ancienne qui couvrait la tête, et sur laquelle on posait le cabasset), de المغفر (al-migfar), «galea ex annulis ferreis confecta, qua sub pileo utuntur.»

* ALMOFATE pg. (alêne pour percer le cuir). Le mot ordinaire pour aléne est mikhraz ou mikhrâz, qu'on prononce aussi makhraz et mokhraz (voyez Bocthor, Berggren et Marcel). Ce mot, comme on l'a vu plus haut, a donné naissance à l'esp. almarada, et en port. aussi il a subi une altération assez grave. Il faut considérer al-mokhráz (المخراز) comme la forme d'où vient almofâte. Le kh se change régulièrement en f, ce qui donne almofráz; puis, le r ayant été élidé, almofâz ou almofâze, et enfin almofâte. Ces nombreux changements paraîtront peut-être arbitraires; mais ce qui prouve qu'ils ne le sont pas, c'est que al-mokhráz a encore une fois passé dans le port. sous la forme très-correcte almofrez, et que, selon Moraes, le almofrez est le même instrument que le almofâte.

ALMOFIA (sorte de plat ou d'écuelle). Suivant Sousa c'est un mot africain. L'arabe المـوفـيـة (al-moufiya), auquel il le compare, m'est inconnu.

* Le mot africain est, selon M. de Gayangos (dans le *Mem. hist. esp.*, III, 95), المغفية (al-ma'fiya), et il ajoute qu'à Tetuan et ailleurs, on donne actuellement ce nom au plat de cuivre dans lequel on sert la bouillie; mais Dombay (p. 94) écrit المـخـفـيـة (al-mokhfiya), « paropsis magna. »

ALMOFREX, *a. pg.* almofreixe, *pg. mod.* almofrexe («la funda en que se lleva la cama de camino » Cob.), de المغراش (al-mafrâch) qui désigne la même chose, [* mais qui manque chez Freytag. P. de Alcala traduit *almofrex* par *mafrâx*, au pl. *mafârix*, et Dombay donne (p. 94): «saccus, quo reponitur lectus, مغراش (mefrâch)»].

* ALMOFREZ *pg.* (alêne pour percer le cuir). Voilà enfin la bonne forme du mot que nous avons déjà rencontré sous deux travestissements, si cette expression est permise; voyez ALMARADA et ALMOFATE. C'est exactement المـخـراز (al-mokhréz), comme on prononce dans l'Ouest au lieu de *al-mikhraz* qui est la forme classique. Ce mot signifie *aléne*.

* ALMOGAMA. Bien que ce terme nautique soit aussi esp., je crois qu'au lieu de donner l'explication de l'Acad. esp., il vaut mieux copier celle de Bluteau (dans Moraes). C'est, dit-il: «a ultima caverna, onde os páos são mais juntos por causa do boleado da proa.» Il est donc clair que *almogáma* est المـجـامع (al-madjâmi'), pl. de *madjma'*, proprement *lieu de réunion*, et que, sur les vaisseaux arabes, ce mot doit avoir eu le même sens qu'en port. et en esp.

* ALMOGATAZ. M. de Gayangos (dans le *Mem. hist. esp.*, IX, 74) donne ce mot, mais sans dire où il l'a trouvé. Il le dérive de la racine غزا (gazá), «faire la guerre,» et il assure qu'il est le synonyme de *gazi*, «moro de guerra.» Pour proposer de telles étymologies, il faut avoir de la langue arabe des idées assez singulières. *Almogataz* est l'arabe المغطس (al-mogattas), participe passif de la 2ᵉ forme du verbe *gatasa*, qui signifie *baptiser*. Freytag n'a noté que l'infinitif *taglîs*, *baptême* (cf. Maccarî, II, 798, l. 16), et au reste la 2ᵉ forme manque chez lui; mais elle est donnée par P. de Alcala sous *bautizar* (aussi sous d'autres mots, mais dans un sens un peu différent) et par Berggren sous *baptiser*. Par conséquent *almogataz* est un Maure qui a reçu le baptême, un

apostat, et le mot se trouve en ce sens chez Morgan (*Beschrijvinge van Barbarijen*, II, 153).

ALMOGAVARES (cavalerie légère, avant-coureurs) de المغاور (*al-mogâwir*) que P. de Alcala traduit par *corredor que roba el campo*. Ce mot arabe est le participe du verbe *gâwara* (la 3ᵉ forme de *gâra*) qui signifie *faire une expédition*, *une algâra*.

ALMOHADA, *pg.* almofada (oreiller), de المخدة (*al-mikhadda*), «cervical,» «oreiller» Bocthor.

* Dans l'Ouest on prononce presque toujours *al-mokhadda*, avec le *o*. Il est vrai que P. de Alcala donne *ma* sous *almohada*, mais il a *mo* sous *funda de almohada*; de même *mokhadda* chez Lyon, |*Travels in northern Africa*, p. 155, et chez Richardson, *Travels in the Great Desert of Sahara*, I, 232. Au reste, le mot vient de *khadd*, *joue*, comme *oreiller* de *oreille*, *cabezal* de *cabeza*, etc.

ALMOHALLA, almofalla (camp, armée), de المحلة (*al-mahalla*), «castra,» «corps d'armée» Bocthor.

ALMOHAZA, *pg.* almofaça (étrille), de المحسة (*al-mihassa*) qui désigne la même chose.

ALMOJABANA (espèce de beignet fait avec de la farine et du fromage). C'est de ce dernier ingrédient, qui s'appelle en araba *djobn*, que cette pâtisserie tire son nom. L'arabe المجبنة (*al-modjabbana*), qui manque dans les lexiques, se trouve chez P. de Alcala et chez Maccarî, I, 113. Ce dernier nous apprend que la ville de Xerez, où le fromage était excellent, était renommée pour ces beignets, et il rapporte le dicton populaire: «Celui qui a été à Xerez sans y avoir mangé des *al-modjabbanas*, est bien malheureux.» [* Voyez aussi Maccarî, I, 942, l. 5—7; II, 311, l. 14—17; 832, l. 2, où *bint al-djobn*, «la fille du fromage,» est le synonyme de *al-modjabbana*].

ALMOJATRE, [* almojater, almohatre, almocrate] (sel ammoniac) semble être une altération de l'arabe النشادر (*an-nochâdir*) qui désigne la même chose. [* Le pg. *nochatro* est une forme plus correcte].

* ALMOJAYA (pièce de bois saillante fixée par une extrémité à un mur) semble être المجايزة (*al-modjâïza*), *la saillante*. Au reste *djâïz* ou *djâïza* est *solive* (cf. le Glossaire sur Edrîsî, p. 281).

* ÁLMONA. Voyez ma note sur l'article qui suit.

ALMONEDA, *pg.* almoeda (encan, vente à l'enchère), de المنادية (*al-*

monâdiya) que Bocthor traduit par *criée, vente publique.* Ce mot dérive du verbe *nadâ* qui signifie *crier.*

* Il ne saurait y avoir de doute sur la racine qui a donné naissance à ce mot, mais bien sur sa forme en arabe, car la terminaison *diya*, que M. E. a trouvée dans Bocthor, serait difficilement devenue *da* en esp. — La première chose à faire, c'est de déterminer la signification primitive de *almonéda.* Dans l'origine ce n'était pas *vente à l'enchère* ou *encan*, comme disent les dictionnaires, mais *l'endroit où l'on vendait à l'encan*, car P. de Alcala le traduit par *souc*, c'est-à-dire, *marché*, et dans les *Partidas*, que cite l'Acad., on lit aussi: « *Almonéda es dicha el mercado* (le marché) de las cosas que son ganadas en guerra» etc. Dans un autre passage de ce code, que l'Acad. ne cite pas, on trouve de même (Part. II, tit. 27, ley 33): « Corredores son llamados aquellos homes que andan en las almonedas et venden las cosas pregonando quanto es lo que dan por ellas.» Les deux autres exemples cités par l'Acad. montrent aussi que c'est là le véritable sens du mot: «otro dia me pusieron en almonéda,» — «niños captivos vendidos en almonéda;» la préposition *en* fait voir que c'est proprement: *sur le marché.* Il s'ensuit de là qu'en arabe aussi le mot doit être un nom de lieu, et quand on veut former un tel nom de la 3ᵉ forme du verbe *nadâ*, laquelle signifie *crier des meubles*, etc., *les mettre à l'enchère*, on obtient régulièrement المنادى, *al-monâdâ, al-monédâ* selon la prononciation des Arabes d'Espagne, car on sait que, dans les formes dérivées du verbe, le nom de lieu ou de temps ne diffère en rien du participe passé (cf. de Sacy, *Gramm. ar.*, I, 305, § 688). Un passage d'un auteur du Xᵉ siècle vient à l'appui de ce que je viens de dire. Dans son *Histoire des cadis de Cordoue* (man. d'Oxford, p. 315), Mohammed ibn-Hârith raconte qu'un certain Ibn-Rahmoun, qui avait la réputation d'être un bon plaisant, tournait toujours en ridicule un individu avec lequel il était en procès, et qu'il n'épargnait pas même la mère de cet homme. Ce dernier s'en étant plaint au juge, Ibn-Rahmoun dit: أَقْتَلُونِى عَلَى مَا افعل به وكذا وكذا من امه فى المنادى؛ فلا يرضى ان يفعله بارديس درهما, «Vous ne pouvez pas me blâmer à cause de ce que je fais,

---

1) Dans le man. les voyelles sont المُنَادى, mais il faut écrire المُنَادَى.

attendu que tels et tels objets, qui appartiennent à sa mere, sont sur le monédá (en esp. littéralement en almonéda), et qu'il ne veut pas donner la mince somme de quarante dirhems pour les racheter.»

*L'origine et la véritable signification de almonéda étant expliquées, nous pouvons passer au mot almona (Nuñez donne en outre la forme almuña). C'est, selon l'Académie: «savonnerie, l'endroit où l'on fabrique le savon; mais anciennement il désignait aussi d'autres maisons, fabriques, ou magasins publics.» Elle cite un passage de la Historia de Sevilla par Morgado, que de mon côté j'avais noté aussi (c'est fol. 52 b); mais elle a oublié de rapporter une circonstance fort importante, à savoir qu'un peu plus haut on trouve sur· la marge du livre de Morgado: «almonedas de Xabon.» L'origine de almona se trouve ainsi expliquée sans le moindre effort: ce n'est rien autre chose qu'une contraction de almonéda. Désignant proprement: l'endroit où l'on vend quelque chose, ce terme a été appliqué à différents magasins ou fabriques, et spécialement à l'endroit où le savon se fabriquait et se vendait; aussi l'explication de Nuñez (sous almuña) est-elle: » l'endroit où l'on vend, où l'on fabrique du savon.»

*Enfin almona se prend encore dans le sens de: «la pesquería, sitio, ú armáda donde se cogen los sábalos.» Je me tiens persuadé que dans l'origine c'était: «l'endroit où l'on vendait les aloses.»

*Quant à l'étymologie de almona proposée par M. de Gayangos (dans le Mem. hist. esp., X, 183), il est presque inutile d'en parler, car ماعونة (má'ouna), auquel il le compare, n'existe pas du tout, et má'oun, qu'il semble avoir eu en vue, ne convient en aucune manière.

ALMORADUX, [* amoradux, val. moraduix] (marjolaine), de السمردقوش (al-mardacouch), «amaracum.»

*J'ai déjà eu l'occasion d'observer ailleurs que ce mot ne vient pas directement de al-mardacouch. Ce sont les Arabes qui ont altéré le nom de cette plante; déjà au Xe siècle ils écrivaient المردوش, car cette forme se trouve dans le calendrier d'Arîb ibn-Sa'd que cite Ibn-al-Auwâm (II, 439), et dans le man. de Leyde du Mosta'înî (à l'art. مزنجوش) elle est écrite avec ces voyelles: مُردَّوش (mordadouch) (ويقال له مردقوش ومردّوش). On voit que, dans le mot esp., la seule altération est l'élision du premier d. P. de Alcala, sous amoradux, écrit mardadouch, et c'est ainsi qu'on prononce encore aujourd'hui au Maroc (Dombay, p. 72).

ALMORI, almuri («cierta composición que se hacia de farina, sal, miel, palmitos y otras cosas» Acad.)?

* C'est en arabe المرى (al-morrî), al-mori dans la langue du peuple (dans les deux man. du Mosta'înî c'est مُرِّى sans techdîd), et cette forme est meilleure, car c'est le latin muria, fr. muire, ital. moja; mots composés: ital. sala-moja, esp. sal-muera, pg. sal-moura, fr. saumure, grec ἁλ-μυρίς (cf. Diez). Voyez Ibn-al-Baitâr, II, 504, et les médecins arabes, chez qui ce mot est très-fréquent. L'esp. murria vient directement du latin.

ALMORREFA («cierto modo de enladrillar los suelos con azuléjos enlazádos» Acad.)?

* ALMOSTALAF b. lat., val. almotalaf, esp. motalafe, mudalafe, almotalafe, almotalefe, almotafa, almotafaz, almotazaf. La forme almostalaf, qui se trouve dans un document publié dans l'España sagrada (XLII, 294), est la plus correcte. C'est l'arabe المستحلف (al-mostahlaf), participe passif de la 10ᵉ forme du verbe halafa, jurer. La 10ᵉ forme est faire jurer, et le participe passif signifie par conséquent: celui qu'on a fait jurer, celui qui a prêté serment, un juré, en esp. jurado. Par son origine même, le sens de al-mostahlaf, qui est employé substantivement et qui ne devrait pas manquer dans les lexiques, est très-vague, de même que celui de juré, car une foule de personnes sont obligées, dans certaines circonstances et pour obtenir certaines charges, de prêter serment. En Sicile, p. e., le mostahlaf était un employé du roi, chargé d'interroger les étrangers qui abordaient dans l'île; voyez Ibn-Djobair, p. 334, l. 16, 335, l. 4, 343, l. 5 a f. (l'éditeur, M. Wright, a eu grand tort de changer la leçon du man. et de substituer un khâ au hâ). En Espagne, sous le règne des Omaiyades, le mot mohallaf, qui est absolument le synonyme de mostahlaf[1] et qui manque aussi dans les lexiques, désignait un employé chargé de prendre connaissance de

---

1) La 2ᵉ et la 10ᵉ forme de halafa s'emploient sans aucune différence. Nowairî dit (man. 2 h, p. 475): حَلَّف الناس لنفسه, «il se fit prêter serment d'obéissance,» et ailleurs (man. 2 i, fol. 86 rᵒ): استحلفت لولدها محمود, «elle fit prêter serment d'obéissance à son fils Mahmoud.» Si on veut prononcer mohlaf chez Ibn-Haucal, je ne m'y opposerai pas: c'est toujours la même chose.

toutes les choses qui pouvaient intéresser le monarque et de le renseigner là-dessus; c'est ce que nous savons par Ibn-Haucal qui, dans son chapitre sur l'Espagne, parle des الولاة والقضاة والماحلفين على رفع الاخبار وتَأمّل الاحوال (avec le *hâ* dans le man. d'Oxford, avec le *khâ*, ce qui est une faute, dans celui de Leyde). L'une et l'autre charge étaient d'une importance trop grande, pour que les personnes qui les remplissaient n'eussent pas prêté serment entre les mains du monarque avant d'entrer dans l'exercice de leurs fonctions. Dans l'Espagne chrétienne on trouve aussi plusieurs sortes de *mostahlaf.*. Parlons d'abord de ceux dont l'emploi était identique avec celui des *jurados* à Léon! Dans cette dernière ville, comme nous le savons par un document très-important de l'année 1269 (dans l'*Esp. sagr.*, XXXV, 436, cf. 452), on donnait ce nom à des personnes nommées annuellement par le chapitre et par le conseil municipal, et chargées de veiller à ce que le pain et le vin se vendissent selon la juste mesure, à ce que le tarif de la viande, du poisson et du salaire des ouvriers fût observé, et enfin à garder les vignes [1]. On retrouve ces *jurados* à Tudèle, où ils portaient le nom de *motalafes* ou *mudalafes*. Yanguas (*Antig. de Navarra*, II, 435) cite un document de l'année 1393, où on lit: «de la motalafía de los judios, que es goarda de las mesuras, et de los pesos falsos,» et ce savant ajoute qu'aujourd'hui encore cet emploi subsiste sous ce nom à Tudèle. On trouve aussi ailleurs des personnes qui portaient ce titre. Dans une charte de 1116, donnée en faveur de Galin Sangiz, qui avait peuplé la ville de Belchite, on lit (*Esp. sagr.*, XLIX, 329): «Et dono et concedo tibi Galin Sangiz, et ad posteritas tua, ut habeas tuos almotalefes et exeas de moros et de christianos.» Ici le vieux mot *exea* (= explorator) est le synonyme de *almotalefe;* celui qui chez les Maures était appelé

---

1) Comme le dict. de l'Acad. n'a pas ce sens de *jurado*, je donne le texte de ce passage: «Que fuero y era de Leon, é costumbre guardada de cinquenta años acá, é del tiempo que ome non se podia acordar, que el Cabildo de la Iglesia de Leon, é el Concejo de ese mismo lugar se ayuntaban cada año el primero Viernes de Quaresma en la calostra de Santa Maria de Regla, é fascian sus posturas en quál manera debiesen avenir todo el año en rason de las medidas del pan é del vino, é del precio de las carnes, é de los pescados, é del jornal de los obreros, é de la guarda de las viñas, é ponian comunalmientre Jurados, porque estas posturas fuesen mantenidas, é guardadas.

almotalefe portait chez les chrétiens le nom de *exea*, et l'un aussi bien que l'autre était l'inspecteur des poids et mesures, etc. A Tortose il y avait aussi un *almostalaf* nommé par le comte de Barcelone; mais le texte où il en est question et où son emploi est appelé *almostalafia*, n'est pas assez explicite pour nous permettre de dire avec précision en quoi consistaient ses fonctions (*Esp. sagr.*, XLII, 294). — A Valence le *almotalaf* était *l'inspecteur des soieries* (voyez Ròs, p. 23); Nuñez donne *almotalafe* dans le même sens (chez Victor c'est *almotalefe*), et en outre il traduit *almotafa*, *almotafaz* et *almotazaf* par *peseur de laine*. Ces individus étaient aussi *assermentés;* c'est de là que leur est venu le nom qu'ils portaient. — Je dois encore observer que ce mot se confond aisément avec celui dont il est question dans l'article suivant. Le *almotalafe* qui avait la surintendance des poids et mesures était réellement un *almotacen*, et comme ce dernier terme s'écrivait aussi *almutazafe*, il n'est pas étrange qu'on les ait confondus ensemble. Aussi *almodacafe* (lisez *almodaçafe*) est-il chez Yanguas le synonyme de *motalafe*.

ALMOTACEN, almutazafe, *pg.* almotacel (inspecteur des poids et mesures) de المحتسب (*al-mohtasib*). Voyez Maccarî, I, 134. Dans le *Fuero de Madrid* on trouve la forme *almutaceb*, dans laquelle l'orthographe du terme arabe s'est conservée sans altération.

ALMOTOLIA *pg.* (vase à huile) de *al-motlî* ou *al-mutli* qu'on trouve chez P. de Alcala aux mots *azeitera vaso* et *alcuza;* [* c'est proprement *al-motlâ*, participe passif de la 4e forme]. La racine arabe طلى (*talâ*), à laquelle il faut rapporter ce mot, signifie chez Freytag *enduire*, et chez Maccarî (I, 371) il est question d'une figure qui représentait un lion et qui était *matlî bidzahab abrîz* (مطلى بذهب ابريز), c'est-à-dire, *enduite d'or pur*, *dorée*. Marcel traduit *dorer* par اطلى (*atlâ*), la 4e forme du verbe. Je serais porté à croire qu'on a dit de même اطلى بزجاج (*atlâ bizodjâdj*) [1], *enduire d'émail*, *émailler*, et que pour cette

---

1) P. de Alcala traduit *esmalte* par زجاج. [Cf. le Glossaire sur Edrisî, p. 309, 310, et ajoutez Maccarî, I, 403, l. 2 a. f.; la 2e forme du verbe زج dans le sens d'*émailler:* Maccarî, II, 711, l. 10, 799, l. 7; chez Hélot l'infinitif تزجيم est *émail*].

raison les vases à huile ont reçu le nom de *almotolia*. [* Le pg. *talha*, qui a le même sens, aurait-il aussi la même origine?].

* Almoucavar, amoucouvar *a. pg.* Sous *almocouvar* S^a. Rosa cite un passage des Coutumes d'Evora (de l'année 1302), où on lit: « Mandamos aos almoucavares, e aos maioraes das ovelhas, » etc. Je ne vois pas pourquoi ce savant en a conclu que le *almoucavar* était le valet du *mayoral* (berger en chef), et l'idée qu'il a eue d'en faire le *almogavar* du troupeau est trop singulière pour être discutée. Je serais porté à considérer *almoucavar* comme la traduction arabe de *mayoral*, car dans les documents du moyen âge on trouve souvent la dénomination arabe jointe à celle qui était en usage chez les chrétiens (voyez p. e. à l'art. ALMOSTALAF: *almotalefe* et *exea*), et *mayoral* peut se traduire par المكبّر (*al-moucabbar*), participe passif de *cabbara* qui signifie *rendre grand;* c'est l'équivalent de *cabîr*, *grand*, qui se prend aussi souvent substantivement dans le sens de *chef;* Freytag a négligé de le dire, mais voyez de Sacy, *Chrest. ar.*, II, 26, l. 10 du texte, Ibn-Khaldoun, *Hist. des Berbères*, I, 481, l. 10, 492, dern. l., 496, l. 2, II, 341, l. 12, *Mille et une nuits, passim.* La maîtresse de la maison s'appelle *as-sitt al-cabîra* (*Mille et une nuits*, I, 327 éd. Macnaghten) ou simplement *al-cabîra* (Burton, *Pilgrimage*, II, 184), et dans le *Cartâs* (p. 225) le titre de *majordome d'Alphonse* est rendu par *cabîr boyout Alfonch;* d'où il résulte que, pour exprimer *mayor* et *mayoral*, les Arabes employaient un mot formé de la racine *c-b-r*. Ce qui prouve que le mot portugais désigne bien réellement le mayoral ou berger en chef, et non pas son valet, c'est une ordonnance d'Alphonse III, de l'année 1265, que S^a. Rosa ne cite pas sous cet article, mais sous un autre (p. 57 *b*), et où on lit: « Mando et statuo, quod serviciales, ortalani, et molendarii, et fornarii, et amoucouvares de ganatis, non vadant ad anudivam. » Dans le paragraphe suivant il est question des « homines, qui sunt in servicio dominorum suorum, de quibus habent soldadas, » mais nullement dans celui-ci.

Almoxama, moxama, [* pg. moxama et muxama] (« pedazo, ù trozo de la carne del atún hecho cecina » Acad.)??

* Ce mot, qui désigne du poisson salé ou séché, est l'arabe المشمّع (*al-mochamma'*). Ce dernier n'est pas dans les dictionnaires, mais P. de Alcala traduit le verbe *trecharse* par شمّع. A son tour ce verbe espagnol manque dans les dictionnaires; on le trouve toutefois chez l'Archiprêtre de Hita (copl. 1079), qui dit:

> De parte de Valencia venien las anguillas
> Salpresas é trechadas á grandes manadillas.

Selon Sanchez, cela signifierait «des anguilles salées et *coupées en morceaux;*» mais M. Lafuente y Alcántara, que j'ai consulté à ce sujet, pense que *trechar* est proprement *presser, serrer*, et de là *sécher*, parce qu'on sèche une chose en la pressant, pour en faire sortir ce qu'elle contient de liquide. En effet, *trecharse* est certainement *se sécher*, car Alcala le traduit aussi par يبس, qui a ce sens, et *trechada cosa* est chez lui مُيَبَّس. Chez l'Archiprêtre il faut donc traduire: «des anguilles salées et séchées,» et *almoxama* est proprement: (du poisson) *séché.*

ALMOXARIFE, [* anciennement almoxerife], a. pg. almosarife, almozarife (receveur de l'impôt qui se paie aux portes des villes et à l'entrée des ports), de المشرف (al-mochrif) qui signifie *inspecteur, intendant.* Cf. Quatremère, *Hist. des sult. maml.*, I, 1, 10. A Valence on disait *almogarif* dans le sens de *cobrador de la renta del Mar.*

ALMOXARRA [* M. E. écrit almojarra] (cruche). En arabe une cruche s'appelle جرّة (djarra); cf. les mots ALIARA, JARRA. Peut-être faut-il supposer l'existence d'un substantif *al-madjarra*, dérivé de la même racine, qui serait l'origine du mot espagnol en question.

* J'ignore où M. E. a trouvé ce mot esp., qui n'est pas dans les dict. dont je me sers, et un substantif arabe *al-madjarra*, dans le sens de *cruche*, serait un mot monstrueux. *Almoxarra*, pourvu toutefois qu'il existe ou qu'il ait existé autrefois dans le sens de *cruche*, est un mot qui a perdu sa dernière syllabe, laquelle est *ba*. Dans un inventaire de 1336 (*apud* Villanueva, *Viage literario*, XVII, 288) on le trouve sous sa bonne forme et sans l'article: «Item unam moxerabam lautoni. Item quinque escutellas de terra pictas.» C'est l'arabe مشربة (michraba) sur lequel on peut consulter Quatremère, *Hist. des sult. maml.*, II, 2, 210. Chez Berggren, qui, comme Burckhardt, prononce *machraba*, c'est: «petite cruche en forme de gobelet.» En Esp. les Arabes disaient sans doute *mochraba* (cf. ma note sur ALMUZABA).

* ALMOYNA cat. Dans plusieurs documents du moyen âge publiés par Capmany (*Memorias sobre la marina de Barcelona*, II, 79, 80, IV, 155, 196, 197, 198), ce mot signifie, soit un impôt sur les navires marchands

dont le produit devait servir à équiper une flotte contre les Maures, soit un don volontaire destiné au même usage. On trouve donc les expressions «dons è almoynes,» et «galea de la almoyna.» C'est l'arabe المعونة (al-ma'óna), qui signifie proprement *aide* et qui désignait: une contribution extraordinaire, imposée par le prince quand le trésor public était épuisé; voyez le Glossaire sur Edrìsì, p. 351.

ALMUD, *pg.* almude (nom de mesure), de المدّ (al-moudd).

ALMUEDANO de الموذّن (al-mouëddzin), *le crieur public qui, du haut des minarets, convoque les croyants à la prière.*

ALMUÑECAR («marché où l'on vend les raisins,» Victor). Je crois que c'est un nom propre qui est devenu un nom appellatif. La ville de المنكّب (al-Monaccab), dont les Espagnols ont altéré le nom en *Almu-ñecar*, était célèbre pour ses raisins (cf. Maccarì, I, 123), et quand on voulait indiquer un lieu quelconque, où se vendaient des raisins, on semble avoir dit *almuñecar*.

ALMUNIA, almunha, almuinha, almuia, amuya (jardin, métairie, hameau) de المنية (al-mounya) qui a les mêmes significations.

ALMUZARA. Dans le *Fuero* de Madrid on lit: «Todo homine que cutellum puntagudo trasieret, vel lanza aut espada, vel pora aut armas de fierro, vel bofordo punto agudo, in almuzara, aut in le araval, vel in villa, aut in mercado, aut in conzeio, pectet IIII. mº á los fiadores.» Marina, à qui j'emprunte ce passage [1], y retrouve l'arabe مزارعة (*lisez* مزرعة *mazra'a*), «tierra de labor, el sembrado.» Cette dérivation me semble inadmissible. Je crois qu'un passage d'Arìb nous mettra sur une meilleure voie. Cet auteur (II, 213) nous informe que pendant une grande sécheresse on fit à Cordoue des prières publiques dans la cathédrale de la ville, dans l'oratoire du faubourg (*rabadh*) et dans celui de la *al-moçára* (المصارة). Ce mot arabe est en tout point conforme à l'espagnol *almuzara*. A en croire Freytag, il désigne «locus, in quo ad summum cursum impelluntur equi.» Ne l'ayant jamais rencontré ailleurs, je regrette fort de ne pas être à même de corriger cette définition vague et inexacte.

---

1) [* Marina n'avait donné que quelques mots de ce passage; j'ai cru devoir le transcrire dans son entier, tel qu'il se trouve dans le VIII⁰ volume des *Memorias de la Acad.* (p. 44 a), où ce Fuero a été publié].

* La *moçâra* de Cordoue est nommée aussi dans le *Bayân* (II, 34), où on lit que, dans l'année 743, le Syrien Tha'laba, après avoir vaincu les Berbères et les Arabes Baladìs, retourna vers Cordoue, et que, lorsqu'il fut arrivé à l'entrée de la *moçâra*, il y fit vendre ses prisonniers à l'enchère. L'auteur de l'*Akhbâr madjmou'a* (man. de Paris, fol. 68 v°), en racontant le même fait, emploie le mot trois fois, mais dans le man. il est écrit المسارة, avec le *s*, et deux fois avec les voyelles المَسَارة (*al-masâra*). Dans un autre endroit de ce livre (fol. 93 v°) il est écrit sans voyelles, mais avec les mêmes consonnes. On y lit qu'Abdérame Ier reçut, pendant une expédition qu'il faisait, une lettre de son affranchi Bedr, et que, l'ayant lue, قفل وأخـذ السير حتى نـزل المسارة, «il retourna sur ses pas et marcha jusqu'à ce qu'il établît son camp dans la *masâra*.» Chez Ibn-al-Coutîya (man. de Paris, fol. 12 r°), là où il parle de la bataille livrée près de Cordoue entre Yousof, le dernier gouverneur de l'Espagne, et le prétendant Abdérame, on trouve ces paroles: ودارت الـحـرب فى المسارة ساعة ثم انهزم يوسف ولم يدخل قصره, «le combat ayant duré pendant une heure dans la *masâra*, Yousof prit la fuite et ne rentra pas dans son palais.» Le man. offre le mot en question sans voyelles. Dans l'*Histoire des cadis de Cordoue* par Mohammed ibn-Hârith (man. d'Oxford, p. 208), l'émir Mohammed (le cinquième sultan omaiyade en Espagne) raconte à son favori Hâchim un songe qu'il a eu. «J'ai rêvé,» dit-il, «que j'étais dans la *moçâra* et que j'y rencontrais quatre personnes à cheval.» Le man. porte المُصَارة avec toutes les voyelles. — A Fez il y avait, selon l'auteur du *Cartâs* (p. 21, l. 7, 23, l. 15 et 17), un جنّـة المصارات (jardin des *moçârât*) et un فـحـص المصارات (champ [1] des *moçârât*), appelé aussi *al-moçârât* tout court, où l'on semait le blé, en dehors du Bâb ach-Chari'a, une des portes du quartier des Cairawânides. Ibn-Khaldoun, dans son *Histoire des Berbères* (II, 377, l. 2), raconte que le sultan de Grenade passa en Afrique pour demander du secours au sultan de Fez contre les Castillans. «Ce dernier,» ajoute-t-il, «accueillit son hôte avec de grands honneurs et lui assigna pour demeure le jardin d'*al-moçâra* qui touche au palais royal,» وأنزله بروض المصارة لصف داره. Dans un passage

---

1) Freytag n'ayant pas *fahç* en ce sens, je dois observer que, chez Pedro de Alcala, il répond aux mots: *canpo raso como vega, canpo que se labra*.

d'Ibn-al-Khatîb que cite Maccarî (Seconde partie, III, 48, l. 14 éd. de Boulac), il est aussi question de la *moçâra* à Fez. Chassé du trône par son frère Ismâ'il II, le sultan de Grenade, Mohammed V, avait cherché un asile à Fez; mais ayant ensuite résolu, sur les instances du roi de Castille, de retourner dans sa patrie, قعد بقيّمة العرض مـن

جنّـة المصارة وبـرز الناس وقـد اسمعهم البريح , «il s'assit dans une tente dressée dans le jardin de la *moçâra* pour y passer en revue ses adhérents qu'il avait fait avertir par une proclamation.» Maccarî (Seconde partie, III, 191, l. 17 éd. de Boulac) parle d'un قـصـر المصارة, « palais de la *moçâra*,» qui existait à Fez au XIVᵉ siècle. — A Maroc il y avait deux *moçâras*, la grande et la petite, dont parle Charant (*A Letter in answer to divers curious questions*, p. 47) qui écrit *meserra*. C'étaient, dit-il, de beaux jardins, où l'on voyait des rangées d'orangers, de citronniers, de dattiers, d'oliviers, de figuiers et de grenadiers, des arbustes comme le jasmin, et des fleurs odoriférantes. Ils étaient publics; il était permis à tout le monde de s'y promener.

* Voyons à présent s'il nous sera possible de découvrir l'origine, la bonne orthographe et la véritable signification du mot! La première condition pour y réussir est, je crois, d'écarter tout-à-fait le *moçâra* de Freytag, ou plutôt du *Câmous*, car c'est là qu'il l'a trouvé. Sous la racine مصر (*m-ç-r*), l'auteur du *Câmous* donne le passif *mocira* dans le sens de استخـرج جوّيّه, ên parlant d'un cheval, ce que Freytag traduit par «ad summum cursum impulsus fuit (equus),» et *moçâra* est chez ce lexicographe arabe *l'endroit où cela se fait* (الموضع تُمَصُر فيه الخـيل). Evidemment cela n'a rien de commun avec le mot qui nous occupe, car le verbe *mocira*, pris dans cette acception, appartient à la vieille langue, non pas à celle que parlait le peuple en Espagne, et en outre le sens du substantif *moçâra* ne convient pas. On voit bien, par le passage de Mohammed ibn-Hârith, que dans la *moçâra* on se promenait à cheval aussi bien qu'à pied; mais rien n'indique que ç'ait été un hippodrome. A mon avis le terme qui nous intéresse vient d'une tout autre racine. D'après Charant, une *moçâra* ou *meserra* était une promenade publique, et dans le man. de l'*Akhbâr madjmoua'*, comme dans celui d'Ibn-al-Coutîya, qui en général sont très-corrects, on trouve *masâra*. En combinant cette explication et cette orthographe, j'arrive au résultat que c'est réellement *masâra*, nom de lieu du verbe سار (*sâra*), qui signifie chez Freytag *incessit, profectus f···t iter fecit*, mais qui peut fort bien se prendre dans l'acception de *se promener*. En effet, Freytag donne en ce sens la 5ᵉ forme, qui, chez Bocthor, est aussi *se promener*. Chez Marcel et chez Hélot on trouve la 2ᵉ forme; la 1ʳᵉ est donnée par Berggren et par Bocthor (qui a du moins l'infinitif سيران, «promenade, action de se promener»). *Promenade*, le lieu où l'on se promène, est chez Berggren سيران, chez Hélot سيرة (*sîra*); ce sont des synonymes de notre *masâra*, et Bocthor donne *allée* (espace entre deux rangs d'arbres pour se promener) مسارة. Il est vrai que la forme de ce dernier mot n'est pas tout-à-fait correcte: la première radicale de la racine concave *sâra* ayant pour voyelle à l'aoriste un *kesra*, le nom de lieu devrait être, selon les règles de la langue classique, *masîra* (cf. de Sacy, *Gramm. ar.*, I, 304). Mais il ne s'agit pas ici d'un mot classique, et le peuple, quand il inventait des mots, ne se souciait pas trop des règles grammaticales. Le nôtre, qui existait déjà en 743, montre que même à cette époque reculée les Arabes d'Espagne les avaient oubliées en partie, et considérée sous ce point de vue, la forme *masâra* est de quelque importance pour ceux qui s'occupent de l'histoire de la langue arabe. Ce que nous avons à dire encore, n'est pas non plus sans intérêt pour cette histoire qui est encore à faire et pour laquelle on a à peine planté les premiers jalons. Observons d'abord que le *s* de *masâra* a été changé en *ç*. Cette circonstance tient à la confusion de *sâra* (aller) avec *çâra* (صار) (devenir). Sous ce dernier verbe Freytag a noté: «interdum videtur pro سار,» et dans les manuscrits rien n'est plus fréquent que la confusion de ces deux verbes. Les éditeurs ont la coutume de changer صار en سار, quand le sens est *aller*; c'est peut-être donner dans le purisme, et il est certain — notre *maçâra* avec le *ç* le montre — que le peuple a perdu de bonne heure le sentiment de la différence assez considérable qui existe entre ces deux racines. Enfin on a prononcé la première syllabe avec le *dhamma* (*o* ou *ou*), au lieu de lui donner le *fatha* (*a*); c'est ce que prouve non-seulement le Fuero de Madrid (de 1202) (*almuzara*), mais aussi le man. de Mohammed ibn-Hârith qui est assez ancien (il est de l'année 1296) et fort exact. On peut en conclure que le changement de *ma* en *mo* dans une foule de

mots espagnols qui sont des noms de lieu (et j'ajoute: de *mi* en *mo*
dans les noms d'instrument ou de vase) doit être attribué, non pas aux
Espagnols, mais aux Arabes eux-mêmes.

* ALNAFE, anafe (réchauffoir, petit fourneau portatif). Marina a considéré ce mot comme une altération de اثافى (*athâfi*), *trépied*. C'est
à mon avis une idée fort heureuse et comme on n'en trouve pas souvent
chez cet auteur. En effet, le *alnafe* a, selon l'Acad., trois ou quatre
pieds, et c'est la même chose que *athâfi*, à preuve que l'Acad., sans
se douter de son origine arabe, le traduit par le mot latin que Freytag
donne sous *athâfi*. Au reste ce dernier mot a encore une fois passé
dans l'esp. sous la forme *atifle*.

* ALOQUE, chez Victor haloque (vin rouge-clair). De خـلـوق, écrit
Marina, sans rien ajouter, et je doute qu'il eût pu justifier cette étymologie, car il ne connaissait l'arabe que par Golius, et la définition
de خـلـوق donnée par ce dernier («nomen rei odoratae») n'était pas
propre à le conduire bien loin. Cependant son étymologie est meilleure
qu'il ne le soupçonnait peut-être lui-même, et pourvu qu'on substitue
l'adjectif خـلـوقى (*khalôquî*) au substantif خـلـوق (*khalôc*), elle est irré-
prochable. «M. Lane,» ai-je déjà dit ailleurs (Glossaire sur Edrîsî,
p. 298), «explique *khalôc* par: «une sorte de parfum, composé de safran
et d'autres choses, dans lequel prédominent la couleur rouge et la
couleur jaune.» Il paraît toutefois que c'est le rouge qui prédomine,
car quand quelqu'un rougit de pudeur, on dit que ses joues sont teintes
de *khalôc;* voyez Maccarî, II, 175, l. 15. Aussi l'adjectif *khalôquî*,
que l'on trouve dans le *Bayân*, I, 157, signifie-t-il *rouge*, comme le
montre le passage d'Edrîsî, p. 151, où il est le synonyme de *ahmar*.»
Pour être tout-à-fait exact, j'aurais dû écrire *rouge-clair*. Au reste on
voit que *aloque* est employé comme un substantif, le mot pour *vin* (p. e.
nabîdh khalôquî) ayant été supprimé.

* ALOQUIN (enceinte de pierre dont on entoure la cire qu'on fait blan-
chir au soleil) de الـوقـى (*al-waquî*, *al-oquî* selon la prononciation vulgaire), «a noxâ quid servans» (res). C'est justement la destination de
cette enceinte.

ALQUEIRE *pg.* («medida de sólidos, e liquidos» Sª. Rosa) de الـكـيـل
(*al-queil*) qui désigne la même chose.

* ALQUEIVE *pg.*, alqueve (jachère) vient peut-être de الـقـوا (*al-quewé*), *terre déserte;* mais je ne sais pas si la langue vulgaire avait ce mot et en outre la forme et la signification ne conviennent pas trop bien.

ALQUERMEZ [, * carmes] (graine d'écarlate, Victor) de القرمز (*al-quirmiz*) qui désigne la même chose. De ce substantif vient l'adjectif *quirmizî*, qui a aussi passé dans l'espagnol (*carmesi*) et dans le français (*cramoisi*). [* *Carmin* a la même origine].

ALQUERQUE, [* *pg.* alguergue et algarve], de الـقـرق (*al-quirq*) qui signifie *une sorte du jeu.* Voyez-en la description chez Freytag.

* En esp. et en port. ce mot a encore un autre sens, car il désigne: une grande pierre dans un pressoir à huile, sur laquelle on place les cabas d'olives qu'on a l'intention de presser. Je ne connais pas l'origine de ce terme.

ALQUEZ (nom d'une mesure) de القيس (*al-queis*) du verbe قاس (*câsa*), *mesurer.*

* *Al-queis* n'a pas ce sens, mais bien القياس (*al-quiyés*), qui, chez P. de Alcala, est *braçada* et *medida.* Le mot esp. est un peu altéré; mais la forme arabe s'est conservée intacte dans le port. *alquiés.* La bonne étymologie avait déjà été donnée dans le Dict. de l'Acad.

ALQUICEL, alquicer, alquice, alquiser (vêtement maure en forme de manteau) de الكساء (*al-quisá* ou *al-quisé*). Voyez M. Dozy, *Dict. des noms des vêt.,* p. 383 et suiv.

* De même que beaucoup d'autres mots qui désignent à la fois une couverture de lit et une espèce de manteau (et c'était au fond la même chose), *quisá* est proprement le nom d'une étoffe de laine que tissaient les Bédouins (voyez Ibn-as-Sikkît, *Kitâb al-alfâdh,* man. 597, p. 527; Azrakî, p. 174 med. et l. 2 a f., p. 181, l. 4) et qui servait à différents usages. Il en est de même en espagnol, car l'Acad. explique *alquicel* ou *alquicer* de cette manière: «Texído de lana, ú de lino y algodón, de bastante anchura, hecho todo de una pieza, para diferentes usos: como para capas, sobremesas, cubiertas de bancos, mantas, etc.»

* Au moyen âge les Espagnols disaient aussi *quiza* ou *queza* sans l'article arabe, car on lit chez l'Archiprêtre de Hita (copl. 1193):

> Quiza tenie vestida blanca é rabi-galga,

et dans l'Alexandre (copl. 598):

> Entendia Patroco enna esporonada
> Que si á él tornasse Ector otra vegada,
> Tantol valdrie loriga cuemo queza delgada;
> Quisose encobrir, mas nol valió nada.

Comme dans ce dernier passage il doit être question d'une étoffe fine, M. Müller pense que *queza* est l'arabe قزّ (*quazz*), *soie;* mais je ne crois pas que ce mot ait passé dans l'esp., et puisque les *quisâ* étaient aussi de toile (voyez le passage des *Orden. de Sev.* que cite l'Acad.), voire même de soie (*Kitâb al-agânî*, I, 71, l. 1), et par conséquent fins, je me tiens persuadé que *queza* est l'arabe *quisâ*.

* M. E. ayant cité l'article *quisâ* de mon *Dictionnaire*, je profite de cette occasion, non pas pour répondre aux pitoyables chicanes de feu M. Freytag, mais pour rectifier en peu de mots deux ou trois inexactitudes qui s'y trouvent. 1°. Dans le sens de *manteau*, *quisâ* n'était pas seulement en usage dans l'Ouest, mais aussi en Asie. 2°. Il est bien féminin (cf. Becrî, p. 101, l. 12 et 13), mais aussi masculin (*Kitâb al-agânî*, *loco cit.*; Mohammed ibn-Hârith, *Hist. des cadis de Cordoue*, man. d'Oxford, p. 519; Ibn-Khallicân, I, 458, l. 11); j'aurais donc dû dire qu'il est du genre commun. 3°. Dans la traduction du passage de Marmol, p. 384, l. 14 et 15, il faut lire: « faites de laine et non foulées, » et biffer la note 1.

ALQUILE, alquiler (louage et loyer) de الكراء (*al-quiré*) que P. de Alcala traduit par *pension que se paga por alquile*, et qui dérive du verbe *cârâ* (louer). Voyez ALMOCREVE.

ALQUIMIA (alchimie) de الكيميا (*al-quîmiyâ*).

* Voyez sur l'origine de ce mot M. Mahn, *Etym. Unters.*, p. 81—85, et sur celle du nom de la plante *alquimilla* ou *alchimilla*, ibid., p. 158.

ALQUINAL (espèce de voile) de القناع (*al-quinâ*) qui désigne la même chose. Cf. M. Dozy, *Dict. des noms des vêt.*, p. 377.

ALQUITARA, alcatara (vaisseau pour distiller), de القطّارة (*al-cattâra*) que P. de Alcala traduit par *alanbique*. Ce mot dérive du verbe *cattara* qui signifie *distilar*.

* ALQUITIRA (gomme adragant) de الكثيراء (*al-cathîrâ*) qui a le même sens; voyez le *Mosta'înî*, Ibn-al-Baitâr, II, 350, Sanguinetti dans le *Journ. asiat.* de 1866, I, 320.

ALQUITRAN (goudron) en arabe القطران (*al-quitrân*), du verbe *catara*, « stillavit, guttatim fluxit. »

* ALQUIVAL, aliquival, alquivar *a. arag.* L'Acad. donne ce mot en citant un passage des Actes des Cortes d'Aragon, où on lit: « Item de aljuba, alquival, cortina ... paguen quatro dinéros. » Elle pense que

c'est la même chose que *alquicel*, mais ce dernier mot serait devenu difficilement *alquival*. C'est l'arabe الخباء (*al-khibâ*) que Freytag n'a que dans le sens de *tente*, mais qui désigne aussi ce qu'on appelait autrefois *pavillon* et ce qu'on appelle aujourd'hui *couronne*, c'est-à-dire, un tour de lit en forme de tente et suspendu au plancher, ou attaché à un petit mât vers le chevet. P. de Alcala le donne dans cette ac- ception sous *paramento del cielo* et sous *pavellon de cama*. Les Acad. semblent s'être laissé tromper par le mot *aljuba* qui précède; mais c'est à *cortina*, qui suit, qu'ils auraient dû penser. Au reste le *l* dans *alquival* et le *r* dans *alquivar* sont de trop, de même que dans *alquicel* et *alquicer*, *alquiler*, *alquinal*, etc.

* ALTAMIA (écuelle de terre vernissée). Il est certain que ce mot est altéré, le *l* de l'article n'étant pas assimilé au *t* du substantif. Je crois, quelque forte que soit la corruption, que c'est السلطانية (*as-soltânîya*), que Freytag a mal expliqué en suivant un glossaire de Habicht, mais qui signifie *écuelle* de porcelaine ; voyez Humbert, p. 202, et Bocthor sous *écuelle*; السلطانية الصينى dans les *Mille et une nuits*, II, 66 éd. Macnaghten. Prononcé très-rapidement, *as-soltânîya* peut fort bien devenir *altamia* ; le *l* dans *al* est le *l* de *sol*, syllabe dont les deux premières lettres ont été supprimées. Le mot arabe (qui vient de *sultan*) signifie proprement *la royale*, et je pense que cette espèce d'écuelle a été nommée ainsi parce qu'elle était faite d'une sorte de terre très-fine et précieuse, à savoir de porcelaine. Peut-être la *altamia* était-elle aussi de porcelaine, car, comme le mot n'est plus en usage en Esp. et en Port., on suppose seulement que l'objet qu'il désigne était de terre vernissée.

ALUBIA, [* *val.* llubi] (haricot) de اللوبياء (*al-loubiyâ*) qui a le même sens.

* ALUDEL, alludel, fr. aludel (« terme de chimie; espèce de pots ou de chapiteaux qui sont ouverts par leurs parties supérieure et inférieure, et qui peuvent s'emboîter les uns dans les autres, de manière à former un tuyau plus ou moins long » Dict. de l'Acad. fr.). Le terme arabe d'où vient ce mot, n'est pas dans les dict., mais c'est الاثال (*al-outhél*). Je le trouve dans le *Glossaire sur lo Mançourî* par Ibn-al-Hachchâ (man. 531 (5), fol. 152 r°) avec toutes les voyelles : أَثَالٌ. L'article est conçu en ces termes : اثال هو آلة التصعيد وهى اناءان مقعران يُطْبَق احـدهما

علـى الاخر ويلقى الدواء فى اسفلهما ويوخذ الوصل بينهما بطين البواطف
ويوضع عـلى النار فما صعـد من دخان الدواء تراكم فى الاعلى فاذ برد
مصعّدا دواء فكان جمع, «Le *outhél* est un instrument pour sublimer.
Il se compose de deux pots qui sont creux [1], et dont l'un s'emboîte
dans l'autre. Après avoir jeté la substance dans celui qui est au-dessous,
on les relie ensemble au moyen de cette espèce d'argile qui sert à faire
des creusets, et on les place sur le feu. La fumée qui provient de la
substance s'agglomère alors dans le pot supérieur; quand elle s'est
refroidie et qu'on l'a réunie, on a obtenu une substance sublimée.» Ce
terme est assez ancien en arabe, puisqu'il se trouve déjà dans le *Mançourî* du célèbre médecin Rhases (ar-Râzî), qui florissait au IXe siècle.
La langue classique ne l'a que dans le sens de *gloire, noblesse;* mais
probablement il faut le considérer comme le synonyme de اثلـة (*athla*),
qui signifie *ustensiles, appareil.*

* ALUNEB (pas dans les dict.) est العـنـاب (*al-'ounnéb*), *jujubier.* Je
trouve ce mot dans les *Libros de Astronomia* d'Alphonse X, où on lit
(IV, 34): «et será esta tauleta de madero fuerte de box, ó de aluneb,
ó de otro madero que semeie á estos.»

* ALUQUETE. Voyez ALGUAQUIDA.

* ALVARRAL *pg.* (espèce de tamis) est une altération de الغربال (*al-ghir-
bál*), qu'on prononçait *al-garbál* et qui signifie *tamis.* Cf. l'art. AREL.

* ALVITANA *pg.* (grand filet pour pêcher). J'ignore si البطانة (*al-bitâna*)
a été employé en ce sens.

* AMAPOLA Voyez HAMAPOLA.

AMBAR, alambar, *pg.* alambre, *fr.* ambre, *it.* ambra, de العـنـبـر (*al-
'anbar*) qui était à l'origine le nom d'un poisson, de la semence duquel
on tirait l'ambre gris. De là l'adjectif *'anbarî* dans le sens de *cuir
fait de la peau de ce poisson* (Maccarî, I, 271, Ibn-Adhârî, p. 33 du
Gloss.). [* Il faut modifier ce que M. E. dit ici; voyez Içtakhrî, p. 21,
passage que M. Reinaud a traduit, en y joignant quelques observations,
dans sa *Géographie d'Aboulféda*, II, 242]. — Du reste je crois que M.
Mahn (*Recherches étymol.*, p. 61 et suiv.) a raison d'avancer qu'on a

---

1) Tel est le sens du participe مصعّر; voyez Bocthor sous *surface* et sous *creux.*

transféré le nom de l'ambre gris à l'ambre jaune, et que de cette manière l'adjectif *amarillo* (pour *ambarillo*) a reçu la signification de *jaune*.

*Ameixa, amexa *pg.* (prune) est une altération de المشمش (*al-mech-mach*), comme Sousa l'a observé avec raison. Il est vrai que ce mot arabe signifie ordinairement *abricot;* mais les lexicographes arabes (voyez Freytag) ont déjà observé que quelques-uns appellent ainsi *la prune*, et en outre les Arabes confondent ces deux fruits; voyez' ma note sur ALBARICOQUE.

Anacalo (garçon de boulanger qui porte le pain) de النقال (*an-naccâl*) qui dérive du verbe *nacala*, *transporter*.

*Le mot arabe *an-naccâl*, qui manque chez Freytag comme substantif, signifie proprement *porte-faix* (voyez Dombay, p. 103; Humbert, p. 88), et M. de Gayangos (dans le *Mem. hist. esp.*, V, 435) donne en ce sens l'esp. *annacâl* ou *añagâl*. Voyez aussi *añacal* chez Nuñez et *anacala* chez Cobarruvias, et comparez ANAQUEL.

Anadel, anhadel, annadem *a. pg.* («chef, capitaine» Sª. Rosa) de الـنـاظـر (*an-nâdhir*) (du verbe *nadhara*, *regarder*, *inspecter*) qui signifie *inspecteur*, *intendant* et en Espagne *almirante* (Alc.) [1].

*Anafaya est en port.: le fil que fait la chenille avant de commencer à filer le cocon. C'est sans doute النفايـة (*an-nafâya*), qui signifie *la mauvaise partie* d'une chose, *le rebut*, car on sait que les premiers fils du ver à soie sont rudes et grossiers. (Comparez l'art. AÑAFEA). Cependant cette bourre ou strasse, comme on l'appelle, sert à faire une étoffe, et en esp. *anafaya* est réellement le nom d'une étoffe. A en croire Cobarruvias (chez qui le mot est altéré en *anafalla*), c'est une étoffe de coton, et l'Acad. dit qu'anciennement elle était de coton, mais qu'à l'époque où elle composait son dictionnaire, elle était pour la plupart de soie. L'étymologie du mot et le sens de *anafaya* en port. me font douter que l'explication de Cobarruvias, reproduite par l'Acad. pour ce qui concerne les temps anciens, soit tout-à-fait exacte. *Ana-*

---

1) Dans le mot noté par P. de Alcala, M. Mahn (p. 7) a trouvé un *«logatus, devotus deo,»* c'est-à-dire, *un nasiréen.* Il est à peine besoin de remarquer que le savant allemand, au lieu de lire الـنـاظـر, a lu الـنـذيـر, mot qui dérive de la racine نذر (*nadzara*), en hébreu נזר, *faire un vœu.*

faya doit toujours avoir désigné une étoffe de soie; mais comme elle était faite de bourre de soie, elle était grossière; peut-être aussi était-elle un mélange de bourre et de coton, et de cette manière l'explication de Cobarruvias serait bonne jusqu'à un certain point.

* ANAFEGA *pg. Maçã d'anafega*, jujube, *maceira d'anafega*, jujubier, de النبقة (*an-nabica*), mot qui désigne le fruit du jujubier lotos (Ziziphus lotus), que les Arabes appellent سدر (*sidr*).

* ANAQUEL (tablette sur laquelle on met les verres, les plats, etc.) doit être النقال (*an-naccál* ou *an-nacquél*) que nous avons déjà rencontré sous ANACALO. Désignant dans l'origine *la personne qui porte* une chose, ce mot a aussi été appliqué à la planche sur laquelle on la portait, car chez Nuñez *añacal* est: «celui qui portait du blé au moulin,» et le plur. *añacales*, «planches sur lesquelles on portait le pain cuit du four à la maison.» Notre *anaquel* montre qu'on avait tout-à-fait perdu de vue l'origine du mot, qui vient de *nacala, transporter*.

* ANATRON (natron) de النطرون (*an-natrôn*). Müller.

* ANDAIME, andaimo *pg.* (échafaud pour les maçons) (l'accentuation est: andáime), *esp.* andámio, de الدعائم (*ad-da'áïm*), *les poutres*, plur. de الدعمة (*ad-di'ma*) et de الدعامة (*ad-di'áma*).

* ANEXIM *pg., a. esp.* anexir, anaxir (pas dans les dict.). *Anexim* est *adage, sentence populaire. Anexir* se trouve dans le *Cancionero de Baena* (p. 153), où on lit:

> Señor de Val de Corneja,
> Ssi vos plase, mis deitados
> E anexires asonados
> Non son en cada calleja.

Le même mot se trouve encore deux fois dans ce livre sous la forme *anaxir* (p. 176, 188) (ce que les auteurs du glossaire ont négligé de remarquer), et le second passage, qui se trouve dans un poème adressé au roi de Castille par Alfonso Alvares de Villa Sandino, est conçu en ces termes:

> Vestra persona ensalçada
> Biva luengamente onrrada,
> Por que yo vea en Granada
> Cantar un lindo anaxir,
> *Ya dayfy çultan quevyr,* [1]

---

1) C'est: يا ضيفي سلطان كبير, «ô mon hôte, grand sultan!»

Desque·la ovieredes ganada
E cobrada.

Ces «anexirs assonnants» et cet *anaxir* qu'on chante, nous expliquent
l'origine du mot. C'est évidemment l'arabe النشيد (*an-nachîd* ou *annechîd*), chez Freytag «inter homines recitatum carmen,» chez P. de
Alcala *cancion*, et tel est le sens que je crois devoir assigner à *anexir*
ou *anaxir* dans les vers que je viens de citer; mais comme les adages
étaient également rimés, ou du moins assonnants, on leur a aussi
donné ce nom.

* ANFIÃO *pg.* (opium) de افيون (*afiyoun*). Les Portugais ont entendu
et adopté ce mot dans les Indes, où ils l'ont transmis aux Hollandais
qui y disent *amfioen* (prononcez en français: amfioun). Voyez les remarques de mon excellent ami M. Veth, dans la Revue intitulée *de Gids*,
de 1867, I, 428, 429.

* ANIFALA (du pain qui est fait de son) de النخالة (*an-nokhâla*), *du
son.* Müller. — Ce mot n'est pas dans les dict. esp. dont je me sers.

* ANNAFACA, annafaga, annaffaga, añafaga, anafaga, nafaca (dépense;
voyez le Glossaire de Berganza dans ses *Antig. de Esp.*, II, à la fin,
Cortes de Leon y de Castilla, II, 85, l. 6 et 12, et le *Mem. hist. esp.*,
V, 435), de النفقة (*an-nafaca*) qui a le même sens.

ANNUDUVA, anuduba, anuda, adnuba, anubda, anudiva, adua [* et
une foule d'autres formes]. Suivant Sª. Rosa ces mots désignent «une
sorte d'impôt dont le produit servait à réparer ou à améliorer les
ouvrages de fortification,» et encore «les gens qui devaient travailler
à ces ouvrages par manière de corvée.» Est-ce qu'il y a du rapport
entre ces mots et la racine arabe ندب *nadaba* «mettre (des troupes) en
garnison» (cf. le Gloss. sur Ibn-Adhârî)? On trouve encore *nadb* (garnison), *mandoub* (pourvu d'une garnison) Ibn-Djobair, p. 70, *nudba*
(«llamamiento para la guerra» Alc.).

* C'est en vain que beaucoup de savants, tels que Burriel, Berganza,
les continuateurs de Ducange et M. Muñoz, ont tâché d'expliquer le
sens de ce mot qui est très-fréquent dans les chartes et aussi fort intéressant sous plusieurs points de vue. «No ha sido esplicada esta pecha
hasta hoy,» dit Yanguas, et c'est vrai; mais heureusement ce qu'il
ajoute: «ni acerca de su naturaleza dan ninguna luz los documentos,»
ne l'est pas. Quant à son étymologie, je ne sache pas qu'avant M. E.

il en ait été proposé une, excepté par M. Muñoz (*Fueros*, I, 14, n. 5), et elle est fausse (de النوبة, *an-nauba*). C'est donc à M. E. que revient l'honneur et le mérite d'avoir été le premier qui ait indiqué la racine arabe d'où il dérive, et même le substantif arabe auquel il répond et qui n'est pas dans les lexiques; mais s'étant laissé tromper par l'explication de Sᵃ. Rosa, qui est erronée comme les autres, il n'a pas poussé plus loin sa découverte. Je suis donc obligé d'achever la tâche qu'il a seulement ébauchée, et j'expliquerai en premier lieu le terme arabe.

* Le verbe *nadaba* signifie *appeler*, et *nadaba lil-mogâwara* est *llamar para la guerra* (Alc.). Le substantif *noudba* (ندبة), joint à un autre mot, signifie *appel à la guerre*; P. de Alcala donne *maherimiento de guerra*, *nûdbe lal mundâriba* (c'est-à-dire, ندبة للمنصربة) [1]. Mais il n'est pas nécessaire d'ajouter un autre mot pour exprimer cette idée; il est sous-entendu. P. de Alcala donne simplement *nadaba* à l'article *apercebir para la guerra*; voyez aussi *Kitâb akhbâr al-'açr* (dans Müller, *Die letzten Zeiten*), p. 24, l. 5, 9, p. 25, l. 5, et M. de Goeje dans son excellent glossaire sur Belâdzorî, p. 101. *Noudba* seul signifie donc aussi: appel à la guerre, l'action d'appeler les bourgeois sous les drapeaux afin qu'ils fassent une expédition militaire, et de là: cette expédition même. C'est en ce sens que le mot se trouve souvent dans les chartes. On lit p. e. dans un Fuero donné à Tolède (*apud* Muñoz, I, 564): «Et milites illorum (les gentilshommes qui demeurent à Tolède) non faciant abnubdam, nisi uno fossato in anno, et qui remanserit ab illo fosato sine veridica excusacione, solvat regi decem solidos.» Et dans un autre Fuero (*ibid.*, p. 486): «Adhuc et milites non faciatis anubda, nisi uno fosado in anno.» Le sens de ces ordonnances est que les habitants des endroits dont il s'agit, ne seront tenus qu'à faire une seule expédition par an, et le terme en question y est l'équivalent, ou à peu près, de *fossatum*. Ce dernier mot, que Ducange n'a pas compris, est expliqué dans l'excellent article *fossado* de Sᵃ. Rosa [2].

---

1) C'est par erreur que M. E. a donné *llamamiento para la guerra;* Alcala n'a que *llamamiento por nonbre, nûdbe.*

2) Aux passages cités par l'éminent savant portugais, on peut ajouter ceux-ci: «Expeditiones, quae dicitur fosata, nec abnubda» (privilége de Ferdinand Iᵉʳ, dans Sota, *Chronica de los principes de Asturias*, p. 649); «nulla expeditio qui dicitur fondsado» (Fuero donné par Alphonse VII, dans Muñoz, I, 398).

C'était une expédition, une razzia, entreprise, non-seulement par des soldats de l'armée régulière, mais aussi par des citadins et des villageois, afin d'aller couper les blés de l'ennemi. Cette besogne était confiée à quelques-uns de la troupe, tandis que leurs camarades, retranchés derrière des *fossés* (de là le nom de *fossatum*), leur couvraient les flancs. On trouve donc souvent les expressions: *ire in anuduvam;* — «et quod eant in exercitum meum, et in meam anuduvam» (*apud* Sᵃ. Rosa, p. 56 *b*); — *ire ad annutuba;* — «vos vel succesores vestri non eant ad fiscale fabricandi imperium, castella, seu annutuba, aut fossatura» (*apud* Muñoz, p. 261). Appeler les sujets à faire une telle expédition était un des droits exclusifs de la couronne; — «salvo hoc,» dit Alphonse III de Portugal (*apud* Ducange), «quod mihi et successoribus reservo in perpetuum, videlicet collectam, monetam, hoste, annaduam, apellidum, fossatum, justitiam,» etc. — Aujourd'hui encore, comme on peut le voir dans Sᵃ. Rosa, *aduà* s'emploie dans l'Alentejo et ailleurs, et c'est toujours une expédition, une razzia; mais l'application qu'on fait de ce terme est assez comique, car ce n'est plus une razzia entreprise par des hommes contre d'autres hommes, mais une razzia que fait une meute de chiens contre les lapins et dans laquelle ils se secourent mutuellement.

*Le sens d'*annuduva, *expédition militaire*, s'est modifié au moyen âge; mais avant de parler de cette modification, je crois mieux faire d'expliquer d'abord une autre acception qu'il a, et qui, bien qu'elle soit assez rare dans les chartes chrétiennes, l'est moins chez les auteurs arabes.

*En arabe on disait (voyez M. de Goeje, *loco cit.*): ندب جندا الى حصن, littéralement: «appeler (*nadaba*) une division à une forteresse,» et cela signifiait: «l'y envoyer pour y tenir garnison.» Plus tard l'idée d'*appeler* disparut tout-à-fait, et l'on disait ندب فى الحصن جيشا, voire même ندب حصنا, «mettre garnison dans un château» (de Goeje). De là le substantif *noudba* signifie *garnison;* Belâdzorî l'emploie trois fois et il se trouve aussi chez 'Arîb, qui écrivait à Cordoue au Xᵉ siècle. Je ne connais, dans les chartes latines, qu'un seul passage où *anupda* ait clairement ce sens (il y en a d'autres qui sont douteux): il se trouve dans la confirmation du Fuero de Nagera par Alphonse VII, document qui est de l'année 1136 et où on lit (*apud* Yanguas, *Antig. de Navarra,*

II, 452) : «Infanciones de Nagara, qui sunt hereditarii in Nagara, debent accipere in exitus, tantum unus infancion, quanto duo burgenses, et debent isti infanciones ponere unum militem qui teneat anupdam, ubi homines de Nagara necese habuerint, cum caballo et omnibus armis ligneis et ferreis.» Si je comprends bien ces paroles, elles contiennent deux dispositions parfaitement distinctes, à savoir: 1º. quand il y a une expédition militaire, la solde d'un gentilhomme doit être le double de celle d'un bourgeois; 2°. quand il est nécessaire de veiller à la sûreté de la ville — et ici il ne s'agit pas d'une expédition — le corps des gentilshommes est tenu d'équiper à ses frais un cavalier qui y *tienne garnison.*

* Revenons maintenant à *annuduva*, expédition militaire. Ces expéditions étaient extrêmement incommodes et onéreuses au peuple qu'un ordre du roi pouvait enlever à tout instant à ses occupations, aux travaux agricoles, aux métiers qui fournissaient des moyens de subsistance. Aussi l'obligation d'y prendre part est-elle comptée invariablement parmi les mauvaises coutumes, les *fueros malos*, et nous avons déjà vu que, pour alléger ce fardeau, les souverains ordonnaient, dans les priviléges qu'ils accordaient aux villes et même aux villages, que les habitants de ces endroits ne seraient tenus de faire l'annuduva qu'une fois par an. Ils exemptaient aussi de ce service certaines classes de leurs sujets. Dans une ordonnance d'Alphonse III de Portugal (*apud* Sª. Rosa) ces classes exemptées — «non ˉvadant ad anudivam» — sont extrêmement nombreuses, et le roi ajoute: «Mando et statuo, quod omnes alii homines Regni mei — — non vocemus eos ad nudivas, nisi tempore guerrae, aut tempore magnae necessitatis, et ad frontariam Regni, quod habeamus eos multum necessitate.» Mais les souverains allaient plus loin: ils permettaient aux habitants de certaines localités de se racheter de ce devoir en payant une certaine contribution. Déjà dans le Fuero de Brañosera, qui est de l'année 824, on lit (*apud* Muñoz, p. 17): «Et omes, qui venerint ad populandum ad villa Brano Ossaria non dent anupda, non vigilias de castellos, nisi dent tributum;» ce qui signifie que ceux qui viendraient s'établir à Brañosera ne seraient pas tenus de prendre part à l'expédition appelée *anupda*, ni à être de garde dans les châteaux, mais qu'en revanche ils payeraient une contribution. Cette dernière reçut également le nom d'*anupda*. Dans le Fuero de Lara on lit (*apud* Muñoz, p. 521): « Qui hereditarius fuerit in Lara, aut in suas aldeas, et inde vicino, pechet anuda in cada uno anno una enmina de trigo, et alia de cebada, et duas ferradas de vino; » et plus loin: « Sed de campo alcaldes, et arrendadores, et mulier qui filium non habuerit, non pechent anuda. » Quand elle se payait, non pas en nature, comme à Lara, mais en argent, les rois employaient cet argent à réparer et à améliorer les ouvrages de fortification. C'était dans l'ordre des choses: au lieu de soldats, le souverain recevait de l'argent, et il le faisait servir aux besoins de la guerre; mais c'est précisément cette circonstance qui a induit en erreur le savant Sª. Rosa, et qui l'a engagé à donner de ce terme une explication qui n'est pas la véritable.

Anoria, añoria, noria (machine hydraulique) de النـاعـورة (*an-nâ'ôra*) qui désigne la même chose.

* Au moyen âge on avait des formes tout-à-fait correctes; sans l'article: *naora* (Yanguas, *Antig. de Navarra*, I, 79, II, 457); avec l'article, mais sans que le *l* soit assimilé: *alnagora* (Muñoz, *Fueros*, I, 365).

* Ante, dante, *pg.* anta, danta (selon les dict.: buffle, aussi peau de buffle). Il y a déjà longtemps que Quatremère, dans sa *Notice sur Becrî* (p. 200 du tirage à part), a observé que le mot port. *anta* ou *danta* vient de لـمـط (*lamt*), nom que porte, dans les déserts africains, un animal du genre des antilopes, et M. Müller (qui cependant ne semble pas avoir connu la note de Quatremère) attribue avec raison la même origine à l'esp. *ante*. En effet, Marmol (*Descripcion de Affrica*), qui écrit quelquefois *ante* (II, 67 *a*, 89 *c*, 97 *c*), dit formellement (I, 24 *d*): « El Dante, que los Affricanos llaman Lamt. » On se servait de la peau de cet animal pour en fabriquer des boucliers excellents et fort estimés, qui s'appelaient en arabe *daraca lamt* (Maccarî, II, 711, l. 13), et en esp. *adaragadante* (Alcala *in voce*), *adarga dante* (inventaire chez Saez, *Valor de las monedas*, p. 531), *adarga de ante* (Marmol, I, 42 *d*), *dargadante* (*Catálogo de la real armeria*, Glosario, p. 6).

Anzarotes (Victor), azarote, azaro, *pg.* lançarote avec l'article arabe (sarcocolle), de عـنـزروت ou mieux انزروت (*anzarôt*) qui désigne la même chose.

* Añacea, añaza. Le premier mot est donné par Tamarid et par Victor dans le sens de *plaisir*, *divertissement*. C'est l'arabe المـنـزاهـة (*an-nazâha* ou *an-nazéha*) (pas dans Freytag en ce sens), qui est employé

de la même manière par Ibn-Batouta (I, 92), où on lit نزاعة موضع,
«lieu de divertissement.» Chez un chroniqueur anonyme (man. de Copenhague, n°. 76, p. 101) on lit: ولم يبق سوق من الاسواق الّا جــمــع
اهله للنزاهات, «Le peuple de chaque bazar se réunissait pour se livrer
aux divertissements.» P. de Alcala donne aussi *añazea cosa de plazer*,
en arabe *neziha*. Il faut se garder de penser que c'est نزيهة; ce dernier
mot n'est jamais autre chose que le féminin de l'adjectif نزيـه; c'est
نزاهة prononcé à la manière espagnole. En outre·*añacéa* signifiait *foire*
selon Nebrixa. C'est encore *an-nazéha*, qui signifiait en général *fête*
(pas dans Freytag); Alcala: *fiesta de alegria*, *neziaha* (sic), et *justa
por plazer*, *neziha*. — *Añaza* est donné par Victor, «foire qui se tient
tous les ans.» C'est l'arabe النزهة (*an-nazha*) (pas dans Freytag), *fête,
partie de plaisir*; voyez al-Fath, *Caláyid*, p. 241, l. 5 a f. éd. de Paris;
Maccarî, I, 437, l. 10; 585, l. 3 a f.; II, 532, l. 3; *Kitáb akhbâr
al-'açr* dans Müller, *Die letzten Zeiten von Granada*, p. 4, l. 6.

   * Añafea. *Papel de añafea* (strasse, papier brouillard, papier gris,
etc.). Plus haut nous avons rencontré le port. *anafaya* dans le sens de
strasse ou rebut de la soie, et j'ai dit que c'est النفاية (*an-nafáya* ou
an-naféya), *la mauvaise partie* d'une chose, *le rebut*. *Añaféa* est le
même mot, et l'on voit que, de même que *strasse*, il s'employait en
parlant du rebut de la soie, et aussi en parlant du rebut du papier.

   Añafil, *pg.* anafil (trompette), de النفير (*an-nafir*) qui désigne la même chose.

   * Aussi *anafim* (pg.) et *danafil* (pg.); voyez Moraes et Ducange sous
ces mots. — Les Port. donnent le nom de *trigo anafil* à une espèce de
froment, parce que la ville d'Anafé (= Dâr-baidhâ), située dans le
Maroc, leur en a fourni la semence (voyez Moraes).

   Añazmes (bracelet d'or, Cob.) de النــظم (*an-nadhm*) qui signifie *une
rangée*, p. e. de perles.

   Añil, añir, *pg.* anil (indigo), de النـيـر (*an-nir*) (du persan *nila*).
Même sens.

   * Arac, erraca, *pg.* araca, araque, orraca, rak (arak). Dans l'arabe
classique عرق ('*arac*) est proprement *sueur*, et '*arac at-tamr*, «la sueur
des dattiers,» est le suc des dattiers. On l'obtient en étêtant l'arbre
et en creusant le sommet du tronc. Le suc qui se décharge dans cette
espèce de bassin, est encore plus doux que le miel et assez liquide;

mais en peu de temps il devient épais et âcre, et quand on l'a distillé, c'est une boisson enivrante; voyez Shaw, *Reizen door Barbarijen*, I, 221, Richardson, *Travels in Morocco*, II, 208. Ceci est le *'arac* ou *'araquî* proprement dit; mais par laps de temps ce mot est devenu (et c'est ce qu'il faut ajouter aux lexiques) le nom général que les Arabes donnent à toutes les liqueurs fortes; voyez Shaw, *loco cit.* Chez Browne (*Reize naar Afrika*, I, 109) on lit: «On a encore en Egypte une autre boisson, nommée *araki*, que les chrétiens tirent des dattes et aussi des raisins de Corinthe» (comparez p. 114). Diego de Haedo (*Topographia de Argel*) écrit (fol. 17 *d*, 38 *b*) *arrequi* et *arrequin*, ce qu'il explique par *agua ardiente.* Werne (*Reise nach Mandera*, p. 78) donne *araki*, «eau-de-vie;» chez Bocthor on trouve *eau-de-vie*, *'arac* et *'araquî*; la dernière forme est aussi dans Marcel, dans Humbert (p. 17) et dans Hélot. — Ce mot n'est pas ancien dans les langues européennes; les Portugais, les Hollandais et les Anglais l'ont adopté dans les Indes orientales, où on appelle ainsi une boisson spiritueuse préparée avec du riz fermenté, du sucre et du suc de noix de coco.

ARANCEL, [*alanzel, *Cortes de Leon y de Castilla*, III, 175, 349] («el decreto, ó ley que pone tassa en las cosas que se venden, y en los derechos de los ministros de justicia» Cob.), de الرسالة (*ar-riséla*) qui signifie *une missive officielle.* (?)

* Je crois que M. E. a eu raison de faire suivre cette étymologie d'un signe de doute, car *riséla*, qui vient de *rasala*, *envoyer*, signifie simplement *lettre*, *missive*, et ne s'emploie jamais dans le sens de *décret* ou *loi.* Pourtant le mot arabe, d'où vient *arancel*, doit avoir ce sens. Je pense que le mot esp. et pg. a perdu sa première lettre, que le *n* est de trop (ce que M. E. suppose aussi), et que le *l* remplace le *m*, lettre du même organe. De cette manière nous obtenons *maracem*, ce qui répond fort bien à مراسم (*marásem*), plur. de *marsoum*, qui est le mot qu'il faut, car il signifie *décret*, *ordonnance;* voyez Berggren sous *décret*, Humbert, p. 205, Fleischer, *De glossis Habicht.*, p. 16, Ibn-Batouta, III, 199, Ibn-Khaldoun, *Hist. des Berbères*, I, 631, l. 6 a f., II, 535, l. 8, de Sacy, *Chrest. ar.*, I, 157, l. 6 a f. du texte, etc. De même que beaucoup d'autres, ce mot arabe a donc passé dans l'esp. et dans le port. sous la forme du plur., et comme les *arancels* ou décrets, qui fixaient le prix d'une foule de choses (cf. l'Acad.), étaient fort nombreux, cette circonstance n'a rien d'étrange.

ARCADUZ. Voyez ALCADUZ.

* AREL (grand crible) de غربال (ghirbâl), crible, tamis, qu'on prononçait garbél; cf. l'art. ALVARRAL.

ARGEL, fr. arzel (cheval noir ou bai qui a des marques blanches aux pieds) de ارجل (ardjel) qui se dit dans la même signification.

* ARGOLLA, pg. argola (grand anneau de fer), de الغـل (al-goll) qui a le même sens. Müller.

ARRAAX, errax («los oseçuelos de las azeytunas, quebrantados en la rueda del molino del azeyte, que exprimido dellos y del hollejuelo, los suelen secar, y se gasta en los braseros de las damas» Cob.)?

ARRABAL, [* raval, Sanchez, II] (faubourg), de الـربـض (ar-rabadh). Je serais porté à croire que la forme primitive de ce mot a été arrabalde. Comparez alcalde, alvayalde, etc., et p. 23, n°. 4 de l'Introduction. [* La forme port. est en effet arrabalde].

* ARRACADAS. Voyez ALCARRADAS.

ARRACIFE, arrecife (chaussée), de الـرصيـف (ar-racíf ou ar-recíf). Ce mot arabe étant mal expliqué dans les lexiques, il est nécessaire de citer quelques passages d'auteurs arabes pour en établir la signification. Dans un passage d'Ibn-Djobair, p. 61, où il est question d'un village situé sur le bord du Nil, on lit: «Entre ce village et le fleuve il y a un racíf élevé, bâti en pierres, comme une muraille; les vagues s'y brisent sans pouvoir l'inonder, même au temps de la crue.» Il est clair qu'il s'agit ici d'une lévée au bord d'une rivière, un quai. Voyez encore ibid., p. 49, Ibn-Adhârî, II, 229, Maccarî, I, 124. Dans le Cartâs, p. 138, on trouve raçaf dans la même acception. [* Ceci est une erreur; roçfân dans ce passage du Cartâs est le plur. de racíf; cf. de Sacy, Gramm. ar., I, 367, § 858]. — En outre recíf désigne une chaussée, comme le dit P. de Alçala au mot calçada camino, et il est employé en ce sens par Maccarî, I·, 303. C'est dans cette signification que le mot a passé dans l'espagnol.

* M. E. aurait peut-être pu s'épargner la peine d'établir la signification de ce terme arabe: je l'avais fait dix-sept ans avant lui, dans le Journ. asiat. de 1844, I, 413. Il se peut aussi qu'il ait négligé un peu trop de faire sentir le rapport qu'il y a entre les deux significations du mot, car racíf répond tout-à-fait à chaussée, qui, comme on sait, désigne une levée qu'on fait au bord d'une rivière, et aussi une levée qu'on fait pour servir de chemin de passage. Le catalan avait la forme assez corrompue *raxiba* (voyez Capmany, *Memorias sobre la marina de Barcelona*, IV, 85). Comparez en outre le Glossaire sur Edrîsî, p. 306, et M. Diez, II, 94, qui observe avec raison que *arrecife* dans le sens d'*écueil*, fr. *récif*, a la même origine. Quant au nom de la plante *cardo arracife*, qui a été corrompu en *arrafiz*, il répond au terme latin *carduus vulgatissimus viarum*, en hollandais *wegdistel* (cf. Dodonaeus, *Cruydt-Boeck*, p. 1249 *b*); comparez l'art. ARRECAFE.

ARRAEZ, *pg.* arrais, arraes (capitaine de vaisseau, patron d'une barque), de الرائس (*ar-râis*) qui se trouve dans la même signification chez Ibn-Batouta, Ibn-Djobair et d'autres voyageurs, bien qu'elle manque dans le lexique de Freytag.

* ARRAFIZ (chardon, plante) est une altération de *arracif*, qui est pour *cardo arracife*. Voyez ma note sur l'art. ARRACIFE.

ARRAIHAN, arrayan (espèce de plante), de الريحان (*ar-raihân*), « herba odorata, cui nomen ocymum est. »

* En Espagne, toutefois, ce mot ne désignait pas l'ocymum, c'est-à-dire, le basilic; du moins ce n'était pas sa signification ordinaire, ni chez les Arabes, ni chez les Espagnols. Dans l'origine sa signification était fort vague, car il désignait en général toute plante odoriférante; mais déjà dans la langue classique ريحان القبور (« *raihân* des tombeaux ») est *le myrte* (voyez Lane). En Espagne et dans le nord de l'Afrique, *raihân* seul avait ce sens, sinon chez les botanistes (cf. Ibn-al-Baitâr), du moins chez le peuple. Dans le *Glossaire sur le Mançourî* par Ibn-al-Hachchâ (man. 331 (5), fol. 151 r°) on lit à l'article آس (*âs*, le nom classique du myrte): هو الشـجـر المخصوص فـى المغرب بالريحان, « c'est l'arbre qui, dans le Magrib, porte le nom de *raihân*, » et plus loin à l'article *raihân* (fol. 160 r°) : وخصّ به اهل المغرب الآس تخصيصا مولّدا, « les Magribins appliquent exclusivement ce mot au myrte, ce qui est un néologisme. » Dans les *Mille et une nuits* (I, 116 éd. Magnaghten) c'est aussi le myrte. Aujourd'hui cet arbre porte encore ce nom au Maroc (Dombay, p. 72), en Algérie (Humbert, p. 50) et au mont Liban (Berggren, p. 864). On sait qu'en espagnol *arraihan* ou *arrayan* désigne aussi le myrte.

* ARRAYAZ est employé par les chroniqueurs du moyen âge 1°. dans

le sens de *gouverneur* (Barrantes Maldonado, dans le *Mem. hist. esp.*, IX, 260: «el Arrayaz de Málaga,» «el arrayaz de Guadix,» etc.), ou 2º. dans celui de *capitaine de vaisseau* (*Chron. de D. Alonso X*, fol. 44 *a*), et alors c'est l'arabe الرائس (*ar-ráïs*) qui a les mêmes acceptions; 3º. dans celui de *district, gouvernement* (Barrantes Maldonado dans le *Mem. hist. esp.*, IX, p. 257: «la tierra de la Arrayaz de Málaga), ce qui en arabe serait الرئاسة (*ar-riása*); mais peut-être faut-il lire: «del Arrayaz.»

* ARRE. Voyez ARRIERO.

* ARREAS, arreaz, arriaz *pg.* («boucles sans pointe mobile, par lesquelles passent les étrivières» Moraes). Comme cet *arreás* est un plur., et que par conséquent le sing., s'il était en usage, serait *arreá*, je présume que c'est عروة (*'orwa*), que P. de Alcala (sous *lazo de çapatos*) prononce *árgua*.

* ARREBATE (pas dans les dict.). Dans la *Cronica de D. Alonso XI* (p. 550) on lit que, lorsque le comte de Derby et celui de Salisbury furent arrivés auprès de ce roi, celui-ci «dixoles, que las sus gentes dellos non eran sabidoras de la guerra de los Moros, et por esto que era menester que mandase cada uno á los suyos que non saliesen á los arrebates de los Moros, salvo quando viesen salir allá el pendon del Rey de Castiella.» C'est l'arabe الرباط (*ar-ribát*), *poste, lieu où l'on a placé des troupes*.

* ARREBIQUE, arrabique, rebique *pg.* (rouge, fard). Ce mot a toute l'apparence d'être d'origine arabe, et le terme ربيك (*rabíc* ou *rebíc*) existe dans cette langue. Il est vrai qu'il désigne plusieurs espèces de mets composés de divers ingrédients; mais comme il dérive de la racine *rabaca, mêler*, il ne signifie dans l'origine rien autre chose que *mélange*, et il se peut qu'on l'ait appliqué à une composition comme le fard. J'avoue toutefois que je ne puis pas prouver qu'on l'a employé en ce sens; ce que je viens de dire, n'est donc qu'une simple conjecture.

* ARRECADAS *pg.* Voyez ALCARRADAS.

* ARRECAFE (espèce de chardon). L'Acad. cite pour ce mot un passage de l'Hist. de Charles-Quint par Sandoval, où on lit: «unos cardos que llaman arrecáfes.» Je me tiens persuadé que ce doit être un *c* cédille, et que ce mot a la même origine que *cardo arracife* et *arráfiz*; voyez ma note sur ARRACIFE. En effet, l'esp. a eu aussi le mot *arrezafe* dans le sens de: lieu plein de chardons, de ronces, etc.; et l'Acad., comme l'avait déja fait Cobarruvias, compare ce terme à celui qu'a employé Sandoval.

Arrelde, [* arrate, arrel], *pg.* arratel (espèce de poids) de الـرطـل (*ar-raṭl*).

* Arrequife (pointe de fer pour éplucher le coton) semble être une altération d'un mot berbère, car dans cette langue la pointe d'un instrument tranchant s'appelle ايـنخـف (*ikhf*). On aura dit avec l'article *al-îkhf*; puis, le *l* ayant été changé en *r* par des ouvriers arabes qui ne connaissaient pas l'origine du terme, *ar-rîkhf*; ce qui à la fin est devenu *arrequife.*

Arrequive (espèce de garniture d'habit). Dans les lexiques ركـيـب (*requîb*) n'a que la signification très-générale de *impositus, insertus;* mais comme le mot *tarquîba*, qui vient de la même racine, désigne *une bordure d'une étoffe différente appliquée sur une robe* (cf. Quatremère, *Hist. des sult. maml.*, II, 2, 78), je serais porté à croire que *requîb* a été employé dans un sens analogue, et que par conséquent le mot espagnol en question est l'arabe *ar-requîb.*

Arrexaque, arraxaque (fourche à trois pointes) de الـرشاقـة (*ar-rechâca*) qui manque dans les lexiques. Voyez P. de Alcala aux mots *arrexaque* et *tridente arrexaque.* Le mot espagnol en question désigne encore une espèce d'oiseau [* le martinet noir], auquel on aurait donné ce nom «por tener las garras como garfios» Cob. (?).

* Arrezafe. Voyez arrecafe.

Arriates «los encañados de los jardines, de *arriad* que vale jardin.» Ce renseignement du P. Guadix (*apud* Cob.) est exact, car P. de Alcala traduit *arriate* et *jardin* par ريـاض *riâd*, pl. *ariida.* Ce *riâd* est, à l'origine, le pluriel de *raudha.*

* Il est fort remarquable que le plur. *riâdh* est devenu un singulier, non-seulement dans la langue parlée, mais aussi dans les livres. On lit p. e. dans une Histoire des Hafcides (dans le *Journ. asiat.* de 1851, I, 56): دخلت عليه بالدكان وهو رياضه الذى بظاهر قسطنطينة , « j'allai lui faire une visite dans le *doccân*, qui était son jardin en dehors de Constantine.» Plus loin (p. 62): كان فى نزهـه فى رياضه الكبير , « il était pour son amusement dans son grand jardin.» Et de même dans le *Cartás* (p. 161, l. 8 a f.): رياضه الكبير , « son grand jardin.» Mais en Andalousie il n'a pas conservé ce sens. Je ne sais s'il a réellement

eu celui que lui attribuent Tamarid dans Cobarruvias («calçada, camino, ó passo») et Victor («une chaussée, un chemin étroit»), mais
que l'Acad. n'a pas admis. Elle ne lui donne que celui de: «sepimen-
tum, virgultis et floribus refertum, hortos muniens et cingens.» Comparez avec cette acception celle que *riâdh* a aujourd'hui en Algérie:
parterre de fleurs (Hélot; Delaporte, *Dialogues*, p. 145, 173).

ARRIAZ, arrial (garde d'épée) de الرئاس *(ar-riâs)*, «capulus ensis.»

* ARRICAVEIRO *a. pg.* Sᵃ. Rosa donne ce mot; mais l'ayant confondu
avec un autre, il ne l'a pas compris. Le texte qu'il cite est un document de l'année 1390, dans lequel le roi Jean Iᵉʳ donne à Diogo Affonso
l'emploi de «anadel (الناظر) das gentes de cavallo, e pioens, besteiros e
arricaveiros.» Ce mot, dans lequel *eiro* est la terminaison port., répond
à l'arabe الركابى *(ar-ricâbi)*, de *ar-ricâb*, *étrier*, *celui qui tient l'étrier;*
voyez Freytag et comparez Diego de Torres, *Relation des Chérifs*, p. 316:
« Il y a aussi à la cour d'autres gentilshommes comme ordinaires, ou
de la garde à cheval, qu'on nomme *Riqueves*, qui sont de l'étrier du
Roi ou écuyers, et ont leurs chevaux dans son écurie.»

* ARRICISES (courroie courte qui est au-dessus de la selle et à laquelle
on attache les étrivières) doit venir de الرزّة *(ar-razza)*, qui signifie proprement *ganse*. Le plur. de ce mot est *ar-rizâz* (Alc. sous *visagra de
mesa*), *ar-rizîz* par suite de l'*imâla*, et c'est à cette forme (la terminaison *es* étant le plur. esp.) que répond en tout point *arricises*.

* ARRIERO, *pg.* arrieiro (m̃uletier). On sait que dans le midi *arre*,
harre, prov. mod. et ital. *arri*, est le cri des muletiers pour animer
leurs bêtes, et que de ce cri on a formé le mot qui sert à désigner un
muletier. Selon Marina, c'est «هرّ هرّ *(harr, harr)*» (dans Freytag هرّ
(harr) est «modus quidam increpandi camelum»). Diego de Urrea et
le P. Guadix (*apud* Cobarruvias sous *harre*) disent que c'est حرك *(harric)*,
impératif de *harraca*, «que vale *muevete*» (ce verbe signifie bien *mouvoir*,
mais non pas *se mouvoir*). M. Müller, enfin, pense que c'est حراك حراك
(haréc, haréc), c'est-à-dire, l'infinitif employé au lieu de l'impératif (un
tel infinitif n'existe pas; il n'y a que le substantif *harâc* qui signifie
mouvement, et à la 1ʳᵉ forme on ne trouve que *haroca*, «motus est»).
Toutes ces étymologies sont erronées. Sousa semble être plus près de
la vérité quand il dit que c'est ارِيه, car un orientaliste de mérite, qui
a entendu ce cri en Algérie, M. l'abbé Bargès, s'exprime en ces termes

(dans le *Journ. asiat.* de 1843, II, 216): « Les muletiers africains répè-
tent le mot *errih* quand ils veulent précipiter la marche de leurs bêtes.»
Est-ce que nous chercherons à présent l'origine de ce mot? Je crois
que ce serait de la peine perdue, car à mon avis c'est un cri comme
il y en a tant et qui ne signifie absolument rien. Les mulets le com-
prennent, et cela suffit.

* ARRIME (art, manière, action d'approcher du but, en jouant au
boulet) de الرماء (*ar-rimé*), l'infinitif de la 3e forme du verbe *ramâ*,
« cum altero jecit, jactu certavit,» Müller.

* ARRIOZ *pg.* (petit caillou rond dont se servent les enfants dans le
jeu appelé *alguergue*) rappelle le mot qu'emploient les voyageurs pour
désigner les petites pierres dont on se sert dans ce jeu ou dans un
autre qui lui ressemble, à savoir دريس (*drîs*); voyez Niebuhr, *Reize naar
Arabië*, I, 166, Browne, *Reize naar Afrika*, II, 78, Berggren, p. 513,
Carteron, *Voyage en Algérie*, p. 456, 479. Comparez aussi l'art. ريز
dans Freytag.

ARRIZAFA (jardin royal, Victor) de الرصافة (*ar-roçâfa*) qui était le nom
d'un jardin magnifique auprès de Cordoue. Il y en avait aussi un à
Valence [* dont le nom, Rusafa, s'est conservé jusqu'à nos jours; voyez
Fischer, *Gemälde von Valencia*, 1, 59]. Cf. Maccarì, I, 111; II, 149;
[* cf. l'Index].

ARROBA (nom d'un poids et aussi d'une mesure) de الربع (*ar-rob'*),
le *quart*.

* ARROCABE (pas dans les dict.) a deux sens selon la *Carpinteria de lo
blanco*, à savoir 1º. le madrier qu'on place sur la muraille en forme de
frise; 2º. tout ornement en forme de frise. Je pense que c'est الركاب
(*ar-roccâb*), plur. de الراكب (*ar-râquib*), littéralement *inequitantes*, c'est-
à-dire, les madriers qui sont au-dessus de la muraille comme un cavalier est sur son cheval; seulement les charpentiers espagnols se sont
trompés en donnant à ce mot le sens d'un singulier.

* ARROCOBA (pas dans les dict.) est, d'après la *Carpinteria de lo blanco*:
un madero perpendicular que sobresale de las limas, y sirve de punto
de apoyo al tejado, et je pense que c'est الركب (*ar-rocob*), plur. de
الركاب (*ar-ricâb*). Ce mot signifie *étrier*, mais il s'emploie figurément
pour *point d'appui*, signification qui manque dans les dict., mais qui
est précisément celle qui convient pour l'esp. *arrocoba*. En voici quel-

ques exemples: Ibn-Khaldoun, *Hist. des croisades*, p. 46 éd. Tornberg:

ووَاعدوهم بدمياط طمعا فى ان يملكوها وينا۔جدوها (ويتَّخذوها lisez) ركابًا

للاستيلاء عـلـى مصر, «ils leur donnèrent rendez-vous à Damiette, dans l'espoir qu'ils réussiraient à s'emparer de cette ville et afin qu'ils s'en servissent comme d'un point d'appui pour conquérir l'Egypte.» Le même, *Autobiographie*, man. 1350, t. V, fol. 212 v°: «Alors il envoya une lettre à Omar ibn-Abdallâh, le priant de lui céder une des villes que les Merinides possédaient dans l'Andalousie التى كانت ركابا لملوك المغرب فى

جـهـادهسم «et qui leur servaient de points d'appui toutes les fois qu'ils entreprenaient la guerre sainte» (traduction de M. de Slane dans les *Prolégom.*, I, p. xlii). Voyez aussi son *Hist. des Berbères*, I, 243, l. 16, II, 179, l. 14, p. 348, l. 12, p. 495, l. 14; Maccarì, II, 716, l. 18. L'observation que j'ai faite sur le mot qui précède s'applique donc aussi à celui-ci: c'est proprement un pluriel.

* Arrocovas ou arrotovas, *b.-lat.* S^a. Rosa (p. 159 *b*) cite ces paroles qui se trouvent dans le Foral de Soure, de l'année 1111: «Sculcas omnes ponamus nos integras per totum annum, et vos omnes arrocovas,» et il ajoute que, dans la confirmation, laquelle est de l'année 1217, on trouve *arrotovas*. Il est fort difficile de choisir entre ces deux leçons, car, par un hasard singulier, l'une et l'autre nous présentent un mot arabe qui est l'équivalent de *sculcae* (sentinelles avancées). *Arrocovas* serait الرقباء (*ar-rocabá*), plur. de *ar-raquîb*, et *arrotovas* serait الرتب (*ar-rottab*), pl. de *râtib*, terme sur lequel il faut consulter M. de Goeje dans son Glossaire sur Belâdzorî, p. 42. Ces deux mots sont synonymes, car Zamakhcharî, que cite M. de Goeje, écrit: «On dit: il a posté des *atalayas* dans les *marâtib* et dans les *maráquib*, ce qui signifie, les endroits où sont les *rocabá* sur les montagnes.» Nous nous voyons donc dans un étrange embarras, et même si nous connaissions parfaitement la différence entre les *sculcae* et l'autre terme, l'arabe ne nous en tirerait pas.

Arrope, rob, *pg.* robe (du moût cuit, sirop de raisin, de miel, de mûres), de الرب (*ar-robb*) qui désigne: le suc des fruits qu'on fait cuire jusqu'à ce qu'il s'épaississe.

Arroz (du riz) de الرز (*ar-rozz*).

* Arruda *pg.* (rue, plante). L'auteur du *Mosta'ini* (man. 15, art.

سَخاب) donne *ruta*, qui est exactement le mot latin, comme le terme qui, de son temps, désignait la rue chez les Espagnols (بالعجمية رُوطَة); mais déjà dans la première moitié du XIIIᵉ siècle c'était chez les Arabes d'Espagne le terme ordinaire par lequel ils désignaient cette plante, car Ibn-al-Hachchâ, qui écrivait dans ce temps-là à Tunis, dit à l'article سَخاب: الرُّوطَة هو النبات المسمّى الفيجن وتسمّيه عامّة العدوة, «c'est la plante qui s'appelle *faidjan* et à laquelle le peuple en Espagne (c'est-à-dire, les Arabes d'Espagne) donnent le nom de *ruta*» (*Glossaire sur le Mançourî*, man. 331 (5), fol. 171 r°). P. de Alcala (sous *ruda yerva conocida*) donne aussi *rûta* comme le terme arabe, et ce mot est encore en usage dans le Maroc (Dombay, p. 73). Le port. *arruda* est donc الرُّوطَة (*ar-routa*); seulement le *t* a été adouci en *d*, comme dans *ruda* (pg. et esp.) qui vient directement du latin.

ARSENAL, atarazana, [*darsena] (arsenal), de دار صناعة (*dâr-ciná'a*) qui désigne en général *maison de construction, fabrique*. Chez Édrîsî (fol. 14 rᵘ) il se dit en parlant d'une fabrique de maroquin. Dans un passage d'Ibn-Khaldoun (*Pro[MISSING].*, man. 1550, fol. 96), le calife Abdalmelic ordonne à Hasan ibn-No'mân de bâtir à Tunis «un *dâr-ciná'a* pour la construction de tout ce qui était nécessaire à l'équipement et l'armement des vaisseaux.» C'est dans cette acception spéciale que le mot a passé dans presque toutes les langues européennes. Voyez Jal, *Gloss. naut.*

*M. Müller accepte cette étymologie pour *arsenal*, mais non pas pour *atarazana*, qui, à son avis, est ترسخانة (*tarskhâna*), mot qu'on trouve, avec le sens d'*arsenal*, dans les *Mille et une nuits* (Glossaire de Habicht sur le VIIᵉ volume de son édition) ainsi que chez M. Lane (*Modern Egyptians;* dans l'édition dont je me sers et qui est la 3ᵉ, celle de 1842, c'est t. I, p. 165: «The Council of the *Tarskhâneh*, or Navy»), et qui, dans les journaux égyptiens, s'écrit ترسانة (*tarsâna*). Je dois avouer que je ne suis pas de cette opinion et qu'à mon avis la dérivation proposée par M. E. est la véritable. Voici mes raisons: 1°. *atarazana* a conservé en espagnol le sens de *fabrique*, tandis que le terme donné par M. Müller n'en a d'autre que celui d'*arsenal*. En Espagne, p. e., *atarazana* est: le hangar sous lequel les cordiers travaillent à couvert, «rudior aula, oblonga tamen, a pluvia tecta, in qua funarii opifices funes fabricant» (Acad.). C'est évidemment *fabrique*, et j'observerai en passant que «seda arsanayada,» dans un inventaire publié par Saez (*Valor de las monedas*, p. 527 *a*), est aussi: de la soie fabriquée dans le *dâr cinâ'a*. 2⁰. Pedro de Alcala traduit *ataraçana* par *dar a cinââ* ; selon toute apparence, c'est donc aussi le même mot. 5⁰. Le terme donné par le savant bavarois n'était pas en usage parmi les Arabes d'Espagne; du moins je n'en ai jamais trouvé la moindre trace. Voyons à présent ce que c'est! M. Müller avoue qu'il n'en connaît pas l'origine, et en effet, on ne peut en expliquer, ·par l'arabe, le persan ou le turc, que les deux dernières syllabes *khâna*, car c'est un mot qui, en persan, signifie *maison;* encore ce mot a-t-il disparu dans l'autre forme, *tarsâna*, et quant à la syllabe *tars*, il est impossible de l'interpréter. Le fait est que le terme n'est pas ancien et qu'il n'est usité qu'en Egypte. Or, «on a fait en Egypte, pour ce qui concerne les termes de marine, de larges emprunts aux langues d'Europe, principalement à l'italien,» dit avec raison M. d'Abbadie (dans le *Journ. asiat.* de 1841, I, 585), et je pense que le mot en question est aussi d'origine italienne. L'arabe *dâr cinâ'a*, *dâr-aç-cinâ'a* (Ibn-Batouta, IV, 356), *dâr-aç-çan'a* (Ibn-Batouta, IV, 357, Maccarì, II, 741, l. 2), ou *dâr çan'a* (Ibn-Djobair, 331, Ibn-Batouta, IV, 356, Ibn-al-Khatîb dans le Bulletin des séances de l'Acad. de Munich, année 1863, II, 7, l. 6 a f.), a passé dans l'italien sous la forme *darsena*, et les Egyptiens, qui n'y reconnaissaient pas un mot arabe, en ont fait *tarskhâna*. Ils étaient accoutumés à ce mot *khâna*, qui, joint à un autre, désignait chez eux une foule d'établissements publics, et de cette manière le terme ne manquait pas absolument de sens; plus tard toutefois, comme ils sentaient que le *kh* n'est pas dans le mot italien, ils ont dit *tarsâna*. C'est donc un de ces mots très-nombreux qui sont d'origine arabe, mais qui, après avoir passé par une langue européenne, sont retournés aux Arabes, chez lesquels ils ont reçu une forme qui les rend presque méconnaissables [1].

---

1) Le terme en question est aussi en usage à Tunis, mais ce que j'ai dit des termes nautiques de l'Egypte s'applique aussi à ceux de la Tunisie. Selon Naggiar تورسخانة (*terskhâna*) est à Tunis *chantier*, et دارسنة (*darsna*), *la darse*. Ce sont deux corruptions du même mot arabe. — Quant au mot تراس (*tarrás*) que compare M. Müller et

* Asequi (droit que payait, dans le royaume de Murcie, celui qui possédait plus de cent têtes de petit bétail) de الزكاة (*az-zecât* ou *az-zequît*), nom d'un impôt sur le bétail. Aux termes de la loi musulmane, le contribuable doit un mouton sur cent, une chèvre sur cent, un bœuf sur trente, un chameau sur quarante. Comparez Azaqui.

* Asesino, *pg.* assassino (assassin). Tout le monde sait aujourd'hui que c'est حشاشى (*hachchâchî*) ou حشيشى (*hachîchî*) (Edrîsî, I, 359 trad. Jaubert, Ibn-Khaldoun, *Prolégom.*, I, 122, l. 4), et que les terribles Ismaéliens ont reçu ce surnom à cause de l'usage qu'ils faisaient du *hachîch*. En esp. et en port. le terme est relativement moderne et ne semble que la transcription du mot français.

* Assaria *pg.* (espèce de raisin; l'accentuation de Vieyra: assaría, est vicieuse; il faut prononcer: assária, comme on trouve chez Moraes). Par allusion aux doigts effilés des jeunes filles, les Arabes ont donné à une espèce de raisin de forme allongée le nom de: «les doigts des jeunes filles,» des عذارى (*'adzârî*). On l'appelle aussi par abbréviation *al-'inab al-'adzârî* (le raisin *'adzârî*), ou *'adzârî* tout court, et c'est de là que vient le mot port. Voyez le Glossaire sur Edrîsî, p. 344, 389.

Atabal, [* atambal, Sanchez, IV] (sorte de tambour), de الطبل (*at-tabl*), «tympanum.»

* Atacena. De même que les éditeurs du *Cancionero de Baena,* j'avoue que je ne comprends pas ce mot, que Baena emploie deux fois, p. 442 et 471.

* Atacir n'est pas dans les dict., mais il semble avoir eu droit de cité au XIIIᵉ siècle. Dans les *Libros de Astronomia* d'Alphonse X on trouve (I, 206—208) un petit traité intitulé: «De saber cuemo se fazen las armillas del atacyr en la espera, et egualar las casas segund la opinion de Hermes, et cuemo obren con ellas.» Le mot est écrit *atazir* t. II, p. 67, 68, 135, et plus loin (II, 295 et suiv.) on rencontre le Libro dell ataçir, dont le Prologue commence ainsi: «Este es el prólogo del libro en que fabla del estrumente del levantamiento, et dízenle en

qui se trouve dans les Mille et une nuits avec le sens de *chargeur et déchargeur de marchandises,* il n'a rien à faire avec celui dont nous avons parlé dans le texte. M. Fleischer (*De glossis Habichtianis,* p. 74, 75, n. 3) a démontré, il y a longtemps, qu'il faut le mettre en rapport avec منذرس et le grec θυρσός, et que c'est proprement: un homme qui se sert d'un levier pour soulever des fardeaux.

arávigo ataçir. Porque vemos et entendemos que non puede ome llegar á saber las cosas granadas de los fechos deste mundo, assi cuemo la quantia de la vida dell ome et de las cosas que acaescen de mal et de bien, á menos de saber el levantamiento á que dizen ataçir.» C'est l'arabe التـأثـير (al-tathîr), qui signifie *influence;* mais avec ou sans التأثير النجومى) النجومى, Ibn-Khaldoun, *Prolégom.*, I, 205, l. 1, 209, l. 2 a f.) c'est spécialement: l'influence qu'exercent les étoiles, soit sur d'autres étoiles, soit sur des objets différents, p. e. sur les choses d'ici-bas, sur la destinée des individus, etc. Voyez mon Glossaire sur Ibn-Badroun, p. 80. Ce terme est fréquent dans les livres qui traitent de l'astrologie (comparez, p. e., le Catalogue des man. orient. de Leyde, III, p. 128). Dans celui de Fakhr-ad-dîn Râzî (*as-Sirr al-mactoum*, man. 986 et 810) on trouve un chapitre intitulé: فى الجواب عن شبـه من انكر تأثير الكواكب فى هذا العالم, « Réponse aux objections de ceux qui nient l'influence des astres sur ce bas monde.»

ATAFARRA, ataharre, [* *arag.* atarréa], *pg.* atafal (croupière), de الثفر (ath-thafar) que Bocthor traduit par *croupière.*

* ATAFEA (trop grande quantité d'aliments dans l'estomac et l'indigestion qui en résulte). Le verbe طفح (tafaha) signifie: «plenus ad redundantiam fuit,» et il est certain que *ataféa* vient de cette racine; seulement la forme qui convient n'est pas dans les lexiques. *Ataféa* doit répondre à الطفاحة (at-tafélta); mais dans ce cas il faut supposer qu'on a dit au prétérit *tafoha*, ce qui n'est pas impossible, car ce verbe est réellement un verbe neutre. Le mot esp. serait donc le nom d'action (forme فَـعَـالـة; cf. de Sacy, *Gramm. ar.*, I, 285, § 633). Il se peut aussi que ce soit le nom d'action ordinaire, *at-tafh*, prononciation adoucie *at-tafah;* comparez le mot qui précède (*ath-thafar, atafarre*, arag. *atarréa*) et *azotea*.

* ATAFERA *pg.* (cinta de esparto para fazer azas aos ceirões, Moraes) de الضفيرة (adh-dhafîra) qui désigne toutes sortes de choses qui sont tressées, la racine *dhafara* signifiant *tresser.*

ATAHONA, tahona, *pg.* atafona (moulin), de الطاحونة (at-táhóna) qui se trouve chez P. de Alcala dans la même signification. De *atahona* s'est formé le verbe *atahonar;* on a eu tort de le dériver directement de l'arabe *tahhana* (moudre).

ATAHORMA, *pg.* altaforma (espèce d'aigle qui a la queue blanche). Le substantif تافورمة (*taforma*) de P. de Alcala m'étant tout-à-fait inconnu, je ne suis pas à même de décider s'il est l'original du mot espagnol en question, ou bien s'il n'en est que la transcription en caractères arabes. — Est-ce que *taforma* serait un mot berbère, comme semble l'indiquer le préfixe *ta?*

ATAIFOR (écuelle) de الطيفور (*at-taifôr*). Ce mot arabe, qui manque dans les lexiques, désigne, suivant M. Cherbonneau [* dans le *Journ. asiat.* de 1849, I, 67], *un bassin en cuivre.* En effet, il se trouve plus d'une fois chez les auteurs arabes dans cette signification. Voyez Ibn-Batouta, II, 54, 76, Maccarî, II, 534, 799, etc.

* J'avais déjà traité de ce mot dans le *Journ. asiat.* de 1848, I, 100—102.

ATAIRE (chambranle, moulure). En arabe الدائر (*ad-dâira*) signifie *res ambiens alteram.* Ce mot aurait-il été usité comme terme d'architecture dans un sens analogue à celui de l'espagnol *ataire?*

* Oui, on le trouve en ce sens chez Edrîsî, p. 209, l. 5 de l'édit. de Leyde.

ATALAYA (tour où l'on fait le guet) de الطالعة (*at-tâli'a*), mot qu'on trouve chez P. de Alcala dans une signification analogue à celle que les lexiques donnent à *matla',* savoir celle de *specula.* L'un et l'autre mot dérivent de la racine *tala'a* (épier) [* lisez: *être sur une hauteur;* pour exprimer l'idée d'*épier* on emploie la 8e forme; voyez Alcala sous *atalayar* et *especular*].

* M. Defrémery aime mieux faire venir ce mot de الطليعة (*at-talî'a*), «ce qui rendrait compte,» dit-il, «de la lettre *y* qui se trouve dans l'espagnol;» mais ni *at-talî'a* ni *at-tâli'a* (comme chez M. E.) n'aurait donné *ataláya.* Le fait est qu'on n'a pas bien compris ce dernier mot et qu'on s'est laissé tromper par les dictionnaires esp. et port. Tous ceux que je puis consulter donnent d'abord: l'endroit où l'on fait le guet; ensuite: l'homme qui fait le guet. Sous un point de vue pratique, cet ordre est bon, le second sens ayant vieilli et le premier étant encore en usage; mais pour pouvoir donner l'étymologie du mot, nous devons nous attacher au second, car autrefois *atalaya* signifiait constamment *l'homme* qui fait le guet. Ainsi on lit dans la traduction du Foral de Thomar, de l'année 1162 (*apud* Sᵃ. Rosa): «Atalayas ponhamos nós a meyadade do anno, e vós a meyadade.» Dans les *Partidas*

27

d'Alphonse X (Part. II, Tit. xxvi, Ley x): «Et como quier que sea muy peligroso el oficio de las atalayas porque han á estar todo el dia catando á cada parte,» etc. Dans les *Opúsculos legales* du même roi (I, 113): «E dezimos, que asi como las atalayas son puestas de dia para fazer estas dos proes, para guardar por vista los que son en guerra que no reciban daño de los enemigos, é para mostrarles como les puedan fazer mal, asi las escuchas los guardan de noche por oyda desa misma manera.» Chez Mendoza (*Guerra de Granada*, p. 65): «Lo que ahora llamamos *centinela*, amigos de vocablos estranjeros, llamaban nuestros Españoles, en la noche, *escucha*, en el dia, *atalaya*; nombres harto mas propios para su oficio.» Un demi-siècle après la mort de Mendoza, un auteur murcien, Cascales, employait encore *atalaya* dans cette acception (*Discursos hist. de Murcia*, fol. 136 *b*: «pusieron guardas i atalayas en diversas partes»). C'est l'arabe الطلايع (*at-talâyi*'), qui, quant à la forme et quant à la signification, répond en tout point à *ataláya*, car c'est le pluriel de الطليعة (*at-talî'a*), qu'Ibn-Batouta (IV, 17) emploie dans le sens de *sentinelle*; mais au sing. ce mot est rare; ordinairement on dit au plur. *at-talâyi'*, *les sentinelles*; voyez p. e. le passage de Zamakhcharî cité par M. de Goeje dans son Glossaire sur Belâdzorî, p. 42 (sous رتب). Il n'est donc pas étonnant que ce mot ait passé dans l'esp. et dans le port. sous la forme du pluriel. Il est vrai qu'on lui a donné le sens du singulier, mais c'est parce qu'on n'en comprenait pas l'origine; en outre cela est arrivé à beaucoup d'autres mots, et *arrocova* est un exemple tout-à-fait analogue. C'est aussi par catachrèse que les Esp. et les Port. ont donné le nom d'*atalaya* à la tour, au beffroi, où se trouvent les sentinelles. Pour désigner cette tour, les Arabes avaient un autre mot, mais dérivé de la même racine; c'était طالعة (*tâli'a*), au plur. طوالع (*tawáli'*). P. de Alcala le donne sous *atalaya* (qui chez lui est *tour*, car pour *sentinelle* il dit *atalayador*), et on le trouve chez Maccarî, II, 714, l. 4.

ATALVINA, talvina (espèce de bouillie faite de son et de lait), de التلبينة (*at-talbîna*), mot qui dérive de *laban* (du lait), et que P. de Alcala traduit par *çahinas de levadura, talvina de qualquier cosa.*

ATANOR (tuyau de fontaine, orifice) de التنور (*at-tannór*), mot qui est expliqué chez Freytag par *locus quilibet ubi scaturit aqua, atque ubi se colligit in valle.* P. de Alcala le traduit par *atanor* et par *boca de*

pozo. En effet, il se trouve dans cette signification chez Ibn-Batouta,
I, 318.

* Le terme *tannór* est d'origine araméenne; il est composé de deux
mots, à savoir תַּן (*tan*), en chaldéen אַתּוּן (*attoun*), qui signifie *fourneau*,
et נוּר (*nour*), qui signifie *feu* (voyez Gesenius, *Thesaurus*, p. 1513);
c'est donc *fourneau du feu*. Les Hébreux disaient תַּנּוּר (*tannour*) pour
four, et c'est d'eux que les Arabes ont reçu ce terme, qu'ils emploient
dans le même sens. On trouve aussi *atanor* dans cette acception chez
Duarte Nunes de Leão, mais comme un mot arabe, et l'on sait qu'au
moyen âge les alchimistes donnaient le nom de *atanor* (ou *athanor*) au
fourneau dont ils se servaient. Il semble étrange au premier abord que
ce terme ait reçu une acception tout-à-fait différente, à savoir celle
qu'a indiquée M. E.; mais cette circonstance paraîtra moins singulière
quand on saura 1°. que les Arabes n'ont jamais connu la véritable
signification de ce mot qui n'appartenait pas à leur langue; 2°. qu'ils
ont été frappés par la forme particulière de cette espèce de four, et
que c'est par allusion à cette forme qu'ils ont détourné le sens du mot.
En effet, le *tannór* dans lequel on cuit le pain, est souvent un trou,
pratiqué dans le sol, qui est large à sa base, mais qui se rétrécit vers
son orifice (voyez Lane), de sorte que cet orifice ressemble assez à celui
d'une source ou d'une fontaine. On a donc appliqué le mot à « l'endroit d'où jaillit l'eau » (Lane), et je crois qu'il faut lui donner le même
sens dans les deux passages parallèles du Coran (XI, 42 et XXIII, 27),
que les commentateurs musulmans ont expliqués de diverses manières,
dont quelques-unes sont assez ridicules (voyez Lane). Il y est question
du déluge; Noé a construit son arche, on le raille, il répond à peu
près: « Rira bien qui rira le dernier, » « et il en fut ainsi, » dit le
texte, « jusqu'au moment où notre ordre (l'ordre de Dieu) fut donné,
et où فَارَ التَّنُّور. » Je traduis: « et où l'ouverture fit jaillir les eaux. »
Cette locution correspond à cette autre: « les cataractes du ciel s'ouvri-
rent, » comme l'a fort bien observé M. Kasimirski dans sa traduction
du Coran (quoiqu'il n'ait pas compris le véritable sens de *tannór*), car
Ibn-al-Khatîb (dans Müller, *Beiträge*, p. 29) l'emploie en parlant d'une
averse, et cette interprétation me paraît plus naturelle que celle de
quelques commentateurs musulmans (cf. aussi Ibn-Batouta, II, 95) qui
font jaillir l'eau du déluge de l'orifice d'une source; c'est bien la véri-

table signification du mot, mais je pense que dans le Coran il est employé métaphoriquement. Au reste, voici encore quelques exemples de l'acception *boca de pozo* (Alc.): Ibn-Djobair, p. 86, l. 18, p. 87, l. 10 et suiv., p. 127, l. 1, p. 139, l. 17, p. 140, l. 8 et 13. Dans le *Cartás* (p. 41) on trouve l'adjectif *tannórî*; on y lit: ثمّ اخرج الماء من الصهريج فى قـوادس الـرصاص التنورية. Le traducteur, M. Tornberg, n'a pas compris cette phrase, parce qu'il ne connaissait *tannôr* que dans le sens de *four* (voyez sa note, p. 352); mais elle signifie peut-être: « Ensuite il fit sortir l'eau du réservoir dans des tuyaux de plomb ouverts aux deux extrémités.» Il est vrai que cette manière de s'exprimer est un peu étrange, et comme en esp. *atanor* s'emploie dans le sens de *tuyau*, *conduit* (voyez l'Acad.), il se peut que القوادس التنورية signifie simplement *tuyaux*; mais dans ce cas c'est une espèce de tautologie, car القوادس (*arcaduces*) suffisait.

ATANQUIA (espèce de dépilatoire) de التنقية (*at-tanquiya*) qui est l'infinitif de la 2ᵉ forme du verbe *nacá* (nettoyer). C'est P. de Alcala qui le donne dans la signification spéciale de l'espagnol *atanquia*.

* Suivant le Glossaire sur le *Cancionero de Baena*, Richard Percyvall, dans son dictionnaire anglais-espagnol, imprimé à Londres en 1592, donne *atanquia* dans le sens de: pincettes pour arracher le poil. Il peut avoir eu le même sens en arabe. — En outre *atanquia* signifie aussi: la bourre ou strasse de la soie. Dans l'arabe classique on l'aurait probablement appelée *nacát*, *nocát* ou *nocáya*, mots qui viennent de la même racine (chez Freytag: partes reiectae frumenti aliusve rei; partes deteriores rei); mais le peuple disait certainement *tanquia*, car Alcala donne ce mot dans le sens d'immondices (*alimpiaduras*, *mondaduras como de pozo*).

ATARACEA, atarace, taracea (marqueterie, mosaïque), de الترصيع (*at-tarcî'*), l'infinitif de la 2ᵉ forme du verbe رصع (*raça'a*) qui signifie *incruster*.

ATARFE (tamaris, arbre) de الطرفاء (*at-tarfé*), «tamarix gallica,» Ibn-al-Baitâr, II, 153. [* *Taray*, qui a le même sens, a aussi la même origine; voyez ce mot].

* ATARRACAR *pg.*) En port. *atarracar* est: «bater a ferradura con o
* ATARRAGAR { martello» (Moraes), et *atarragar* est de même en
* ATARRAGA) esp.: «dar la forma con el martillo á la herradura,

para que se acomóde al casco de la bestia» (Acad.). Ce verbe est évidemment d'origine arabe, car طـرق (taraca) signifie: *frapper avec un
marteau*; seulement il faut se demander s'il vient directement de ce
verbe, car ordinairement les mots dont nous traitons dérivent de substantifs, et le premier *a* dans le verbe port. et esp. en question semble
l'article. Je trouve en effet un substantif *atarraga* dans le *Cancionero
de Baena*, où on lit (p. 105):

> Non querades mas fablar,
> Sy non fazer vos he andar
> Como anda el atarraga.

«Ne parlez pas davantage, si vous ne voulez pas que je vous fasse aller
comme va l'*atarraga*.» Evidemment il s'agit ici d'une chose qui est
toujours en mouvement; aussi les éditeurs ont-ils pensé à une toupie [1].
Je présume que c'est الـطـراقـة (at-tarrâca), et qu'on a employé ce mot
dans le même sens que مطرقة (mitraca), *marteau*, la forme فَعّالَة servant
souvent à indiquer des noms d'instrument. C'est donc par allusion au
mouvement incessant du marteau dans la main du maréchal, que le
poète a dit: «como anda el atarraga.» — Un autre *atarraga*, dans le
sens de *fourrure* [2], est donné par Victor. C'est arabe الطراق (at-tirâc),
«corium vel pannus, qui soleis duplicando subditur.»

* ATARRAYA, *pg*. atarrafa, tarrafa (épervier, espèce de filet pour pêcher),
de الـطـراحـة (at-tarrâha). Les formes ne présentent pas de difficulté:
atarrafa est en tout point *at-tarrâha* avec le changement ordinaire de *h*
en *f*, et dans *atarraya* le *h* a été élidé pour faciliter la prononciation;
mais on ne soupçonnerait pas, en consultant les lexiques, que le mot
arabe en question puisse désigner *un filet*. Il en est cependant ainsi,
car chez Roland de Bussy et chez Hodgson (*Notes on Northern Africa*,
p. 93 *b*) طراح (tarrâh) est *filet*, et il n'est pas difficile d'expliquer comment ce mot a reçu ce sens. Le verbe طرح (taraha) signifie *jeter*; on

---

1) Il est à peine besoin de dire qu'il n'y a aucune trace d'une telle signification ni
en arabe, ni en espagnol. Les auteurs du glossaire ont aussi pensé à *terraja* (filière).
Ils disent que ce mot s'écrivait anciennement *terraga*; j'ai de la peine à le croire et
je voudrais qu'ils eussent prouvé cette assertion.

2) Il a *ferrure*; mais la comparaison de l'explication italienne (*fodera o foderatura*)
montre que c'est une faute d'impression pour *fourrure*.

l'emploie, p. e., en parlant de filets (*Mille et une nuits*, I, 21, 39, 306, etc. éd. Macnaghten), et les mots esp. et port. désignent une espèce de filet qu'on lance subitement («lança-se de pancada» Moraes, «la arrojan de golpe» Acad.). Dans les langues du Nord on l'appelle de même: casting net, Wurfgarn, werpnet, Kastegarn, kastnät.

ATARXEA («aquella caxa de ladrillo, que se hace para defender de las aguas las cañerías» Acad.)?

* D'après M. Diez (I, 408) ce mot est d'origine germanique.

ATAUD, ataut, atahud (cercueil), de التابوت (at-tábout) qui a le même sens.

* Biffez dans Nuñez la seconde signification: «sorte de mesure ancienne pour les grains.» Je présume qu'il a trouvé cela dans le petit vocabulaire de Berganza (*Antig. de Esp.*, II, à la fin), mais il est clair que si ce dernier a lu quelque part *ataud* en ce sens, la véritable leçon était *almud*.

ATAURIQUE, [* taurique dans le *Canc. de Baena*, p. 426] («paréce ser espécie de labor de lazo, que es un adorno morisco, que se usaba por la parte exteriór de las puertas en los frisos» Acad.). L'arabe التوريقة (at-taurîca), auquel Mar. compare le mot espagnol en question, m'est inconnu. Cependant, suivant l'étymologie, il pourrait signifier «un ornement en feuilles» (warac). Je ne suis pas à même de décider si cette signification correspond à celle de *ataurique*, la définition que donnent de ce mot les Académiciens de Madrid étant trop vague pour en préciser le sens.

* Cette explication (التوريق) est bonne, et le doute de M. E. est levé par le témoignage positif de P. de Alcala: pintura de lazos morisca, *tavrîq*. Müller. — J'observerai à mon tour que ce mot se trouve aussi en ce sens chez les auteurs arabes, p. e. chez Ibn-Djobair, p. 85, l. 14, et chez Maccarî, I, 601, l. 12, où il faut lire, avec l'édition de Boulac: وكان — عالما بصناعة التوريق. L'auteur du glossaire joint au *Catálogo de la R. Armeria* dit après avoir cité la définition de l'Acad.: «*Hoy* además se ha estendido esta palabra á significar una especie de labor morisca menuda *en forma de hojas;*» mais ce sens, loin d'être nouveau, ou d'être l'extension d'un autre sens, est le sens primitif.

ATAUXIA (damasquinure) de التوشية (at-tauchiya), l'infinitif de la 2ᵉ forme du verbe *wacha*, auquel les lexiques ne donnent d'autre signification que celle de *coloravit*, *pulchrum reddidit*. Il est clair qu'en Espagne ce mot doit avoir admis un sens plus limité.

* ATEQUIPERAS *pg.* (excellente espèce de poires). Cet *atequi* est sans doute l'adjectif arabe qui désigne cette espèce de poires, et Ibn-al-'Auwâm (I, 260) en nomme une qui, dans l'édition, est الذكرى. Ce nom est altéré, comme l'a vu l'éditeur qui y a substitué الحامض, ce qui malheureusement n'y ressemble pas du tout, et la leçon de notre man. (n°. 346), الداري, est aussi mauvaise; mais si nous lisons الذكى (*adz-dzequî*), ce qui se rapproche fort de الذكرى, alors c'est *la poire muscade*, espèce de poire sucrée (remarquez que celle-ci, السكرى, est nommée immédiatement auparavant par Ibn-al-'Auwâm) et réputée la plus noble de toutes, car cet adjectif arabe est l'épithète du musc. Si cette opinion paraissait admissible, l'origine de *atequi* serait expliquée aussi.

* ATIFLE (trépied de terre) de اثافى (*athâfî*, *athîfî* selon la prononciation grenadine), pl. de اثفية (*athfîya*); même sens. Müller. — Plus haut nous avons déjà rencontré le même mot arabe sous les formes *alnafe* et *anafe*. Dans la forme *atifle* le *l*, qui est de trop, ne doit pas surprendre, car les Espagnols l'ajoutent dans ce mot même quand ils traduisent un texte arabe. Ainsi trois étoiles de la constellation du Dragon s'appellent الاثافى, *le Trépied*, et dans les *Libros de Astronomia* d'Alphonse X (I, 21) elles sont nommées: « *altephil*, que son las trebdes. »

ATIJARA. La signification de ce mot espagnol ne m'est pas claire. L'arabe التجارة (*at-tidjâra*), par lequel le traduit P. de Alcala et dont il semble dériver, signifie *mercatura*.

* Dans les *Opúsculos legales* d'Alphonse X on lit (II, 183): «A lo de los atijareros en razon que toman precio por levar las cosas de un lugar á otro,» etc. Ce passage montre clairement que le terme *atijara*, qui n'est pas dans les dictionnaires, signifie *precio*, *salaire*, *récompense*. Aussi les auteurs du glossaire sur le *Cancionero de Baena* l'ont-ils expliqué de cette manière en le dérivant de la racine arabe اجر (*adjara*). C'est sans doute de cette racine que vient le mot en question, et *atijara* ne peut guère être autre chose que اتتجار (*itidjâr*) ou اتتجار (*ittidjâr*), l'infinitif de la 8ᵉ forme qui signifie *mercedem meruit* et *mercede conductus fuit*, bien que le mot ordinaire pour *salaire* soit اجرة (*odjra*).

Dans le *Cancionero de Baena* il se trouve deux fois (le glossaire ajouté à ce livre ne donne qu'une seule citation, qui est fautive). On y lit d'abord (p. 269):

> Jhoan Alfonso, alçad la cara,
> E fablad sy algo sabedes,
> Pero non vos atufedes
> Faziendo grand algasara:
> Sy non, el señor de Lara
> Con toda su meryndat
> Terná que faser, catat,
> En quitar la enemistad;
> Pues por Dios manso fablat,
> E será vuestra atyjara.

Ici le terme doit avoir à peu près la même valeur, et le sens est: vous y gagnerez. L'acception de *gain* me semble aussi assez claire dans l'autre passage (p. 539), où on lit:

> Vasco Lopes amigo, Dios vos consuele,
> E mas vos ensalçe en onrra é bien,
> Que vos me digades de qual parte vien
> Desir sienprej ay! é nada non duele;
> Ca comunalmente el que gemir suele
> Monstrar sus dolores sy quiera en la cara,
> E sy esto non falla por su atijara,
> Sofrir é callar que fama non buele.

Mais ce mot a encore un autre sens, celui de *commerce*, et alors il représente le terme arabe التجارة (*at-tidjâra*). P. de Alcala, comme l'a déjà observé M. E., traduit *atijara* par *tijâra*, plur. *tujâr*, et l'on trouve ces passages dans le Fuero de Madrid (dans les *Memor. de la Acad.*, VIII): p. 38 *b:* «Qui civera compararet. Todo omme de Madrid qui civera compararet per ad atigara, pectet II. m°. á los fiadores. Et todo el vezino qui civera levare foras de villa ad atigara vender, pectet II. m°. si lo potuerint firmare; et si non, salvet cum II. vicinos;» — p. 43 *a:* «Qui coneios vel liebres ó perdizes comparare per ad atigara, pectet II. m°. á los fiadores.

* ATINCAR, *pg.* atincal, tincal (chrysocolle), de التنكار (*at-tencâr*) qui a le même sens; Ibn-al-Baitâr, I, 214.

ATOCHA (sorte de jonc, sparte). Le P. Guadix dit que c'est un mot arabe, «*taucha*, que vale lo mesmo que *esparto*.» Quel est ce mot arabe?

Je ne le connais pas, et ce qui me fait un peu douter de l'assertion du P. Guadix, c'est que P. de Alcala traduit *atocha* par *cauchil* ou *cuchil* (voyez les articles *atocha*, *esparto seco atocha* et *hacho de sparto*). C'est aussi un mot que je n'ai pas trouvé ailleurs.

ATRIACA (thériaque) de التِّرِياق (*at-tiryâc*) qui dérive à son tour du grec θηριακή.

ATRAMUZ, altramuz, [*pg.* tremoço] (lupin, plante), de التُّرمُس (*at-tormos*) qui vient à son tour du grec θέρμος.

ATUTIA, atucia, tutia (tutie), de التُّوتِيا (*at-toutiyâ*).

AUGE (terme d'astronomie, apogée) de اوج (*audj*), «absis summa (solis seu planetæ).»

*AVERIA, *pg.* et *ital.* avaria, *fr.* avarie (dommage arrivé à un vaisseau, à des marchandises). La vraie dérivation de ce mot n'a pas encore été donnée; on en peut trouver, si l'on veut, de fort singulières chez Ducange, Diez, Jal (*Glossaire nautique*), etc. Il est très-certainement d'origine arabe. Bocthor traduit *avarie* par عُوار ('*awâr*), avarié par مُعَوَّر (*mo'auwar*), et il ne faut pas croire que '*awâr*, pris en ce sens, est un néologisme; il appartient au contraire à la langue arabe classique, dans laquelle on dit *sil'a dzât 'awâr*, c'est-à-dire, «une marchandise qui a un défaut ('*aib*),» ce qui naturellement est applicable à une marchandise endommagée. La 2e forme du verbe, '*auwara*, signifie aussi *endommager*, *gâter*, p. c. deux fois chez Maccarî, II, 249, l. 4 a f. et 3 a f. Les marchands italiens, par suite des relations fréquentes qu'ils avaient avec les Arabes, ont adopté le mot '*awâr*, qui était fort en usage dans le commerce; ce qui le prouve, c'est que les passages que Ducange donne sous *avaria*, sont empruntés à des documents génois et pisans. C'est aussi par l'entremise des Italiens que ce mot s'est introduit dans presque toutes les langues européennes. — La transcription *avaria* est bonne; *ia* est la terminaison italienne. On trouve cette forme dans un document catalan de 1258 (*apud* Capmany, *Memorias sobre la marina de Barcelona*, II, 27).

AXABEBA, xabeba (espèce de flûte), de الشبّابة (*ach-chabbéba*), que P. de Alcala traduit par *flauta pistola*, *citola*.

AXAQUECA, xaqueca, *pg.* enxaqueca (migraine), de الشقيقة (*ach-chaquîca*) qui se dit dans la même signification.

28

* AXAQUEFA. L'Académie, bien qu'elle n'ait pas ce mot là où il devrait se trouver, cite, sous l'article *alfarge*, ce passage des *Ordenanzas de Sevilla* (Tit. Albañies): «Sepa facer un molino de azeite, haciendole su torre é almazen, é axaquéfa, é alfarge, é hornillas, é todo lo que le pertenece.» Nuñez le traduit par *cave*, *caveau*, j'ignore sur quelle autorité. Je ne vois pas que ce puisse être autre chose que الـشـقاف (*ach-chiquéf*), plur. de *ach-chacaf* (cette forme du plur. se trouve dans les *Mille et une nuits*, I, 22, l. 6 éd. Macnaghten), qui signifie *pot* (de terre), et aussi, ce que Freytag n'a pas, *tuile*, *tuileau* (voyez Alcala sous *tejuela*, et le *Mosta'înî* sous خزف, où on lit: هو خزف التنور وهو شقف الفخار اى نوع كان; les trois derniers mots ne sont que dans le man. de Naples).

AXARABE, axarave, xarabe (sirop), de الشراب (*ach-charâb*) qui désigne en général *potion* (de *chariba*, *boire*) et qu'on trouve chez Bocthor dans la signification de *sirop*.

* *Charâb*, dans le sens de *sirop*, se trouve chez Becrî, p. 5, dans le *Mosta'înî* à l'article عسل, où on lit: وشراب العسل يقال له ادرومائى, «le *charâb* de miel s'appelle hydromel,» chez Ibn-Djobair, p. 48, l. 7, chez P. de Alcala sous *julepe o xarope* et sous *lamedor que lame el doliente*, et il est très-fréquent chez les médecins arabes, car c'était proprement, comme Alcala l'indique aussi, une sorte de *looch* ou d'électuaire. En esp. on trouve aussi *xarope*, *axarope* (Canc. de Baena). Dans la basse latinité le mot est devenu *syrupus*, *siruppus*, *syruppus* (v. Ducange); mieux en prov. *eissarop*, *issarop*, *yssarop*; en ital. *sciroppo*, *sciloppo*, *siroppo*; en fr. *syrop*, *sirop*. La dernière forme a aussi été adoptée par les Espagnols.

AXARACA (lacet) de الشركة (*ach-characa*), «laqueus.»

AXARAFE (galerie) de الـشـرفـة (*ach-chorfa*) qu'on trouve chez Bocthor aux mots *galerie*, *balustrade*.

* Le plur. *choraf* se trouve en ce sens chez Ibn-Djobair, p. 254, l. 7 et 18; mais la forme *axarafe* fait soupçonner que le peuple disait *ach-charafa*; comparez le passage du *Traité de mécanique* cité dans le Glossaire sur Edrîsî, p. 294.

* AXATABA est très-fréquent dans les *Libros de Astronomia* d'Alphonse X, et il y est expliqué de cette manière (II, 247): «Las dos axatabas, que son las dos tabletas pequennas foradadas que estan fincadas en la alhidada.» En arabe le vrai terme est الشظية (ach-chadhîya), au duel ach-chadhîyatâni, les deux éclats de bois. Dans le *Traité sur l'astrolabe* par Ibn-abî-'ç-Çalt (man. 556 (2), chap. 1) on lit: الشظيتان هما الصفيحتان الصغيرتان القائمتان على طرفى العضادة, «ce qu'on appelle les deux *chadhîya* sont les deux petites tablettes qui se trouvent sur les deux bouts de l'Alidade.» Le mot est écrit de la même manière dans les autres traités sur l'astrolabe que nous possédons ici; mais dans ceux dont se sont servis M. Sédillot et M. Dorn (voyez l'ouvrage de ce dernier, intitulé: *Drei astron. Instrum. mit arab. Inschr.*, p. 79) il est écrit quelquefois الشطيبة. C'est une faute des copistes (on voit que dans l'écriture arabe الشظية et الشطيبة ne diffèrent que par les points diacritiques), et les astronomes d'Alphonse l'ayant trouvée aussi dans les man. arabes sur lesquels ils travaillaient, ils ont écrit: *axataba*.

Axebe, enxebe, [*xepe] (alun), de الشب (ach-chebb) qui désigne la même chose.

Axedrea (espèce de plante) de الشطرية (ach-chatriya), «satureia hortensis,» Ibn-al-Baitâr, II, 97. Ce mot, qui manque dans les lexiques, se trouve chez P. de Alcala à l'article *axedrea*.

* Ce nom de la *sadrée*, *sarriette* ou *savorée*, qui se trouve aussi dans le *Mosta'ini* (à l'art. فارسى صعتر: الشطرية وهو), n'est autre chose que la transcription du nom latin *satureia*. On sait que les Arabes changent constamment le *s* latin ou esp. en *ch*.

Axedrez, [*axadrez, Sanchez, III], pg. xadrez, enxadrez (jeu d'échecs), de الشطرنج (ach-chitrendj), mot que les Arabes ont reçu des Persans, mais qui est d'origine sanscrite; voyez M. Vullers, *Lex. Persic.* [*Consultez surtout l'opuscule de M. Bland, *Persian chess, illustrated from oriental sources*].

* **Aximenez** («abri au soleil, al sole,» Victor; «= *solana*, galerie à jour où les Espagnols jouissent du soleil en hiver,» Nuñez) semble dérivé de الشمس (ach-chams), *soleil*, de même que *solana* vient de *sol;* mais la forme est très-singulière. Le mot classique pour désigner une telle galerie est المشرقة (al-machraca), et P. de Alcala le donne aussi sous *abrigano lugar* et sous *solana o corredor para sol;* mais lo terme esp. ne peut pas venir de là.

Aximez (fenêtre en arc, soutenue au milieu par une colonne) de الشمسة (ach-chamsa) qui se trouve chez Ibn-Batouta, I, 199, dans la même signification que شمسية (*chamsîya*). Voyez sur ce mot, qui se trouve chez P. de Alcala (*ventana de yeso como rexada, ventana vedriera*), la note de M. Dozy, *Dict. des noms des vêt.*, p. 57.

* *Aximéz*, qui est un mot andalous, vient de الشمامسة (*ach-ch-mése*), forme qui a le même sens que *chamsa* et *chamsîya*; voyez Quatremère, *Hist. des sult. maml.*, II, 1, 280, et Wright, Glossaire sur Ibn-Djobair, p. 26. J'ignore quelle est la voyelle de la première syllabe; Hœst ne lui en donne aucune (*schmása*).

Axobda (centinela). Suivant Sanchez « del verbo arabigo *xabad*, que significa guardar, observar. » Un tel mot arabe m'est inconnu. Je n'ose pas décider si le mot espagnol en question est d'origine arabe.

* L'auteur de la *Chanson du Cid* a sans doute pensé à un terme arabe, car il emploie trois fois *axobda* et toujours en parlant des sentinelles des Maures; mais il semble avoir mal entendu, et le mot qu'il a en vue est peut-être *ar-rocabá* ou *ar-rottab*; voyez l'article ARROCOVAS.

Axorca, *val.* aixorca (bracelet), de الشركة (*ach-chorca*) qui désigne la même chose.

* Fort bien; mais comme il n'y a pas la moindre trace de ce mot dans les dictionnaires, M. E. aurait bien fait d'être moins laconique. — P. de Alcala traduit *axorca* par *xórca*, au plur. *xoráq*, et dans le *Dict. berbère* on trouve: « Collier (de pièces de monnaie), شركة (*cherka*). » C'est évidemment le même mot, quoique la signification, et même la prononciation, diffèrent, et je pense qu'il peut servir à expliquer l'origine de *axorca* ou (corrompu) *alsorcua*, en port. aussi *xorca* sans l'article. Dans l'arabe classique الشركة (*ach-characa*), que nous avons rencontré sous AXARACA, est *laqueus*, *lacet*, et l'on peut assez bien donner ce nom à un cordon passé dans des pièces de monnaie trouées et servant de collier ou de bracelet. Il est vrai que l'on entendait sous *axorca* un bracelet d'or ou d'argent; mais c'est parce qu'on ne faisait plus attention à l'origine du mot. — Je dois encore faire observer que, dans le *Cancionero de Baena* (p. 242 *b*), on trouve la forme *axuayca*. C'est le diminutif *ach-chouraica*; le *r* est élidé.

* Axuagas (malandres, fentes aux genoux du cheval) de الشقاق (*ach-choucâc*), « fissura, quâ iumentorum tarsi afficiuntur. » « Les maladies des pieds les plus communes sont les *cheggag*, gerçures, » Daumas, *Mœurs et coutumes de l'Algérie*, p. 265.

Axuar, *val.* eixovar (« lo que la muger lleva quando se casa, de ata-vios, assi de su persona como del adorno, y servicio de su casa » Cob.), de الشوار (*ach-chouâr*) que P. de Alcala traduit par *casamiento el dote.*

* C'est le شوار العروس (Ibn-Khaldoun, *Hist. des Berbères*, II, 396, l. 2), en arag. *axovar* (cf. l'Acad. et Ducange), *exovar* dans un testament de 1215 (*apud* Villanueva, VII, 245), *enxoval* en port.; mais ordinaire-ment *axuar* signifie *ameublement, mobilier*, de même que *ach-chouâr* en arabe (« supellex domestica »).

* Ayadino. Saez (*Valor de las monedas*, p. 315) cite un document aragonais de l'année 1215, où on lit : « morabetinos alfonsinos, et lupi-nos, et ayadinos, et quoslibet alios morabis. » Ces monnaies avaient été frappées par Ibn-'Iyâdh (عياض), qui, après la chute des Almoravides, régna sur Valence, Murcie et toutes les autres provinces de l'est. Voyez 'Abd-al-wâhid, p. 149, Maccarî, II, 755, etc.

Azabache, *pg.* azeviche (jais, bijoux de deuil). C'est l'arabe السبج (*as-sabadj*) qui a précisément la même signification. Voyez P. de Alcala et la note de M. Dozy dans les *Loci de Abbad.*, I, 32.

* Dans les villages on donne le nom d'*azabaches* aux bijoux de jayet taillé qu'on met au cou des enfants. Je ne sais si en Espagne on connaît encore l'origine de cette coutume, mais voici ce qu'on lit à ce sujet dans le man. de Naples du *Mosta'ini* (art. حجر السبج : ويعرفونه) ·

« En , عامّة الاندلس الزبج بالزاى يعلقونه على اولادهم الصغار للعين السوء Espagne le peuple (arabe) dit *az-zabadj*, avec le *z* (au lieu du *s*), et l'on y met les *sabadj* au cou des petits enfants afin de les préserver du mauvais œil. »

Azacan, *pg.* açacal, açaqual (porteur et vendeur d'eau), de السقاء (*as-saccâ*) qui a la même signification. *Azacan* se dit encore dans le sens de *portador de cargas.* Marina le dérive dans cette signification du verbe *zacana* (زقن), « porter » un fardeau. Je croirais plutôt que, ne saisissant plus le véritable sens du mot en question, on en a élargi la signification au point de faire d'un *porteur d'eau* un *porteur de fardeaux* et de toute autre chose.

* Il va sans dire qu'il ne faut pas penser au verbe زقن ; la langue du peuple ne l'avait pas; mais en outre la signification du mot *azacan*, *porteur d'eau*, est si constante, qu'il faudrait des passages très-décisifs

pour lui en attribuer une autre. Celui que cite Marina l'est-il? Il est tiré du Fuero de Plasencia, où on lit dans le paragraphe sur les carpinteros é menestrales: « Todos los azacanes é leñeros que carga traen. » Il se peut que la signification de *porteur d'eau* ne convienne pas ici; mais pour pouvoir en juger avec certitude, il faudrait connaître le passage dans son entier. — Le mot *azacan* signifie encore: *outre*, peau accommodée pour y mettre des liqueurs. C'est l'arabe السقاء (*as-sicá*) qui a le même sens.

* AZACAYA (tuyau, canal, conduit pour les eaux; grand puits) de السقاية (*as-sicâya*). Müller. — Ce mot grenadin prouve qu'il faut modifier ce que M. de Goeje a dit sur le mot arabe dont il tire son origine, dans le Glossaire sur Belâdzorî, p. 52. Chez Becrî, p. 26, l. 3, c'est aussi *puits, citerne.*

* AZACHE. La signification de ce mot, qui a vieilli, est incertaine. Chez Victor c'est un substantif: « de la soie. » Selon l'Acad. c'est un adjectif, et elle cite un passage du tarif de 1629, où il est ordonné: « que la libra de seda azache se venda la mejor á docé reales. » Ce texte ne justifie pas la supposition des Acad., selon laquelle ç'aurait été une espèce de soie très-noire. Enfin Nuñez, qui dit aussi que c'est un adjectif, le traduit par: « finâtre; on le dit de la soie d'une qualité inférieure. » En arabe je ne connais pas de mot qui ressemble à *azache* et qui désigne une étoffe.

* AZADECA (« parece ser una pecha que se pagaba por los moros de Córtes sobre los huebos y cabras: dice que por la *azadeca* de los huebos y cabras pagaba cada casa un dinero en marzo, » Yanguas, *Antig. de Navarra*, I, 77) de الصدقة (*aç-çadaca* ou *aç-çadeca*), « quicquid datur Deo sacrum: ut pars opum, ceu decimae; » mais ces dons étaient obligatoires, c'étaient de véritables impôts; voyez p. e. le *Bayân*, I, 38, l. 6 a f.

* AZAFAMA, azafema *pg.* (presse, foule de personnes qui se pressent; l'accent tombe sur la seconde syllabe) de الزحمة (*az-zahma*, prononciation adoucie *az-zahema* ou *az-zahama*). Même sens.

AZAFATE (panier, corbeille) de السفط (*as-safat*), « panier en feuilles de palmier. »

AZAFEHA (chez Marina qui l'a trouvé dans les Œuvres astron. d'Alphonse X; instrument astronomique) de الصفيحة (*aç-çafîha*).

Azafran, *pg.* açafrão, de الزعفران (*az-za'ferân*), *du safran.*

Azagaya, azahaya (espèce de javelot, zagaie). P. de Alcala traduit *azagaya* et *azcona tiro* par *zagâya*, pl. *zagayît*, mot que D. de Urrea dérive du verbe «*zegaye* que vale *arrojar.*» Quels sont ces mots arabes? Les racines *zaddja* زج et زجى *zaddjâ*, bien qu'elles présentent quelque rapport quant à la signification, sont ici hors de la question, le *dj* arabe n'étant jamais rendu par *ga* en espagnol.

* Comme en effet ces deux racines n'ont rien à faire avec *azagaya*, je laisserai de côté la dernière assertion de M. E.; comparez toutefois l'Introd., p. 17. — Quant à *azagaya*, M. Defrémery a observé avec raison que c'est le mot berbère زغايـة (*zagâya*), avec l'article arabe الزغايـة (*az-zagâya*), et que, selon Bocthor, il signifie aujourd'hui *baïonnette.* En espagnol il est ancien, car on le trouve déjà dans les écrits du XIVe siècle. Je crois qu'on le cherchera en vain chez les auteurs arabes du moyen âge; mais il est fréquent chez les voyageurs européens. Aux passages de ces derniers cités par M. Defrémery, on peut ajouter: Dan, *Histoire de Barbarie*, p. 248: «Ils ont pour armes une demi-pique, ou un javelot, qu'ils appellent une agaye, ou une azegaye;» Mouette, *Hist. des conquêtes de Mouley Archy*, p. 364: «demi-piques ou zagayes;» Laugier de Tassy, *Hist. du royaume d'Alger*, p. 58: «Leurs armes sont l'azagaye, qui est une espèce de lance courte qu'ils portent toujours à la main.» Dans une liste de mots de la langue des Kailouee (les Kĕlowī de Barth), qui sont Berbères, Richardson (*Mission to Central Africa*, I, 318) donne *azegheez* dans le sens de *poignard*. Il paraît que c'est le même mot, ou du moins un mot dérivé de la même racine.

Azaguan [, * zaguan, *pg.* saguão] (entrée couverte d'une grande maison; sorte de vestibule ou de grande allée), de اسطوان (*ostowân*, en Espagne *istiwân*) que P. de Alcala traduit par *antepuerta, portal pequeño, portada*. Ne faisant pas attention à l'adoucissement de *st* en *z* (cf. p. 23, n°. 3 de l'Introduction), on a mal à propos dérivé ce mot de الصحن (*aç-çahn*), «impluvium.»

Azahar (fleur d'orange) de الزهر (*az-zahr*) qui désigne la même chose. Cf. Bocthor.

* Comme l'accentuation est: azahár, je ferais plutôt venir ce mot de ازهار *azhâr*, prononciation adoucie *azahár*. En effet, ce dernier mot, qui est proprement un plur., mais qui est employé comme un collectif

singulier, signifie encore aujourd'hui *fleur d'oranger;* Hélot le donne en ce sens avec le plur. ازاهير (*azâhîr*).

AZALATO (dévotions, Victor) de الصلاة (*aç-çalât*), *la prière.*

AZANEFA, zanefa, cenefa, pg. sanefa (houppe ou frange de lit, bord en tapisserie), de الصنفة (*aç-çanifa*), «ora vestis.»

* AZANORIA, zanahoria, azahanoria, acenoria, cenoria (panais, pastenade, plante potagère), répond en tout point à اسفناريّة (*isfanârya*), «pastinaca;» chez P. de Alcala: *çanahoria, izfernîa.* Müller. — La meilleure forme est donc *azahanoria,* en val. *safanoria* (Fischer, *Gemälde von Valencia,* I, 228). Au reste ce mot, qui n'est pas d'origine arabe et qu'il faut considérer peut-être comme une très-forte corruption de *pastinaca,* a été altéré de diverses manières par les Arabes eux-mêmes. Chez Humbert (p. 48) c'est سفناريّة (*safnâriya*), chez Dombay (p. 59) سفرانيّة (*safrâniya*), chez Marcel سفناريا (*safonâriyâ*), chez Cherbonneau et chez Martin (*Dialogues,* p. 100) سناريّة (*sannâriya*), et M. Prax (dans la *Revue de l'Orient. et de l'Alg.,* VIII, 348) donne سنارة بهيم (*sannâra bahîm*), carotte de l'âne, daucus glaberrimus.

AZAQUI pg. (nom d'un impôt) de الزكاة (*az-zacât* ou *az-zaquît*) qui désigne la même chose. [*Comparez ASEQUI].

AZAR («l'as, le point seul du dé, on le peut prendre pour le hazard du dé, quasi azard,» Victor; — malheur au jeu, guignon; — figur. coup de malheur, accident fâcheux). Suivant Cobarruvias *azar* chez les Arabes «es uno de quatro puntos que tienen sus dados, y es el desdichado que los Latinos llaman *canis,* y ellos *azar,* el punto; los demas son *chuque, carru, taba.*» Quant à *azar,* dont il faut dériver l'italien *azzardo* et le français *hasard,* peut-être faut-il en chercher l'origine dans الزهر (*az-zahr*), mot qui dans l'arabe vulgaire signifie *dé* (Bocthor). *Voir* M. Mahn, *Rech. étym.,* p. 6, 7. N'étant pas à même d'expliquer d'une manière satisfaisante les mots *chuque, carru* et *taba,* je ne puis que recommander aux recherches des savants ce passage du lexicographe espagnol.

* Ces trois mots, qui, avec *azar,* désignent les quatre côtés d'un osselet, ont passé dans l'esp. sous les formes *chuca, carne* (le *carru* de Cob. semble une faute d'impression) et *taba.* Je consacrerai des articles à chacun d'eux.

[* AZARBE, cf. le Glossaire sur Edrîsî, p. 315], azarba (canal, con-

duit de l'eau), de السرب (*as-sarab*) qui se dit dans la même signification.
Voyez Ibn-Batouta, I, 127; [* d'autres exemples dans le Glossaire sur
Edrîsî].

AZARCON («tierra de color azul, que se haze del plomo quemado»
Cob.). C'est de sa couleur bleue (زرقاء *zarcá*) que cette substance a tiré
son nom. Du reste la forme *zarcón* زرقون était déjà usitée chez les
Arabes (*voir* P. de Alcala et le *Mosta'inî*).

* Ce terme, comme je l'ai déjà dit dans le Glossaire sur Edrîsî, donne
un curieux exemple d'un mot qu'on a mal expliqué parce qu'on s'est
laissé tromper par une fausse étymologie. Victor, qui publia son Dictionnaire en 1609, explique *azarcon* de cette manière: «du plomb brûlé,
céruse rouge ou brûlée, minium.» Cette explication est bonne, et les
dictionnaires port. donnent le même sens sous *azarcão* ou *zarcão*. Mais
deux années après Victor, Cobarruvias publia son *Tesoro*, où il n'est
pas question de *céruse rouge*, de *minium*, mais où on lit au contraire
qu'*azarcon* signifie: «une cendre ou terre de couleur *bleue*, faite de plomb
brûlé, car il ne peut être douteux que, chez les Arabes, *zarcon* ne
signifie *bleu*, attendu qu'en espagnol on nomme *zarco* celui qui a les
yeux bleus.» L'Acad. reproduit cette explication et cette étymologie de
Cobarruvias, qu'elle cite, mais il est remarquable qu'elle ne donne pas
d'exemples d'où il résulterait que le mot a été employé en ce sens,
et qu'immédiatement après elle dit que, dans la peinture, ce mot signifie: «el color naranjado mui encendido, lat. *color aureus*,» signification qu'elle prouve par des citations. A son tour M. E. a adopté l'opinion de Cob.; cependant le *Mosta'inî*, qu'il cite lui-même, aurait pu lui
montrer qu'il se trompait. Voici ce qu'on lit dans ce livre (man. 15)
à l'article أسرنج: هو الزريقون وهو الزرقون وهذا الحجر يصنع من الاسرب
et ensuite: بالنار; حجر الاسرنج يتحدث من الاسرب اذا ادخل النار واحمى
عليه فيستحيل ويصير الى الحمرة. Ainsi c'est la couleur *rouge*, et non
pas la couleur *bleue*, qui est indiquée par زرقون. D'autres témoignages
prouvent la même chose. Ibn-al-Baitâr dit sous زرقون: هـو السبيلقون
;وهو الاسرنج عند اهل الاندلس; dans le *Nihâyato 'r-rotba fî talabi 'l-hisba*
(dans le *Journ. asiat.* de 1861, I, 49), où l'on trouve: «le rouge est
teint avec la craie rouge (المغرى),» un autre man. a, au lieu de ce
dernier mot, الاسريقون; Bocthor donne: *vermillon* سلاقون، سلـقـون;

Berggren: *vermillon* زيرقون; Humbert, p. 171: *vermillon* سلقون — زارقون
(Alger); Sanguinetti (dans le *Journ. asiat.* de 1866, I): سليقون et
سيلقون, *minium*, *Sandyx*. Je crois donc pouvoir dire que Cob. n'a
pas connu le véritable sens du mot *azarcon*, et que lui et ceux qui
l'ont suivi ont été induits en erreur par la racine arabe زرق, d'où le
mot زرقون ne dérive pas. En effet, on le retrouve en araméen. Le
Mosta'înî, comme on l'a vu, donne la forme سريقون, que Richardson
a notée aussi, sur l'autorité du *Borhâni câti'*, comme un mot syriaque,
et Buxtorf (p. 1558) donne סירקון, *minium*. Dans le grec du moyen âge
on trouve συρικὸν, *rubri coloris pigmentum* (voyez Ducange et le *Trésor*
d'Henri Etienne), et on lit chez Pline (XXXV, 6): «inter factitios (colores) est et syricum, quo minium sublimi diximus; fit autem synopide
et sandyce mixtis,» avec les variantes *sirucum*, *sirycum*, *siricum* (voyez
l'édition de Sillig). De tout cela il résulte que le mot en question était
en usage, non-seulement en Asie, mais aussi en Europe, longtemps
avant que les Arabes apparussent sur la scène du monde et commen-
çassent à se civiliser. Ce n'est donc pas dans leur langue qu'il faut
en chercher l'origine, car ils n'ont fait que l'emprunter à un autre
peuple; mais cette origine reste douteuse. On pourrait sans doute
comparer des racines sémitiques (voyez p. e. le *Thesaurus* de Gesenius
sous שׂרק, p. 1342), mais la terminaison *oun* devrait être expliquée, et
d'un autre côté nous avons le mot persan ارزكون (*âzarcoun*), *couleur*
de feu, qui conviendrait fort bien. — Je dois encore observer que, chez
Victor, *azarcon* est aussi: «un pot de terre à mettre de l'eau ou du
vin, une cruche, un coquemart.» C'est peut-être à cause de sa couleur
rouge que ce pot a été nommé ainsi.

* AZARIA. Ce mot, dont Sᵃ. Rosa donne plusieurs exemples, mais qu'il
n'a pas compris, est l'arabe السرية (*as-sariya*), *troupe de cavalerie*. Dans
les chartes c'est l'expédition, la razzia, que fait une telle troupe, et
aussi la cinquième partie du butin qu'elle était tenue de donner au roi
(voyez les textes chez Sᵃ. Rosa). Le Fuero de Caseda, toutefois, fait
une distinction entre cette cinquième partie et la *azaria*, car on y lit
(*apud* Yanguas, *Antig. de Navarra*, I, 203): «Vicinos de Cáseda, si
fuerit (fuerint) in fonsado cum rege vel cum suo seniore, non dent
nisi una quinta, nec dent azaria.»

* Azarja (espèce de tour pour la soie crue). J'ignore si السرج (as-sardj), qui signifie proprement *selle*, s'employait dans cette acception.

Azarnefe (orpiment, arsenic jaune) de الزرنيخ (az-zirnîkh) [* en Espagne *az-zarnikh*, Alc.] qui désigne la même chose.

* Azerve *pg.* («paravento feito de ramos para emparar as eiras,» Moraes) de الزرب (az-zerb), «sepes.» Avec la terminaison port. *ada: azervada:* «palissada, reparo feito de ramas, troncos, e páos, estacada» (Sª. Rosa dans le supplément).

Azimut. Ce terme d'astronomie fort connu dérive de السمت (as-samt), «plaga punctumve horizontis, et a vertice cœli ad illud pertingens circulus.» Le mot arabe en question a passé encore une fois dans les langues occidentales sous les formes *cenit*, *zénith*, de *samt-ar-ras*, «plaga capitis,» c'est-à-dire, *le point du ciel qui est au-dessus de la tête, le point vertical, le zénith.*

* Azinhaga *pg.* (chemin étroit) de الزنقة (az-zanca), *rue étroite.*

* Azinhâvre *pg.* (vert-de-gris) est une altération de الزنجار (az-zindjâr) qui a le même sens; cf. *Voyage au Ouadây*, p. 355.

Azofar (laiton) de الصفر (aç-çofr) qui désigne *du cuivre jaune.* C'est de sa couleur que ce métal a tiré ce nom, *açfar* en arabe signifiant *jaune.*

* Les Arabes d'Espagne prononçaient *aç-çofar*, comme le prouve la mesure d'un vers chez Maccarî, II, 201, dern. l. P. de Alcala donne la même forme sous *alaton* et sous *herrumbre*, et aujourd'hui encore on prononce ainsi au Maroc (Dombay, p. 101).

Azofra. M. Dozy (Gloss. sur Ibn-Adhârî, p. 21—23) a démontré que ce mot se trouve dans quelques documents du moyen âge dans le sens de *corvée*, et que l'arabe السخرة (as-sokhra) (Ibn-Adhârî, II, 77) se dit dans la même acception.

* Chez Bocthor, Hélot et Marcel, *sokhra* répond aussi à *corvée*, et le mot est ancien en ce sens; voyez M. de Goeje, Glossaire sur Belâdzorî, p. 49; on le trouve aussi dans les *Mille et une nuits*, VI, 232 éd. Habicht. *Sakhkhara*, la 2ᵉ forme du verbe, est chez Bocthor: *faire travailler à la corvée;* de même: Ibn-Djobair, p. 47, l. 17, Ibn-Khaldoun, *Prolégom.*, II, 98, l. 8, Maccarî, II, 717, l. 8. La 5ᵉ forme signifie: *être pris de corvée* (Bocthor). Quant à *azofra* voyez encore Ducange sous *çofra* (où l'explication *cœna* est tout-à-fait fausse), Muñoz, *Fueros*, I, 248 (*azofra*), 546 (*azofora*). De ce mot vient le verbe *açofrare*, qui, dans Ducange, est expliqué d'une manière assez ridicule.

AZOFAIFA, azufaifa (jujube). Ce mot est une altération de الزفيزف (*az-zofaizaf*), «zizyphum rubrum.»

AZOGUE, *pg.* azougue (vif-argent), de الزوقة (*az-zauca*) comme l'on prononçait en Espagne au lieu de *az-zâoc* ou *az-zâwouc*, الزأوق ou الزاووق (Alc.).

*Chez les alchimistes ce mot est devenu *azoch*, *azoth*, *asoth*, *azote*, esp. *azoot*, «universalis medicina, — — putant Mercurium corporis metallici» (voyez Ducange sous *azoch*).

Dans la signification de *marché* (diminutif *azoguejo*), c'est un autre mot arabe, à savoir السوق (*as-souc* ou *as-sôc*), qui a le même sens.

*Dans le Fuero de Madrid (*Memor. de la Acad.*, VIII, p. 29 *b*) *azoche*. En port. *açouque* (anciennement aussi *açougui*), qui signifiait autrefois *marché* en général, mais qui plus tard désignait spécialement: le marché où l'on vendait de la viande, boucherie. De ce mot vient le terme *açoucagem*, sur lequel on peut consulter Sª. Rosa.

AZOR *b.-lat.* (mur qui entoure une place ou une forteresse) de السور (*as-sôr*), *muraille*.

*M. E. a trouvé ce vieux mot chez Marina, qui cite deux passages du Fuero de Madrid. Dans celui de Nagera (*apud* Yanguas, *Antig. de Navarra*, II) on lit (p. 452): «Plebs debet in illo castello operari in illa azor de foras cum sua porta, et nihil aliud;» de même *ibid.*, l. 8 et p. 455, l. 12. Dans le Fuero de Madrid c'est plutôt: l'argent destiné à l'entretien des murailles, «dineros de los muros,» comme on lit dans un autre document (*Esp. sagr.*, XXXV, 449 et suiv.).

AZOTE, *pg.* açoute (fouet), de السوط (*as-saut*) qui se dit dans le même sens.

AZOTEA, azutea, *pg.* açotea, çotea (terrasse, plate-forme) de السطح (*as-sath*), qui a le même sens, ou peut-être de la forme diminutive *as-soteiha*. [*Comparez cependant ATAFEA].

AZUCAR (sucre) de السكر (*as-soccar* ou *as-souccar*), qui vient à son tour du persan شكر (*chacar*). [*Cf. Mahn, *Etym. Unters.*, p. 154].

AZUCENA (lis blanc) de السوسنة (*as-souséna*).

AZUDA. En arabe السد (*as-soudd*) désigne une *represa de agua* (Alc.), une écluse, une digue pour contenir l'eau. C'était la primitivement le sens du mot espagnol. Plus tard on a élargi cette signification jusqu'à prendre *azuda* dans le sens de *machine hydraulique*, roue à l'aide de laquelle on arrosait les terres. Cf. Sᵃ. Rosa.

* Cet article doit être modifié (comparez le Glossaire sur Edrîsî, p. 314, 315). L'espagnol a ce mot sous deux formes: *azud* (que M. E. a négligé) et *azuda*. Le premier signifie *écluse*; c'est السد (*as-soudd*); mais en Andalousie on dit *azuda*, et cette forme, السدّة (*as-soudda*), se trouve aussi en ce sens chez Ibn-Khaldoun, *Hist. des Berbères*, I, 439, l. 10. Anciennement on disait aussi *azuda* dans d'autres provinces, car on trouve trois fois cette forme dans le Fuero de Molina (*apud* Llorente, *Noticias de las tres prov. Vascong.*, IV, 146). Quant au sens de *machine hydraulique*, ce sont les Esp. qui l'ont donné à *azuda*; il était inconnu aux Arabes. Marmol signale *azuda* en ce sens comme un mot tolédan, car après avoir décrit les *naoras* de Fez, il dit (*Descripcion de Affrica*, II, fol. 93 *b*): « c'est ce que les Tolédans appellent *açudas.* »

AZUL. Ce mot semble être une altération de l'arabe-persan لازورد (*lázouwerd*), «lapis lazuli.» De *azul* les Espagnols ont fait leur *azulejo* (*a. pg.* aussi *azorecho*), mot qui est retourné dans l'arabe sous la forme de زليج *zoulaidj*. Voyez P. de Alcala et cf. Ibn-Batouta, I, 415.

AZULAQUE, zulaque («cierto betun de estopas, cal y azeite con que se travan los caños» Tamarid *apud* Cob.). P. de Alcala traduit ce mot par *çuláca*, qui m'est inconnu et dont je ne saurais donner la transcription en caractères arabes.

* A la rigueur ce mot pourrait bien venir de la racine زلق (*z-l-c*), qui n'exprime pas seulement l'idée de *glissant*, mais aussi celle de *visqueux, gluant*; voyez M. Fleischer, *de Glossis Habicht.*, p. 97 à la fin. Un substantif الزلاقة (*az-zouláca*) pourrait donc signifier *bitume*, parce que cette substance est visqueuse. Cependant une autre étymologie me paraît préférable. P. de Alcala a sans doute écrit le mot en question de la manière dont il l'entendait prononcer par les Mauresques; mais je crois qu'il est altéré, et que, comme cela arrive très-souvent dans la langue vulgaire (voyez les remarques de M. E. et les miennes dans l'Introd., p. 24, 25, n°. 7), l'ordre des lettres radicales a été interverti. La véritable forme me semble être, non pas *çuláca*, mais *luçáca*, de la racine لزق (*lazica*), qui, dans l'arabe classique, signifie *adhaesit*, et dans l'arabe vulgaire (*lezac*), *unir*, *réunir*, *souder* (Hélot), *coller* (Marcel), ce qui chez Boethor est la 2ᵉ forme. Le substantif لـزاق (*lizâc*), qui vient de cette même racine, est *colle*, *chrysocolle*, et la preuve qu'on peut fort bien donner le nom de colle au bitume, c'est qu'en hollandais on l'appelle ainsi; *colle* y est *lijm*, et *bitume*, *jodenlijm*, litt., *colle des juifs*. En outre, l'espèce de bitume en question sert à « *juntar* los caños y arcaduces *unos con otros* » (Acad.). Je pense donc que *azulaque* vient de اللزاقة (*al-louzâca*), forme qu'il faut ajouter aux lexiques.

AZUMBAR (nom d'herbe) de السنبل (*as-sonbol*), « andrapogon nardus. »

* Sous le mot *sonbol* les Arabes entendent le genre de plantes que nous appelons *valériane*, et qu'ils divisent en trois sortes, dont une est le *sonbol* indien, qu'on appelle aussi *sonbol* tout court; c'est le spica-nard ou nard indien (cf. Ibn-al-Baîtâr, II, 58). C'était le sens que *azumbar* avait autrefois parmi les Espagnols (voyez Victor et Dodonaeus, *Cruydt-Boeck*, p. 1567 *b*); mais ce mot ne vient pas directement de *as-sonbol*. Ce dernier avait déjà été altéré par les Maures qui disaient *as-sounbar*, ou plutôt *as-soumbar*, le *n* se prononçant comme *m* avant *b*; voyez Alcala sous *espica celtica*, *espica nardo* et *nardo*. On voit donc que la forme espagnole est tout-à-fait correcte; mais la signification s'est peu à peu modifiée. Selon l'Acad., *azumbar* est une espèce de gomme qui s'appelle aussi *almea*. Quand on compare ce que j'ai dit plus haut sur ce dernier terme, on comprendra ce changement de sens, qui, au premier abord, semble assez étrange; car de même qu'on a donné le nom d'*almea*, qui est proprement le storax, au nard indien, on a donné celui de *azumbar*, qui est proprement le nard indien, au storax. Aujourd'hui on donne l'un et l'autre au fluteau ou plantain-d'eau, tandis que parmi les Arabes *sonbal* désigne actuellement, entre autres choses, la jacinthe (Humbert, p. 50, Roland de Bussy).

AZUMBRE (mesure pour les liquides, la huitième partie d'une *arroba*). L'arabe الزنبل (*az-zunbel*), auquel le compare M. de Gayangos (trad. de Maccarî, I, 501), m'étant totalement inconnu, je ne suis pas à même de prononcer une opinion sur cette étymologie.

* Il est presque inutile de dire qu'un tel mot n'a jamais existé que dans l'imagination, parfois un peu trop fertile, de M. de Gayangos. Quant à *azumbre*, comme il désigne *la huitième partie* d'une arroba, il faut bien que le mot arabe d'où il vient, signifie aussi *huitième partie;* telle est l'opinion de M. Defrémery, qui dit que c'est une altération de النثمن (*ath-thoumn*), et je l'adopte volontiers. Il est vrai que *açumbre* est chez P. de Alcala *çúmri,* au plur. *çumîri;* mais comme l'arabe n'a pas un tel mot, je ne puis y voir rien autre chose qu'une altération de *azumbre.* Les Esp. ont donc reçu des Arabes le mot *ath-thoumn,* dont ils ont fait *azumbre,* et ils ont rendu ce dernier aux Mauresques, qui en ont fait *çúmri.*

* AZURRACHA, zurracha *pg.* (espèce de barque) de الـزلاج (*az-zallâdj*). Ce mot manque dans les lexiques, mais il désigne selon Becrî, p. 26, l. 9, une espèce de barque. La racine زلـج (*zaladja*) signifie: « leviter et celeriter latus fuit per superficiem terrae (ut per glaciem); » *az-zallâdj* est donc une barque qui va vite, qui glisse sur l'eau, et selon toute apparence cette dénomination est applicable à l'*azurrácha* dont on se sert sur le Douro, car c'est une barque que l'on fait voguer au moyen de deux rames en la gouvernant avec une troisième. — Le changement de *ll* en *rr* est régulier; voyez l'Introd., p. 22.

B.

BABUCHA (sorte de pantoufle). Ne trouvant ce mot que dans des dictionnaires espagnols relativement modernes, je le crois postérieur à l'époque de la domination arabe. Peut-être est-il tiré du français *babouche.* Toutefois son origine orientale est incontestable. L'arabe بابوش (*bâbouch*) lui-même dérive du persan پاپوش (*pâpouch*), composé de *pâ* (pied) et du verbe *pouchîden* (couvrir).

BACARI (adjectif qui s'appliquait à un petit bouclier couvert de peau de bœuf) de بقرى (*bacarî*), *fait de cuir de bœuf* (*bacar*).

* Cet adjectif s'appliquait aussi à d'autres choses qui étaient faites de cuir de bœuf. Dans un inventaire publié par Saez (*Valor de las monedas,* p. 530), on lit: « Ocho pares de cubiertas blancas vacaris; » et plus loin (p. 535): « Otro cinto vacari de armar. » Voyez aussi Sᵃ. Rosa sous *vacaris.*

BADANA, [* *fr.* basane, bedana dans un arrêt du parlement de Paris cité par Ducange], (peau de mouton préparée), de بطانة (*bitâna*), mot auquel les lexiques ne donnent que la signification de *doublure;* P. de

Alcala le traduit par *baldres*, [* Berggren par *basane*], et c'est là précisément le sens du mot espagnol; mais il y a du rapport entre ces
deux significations, car la *badana* servait à doubler les chaussures et
d'autres objets faits de cuir (cf. Cob.).

BADEHA , badea (espèce de melon), de بطيخة (*batikha*). *Voyez* ALBUDEGA.

* BADEN (ravin cavé par les eaux, ruisseau à sec) de بطن (*batn*). Le
batn d'un *wâdî* est: «the interior of a water-course or river-bed or
valley; i. e. its bottom, in which flows, occasionally or constantly, its
torrent or river» (Lane). Chez Ibn-Khaldoun (*Hist. des Berbères*, II,
258, dern. l.) il est question d'un combat qui eut lieu dans le lit de
la rivière Omm-Rebî', *batn al-wâdî*.

* BADINA (mare, flaque, eau stagnante qui reste sur les routes) doit
venir de la même racine que le mot qui précède. Je pense que c'est
باطن (*bâtin*), qui, de même que *batn*, signifie: «the low or depressed
tract of land, of the plain, where water rests and stagnates» (Lane).

BAHARI, *pg.* bafari (espèce de faucon), de بحرى (*bahrî*), qui est
l'adjectif de *bahr*, la mer. Suivant Tamarid ce faucon aurait reçu ce
nom, parce qu'il est un «halcon que passa la mar.»

* Le mot *bahrî*, que les dictionnaires n'ont pas en ce sens, est encore
en usage en Algérie; voyez M. Daumas dans la *Revue de l'Orient et de
l'Alg.*, nouv. série, III, 235, qui écrit *el bahara*. Chez Cobarruvias
on lit: «El padre Guadix dize, valer tanto, como ultra marino; porque
los primeros que vinieron á España se truxeron de las islas Setentrio-
nales, navegando con ellos por mares tan remotos.»

BALADI (adjectif, de peu de valeur). Suivant le P. Guadix c'est l'arabe
بلدى *baladî* «que vale tanto como *ciudadano*» (de *balad*, ville). Les
Mauresques dans les villages auraient ainsi nommé les choses qu'ils
achetaient dans les villes, parce qu'on les trompait, «dandoles las cosas
falsificadas.» Je ne sais pas si cette assertion est conforme à la vérité;
mais il est de fait qu'il a existé en arabe un adjectif *baladi* dans un
sens analogue à celui du mot espagnol en question, car P. de Alcala
traduit *gengibre valadi* par *zengebîl beledî*.

* L'explication du P. Guadix n'est pas tout-à-fait fausse, mais elle
est inexacte et incomplète. — L'adjectif *baladî*, qui vient de *balad* dans
le sens de *grande étendue de pays*, *province*, signifie, en parlant d'hommes, *regnicole*, l'opposé de *garib*, *étranger*; voyez Ibn-Batouta, II, 428,

III, 237, et comparez Carteron, *Voyage en Algérie*, p. 175. En parlant de monnaies, il désigne celles qui ont été frappées dans le pays même et non pas à l'étranger. Ainsi on donnait le nom de *doblas de oro valadies* aux doubles d'or frappés par le sultan de Grenade, par opposition aux «doblas marroquies» et autres, que l'on frappait en Afrique; voyez le traité de paix conclu entre le sultan Mohammed de Grenade et Jean II de Castille, l'an 1443, chez Saez, *Valor de las monedas*, p. 323. Enfin, en parlant de plantes, c'est *indigène*, l'opposé d'*exotique*, et un grand nombre de noms de plantes sont composés avec cet adjectif. On trouve p. e. le *lift baladî*, «le navet indigène» (Dombay, p. 59), le *nabic baladî* (Burton, *Pilgrimage*, I, 388, qui traduit *native*), le cannellier *baladî* (*Tvoyage van Mher Joos van Ghistele*, p. 233: «een Canneelboom, die men daer noemt *Velledijn*»), le gingembre *baladî*, que M. E. a trouvé chez Alcala; c'était, selon Ibn-al-Baitâr (I, 540), la même plante que le gingembre *châmî* (de Syrie) ou *râsan*, c'est-à-dire, l'*aunée* (Inula Helenium). C'est sans doute en Syrie qu'on lui a donné ce nom, pour la distinguer du véritable gingembre qui venait des Indes orientales; mais en Espagne aussi il était fort convenable, attendu que l'aunée y venait, tandis que le gingembre n'y croissait pas; et c'est justement le nom de cette plante qui explique pourquoi l'adjectif *baladi* signifie en espagnol: *de mince valeur*. En lui-même, comme nous l'avons vu, il ne le signifiait pas; mais quand l'acheteur recevait des produits indigènes pour des produits exotiques, p. e. de l'aunée pour du gingembre — et ce qui prouve que cela avait lieu, c'est un article de Victor, qui traduit «gengibre valadi» par «du gingembre,» et le témoignage du négociant florentin Balducci, qui écrivait en 1340 et qui compte le *belledino* parmi les espèces de gingembre (*apud* Capmany, *Memorias*, III, 164) — alors il recevait en effet une chose de mince valeur au lieu d'une chose précieuse. C'étaient surtout les simples et crédules villageois qu'on trompait de cette manière dans les villes où ils venaient acheter leurs provisions; il n'est donc pas étonnant qu'ils donnassent le nom de *baladi* à toutes les choses falsifiées, comme le P. Guadix, qui pouvait le savoir, l'affirme très-positivement («los Moros aldeanos le usurpan por toda cosa falsa y enganosa»). Le mot est même devenu un substantif, car Victor traduit *baladi* par *fripon*, *débauché*.

   * BALAX, balaja, balaxo dans Ochoa, *Rimas del siglo XV*, *fr.* rubis

balais (sorte de rubis de couleur de vin paillet) de l'arabe-persan بلخش
(*balakhch*). Ce mot se trouvait déjà chez Marina ; M. Müller et M.
Defrémery reprochent avec raison à M. E. de l'avoir omis. M. Defrémery renvoie à Quatremère, *Hist. des sult. maml.*, II, 1, 71, et à sa
propre traduction du *Gulistan*, p. 324, n. 2. En esp. le mot est ancien;
voyez l'Acad. et Yanguas, *Antig. de Navarra*, I, 82.

** BALDAQUI et BALDAQUIN. Le premier mot, qui n'est pas dans les
dictionnaires, se trouve une infinité de fois dans l'inventaire des meubles
de la cathédrale de Barbastro, dressé dans l'année 1325 et publié dans
l'*Esp. sagr.*, t. XLVIII; voyez p. 226, 227. Il y désigne une espèce
d'étoffe précieuse et c'est l'arabe بغدادى (*bagdâdî*), *de Bagdad*, ville
dont le nom s'écrivait *Baldac* au moyen âge, et où l'on fabriquait des
brocarts très-renommés. Chez Gonzalo de Berceo (*Signos del juicio*,
copl. 21) c'est *balanquin:*

> Ardrá todo el mundo, el oro et la plata,
>
> Balanquines é purpuras, xamit et escarlata,

et dans une donation de 1289 (*Esp. sagr.*, XXXVI, p. CLXI) *balduquin;*
«capas sericas de xamito et balduquino.» — *Baldaquin* dans le sens
de *dais* (mot qui n'a pas échappé à l'attention de MM. Defrémery et
Müller) a la même origine, les dais ainsi nommés étant faits de brocart
de Bagdad.

BALDE, DE BALDE (gratis, et comme) EN BALDE (en vain), BALDO *pg.*
(dépourvu), BALDÍO (inculte, vain, sans motif, vagabond), BALDERO (oisif,
vagabond, inculte), BALDA (chose de peu de valeur, de peu d'utilité),
BALDAR (estropier), BALDON, *pg.* baldão (affront), BALDONAR, BALDONEAR (injurier). Il est impossible qu'un mot comme باطل *bâtil* manque parmi
ceux que les Esp. et les Port. ont empruntés aux Arabes, et je
m'étonne que M. E. l'ait passé sous silence, car s'il était permis de
changer un peu les paroles de Figaro, je dirais avec lui: on sait
bien que les Arabes mettent encore dans le discours quelques mots
par-ci par-là; mais il n'est pas difficile de voir que *bâtil* est le fond
de la langue. Le voyageur Richardson dit la même chose, mais d'une
manière moins piquante, quand il s'exprime en ces termes (*Travels in
the Great Desert of Sahara*, I, 133): «Perhaps no word is so much used
in Ghadames and The Mountains as the epithet *batel* — باطل — *vain*,
useless etc, and really answers in its use to something like our tre-

mendous *humbug*. It especially denotes everything bad, false, and wrong, in any matter and in any body.» Sans parler de Tamarid, de Cobarruvias et de Sousa, Marina avait déjà noté (*en, de*) *balde* comme un mot arabe; M. Müller en a fait de même; mais avant lui M. Diez avait dérivé tous les mots qui se trouvent à la tête de cet article, de la racine arabe *batala* (voyez p. 40 de la 1re, I, 48 de la 2de édit.). Je crois que son opinion est parfaitement fondée. En effet, *baldado de balde* est chez P. de Alcala *bâtil*; de même *debalde cosa barato*, *debalde cosa sin precio*, *gracioso por debalde*, *graciosamente de balde*. En gros l'étymologie est donc certaine; mais il est de notre devoir d'examiner aussi en détail les formes et les significations de tous ces mots.

Dans *balde* pour *bâtil* M. Müller ne voit pas une transposition de lettres; à son avis, le *l* est celui qui sert à indiquer le son emphatique du ط ou du ص, et la dernière lettre de *bâtil* a été retranchée. Cette explication est peut-être la véritable (comparez *altabaque*); mais dans l'exemple *arrelde* (pour *ar-retl*), que cite M. Müller, je ne puis voir qu'une transposition; les autres formes, *arratel*, *arrate*, le démontrent; et l'on pourrait aussi croire avec M. Diez, qui compare *spatula* = *espalda*, *rotulus* = *rolde*, qu'on a dit par euphonie *balde* pour *badel* ou *batel*; il serait facile de citer beaucoup d'exemples d'une telle transposition dans des mots esp. dérivés de l'arabe. — La signification des termes *de balde* et *en balde*, *en vain*, *inutilement*, est indiquée dans les lexiques pour *bâtil*: «vanus, irritus, frustraneus.» Celle de *gratis*, *gratuitement*, pour *debalde* et *baldado*, est donnée, comme nous l'avons vu, par P. de Alcala, et aussi par Roland de Bussy, par Martin (*Dialogues*, p. 190) et par M. Cherbonneau (*Dialogues*, p. 39, 62). *Baldo*, *balda*, *baldio*, *baldero* sont aussi *bâtil* avec des terminaisons romanes. Pour les significations on peut comparer des phrases comme celles-ci: «The country is *batel* (good for nothing),» Richardson, *Sahara*, I, 61; «Soudan is *bâtal* (worthless),» le même, *Central Africa*, II, 235; «*naas batâl*, böses Volk,» Werne, *Reise nach Mandera*, p. 79. Pour *vagabond* il faut comparer la 5e forme du verbe, qui, chez Alcala, est *vagabonder* (*andar vagando*); pour *oisif* la 1re forme, «otiosus vel sine opere fuit,» et *battâl*, «valde otiosus et iners» (Freytag). Le verbe *baldar*, *estropier*, semble venir directement du verbe *batala*. P. de Alcala (sous *mancar de manos*) donne la 4e forme en ce sens; mais sous les articles *manco*

de manos, *çopo*, *lisiado* et *tollido*, il donne le participe passif de la 1re.
On lit de même dans le *Cartâs* (p. 10, l. 4): وآه مبطولة يـده اليمنى
«il vit que l'autre avait la main droite estropiée,» et chez Maccarî
(Seconde partie, III, 135, l. 11 éd. de Boulac): فقام يجرّ رجله كانّه مبطول
«il se leva en traînant la jambe, comme s'il était estropié.» Enfin
baldonar, *injurier*, est proprement: déclarer à quelqu'un qu'il est *bâtil*,
c'est-à-dire, bon à rien; et *baldon*, *affront*, est: faire une telle décla-
ration.

* BANDULLO (ventre), BANDUJO (andouille), paraît être بطـن (*batn*),
ventre, par transposition.   En effet, P. de Alcala traduit *bandujo* par
bâtan muaxî, c'est-à-dire, بطن ماكشى. Müller.

* BARAÇO *pg.* (corde) de مـرس (*maras*), comme l'a fort bien observé
Sousa.   Toutefois, comme Freytag donne seulement *maras* comme le
plur. de *marasa* (corde), je ferai observer qu'il se trouve comme un
sing. dans un vers que cite Ibn-Khaldoun, *Hist. des Berbères*, I, 392,
dern. l., chez Bocthor sous *corde*, et chez Berggren sous *cordeau*.

* BARIL (pas dans les dict.) est à Grenade un mot populaire «que se
dice de una muger ú otra cosa de mucho merito,» comme me l'apprend
M. Simonet, qui pense que c'est l'arabe بارع (*bâri'*), *excellent*.

* BARRACA, *ital.* baracca, *fr.* baraque (hutte que font les paysans dans
les campagnes, les pêcheurs sur les bords de la mer, les soldats quand
ils n'ont pas de tentes).   On a cherché l'origine de ce mot dans les
langues romanes, et selon M. Diez (I, 51) il vient de *barra* (en fr.
barre), «comme en ital. *trab-acca* de *trabs*.» Cette étymologie me paraît
peu satisfaisante, et d'un autre côté je lis chez Dan, *Histoire de Barbarie*, p. 59: «Ils (les Arabes) demeurent sous des tentes avec tout leur
ménage, poules, chevaux, bœufs et autre bétail, ce qu'ils appellent en
leur langue une *Barraque;* et toutes ces tentes jointes ensemble un
Douar;» et plus loin (p. 246): «Chaque tente s'appelle une *Barraque*» [1].
Il paraît donc que c'est en Afrique qu'il faut chercher l'origine du mot.

---

1) Dans le *Voyage dans les Etats barbaresques*, publié à Paris en 1785, on lit de
même (p. 127): «Ils appellent cette habitation *Douar*, et chaque tente, *baraque*.» Mais
ce livre, qui a été jugé très-sévèrement dans les *Nouveaux Voyages sur toutes les côtes
de la Barbarie*, etc. (Paris, An VII, t. I, p. 97), inspire peu de confiance, et dans cette
circonstance comme dans d'autres, l'auteur semble s'être borné à copier le Père Dan.

Remarquons à présent que l'ancienne forme était en esp. *barga*. On la trouve dans le petit vocabulaire de Berganza (*Antig. de España*, II, à la fin), où *barga* est expliqué par « casa pequeña con cobertizo de paja. » Cette forme ancienne prouve que l'étymologie de M. Diez, *barraacca*, est inadmissible, et que même le mot ne peut pas venir de *barra*. En second lieu il faut observer que ce *barga* est donné par P. de Alcala comme un mot dont les Mauresques se servaient, car il traduit *casa pagiza pequeña* par *bárga*, plur. *barguát*. Est-ce donc un mot arabe? Je ne le connais pas dans cette langue; mais il faut se rappeler que beaucoup de mots qui se trouvent chez Alcala sont berbères, et l'on peut se demander si *barga* ne le serait pas aussi. Cela ne serait nullement impossible, car ces huttes construites de paille, de roseaux, de broussailles, que les anciens appelaient *mapalia*, ont été de tout temps les demeures des Berbères, et comme ceux-ci étaient très-nombreux en Espagne et en Italie, ils peuvent fort bien avoir fait adopter par les habitants de ces deux pays le nom par lequel ils désignaient ces cabanes. Il est vrai qu'en berbère je ne connais pas *barga*, mais j'y ai cependant trouvé des formes qui y ressemblent beaucoup. Ainsi *búgu* est, dans le dialecte des Auelimmides, « l'intérieur d'une tente » (Barth, *Reisen*, V, 712), et *bugó*, « boutique, en ital. *tenda*, » c'est-à-dire, ce que nous appelons *baraque* (*ibid.*, p. 713). Chez les Tibbos de Bilma *tente* est *pogadee* (Hodgson, *Notes on Northern Africa*, p. 106), et dans un article de la *Revue de l'Orient et de l'Alg.* (nouv. série, X, 548), où il est question des Touaregs, on lit: « Leurs modestes *gourbis* ou *bogâ*, humblement couverts en *ksob* ou maïs. » Voilà justement de véritables baraques! — On voit qu'il n'y a pas de *r* dans le mot berbère; mais l'insertion de cette lettre dans *barga* s'explique facilement par la manière grasseyante dont les Africains prononcent le *g* ou *gain*. Au commencement on écrivait en Europe ce *barga* sans y rien changer; puis on a changé le *g* en *c*, et, pour adoucir la prononciation, on a inséré une voyelle entre les deux syllabes: *bareca*, *baraca* (chez Ducange). Enfin la seconde syllabe a reçu l'accent (ital. et fr.), tandis qu'en esp. et en port. on a en outre doublé le *r*, de sorte que le mot est devenu *barráca*.

BARRAGAN, *pg.* barregana, *fr.* bouracan (sorte de gros camelot), de برّكان (*barracán*) qui a le même sens. Voyez plus de détails sur ce mot chez M. Dozy, *Dict. des noms des vêtem.*, p. 68 et suiv.

Batafalua, batafaluga (anis), de l'arabe حبة حلوة (*habba-halwa*) qui se dit dans la même acception. Évidemment les formes *matafalua*, *matafaluga*, ont la même origine. Pour la permutation du *b* et du *m* voyez p. 20 de l'Introduction.

*Batea *pg.* (vase de bois dans lequel on lave l'or). Moura dérive ce mot de باطية (*bâtiya*), qui désigne en effet un vase de terre ou de verre (Lane), ou un «baquet de bois» (*Voyage au Ouadây*, trad. par Perron, p. 62). La forme de ce vase est aussi la même, car selon Moraes le fond de la *batea* est de forme conique, et selon Freytag la *bâtiya* est «supra amplum infra angustum;» d'après les lexicographes arabes (voyez Lane) le mot arabe vient même de la racine *batâ*, *s'élargir*. Cette étymologie me semble donc assez plausible, mais à une condition: c'est que l'accentuation soit *bátea* comme chez Vieyra, et non pas *batéa* comme chez Moraes. Comparez aussi l'article suivant.

*Batega *pg.* (plat, écuelle). L'accentuation étant *bátega*, ce mot semble être *bâtiya*, dont j'ai parlé dans l'article qui précède; mais l'insertion du *g* est singulière. — Au reste, l'étymologie de *batea* et de *batega* est loin d'être certaine (cf. Sͭᵃ. Rosa), et peut-être ai-je eu tort de les admettre.

*Bedem *pg.* dans ce passage de Barros: «Vinha vestido a moda Mourisca, camiza branca, e seu bedem em cima,» ne signifie pas une espèce de manteau, comme on lit dans les dict. port., mais une courte tunique sans manches. C'est l'arabe بدن (*beden*); voyez mon *Dict. des noms des vêtem.*, p. 56 et suiv. Si c'est aussi un manteau contre la pluie, fait de cuir, de sparte ou de jonc, comme le dit Moraes en citant Bento Pereira, la véritable signification du mot s'est sensiblement modifiée en Portugal.

*Bedouin, beduino *pg.*, *fr.* bédouin, de بدوى (*bedawî*) qui a le même sens et qui vient de بدو (*bedou* dans la langue vulgaire), «campagne où il n'y pas de demeures fixes, désert.»

*Behen, *fr.* béhen, bechen, béchen (nom de plusieurs espèces de plantes de différents genres), de بهمن (*behmen*). Voyez Ibn-al-Baitâr, I, 182.

*Belis, beliz *pg.* «ne s'emploie que dans cette expression: *Hé um belis*, c'est un homme circonspect, clairvoyant, ayant le jugement et l'intelligence prompts; aussi: coquin, fripon» (Vieyra). C'est ابليس

(*iblîs*), dans l'arabe vulgaire *blis* (Humbert, p. 149, Hélot), le nom du diable. Dans toutes les langues on dit: «c'est un diable,» quand on parle d'une personne remarquable soit par la pénétration de son esprit, soit par sa méchanceté.

BELLOTA (gland) de بلوطة (*bellôta*) qui désigne le même fruit.

* BENJOIM, beijoim et beijuim *pg.*, *esp.* benjui et menjui, *ital.* belzuino et belguino, *fr.* benjoin (sorte de baume qui découle d'un arbre des Indes orientales). Ainsi que l'ont observé dernièrement M. van der Tuuk et M. Veth, la véritable étymologie de ce mot a déjà été donnée par Valentijn (*Beschrijving van groot Java*, p. 67), qui le dérive de لبان جاوى (*loubân djâwî* ou *loubén djâwî* selon la prononciation africaine), litté-ralement, *encens javanais*, c'est-à-dire, encens de Sumatra, car on sait que les Arabes donnaient à cette dernière île le nom de Java, et que c'est elle qui produit le benjoin le plus blanc et le plus beau. Tel est en effet le nom que le benjoin porte chez Ibn-Batouta (IV, 228). Selon Valentijn, les Portugais dans les Indes orientales ont fait de *loubén djâwî*, en supprimant la première syllabe, *benzawi*, et plus tard, *benzoin*. Les dict. port. ne donnent pas ces deux formes (Moraes a toutefois l'adjectif *benzoico*); *benjoim* y est la forme la plus pure. Dans les langues européennes le terme est sans doute altéré, mais du moins elles ont conservé les deux mots dont il se compose. Chez les Arabes au contraire il n'en est pas ainsi. Ils disent bien encore *bakhour djâwî* (parfum javanais) (Humbert, p. 57, Bocthor et Marcel); mais ordinai-rement ils disent *loubân* tout court (Ibn-Batouta, IV, 240, Barth, *Reisen*, III, 328), ou bien, ce qui est encore beaucoup plus commun, *djâwî* tout court (Ibn-Batouta, III, 234, Dombay, p. 102, Humbert, p. 57, Berggren, Roland de Bussy, Dict. berbère, Cherbonneau, Lane, *Modern Egyptians*, I, 208 dans la note, Richardson, *Mission to Central Africa*, II, 173, 182, Daumas, *Mœurs et coutumes de l'Algérie*, p. 78, Prax, *Commerce de l'Algérie*, p. 29).

BERENGENA, *pg.* beringela, bringella (mélongène, aubergine) de بادنجان (*bédindjén*), «solanum melongena,» Ibn-al-Baitâr, I, 116. On trouve aussi *alberengena* avec l'article arabe.

* BEZAR, bezaar, bezoar, *fr.* bézoard (concrétion pierreuse qui se forme dans le corps de certains animaux). Le mot persan پادزهر (*pâdzahr*) est composé de *pâd*, qui, placé devant un substantif, signifie *préservant*

de ou *expulsant*, et de *zahr* (ou *zahir*), *poison*. On a donné ce nom à cette concrétion pierreuse parce qu'on la considérait comme un antidote. Chez les Arabes ce terme est devenu بـادزهـر (*bâdizahr*); mais quelquefois ils omettent la syllabe *di* (voyez Freytag, I, 79 *b*; dans le *Mosta'inî* on lit aussi (حاجر البازهر), de sorte qu'il ne reste que *bâzahr*, ou, selon la prononciation esp., *bézahr*.

* BIZNAGA, *pg.* bisnaga (gingidium, fenouil sauvage, persil sauvage). Marina et Moura disent que c'est بـسـتـيـنـاج (*bastinâdj*), qui désigne la même plante, et cette assertion, pour être tout-à-fait vraie, n'a besoin que d'être modifiée un peu. Voyons d'abord quelle est l'origine de ce *bastinâdj* lui-même! C'est un mot latin; mais il est à peine besoin de dire que ce n'est ni *bis nata*, comme le prétend Cobarruvias, ni *bis acutum*, comme le veut Dodonaeus (*Cruydt-Boeck*, p. 1189 *a*). Il est vraiment étrange que ce dernier, qui avait l'esprit si sagace, n'ait pas trouvé la véritable étymologie, car il commence son article sur le gingidium en disant que les feuilles de cette plante ressemblent à celles de la pastinaca (pastenade); puis il dit que la seconde espèce est aussi presque semblable à la pastinaca sauvage; ce qui aurait dû le conduire, ce semble, à la conclusion que l'arabe *bastinâdj* n'est autre chose que le latin *pastinaca*. Pour mettre cette dérivation hors de tout doute, j'ajouterai: 1°. que les Esp. appellent cette plante, non-seulement *biznaga*, mais aussi *zanahoria montesina* ou *silvestre*; or, *zanahoria* répond à *pastinaca*; 2°. qu'en arabe on trouve parfois ce mot écrit d'une manière qui représente fidèlement *pastinaca*. Ainsi l'auteur du *Mosta'inî* dit à l'article دوقوا (*daucus*): وقيل انه البستناج — وقيل هو البشتناقة, «On dit que c'est le *bastinâdj* ou *bachtinâca*.» C'est *pastinaca*, car chez les Arabes, qui n'ont pas de *p*, cette lettre devient régulièrement *b*, et ils changent aussi presque constamment le *s* latin en *ch*. — Telle est donc l'origine du mot; maintenant nous devons exposer comment il est devenu *biznaga* en esp. Ce sont les Arabes eux-mêmes qui ont supprimé la syllabe *ti*; c'est ce qui résulte du man. de Naples du *Mosta'inî*, car dans le passage que je viens de citer, il donne بشنـاقة (*bachnâca*), au lieu de *bachtinâca*, comme on lit dans le man. de Leyde. Il ne faut pas croire que c'est une faute du copiste; c'est la forme vulgaire; ce man. donne souvent celles qu'employait le peuple au lieu de celles dont se servaient les savants et qui se trouvent dans le man.

de Leyde. Peut-être faut-il même prononcer *bichnáca*, et alors c'est exactement l'espagnol *biznaga* ou *bisnaga*, comme on écrivait autrefois (voyez Cobarruvias et l'Acad.), avec l'adoucissement de *ch* en *s* (cf. l'Introd., p. 18) et de *ca* en *ga*. En effet, la première voyelle est *i* chez P. de Alcala, qui traduit *çanahoria silvestre* par *bíznách*, c'est-à-dire, بسناج. — Ce mot est donc un de ceux que les Arabes ont reçus des Latins, et qu'ils ont donnés à leur tour aux Esp. et aux Port. Je dirai en concluant qu'il ne faut pas songer à faire venir *biznaga* directement du latin *pastinaca*, car alors ni le *b* au lieu du *p*, ni la voyelle *i* ne s'expliqueraient, tandis qu'ils s'expliquent à merveille quand on admet que le mot a été transmis aux Esp. et aux Port. par les Arabes.

*Boal *pg.* (adjectif, uva boál, excellente espèce de raisins). Ce mot semble d'origine arabe, car parmi les espèces de raisins qu'on cultive au Maroc, Hœst (*Nachrichten von Marokos*, p. 303) en nomme une dont il écrit le nom ainsi: «عبوا Aebúa.» Ce mot n'est pas dans nos dictionnaires, et peut-être le voyageur danois ne l'a-t-il pas écrit correctement, ce qui lui est arrivé plus d'une fois.

Bodoque (jalet, espèce de caillou propre à être lancé avec l'arbalète) de بندق (*bondoc*), «glans missilis, globulus qui ex balistario iacitur.» [* C'est proprement *aveline*; on a donné ce nom au jalet parce qu'il est de la grosseur de ce fruit; cf. de Sacy, *Chrest. arab.*, III, 68].

Borax de بورق (*bórac*), qui vient à son tour du persan *bourah*.

*Borcegui, *pg.* borzeguim, *fr.* brodequin. «La forme du mot,» dit M. Müller, «montre que ce doit être un adjectif relatif. Faut-il penser à بروسه, Brousse, et le terme serait-il par conséquent بروساوى (borousâwi)? — Je ne crois pas que ce soit dans l'Asie mineure qu'il faut chercher l'origine de ce mot. Jamais je n'ai rencontré chez les auteurs espagnols ou africains un adjectif بروساوى, et je me tiens persuadé que M. Müller sera obligé d'en dire autant. Ce qui au contraire est certain, c'est que le mot en question a été en usage chez les Maures et spécialement à Maroc, car voici ce que dit Cobarruvias: «Deste calçado usan los ginetes, y particularmente los Moros, y los de Marruecos han tenido fama; y assi dize el Romançe viejo:

Hele hele por do viene
El Moro por la calçada,
Borzeguies Marroquies,
Espuela de oro calçada."

Si l'on savait seulement que le terme désignait une espèce de chaussure, il serait fort difficile de l'expliquer; mais heureusement nous savons que, dans l'ancien français, il signifiait une sorte de cuir, comme dans ce passage de Froissart: «Le roy Richard mort, il fut couché sur une litière, dedans un char couvert de brodequin tout noir.» Cette signification, qui est sans doute la primitive, nous met à même d'expliquer l'origine de *borcegui*, qui est altéré, mais non pas d'une manière trop forte pour qu'on ne puisse pas le reconnaître. Les dictionnaires arabes ne nous sont ici d'aucun secours; mais Marmol (*Descripcion de Affrica*, I, fol. 31 a) dit en parlant des moutons de l'Abyssinie: «De estos animales se hazen los cueros muy preciados que llaman Xarequies, que se curten en pelo con rayzes de alheña.» Chez Diego de Torres (*Relation des Chérifs*, p. 384) on lit: «Et s'y courroient aussi (dans la province de Tafilete) les cordouans de datiles, qu'on nomme *Xerquis*, qui sont de mouton, lesquels on courroie avec les coques des dattes.» Ce mot se trouve aussi chez les auteurs arabes. L'animal est nommé par Maccarî, quand il énumère, parmi plusieurs autres présents (II, 711, l. 13): ثلاثين جلد اشرك, «trente peaux d'*acherc*.» L'adjectif شرکی (*cherqui*), pour désigner le cuir de cette espèce de mouton, se trouve chez Edrîsì, qui dit en décrivant le costume du roi de Gâna (p. 7): ونعل شرکی فی قدمه, «il porte des sandales *cherqui*» (corrigez cet article dans le Glossaire). Enfin Ibn-Khaldoun (*Hist. des Berbères*, II, 283) nomme parmi les présents que le sultan de Maroc envoya à celui de Tlemsen: احمالا من الاديم المعروف دباغه بالشرکی. Cette leçon, qui se trouve dans deux man., est la bonne, tandis que celle que l'éditeur a placée dans le texte (بالشرکسی), ne donne aucun sens. Je traduis donc: «plusieurs ballots de cette sorte de cuir qu'on nomme *cherqui*.» — Ce *cherqui*, désignant une espèce de cuir qui se fabriquait à Maroc et dont on faisait des chaussures, a été altéré par les Espagnols en *borcegui*. Mais d'où viennent les deux lettres *bo* par lesquelles le mot commence? L'ancien portugais nous met à même de répondre à cette question. Dans un document de 1418, cité par Sᵃ. Rosa (dans le Supplément, à l'article *bracelloens*), le mot est écrit *morsequill*, et dans un autre de 1359 (chez Sᵃ. Rosa à l'article *camalho*), *mosequin* [1]. Ajou-

---

[1] On y lit *huuns mosequinrs*, mais je pense que le *r* est de trop, ou bien qu'il faut lire *mosequims*, ce qui serait pour *mosequins*.

tant mal à propos un *mo*, comme ils l'ont fait aussi dans d'autres termes empruntés à l'arabe (voyez-en des exemples dans mon article MOHARRA), les chrétiens ont donc dit, au lieu de *cherqui*, *mocherqui*, par transposition *morchequi*, *morsequi*, et, par le changement ordinaire de *m* en *b*, *borcegui*.

BORNI, alborni (espèce de faucon), de l'arabe *borni*, pl. *baráni*, qu'on trouve chez P. de Alcala. A en croire Cobarruvias, ces faucons seraient originaires de la province de Bornou en Afrique, et pour cette raison on leur aurait donné le nom de *borni*.

* Ce mot, qui manque dans nos lexiques et dont j'ignore l'origine (car ce que dit Cob. ne me semble être qu'une conjecture), est encore en usage en Afrique. M. Daumas a décrit ce faucon, qu'il appelle *el berana*, dans la *Revue de l'Orient et de l'Alg.*, nouv. série, III, 235, et Tristram (*The Great Sahara*, p. 392) parle aussi du «*El-Bourni*, Barbary falcon, falco Barbarus.»

* BOTOR (bube, apostème) de بثور (*bothór*), plur. de *bathr*, qui a le même sens. Müller.

* BUGIA, *fr.* bougie (chandelle de cire), de باجية, vulgo *Bougie*, esp. *Bugia*, d'où l'on exportait jadis de la cire. Defrémery.

* BULEBULE *pg.* (nom d'une espèce d'herbe, dont la fleur s'agite au moindre souffle de vent; — celui qui est toujours en mouvement, qui n'est jamais tranquille). La racine بلبل (*balbala*) exprime la même idée, «commovit,» à la 2e forme «commotus fuit,» et *belbâl* est chez Prax (*Revue de l'Orient et de l'Alg.*, IV, 196) «ephedra.» C'est du moins une plante, quoique ce ne soit pas la même que celle que les Port. nomment *bulebule*. Il se peut donc que ce dernier mot soit d'origine arabe.

BURDO. Cet adjectif, qui signifie *grossier*, en parlant des étoffes, semble dériver du substantif برد (*bord*) [* qui désigne proprement une espèce d'étoffe grossière (voyez Ibn-as-Sikkît, *Kitâb al-alfâdh*, man. 597, p. 527, Reiske, *Aboulfeda*, I, Ann. hist., p. 10), et ensuite] une pièce oblongue d'une étoffe de laine épaisse, dans laquelle on s'enveloppe et qui sert également de couverture pendant la nuit. Voyez plus de détails sur ce mot arabe chez M. Dozy, *Dict. des noms des vêt.*, p. 59 et suiv.

* BUZA (espèce de bière en Égypte) du turc بوزة, passé dans l'arabe sous la forme بوزة (*bouza*). Le dict. de l'Acad. française donne ce mot sous la forme *bosan*. Il serait plus correct d'écrire *bouza* ou *bousa*. Defrémery.

C.

*CABAYA *pg.* (espèce de vêtement) de قباء (*cabá*); voyez mon *Dict. des noms des vétem.*, p. 352 et suiv. La forme كبايۃ (pour قبايۃ) (*cabâya*) se trouve dans les notes d'un imâm de Constantine que M. Cherbonneau m'a procurées, et M. Daumas (*La grande Kabylie*, p. 400) écrit aussi: « *kabaya*, chemise de laine.»

*CABILDA, cabilla *pg.* («associação de familias, que vivem no mesmo lugar,» Moraes), de قبيلۃ (*cabîla*), *tribu.* Ce mot se trouve très-souvent chez le voyageur portugais Teixeira, qui a écrit en espagnol son *Viage de la India hasta Italia.*

*CACIZ *pg.* de قسيس (*casîs*), *prêtre chrétien.* Chez Clavijo (*Vida del gran Tamorlan*) *caxix*, *ermite*, p. 101, l. 11 (*caxic* l. 15 et 3 a f.) et l. 26, *caxis*, *prélat*, p. 134, l. 14.

*CADAE, cadahe (pas dans les dict.) désigne à Grenade une mesure agraire, comme me l'apprend M. Simonet. Dans les lexiques arabes قدح (*cadah*) est seulement le nom d'une mesure de capacité.

*CADI *pg.* de قاضى (*câdhî*), *juge.*

*CADIMO *pg.* («exercitado na sua arte, ou profissão,» Moraes) de قديم, *vieux*, comme Moura l'a observé avec raison ; *ladrão cadimo*, *poeta cadimo*, *jogador cadimo*, etc., comme on dit en parlant d'une personne qui exerce une profession, un métier, qui mène un certain genre de vie depuis longtemps: *vieux magistrat*, *vieux capitaine*, etc. De même *boca cadima em mentir*, etc.

*CAFE, *fr.* café, de قهوۃ (*cahwa* ou *cahwé*), qui a été longtemps un des noms du vin. Les étymologies données par les Arabes sont inadmissibles; mais quand on considère que le vrai moka est une boisson enivrante, on s'explique aisément pourquoi on lui a donné ce nom. Au reste les Esp. ont emprunté ce terme aux Français Teixeira, qui publia son livre en 1610, écrit encore *kaoáh* (*Viage de la India hasta Italia*, p. 116, 117).

CAFILA (troupe) de قافلۃ (*câfila*) qui désigne une troupe de voyageurs, une caravane.

CAFIZ, cahiz, [*py.* cacifo; voyez S^a. Rosa] (nom d'une mesure pour les grains), de قفيز (*cafîz*).

CAFRE (cruel, barbare) de كافِر (câfir) qui signifie *un infidèle*, *un mécréant*.

* CAFTAN de خفتان (khaftân) ou قفطان (caftân). Voyez mon *Dict. des noms des vêtem.*, p. 162 et suiv.

* CAIMACAN (lieutenant) est مقام قائم (câïm macâm). Müller.

* CAIRO *pg.*, *fr.* caire, *angl.* coir, koir, kyre (les fibres de la noix de coco, dont on se sert aux Maldives pour en tresser du fil avec lequel on coud les navires). En arabe ce mot s'écrit قنبير, قنبار ou كنبار, que l'on prononce *kimbâr*, *cambar* ou *combâr*; voyez M. Wright, Glossaire sur Ibn-Djobair, p. 29, 30, et M. Defrémery, *Mémoires d'hist. orient.*, p. 295, n. 2. J'ignore si la forme du mot port. ressemble plus au terme qui est en usage aux Maldives.

* CALAHORRA («forteresse, mot arabe,» Victor). Ce mot n'est pas arabe d'origine; il paraît qu'il est basque = Calagurris, qui est bien connu comme nom propre, et qui, chez les Arabes, est قَلَهْرَة, de même que chez les Espagnols (Calahorra). Cependant les Arabes l'emploient comme un nom appellatif dans le sens de *forteresse* ou de *tour d'une forteresse*; voyez Ibn-al-Khatîb dans Müller, *Beiträge*, p. 3, et les articles de P. de Alcala que cite l'éditeur. Selon l'Acad. ce mot s'emploie encore dans quelques districts, mais dans un autre sens, puisqu'il désigne: la maison où l'on distribue le pain au public en temps de disette.

* CALAIM *pg.* (étain indien) de قلعى (cala'i), qui vient à son tour du malai كلغ (kélang), *étain*, ou bien qui est dérivé de *Cala'a* (قلعة ou كلة), nom d'une ville dans l'Inde d'où l'on tirait l'étain; voyez Quatremère dans le *Journ. des savants* de 1846, p. 731; Djawâlîkî, p. 125 du texte, et p. 56, 57 des notes. Chez les Arabes *cala'î* est à la fois un adjectif et un substantif. Edrîsî (Clim. I, Sect. 6) nomme الرصاص القلعى, «l'étain cala'î,» parmi les produits de la Chine, et la même expression se trouve dans le man. de Naples du *Mosta'înî* à l'article الفضّة يختلس حاجر. Ailleurs on lit dans ce livre (art. قصدير): هو القلعى ويقال رصاص قلعى اى القصدير ۞

CALIFA de خليفة (khalîfa) qui signifie *successeur* (du prophète de Dieu).

CAMBUX (masque ou voile à couvrir le visage) de كنبوش (canbouch) qui désigne une espèce de voile, comme le dit P. de Alcala aux mots *toca de muger*, *antifaz* et *velo de muger ;* voyez M. Dozy, *Dict. des noms des vêtem.*, p. 390. Le mot *cancabux* semble avoir la même origine.

.* M. Müller observe avec raison que *gambux* (bonnet d'enfant) n'est qu'une autre forme de ce mot. Ajoutez aussi *gambox* et *gambo*.

* Самосан, camucan (pas dans les dict.). *Camocan* se trouve souvent chez Clavijo (*Vida del gran Tamorlan*) comme le nom d'une étoffe précieuse, p. e. p. 113, l. 23, p. 118, l. 30, p. 119, l. 3 a f., p. 123, l. 30, et il faut lire *camucanes* dans une ordonnance de 1348, où le texte, publié dans les *Cortes de Leon y de Castilla* (I´, 623), porte: «Las del comun de la villa — — que non trayan pannos de sirgo nin de cannucanes nin de tapetes.» Dans le *Cancionero de Baena* (p. 99) on trouve:

> De Milan con grant afan
> Viene agora Sancho el page,
> Balandran de çamoçan
> Non sabemos sy lo trage.

Les auteurs du glossaire expliquent ce *çamoçan* par *peau de chamois ;* c'est une grave erreur et la véritable leçon est *camocan*. C'est كمخا , que Freytag a noté d'après un des glossaires de Habicht sur les Mille et une nuits (cf. Fleischer, *de Glossis Habicht.*, p. 94), et qui se trouve souvent chez Ibn-Batouta. Selon le dictionnaire persan de Richardson, il faut prononcer *kimkhâ*. Chez Bocthor, sous *chenille, tissu de soie velouté* et sous *damasquète*, *étoffe de soie, or et argent, de Venise, du Levant, à fleurs*, le mot est كمخ (pas de voyelles). Berggren et Naggiar, sous *damas*, ont *camkhâ*. Le mot est d'origine chinoise, car selon M. Hoffmann, *kincha* ou *kimcha* signifie en chinois *brocart* (voyez le Glossaire de M. de Jong sur le *Latâif al-ma'ârif* de Tha'âlibî, p. xxxv). La forme *camkhâ* s'approche le plus de *camocan* ou *camucan ;* mais M. de Jong a trouvé dans un man. de Tha'âlibî كيمخار et dans un autre كمجار ou كمخار. Ne faudrait-il pas lire كمخان? Prononcé comme *cammokhân*, cette forme répondrait fort bien à *camocan*.

* Самсано (pou) serait قمقام (*camcâm*), selon Marina. La signification est bien la même ; mais si cette étymologie était bonne, l'accent aurait été changé dans le mot esp. (cáncano), et en outre je doute que *camcâm*, qui n'est ni dans Alcala ni dans Bocthor, ait été en usage dans la langue ordinaire. Je dois donc avouer que cette dérivation m'est suspecte.

* CANDE, candi, *pg.* aussi candil et cadde, en parlent du sucre, de l'arabe-persan قند (*cand*), qui vient à son tour du sanscrit *khanda*. Cf. Mahn, *Etym. Unters.*, p. 47.

CANDIL. Il est difficile à décider si ce mot espagnol est l'arabe قنديل (*candîl*) ou bien le latin *candela*. Le portugais *candea* se rapproche plus de la forme latine.

* «M. E. semble avoir eu tort de ne pas se décider. Le latin *candela* est resté *candela*, chandelle; *candil*, lampe, est le mot arabe.» Müller. — Cette observation me paraît juste. Au reste ce *candîl* vient de κανταλα; voyez Fleischer, *de Glossis Habicht.*, p. 72.

* CANIBO *pg.* ⎫
* CANHAMO *pg.* ⎬ (chanvre). On s'étonnera peut-être de trouver ces mots ici, attendu qu'ils viennent de κάνναβις, can-
* CAÑAMO ⎭ nabis. Aussi ne les ai-je notés que parce que ce sont les Arabes qui ont altéré de cette manière le mot grec-latin. Dans le *Mosta'ini* on lit : شهدانج هو القنب, et le man. de Naples ajoute: والقنّم بلسان عامّة الاندلس, c.-à-d.: «*Chahdânedj* est le *kinnab* [telle est la forme que κάνναβις a reçue en arabe], ou le *kinnam*, comme dit le peuple en Espagne.» Or, l'auteur du *Mosta'ini* entend toujours sous cette dénomination, non pas les chrétiens, mais les Arabes d'Espagne; il est donc certain que c'est à ces derniers qu'il faut attribuer le changement du *b* en *m*. Le témoignage de P. de Alcala confirme cette assertion, car il traduit *cañamo* par *quînnam*. Toutefois le peuple arabe en Espagne n'avait pas perdu tout-à-fait la coutume de prononcer ce mot avec le *b*; l'adjectif *alcanavy*, que nous avons rencontré plus haut, le prouve. Quant à *canibo*, que l'on rencontre à plusieurs reprises chez Barros (voyez Moura), il semble aussi représenter (mais d'une manière peu exacte) l'arabe *kinnab*.

CARABE, [**pg.* aussi charabé', karabé] (ambre jaune), de كهربا (*cahrabé*), qui est le persan *câh-robâ*, «ce qui attire la paille.»

CARABIA. Dans un passage des Ordonnances de Tolède, cité par Marina, on lit: «Qualquier home que quisiere cavar para facer pozo, ó canal, ó carabia,» etc. Marina dérive ce mot de كربة (*caraba*) qui désigne chez Freytag *locus*, *quo per vallem aqua fluit*. N'ayant jamais rencontré ce mot arabe, je ne saurais confirmer cette étymologie, bien que je n'aie pas à en proposer de meilleure.

*Dans le Glossaire sur Edrìsî (p. 315, 316) j'ai déjà dit que cette étymologie est fausse. Elle n'explique pas la terminaison *ia*, et le mot *caraba* n'a jamais été en usage en Espagne; c'est un vieux mot qui appartient à la langue du Désert. Il y a dans *carabia* une faute légère et extrêmement fréquente dans les écrits esp. du moyen âge; la cédille a été omise et *çarabia* est l'arabe سَرَبِيَّة (*sarabîya*) = سرب (*sarab*), en esp. *azarbe*, *canal*, *conduit de l'eau*.

*CARACA *b.-lat.*, *esp.* et *pg.* carraca, *ital.* caracca, *fr.* caraque, *b.-lat.* CARACORA, *pg.* coracora ou corocora, *esp.* caracoa, *fr.* caracove (espèce de vaisseau grand et d'une marche lente]. M. Diez a noté *caracca* etc., qui a aussi passé dans les langues du Nord, mais sans en expliquer l'origine. En esp. *carraca* est ancien, car on le trouve déjà dans la *Cronica general* (Acad.), et je crois que les Européens ont emprunté ce mot aux Arabes, de même que *caracora*. En effet, on trouve dans les dictionnaires de la langue classique قُرْقُور (*corcór*), et chez les auteurs قُرْقُورَة (*corcóra*) (Ibn-Batouta, II, 254, IV, 327, Maccarî, II, 725, l. 5), pour désigner un vaisseau marchand qui parfois était d'une grandeur énorme (voyez le *Cartâs*, p. 225, l. 1 et 2). Ce *corcóra* a donné naissance à *caracora*, etc. Quant à *caraca* etc., je serais tenté de le dériver du plur. de ce même mot, à savoir de قَرَاقِر (*caráquir*) (cette forme du plur., qui n'est pas dans les dict., se trouve chez Ibn-Batouta, II, 453, dans le *Cartâs*, p. 224 du texte, p. 228, n. 3 de la trad., chez un chroniqueur anonyme, man. de Copenhague, n°. 76, p. 41), car plusieurs mots arabes ont passé dans l'esp. sous la forme du plur., et en outre, comme les *corcóra's* ou *caráquir* étaient souvent réunies en flottes, il était facile de prendre le plur. pour le sing. On entendait parler des *caráquir*, et l'on pensait que chaque navire, pris séparément, s'appelait de même. Quant au changement de *caráquir* en *caráca*, il est si simple et si commun, qu'il serait inutile de s'y arrêter [1]. Une autre question serait de savoir d'où vient ce mot *corcóra*. En arabe il

---

[1] Cet article était écrit depuis longtemps, lorsque j'ai reçu le numéro du *Journ. asiat.* de 1867, où M. Defrémery, en rendant compte de la seconde édition du livre de M. Pihan, donne la même étymologie du mot *carraca*.

est ancien, mais il n'a pas de racine dans cette langue. Ne viendrait-il pas de *carricare* (= *charger*), qui se trouve déjà chez saint Jérôme et qui s'emploie précisément en parlant de navires («perierunt tres naves quae pergebant carricatae Constantinopoli» chez Ducange)?

* CARADION (pas dans les dictionnaires). Dans le *Libro de la Monteria* d'Alphonse XI (fol. 25 *b*) «una melezina que le dizen çaradion» est nommée comme un remède propre à faire mourir les vers chez les chiens, et c'est en se fondant sur ce passage que l'Acad. a donné un article *zaradion*. Je crois que la cédille est de trop, que par conséquent il faut lire *caradion* et que c'est قردايون (*cardáyón*). Ce mot manque dans les dictionnaires, mais M. Sanguinetti l'a noté (dans le *Journ. asiat.* de 1866, I). Il signifie *cardamome*, et cette plante était en effet considérée comme un vermifuge; voyez Dodonaeus, *Cruydt-Boeck*, p. 1538 *a*. Je pense aussi qu'il faut restituer le même mot un peu plus loin (fol. 25 *c*), où l'auteur dit: «é despues tomen de una melezina que dizen çaradique e amassenlo con del vinagre, é del agua é pongangelo sobre las yjadas é atenlo» (de là l'article *zaradique* dans le Dict. de l'Acad.), car on employait le cardamome contre la goutte aux hanches; voyez Dodonaeus, *ibid.*

* CARAMO *boh.* (vin) de خمر (*khamr*). Müller.

CARAVANA (troupe de marchands ou de pèlerins voyageant ensemble) de قيروان (*cairawán*), mot d'origine persane (كروان) qui désigne la même chose que l'arabe *cáfila*. Voyez ce mot.

* CARCAJADA (éclat de rire), chez Victor le verbe carcajear (rire à gorge déployée). Tamarid (voyez l'Acad.) avait déjà dit que c'est un mot arabe, et Marina compare avec raison قهقهة (*cahcaha*), l'infinitif du verbe قهقه, qui a le même sens. En effet, P. de Alcala traduit *carcajada de risa* par *tacahcúha*, l'infinitif de la 2ᵉ forme de ce verbe. Le son que l'on produit quand on rit aux éclats, est aussi rendu par les lettres قهقه (*cahcah*); voyez Maccarî, II, 203, l. 12.

* CARCAJES chez Cervantes, *Don Quijote*, I, cap. XLI, t. III, p. 215 ed. Clemencin, est خلخال (*khalkhál*) = axorca. Müller. — Cervantes emploie aussi ce mot dans ses *Novelas*, I, 156 éd. de Perpignan de 1816 (Novela del amante liberal).

* CARCAVO («el concavo y hondura del vientre del animal, segun dice Nebrixa» Acad.) de قرتب (*carcab*), *véntre*, comme l'a déjà dit Marina.

32

En effet, P. de Alcala traduit *carcavo* par deux mots arabes qui signifient *ventre*.

* CARCAX, *fr.* carquois. « Ce mot nous est venu du persan تركش (*tarcach*), d'où les Arabes ont fait تركاش (*tarcâch*) et les Italiens *tarcasso*. Au XVe siècle, on disait *tarquais*, et l'on n'ignore pas que les lettres *c* et *t* permutaient souvent entre elles dans les langues néo-latines (voyez la *Bibl. de l'école des chartes*, 2e série, IV, 402 et suiv.). C'est ainsi que de *carcer* on a fait *chartre;* de *flaccere, flétrir;* de *tremere, cremere*, et ensuite *craindre* (cf. Chevalet, *Orig. de la langue franç.*, I, 208, II, 98, 104).» Defrémery. — M. Müller a aussi signalé l'omission de ce mot et il renvoie à Quatremère, *Hist. des sult. maml.*, I, 1, 13.

* CARMEL (« espèce de plantain qu'on appelle long plantain ou lancelée,» Victor). En arabe cette plante s'appelle لسان الحمل (*lisân al-hamal*), ce qui, quant à la signification, répond exactement au grec *arnoglossa* et à l'esp. *lengua de cordero;* mais les Arabes d'Espagne disaient *hamîl* au lieu de *hamal* (Alc. sous *lengua de cordero yerva*), et je crois que ce *hamîl* a été altéré en *carmel*. Les Esp. ont donc supprimé le premier mot, et ils ont corrompu l'autre; mais comme il s'agit du nom d'une plante, cette circonstance n'a rien d'étonnant, car dans toutes les langues ce sont les noms des plantes qui ont subi le plus d'altérations.

* CARMEN *gren.* (« huerto ó quinta con jardines, que se hace para recréo,» Acad.) de كرم (*carm*), *vigne*, étendue de terre plantée de vigne, selon Marina et M. Müller. En effet, l'expression جنّات وكرمات (*Cartâs*, p. 231, l. 3 a f., Müller, *Beiträge*, p. 42), ou كرمات وجنّات (*Cartâs*, p. 238, l. 9 a f.), ou كروم وبساتين (*Mille et une nuits*, II, 109 éd. Macnaghten), n'est pas rare chez les écrivains arabes, et elle répond tout-à-fait à celle qu'emploie Marmol (*Rebelion de los Moriscos*, fol. 8 *b*): «cármenes y huertas.» Le sing. كرم se trouve dans le *Kitâb akhbâr al-'açr* (dans Müller, *Die letzten Zeiten*), p. 52, l. 4, et dans les *Mille et une nuits*, I, 734 éd. Macnaghten. Freytag n'a pas le mot en ce sens.

* CARMES, CARMESI, CARMIN. Voyez ALQUERMEZ.

* CARNE (celui des quatre côtés de l'osselet qui est un peu concave et qui forme une figure comme un S) est probablement قرن (*carn*) qui signifie proprement *corne*. Ce nom est bien choisi, car sur les osselets que j'ai sous les yeux, la figure en question ressemble encore plus a une corne qu'à un S.

*CAZUZ. On lit dans le *Libro de la Monteria* d'Alphonse XI (fol. 25 *d*): «Una yerva que le dizen caçuz, é esta yerva non ha mas de una rayz sola que se va derecha ayuso, é es assi como soga, é apegase á las paredes, é sube contra arriba.» C'est l'arabe قسوس, qu'il ne faut pas prononcer *casous*, mais *kissous*, car c'est la transcription du grec κισσός, *lierre*. — Chez Nuñez le mot esp. est écrit *cazur*; c'est une faute.

*CEBOHO. Victor: «*Zebóho*, espèce de chausson morisque.» ?

CEBRATANA, [*cerbatana, zarbatana, *pg.* sarabatana ou saravatana, *ital.* zarabotana,] *fr.* sarbacane, de زبطانة (*zabatăna*) qui désigne une sarbacane dont on se sert pour tuer les oiseaux.

*Les Arabes ont emprunté ce mot aux Persans. Le *r*, qui est de trop, était déjà dans le dialecte des Arabes d'Espagne, car P. de Alcala traduit *zebratana* par *zarbatăna*.

*CECA (monnaie, lieu où l'on bat la monnaie) de سِكَّة (*sicca*). En arabe c'est *dăr as-sicca*.

CEDOARIA de جدوار (*djedwár*) que Bocthor traduit par *zédoaire*. *Voir* Sousa.

*Voyez Ibn-al-Baitâr, I, 243. En arabe, comme on peut le voir chez cet auteur (I, 523) et chez Freytag (I, 253 *a*), la première lettre de ce mot est soit un *djîm*, soit un *zá* (*z*); il vaut donc mieux dériver *cedoaria* de la forme زدوار (*zedwár*). En esp. et en cat. on trouve les formes anciennes *cetoal* (Alexandre, copl. 1301), *sitoval* (tarif de 1252, dans Capmany, *Memorias sobre la marina de Barcelona*, II, 20), *sitouar* (*ibid.*, III, 178, n. 38).

*CEGATERO (revendeur, fripier) de سقاط (*saccât*), qui a le même sens, avec la terminaison esp. *ero*. Müller.

*CEMIME. Ce mot qui n'est pas dans les dict., se trouve (avec le *z*) dans la *Carpinteria de lo blanco*, et M. Lafuente y Alcántara m'écrit à ce sujet: «Ni M. Mariategui ni moi, nous n'avons encore pu déterminer d'une manière précise ce qu'il faut entendre sous *zemime*. C'est évidemment une pièce de bois qui sert à en lier ou assujettir d'autres; mais Lopez Arenas n'en explique ni la forme ni les dimensions d'une manière intelligible. Je crois que c'est زمام.» Il se peut bien, en effet, que زمام (*zimăm, zimém, zimîm*) ait désigné une telle pièce de bois.

* CENI. En arabe l'adjectif صِينِى (*cînî*), qui signifie propremert *chinois*, est aussi employé comme un substantif pour désigner une substance métallique. Freytag n'a pas du tout ce mot, qui cependant a encore plusieurs autres significatioᴎs; il donne seulement خَارْصِينِى (*khârcînî*), qui désigne soit la toutenague, soit le zinc (voyez l'art. KAZINI); mais on trouve dans le *Mosta'ini* à l'article حَاجَر طَالْقُون (ce mot *tâlicoun*, qui n'est pas dans Freytag, mais qui est une altération de *catholicon*, signifie selon M. Sanguinetti, dans le *Journ. asiat.* de 1866, I: «une sorte de cuivre jaune, très-dur;» comparez cependant de Sacy, *Chrest.*, III, 457, à la fin): هُو الصِينِى, «c'est le *cînî*.» Chez P. de Alcala *cînî* est *fuslera*, et on lit chez Marmol (*Descripcion de Affrica*, III, fol. 3 *d*): «Las minas del cobre, de que se haze el alaton finissimo, que llaman *Ciny*.» Dans les *Libros de Astronomia* d'Alphonse X, *ceni* est signalé comme un mot arabe, car on y lit dans l'endroit où il est question des métaux dont on fait la sphère (I, 163): «Et si destos metales la fiziessen bueltos unos con otros, assi cuemo uno á que llaman en aráviguo *ceni*, de que fazen bacines, et aguamaniles, et acetres; et demás es tan flaco por si este metal assi buelto, que quiebra cuemo vidrio.» Toutefois on le trouve aussi employé dans cette collection comme un mot castillan, car on y rencontre ce passage (II, 117): «Las cosas de que se puede fazer ell espera son todos los metales, assi cuemo oro, plata, arambre, fierro, estanno ó plomo, et quantas mezclas se fazen destos metales cuemo son el ceni et la fuslera.» — De ces deux passages il résulte que le *ceni* est un alliage, une composition artificielle; mais j'ignore comment il faut l'appeler en français, et les témoignages que j'ai rassemblés ne suffisent pas, ce me semble, pour l'identifier avec un des alliages que nous connaissons. Tout ce que l'on peut dire, c'est que le cuivre y entre en premier lieu, et que, malgré le témoignage d'Alcala, ce n'est pas = *fuslera*, car les astronomes d'Alphonse X distinguent très-nettement le *ceni* de la *fuslera*, non-seulement dans le second passage, mais aussi dans le premier.

* CEPTI, ceuti, *pg.* ceitil, de سِبْتِى (*sebtî*), l'adjectif de سِبْتَة (*Sebta*), nom par lequel les Arabes désignent la ville de Ceuta. *Ceuti* est un adjectif pour une très-belle espèce de citron de Ceuta, et aussi, sous la forme *cepti* ou *cebti*, pour du papier fabriqué dans cette ville. En Espagne les *doblas ceptis*, cat. *bizancios ceptils*, étaient des monnaies d'or (voyez Saez, *Valor de las monedas*, p. 321 et ailleurs; Capmany, *Memorias*, IV, 8) et selon toute apparence on les frappait à Ceuta; mais ce qu'on appelait *ceitil* en Portugal était une monnaie de cuivre que Jean Ier fit frapper en mémoire de la conquête de Ceuta (voyez S[a]. Rosa).

* CEQUI, *ital.* zecchino, *fr.* sequin, dérivé de سِكَّة (*sicca*), *monnaie.* Müller.

* CERECEDA *boh.* (chaîne de galériens) de سِلْسِلَة (*silsila*), *chaîne.* Müller. — Comparez ce que j'ai dit dans l'Introd., p. 22.

* CERO, *ital.* zero, *fr.* zéro, de صِفْر (*cifr*), *vide* (cifro, ciro, cero), et substantivement comme terme technique *zéro.* Le même mot *cifr* est aussi devenu *cifra*, *chiffre*, les Européens ayant appliqué le nom du zéro, comme celui du caractère le plus général, aux neuf autres. Voyez Mahn, *Etym. Unters.*, p. 46.

* CHAREL *pg.* Voyez GIREL.

* CHERVA (ricin, Palma-christi, = higuera infernal) de خِرْوَع (*khirwa'*) qui désigne la même plante. Ce mot, que Marina a déjà noté, est un exemple frappant et irrécusable du changement du *khâ* en *ch*, dont j'ai parlé dans l'Introd. (p. 13). En effet, ni l'origine orientale de *khirwa'*, ni son identité avec *cherva*, ne peuvent être révoquées en doute. Laguno, que cite l'Acad., avait déjà écrit dans ses notes sur Dioscoride: «El Ricino ó Cicino es la misma cherva ó catapucia mayor de los Arabes,» et: «El oleo Ricino ó Cicino es el azeite de cherva» (دُهْن الخِرْوَع chez Ibn-Djobair, p. 68, l. 5). Il est aussi très-certain que *kerva* a été la forme intermédiaire, car Dodonaeus dit (*Cruydt-Boeck*, p. 648 a): «On appelle quelquefois cette plante *kerua* ou *cherva maior.*»

* CHIBO (fosse où l'on jette le marc des olives) de جُبّ (*djoubb*), *puits*, *fosse*, que nous avons déjà rencontré plus haut sous la forme ALGIBE.

* CHIFAROTE (épée courte et droite), et

* CHIFRA *pg.*, *esp.* chifla (racloir, outil de relieurs et d'autres ouvriers pour amincir le cuir dont ils couvrent les livres, les coffres, etc.). Freytag a شَفْرَة (*chafra* et *chofra*), «culter magnus, pec. scalprum sutorium.» En Espagne on prononçait *chifra*, et ce mot y désignait un outil semblable à la *chifra* des deux langues romanes; P. de Alcala le donne sous *tranchete de çapatero*; il a aussi *navaja de barvero*, *chifra al-mous.* *Chifarote* a la même origine; mais *ote* est une terminaison romane.

* Chirivia, *pg.* cherevia, alcherevia, alquirivia, *fr.* chervis, chiroui, de كراويا (*caráwiyá* ou *carîwiyá*) qui, chez Bocthor, répond à *chervi*. Sur le changement du *c* en *ch* voyez l'Introd., p. 15. Les Espagnols ont rendu ce mot, sous la forme qu'ils lui avaient donnée, aux Mauresques, car chez P. de Alcala *chirivia rayç conocida* est *girivîa*.

* Choca *pg.* (boule avec laquelle jouent les enfants et qu'ils frappent avec un grand bâton; le jeu a le même nom, Moraes) de l'arabe-persan جوكان (*djôcân*), *le jeu de la paume à cheval*, mais proprement: *l'espèce de raquette avec laquelle on poussait la balle.* Le voyageur portugais Antonio Tenreiro dit en parlant des Arabes: «Ils sont si grands cavaliers, qu'ils jouent la paume à cheval, *que jogão a choca a cavallo.*» Voyez la savante dissertation de Quatremère, *Hist. des sult. maml.*, I, 1, 122 et suiv. On voit que les Portugais se trompent quand ils pensent que *choca* est la balle, car c'est la raquette.

* Choza, *pg.* choça (hutte, cabane). L'origine de ce mot ne s'explique pas par le latin. Il est vrai que M. Diez (II, 114) le fait venir de *plutea*, qui serait pour *pluteum*, en assurant que le changement des lettres est régulier; mais il faudrait prouver l'existence de cette forme *plutea*, et en outre ni les Romains ni les peuples néo-latins n'ont jamais employé *pluteum* dans le sens de cabane faite de bâtons fichés dans la terre et couverte de broussailles ou de paille; tout le monde sait qu'il a une tout autre signification. Je crois donc que l'étymologie arabe, proposée par Marina et par Moura, n'est nullement à dédaigner. Ils font venir *choza* de خصّ (*khoçç*). C'est un mot très-fréquent et qui a absolument le même sens. Le changement du *khâ* en *ch* n'a aussi rien d'extraordinaire. Le *kh* devient *c* en esp., et les peuples néo-latins changent souvent le *c* en *ch*. Voyez l'Introd., p. 13.

* Chuca (celui des quatre côtés de l'osselet qui présente un creux), chuque chez Cobarruvias sous *azar*, semble être شقّة (*choucca*). La racine شقّ (*chacca*) signifie *fendre; chacc* est *fissura*, et chez Bocthor شقّة répond à *crevasse*. C'est donc par allusion au creux qui le distingue, que ce côté de l'osselet a reçu ce nom.

* Chué, xué *pg.* Ce mot qu'on emploie comme un adjectif ou comme un adverbe, a un sens peu précis; il signifie *maigre*, mais en général c'est tout ce qui est mesquin, mal arrangé, mal apprêté, etc.; *vai chué*, en parlant d'une femme qui porte peu de jupons ou des jupons très-serrés; *um jantar chué*, *luminarias chués*, etc. Je crois que c'est un mot arabe dont les Portugais font une application qui n'est pas tout-à-fait exacte, parce que naturellement ils n'en sentent pas la force et la véritable signification. Aujourd'hui on emploie dans les pays arabes le terme شويّة, qu'on prononce *choueiyè* ou *chouyéh* et qui est proprement le diminutif de شىء (*chai*), *chose*, comme un adverbe dans le sens de *peu*, *un peu*; voyez Caussin de Perceval, *Gramm. ar. vulgaire*, p. 128, Tantavy, *Traité de la langue ar. vulg.*, p. 86, Bocthor, Hélot, Berggren et Marcel sous *peu*. Les Arabes d'Espagne disaient *chouei* (c'est-à-dire شُوَىّ); ainsi P. de Alcala donne *poco mas* اكثر شوى (*xuáy*), *poco menos* اقلّ شوى, et la même forme se trouve chez Berggren. Je pense que c'est de ce *chouei* que les Port. ont fait leur *chué*.

* Chulamo *boh.* (jeune homme). Selon Marina, ce serait une altération de غلام (*golâm*) qui a le même sens; mais peut-être y a-t-il du rapport entre ce mot et *chulo*.

* Chulo. Dans le sens de *plaisant*, *croustilleux*, ou de *qui a de la grâce* (comparez *chusco* qui a les mêmes sens), ce mot n'est sans doute pas d'origine arabe, car l'italien a aussi *zurlo* et *zurro*, *gaîté*, *badinage*, et *zurlare*, *plaisanter*, *badiner*. Mais dans ses autres significations, ce terme me semble venir de l'arabe شول (*chaul*, ou, puisque la diphthongue *au* devient *ou* dans la langue vulgaire, *choul*). La langue classique n'a ce mot que comme un adjectif dans le sens de « agilis in opere peragendo;» nous verrons qu'il en a reçu d'autres. — Le mieux sera de commencer par le sens que *chulo* a chez les bohémiens. C'est *jeune homme*, et *chula*, *jeune fille*. En outre, *chula* est en esp. = *meretricula*; il est à peine besoin de dire que c'est encore *jeune fille*, *fille* dans un mauvais sens. On retrouve cette acception chez P. de Alcala qui traduit *mancebo* par *méchual*, au plur. *mechulîn*. C'est évidemment un mot qui vient de la même racine, une autre forme du même mot. Il paraît être encore en usage en Algérie, car un officier oldenbourgeois, Lamping, qui a servi en Algérie dans la légion étrangère, donne à plusieurs reprises le mot *jaule* (*Erinnerungen aus Algerien*, 1, 8, 17, 96, II, 44), en ajoutant qu'il signifie *camarade*, et que les Arabes appellent ainsi tous ceux à qui ils adressent la parole. Je suppose que c'est *jeune homme* et qu'on ne se sert de ce terme qu'en parlant aux jeunes gens. Quoi qu'il en soit, *choul* était en Espagne *jeune homme*, et ce sens explique *chulo* dans l'acception de *valet de boucher* et dans celle qu'il a dans les courses aux taureaux. « *Chulo*, » dit l'Acad., «est celui qui assiste dans la boucherie pour amener, enfermer et tuer les bœufs; et comme ces gens, qui accompagnent sans cesse les taureaux, les vaches et les bœufs, apprennent ordinairement à les combattre et à les agacer, on donne aussi le nom de *chulos* ou *toréros* à ceux qui, pendant les courses aux taureaux, agacent ces animaux et fournissent des dards à ceux qui sont à cheval.» Il va sans dire que, pour de telles choses, on choisit des jeunes gens forts et agiles, et l'on voit en même temps qu'il y a du rapport entre *chaul*, le substantif, et *chaul*, l'adjectif, «agilis in opere peragendo.» — En arabe l'emploi de *chaul* comme substantif est assez ancien; seulement c'était un collectif, *jeunes gens*. Ainsi le poète Ibn-'Abdoun, qui florissait vers l'an 1100, dit dans une élégie (*apud* Ibn-Bassâm, man. de M. Mohl, fol. 213 v°):

وَمُغْرَم كان نَجْمَ [1] شوِل قُرطُبَة استغفِر اللّه لا بل شول بغداد

«Un prince toujours passionnément amoureux, qui était la brillante étoile parmi les jeunes gens de Cordoue; je devrais dire plutôt: parmi ceux de Bagdad.» Chez Ibn-Khaldoun (*Hist. des Berbères*, I, 501) on lit: اعياص زناتة وكحول شولهم، «les princes de Zenâta et les plus braves jeunes gens de cette tribu» (cf. l. 9). Ailleurs (I, 632): بعث عن سليمان كبير اولاد سباع فى شولـه ، «il fit venir Solaimân, le chef des Aulâd-Sebâ', avec ses jeunes gens.» Plus loin (II, 157): «'Abd-al-hacc ibn-Othmân, le plus brave parmi les jeunes gens (فحـل الشـول) de la famille de Merîn.» De même t. II, p. 543, l. 7 a f., p. 544, l. 8 a f., p. 553, l. 11. Si dans ces passages on veut traduire *jeunes guerriers*, ou *guerriers* tout court, je ne m'y opposerai pas; seulement je crois que *jeunes gens* est l'acception propre du mot.

*CHUMEAS, chimeas, chúmbeas *pg*. («peças de madeira, com que se guarnece o mastro estalado, *unindo-se-lhe* com cavilhas ou pregos, para não quebrar,» Moraes, qui donne chúmeas, et non pas chuméas comme

---

1) Maccarî, qui cite aussi ce vers (II, 581), donne وَمَالِكَ كان يَكَيِى. Ces leçons sont mauvaises.

Vieyra) de جامعة (*djâmi'a*), que nous avons rencontré plus haut sous la forme ALGÉMAS, de la racine *djama'a* qui répond à *unir*.

* CIFAC, cifaque (péritoine), de صفاق (*cifâc*) qui a le même sens. Müller. En pg. sifac.

CIFRA (chiffre) de صفر (*cifr*), *vide;* c'était d'abord le nom du *zéro* et ensuite on l'a transféré aux autres nombres. *Voir* Mahn, *Etymol. Unters.*, p. 46.

* COIMA *pg.* (cooma chez Moura) (amende, peine pécuniaire) de قيمة (*quîma*). Freytag n'a ce mot que dans le sens de «valor, pretium (rei);» celui d'*amende* est ancien en arabe, et M. de Goeje l'a noté dans son Glossaire sur Belâdzorî, p. 92, en remarquant que c'est proprement: restitutio pretii rei. Le port. a aussi *coimeiro* comme adjectif et comme substantif; voyez Sª. Rosa et Moraes.

* COLCOTAR, *pg.* colcothár, *fr.* colcotar («a caparrosa distillada, ou calcinada, de sorte que já não tenha que dar de si; hoje chama-se oxido de ferro rubro,» Moraes) de قلقطار (*colcotâr*), «vitriolum flavum, chalcitis;» voyez le *Mosta'înî* sous زاج, Ibn-al-Baitâr, I, 510, Alcala sous *caparrosa*. Il résulte de ces citations que M. Littré, dans son savant *Dictionnaire de la langue française*, s'est gravement trompé en soupçonnant que ce terme a été inventé par Paracelse. Il est sans doute d'origine grecque et selon toute apparence c'est une corruption de χάλκανθος, χαλκάνθη ou χάλκανθον, car une autre espèce de cette substance porte en arabe le nom de *calcant*.

CUBEBA (espèce de poivre) de كبابة (*cabâba*).

* CURCUMA (souchet, safran d'Inde) de كركم (*courcoum*), qui désigne la même plante, en sanscrit *kunkuma* (safran), comme me l'apprend mon savant ami et collègue M. Kern. Κρόκος-*crocus* a sans doute la même origine.

D.

DAIFA (concubine) de ضيفة (*dhaifa*), chez Freytag «quæ hospitio convivioque excipitur (femina).»

DANIQUE (nom d'un poids) de دانق (*dânic*), la sixième partie d'un dirhem.

* Ce *danique*, qui n'est pas dans les dict., est donné par M. de Gayangos, trad. de Maccarî, I, 500.

* DEBO (outil de mégissier). M. Müller dérive ce mot de la racine
دبغ (dabaga) qui signifie en effet *tanner* et *passer en mégie;* mais je ne
connais pas de substantif, venant de cette racine, qui désigne un outil
de mégissier. Le savant bavarois semble l'avoir trouvé dans *dibg* ou
dibág, qu'il traduit, comme Freytag l'avait fait, par «res qua paratur
pellis coriumve;» je suppose donc qu'il a cru reconnaître un outil dans
ce *res;* mais s'il en est ainsi, il s'est trompé. *Dibg* et *dibág* désignent
le tan, l'écorce avec laquelle on prépare le cuir (voyez Lane, Espina
dans la *Revue de l'Orient et de l'Alg.*, XIII., 155, et les dict. de la
langue moderne sous *tan*), et je ne sache pas qu'ils aient jamais signifié
autre chose. Je doute donc un peu de cette étymologie, qui, au premier
abord, semble cependant assez plausible.

* DERRAMA (impôt, tribut). Sª. Rosa dérive ce mot du verbe *derra-
mar*, *répandre*, parce que c'est une contribution «derramada por todos.»
Cette explication me paraît peu naturelle, et j'aime mieux voir dans
derrama, avec Cobarruvias, l'Acad. et Marina, une altération de غرامة
(garáma) qui a le même sens et qui a encore une fois passé dans l'esp.
sous la forme *garrama*.

DINERO [, *pg*. dinheiro]. Bien que l'arabe دينار (dînâr, dînér) lui-
même ne soit qu'une altération de δηνάριον, du latin *denarius*, la forme
du mot espagnol semble approcher plus de l'arabe que du latin.

E.

EIXORTINS *val*. Suivant Ròs ce mot signifie *hombres de guarda del
Rey*. C'est l'arabe الشرطة (ach-chorta) qui signifie de même *les gardes
du corps*.

* Cette étymologie n'est pas tout-à-fait exacte. *Eixortins* vient de
الشرطى, mot que Freytag prononce *ach-choratî* («prætorianus satelles»),
mais qui en Espagne se prononçait *ach-chortî*, car c'est ainsi qu'il est
écrit, avec toutes les voyelles, dans l'excellent man. de l'*Histoire des
cadis de Cordoue*, par Mohammed ibn-Hârith, que possède la bibliothè-
que d'Oxford (p. 281), et P. de Alcala (sous *sayon* et sous *verdugo*)
prononce de la même manière.

ELCHE (barbare) de علج ('ildj) qui se dit dans la même acception.

* En arabe *'ildj* signifie: un étranger qui n'est pas de la religion

musulmane, chez Freytag «barbarus religionem Muhammedis non pro-
fitens;» et quant à *elche*, il ne signifie nullement *barbare*. Chez Victor
c'est: «fugitif qui va se rendre aux ennemis et tient leur parti, Maure
de Grenade ainsi appelé par ceux de Fez;» dans les dict. modernes:
«apostat, renégat, celui qui a renoncé à la foi catholique.» Le fait
est que, vers la fin du moyen âge, on donnait le nom de *'ildj* ou *elche*
à tous ceux qui avaient changé de religion, aux musulmans qui s'étaient
faits chrétiens (Alcala: elche tornadizo = متنصر, cf. Victor), aussi bien
qu'aux chrétiens qui avaient embrassé l'islamisme (voyez les auteurs
cités dans mon *Hist. des musulmans d'Espagne*, I, 338, n. 1).

   * Elemi, *pg.* gumileme, de لامـى (*lâmî* ou *lémî*) qui manque chez
Freytag, mais qu'on trouve chez Bocthor («Élémi, gomme, صمغ لامى»).
M. Sanguinetti, dans le *Journ. asiat.* de 1866, I, 322, remarque sur
ce terme ce qui suit: «لامى Élémi, *Elemi resina*. L'élémi oriental, ou
vrai élémi, provient de l'*Amyris Zeylanica*, Balsamier de Ceylan. On
l'employait en fumigations, et comme masticatoire. On s'en servait
aussi dans les cas d'hémorrhagie de la matrice, suite de couches, etc.
On nomme encore cette résine صمغ لامى et رطب زوفا.» Chez M. Prax
(*Commerce de l'Algérie*, p. 20) on lit: «L'encens du Soudan, *bokhor
soudani*, appelé aussi *laïmni*, est une résine noire tirée d'un arbre
appelé *Omm an-nâs*.» Hœst (*Nachrichten von Marokos*, p. 275) écrit *enémî*.

   Elixir de الاكسير (*el-icsîr*), elixir, lapis philosophorum.

   * Ordinairement on se contente de dire que *al-icsîr* est un mot arabe,
ce qui est vrai jusqu'à un certain point, attendu que les Arabes l'emploient. Cependant il ne peut pas appartenir à leur langue, car en
premier lieu on ne s'explique pas comment il pourrait avoir du rapport
avec la racine *casara*, qui signifie *briser*, et en second lieu la forme
n'est pas celle d'un mot arabe, cette langue n'ayant pas la forme *if'il*
excepté dans les mots d'origine étrangère. Le fait est que c'est une
altération du grec ξηρόν, qui signifie proprement *médicament sec*, et
qui plus tard a reçu un sens plus large; voyez M. Fleischer, *de Glossis
Habicht.*, p. 70. Le grec ξήριον, qui a le même sens, a aussi passé
dans l'arabe sous la forme *icsîrain* (pas dans Freytag), car je trouve
dans le *Glossaire sur le Mançourî* (man. 331 (5), fol. 152 r°): أكسيرِيْن
هو دواء مركّب للعين, «*icsîrain* est un remède composé dont on se sert

dans les ophthalmies.» Il est facile de voir que cet اَكْسِيـرِيْن est une prononciation inexacte de اَكْسِيرِيْن (ξήριον).

* EMA *pg.* (autruche) est, selon les Portugais (voyez Sousa et Moraes), une corruption de نعامة (*na'âma* ou *na'éma*) qui désigne le même oiseau.

* EMXARA *a. pg.* (hallier, buisson) de الشعراء (*ech-cha'râ*). Même sens.

ENXARAVIA *a. pg.* («mouchoir de soie rouge que les maquerelles étaient obligées de porter sur la tête» Sᵃ. Rosa) de الشربية (*ech-charbîya*) qui signifie au Maroc *strophium capitis* (Dombay, p. 82).

* Dans mon *Dict. des noms des vétem.*, p. 219, j'avais déjà noté ce mot arabe, qui manque dans les lexiques, en citant Dombay. Je puis ajouter à présent qu'on le trouve aussi dans l'inventaire des biens d'un juif marocain décédé en 1751 (man. 1376), où on lit: ومـن شـرابى ثلاثة فسبيات, «trois *charbîyas* de Fez,» et dans l'intéressant voyage du baron de Pflügl au Maroc, qui s'exprime en ces termes (dans les *Wiener Jahrbücher*, LXVII, Anzeige-Blatt, p. 7): «Les femmes séparent les cheveux sur le front, les tressent par derrière et les enveloppent d'un mouchoir de soie. Sur celui-ci elles en portent un second (*sherbia*) de soie noire, dont les deux bouts, qui retombent sur le col, sont garnis de houppes d'or, et qui est attaché au derrière de la tête au moyen d'une aiguille d'or.» En Portugal la *enxaravia* (telle est l'accentuation de Sᵃ. Rosa; Moraes a mal à propos: enxarávia) ne servait pas seulement aux misérables dont parle Sᵃ. Rosa; c'était au contraire une coiffure très-distinguée et qui était même portée par les reines, car dans un passage cité par Moraes on lit: «ia a Rainha abafada com huma enxaravia.» Dans un autre passage, que rapporte le même lexicographe, on trouve: «veos, beatilhas, enxaravias, e outros toucados de seda.» J'observerai encore que *eyxarvia*, que Sᵃ. Rosa, dans son supplément, traduit sans aucune raison par *pierre précieuse*, est indubitablement le même mot. — Quant à l'origine du terme, il vient évidemment de *charb* qui désigne une espèce de tissu, «linum tenue» selon Golius, mais je doute que cette explication soit exacte, car le *charb* est toujours nommé parmi les étoffes précieuses (voyez le Glossaire sur Edrîsì, p. 526), et d'un autre côté nous avons vu que la *charbîya* est de soie, au Maroc aussi bien qu'en Portugal. Je crois donc plutôt que *charb* est une espèce de soie. En effet, dans un passage des *Mille et une* *nuits*, où il est question d'une chemise de *charb*, comme on lit dans l'édition de Habicht (VII, 20, l. 4), le texte publié par Macnaghten (II, 46, l. 7) porte: «une chemise de soie» (*harîr*).

* Enxavego *a. pg.* (filet pour pêcher), enxavegua *a. pg.* (pésca de solhas, e outro peixe miudo,» Sᵃ. Rosa dans le supplément, filet selon Moraes), de الشبكة (*ech-chabeca*), *filet*, et aussi, ce qu'on ne trouve pas dans Freytag, *pécherie;* Edrìsî (dans Amari, *Bibl. Arabo-Sicula*, p. 32, l. 7) emploie le mot en ce sens.

Enxeco (eyxeco, eyxequo, yxeco) signifie en vieux portugais *damno, perda, desgraça, queixa, molestia*, etc. C'est l'arabe الشقّ (*ech-checc*), « labor, molestia. »

* Enxerca, enxerqua, enxerga *a. pg.* Dans le Brésil méridional on donne encore le nom de *xarque* à des morceaux de viande saupoudrés et séchés au soleil (Moraes). Ce terme est évidemment d'origine arabe, car dans cette langue le verbe شرق à la 2ᵉ forme (*charraca*) signifie: « in partes longiores diffissam (carnem), ut siccaretur, soli exposuit.» En Portugal on disait en ce sens *carne de enxerqua;* le verbe était *enxercar*, et une femme qui vendait cette viande s'appelait *enxerqueira*. Comme elle ne se vendait pas au poids, mais seulement à vue d'œil, *a olho* comme disent les Portugais, *vender à enxerca* a reçu le sens de *vender a olho*.

* Escabeche, *pg.* aussi escaveche (sorte de saumure pour conserver longtemps le poisson; elle se compose de vinaigre ou de vin blanc, de feuilles de laurier, de citrons coupés et d'autres ingrédients), de سكباج (*sicbâdj* ou *sicbédj*), qui désigne chez Freytag un mets aigre, fait de viande avec du vinaigre, ou de petits morceaux de [viande avec du vinaigre, du miel, du sirop aigre, ou autres ingrédients. Il y a plusieurs espèces de *sicbédj*, mais le vinaigre entre dans toutes; voyez la traduction des *Mille et une nuits* par M. Lane, II, 495, n. 13.

* Escaques *pg.* Voyez xaque.

* Espay (spahi) du turc-persan سپاهى (*sipâhî*); peut-être les Esp. ont-ils reçu ce mot des Africains, mais il se peut aussi qu'ils l'aient reçu directement des Turcs. En Algérie on écrit صبايحية (Martin, *Dialogues*, p. 133). Müller. En esp. on écrit aussi *cipayo* [1].

---

1) Dans le *Cancionero de Baena* un poème commence par ces mots (p. 459):
Señor venerable, yo non so çobayo,

Estol en valencien et en provençal désigne *une flotte* (voyez Ròs, [* Raynouard, *Lexique roman*] et Honnorat, *Dictionn. provençal*). Il me semble dériver plutôt de l'arabe استطول (*ostól*) que directement du grec στόλος.

* L'opinion de M. E. est confirmée par la forme catalane *hostol* (*Crónica de D. Pedro IV el Ceremonioso*, p. 345 éd. Bofarull).

F.

* Falaca *pg.* de فلقة (*falaca*). C'est dans les états barbaresques, et notamment à Alger, que les Portugais ont entendu le nom de cet instrument redoutable. Nos dictionnaires n'ont en ce sens que *falac;* mais on lit *falaca* dans plusieurs relations; voyez p. e. Wild, *Reysbeschreibung eines gefangenen Christen*, p. 35, Emanuel d'Aranda, *Relations particulières*, p. 194, 195, Laugier de Tassy, *Histoire du royaume d'Alger*, p. 120, *Several voyages to Barbary*, p. 56. Selon M. Cherbonneau (dans le *Journ. asiat.* de 1849, I, p. 546), c'est: « un instrument composé d'un morceau de bois, aux deux extrémités duquel une corde est attachée de manière à former un arc. Les maîtres d'école et les chefs d'atelier ont tous une *falaca*, et s'en servent pour châtier les enfants. Ils passent les jambes du patient entre le bâton et la corde, puis tournent l'instrument plusieurs fois sur lui-même pour les étreindre fortement et le réduire à l'immobilité. Dans cette posture, ils lui assènent des coups de bâton sur la plante des pieds. » En Egypte ce mot, qui vient du verbe *falaca*, *fendre*, est aussi en usage; voyez Coppin, *Le bouclier de l'Europe*, p. 233, M. Lane, *Modern Egyptians*, I, 156 dans la note.

---

* FALACHA , faláxa *pg.* (gateau rond de châtaignes) vient peut-être de la racine ‫حلج‬ (*haladja*) qui signifie *arrondir* une pâte de farine au moyen d'un *mihlâdj* ou rouleau ; mais les dict. n'ont pas de substantif qui réponde à *falácha*.

* FALCA. Ce mot a des significations très-diverses, parce qu'il représente deux mots arabes qui n'ont rien de commun ensemble. C'est 1°. « un petit coin de bois que l'on met au bout plus menu d'une cheville , après qu'elle est fichée, pour la faire tenir; un clou, cheville ou crampon » (Victor). En ce sens c'est l'arabe ‫حلقة‬ (*halca*), qui signifie proprement *anneau* (nous l'avons rencontré plus haut sous la forme *alhelga*), mais qui chez Berggren est aussi *crampon*. 2°. Comme terme de marine *falcas* est: «las tablas que se ponen de galón á galón sobre la borda, para mayor adorno y seguridad de la gente» (Acad.) ; et comme terme d'artillerie 3°. «dous tabuões do reparo, parallelamente unidos pelas taleiras; nas falcas se fazem as munhoneiras dos canhões» (Moraes). Dans ces deux acceptions, qui sont au fond identiques, *falca* vient aussi de la racine *halaca* qui, entre autres significations, a celle d'*entourer;* chez P. de Alcala la 2ᵉ forme répond à *cercar de vallado*, *cercar en derredor*, *cerrar en deredor*, *cerrar de seto*, *enredar en redes*, *estar en derredor*, *rodear*. Chez Ibn-Djobair le substantif *halc* signifie *clôture*, *mur d'enceinte;* voyez le Glossaire de M. Wright, p. 20 (il faut lire de même chez Ibn-Djobair, p. 209, l. 1, et p. 214, l. 21, ce que l'éditeur a négligé de remarquer). C'est de ce mot, ou d'une forme *halca*, que vient *falcas*. — 4°. En port. *falca* est: «un morceau de bois carré, qu'on a coupé avec la cognée du tronc d'un arbre» (Vieyra). Il vient de la racine ‫فلق‬ (*falaca*), qui signifie *fendre* (p. e. du bois avec une cognée). Freytag n'a pas la forme *falca* en ce sens, mais bien *filca*, « fragmentum, pars (rei).» De ce substantif port. viennent les verbes *falquear* et *falquejar*, dont la signification est à peu près la même que celle du verbe arabe *falaca*.

FALIFA. Suivant Sᵃ. Rosa ce mot se trouve dans un document de 1507 avec le sens de pelisse («o mesmo que *pelica*»). Je crois y reconnaître l'arabe ‫خنيفة‬ (*khanîfa*) qui désigne *un manteau grossier*. Voir M. Dozy, *Dict. des noms des vêtem.*, p. 175 , 176.

* Cette étymologie me paraît fort heureuse. Le port. a le même mot sous un forme moins altérée, à savoir *ganinfa*, «manteau maure» (chez

Vieyra). Quant à l'explication de Sᵃ. Rosa, elle est erronée: il a cru que *falifa* était une altération de *pelica*. *Falifa* signifie proprement *peau d'agneau*, car on lit dans une ordonnance d'Alphonse X (*Cortes de Leon y de Castilla*, I, 70): «piel de corderos que ha nombre falifa;» plus tard on a appliqué le terme *khanîf* ou *khanîfa* à un manteau qui, comme je l'ai démontré ailleurs, était fait de laine ou de poil de chèvre. Est-il d'origine arabe? J'en doute; Freytag a bien *khanîf*, mais dans le sens de «linum vilissimum, vel vestis alba, dura ex lino,» ce qui est tout autre chose, et en outre la racine *kh-n-f* est tellement inusitée, que M. Lane l'a omise dans son Lexique. Je serais donc plutôt porté à croire que le terme en question est d'origine berbère, et la circonstance qu'il n'a été en usage qu'au Maroc et en Espagne me confirme dans cette supposition.

Faluca, *it.* feluca, filuca, *fr.* felouque («petit navire à voiles et à rames» Jal). Il est difficile de retrouver l'origine de ce mot fort usité chez tous les peuples commerçants de la Méditerranée. Au Magrib on dit فلوكة (*falouca*); mais cette circonstance ne nous donne pas encore le droit de lui assigner une origine arabe, car il se peut très-bien que les Magribins l'aient emprunté à l'italien ou à l'espagnol. M. Jal le met en rapport avec l'arabe فلك (*folc*), *navire*, mot qui est aussi usité en turc. N'ayant pas de meilleure étymologie à proposer, je ne puis que reproduire celle du savant marin.

* Cette étymologie se trouve aussi chez Sousa, Diez et Pihan; mais je m'étonne qu'un savant qui connaît l'arabe comme M. E. le connaît, ne l'ait pas rejetée immédiatement et sans réserve, car *folc* n'appartient pas à la langue qu'on parlait au moyen âge; c'est un vieux mot, qu'on rencontre bien encore quelquefois chez les poètes, parce que ceux-ci recherchent précisément les termes surannés, mais jamais chez les prosateurs, ni dans la signification générale de *navire*, ni comme le nom d'une certaine espèce de vaisseau [1]. Le peuple et les marins ne

---

1) Les trois passages dans les *Mille et une nuits* (voyages de Sindbad), III, 31 éd. Macnaghten (II, 14 éd. de Boulac, IV, 29 éd. Habicht), III, 67 (II, 30 Boul., IV, 105 Hab.) et III, 76 (II, 34 Boul., IV, 121 Hab.), ne réfutent pas ce que j'ai dit dans le texte, car au lieu de فلك il faut y lire كلك, *radeau*, comme on trouve dans deux autres éditions; voyez la traduction de M. Lane, III, 97, n. 40, 109, n. 80, 113,

le connaissaient pas ; il ne peut donc pas avoir passé dans les langues romanes, car il va sans dire que tous les mots arabes qu'elles ont admis, appartiennent à la langue telle qu'on la parlait. — Le terme en question est bien d'origine arabe, mais il a subi une foule d'altérations qui, bien qu'assez fortes, ne sont cependant nullement irrégulières. En arabe c'est حرّاقة (*harrâca*). Dérivé de la racine *haraca*, qui signifie *brûler*, ce mot ne désigne pas toutefois ce que nous appelons un brûlot, mais une barque, de dessus laquelle on pouvait lancer le naphte sur les vaisseaux ennemis. Telle est la signification primitive du mot; mais ordinairement on entendait sous *harrâca* une barque ou petit vaisseau, une espèce de galère, qui s'employait également sur la mer et sur les fleuves, sans aucun but hostile. Voyez la note de Quatremère, *Hist. des sult. maml.*, I, 1, 143, 144. Ce mot a passé dans l'ancien espagnol, mais sous une forme un peu différente. Le *a* long devient plus d'une fois en esp. le *o* long (cf. l'Introd., p. 26), et le *r* se change très-souvent en *l* (*ibid.*, p. 22). *Harrâca* peut donc devenir régulièrement en esp. *haloque*, et je trouve ce mot dans les *Siete Partidas* d'Alphonse X (Part. II, tit. 24, ley 7), où les «leños, et haloques et barcas» sont nommés parmi les petits bâtiments de mer. C'est évidemment le même mot que *harrâca*. Remarquons à présent que les lettres *h* et *f* permutent entre elles en esp. Au lieu de *haloque* on peut donc écrire aussi *faloque;* c'est une différence dans l'orthographe, mais non pas dans la prononciation. En France aussi on écrivait au XVIIe siècle *falouque* (voyez Jal sous ce mot); en vieux esp. *faluca;* dans ces deux formes le *ó* a été changé en *u* (*ou*). Les changements dans les formes ital. *feluca*, *filuca*, *filucca*, fr. *felouque*, sont légers. En esp. et en port. on dit à présent *felua*. — Enfin le mot est retourné aux Arabes, qui cependant n'y reconnaissaient pas leur *harrâca* et qui le prononçaient comme ils l'entendaient prononcer eux-mêmes. On trouve ce *felouca* (فلوكة) chez Dombay (p. 100) (*phaselus*), chez Humbert

---

n. 1. Ne connaissant pas ce mot كلك, quelques copistes y ont substitué un autre, qui, du reste, ne convient nullement, car les récits eux-mêmes montrent qu'il s'agit d'un radeau et non pas d'un navire; voyez surtout III, 68. La même remarque s'applique, comme M. Lane l'a remarqué, au texte de Macnaghten, III, 624, 635, où l'édition de Habicht (IV, 245, 264) a la bonne leçon.

(p. 127) (*barque de pêcheur*), chez Bocthor et chez Marcel sous *felouque*, dans le *Dict. berbère* sous *barque*, etc.; mais c'est un mot nouveau, tout-à-fait inconnu au moyen âge, et que les habitants arabes de la côte de la Méditerranée ont emprunté aux Européens. — Au reste il est certain que la *harrâca* et la *felouque* sont la même espèce de navire, car les felouques étaient comptées anciennement parmi les galères; c'étaient de petits navires à rames, avec un seul mât et un grand voile latin (voyez Jal sous *falouque, falua, felouque* et *filuca*). Plus tard elles sont devenues plus grandes.

* FANEGA, *a. pg.* fanga (boisseau, mesure pour les grains, le sel, etc.). La forme *fanega* vient de فنيقة (*fanîca*) qui désigne *un grand sac*. Chez les écrivains arabes je n'ai pas rencontré cette forme comme le nom d'une mesure de capacité; mais bien فنقة (*fanca*), qui n'est pas dans Freytag et qui répond à l'ancien port. *fanga*. Il se trouve chez un auteur du XIᵉ siècle, Becrî (p. 113, l. 1), qui dit que la *fanca* de Cordoue contenait de son temps vingt *moudd* (en esp. *almud*).

FARDA. Voyez ALFARDA [* et l'Appendice].

* FARRACHADOR («celui entre les Morisques qui visite les filles pour connaître si elles sont pucelles,» Victor). Evidemment les Mauresques ont formé du substantif فرج (*fardj*), *pudendum muliebre*, le verbe *farrachar*, et de ce verbe le substantif *farrachador*.

* FATEL ou fatol *b.-lat.* Ce mot se trouve dans deux chartes du Xᵉ siècle, publiées par Yepes (*Coronica de la Orden de San Benito*, V, fol. 424 rᵒ et 444 vᵒ). Dans l'une on lit: «Adiecimus etiam estramina lectulorum: gagnapes paleas antionum VII, subminores VIII, plumatios digniores paleos X, alios subminores VIII, aliphafes vulturinos V, almoçallas morgomes VI, fatoles paleos II;» et dans l'autre: «Et donamus tibi veinte lectos cum suos tapetes, et almoçalas de paleo et de grentisco, cum suos plumatos paleos et greciscos, et suas sabanas literatas, et fateles alfanegues in panos graticsos.» Berganza, dans son petit vocabulaire (*Antig. de Esp.*, II, à la fin), explique *fatel* par *saya con plieges*. Je ne crois pas qu'il ait trouvé cela quelque part; à mon avis ce n'est qu'une conjecture sur le sens de ce mot dans la seconde charte. Deux questions se présentent donc: que signifie ce mot? Est-il d'origine arabe? M. de Gayangos (dans le *Memor. hist. esp.*, IX, 352), qui ne cite que le second passage, l'a cru; il a dit que c'est l'arabe فتيل (*fatîl*)

et que ce mot signifie ce qu'on appelle *ruedo*, c.-à-d., bord mis autour, roue qu'on met au bas d'une robe; mais ce sens, supposé que *fatil* l'eût, ce dont je doute, ne conviendrait point du tout, car il est très certain que *fatel* ou *fatol* n'est nullement le bord d'un autre objet, mais que c'est un des objets qui composent le lit, tels que la paillasse, le matelas, le lit de plume, le traversin, les draps, la couverture, la courte-pointe. Le mot en question ne vient pas de la racine arabe *fatala*, qui signifie *tordre*, mais de la racine فضل (*fadhala*). Il n'est pas dans nos dictionnaires, mais on le retrouve chez Maccarî (II, 711, l. 6). Dans la liste des présents que le sultan de Maroc envoya au sultan d'Egypte, cet auteur nomme الفضالى المنوعة والفرش والمخاد, «les *fadhélî* de diverses sortes, les lits de plume et les oreillers (*almohadas*),» et ensuite les لحف, pl. de لحاف (*lihâf*), qui sont les *aliphafes* de la première charte. On voit donc que les *fadhélî* sont nommés parmi les objets qui composent le lit, de même que les *fateles* (la leçon *fatoles* est fautive) dans les chartes, et je crois pouvoir dire lequel de ces objets est désigné par ce mot. Le plur. *fadhélî* ou *fadhélá* peut venir d'un singulier فَضْلَى (*fadhlá*); voyez de Sacy, *Gramm. ar.*, I, 369. Or le chevalier d'Arvieux (*Mémoires*, III, 25 et 73) dit que *fatta* est chez les Bédouins un grand drap de toile de lin rayé de blanc et de bleu, qui sert de drap de dessous quand on fait le lit. Un tel mot m'est inconnu; mais si l'on suppose que *fatta* est une faute d'impression pour *fatla*, alors c'est *fadhlá* et dans ce cas *fatel* est expliqué.

+ FATEXA, fateixa *pg.* (instrument à pointes recourbées, croc, petite ancre), de خطاف (*khottâf* dans la langue classique, *khattâf* ou *khattéf* (voyez Hélot) dans la langue vulgaire), qui a le même sens. Le changement de *khatté* en *fatè* est parfaitement régulier, car on sait que le *kh* devient *f*; celui du *f* en *x* ne l'est pas, mais il faut appliquer ici ce que j'ai dit dans l'Introd. (p. 24, n°. 6), à savoir que la dernière consonne, qu'on entendait mal, est souvent changée arbitrairement.

+ FATIA *pg.* (tranche de pain ou de fromage) est pour *fatila*, le portugais aimant à retrancher les consonnes qui se trouvent entre deux voyelles, et vient de فتاتة (*fatéta*) ou de فتيتة (*fatîta*) (comparez l'article ALFITETE). Berggren et Marcel donnent فتة (*fatta*), qui vient de la même racine, pour *tranche*; le *Dict. berbère* a افثاث (*afthâth*); c'est la forme berbérisée de فتات (*fatât* ou *fatét*). Chez Bocthor c'est حتة

(*hatta*); je serais presque tenté de croire que c'est pour *fatta*, et s'il en est ainsi, il faut dire que la permutation du *f* et du *h*, qui est constante en espagnol, n'est pas étrangère à l'arabe; comparez chez Hœst, *Nachrichten von Marokos*, p. 142, مفتين, *eunuques*, au lieu de مهخصين.

*FATILA. M. Müller remarque avec raison que dans le *Libre d'Appolonio*, copl. 443:

ricos vestidos,
De que fagamos fatilas los que somos feridos,

ce mot signifie *charpie*, et que c'est l'arabe فتيلة (*fatila*), dont le plur. *fotol* se trouve en ce sens chez de Sacy, *Chrest. ar.*, II, 157, l. 1. J'ajouterai seulement que Bocthor, Marcel et Hélot donnent *fatila* dans la même acception, qui manque chez Freytag.

*FERVION. Dans le *Libro de la Monteria* d'Alphonse XI on lit (fol. 19 *a*): «fervion é cortezas de acienço,» et plus loin (fol. 20 *b*): «piedra çufre, et fernion (*lisez* fervion) todo molido.» C'est فربيون (*forbiyón*), la forme arabe de *euphorbium*. Plus haut nous avons déjà rencontré ce mot sous la forme port. *alforfião*.

FILELI (étoffe légère de laine mêlée avec de l'herbe) de حلهل (*halhal*), «tenui textura praeditus (pannus).»

*M. E. n'aurait pas dû emprunter à Marina cette étymologie qui est malheureuse au plus haut degré. M. Defrémery observe avec toute raison que *fileli* est فيلالى (*filáli* ou *filéli*), l'adjectif du nom propre Tafilelt ou Tafilalet, dans l'empire de Maroc. «Actuellement encore,» ajoute-t-il, «on donne ce nom au maroquin.» En effet, Cobarruvias atteste que l'étoffe appelée *fileli* venait de Barbarie, et pour prouver que l'explication de M. Defrémery est la véritable, je citerai les passages suivants: Marmol, *Descripcion de Affrica* (II, fol. 35 *b*): «finos albornoses Mequinecis, ó filelis de lana y seda;» ailleurs (II, fol. 102 *c*): «por capas traen albornozes Filelis, ó Mequinecis de lana fina;» et plus loin, en parlant de Tafilelt (III, fol. 8 *d*): «hazen hermosos lienços listados de seda á la morisca, y los ricos albornozes que llaman filelis, y alhombras, y alquiceles muy finos;» Jackson, *Account of Marocco* (p. 24): «on fabrique ici (dans la province de Tafilelt) des *haiks* de laine et d'un tissu curieux, qui sont extrêmement beaux et légers; on les appelle *El Haik Filelly*» (cf. p. 245); le même, *Account of Timbuctoo*

(p. 217): «Le *hayk Filelly* est une étoffe de laine belle, élégante et mince comme de la mousseline;» Carette, *Géographie de l'Algérie* (p. 94), en parlant de Tafilelt: «l'industrie des habitants consiste dans la culture des arbres, *la fabrication des étoffes de laine* et la préparation des cuirs appelés *filáli.*» La forme port. est *filèle;* mais l'esp. a en outre la forme *lilaila*, et l'Acad. explique ce mot de cette manière: «Texido de lana mui delgado, claro y estrecho, del qual se hacen en Andalucía mantos para las mugéres pobres ó rústicas: y tambien se hacen mantos capitulares para los Caballeros de las Ordenes Militares. Parece se tomó la voz de los Moros, que llaman *Filali* la tela de lana delgada y clara, que sirve para mantos de las Argelinas, en los quales se envuelven.»

* FIN. M. Müller observe: «Dans la *Danza de la muerte* (Gayangos-Ticknor, *Hist. de la liter. esp.*, IV, 385, éd. Janer p. 17), le médecin dit à la mort:

mintióme sin dubda el fin de Abicena,

ce que M. de Gayangos explique par: *el fino de A.;* mais peut-être faut-il penser à ﻓﻦ (*fenn*), le nom que porte chaque partie du Canon d'Avicenne.»

* FODOLI («homme qui se fourre partout et en lieu où il n'a que faire,» Victor), *val.* fodeli («hombre que se mete donde no es parte,» Ròs); chez Alonso del Castillo (dans le *Memor. hist. esp.*, III, 24) on lit: «Acordé luego de dar parte desto al Exc^mo. señor duque de Sesa, aunque con miedo é recelo é verguença, no me tuviese como dizen por fodoli é atrevido en las cosas que no me es dado hablar en ellas, por ser este negocio, como entendeis, grabe é de mucho peso é calidad;» et plus loin (p. 63): «E no querria que nadie me culpase por que los fodolis son munchos é diran: quando su hermano era rey, estava con él, é agora lo ha dexado é venido se.» Ce mot, qui n'est plus en usage, est l'arabe ﻓﺼﻮﻟﻰ (*fodhôlî*), chez Freytag «rebus ad ipsum non spectantibus occupatus;» chez P. de Alcala «mandon que mucho manda;» chez Humbert (p. 239) «bavard;» comparez Maccarî, I, 513, l. 6 [1], *Mille et une nuits*, I, 244, l. 5 et 2 a f. éd. Macnaghten, etc., XI, 151 éd. Fleischer. Ce terme vient de *fodhôl*, qui est lui-même le plur. de *fadhl;* c'est proprement: *ce qui est superflu;* mais c'est aussi: *remar-*

---

1) Je profite de cette occasion pour rétracter l'explication que j'ai donnée, dans la note *d*, de la seconde moitié de ce vers.

ques impertinentes ou *bavardage;* voyez Maccarì, I, 97, l. 21, 654, l. 2 a f., II, 506, l. 14, Ibn-Batouta, IV, 137, *Mille et une nuits*, I, 66, 87, 238, etc., éd. Macnaghten, Burckhardt, *Proverbs*, p. 7, Burton, *Pilgrimage*, II, 287.

FOLUZ, *pg.* fuluz (petite monnaie, «cornado, tercio de la blanca»), de فلوس (*folous*), le pluriel de *fals*, qui désigne une petite monnaie d'argent ou de cuivre.

*Ce فلـس est φόλλις; voyez le Journ. asiat. allemand de 1867, p. 672—674.

*FOMAHANT, fomahante (étoile de la première grandeur dans le signe du verseau) est une altération de فم الكوت (*fom al-hout*), littéralement *la bouche du poisson.*

*FONDA (hôtel garni, restaurant). «Ce mot ne viendrait-il pas de l'arabe فندق (*fondoc*) (altération du grec πανδοχεῖον), plutôt que de *funda*, bourse, comme Diez le suppose?» Müller.

*FOQUE (marabout) de فقيه (*faquîh*).

*FOTA *pg.* («tela fina, listrada, com cadilhos, que se enrodilha na cabeça, a modo de turbante,» Moraes) de فوطة (*fouta*); voyez mon *Dict. des noms des vêtem.*, p. 342; mais comme je n'y ai cité qu'un seul passage en avouant que je n'en connaissais pas d'autres où *fouta* eût ce sens, j'ajoute ceux-ci: Richardson, *Mission to central Africa*, I, 67, en parlant des Touareg de Fezzân: «a few sport a red *fotah*, or turban;» Carteron, *Voyage en Algérie*, p. 76: «*foutah*, voile de femme qui cache le haut de la figure jusqu'aux sourcils;» et ailleurs, p. 468, en parlant des Mauresques d'Alger: «elles recouvrent leur tête, jusqu'à moitié front, d'un long voile blanc (*foutah*) que leur main retient croisé sur la poitrine.»

*FRISO, *fr.* frise (partie de l'entablement qui est entre l'architrave et la corniche). C'est des Arabes que les Européens semblent avoir reçu ce terme d'architecture. Chez Freytag أفريز (*ifrîz*) est «corona et supercilium parietis ad pluviam arcendam,» et chez Bocthor c'est *frise.* En arabe ce terme paraît être beaucoup plus ancien que dans les langues européennes; il appartient à la langue classique. Cependant il n'est pas d'origine arabe, comme les lexicographes arabes le disent avec raison, et peut-être est-ce une altération d'un terme grec. Dans cette langue *frise* est ζωφόρος. Les Arabes, si je ne me trompe, ont retranché la première syllabe de ce mot, et au lieu de dire Φόρος, ils ont dit *ferous*, *ferîz* (comme *habiz* en esp. pour *habous*) et enfin *ifrîz*. C'est donc un terme grec, que les Arabes ont altéré et qu'ils ont transmis aux Européens.

FULANO (un tel) de فلان (*foulân*) qui a le même sens. En vieux portugais on trouve encore les formes *folam*, *foam*, *foão*, *fullano* (v. Sª. Rosa). En espagnol on dit *fulano y zutano;* l'étymologie de ce dernier mot, qui est probablement altéré, m'est inconnue.

*Selon M. Mahn (*Etym. Unters.*, p. 63) ce *zutano* est l'allemand *sothan* (pour: so gethan, so beschaffen, solch); selon M. Diez (supplément, p. 23) ce serait le latin *scitus*.

*FUNDAGO (entrepôt, espèce de magasin public) de فندق (*fondoc*). Comparez l'art. ALHONDIGA.

G.

*GABILLA («gabilla de vellacos, troupe de vauriens,» Victor), *val.* gabèlla («ser de una faccion, parcialidad, ó esquadra,» Ròs), de قبيلة (*cabîla*), *tribu*.

*GACEL, gacela, gacele, *pg.* gazella, *fr.* gazelle, de غزال (*gazél*) et غزالة (*gazéla*). Sur la seconde forme, qui manque dans Freylag, on peut voir mes *Loci de Abbad.*, I, 102, n. 156. *Algacel*, avec l'article arabe, se trouve dans les *Libros de Astronomia* d'Alphonse X, I, 19.

*GAFETE. 1°. *crochet;* par transposition de خطاف (*khattéf* pour *khottéf;* voyez FATEXA), qui a le même sens. Ce mot est surtout en usage dans l'Aragon, où il signifie aussi 2°. *chien pour la chasse aux lapins.* C'est aussi *khattéf.* Le verbe *khatafa* signifie *saisir rapidement* une chose *et l'emporter.* De là *khottéf*, *voleur*, *abou-'l-khattéf*, surnom du milan, *al-khétif*, *le loup*, parce que ces animaux saisissent rapidement leur proie (voyez Lane). *Khattéf* ou *gafete* est donc un nom très-convenable pour un chien de chasse.

GAFETI. Voyez ALGAPHITE.

*GALANGA, galangal dans un document de 1252 (dans Capmany, *Memor. sobre la marina de Barcelona*, II, 20), garengal dans l'Alexandre, copl. 1301, calanga dans des ordonnances de 1271 (Capmany, III, 172, n. 28) (racine qui vient de la Chine), de خلنجان (*khalandjân*).

Galima (petit vol) de غنيمة (ganîma), «praeda, rapina.» Pour le changement du *n* en *l* voyez p. 21 de l'Introduction.

* Galls *val*. («cuando yerbe una cosa á borbollones, decimos en Valenciano: *bull à galls*, yerbe á borbollones,» Ròs) de la racine غلی (galâ), «bullivit (olla),» chez P. de Alcala *bolliciar* et *bullir*. Le mot val. vient de غلية (galya), «bullitus unus,» et l'expression يغلی غليات, qu'on trouve chez Checourî (*Traité de la dyssenterie catarrhale*, man. 331(7), fol. 213 r°), répond tout-à-fait à *bull à galls*.

* Gancho. Dans le *Cancionero de Baena* (p. 493) on trouve l'expression *remirar de gancho* dans le sens de *regarder du coin de l'œil*. C'est l'arabe غنج (gondj), qui signifie: *regarder du coin de l'œil*.

* Gandul de غندور (gandour). Voici un mot qui n'est ni dans les dict. espagnols ni dans ceux de la langue arabe classique, et qui cependant s'emploie aussi bien parmi les musulmans de Maroc, d'Egypte et d'Arabie, que parmi les chrétiens de Malte, de Grenade et de Valence. J'ai déjà donné ailleurs (*Dict. des noms des vêtem.*, p. 98) quelques renseignements sur le mot arabe; mais comme je puis à présent y ajouter quelques autres et que je suis obligé de comparer *gandour* avec le mot espagnol, qui m'était inconnu à l'époque où j'écrivais cette note, je crois bien faire de les incorporer dans cet article.

Le terme est très-caractéristique: il n'existe dans aucune autre langue, il peint toute une classe de la société arabe ou de la société andalouse. Le *gandour* ou *gandul* est un jeune homme de basse condition, qui, dans sa mise et dans ses manières, affecte une certaine élégance allant jusqu'à la recherche; ceux qui ne l'aiment pas l'appellent un fat, un muscadin. Il s'évertue pour plaire aux jeunes filles; il est gai, et, pourvu qu'il ait de l'argent, il est généreux et libéral. Il est brave ou du moins il veut le paraître; quand l'étranger opprime sa patrie, il s'arme et se joint aux mécontents. Dans sa vieillesse, quand il ne peut plus goûter lui-même les plaisirs, il procure des jeunes beautés à ceux qui en cherchent. Ce qu'il est parmi les jeunes hommes, la *gandoura*, *motagandira* ou *gandulera* l'est parmi les jeunes filles. Comme lui, elle aime passionnément la parure; elle est coquette comme il est fat; toujours on la voit là où l'on s'amuse; ce qu'elle hait le plus, c'est le travail, et quand elle est sur le retour, elle se fait entremetteuse. Tels sont le *gandul* et la *gandulera*, ces vrais enfants de l'Orient et du Midi.

Voici à présent les preuves de ce que je viens d'avancer: Burton, *Pilgrimage*, II, 101, en parlant des Bédouins du Hidjâz: «Slain in raid or foray, a man is said to die *ghandur*, or a brave.» Burckhardt, *Arab. Proverbs*, n°. 101: «In the Egyptian dialect الغَنْدَرة (*al-gandara*) means *high gaiety*, *fashion*, *liberality*, *heartiness*, *jollity*. The words *gandour* and *gandoura* are very common; being applied also to low people who in their station and among their own acquaintances affect to be smart and dashing.» Dans les *Mille et une nuits* (III, 452 éd. Macnaghten) un jeune homme qui rencontre une dame dans la rue, lui dit: «Que vous êtes belle! A qui appartenez-vous?» Et comme elle veut l'attirer dans un guet-apens, elle lui répond: «A un *gandour* tel que toi.» Humbert, p. 239: «*gandour* et *motagandir*, coquet, muscadin, fat; *gandara*, coquetterie, fatuité.» Bocthor: «*gandour*, adonis, très-beau garçon; coquet, qui fait l'agréable, qui est recherché dans sa parure; dameret, coquet; faquin, élégant; homme *galant*, homme qui cherche à plaire aux dames; godelureau; petit-*maître*, jeune élégant; merveilleux, personne à prétentions; minaudier; mirliflore, agréable, merveilleux; muguet, galantin; pimpant, élégant et recherché; *gandara*, coquetterie, parure affectée; galanterie, manières agréables, empressement auprès des femmes; minauderies, mines et manières affectées pour plaire; toilette, habillement soigné; *tagandar*, coqueter, faire le coquet; minauderies, mines et manières affectées pour plaire; mugueter, faire le muguet; se requinquer, se parer; *motagandir*, galantin, ridiculement galant; muscadin, fat musqué; *motagandira*, précieuse.» Dans le dialecte arabe de Malte *gandour* signifie «élégant» (Vassalli, *Lexicon Melitense*, col. 319). Diego de Torres (*Relation des Chérifs*, p. 372) parle de cinquante mille Maures qui s'assemblèrent à Fez, et qu'on nomme, dit-il, «*Gandores*, c'est-à-dire, vaillants, qui s'estiment comme députés et défenseurs de la république; c'est pourquoi on leur baille ce surnom de vaillants, ores qu'ils ne le soient.» P. de Alcala; «*gandour*, garçon que se quiere casar, barragan valiente, allegado en vando, rofian; *gandoura*, barragana, rofiana; *gandara*, garçonia, allegamiento, rofianeria; *tagandar*, garçonear, rofianear.» Marmol, *Rebelion de los Moriscos*, fol. 57 a: «que los mancebos y gandules del Albayzin acudirian luego con sus capitanes;» fol. 64 b: «los moços gandules;» fol. 65 c: «los mancebos gandules;» fol. 77 c: «los monfis y gandules destruyeron y robaron la yglesia;» fol. 130 *d :* «y que estavan con él muchos vallesteros, y escopeteros, monfis, y gandules, y otros;» fol. 143 *c :* «todos los mancebos y gandules.» Ròs: «*Gandulèra* se dize á la muger que es amiga de correr cortijos, ir á buréos, y no trabajar.»

* GANINFA *pg.* Voyez FALIFA.

GARBILLO (crible). Bien que M. Diez préfère la dérivation de *cribellum*, je crois que l'arabe غربال (*garbâl, garbél, garbîl*) a exercé quelque influence sur la forme esp. Si l'on s'attachait exclusivement au mot latin, on aurait de la peine à expliquer la première syllabe *gar*. [* Cf. AREL et ALVARRAL].

GARBINO (vent du sud-ouest) de غرب (*garb*), *l'ouest*.

* GARRAFA, *ital.* caraffa, *fr.* caraffe, vient certainement de la racine arabe غرف (*garafa*), qui signifie *puiser*. Freytag donne *gorof*, «poculum parvum,» et M. Cherbonneau (dans le *Journ. asiat.* de 1849, I, 68): «*gorf*, petit vase avec une anse qui sert à puiser de l'eau.» Ceci n'est pas encore une caraffe; mais en décrivant les repas des Marocains, Jackson (*Account of Timbuctoo*, p. 231) s'exprime en ces termes: «When the company have seated themselves, a slave or a servant comes round to the guests, to perform the ceremony of washing of the hands; a brass bason or pan is brought round to all the company, the slave holding it by his left hand, while, with the right hand, he pours water on the hands of the guests from a (*garoff*) pitcher, in the form of an Etruscan vase, having a towel thrown over his shoulders to dry their hands.» Cette cruche qui a la forme d'un vase étrusque ressemble fort à notre caraffe, excepté que cette dernière est de verre. En outre *garof* n'est pas la forme d'où vient l'espagnol *garrâfa;* ce dernier montre que le terme arabe doit être غرافة (*garrâfa*). Il n'est pas dans nos dict., et je ne puis pas prouver qu'il a été employé dans le sens de *caraffe;* mais *garrâf* est chez Berggren (sous *roue*) «une roue tournée par des bœufs ou des chevaux, à puiser l'eau d'une rivière, pour arroser les champs et les jardins,» et cette machine hydraulique s'appelle aussi *garrâfa;* voyez le Glossaire de M. de Goeje sur Belâdzorî, p. 77. La forme dont nous avons besoin existe donc, et c'est justement celle qui est en usage pour désigner des vases de cette espèce; comparez p. e. *barrâda*, en esp. *albarrâda*.

Garrama (tribut, impôt) de غرامة (yaráma). Voyez M. Dozy, Gloss. sur Ibn-Adhârî, p. 36, 37.

* Gazi signifierait, selon les dictionnaires, esclave barbaresque converti à la foi chrétienne, et M. Müller explique l'origine du mot de cette manière: «Comme les esclaves arabes avaient été faits prisonniers dans la guerre, et que les soldats qui prenaient part à la guerre sainte s'appelaient غازى (gâzî), il est présumable que ce nom leur soit resté, après qu'ils avaient été réduits en captivité.» Cette explication ne me paraît pas tout-à-fait bonne, et le sens que les dictionnaires attachent au mot gazi n'est pas non plus le véritable. L'idée de gazi n'implique pas nécessairement celle d'esclave, car la commission nommée par Charles-Quint voulait que les Mauresques «no tuviesen entre ellos Gazis de los Berberiscos, libres, ni captivos» (Marmol, Rebelion de los Moriscos, fol. 33 c). Le mot signifie donc simplement barbaresque, et il est facile d'expliquer comment il a reçu ce sens dans le royaume de Grenade. L'armée des sultans de Grenade se composait en partie d'Africains qui portaient le nom de gâzî; il n'est donc pas étrange que ce mot soit devenu le synonyme d'Africain.

Gazua pg. (expédition militaire) de غزاة ou غزاوة (gazát ou gazáwa) qui signifie «une expédition militaire contre les infidèles.» De ce mot arabe les Français ont fait leur razzia. — Le gazu de Sª. Rosa, auquel correspond l'arabe غزو (gazou), désigne exactement la même chose, et non carnagem, matança.

* Gazua vient d'une forme qui est très-fréquente, quoiqu'elle manque chez Freytag, à savoir غزوة (gazwa); voyez le Glossaire de M. de Goeje sur Belâdzorî, p. 77. Algazu de الغزو (al-gazu) se trouve dans le Mem. hist. esp., IX, 74. Le port. a aussi en ce sens gazia et gaziva.

Geliz (marchand de soie) de جلّاس (djallás) qu'on trouve chez P. de Alcala au mot mercader de seda. — [* Dans les Additions]: Le geliç de P. de Alc. n'offrant aucun rapport étymologique avec la racine arabe جلس (djalasa), je ne suis pas sûr d'avoir bien transcrit ce mot. Peut-être n'est-il pas arabe. Nuñez de Taboada assure qu'il appartient à la langue des bohémiens.

* Nuñez s'est trompé; il est certain que ce mot appartient au dialecte des Mauresques de Grenade, car on lit chez Marmol (Rebelion de los Moriscos, fol. 54 b): «porque le avian conocido en Granada, siendo

Geliz de la seda,» et chez Alonso del Castillo (dans le *Mem. hist. esp.*,
III, 42): «y que era un hombre natural de Granada que vivia en Sant
Salvador, é munchas vezes le avia visto residir en los geliçes y otras
vezes en los tintoreros, que son los dos offisios que este traidor usava
antes que por muchas deudas se absentase é se hiziese monfi en el Al-
pujarra.» Je crois aussi qu'il y a bien quelque rapport entre ce جليس
(*djelîs*), *marchand de soie*, et la racine جلـس (*djalasa*), *être assis.*
Djelîs est proprement *celui qui est assis à côté d'un autre* (cf. Lane).
Or Edrîsî, pour dire que Bougie est le rendez-vous des marchands étrangers, s'exprime en ces termes (p. 90): واهلها مياسير تجار يجالسـون
تجار المغرب الاقصى وتجار الصحراء وتجار المشرق, «les marchands de
cette ville, qui sont très-riches, *sont assis à côté de* ceux du Magrib oc-
cidental, du Sahara et de l'orient.» Chaque marchand est donc le
djelîs des autres marchands, et il est assez naturel qu'on ait désigné
par ce mot les marchands, et en particulier les marchands de soie, qui,
dans les bazars, étaient assis les uns à côté des autres.

* GELVA, gelba *pg.* (petite barque en usage dans la mer Rouge) de
جلبة (*djelba*), qui manque dans les dict., mais sur lequel on peut consulter M. Wright, Glossaire sur Ibn-Djobair, p. 19, et la note dans la
traduction d'Ibn-Batouta, II, 158.

* GERGELIM *pg.* (sésame) a la même origine que *aljonjoli*. Voyez l'article sur ce mot.

* GIFA, jifa (ce qu'on jette des animaux lorsqu'on les dépèce dans les
boucheries), de جـيفة (*djîfa*), «cadaver sc. cum fœtescit,» chez P. de
Alcala *carne mortezina*. Acad., Marina, Müller.

* GINETA, *fr.* genette (espèce de civette, dont la peau s'emploie en
fourrures), de جرنيط (*djarneit*), mot qui n'est pas dans les dictionnaires, mais que donne M. Cherbonneau (dans le *Journ. asiat.* de 1849,
I, 541).

* GINETE (cavalier armé d'une lance et d'un bouclier). Ce mot, que
M. Diez (II, 134) dérive du grec γυμνήτης (!!) et M. Diefenbach de
γίννος (!!), vient du nom propre زنانة, Zenéta. La grande tribu ou plutôt la grande nation berbère des Zenéta, à laquelle appartenaient les
Merinides, a fourni constamment aux sultans de Grenade des cavaliers
qui étaient les plus fermes appuis de ces princes. «Après la chute des
Almohades,» dit Ibn-Khaldoun (*Hist. des Berbères*, II, 541, 542), «l'An-

dalousie aurait bientôt succombé sans l'intervention de la providence divine, qui inspira aux tribus zenétiennes la passion de la guerre sainte.» Selon Villaizan, dans sa *Chronica de Alonso X* (fol. 6 d), les premiers cavaliers ginetes arrivèrent en Espagne, au nombre de mille, dans l'année 1263. Voici ses paroles: «El rey de Granada, veyendo el gran afincamiento de la guerra en que estava, embió á rogar Aboyufat (*lisez* Aboyuçaf) que le embiasse alguna gente en su ayuda, y embióle mil cavalleros, y vino por caudillo dellos un Moro que era tuerto de un ojo, y dezian que era de los mas poderosos que avia en allende el mar; y segun lo que se halla escripto, dizen que estos fueron los primeros cavalleros ginetes que passaron aquende la mar despues que el miramamolin fué vencido.» Les chroniqueurs musulmans disent de même que les Zenétiens débarquèrent cette année-là en Espagne; mais ils entrent dans plus de détails, et selon eux ce corps, que commandait 'Amir ibn-Idrîs, se composait de plus de trois mille cavaliers; voyez le *Cartás*, p. 202, 203, et Ibn-Khaldoun; un historien anonyme (man. de Copenhague, n°. 76) raconte leur arrivée une année trop tard (en 662 de l'Hégire), et selon lui ce corps était d'environ trois cents cavaliers. Un écrivain du XIVe siècle, Ibn-al-Khatîb (man. de M. de Gayangos, fol. 14 v°), nomme aussi les Zenétiens parmi les tribus dont se composait l'armée berbère de Grenade, et l'on peut trouver sur eux beaucoup de renseignements chez les historiens arabes. Leur lance courte était appelée par les Esp. *gineta* (ital. *giannetta*), et dans le testament de Pierre-le-Cruel (p. 546, l. 16 et 18) il est question d'une «espada gineta,» ainsi que d'une «siella gineta,» (de même dans le *Cancionero de Baena*, p. 477). Aller à cheval à la genette, *à la gineta*, est aller à cheval avec les étriers fort courts, comme le faisaient les Zenétiens et comme les Maures le font encore. C'étaient des cavaliers excellents, au point que *ginete* a reçu le sens de «dexter equitator.» En catalan on les appelait «cavalers janetz» (*Mem. hist. esp.*, III, 452). Les Espagnols, les Italiens et les Français ont aussi donné le nom de *cavallo ginete* (*Cortes de Leon y de Castilla*, I, 619), *ginnetto, giannetto, genet*, à une espèce de cheval d'Espagne entier. — Le changement de la première syllabe *ze* en *gi* est le même que dans *girafa* de *zeráfa*.

* GINY *cat.* Dans un traité de paix conclu en 1309 entre le roi de Bougie et Jacques II d'Aragon (*apud* Capmany, *Memorias sobre la marina*

de Barcelona, IV, 40), il est question de galères et de *ginys*. C'est l'arabe شيني (*chînî*) qui désigne une espèce de galère; voyez le Glossaire sur Edrisî, p. 331.

Girafa de زرافة (*zarâfa* ou *zerâfa*), giraffe.

* Chez quelques voyageurs du moyen âge, la première lettre de ce mot est encore un *z* ou un *s;* mais chez d'autres c'est déjà un *g* (voyez les passages cités par Quatremère, *Hist. des sult. maml.*, I, 2, 108, 273). L'ancienne forme *azorafa*, dans la *Chronica de D. Alonso X* (fol. 5 b), est exactement l'arabe *az-zorâfa;* mais les Arabes eux-mêmes disent aujourd'hui, non-seulement *zorâfa*, mais aussi جرافة, *djorâfa* (Humbert, p. 63).

* Girel (sorte de caparaçon très-riche) de جلال (*djilél*), plur. de *djoll*, dit M. Müller. Cette dérivation est bonne, et le port. *charel* ou *xarel*, qui a le même sens, a aussi la même origine. Seulement il faut observer que, dans la langue moderne, ce *djilél* n'est pas un pluriel, comme dans la langue classique, mais un singulier; voyez Humbert (p. 60), Hélot, Bocthor sous les mots *bardelle*, *batine*, *selle* et *torche*. Chez Daumas (*Mœurs et coutumes de l'Algérie*, p. 286, cf. p. 270) on lit: «*djellale*, couvertures en laine plus ou moins ornées de dessins, très-larges, très-chaudes, et enveloppant le poitrail et la croupe du cheval.» Ailleurs (p. 106, 395) il écrit *chelil* (pour *djelâl* on *djelél* par suite de l'*imâla*), «ornement de soie que l'on étend sur la croupe des chevaux aux jours de fête.» Ormsby (*Autumn rambles in North Africa*, p. 222) prononce le mot de la même manière, quand il dit: «*shelil*, cloth with which on great occasions the Arab always covers the croup of his horse.» Tristram (*The great Sahara*, p. 94) écrit *djellali*, qu'il explique par «horse-housings.»

* Gis, giz *pg.* (espèce de chaux dont les tailleurs font usage pour dessiner la taille des habits) vient peut-être de جبس (*djibs*), la forme arabe de *gypsum* (*Loci de Abbad.*, II, 233, Humbert, p. 191), plutôt que de *gypsum* lui-même, comme le veut Moraes.

* Git, gith *pg.* (nielle, plante) est, selon Vieyra, d'origine arabe. En effet le *Mosta'înî* (man. 15) donne sous كمون أسود: الزهراوى هو شميت وشتميز, «Selon Zahrâwî on l'appelle aussi *chemîth* et *chetmiz*.» Si ces mots, qui ne sont pas dans nos dictionnaires, sont écrits correctement, le mot port. doit être une altération de *chemîth*. Le *ch* a été changé en *g*, comme dans le catalan *giny*. Au reste il faut se rappeler qu'il s'agit ici du nom d'une plante, et que les mots de cette espèce subissent les altérations les plus graves.

* GOLO. « Je ne connais ce mot que par le *Voyage en Espagne* de Lorinser (p. 105), où il signifie: « métamorphosé par enchantement dans un autre.» Si ceci est exact, on ne peut penser qu'à l'arabe غول (*goul* ou *gôl*).» Müller. Il est du moins certain que, selon les croyances arabes, les mauvais génies désignés par ce nom, prennent souvent une forme humaine; voyez Lane, *The thousand and one nights*, I, 56.

GORAB *val.* (« cuervo,» Ròs) de غراب (*gorâb*), *corbeau*.

* GORGUZ (espèce de dard, de javelot, de lance courte) doit être un mot qu'employaient les Maures, car dans un passage d'Ocampo que cite l'Acad., on lit: «Estas eran como dardos crecidos, á manera de las que los Moros llaman azagayas ó gorguces.» Je crois qu'il est d'origine berbère, de même que *azagaya*. En effet, Marmol (*Descripcion de Africa*, II, fol. 72 *b*) dit en parlant des Berbères-Zenéga: «Andan de continuo armados de gorguzes, ó lançuelas cortas;» en outre, on retrouve en berbère des mots qui y ressemblent beaucoup et qui dérivent, je crois, de la racine كَرّ (*guer*), *jeter*. Ainsi *agór* signifie *lance* dans le dialecte des Auelimmides (Barth, *Reisen*, V, 707). D'autres tribus emploient la forme كَرْكِيط (*guerguît*). C'est selon le *Voyage au Ouadây* trad. par Perron (p. 431), où l'on trouve *guirguit*, «une javeline dont le fer est en manière de broche ou de grosse alène tout hérissée de pointes ou piquants.» Dans le *Dictionnaire berbère* أَكَرْكِيط est *lance*; de même dans le vocabulaire berbère de Hodgson (*Notes on Northern Africa*, p. 87). Chez les Touareg c'est une très-grande lance, car on lit dans la *Revue de l'Orient et de l'Alg.* (nouv. série, X, 539): «L'*aguerguit*, le *mezrag*, la terrible lance en fer, longue de six pieds, à pointe empoisonnée, à barbes ou crochets hérissés en arrière et à l'extrémité inférieure aplatie, large et taillée en biseau, afin de se ficher en terre et de trancher la racine des plantes ou de dégager les abords des sources.» — Dans un document cité par Sᵃ. Rosa, on rencontre la forme *guarguz*; *gorguez* et *gurguez* se trouvent chez Moraes; je serais donc porté à croire que le mot esp.-pg. vient directement de *guerguît*.

* GUADAFIONES (entraves pour les chevaux). P. de Alcala traduit ce mot par *guadáfa*, pl. *guadáf*. C'est, je crois, وظافـة (*wadhâfa*), qui n'est pas dans les dictionnaires; cependant on y trouve le substantif وظيـف (*wadhîf*), «la partie mince des jambes des bêtes de somme,» c.-à-d., celle où l'on attache les entraves, et le verbe وظف (*wadhafa*), «raccourcir les entraves» d'un chameau.

* GUADAMACI, guadamacil, guadameci, guadamecil («cabritilla adobada, en que á fuerza de la prensa se forman por el haz diferentes figuras de diversos colores,» Acad., «tapisserie de cuir doré,» Victor), *pg.* guadamecim, guadamexim («sorte de tapeçaria antiga de couros pintados, e dourados,» Moraes). Ce mot ne se trouve chez aucun de mes devanciers, et comme il a une physionomie arabe très-prononcée (aussi l'Acad. déclare-t-elle qu'il est arabe), j'ai de la peine à croire qu'ils ne l'ont pas remarqué; je suppose plutôt qu'ils l'ont cherché dans le dictionnaire arabe sans le trouver. Aussi n'y est-il pas, et il n'est pas nécessaire qu'il y soit. C'est غدامسـى (*gadâmesî*), l'adjectif relatif de Gadâmes, qui est le nom d'une ville et d'une oasis dans l'état de Tripoli, au S. O. Les cuirs que préparaient les habitants berbères de cette ville au moyen de l'euphorbe et qui s'appelaient *al-djild al-gadâmesî*, jouissaient d'une très-grande réputation. «Il n'y a pas d'autres cuirs qui les surpassent en beauté,» dit un auteur arabe, «car ils ressemblent à des étoffes de soie, tant ils sont moelleux» Voyez Becrî, p. 152, l. 17 et 18, Aboulfeda, *Géographie*, p. 147, Cazwînî, II, 58. Anciennement le mot esp. désignait cette espèce de cuir, car on lit dans le Fuero de Molina (*apud* Llorente, *Noticias de las tres provincias Vascongadas*, IV, 120): «Mercador que viniere á Molina peche de portazgo — — por carga de cordoban ó de guadameci, un maravedi.» Dans un inventaire publié par Saez (*Valor de las monedas*, p. 542 *b*) le nom de *guadamecies* est donné à plusieurs morceaux de cuir de couleur. Mais peu à peu on a désigné par ce mot presque exclusivement une espèce de cuir doré, qu'on fabriquait, sinon à Gadâmes, du moins à Fez, car Marmol dit en parlant de cette dernière ville (*Descripcion de Affrica*, II, fol. 87 *d*): «Ay otros que hazen unas çofras de cuero de guadamecil labradas de oro y seda, que usan los Fecis como por manteles, y las tienden en el suelo para comer sobre ellas, y para assentarse el verano.» Dans l'inventaire que j'ai cité tout-à-l'heure, on trouve aussi: «Treinta é dos almohadas de guadameci, *las quatro doradas.*» Ces cuirs

dorés servaient de tapisseries, et l'on a vu que, d'après Victor et Moraes, le mot en question signifie « tapisserie de cuir doré.» Le *guadameci* se fabriquait aussi en Espagne, p. e. à Barcelone (déjà dans l'année 1316; voyez Capmany, *Memorias sobre la marina de Barcelona*,
t. I, part. 3, p. 119) et à Valence (voyez Escolano, *Hist. de Valencia*,
I, 695). — Dans le mot esp., *gua* est une mauvaise prononciation, car
ce serait l'arabe *wa;* il faudrait *ga;* mais les Esp. étaient si accoutumés
aux noms propres commençant par *guada* (Guadalete, Guadalquivir, etc.),
qu'ils voyaient dans *gadămesĭ* un nom de la même nature.

* GUAHATE, guahete. Ce mot n'est pas dans les dict.; mais M. Simonet, qui écrit *guajate, guajete,* selon la prononciation andalouse, m'a
communiqué cette note: «En Andalousie on dit encore: *guahate por guahate,* ou *guahete por guahete,* dans le sens de *uno por otro,* de l'arabe
واحد بواحد (*wâhid biwâhid*).»

* GUARAPUS *b.-lat.* (pas dans Ducange) se trouve comme le nom d'une
espèce de navire dans un règlement de 1243, publié par Capmany (*Memorias sobre la marina de Barcelona*, II, 16: «omnes naves, Guarapi,
Xalandri, Bucii,» etc.). C'est peut-être l'arabe غراب (*gorâb*), avec le
changement de *ga* en *gua*, comme dans *guadamaci*. Ce mot se trouve
souvent dans les auteurs arabes-espagnols; chez P. de Alcala c'est *navio* et *galera*.

* GUEDRE *pg.* (espèce de fleur, sambucus femina, Moraes). Comme la
fleur de cette espèce de sureau ressemble à une rose blanche et qu'on
l'appelle aussi en latin *sambucus rosea*, en hollandais rose de Gueldre
(voyez Dodonaeus, *Cruydt-Boeck*, p. 1419 *a*), je n'hésite pas à reconnaître dans *guedre* une transposition de ورد (*werd*), qui signifie en général *fleur* et spécialement *rose.*

* GUEICE *pg.* Moraes cite un passage de la Chronique de Jean III,
où on lit: «E como os muros erão de gueice, os polouros ficavão embe-
bidos nos muros,» et un autre de Couto, où l'on trouve: «Os muros
erão de gueice.» Ce mot signifie bien *boue*, comme il le dit et comme
Moura, qui cite le premier passage, le dit aussi; mais ce n'est nullement, comme ils l'assurent, l'arabe غـيـث (*geith*) qui ne signifie que
pluie. C'est au contraire un mot qui n'est pas dans les lexiques, mais
dont on se sert en Afrique, à savoir غـيـس (*geis*). Il se trouve chez
Dombay (p. 55, *lutum*), Jackson (*Account of Marocco*, p. 178, *mud*),

Boclhor (*boue*) et Hélot (*boue*, *vase*, *fange*, *limon*, *terre*). Selon toute apparence il est d'origine berbère.

GUILLA (récolte, Cob., récolte abondante, Acad.) de غلّة (*galla*), *récolte*. En Espagne on prononçait *guilla*, comme on peut le voir dans P. de Alcala au mot *cosecha*.

* GUMIA, *pg.* gomia, agomia, agumia (couteau courbe en usage chez les Maures, Moraes; espèce de poignard). On retrouve ce mot chez plusieurs voyageurs qui ont visité le Maroc. Dans Diego de Torres (*Relation des Chérifs*, p. 256) on lit: «une *gomie*, c'est-à-dire, une dague;» plus loin (p. 272): «*gomies* qui sont certaines dagues;» et ailleurs (p. 327): «un poignard qu'ils nomment *gomia*.» Le père Francisco de San Juan de el Puerto (*Mission historial de Marruecos*, p. 45 *b*, 419 *a*) explique *gomia* par «puñal corvo.» Jackson (*Account of Timbuctoo*, p. 152, cf. 286) écrit *kumäya*, «curved dagger, about twelve inches long.» Chez Davidson (*Notes taken during travels in Africa*, p. 104, 129, 140) c'est *kummiyah*, «dagger.» Hœst (*Nachrichten von Marokos*, p. 117) écrit «كميّة komia,» et Dombay (p. 81) «كميّة kummija.» Le mot n'est pas dans les dictionnaires; mais je pense que c'est كميّة (*commiya*) et qu'il vient de كم (*comm*), *manche* d'un habit. Dans ce cas cette espèce de poignard aurait reçu ce nom, parce qu'on le portait dans la manche de son habit.

H.

HAARRAZ *val.* (arador) de حرّات (*harrâth*), *laboureur*.

* HABIZ. Dans la capitulation de Grenade (*apud* Marmol, *Rebelion de los Moriscos*, fol. 24 *a*) on lit: «Los habices, y rentas de las mesquitas.» C'est حبيس (*hobos*), ou comme on dit en Afrique, *habous*, «donation d'immeuble faite à une institution religieuse, avec maintien de la jouissance usufruitière pour les héritiers du testateur» (Daumas, *La grande Kabylie*, p. 66).

HACINO (pauvre, misérable) de حزين (*hazîn*) qui, chez P. de Alcala, répond à *hazino triste*.

* En arabe *hazîn* signifie *triste*, *abattu de chagrin*, et rien autre chose. Ce sens convient fort bien pour le *hazino triste* d'Alcala et même pour le «hazino ó mezquino, pauvret, pauvre, petit malheureux, misérable» de Victor; ainsi on lit dans les *Mille et une nuits* (IV, 327 éd. Habicht): انت محروم يا حزين , «tu joues de malheur, pauvre homme!» Mais le *hacino* esp. se prenait aussi dans des acceptions tout-à-fait différentes. Alcala donne *hazino por escaso* qu'il traduit par مَقِيِّت et par بخِيل ; le mot signifiait donc aussi *avare*. Dans le *Cancionero de Baena* il doit signifier *vilain, laid, honteux*, car on y lit (p. 447):

> Johan Garcia, serpentina
> Es mi lengua de Tancredo,
> E la non ovo non credo,
> Atan dulce é paladina;
> Mas la vuestra que es hasina
> Desdonada de Cepedo, etc.

Et ailleurs (p. 429):

> Pues que sus denuestos non valen meaja,
> Mendat le que calle el tuerto hasino.

Il est impossible que, dans ces deux acceptions, ce soit aussi l'arabe *hazîn*; ce doit être un tout autre mot. L'explication des auteurs du glossaire sur Baena, qui ont vu dans cet adjectif le substantif latin *facinus*, est trop curieuse pour ne pas être notée en passant, mais ne mérite pas d'être réfutée. Je crois bien que ce second *hacino* est aussi arabe: c'est, si je ne me trompe, خسيس (*khasîs*). En esp. ce mot aurait dû devenir *hacizo*; mais il a été altéré en *hacino* par l'influence de *hacino, triste*, avec lequel on l'a confondu. En effet, *khasîs* a absolument les mêmes acceptions que le second *hacino*; c'est: «ignobilis ac vilior» (Freytag), «floxo en el animo, haragan, perezoso, vil hombre, vellaco» (Alcala), «avare» (Humbert, p. 245, Bocthor, Marcel), «chiche, crasseux, ladre, pince-maille» (Bocthor).

HAFIZ, [* haiz, afice] (inspecteur de l'impôt sur la soie à Grenade), de حافظ (*hâfidh*) qui signifie en général *inspecteur*. [* Aussi Victor donne-t-il un sens beaucoup plus large à *afice*, qu'il traduit par «maître revisiteur en quelque métier que ce soit;» de même dans le Dict. de l'Acad.: «el Veedor de las maestranzas»].

* HALIA «se trouve chez l'archiprêtre de Hita, copl. 1010, vraisemblablement dans le sens de *parure*:

> Et dam' buenas sartas
> De estaño é fartas,

> Et dame halía
> De buena valia,
> Pelleja delgada.

C'est donc l'arabe حلى (halî) ou حلّى (holî). » Müller.

HALIFA. Voyez CALIFA.

* **HALOCH** *val.* Selon Fischer (*Gemälde von Valencia*, I, 227) ce mot désigne le *bupleurum*. Sans doute il n'est pas d'origine latine, et je crois qu'il est possible de l'expliquer au moyen de l'arabe. Plus haut nous avons déjà rencontré le mot *aloque* ou *haloque* (vin rouge-clair) et nous avons dit que c'est l'arabe *khalôquî*, rouge-clair, l'adjectif du substantif خلوق (*khalôc*), qui désigne une sorte de parfum d'une couleur rouge-clair. Or les Arabes donnent le même nom au bupleurum et à la cynoglosse ou langue-de-chien, à savoir أذان الارنب, *oreilles-de-lièvre* (voyez Berggren, p. 835 et 846), et Ibn-al-Baitâr (I, 23) dit, en parlant de la racine de cette dernière plante, que si l'on s'en frotte le visage pendant qu'elle est encore fraîche, elle le rend rouge (حمّرة) et embellit le teint. Il est donc assez vraisemblable qu'on a donné à cette plante le nom de *khalôc* à cause de la couleur que sa racine donne au teint.

* **HAMAPOLA**, amapóla, ababol, ababa, papóla (coquelicot). L'étymologie basque de ce mot, donnée par Larramendi, est tout-à-fait inadmissible, comme l'a démontré M. Mahn (*Etym. Unters.*, p. 125); mais celles qu'il propose lui-même le sont également. Le mot est d'origine arabe. Chez P. de Alcala *hamapola* est حبّة بورة (*habba baura*), terme qui manque dans les lexiques, mais qui signifie: *graine de jachère*, et cette dénomination est fort appropriée, car on sait que les coquelicots proviennent en profusion sur les terres qu'on laisse reposer. *Habba baura* devient régulièrement *hamapola*, attendu que le *b* se change en *m* et le *r* en *l*; les autres formes n'en sont que des altérations.

* **HAMARILLO**, dans le *Cancionero de Baena*, p. 109:

> Yo serya denostado
> En pensar tal hamaryllo,

est, comme les auteurs du glossaire le disent avec raison, une transposition de *haramillo*, le diminutif esp. de حرم (*haram*) où حرام (*harám*), *ce qui est illicite*, *défendu*, — *péché*.

* **HAMEC** *a. pg.* (électuaire de coloquintes) paraît être un mot que les

Port. ont reçu des médecins arabes sous une forme altérée. La graine de la coloquinte s'appelle en arabe هبيد (habîd); mais dans un man. ancien et très-exact du Dict. des médicaments simples et composés par Ibn-Djazla (man. 576, art. حنظل), ce mot est écrit هبيك (habîc). Il est vrai que sur la marge on trouve la correction habîd, ce qui est aussi la leçon de nos man. 34 et 368; mais il est possible que quelques médecins aient dit habîc, ce qui, en portugais, devenait régulièrement hamec, attendu que le b se change en m.

* HAMEZ (rognure ou rupture des plumes des oiseaux de proie mal nourris ou mal soignés). «C'est un mot arabe,» dit Cobarruvias, «mais dont je ne connais pas la racine.» Cette racine est هاض (hâdha), qui signifie rompre, briser, en parlant des plumes ou des ailes d'un oiseau; هيض جناحه, «ses ailes sont brisées,» est même une expression proverbiale; voyez mes Loci de Abbad., I, 236, n. 61. Hamez est une transposition de مهيض (mahîdh), le participe passif de ce verbe; جناح مهيض, «ala fracta,» est une expression qu'on rencontre assez souvent; voyez p. e. le Câmil de Mobarrad, p. 7, l. 12, Maccarî, I, 793, l. 6; je crois qu'il faut lire le même mot chez Ibn-Khaldoun, Hist. des Berbères, I, 380, l. 16, où le texte porte: وانصرف ابن غانية

فهيض الجناح مغلول الحد ۞

* HAREN, fr. harem, de حرم (harem).

* HARON (paresseux; proprement en parlant d'une bête de monture; «bestia harona, une bête lâche et pesante, rétive, une rosse,» Victor). «On donne à ce mot une étymologie arabe,» dit M. Diez (II, 137), «mais il ne semble point du tout appartenir à cette langue.» Si M. Diez était moins étranger à l'étude de l'arabe, il se serait bien gardé d'écrire une telle phrase, car harón est un mot arabe tout pur et qui n'a pas éprouvé le moindre changement. C'est, comme Marina l'a dit avec raison, حرون (harón). Chez P. de Alcala harona bestia est harôma; le m est ici pour le n, et dans la langue vulgaire cette substitution est loin d'être rare quand il s'agit de la dernière radicale; ainsi Alcala donne, sous hazino, mahzûm pour mahzûn, et Berggren a sous dromedaire: «هجيم, on dit aussi هجين;» cette dernière forme est justement la bonne. Harón, de la racine harana, être rétif, est proprement rétif, qui s'arrête ou qui recule au lieu d'avancer; voyez Lane, Maccarî, II,

543, l. 11, Ibn-Khaldoun, *Prolégomènes*, II, 28, l. 5 ; Ibn-al-'Auwâm (II, 535 et suiv.) parle fort au long du cheval qui a ce vice, *faras harón* (caballo harón). Selon toute apparence l'esp. a aussi eu *alharón* avec l'article arabe, car chez l'archiprêtre de Hita (copl. 850) on trouve le verbe *alhaonarse* (pour *alharonarse*).

HASTA, fasta (jusqu'à), de حتّى (*hattâ*).

* D'autres formes approchent encore plus du terme arabe : *adta*, *ata*, *fata* (dans le vocabulaire de Berganza), *hata* (Marina donne des exemples), pg. *até*, a. pg. *atha*, val. *hatti*.

* HEGIRA, hixara chez Marmol (*Rebelion de los Moriscos*, fol. 7 a), fr. hégire, de هجرة (*hidjra*), *départ*, *fuite;* le départ, la fuite, de Mahomet, lorsqu'il quitta la Mecque pour se rendre à Médine. On sait que c'est l'époque d'où les musulmans commencent à compter leurs années.

HELGA. Voyez ALHELGA.

* HIZAN («lugar de defensa,» Berganza, *Antig. de Esp.*, II, à la fin) de حصن (*hiçn*), *forteresse*.

HOBERO (color de cavallo) de حبارى (*hobéri*) que P. de Alcala traduit par *hobero color de cavallo*.

* Actuellement on écrit cet adjectif *overo*, parce qu'on a eu la malheureuse idée de le dériver du latin *ovum* (œuf) (Acad.), pg. *fouveiro*, fr. *aubère*. Il se dit d'un cheval dont le poil est couleur de fleur de pêcher, entre le blanc et le bai. La manière dont P. de Alcala l'écrit, prouve que le Père Guadix (*apud* Cobarruvias) a eu raison de le dériver de حبارى (*hobérâ*), *outarde;* il ajoute qu'on a appliqué cet adjectif au cheval aubère, moins à cause de la ressemblance de sa couleur à celle du plumage de l'outarde, qu'à celle de la chair de cet oiseau quand elle est cuite.

* HOMARRACHE. Voyez MASCARA.

* HOQUE (pourboire, petite libéralité en signe de satisfaction) de حقّ (*hacc*), proprement: *ce à quoi quelqu'un a droit*, et de là *rétribution* (Ibn-Khaldoun, *Prolégomènes*, II, 98, l. 8), *présent*, *cadeau*. Selon MM. Sandoval et Madera (*Memorias sobre la Argelia*, p. 322), le présent que les fonctionnaires devaient donner à Abd-el-Cader à cause de l'investiture, s'appelait *hacc al-bournous;* ils se faisaient restituer cet argent par leurs sujets, et les présents que donnaient ceux-ci, s'appelaient *barouc al-bournous*. Remarquez que, selon l'Acad., *hoque* est le synonyme de *alboróque*. Chez M. Lane, *Modern Egyptians*, I, 257, on trouve l'expression *hacc cachf alwadjh*, qui signifie: «a present of money which the bridegroom must give to the bride before he attempts to remove the shawl thrown over her head.»

Horro, [*pg. forro] (libre), de حـر (horr) qui a le même sens. De *horro* on a formé le verbe *ahorrar*, [*pg. forrar].

*Le féminin حرّة (horra), employé substantivement, a reçu vers la fin du moyen âge le sens de *princesse* ou *reine*; P. de Alcala sous *princesa, reyna, enperatriz*, Ibn-Batouta, IV, 370, *Cartâs*, p. 230, l. 3 a f., p. 270, l. 9 a f., p. 280, l. 4, et dans la traduction, p. 297, n. 5, Maccarî, II, 711, l. 19, p. 712, l. 5, 15, 20 et 3 a f., p. 801, l. 7; chez un chroniqueur anonyme (man. de Copenhague, n°. 76, p. 98) on lit : وكانت بالقصر الحرّة امّ الرشيد, «dans le palais se trouvait la princesse, mère d'ar-Rachîd;» ailleurs (p. 101): مع زوجه الحرّة فاطمة بنت امير المومنين المامون, «avec son épouse, la princesse Fâtima, fille du prince des croyants al-Mamoun.» L'esp. *horra* se trouve avec la même acception dans la *Crónica de D. Alfonso XI*, p. 406, l. 8, et chez Barrantes Maldonado (dans le *Mem. hist. esp.*, IX), p. 352.

*Huri, *fr.* houri. Ce mot est très-récent dans l'espagnol; aussi les dict. ne l'ont-ils pas et ce n'est rien autre chose que la transcription du français *houri*. En arabe une femme du paradis s'appelle حوراء (haurâ), et les Mauresques écrivaient *alhaura* (Mem. hist. esp., V, 432). Le plur. en est *hour*; mais les Persans, les Turcs et même les Arabes modernes (voyez p. e. *Mille et une nuits*, II, 270, l. 8 éd. Macnaghten) emploient ce plur. comme un sing., et les premiers y ont ajouté le î, qui, dans leur langue, sert à former le nom d'unité; de là *hourî* (حورى), *une femme du paradis*. L'arabe moderne a aussi حورية (*hourîya*) (*Mille et une nuits*, I, 166, 558, II, 649, IV, 183 éd. Macnaghten).

I.

*Irake, iracha, iraga, etc., *b.-lat.*, de عراقى ('irâki), l'adjectif relatif du nom propre 'Irâk. Il y avait dans cette province, la Babylonie des anciens, des verreries très-renommées, où l'on soufflait une espèce de verre qui ressemblait au cristal et qui s'appelait الزجاج العراقى, «le

verre *'irâki;* » voyez Ibn-Djobair, p. 275, l. 18 et 19. Le mot manque
chez Ducange, mais on le trouve quelquefois dans les chartes latines
de l'Espagne. Ainsi on lit dans l'*Esp. sagr.* (LX, 409): «vasos vitreos,
eouza (*lisez* couza) Irake,» et plus loin: «omnes hos vasos irakes pre-
tiosos.» Dans une autre charte (*ibid.*, XXXVI, p. LX): «et concham
iragam,» et plus loin: «et tres fialas quas dicunt rotomas irachas.»
Dans une donation publiée par Yepes (*Corónica de la orden de San Benito,* V, fol. 424 rº), on trouve: «vasa vitrea: concas aeyralis II, arrodomas sic [1] aeyralis IX.» Un des continuateurs de Ducange a noté cet
aeyralis en disant qu'il signifie *d'airain;* mais puisque c'étaient des
«vasa vitrea,» il est clair comme le jour qu'ils n'étaient pas d'airain.
Pour ma part je ne puis y voir qu'une corruption de ce même mot
'irâki, car on a vu que, dans les autres chartes, cet adjectif est joint
aussi aux mots *concha* et *rotoma.* Par conséquent je lis deux fois *aeyrakis,* ce qui représente assez bien le pluriel de *'irâki.*

J.

JABALI (sanglier) de جبلى (*djabalî*), l'adjectif de *djabal, montagne.*
P. de Alcala traduit [*javali puerco* par *djabalî*, et] *puerco montes o
javalin* par *khinzîr djabalî.*

*Cf. Rojas, *Relaciynes,* fol. 74 rº: «Llamamos en España Iabalin, á
lo que el Moro llama Gibeli, que es puerco montes.»

* JABALON (bois employé pour former la pente d'un toit) de جملون
(*djamalôn*), mot qui manque chez Freytag, mais non pas chez Lane,
et sur lequel il faut consulter une note de Quatremère, *Hist. des sult.
maml.,* II, 1, 267. Cet illustre savant, qui cite plusieurs passages où
on lit qu'un toit était de *djamalônât,* explique le terme *djamalôn* par
voûte en ogive; il fait aussi observer que chez Bocthor c'est *toit en dos
d'âne,* et il ajoute fort judicieusement que le mot vient de *djaml,*
chameau; «il désigne,» dit-il, «une partie d'édifice, qui présente la
forme du dos de cet animal; c'est ainsi que nous disons qu'une chose
est faite en dos d'âne.» Cette opinion est confirmée par le grand dict.
arabe dont s'est servi M. Lane. — La forme *jabalon* est correcte, le

---

1) Il faut biffer ce *sic,* qui est du copiste.

m se changeant régulièrement en *b*; *jabalcones* (esseliers, goussets) et *jabalconar* (dresser un toit, y poser la charpente pour le couvrir) le sont moins, mais on dit *jabalonar* dans le même sens.

* JACENA (tasseau, poutre de traverse sur laquelle les solives sont assises). Serait-ce جائز (*djâïz*), *poutre*, avec la terminaison esp. *ena?*

JACERINA, *pg.* jazerina, *it.* ghiazzerino (cotte de mailles). Ce mot semble être un adjectif formé de الجزائر (*al-djazâïr*), le nom arabe de la ville d'Alger, d'où l'on semble avoir exporté de telles armures. *Voyez* Diez, p. 171 [* 2ᵉ édit. I, 210, 211].

* Cette étymologie manque de base. Un malheureux hasard ayant voulu que *jazarino* signifiât *algérien* en espagnol, Cobarruvias en a conclu que *jacerina* est le même mot et qu'anciennement on fabriquait les cottes de mailles à Alger (voyez ses articles *Alger* et *cota*). Cette supposition, que le lexicographe espagnol présente hardiment comme un fait incontestable, est sans fondement: chez les écrivains arabes on ne rencontre pas la moindre trace d'une telle industrie à Alger. Je crois bien, toutefois, que le mot en question est d'origine orientale, car comme il est certain que les Européens ont reçu des Orientaux les cottes de mailles composées simplement de petits annelets de fer qui n'étaient pas cousus sur une pièce d'étoffe (cf. le glossaire sur le *Catálogo de la real Armeria*, p. 66), il est assez vraisemblable qu'ils aient reçu d'eux en même temps le mot qui servait à les désigner; mais pour expliquer l'origine de ce dernier, il ne faut pas s'en tenir à la forme dérivée *jacerina*; c'est au contraire à la forme *jaceran* (Saez, *Valor de las monedas*, p. 528 *b*), *jaseran* (*ibid.*, p. 209), *jasaran* (*Cancionero de Baena*, p. 457), a. fr. *jazerant*, *jazerenc*, qu'il faut avoir égard. Je crois que dans les deux dernières syllabes le mot arabe pour *mailles*[1] et *cotte de mailles*, à savoir زرد, *zarad* ou *zerad*, qui vient du persan زره, *zirh* ou *zirah*, est encore assez reconnaissable; et quant à la première, comme on disait aussi *jaque de mailles*, *jaco de malla*, je crois que l'opinion de feu M. de Reiffenberg, selon laquelle ce *ja* serait *jaque*, mérite d'être prise en considération. M. Diez prétend,

---

1) Freytag et Lane n'ont pas cette signification; mais voyez Quatremère, *Hist. des sult. maml.*, I, 2, 114, n. 138, le dernier passage, Alcala sous *malla*, Bocthor et Berggren sous *maille*.

il est vrai, que *jazerant* est plus ancien que *jaque*, et selon lui ce dernier terme n'aurait commencé à être en usage que vers l'an 1358; mais ce n'est là qu'une conjecture de Ducange et à laquelle il ne faut peut-être pas attacher trop d'importance, car dans un document espagnol de 1369 (*Cortes de Leon y de Castilla*, II, 178) je trouve *jaque* employé comme un mot que tout le monde connaissait.

JAEZ, [*jahés dans le *Cancionero de Baena*, p. 159] (harnais, l'équipage d'un cheval de selle). On disait aussi *jaéces de cama* dans le sens de «garniture de lit» (Victor). L'un et l'autre dérivent de l'arabe جهاز (*djahéz*) qui désigne en général *apparatus*.

*Les Arabes emploient aussi *djahéz* dans le sens spécial de *harnais;* voyez Freytag, Lane, Ibn-Batouta, III, 222.

* JAHARRAR (crépir une muraille avec du plâtre), JAHARRO (crépissure, enduit de plâtre), du substantif جيار (*djaiyâr*) ou du verbe جير (*djaiyara*), dit M. Müller. Ce verbe existe bien (voyez P. de Alcala sous *encalar con cal* et sous *encaladura*), mais comme il vaut toujours mieux dériver les mots esp. des substantifs arabes, je crois que le substantif *djaiyâr*, *chaux*, mérite la préférence.

* JAMBETTE. Ce mot n'est pas dans les dict. dont je me sers; mais M. Defrémery dit: «*Jambette* qui est employé quelquefois comme synonyme de *navaja*, *couteau de poche*, et qui se rencontre aussi dans notre langue avec le sens de petit couteau de poche, dont la lame se replie dans le manche. Je le ferais venir de l'arabe جنبية (*djanbíya*), qui manque dans les dict., mais que l'on trouve souvent dans les relations de voyage avec le sens de *poignard*.» Il cite les relations d'Arnaud, de Niebuhr, de d'Escayrac, de Haines et de Botta. Je ferai remarquer à mon tour que le mot en question, qui vient de *djanb*, *côté* (ce qu'on porte au côté), se trouve déjà chez Ibn-Batouta (I, 354) comme un terme dont se servaient les Mecquois. Browne (*Reize naar Afrika*, I, 230), Burckhardt (*Travels in Arabia*, I, 338, II, 243) et Burton (*Pilgrimage*, I, 208 n., 230, 241, II, 104) le donnent aussi. Quant à *jambette*, les Esp. ne l'ont sans doute pas reçu directement des Orientaux, mais des Français.

* JAMILA (eau qui découle des olives amoncelées) de جميل (*djamíl*), *graisse fondue*.

JARRA, *a. pg.* zarra, *ital.* giara, *fr.* jarre, masc. *esp. pg.* jarro, *ital.*

giarro (pot à goulot et à deux anses), de جَرَّة (*djarra*) qui désigne la même chose.

* JAZMIN, *pg. fr.* jasmin, de l'arabe-persan ياسمين (*yâsemîn*).

* JILECO «chez Cervantes dans *Don Quijote*, I, cap. XLI, dans l'édit. de Clemencin, III, 248, de يلك. Cet éditeur pense, avec raison ce semble, que ce mot a donné naissance à *chaleco*; le français *gilet* semble avoir la même origine.» Müller. — يلك (*yelec*) est un mot d'origine turque, mais que les Arabes ont adopté; voyez mon *Dict. des noms des vêtem.*, p. 431, et les *Mille et une nuits*, IX, 209 éd. Fleischer. Chez Delaporte (*Dialogues*, p. 99) on trouve جَليكة. Quant au fr. *gilet*, on le dérive ordinairement avec Ménage de *Gille*, le nom du tailleur qui a inventé les gilets.

* JOFOR («pronostic, mot arabe,» Victor; cf. Marmol, *Rebelion de los Moriscos*, fol. 32 *a*, 44 *c* et suiv.) de جفر (*djafr*); cf. Ibn-Khallicân, I, 432 éd. de Slane, Ibn-Khaldoun, *Prolégom.*, II, 184, d'Herbelot sous *gefr*, Shaw, I, 345 de la trad. holl.

* JORRO. Le verbe arabe جَرَّ (*djarra*), *entraîner, emporter en traînant*, est devenu un terme de marine, car Ibn-Batouta (IV, 247) dit: «Il n'y a point de vent dans cette mer, ni de vagues, ni de mouvement d'aucune sorte, malgré sa grande étendue. C'est à cause de cela que chaque jonque chinoise est accompagnée par trois bâtiments qui servent à la faire avancer en ramant *et à la remorquer* (*tadjorroho*).» Dans un passage des *Mille et une nuits* (I, 382 éd. Macnaghten) on lit de même: وصلوا الى تلك المركب ووضعوا فيها الكلاليب وجرّوها, «les pirates lancèrent les grappins sur ce navire et le prirent à la remorque.» De là vient l'esp. *jorro*, que Marina et M. Müller ont noté, car, comme l'a observé ce dernier, P. de Alcala traduit *navejar a jorro* par *djarra*. Les expressions *llevar à jorro*, *navegar à jorro* (l'une et l'autre chez Victor), *traer à jorro* (Barrantes Maldonado, dans le *Mem. hist. esp.*, IX, 141), en pg. *levar a zorros*, signifient *prendre à la remorque*. Cobarruvias connaissait déjà l'origine arabe de ce mot, car il dit: «*Jorro*, llevar una cosa à jorro es sacarla y tirarla con guindaleta arrastrando, ora sea del agua, ora sea de la tierra; dizen ser Arábigo de *churr*, que sinifica lo mesmo.» Le verbe *ajorar*, *emmener de force*, a la même origine, ainsi que *jorro* dans l'ancien port., comme Moura l'a observé avec raison. *Páo de jorro* était une énorme pièce de bois, qu'on ne pouvait transporter qu'au moyen d'une charrette nommée *zorro*, *zorra*, ou *jorrão*. De là *zorreiro*, *lent*, *paresseux*, en parlant d'une charrette, d'un navire, d'une bête de somme, d'une personne.

Jorfe (muraille de pierres sèches) de جرف (*djorf*), «agger.»

* Jovada, juvada *arag.*, «le terrain que peut labourer une paire de mules en un jour,» Acad. 6ᵉ édit.; — «*jova, jovata*. Majoricensibus voces familiares, quas ii ab Arabibus Balearium incolis acceptas retinuere, apud quos ita *jugerum*, seu modus agri dicitur, tametsi maioris quantitatis,» Ducange; — «*jovata*, jovada, jova (jugerum, seu modus agri) Majoricensibus et olim Valentinis voces familiares, ab Arabibus utriusque regni incolis acceptae,» Villanueva, *Viage literario*, IV, 266 (je respecte trop ce savant éminent pour ne pas supprimer l'étymologie arabe qu'il donne). Ce mot, que nous trouverons aussi sous d'autres formes et avec d'autres significations dans les documents du moyen âge, est la transcription plus ou moins inexacte d'un terme arabe qui manque dans les dictionnaires, mais qui est encore en usage en Algérie. Ce terme dérive de la racine جبذ (*djabadha*) qui signifie *tirer* et qu'on peut employer p. e. en parlant de bœufs qui *tirent* la charrue. Je n'ose pas décider quelle est la signification primitive du substantif. Selon M. Cherbonneau (dans le *Journ. asiat.* de 1849, I, 65; cf. ses *Dialogues*, p. 12, et voyez aussi ceux de Martin, p. 135), جابذة, qu'il prononce *djebda*, au plur. جوبذ (il prononce *djouabed*), signifie proprement *charrue*, et par extension, *une paire de bœufs*. C'est possible; cependant il se pourrait aussi qu'il désignât proprement la charrue et les bœufs ensemble. Quoi qu'il en soit, le substantif *joverius* ou *juverius* (dérivé de la forme *jova*) signifie *valet de charrue* dans une charte aragonaise de 1192, citée par Carpentier (dans Ducange), où on lit: «Constituentes ne boves aratorios aut caetera quaelibet animalia aratoria, vel aratrum cum suis apparatibus, et joverio sive bubulco laedere vel invadere quoquo modo praesumat.» Dans un autre document aragonais de l'année 1291, le sens est moins clair. On y lit: «Item quod portarius vel aliquis alius officialis noster non possit pignorare aliqua animalia aratoria, nec juverios, nec instrumenta laborandi seu colendi.» Une main plus récente a noté sur la marge *al. boves*, et Carpentier n'ose pas décider si cette explication est bonne, ou bien si les *juverii* sont

ici également des valets de charrue; j'imiterai sa prudence. — En
outre, le mot arabe signifie, de même que *charrue* en français: *l'étendue
de terre qu'on peut mettre en valeur avec une charrue.* « En Algérie, »
dit M. Cherbonneau (*loco citato*), « on n'évalue jamais une terre en
culture par mesure; on dit seulement: Cette terre, ce douar a tant de
djebdas, c'est-à-dire, fournit du travail pour tant de charrues. » Selon
M. Prax (dans la *Revue de l'Orient et de l'Alg.*, VII, 159), *djebda* est
à Constantine « le terrain qui peut être labouré, en un jour, par une
paire de bœufs;» comparez dans le même recueil t. XII, p. 393. Ce
sens est assez fréquent dans les chartes latines et espagnoles, et comme
Ducange n'en a donné qu'un seul exemple (sous *alcheria*), j'y ajoute
ceux-ci: Fuero de Molina (*apud* Llorente, *Noticias de las tres provincias
Vascongadas*, IV, 124): «Vecino de Molina que hobiere dos yovos de
bueyes con su heredat,» et plus loin (p. 125): «Qui hobiere un yovo
de bueyes con su heredat;» Carta de poblacion d'Ejea, donnée en 1180
par le roi d'Aragon Alphonse-le-Batailleur (*apud* Muñoz, *Fueros*, I, 299):
«Et illa Torre de Escoron non avet nisi sex jubattas, — — similiter
illa Torre de Canalla VI jubattas, — — et illa Torre longa dos jubattas, » etc., car le mot s'y trouve plusieurs fois; charte de 1275, publiée
par Villanueva (*loco citato*): «Item pro una jovata vineae, quam habemus
in Alcudia Xativae, contigua vineae Joannis Martiniez de Heredia. » —
Le mot en question désignait aussi, comme Carpentier l'a observé avec
raison, une espèce de corvée, l'obligation pour le paysan de labourer,
pendant un seul jour, la terre du seigneur. On trouvera trois exemples de cette signification chez Ducange et Carpentier. Enfin il désigne
aussi en Algérie une redevance annuelle que paient les Arabes pour les
terrains qu'ils cultivent; «elle est ici,» dit M. Carteron (*Voyage en
Algérie*, p. 173), qui écrit *djbda*, «de 25 francs par huit hectares,
c'est-à-dire, ce que peuvent labourer deux bœufs. »

   * Jucefia était au moyen âge une monnaie d'or = *mazmodina;* on
disait aussi «mazmodina jucefia;» voyez Saez, *Valor de las monedas*,
p. 314, 315. C'est la يوسفية (*yousofia*), frappée par le sultan almohade
Abou-Ya'coub Yousof (1162—1184). Même dans le Dict. valencien de
Ròs òn trouve encore *jusasives* (*sic*), «monedas antiguas. »

   Julepe, *ital.* giulebbe, *fr.* julep (potion adoucissante), de جلاب (*djouléb*),
qui est composé de deux mots persans: كل (*goul*), *rose*, et آب (*áb*), *eau.*
[* Cf. de Sacy, *Abdallatif*, p. 317, n. 12].

K.

* Kazini *b.-lat.* Sᵃ. Rosa (II, 69, 70) cite trois passages où ce mot se trouve, mais écrit d'une manière un peu différente. Le premier est dans un acte de vente de 893 ; je ne sais pas ce que porte le texte latin ; le savant antiquaire dit seulement en portugais (II, 46) : « Foi o preço 45 *soldos Kazimos*, » et je crois qu'il s'est mal exprimé. Le second est dans un acte de 1016 ; dans cette année, dit Sᵃ. Rosa, « vendeo a Lorvão o Mouro Zuleimão Iben Giarah Aciki huma grande fazenda em Villela por 20 soldos *de argento Kazimi*. » Le troisième est emprunté à l'*Esp. sagr.*, XXXVIII, 89. On y lit que la noble dame Mayor Froylaz vendit, dans l'année 1078, une terre dans les Asturies à l'évêque d'Astorga ; puis le texte porte : « Pro quo accepimus de vobis CCCII. solidos de argento Kazmi, et una pelle alfanege — — in obtingentos solidos de Kazmi, et uno caballo — — praeciato in centum quinquaginta solidos de argento Kazmi, et uno vaso de purissimo argento pensante septuaginta quinque solidos. » Sᵃ. Rosa a pensé que ce mot signifie *pur, sans alliage* ; la charte asturienne, où le *purissimum argentum* est autre chose que le *argentum Kazmi*, n'est pas favorable à son opinion. L'étymologie du mot est aussi obscure que sa signification, car il est inutile de parler de celle qu'a donnée Moura, qui le fait venir de قديم (*cadîm*), *vieux, ancien* ; Sᵃ. Rosa avait déjà réfuté d'avance cette dérivation, et en outre le *d* ne se change pas en *z*. Pour ma part, je crois qu'il faut lire partout *Kazini*. C'est réellement la leçon du document asturien, car on sait qu'anciennement le *i* s'écrivait sans point. Qu'est-ce donc que *argentum kazini?* Je crois qu'un passage du testament de Ramire, roi d'Aragon, qui est de l'année 1061, nous mettra en état de répondre à cette question. On y lit (*apud* Briz Martinez, *Hist. de San Juan de la Peña*, p. 439) : « Et illos vassos (= vasa), quos Sanctius filius meus comparaverit et redemerit, peso per peso, de plata aut de cazeni, illos prendat et reddimat, » etc. Ce *cazeni* doit être, comme on voit, une espèce de métal, qui n'est pas le même que l'argent, mais qui cependant y ressemble. Je pense que c'est l'arabe خارصيني (*khâr-cînî*). Ce mot, qui signifie littéralement *pierre de la Chine*, désigne en effet un métal ou un demi-métal ; selon de Sacy, qui a écrit une longue

dissertation sur ce sujet (*Chrest. ar.*, III, 452—464), c'est la toutenague; chez Humbert (p. 171) c'est le zinc; chez Bocthor c'est le zinc
aussi bien que la toutenague. Je n'hésite pas à identifier ce *cazeni*
avec *kazini* dans *argentum kazini*, et à considérer ce dernier comme un
mélange d'argent et de *khârcînî* [1].

L.

* Laca, *fr.* laque (sorte de gomme) ⎱ Sous le nom de laque les Arabes,
* Lacre (cire d'Espagne) ⎰ les Persans et les Indiens (*lâkchâ*)
semblent avoir entendu plusieurs drogues qui teignent en rouge. Selon
les dictionnaires arabes dont Golius et Freytag ont fait usage, لكّ (*lacc*)
est le nom d'une plante avec laquelle on teint la peau de chèvre, et

---

1) Puisque dans cet article j'ai cité le testament de Ramire, je profiterai de cette
occasion pour remarquer qu'il peut aussi servir à corriger et à expliquer un mot qui se
trouve chez Maccarî et qui a embarrassé le savant éditeur, M. Wright, tandis que le passage de l'auteur arabe peut servir à son tour à réfuter une conjecture mal fondée de
l'illustre Ducange. Le passage en question est d'Ibn-Haiyân, auteur du XIe siècle et contemporain de Ramire d'Aragon; il a été copié par Ibn-Khaldoun et c'est d'après ce dernier
auteur que Maccarî (I, 247 in fine) le cite. Ibn-Haiyân nomme donc parmi les objets
dont se composait le présent offert par Dja'far l'Esclavon au calife Hacam II, alòrs qu'il
avait été promu à l'emploi de *hâdjib* par ce monarque: خمسون خوذة خشبيّة من
بيضات الفرنجة من غير الخشب يسمّونها الطشطانة. Je ne sais que faire de
ce غير, qui a paru altéré à M. Wright, qui se trouve cependant aussi dans l'édition de
Boulac, et auquel M. Fleischer veut substituer خير; j'omettrai donc les mots من غير
الخشب; les autres signifient: «cinquante casques de bois, comme en portent les Francs
et qu'ils appellent *techtâna*.» M. Wright dit dans une note que les man. d'Ibn-Khaldoun
portent طشتانية (*techtânia*), et que le mot en question lui semble appartenir à la langue
provençale; il le dérive de *testa*, mais il ajoute qu'on le cherche en vain dans les dictionnaires romans. Je le trouve dans le testament de Ramire où on lit ceci: «De meas
autem armas —— et espatas, et adarcas, et gelmos, et testinias, et cinctorios, et
sporas,» etc. La leçon des man. d'Ibn-Khaldoun est donc la bonne (on voit que le *i*
est rendu par لا), et grâce au passage arabe, nous savons à présent ce qu'il faut entendre
sous *testinia*, qui vient en effet de *testa*. Ducange, en donnant le *testinia* du testament, a soupçonné qu'il fallait lire *testiria* = *têtière*; mais on voit que cette opinion
est erronée.

locc, le suc de cette plante; comparez Tristram, *The great Sahara*, p. 155: «Pour les teintures rouges on se sert d'un bois venant de l'intérieur de l'Afrique et nommé *l'uhk;*» Daumas, *Le Sahara algérien*, p. 200, donne seulement: «*louk*, substance rouge pour teindre,» et Marmol (*Descripcion de Affrica*, III, fol. 5 *d*) dit en parlant de la ville de Quiteva dans la province de Dar'a (dans le Maroc): «C'est de là que vient l'indigo, avec lequel on teint les étoffes déliées, et le *lic*, dont on fait en Afrique, pour la laine très-fine, une teinture rouge clair qui est fort en faveur chez les Africains.» Chez Carette (*Géographie de l'Algérie*, p. 255) on lit: «*Lek* pour la teinture, *ilex* (*coccifera;*» ailleurs (*Etudes sur la Kabilie*, I, 529): «couleur rouge que les Arabes appellent *lek*, et qui a été reconnu sur échantillons être l'*ilex coccifera*;» et enfin (p. 380): «Le *lek* est le kermès (*cocca-ilicis*), que l'on trouve sur le chêne nain (*quercus coccifera*) en Espagne, en Provence et en Grèce.» Dans le *Mosta'inî* l'article *lacc* est conçu en ces termes: «En syriaque *laca*[1]; c'est la gomme d'un arbre qui croît dans l'Ouest[2]; suivant d'autres, c'est le kermès; il y en a aussi qui disent que c'est la gomme du kermès.» Bocthor en Berggren (p. 856) donnent: laque, sorte de gomme, *zamag al-lacc*. Chez Richardson le persan *lâc* (لاک) est expliqué de cette manière: «lac, a kind of lake produced from lac used for dyeing red,» et aussi «wax,» tandis qu'on trouve sous *luc*: «The substance commonly called gum-lac, being the nidus of an insect found deposited on the twigs of certain trees in India, and from which a beautiful red lake is extracted, used in dyeing.» — *Lacre*, cire d'Espagne, a reçu ce nom parce que la laque y entrait (voyez Dodonaeus, *Cruydt-Boeck*, p. 1468 *b*). Aujourd'hui les Arabes emploient *lecc*, *locc* ou *louc* dans le même sens; voyez Dombay, p. 78, Bocthor et Berggren sous *cire* (*d'Espagne*), Cherbonneau, Roland de Bussy.

LAUD. Voyez ALAUDE.

* LEILA. ليلة (*leila*) signifie *nuit* en arabe; mais chez les Mauresques *leila* était une soirée ou nuitée, où l'on faisait de la musique. La

---

1) La langue à laquelle l'auteur du Mosta'inî donne le nom de syriaque, est toujours chez lui le chaldéen; aussi *laca* se trouve-t-il chez Buxtorf, p. 1142.

2) C'est-à-dire, dans l'ouest de l'Afrique; telle est du moins la leçon du man. de Naples (بارض الغرب); mais celui de Leyde porte: فى بلاد العرب, «en Arabie.»

commission nommée par Charles-Quint voulait que les Mauresques « no
usasen las leylas y zambras á la morisca » (Marmol, *Rebelion de los
Moriscos*, fol. 33 *c*), et plus tard Philippe II ordonna « que no hiziesen
zambras ni leylas, con instrumentos, ni cantares moriscos » (*ibid.*). A
Alep on dit aujourd'hui *leilĭya* en ce sens (voyez le Journ. asiat. allemand de 1868, p. 146), et en Algérie *mebîta*, de la racine بات (*bâta*),
passer la nuit, tandis que *leila* s'y dit d'une réunion des *khouan* pendant la nuit (Cherbonneau, *Dialogues*, p. 187).

* Lelilies (*Don Quijote*, II, c. 34), lelies (*Cron. gen.*, fol. 204), lililées, lililies (les cris des Maures quand ils commencent le combat), de
لا الـﻪ الا الـﻪ اللﻪ (*lé ilâh illa 'llâh*), « il n'y d'autre dieu que Dieu. »

* Lilac, *fr.* lilas (syringa). « N'y aurait-il pas du rapport entre le
nom de cet arbrisseau, dont les fleurs sont bleuâtres, et le mot نيلج,
qui désigne l'*indigo ?* » Müller. — Je suis du même avis, mais avec
une légère modification. Comme les Arabes donnent aujourd'hui au lilas le nom de ليلك (*lîlac*) (Berggren, p. 878, Bocthor) ou ليلاك (*lîlâc*)
(Marcel), je crois que c'est le persan ليلج (*lîladj*) ou ليلنك (*lîlang*),
indigo.

* Lilaila, voyez fileli; mais ce mot a encore un tout autre sens,
à savoir celui de *bagatelle, fadaise, niaiserie*, et l'Acad. l'explique de
cette manière: « Voz con que se explica lo impertinente, inútil, ridicu-
lo, ó importuno, que dice ó hace quien intenta estorvarnos, interrum-
pirnos ó engañarnos: y suele decirse con buena Liláila se nos viene.
Parece es tomado de lo que dicen frequentemente los Moros en sus fies-
tas y necessidades *Hilha hilahaila*, de donde tambien se dice por burla
Santa Liláila. » Je ne sais pas quelle expression arabe l'Acad. a eu en
vue; mais je serais tenté de voir dans ce *liláila* l'expression arabe que
nous avons rencontrée sous lelili et que les musulmans ont sans cesse
à la bouche. Les Mauresques l'écrivaient *leileha* ou *leale* (*Mem. hist.
esp.*, V, 443).

* Lima, *fr.* lime (sorte de petit citron qui a une eau fort douce), de
ليمة (*lîma*), nom d'unité du collectif ليم (*lîm*). Voyez sur ce mot, qui
manque chez Freytag, Quatremère dans les *Notices et Extraits*, XIII,
174; mais comme ce savant s'est borné à citer Marcel, je remarquerai
qu'on le trouve aussi chez Ibn-Batouta, III, 126, 128, chez Ibn-Khaldoun, *Prolégomènes*, II, 259, l. 11, et *Hist. des Berbères*, I, 413,

dans P. de Alcala sous *lima*, chez Hœst, *Nachrichten von Marokos*, p. 305, chez Dombay, p. 70, chez Martin, *Dialogues*, p. 103, chez Blaquiere, *Letters from the Mediterranean*, II, 78, etc.

LIMON de ليمون (*leimón*) qui est le persan *limoun*, « malum citrium. »

* LOOCH, pg. et a. fr. lohoc, fr. looch et lok (sorte d'électuaire), de لعوق (*la'óc*), comme le disent avec raison Sousa et M. Defrémery. La racine *la'ica* signifie *lécher*, et *la'óc* est : «eclegme, *linctus*; médicament liquide, que l'on fait prendre à petites doses, dans les maladies des voies respiratoires» (Sanguinetti dans le *Journ. asiat.* de 1866, I, 323). Ce mot est très-fréquent chez les médecins arabes.

* LUQUETE, voyez ALGUAQUIDA ; mais ce mot signifie en outre *zeste*, morceau d'écorce de citron ou d'orange, qu'on met dans le vin. En ce sens, c'est peut-être l'arabe لقاط (*louquét*) ou لقاطة (*louquéta*), «res quae de humo legitur, quisquiliae, res nullius pretii.» Ces morceaux d'écorce n'ont en effet aucune valeur, et pour cette raison on dit en français : cela ne vaut pas un zeste, je n'en donnerais pas un zeste. Mais selon Cobarruvias ce *luquete* a la même origine que *luquete* dans le sens d'*allumette* ; ses paroles sont : «dixose assi, porque si la esprimimos à la vela se enciende aquel humorcillo, y se torna fuego.»

M.

* MACABES (pas dans les dict.). Voyez ALMOCAVAR.

* MACHUMACETE, maginacete («certain opiat des Maures, dont ils usent pour se mettre en appétit,» Victor) est composé de deux mots, dont le premier est sans aucun doute معجون (*ma'djoun*), *électuaire* ; mais le second (*acete*) est plus difficile à trouver, car parmi le grand nombre de *ma'djouns* ou électuaires, que l'on trouve énumérés chez Avicenne (II, 241 et suiv.), chez Ibn-Djazla (man. 576), etc., il n'y en a aucun dont le second mot ressemble à *acete*.

* MACIO pg. (lisse, uni) de مسيح (*masîh*) ; même sens. Sousa, Diez.

* MAGRAN. Voyez ALMAGRAN.

* MAHALEB (bois de Sainte-Lucie, espèce de cerisier sauvage) de محلب (*mahleb*). Müller.

* MAHARON (malheureux) de محروم (*mahrôm*) ; même sens. Müller.

* Mahona (sorte de navire turc). L'arabe ماعون (mä'ón), vase, a passé
dans le turc où il a reçu le sens de galère. Müller.

* Malecon. Chez Fernan Caballero, Relaciones, II, 284, on lit: «los
malecones que son una porcion de gradas elevadas para precaver la ciudad (Séville) de las inundaciones del rio (du Guadalquivir).» Ce mot est
peut-être مرقاة (marcât), degré, escalier. Müller. — Ce qui m'engage à
adopter cette étymologie, c'est qu'une telle levée de pierres contre les
inondations s'appelle en arabe مدارج (madáridj), terme qui signifie aussi, quoique Freytag ait négligé de le dire, degrés, escalier (voyez p. e.
Alcala sous escalera), et qui se trouve dans le sens de malecones chez
Ibn-al-Khatîb, dans Müller, Beiträge, p. 6, avant-dern. l.; comparez
aussi المدرّجة الرصفان dans le Cartás, p. 138, l. 6 a f.

* Mamarracho, etc. Voyez mascara.

* Mameluco de مملوك (mamlouc), esclave; mais en esp. et en port. ce
mot a perdu cette signification; on l'emploie pour sot, imbécile (Nuñez,
Vieyra), et au Brésil c'est le fils d'un Européen et d'une Américaine
(voyez Moraes).

* Manchil pg. (couperet, couteau de boucher; anciennement c'était
une arme) de منجل (mindjal) selon Moura, et je crois que cette étymologie n'est nullement à dédaigner. Il est vrai que Freytag n'a mindjal que dans le sens de faux, faucille; mais Berggren l'a dans celui
de «couteau recourbé de jardinier,» et ce qui est encore plus décisif,
c'est que le verbe nadjala s'emploie en parlant des bouchers, «excoria-
vit (animal) a suffraginibus inceptâ fissurâ.»

* Mandil. M. Müller compte ce mot parmi ceux que M. E. a oubliés;
mais comme Sousa, Marina et M. Diez lui avaient attribué une origine
arabe, je crois plutôt que M. E. l'a omis à dessein et parce qu'il était
d'une autre opinion. En effet, le mot mantus, pour désigner une espèce
de vêtement, appartient à la basse latinité; on le trouve déjà dans un
document de 542, et Isidore de Séville le signale comme un terme espagnol (voyez Diez, I, 265). Le diminutif est mantellus ou mantellum
(voyez Ducange); de là et de mantile l'esp. mantel et mantilla. Toutefois je crois aussi, à cause du d, des significations et des «mandilia
Saracenica» (chez Ducange), que mandil ne vient pas directement de
ce mot, mais de l'arabe منديل (mandîl). Ce dernier est arabe en ce
sens que les Arabes l'emploient; mais il n'est pas d'origine arabe, et

il ne vient nullement, comme le prétend M. Diez, de la racine *nadila*, *être sale;* la forme du mot, qui n'est pas arabe, et sa signification (ce serait *ce qui sert à salir*, si c'était un nom d'instrument) s'y opposent. C'est le terme byzantin ·μανδήλιον, qui vient à son tour de *mantile*. Sur les significations de ce *mandîl* on peut voir mon *Dict. des noms des vétem.*, p. 414 et suiv.

MAQUILA, *pg.* maquia (mesure de blé avec laquelle on paie le meunier), de مِكْيَال (*mikyâl*), « vas quo mensura definitur. »

* *Maquila* est proprement *mesure, vaisseau pour mesurer.* Dans les actes du concile de Léon, de 1020 (*Cortes de Leon y de Castilla*, I, 8), on lit: «Quicumque civariam suam ad mercatum detulerit et maquillas regis furaverit, reddat eas in duplo.» Dans le Fuero de Villavicencio (*apud* Muñoz, *Fueros*, I, 172): «Et quicunque cibaria vendiderit in mercato, et illas machilas celaverit,» etc. Le mot a encore ce sens en Galice, où c'est la vingt-quatrième partie de la fanègue (voyez l'Acad.). *Maquia* est aussi en Portugal une mesure pour les grains; elle contient deux *selamins* (Moraes). Ce n'est pas le mot arabe donné par M. E., mais son synonyme مِكْيَلَة, qui, dans la langue classique, se prononce *mikyala*, mais dans la langue vulgaire, مَكِيلَة (*maquîla*). Il désigne spécialement la mesure ou portion de grains que prend le meunier pour son salaire, et en ce sens il se trouve déjà dans la *Chanson du Cid*, vs. 3392.

* MARAHEZ, marayce, maraice *b.-lat.*, *a. pg.* marraiz. On lit dans une charte (*Esp. sagr.*, XXXIV, 455): «marahezes II cardenas.» Dans une autre (*ibid.*, XL, 409): «kasullas duas creciscas, alia maraice cardena.» Dans une troisième (*apud* Yepes, *Coronica de la Orden de San Benito*, V, fol. 424 r°): «alias casulas XIII, quinque de alchaz, sex feraychardena, septima barragan, VIII cardena marayce;» mais pour que les nombres soient exacts, je suppose qu'il faut corriger ainsi: «XIIᵃ. barragan, XIIIᵃ. cardena marayce;» le copiste ou l'éditeur a pris deux fois un X pour un V. Dans un contrat cité par Sᵃ. Rosa à l'article *cerome*, on trouve: «E pela Festa do Natal primejra que vem, huum çurame, e huum pelote d'uum arraiz, ou d'uma valencina;» mais il faut corriger: «d'uum marraiz.» C'est l'arabe مَرْعِز (*mar'izz*), chez Freytag «tenues pili sub grossioribus pilis caprarum,» mais qui, comme je l'ai démontré ailleurs (*Dict. des noms des vétem.*, p. 333,

n. 10), désigne aussi une sorte d'étoffe. M. Defrémery (*Voyages d'Ibn-Batouta dans l'Asie-Mineure*, p. 60, n. 1) a déjà remarqué qu'elle se fabriquait avec une grande perfection à Debil ou Tovin, capitale de l'Arménie, comme on peut le voir chez Edrîsî, II, 325 trad. Jaubert, où l'on trouve le plur. مراعز (*marâïz*), et il se peut que ce plur. ait donné naissance aux formes *marahez*, etc., que j'ai notées. Selon Djawâlikî (*al-Mo'arrab*, p. 157) مرعزى ou مرعزاء (*mir'izzâ*), est un mot nabatéen, à savoir مرعزا (*mar'izzâ*), et M. Fleischer, dans une note sur ce passage (p. 61 des notes de M. Sachau), observe fort judicieusement que c'est l'araméen עֲמַר עִזָּא (*'amar 'izzâ*), littéralement *laine de chèvre*. C'était par conséquent une étoffe de poil de chèvre. Voyez aussi Ibn-al-Baitâr, II, 508, *Mille et une nuits*, XII, 148 éd. Fleischer.

Maravedi (petite monnaie de la dynastie des Almoravides) de مرابطى (*morâbitî*), l'adjectif du nom de ces princes, appelés en arabe *morâbitîn*.

*C'était dans l'origine une monnaie d'or, un *dînâr*, *dînâr morâbitî*, qu'on appelait *morabitinus*, en provençal *maraboti*; plus tard c'est devenu une monnaie d'argent et même de cuivre. Voyez mes *Recherches*, p. 470 et suiv. de la 1re édit., et Saez, *Valor de las monedas*, *passim*.

*Marbete (marque, étiquette qui indique le prix, l'aunage, la qualité d'une étoffe). Comme c'est un petit écriteau qu'on *attache* sur une étoffe, je me tiens persuadé que c'est مربط (*marbet*), de la racine *rabata*, *attacher*; mais les dict. n'ont pas ce sens.

Marcaxita, *fr.* marcassite (espèce de pyrite), de مرقشيطا (*marcachîtâ*). Voyez Bocthor.

*M. E. a trouvé la forme *marcaxita* chez Victor; elle est sans doute la plus correcte, mais actuellement elle n'est plus en usage; on écrit *marquesita*. Nuñez donne en outre *marcasita*, mais comme une forme ancienne. Le mot arabe, qui n'est pas dans Freytag et que M. E. a écrit comme il l'a trouvé dans Bocthor, doit s'écrire مرقشيثا (*marcachîthâ*); voyez Ibn-al-Baitâr, II, 508 (avec le ث dans nos man. 13 et 420 c, et non pas avec le ت comme chez Sontheimer), Maccarî, I, 91, l. 6. Les Arabes ont reçu ce mot des Persans, qui disent مرقشيشا (*marçachîchâ*).

*Marchamo (marque qu'on met aux marchandises à la douane) de مرشم (*marcham*) qui n'est pas dans Freytag (P. de Alcala l'a dans le sens de *hierro para herrar*), mais le verbe رشم (*rachama*) signifie mar-

quer, mettre une empreinte, une marque sur une chose pour la distinguer; voyez P. de Alcala sous *señalar*, *notar*, *plata marcada*, etc., Bocthor, Marcel et le Dict. berbère sous *marquer*, Delaporte, *Dialogues*, p. 100.

* MARFAGA, MARFEGA, MARFICA. Voyez ALMARREGA.

MARFIL, pg. *marfim* (ivoire). Ordinairement on dérive ce mot de l'arabe ناب (*náb*), *dent*, et فيل (*fíl*), *éléphant*. En effet, les Arabes se servent de ces mots pour désigner l'ivoire (voyez Edrìsî, man. de Paris, n°. 893, fol. 14 r°). Néanmoins, tout en laissant de côté l'altération presque incroyable de *náb* en *mar*, l'existence des formes *olmafi* (S². Rosa) et *almafil* (Ducange) m'engage à rejeter tout-à-fait cette étymologie. Je dois avouer que je n'ai aucune conjecture à proposer sur l'origine du mot en question.

* M. Defrémery approuve l'étymologie qu'on donne ordinairement. «Quant au changement de *n* en *m*,» dit-il, «autre exemple *almojatre* de النشادر. Pour le changement du *b* en *r* au milieu d'un mot, il n'a rien de plus extraordinaire que celui du *b* en *n* à la fin d'un mot, comme *almotacen* pour المحتسب, *alacran* pour العقرب.» On pourrait répondre que ce n'est pas tout-à-fait la même chose, car si la dernière lettre d'un mot se changeait fort arbitrairement, parce qu'on l'entendait mal, il n'en était pas ainsi pour ce qui concerne les lettres au milieu d'un mot; mais on voit en outre que M. Defrémery n'a pas répondu à l'objection principale de M. E.: l'existence des formes *olmafi* et *almafil*. Si elles n'existaient pas, *marfil* se laisserait expliquer aisément, mais d'une autre manière qu'on ne l'a fait jusqu'ici. Chez les Arabes l'ivoire ne s'appelle pas *náb-fîl*, mais *náb-al-fîl*, et le génie de leur langue ne permet pas de supprimer l'article. Entendant donc dire *nabalfil*, les Esp. peuvent avoir omis la première syllabe *na*, et changé régulièrement le *b* en *m* et le *l* en *r* (*marfil* pour *balfil*); en effet, le nom de l'éléphant au jeu des échecs (chez nous le fou), *al-fîl*, est en esp., non-seulement *alfil*, mais aussi *arfil*. Mais quelque plausible que puisse paraître une telle étymologie, les formes *almafil* et *olmafi*, qui sont plus anciennes que *marfil*, montrent qu'elle n'est pas la véritable. Je dirai donc avec M. E. que l'origine du mot en question m'est inconnue.

* MARFUZ (pas dans les dictionnaires). A l'article RAFEZ M. E. a demandé si le mot *marfuz* dans *Don Quijote*, I, ch. 40, ne vient pas de la racine رخص, (*rakhoça*). Il faut répondre affirmativement à cette question. Le passage que M. E. a en vue se trouve dans la lettre que la belle Zoraida fait parvenir au captif espagnol, et il est conçu en ces termes: «Yo escribí esto, mira á quien lo das á leer, no te fies de ningun moro, porque son todos marfuces.» Du temps de Cervantes ce mot était donc encore connu en Espagne; en effet, il se trouve aussi chez Gongora, qui donne cette épithète à Hérode (voyez Sanchez, IV), et il n'est pas rare dans des écrits plus anciens. Dans le *Cancionero de Baena* il se trouve trois fois: «linage marfuz» (p. 114), — «la cayda del falso marfuz» (p. 121), —

> Manda quel pongan la cruz
> A los pies¡ved que locura!
> El alcoran, nescia escriptura
> En los pechos al marfuz. (p. 133.)

Chez l'archiprêtre de Hita on lit (copl. 109): «El traidor falso marfus,» et ailleurs (copl. 322) il nomme le renard «Doña Marfusa.» C'est l'arabe مرخوص (*markhouç*) dans le sens de رخيص (= esp. *rafez*), *vil, sans valeur*. Ce mot appartient à la langue du peuple et il est formé contrairement aux lois de la grammaire, car le verbe *rakhoça* est neutre, et par conséquent il ne s'emploie pas au passif; mais quelques-uns prononçaient aussi *rakhaça* (voyez Lane) et dès lors il était facile de le considérer comme un verbe actif.

* Margomar. Voyez morcum.

Marlota (espèce de vêtement, jupe, casaque) de ملوطة (*mallóta*) qui n'est qu'une altération du grec μαλλωτὴ dont les Coptes ont fait μελωτὴ; cf. M. Fleischer, *De glossis Habichtianis*, p. 70. P. de Alcala, qui écrit *molóta* et *mollóta*, traduit ce mot par *cugulla de abito de frayle, saya de muger, mongil vestidura de monge*. L'arabe *polót* ou *pollóta* de P. de Alcala (aux mots *saya, brial*) n'est qu'une altération de *mallóta*, comme l'a déjà fait remarquer M. Dozy, *Dict. des noms des vêtem.*, p. 87, 412.

* M. E., qui a emprunté tous ces renseignements à mon *Dict.*, m'a lu avec plus d'attention que M. Mahn, car dans un article tout-à-fait manqué sur *bliaut* (*Etym. Unters.*, p. 40), ce dernier me reproche d'avoir gardé le silence sur l'origine des mots arabes dont il s'agit; cependant

à la page 412, qu'il cite, j'avais dit qu'ils viennent de μαλλωτή. A
présent, toutefois, je ne vois plus dans le *polót* ou *pollóta* d'Alcala une
altération de *mallóta*. Le *p* montre que ces mots doivent avoir une autre origine, et je crois qu'ils représentent l'esp. *pellote*, qui, comme le
dit l'Acad., vient de *pellis*, de même que son synonyme *pellon*.

* MAROMA (grosse corde) « a vraisemblablement du rapport avec l'arabe
برم (*barama*), *tordre* une corde, et *borm, corde.*» Müller. — C'est l'arabe
ميروم (*mabróm*), qui est proprement le participe passif de ce verbe, mais
qui s'emploie substantivement dans le sens de *corde*. Il manque chez
Freytag, mais on le trouve chez P. de Alcala aux mots *cordon de seda,
cordon de sirgo* et *torçal*.

* MARRAS (autrefois). M. Müller demande: «L'étymologie donnée par
Cabrera, qui fait venir ce mot de مرة (*marra*), serait-elle inadmissible?»
Je la crois excellente, et si nos lexiques arabes étaient moins défectueux, les romanistes n'auraient pas manqué de l'adopter (M. Diez l'a
dans sa 2ᵉ édit.). *Marra*, qui dans la langue classique se prononce
marratan (مَرَّةً), est proprement *une fois;* mais il est facile de voir que
la phrase si fréquente dans les contes arabes: كان مَرَّةً, «il y avait une
fois,» signifie: «il y avait autrefois;» aussi Hélot traduit-il *marra* par
jadis.

* MARTAVA *val.* (tour, rang successif; «turno» chez Ròs) me semble
être l'arabe مرتبة (*martaba*), «ordo, classis» (Freytag), «classe, division» (Hélot), ce mot pouvant fort bien avoir reçu le sens qu'il a en
valencien.

* MASCARA, *ital.* maschera, *fr.* masque ⎫ L'origine arabe de *mascara*,
* ZAHARRON ⎪ déjà soupçonnée par Golius,
* MOHARRACHE, homarrache ⎬ admise par Castell, Sousa,
* MAMARRACHO ⎭ Marina, Marcel et M. Pihan,
répudiée par M. Diez au point qu'il n'a pas même daigné en parler,
a été démontrée d'une manière très-ingénieuse par M. Mahn (*Etym. Unters.*, p. 60, 61), qui a aussi fort bien réfuté l'article de M. Diez. Je
reproduirai les arguments du savant docteur, mais avec quelques additions. — *Mascara* vient de l'arabe مسخرة (*maskhara*). Le verbe *sakhira*
signifie (aussi à la 5ᵉ et à la 10ᵉ forme) *se moquer de* quelqu'un, *rire
aux dépens de* quelqu'un; *sokhra* est une personne *ridicule et dont on se*

moque; sokhara est *moqueur, railleur. Maskhara* ne se trouve chez Freytag que dans le sens de *moquerie;* M. Mahn observe que c'est chez Richardson: «*a buffoon, a fool, a jester, a droll, a wag, a facetious man; a man in masquerade; a pleasantry, any thing ridiculous or mirthful, sport.*» Je puis y ajouter que la signification de *bouffon* est non-seulement indubitable, mais aussi ancienne. Dans les *Mille et une nuits* (I, 75 éd. de Boulac; I, 204 éd. Macnaghten; II, 135 éd. Habicht) on lit : فقيل انه (الاحدب) كان مسخرة للسلطان وكان السلطان لا يقدر ان يفارقه, «on raconte que le bossu était le *maskhara* du sultan, qui ne pouvait se passer un seul instant de lui.» Un auteur du XIIIᵉ siècle, 'Alî ibn-Sa'îd, raconte que le sultan Aiyoubide Al-'melic al-'âdil aimait à prêter l'oreille aux plaisanteries d'hommes méprisables; puis il ajoute (*apud* Maccarî, I, 658, l.19): واشتهر فى خدمته مساخر اشهرهم خضير, «plusieurs *maskhara's*, qu'il avait dans son service, obtinrent de la réputation, nommément Khadhîr» etc. Un passage d'Ibn-al-Athîr (I, 127), sur lequel M. de Goeje a déjà appelé l'attention dans une Revue hollandaise, est conçu en ces termes: «Pendant deux années Moïse et Aaron vinrent matin et soir à la porte de Pharaon, demandant d'être admis auprès de ce monarque; mais personne n'osa l'en informer, jusqu'à ce qu'un *maskhara*, dont l'emploi était de le faire rire par ses bons mots (كان يضاحكه بقوله), le lui apprît, et alors Pharaon ordonna de les introduire.» Ibn-al-Athîr, comme le remarque M. de Goeje, naquit en 1160 et mourut en 1233 ; il n'a jamais visité les pays arabes de l'Occident; il emploie *maskhara* comme un mot bien connu; nous avons donc le droit d'en conclure que déjà au XIIᵉ siècle, ce terme avait en Orient le sens de *bouffon*. Aujourd'hui il l'a encore, car Bocthor, Berggren et Marcel traduisent *bouffon* par *maskhara;* le premier donne aussi ce mot sous *baladin* et sous *farceur;* chez Hélot c'est *histrion, baladin.* C'est aussi *un homme dont on se moque.* Ainsi on lit dans les *Mille et une nuits*, IV, 358 éd. Habicht: وعهدى به بالامس وهو شهرة ومسخرة, «Hier cet homme était encore la risée de tout le monde;» comparez IV, 346, XI, 79 éd. Hab.-Fleischer, IV, 685, l. 2 a f. éd. Macnaghten, et pour شهرة, qui est le synonyme de *maskhara*, IV. 159 éd. Hab., autre passage, I, 493, l. 2 a f. éd. Macnaghten. Bocthor donne aussi *maskhara* sous *cocasse* (ridicule), *jouet* (personne dont on se moque), *marmousel, ridicule.* — Revenons à présent à l'argumentation de M. Mahn. Selon lui, les Italiens auraient été les premiers parmi les peuples européens à adopter le mot arabe, parce que c'est dans leur pays que les mascarades, lesquelles avaient lieu à l'occasion du carnaval, ont pris naissance. Au commencement le terme y désignait un baladin, un bouffon avec un masque, un polichinelle qui jouait un rôle important pendant le carnaval, qui faisait rire les autres et qui était lui-même un objet de risée; plus tard on l'a appliqué à l'objet qui, chez un tel bouffon, frappait le plus les regards, c'est-à-dire, au masque dont il se couvrait le visage. — Je partage cette manière de voir. Il me paraît certain que le mot en question a signifié d'abord *bouffon* chez les Occidentaux. Un fait fort curieux et qui, je crois, n'a pas encore été remarqué, c'est que même en France, dans la première moitié du XVIIe siècle, *mascarade* avait cette acception. Ce qui le prouve, c'est un passage du livre de Roger intitulé *La terre saincte* et publié à Paris en 1646. En parlant du Ramadhân, ce missionnaire dit (p. 229): «Les maisons où l'on boit le *Quaoué* [= le café], sont toutes pleines de monde, où se trouvent des bouffons, mascarades, pantalons et joueurs d'instruments.» Evidemment *mascarade* est ici le synonyme de *bouffon* et de *pantalon;* c'est en tout point l'arabe *maskhara.* Thévenot semble employer ce terme dans le même sens, quand il dit (*Voyage au Levant*, Paris, 1663, I, 279): «Puis suivent quelques gens habillés en mascarades.» Je suppose que les Italiens ont reçu le terme en question, dans le sens de *bouffon, baladin*, des Arabes de Sicile, ou plutôt encore, pendant les croisades, des Arabes de Syrie, car dans cette acception *maskhara* semble appartenir au dialecte de la Syrie et de l'Egypte, plutôt qu'à celui des Arabes magribins. Maintenant il faut encore remarquer qu'il est retourné en Orient avec le sens que lui avaient donné les Européens. C'est de cette manière qu'il faut expliquer la signification *a man in masquerade* chez Richardson, *un masque, personne masquée*, comme M. Mahn a trouvé dans le Dict. turc de Bianchi. Les Arabes ont même formé de ce *maskhara* un verbe nouveau, un verbe dénominatif, à savoir *tamaskhara.* Freytag l'a donné (IV, 178), en citant un auteur du XVe siècle, dans le sens de *être raillé;* dans les *Mille et une nuits* (I, 164, IV, 709 éd. Macnaghten, VIII, 195, IX, 356 éd. Habicht) et chez Roland de Bussy c'est *se moquer, railler*; chez Delaporte (*Dialogues*, p.

21), *plaisanter;* cf. Humbert, p. 114, 239, 240; chez Bocthor, *se moquer, plaisanter, railler, tourner quelqu'un en ridicule, turlupiner, bouf-
fonner* (de même *Mille et une nuits*, III, 356, VIII, 233 éd. Habicht)
et *se masquer;* il donne aussi: *masque, personne masquée, motamaskhir*
(le participe de ce verbe nouveau), *mascarade, maskhara* et *tamaskhor;*
chez Berggren (p. 513) on trouve *toumouskhar, jeu de masque, mascarade,* et, sous *démasquer* (رفع المسكـﺔ), *maskhara* dans le sens de *masque, faux visage.* On voit donc que les Arabes, quoiqu'ils n'eussent
pas employé autrefois eux-mêmes ce mot dans cette acception, l'ont facilement reconnu, et qu'ils n'ont pas hésité à l'employer de cette
manière.

Le mot *zaharron,* qui signifie *bouffon travesti et masqué,* vient de la
même racine arabe, comme l'ont déjà observé Marina et M. Müller. *On*
est une terminaison esp. et *zahar* est *sokhra* ou *sokhara,* dont j'ai déjà
parlé au commencement de cet article. Je crois retrouver ce mot dans
l'Alexandre sous la forme *xafarron.* Décrivant une fête nuptiale, l'auteur
de ce poème dit (copl. 1798):

> Eran grandes é muchas las donnas é los dones,
> Non querien los iograres cendales nen cisclatones,
> Destos avia hy muchos que facien muchos sones,
> Otros que menaban simios é xafarrones.

Dans son glossaire Sanchez a cru que *xafarron* était un petit animal;
c'est une simple conjecture et qui serait difficile à prouver. Je pense
que c'est = *zaharron,* car le *s* arabe, de même que le *s* latin, devient
quelquefois *x* en esp. (voyez l'Introd., p. 18), et les bouffons sont nommés
fort bien conjointement avec les jongleurs et les singes. Il est vrai que
le poète les met un peu trop sur la même ligne que ces animaux, mais
les exigences de la rime peuvent lui servir d'excuse. — J'observerai
encore que *zaharrones* est chez Victor «sorte de danse aux chansons et
de grand bruit.» C'est parce que les *zaharrones* exécutaient des danses
bouffonnes; comparez mon article MATACHIN.

La véritable étymologie d'un autre mot, qui signifie *personne masquée,* à savoir *moharrache* ou *moharracho,* n'a pas encore été donnée.
«C'est peut-être,» dit M. Müller, «l'arabe مغير الوجـﺔ (*mogaiyar alwadjh), celui qui a le visage changé.* P. de Alcala traduit en effet *moharrache* par *guéchi moïr.*» Marina était plus près de la vérité. Il dit

que *moharrache* vient de «‍مهرّج‎, *moharrach*, qui, selon Casiri, est un
mot de la langue vulgaire.» Il ne nous apprend pas ce que signifie ce
mot et il ne l'a pas écrit correctement. Ce n'est pas مهرّج, mais
مهرّج, avec l'autre *h*, et ce mot signifie chez Bocthor et chez Humbert (p. 114),
badin, *bouffon*, *facétieux*, *farceur*, *plaisant*, *scaramouche*; Bocthor donne
aussi, de même que Humbert, le verbe هرّج (*harradj*), *badiner*, *bouf-*
fonner, *plaisanter*, et le nom d'action تهريج (*tahrîdj*), *badinage*, *bouf-*
fonnerie, *farce* (chez Humbert هرج, *hardj*), *tahrîdja*, *plaisanterie*. Le
mot esp. *moharrache*, par transposition *homarrache*, a le même sens;
il désigne: une personne qui, aux jours de fête, se travestit d'une
manière ridicule et qui divertit les autres par ses gestes, ses grimaces
et ses bons mots; voyez le dict. de Cobarruvias et celui de l'Académie.
C'est donc le synonyme de *maskhara*, et de même que ce dernier mot,
il a reçu le sens de *personne masquée*, et celui de *masque*, *faux visage*,
qu'on trouve chez Victor et chez P. de Alcala, car son *guéchi* [1] *moïr* est
وجه معار, littéralement *visage emprunté*, c'est-à-dire, *faux visage*, *mas-*
que; il traduit de la même manière le mot *caratula* (masque); chez
Berggren *masque* (faux visage de carton, etc.) est وجه عبرة. — On voit
donc que l'histoire de ce mot est la même que celle de *mascara*, et
c'est pour cette raison que je les ai réunis. Sous le point de vue étymologique, ils s'aident mutuellement, et j'ose croire que dorénavant
l'étymologie de *mascara* sera considérée comme certaine. Il serait même
possible qu'il eût reçu en Orient le sens de *faux visage;* peut-être
trouvera-t-on encore chez les auteurs arabes des passages qui le prouve-
ront. Au reste il faut aussi comparer l'article suivant, MATACHIN.

Moharrache, que Cobarruvias écrit *momarrache*, et *mamarrache*, qui
en est une altération, signifient en outre *marmouset*, *petit homme mal*
fait. C'est au fond la même signification; tout le monde sait que les
bouffons, les Triboulet, étaient ordinairement mal bâtis.

Cet article était écrit depuis un an et j'allais le livrer à l'impression,
lorsque je reçus les deux premières livraisons du Journal asiatique alle-

1) Voyez ce que j'ai dit sur cet *i* dans le Glossaire sur Edrisi, p. 319. Sous *cara-*
tula Alcala ne l'a pas.

mand de 1868, qui contiennent entre autres choses un article très-in-structif de M. Wetzstein, consul de Prusse à Damas, sur la langue des Bédouins de la Syrie. Dans cet article l'auteur présente sur le dernier terme dont j'ai parlé, quelques observations que je crois devoir traduire, parce qu'elles confirment et complètent les miennes. «التهريجة (al-tahrîdja) et الهَرْجَة (al-hardja),» dit-il, «signifient chez les Bédouins le discours, la conversation. A Damas هَرْج (hardj) est plaisanterie, et فن التهريج (fann at-tahrîdj) y désigne l'art de raconter une aventure frap-pante d'une manière qui amuse les auditeurs; ceci 'se fait en exagérant hors de toute mesure les sentiments qu'on énonce, ainsi que par une mimique et une gesticulation allant jusqu'à la caricature. De même que la musique, la danse, le jeu des gobelets et les ombres chinoises, le *tahrîdj* est un des amusements d'une grande soirée à Damas. Le maître *moharridj*, qui est souvent un excellent comique, est bien plus réjouis-sant que notre déclamateur ennuyeux en frac noir et en gants blancs. Dans les marches solennelles il est l'arlequin bizarrement habillé, au visage noirci et avec des queues de renard attachées au chapeau de feutre pointu.» Ensuite M. Wetzstein mentionne et improuve l'étymo-logie de l'esp. *moharrache* donnée par M. Müller; «c'est au contraire,» ajoute-t-il, «le *moharridj* que les Omaiyades de Damas ont porté avec eux en Espagne.» Je m'estime heureux de m'être rencontré, dans l'explication de ce terme, avec un savant aussi distingué que M. Wetz-stein; mais pour ce qui concerne ses dernières paroles, je dois avouer que j'hésite à y souscrire. Comme le *moharridj* de Damas n'est pas un personnage attaché à la cour, mais un bouffon qui appartient au peu-ple, je croirais plutôt qu'il est venu en Espagne avec les Arabes de Damas, qui, comme on sait, furent établis par le gouverneur Abou-'l-Khattâr, avant l'arrivée des Omaiyades, dans le district de Grenade, qui s'appelait alors le district d'Elvira.

*MATACHIN, *ital.* mattaccino, *fr.* matassins, *pg.* muchachim (personne masquée et avec un habit d'arlequin; quatre, six ou huit de ces per-sonnes exécutent une danse bouffonne appelée *les matassins*, en esp. *los matachines*, pendant laquelle elles se frappent mutuellement avec des épées de bois et des vessies remplies d'air). Je ne crois pas que la véritable étymologie de ce mot ait déjà été donnée, car il va sans dire qu'il ne vient ni de *muchacho* (garçon) (Moraes), ni de *matar* (tuer) (Cobarruvias). Il est arabe et signifie *personne masquée*, de même que *mascara* et *moharrache*, dont je viens de parler; les premières paroles de l'article du dict. de l'Acad.: «hombre disfrazado ridiculamente con caratula,» contiennent le véritable sens du mot, et Victor traduit aussi *matachines* en italien par «mattacini, mascare boffonesche.» En arabe, comme nous l'avons vu dans l'article qui précède, un masque ou faux visage s'appelle *visage (wadjh) emprunté*; mais on dit aussi *wadjh* tout court, comme P. de Alcala l'atteste sous *cara que se muda*, et j'ai trouvé ce mot en ce sens chez des écrivains arabes. De là vient مُوَجَّح (*mowaddjah*), *masqué*, que P. de Alcala donne sous *mascarado con caratula*, au plur. *mowaddjahîn*, et c'est peut-être de ce pluriel, *muejehîn* chez Alcala, que vient la forme port. *muchachim*. Celles qui existent en esp., en ital. et en franç. doivent être expliquées d'une manière un peu différente. *Mowaddjah*, *masqué*, étant le participe passif de la 2ᵉ forme, il s'ensuit que *se masquer* est تَوَجَّح (*tawaddjaha*) à la 5ᵉ forme (cf. Maccarî, II, 147, l. 1?); participe مُتَوَجِّح (*motawaddjih*), au plur. *motawaddjihîn*, *personnes masquées*. C'est de ce plur. que viennent *matachines*, *mattaccini*, *matassins*, car c'est par erreur qu'on emploie ces mots au sing.; Victor et le Dict. de l'Acad. franç. ne les connaissent qu'au pluriel.

* MATE. Voyez XAQUE.

MATRACA (crécelle dont on se sert, au lieu de cloches, dans la semaine sainte) de مَطْرَقَة (*mitraca*), mot arabe auquel le lexique de Freytag ne donne d'autre sens que celui de *marteau*; chez Bocthor, à l'article *crécelle*, il se trouve dans la même signification que le mot espagnol.

MAZARI (sorte de brique). P. de Alcala traduit *mazari ladrillo* par *lajôra mazaria*. Quant à *lajôra*, c'est [* le nom d'unité de] اجر (*adjor*) auquel on a joint le *l* de l'article, de même qu'en Egypte on a fait *liwân* de *al-îwân* (cf. M. Lane, *Modern Egyptians*, I, 17). Le mot *mazaria* m'étant inconnu, je n'ose pas en donner la transcription en caractères arabes.

* Le *mazaria* de P. de Alcala est évidemment un adjectif, et je trouve également l'esp. *mazari*, qui n'est plus en usage, employé comme un adjectif par P. de Alcala, qui donne sous le *l ladrillo mazari*, et par

Marmol (*Rebelion de los Moriscos*, fol. 85 *c*). Le passage de Marmol est aussi intéressant sous un autre rapport, car il nous apprend ce qu'il faut entendre sous *ladrillo mazari*. L'historien grenadin raconte que les chrétiens furent attaqués dans la tour d'Orgiva[1] par les Mauresques, qui tentèrent de détruire la muraille de la tour en se mettant à couvert sous un mantelet composé de gros madriers et revêtu, d'abord de cuirs, ensuite de matelas de laine mouillée, afin que les pierres et le feu ne pussent y pénétrer. Les chrétiens commencèrent par jeter de grosses pierres sur cette machine; mais voyant que cela ne leur servait de rien, ils prirent des *ladrillos mazaris* qui se trouvaient par hasard dans la tour, les lancèrent sur la machine de telle manière que les coins aigus frappassent les matelas, et réussirent à les rompre; après quoi ils jetèrent des matières ardentes sur le mantelet et le brûlèrent. Les *ladrillos mazaris* doivent donc avoir été des pierres très-grandes et très-lourdes. En arabe de telles pierres s'appelaient احجار قبطية, «pierres *kibtiya* ou *cobtiya*,» c'est-à-dire, pierres coptes ou égyptiennes; voyez Edrîsî, p. 212, l. 13. Il faut restituer le même mot dans un passage de Maccarî (I, 370, l. 7), où l'édition de M. Wright porte: وذكر ان صومعة قرطبة القطعية بضخام الحجارة مناجدة غاية التنجيد, avec la variante القطيعة, tandis qu'on lit dans l'édition de Boulac الفظيعة. Ces trois leçons sont également mauvaises; il faut lire القبطية et traduire: «La tour de la mosquée de Cordoue a été bâtie de pierres égyptiennes très-grandes et extrêmement fortes[1].» Ce terme explique l'origine et la signification de *lajóra mazaria* et de *ladrillo mazari*, car comme on tirait ces grosses pierres de l'Egypte, on pouvait aussi les appeler مصرى, qui signifie *égyptien*, et qui, dans la langue classique, se prononce *miçri*, mais dans la langue vulgaire, *maçrî* (voyez Lane, *Modern Egyptians*, I, 36, Marcel sous *égyptien*) ou *maçari*.

* MAZMODINA, mazmutina, mozmudina, mezmudina, marmutina, mahozmedin, chez [Ròs mascordin (ancienne monnaie d'or), de مصمودى

---

1) La 2ᵉ et la 4ᵉ forme de نجد manquent chez Freytag dans le sens de *rendre fort*. La 4ᵉ se trouve chez Ibn-Haiyân (*apud* Ibn-Bassâm, man. de Gotha, fol. 28 vᵒ): فانجده الصبيا على الجهالة وقوّاه الشيب على المعصية; la 2ᵉ chez Becrî, p. 2, Ibn-Khaldoun, *Hist. des Berbères*, I, 414, *Proläg.*, II, 320, l. 1 (où M. de Slane veut à tort changer la leçon), Ibn-al-Khatîb dans Müller, *Beiträge*, p. 4.

(*maçmoudî* ou *maçmôdi*), l'adjectif de Maçmouda, qui était le nom de la tribu berbère à laquelle appartenaient les Almohades. Voyez Saez, *Valor de las monedas*, p. 314—316, et mes *Recherches*, p. 470, 471 de la 1ʳᵉ édit.

MAZMORRA (cachot, fosse, prison) de مطمورة (*matmóra*) que P. de Alcala traduit par *algibe, prision, cueva, carcel en el campo*.

MAZORCA (fusée, fil, lin autour d'un fuseau). P. de Alcala traduit *husada maçorca* [*et *maçorca de hilo*] par *maçórca*, pl. *maçáriq*. Quel est ce mot arabe? Faut-il le mettre en rapport avec la racine *salaca* (سلك), d'où dérive *silca, un fil?* Le changement du *l* en *r* ne saurait y mettre obstacle, Alc. écrivant aussi *çarcela* au lieu de *çalcela* (chaîne).

*Ces deux mots n'ont rien de commun entre eux, et quant au *maçórca* de P. de Alcala, on voit facilement qu'il n'est pas arabe; ce n'est autre chose que la transcription de l'esp. *mazorca*, mot que les Mauresques avaient adopté. A mon avis *mazorca*, en port. *maçaroca*, est une contraction de deux mots arabes: مأصورة رکة (*maçóra rocca*). Ni l'un ni l'autre n'est dans Freytag; mais le premier, qui est proprement le participe passif au féminin du verbe اصر (*açara*), *lier*, etc., se trouve chez Bocthor dans le sens de *navette* (instrument de tisserand); chez Berggren, qui écrit moins correctement مصورة, c'est *bobine* de tisserand [1]. Le second mot, *rocca*, qui signifie *quenouille*, est d'origine germanique; en vieux allemand *rocco*, aujourd'hui *Spinnrocken*. Il a passé dans les langues romanes: esp. *rueca*, pg. *roca*, ital. *rocca*, et aussi dans la langue arabe; P. de Alcala le donne sous *rueca para hilar*; Humbert (p. 79), Bocthor et Berggren l'ont sous *quenouille*, et en Egypte on donne le nom de *'ilm ar-rocca* (la science de la quenouille, c'est-à-dire, des femmes) à des charmes qui ne sont fondés ni sur la religion, ni sur la magie, ni sur l'astrologie; voyez Lane, *Modern Egyptians*, I, 391. *Maçóra rocca*, par contraction *maçaroca* ou *mazorca*, est donc proprement: *fuseau de quenouille, de rouet, de machine à filer*, et il n'est pas étrange qu'on ait appliqué ce terme à une fusée, au fil qui est autour du fuseau. C'est ainsi que nous donnons le nom de *quenouille*,

---

1) P. de Alcala a aussi ce mot, mais dans un autre sens, car chez lui *mazúra* est *crisneja de tres cuerdas* (tresse de trois fils).

non-seulement à l'instrument, mais encore à la soie, au chanvre, etc.,
dont une quenouille est chargée. — Les autres significations de *mazorca*,
maçaroca, sont figurées : on a donné ce nom à différentes choses qui ressemblent à une fusée.

*Mefti. Voyez mofti.

*Menjurge (mélange liquide et de mauvais goût de divers ingrédients)
«est peut-être une altération, à la vérité assez singulière, de معجون
(*ma'djoun*), *électuaire*.» Müller. L'étymologie donnée par Marina me
semble préférable; selon lui, c'est ممزوج (*memzoudj*), le participe passif
de مزج (*mazadja*), *méler; mélange* quand le mot est employé substantivement.

*Merma ⎱ Ces deux mots signifient la
*Tara (*esp., pg., ital., prov.*), *fr.* tare ⎰ même chose (aussi Victor traduit-il *merma* par *tare*), à savoir: le poids des barils, pots, caisses,
emballages, etc., qui contiennent les marchandises; à la différence de
net, qui se dit des marchandises mêmes, déduction faite de la tare; de
là: déchet, diminution. L'étymologie de l'un vient à l'appui de celle
de l'autre. *Merma* (qui chez Alcala, sous le *n*, est aussi *nerma* [1]) est
مَرْمَى (*mermî*), le participe passif du verbe رمى (*ramâ*), *jeter, rejeter*,
mais prononcé inexactement مَرْمَى (*mermâ*). *Tara*, qui, dans le *Cancionero de Baena* (p. 270 *b*), a l'article arabe, *atara*, est le substantif
طَرْحَة (*tarha*), ou avec l'article, الطَّرْحَة (*at-tarha*), du verbe طَرَح (*taraha*)
qui signifie également *rejeter*, chez Hélot *déduire, défalquer, retrancher*.
Ces deux termes signifient donc l'un et l'autre: la partie des marchandises que l'on rejette, c'est-à-dire, les barils, pots, etc.; le poids de
ces barils, etc., que l'on déduit quand on pèse les marchandises.

*Mesèll *val.* («celui qui souffre d'une maladie interne ou contagieuse.
Dans notre dialecte nous l'employons ordinairement en parlant du cochon
qui a une telle maladie; et si on la découvre quand on égorge l'animal,
celui qui l'a vendu perd son argent,» Ròs). C'est l'arabe مسلّ (*mosell*),

---

1) Ce changement du *m* initial en *n* se trouve aussi dans d'autres mots, p. e. dans
nembrar pour *membrar*, *nembro* pour *membro* (= miembro) (voyez le Glossaire de Sanchez sur l'Alexandre). Par contre, le latin *nasturtium* (cresson) est en esp. *mastuerzo;*
dans ce terme le *n* est donc devenu un *m*.

participe passif de la 4ᵉ forme du verbe سل (salla), atteint de phthisie, phthisique. Ce terme ne s'emploie pas seulement en parlant des hommes, mais aussi en parlant des animaux, car on lit chez Ibn-akhî-Khozâm, *Traité d'hippiatrique* (man. 528 et 299 (2), fol. 57 rᵒ et vᵒ): علامة

السـل ان تضمر الدابّة فى كلّ يوم وهو يستوفى علفه, « Le signe de la phthisie chez une bête, c'est qu'elle maigrit de jour en jour, quoiqu'elle mange autant qu'à l'ordinaire. »

*METRAPHUS *b.-lat.* (pas dans Ducange). Dans un inventaire de l'année 957, publié par Villanueva (*Viage literario*, VI, 274), on lit: «pallios greteschos IIII, et alios pallios XXVI, metraphos VI, et trapos polemitos IIII, tapitos veteres III, » etc.; au lieu de *et trapos* il faut lire *metraphos*. Ce *metraph* est l'arabe مطرف (*mitraf*), qui désigne un vêtement ou un châle de forme carrée, fait de soie et avec des figures d'une autre couleur aux deux extrémités. Dans un passage cité par Reiske (*Abulfedae Annales*, I, Adnot. hist., p. 32), un calife le porte autour du cou.

MESQUITA, *ital.* meschita, *fr.* mosquée, de مسجد (*mesdjid*) qui désigne «un lieu où l'on se prosterne» (*sadjada*).

MEZQUINO, *pg.* mesquinho, *fr.* mesquin, de مسكين (*mesquîn*) qui signifie *pauvre, malheureux, misérable.*

*MIRAC *pg.* (abdomen) du plur. مراق (*marácc*), *les parties tendres et délicates du ventre, abdomen;* voyez Lane et comparez Avicenne, I, 455.

MIRAMAMOLIN de امير المومنين (*emîr al-mouminîn), commandeur des croyants.*

MISTICO, *cat.* mestech (sorte de navire), de مسطح (*mistah*) qui se trouve chez Maccarî, II, 765, l. 15 et 18, dans la même signification, bien qu'elle manque dans les lexiques.

*M. E. a trouvé ce *mistico* dans une note de M. de Gayangos (trad. de Maccarî, II, 527), qu'il aurait dû citer, car *mistico* n'est pas dans les dictionnaires. Selon le savant espagnol que je viens de nommer, c'est une altération du catalan *mestech*. Cette forme semble favorable à la prononciation مسطح, *mestch* comme écrit M. de Gayangos, مسطح comme M. Dugat a fait imprimer dans l'édition de Maccarî. Mais cette apparence est trompeuse, et dans les corrections jointes à l'édition de Maccarî, M. Fleischer a dit avec raison qu'il faut prononcer مسطح

(*mosallah* ou *mosetteh*). En effet, M. Amari (*I diplomi arabi del R. archivio fiorentino*) a trouvé le mot écrit avec ces voyelles, non-seulement dans les documents qu'il a publiés et où il est fréquent (p. 24, 25, 26, 27, 32, 34, 39, 43), mais aussi dans un ancien dictionnaire arabe-latin de la Ricciardiana, où il est expliqué par *armata*, *barca armata* (voyez p. 401). On le trouve aussi chez des auteurs égyptiens, p. e. chez Macrîzî (II, 193 éd. de Boulac). Aujourd'hui il ne semble plus en usage, car Bocthor ne l'a pas et l'éditeur égyptien de Maccarî a fait imprimer مشطح, ce qui est une faute.

Miticla (espèce de monnaie dont on se servait au moyen âge) de مثقال (*mithcâl*). On trouve [* en port. les formes *matical*, *metical*, *mitical*], au pluriel *methcaes* chez Sª. Rosa, en vieux castillan, *metical*, *metcal*, [* *metgal* chez Berganza]; *mencal* et *mercal* ne sont que des corruptions, car les lettres *ti*, *n* et *r* se confondent dans les anciens manuscrits, comme l'a très-bien remarqué Sanchez. Seulement ce savant, qui ne connaissait pas l'étymologie du mot en question, s'est trompé en prenant *mencal* pour la forme primitive. [* *Metal* et *meteal* chez Berganza, *mechal* dans Muñoz, *Fueros*, I, 247, sont aussi des fautes].

* Mocadāo *pg.* (patron de barque) de مقدّم (*mocaddam*), chez P. de Alcala *piloto de mar principal*.

* Moçafo, mosefo *pg.* (le Coran), de مصحف (*moçhaf*).

* Moçuaquim *pg.* (racine médicinale qu'on tire de Mozambique) semble être مسواك (*miswâc*), « dentifricium, seu lignum, quo os sive dentes defricantur» (Freytag). Selon M. Prax (dans la *Revue de l'Orient et de l'Alg.*, VI, 343) et Naggiar, c'est l'écorce de la racine du noyer.

* Mofti *pg.*, mefti chez Marmol, *Reb. de los Moriscos*, *fr.* mufti, est مفتى (*moftî*).

* Mogangas, moganguice *pg.* (mouvements, signes, que font les amants avec les mains ou la bouche), semble formé de غنج (*gondj*), qui a le même sens. Sur la syllabe *mo* il faut comparer ce que je dirai sous Moharra.

* Mogate (vernis qui couvre la faïence)) Cobarruvias, Marina et M.
* Mogato, mogigato (hypocrite)) Müller font venir ces mots de مغطّى (*mogattî*) et de مغطّى (*mogattâ*), les participes actifs et passifs de غطّى (*gatta*), *couvrir*. Cette opinion me paraît assez plausible; seulement je n'ai pas trouvé dans les dict. ou chez les auteurs arabes des mots dérivés de *gattâ* et qui signifieraient *hypocrite* ou *vernis*.

* Mohamar, moammar (pas dans les dict.). *Lima mohamar* ou *moam-mar* est dans la *Carpinteria de lo blanco* le nom d'une des poutres angu-laires d'une charpente. Il semble que c'est مُعَمَّر (*mo'ammar*), le par-ticipe du verbe *'ammara*, qui signifie souvent, bien que Freytag ait négligé de le dire, *faire construire, faire bâtir;* mais s'il en est ainsi, je ne vois pas pourquoi cette poutre a reçu ce nom.

* Moharra, muharra (fer qui est au haut de la hampe d'un drapeau ou d'un étendard). Je trouve dans Burckhardt (*Notes on the Bedouins,* p. 30): «La pointe de fer au moyen de laquelle on fiche la lance en terre, s'appelle *harbe*, *nom que les Syriens appliquent à la pointe supé-rieure;*» dans Berggren, à l'article *lance:* «le fer ou l'acier en forme d'un petit javelot au bout de la lance, s'appelle حَرْبة;» Freytag a aussi ce mot dans le sens de «cuspis hastilis,» et on lit dans les *Mille et une nuits* (IV, 18 éd. Habicht): فياخذوا رمحا وفيه حربة من الحديد, «ils prennent alors une lance garnie d'une *harba* de fer;» cf. I, 492, l. 15 éd. Macnaghten. Je me tiens donc persuadé que *harra* dans *mo-harra* est une altération de حَرْبة (*harba*). La syllabe *mo* ou *mu* est de trop; mais comme une foule de mots arabes commencent par elle, il n'est pas étonnant que les Esp. l'aient ajoutée parfois là où elle ne convenait pas. Dans *mogangas* et *moheda* ils ont fait la même chose; comparez aussi mon article borcegui.

* Moharrache. Voyez mascara.

Mohatra (usure)?

* On sait que *mohatra* (pg. *mofatra*), qu'anciennement on employait aussi en français, signifie: contrat ou marché usuraire, par lequel un marchand vend très-cher, à crédit, ce qu'il rachète à très-vil prix, mais argent comptant. M. E. aurait pu trouver dans mon Glossaire sur le Bayân (p. 23) que c'est l'arabe مخاطرة (*mokhâtara*), comme M. De-frémery et M. Müller l'ont dit aussi. Ce mot signifie *hasarder, risquer* (Humbert, p. 90), et ce qu'on appelle *mohatra*, est chez les Arabes بيع مخاطرة, *vente où l'on court des risques* (Bocthor sous *mohatra*); comparez *Mille et une nuits*, IV, 181, l. 14 et 16 éd. Macnaghten.

* Moheda, moeda (forêt), de غيصة (*geidha*) qui a le même sens et par lequel P. de Alcala traduit *moheda*. La syllabe *mo* est de trop comme dans *mogangas* et *moharra* (voyez ce dernier article); quand on la sup-prime, le changement de *geidha* en *heda* ou *cda* est régulier, car le *gain* est quelquefois rendu par le *h*, ou bien on le retranche ; voyez l'Introduction, p. 14.

Momia, *it.* mummia, *fr.* momie, de مومينة (Bocthor) ou مـومـيـا (Richardson) (*moumiya*), dérivé de *moum*, *cire*.

Monfi (brigand, voleur). L'arabe منفى (*monfi* suivant la prononciation espagnole, au lieu de *monfa*) est le partioipe passif de la 4ᵉ forme du verbe نفى (*nafa*), laquelle signifie *exiler*. Voyez P. de Alcala aux mots *desterrar*, *desterrado*. C'est donc proprement un *exilé*, un *outlaw*; mais comme ces exilés se livraient au brigandage, ce terme a reçu le même sens que l'espagnol *salteador*.

* Monzon, *pg.* monção, chez Moraes aussi moução, *ital.* mussone, *fr.* mousson, de موسم (*mausim*). Ce mot arabe signifierait selon Freytag: « tempus quo conveniunt solenniter peregrinantes ad Meccam, nundinae solennes ; » mais c'est en général : époque fixe, fête qui a lieu à une époque fixe de l'année. Ibn-Batouta (III, 454) raconte que les musulmans de l'Inde célèbrent chaque année six fêtes et il leur donne le nom de *mawâsim* (plur. de *mausim*). Maccarî (Seconde partie, III, 183, l. 5 éd de Boulac) applique le même mot à plusieurs fêtes musulmanes, à celle du premier Redjeb, du premier Cha'bân, etc. Dans le *Calâyid* d'al-Fath (p. 231 de l'édit. de Paris) et chez Maccarî (Seconde partie, III, 11, l. 4) *mawâsim* est le synonyme de اعـيـاد, *fêtes*; dans les *Mille et une nuits* (1, 152 éd. Macnaghten) c'est = أَفْرَاح. Chez Bocthor *mausim* est *fête, réjouissance publique avec foire*, chez Naggiar *foire*, et chez P. de Alcala c'est *Pâques*. Chez Maccarî (I, 660, l. 3) on lit qu'un poète avait la coutume d'envoyer des vers au sultan Aiyoubide Al-melic al-'âdil فى المواسم والفصول, « à l'occasion des *mawâsim* et des changements de saison ; » après quoi cet auteur cite un petit poème composé sur l'arrivée de l'hiver. Peut-être *mawâsim* a-t-il ici aussi le sens de *fêtes* et non pas celui de *saisons*, attendu que les فـصـول ou *saisons* sont nommées également ; cependant il est clair qu'un mot qui signifie *époque fixe*, a pu être facilement appliqué aux époques de chaleur et de froid, de sécheresse et d'humidité, qui reviennent régulièrement chaque année ; et de cette manière *mausim* a reçu le sens de *saison*, mais dans l'acception orientale du mot. Ainsi les marins arabes emploient spécialement *mausim* pour désigner la saison qui leur est favorable pour se rendre par mer aux Indes, la mousson de l'ouest comme nous disons. C'est ce que nous apprenons par Niebuhr (*Reize naar Arabië*, I, 421), qui s'exprime en ces termes: «Dans le Yémen on donne le nom de *mausim* aux quatre mois d'avril, de mai, de juin et de juillet, dans lesquels les navires des Indes orientales remettent à la voile.» Les habitants de l'Archipel, comme l'a remarqué M. Veth dans une Revue hollandaise, disent *mousim* au lieu de *mausim* (de même *mouloud* pour *mauloud*, *moulâ* pour *maulâ*); chez eux c'est *saison*, et selon la nature du pays qu'ils habitent, ils en appellent une *mousim kĕring* ou *panas*, c'est-à-dire, *saison sèche* ou *chaude*, et une autre *mousim oudjan* ou *dingin*, *saison humide* ou *froide*. «Mais comme dans cette partie du monde,» continue le savant que je viens de nommer, «les saisons sont entièrement déterminées par les vents périodiques, qui soufflent avec une régularité singulière, on a transporté le nom de *mousim* aux vents d'est et d'ouest qui alternent régulièrement. Actuellement on parle donc aussi d'un *mousim berat* ou mousson de l'ouest, ainsi que d'un *mousim timor* ou mousson de l'est, et dans ces expressions le mot dont il s'agit indique le vent lui-même. Lesquels, des Arabes, des habitants de l'Archipel ou des Européens, ont été les premiers à lui donner ce sens? Il est impossible de le dire avec certitude; cependant les premières traces de l'emploi du mot dans cette acception se trouvent chez les auteurs portugais, et l'on s'explique facilement pourquoi les Portugais, qui ont été les premiers navigateurs européens dans la mer des Indes, ont pris le mot arabe, qui signifiait *saison*, dans le sens de *vent* périodique et réglé, soufflant dans chacune des deux saisons. La transition est très-claire chez de Barros. Après avoir parlé des vents périodiques sur les côtes d'Afrique, il continue en ces termes (Dec. III, Liv. IV, c. VII, t. III, part. 1, p. 456 de l'édit. de Lisbonne, 1777): «Estes taes tempos por serem geraes pera navigar a certas partes, e não a outras, commummente os mareantes nossos, conformando-se com os daquelle Oriente, chamam-lhe monção, que quer dizer *tempo pera navegar pera tal parte* [1].» Evidemment *monção* est ici

---

1) De mon côté je me permettrai de citer encore ce passage de Thévenot (*Voyages*, II, 311): «Depuis ce temps plusieurs vaisseaux viennent à Bassora, chargés de marchandises des Indes; et le temps, ou Monsou, comme ils l'appellent, auquel viennent les vaisseaux, est au mois de juillet; et ils y demeurent jusqu'à la fin d'octobre; passé lequel

encore la saison propre à naviguer vers une certaine contrée, et ce mot
a le même sens dans l'expression *fora da monção, hors de saison;* mais
ailleurs et chez le même écrivain, c'est le vent réglé qui souffle pendant
cette saison, p. e. Dec. II, Liv. IV, c. 4 (t. II, part. 1, p. 419 de l'édit.
citée): «vento geral, a que elles chamam monção.» Dans ce dernier
sens les Portugais ont transmis le mot à tous les peuples navigateurs
de l'Europe, et vraisemblablement les habitants de l'Archipel ont appris
des Européens à l'employer ainsi.» Quant à l'orthographe, M. Veth
observe qu'en portugais la forme la plus ancienne semble être *moução,*
qui se trouve, non-seulement dans le dict. de Moraes, mais aussi dans
l'édition de Barros de l'année 1553, quoique seulement dans le premier
passage, car dans le second on lit *monção,* ce qui, selon l'opinion de
M. Veth, pourrait bien être une faute d'impression. L'édition de 1628
a partout *monção. Moução* s'accorde mieux avec *mousim,* et l'on remarque également ce *mou* dans les formes fr. et ital.; mais l'insertion du
n dans *monção, monzon,* se trouve aussi dans plusieurs autres mots;
voyez l'Introd., p. 24.

MORABITO (ermite) de مرابط (*morâbit*) que P. de Alcala traduit par
ermitaño; le mot *râbita,* de la même racine, signifie un ermitage (*ermita*).
Ces significations manquent dans les lexiques.

* Plusieurs autres formes en port. C'est le mot dont les Français
ont fait *marabout,* et qui, comme on sait, ne doit pas toujours se traduire par *ermite.*

* MORCUM, morgom *b.-lat.* ⎫ Le verbe رقم, (*racama*) signifie *tisser des*
* MARGOMAR (broder) ⎭ *raies* dans une étoffe, et le participe passé
مرقوم (*marcôm*) a par conséquent le sens de *rayé.* Dans une charte
publiée par Yepes (*Coronica de la Orden de San Benito,* V, fol. 424 r°),
on trouve nommé parmi les couvertures de lit: «aliphafes vulturinos V,
almoçallas morgomes VI;» c'est exactement l'arabe المصلّى المرقوم, «petit
tapis rayé.» Dans un autre document (*Esp. sagr.* XXXVI, p. LX) on
lit: «et tres mantos, unum ciquilatonem, et duos morgones,» et plus
loin: «et unum amitum margoniae;» mais je crois devoir substituer à

temps ils ne pourraient plus sortir du fleuve, à cause des vents contraires; et justement
alors commence la Monson pour passer aux Indes, qui dure jusqu'au commencement
de mai.»

ce dernier mot: *margome* (*ni*, écrit sans point, est *m*, et l'on sait que *ae* s'écrivait *e*). Dans ces trois passages le mot en question est employé comme un adjectif; mais les Arabes, quoique Freytag ait négligé de le dire, l'emploient aussi substantivement dans le sens de *tapis rayé*. Au rapport de Burckhardt (*Notes on the Bedouins*, p. 22), l'appartement des femmes, dans les tentes des Bédouins, est séparé de celui des hommes par un tapis blanc de laine; «si l'étoffe de laine,» ajoute-t-il, «est entrelacée de fleurs, on l'appelle *markoum*.» Chez M. Prax (*Commerce de l'Algérie*, p. 28) on lit: «Grands tapis de Tripoli appelés *margoum*, pl. *maraguim*,» et chez le capitaine Lyon (*Travels in Northern Africa*, p. 153): «*morgoom*, long tapis rayé.» Dans une charte citée par Sª. Rosa (à l'article *alveici*) on trouve de même: «Vestes ecclesiasticas III, dealbas duos, duos saibis (?), et unum morcum.» Mais le verbe *racama* a en outre le sens de *broder*, qui n'est pas dans Freytag. Chez P. de Alcala le substantif *raccam* est *bordador*, et le participe *marcoum*, *bordado* et *figurada cosa con aguja;* cf. *Mille et une nuits*, I, 567, l. 3, 4, 608, l. 5 a f. éd. Macnaghten; VII, 277 éd. Habicht, où l'édition de Macnaghten (II, 222) a le synonyme طرز. De là le verbe esp. *recamar*, qui signifie également *broder;* mais anciennement on employait dans le même sens le verbe *margomar*, qui est formé du participe arabe [1]. Ensuite on a formé de ce *margomar* le substantif *margomadura*, qu'on cherche en vain dans les dict., mais qui se trouve parfois dans les actes des Cortes du XIVᵉ siècle avec le sens de *bordure*, p. e.: «Et por la piel o por el capuz ssin margomaduras o ssin fforraduras un mr., e ssi ffuere con margomaduras o con fforraduras, capuz o piel, quinze dineros» (*Cortes de Leon y de Castilla*, II, 80); de même, *ibid.*, p. 97.

* MOSLEMITA, par contraction mollita, *pg.* (renégat, celui qui a renié la religion chrétienne pour embrasser l'islamisme), de مسلم (*moslim*), *musulman*.

* MOXERABA *b.-lat.* Voyez ALMOXARRA.

---

1) Victor a fait une lourde bévue en expliquant ce *margomar*, qu'il nomme «antíguo verbo.» On sait que *broder* est en latin *plumare;* aussi Victor a-t-il trouvé *margomar* expliqué de cette manière dans un dict. esp.-latin; mais ne comprenant pas ce *plumare*, il en a fait ceci: «plumer, déplumer, arracher les plumes; et selon d'autres, emplumer.»

* Moxi. Selon l'Acad. (sous *cazuela*) on donne le nom de *cazuela* *moxi* (à Murcie *cazuela moxil*) à une sorte de tourte apprêtée dans une casserole (*cazuela*) avec du fromage, du pain râpé, des aubergines, du miel et autres ingrédients; et le Père Guadix a déjà reconnu dans ce *moxi* l'arabe مَحْشى (*mohchî*), *farci*. Dans l'arabe littéral on dirait مَحْشِى, *mahchî* (le participe passif de la 1re forme du verbe), mais dans la langue vulgaire on dit *mohchî*; Alcala a cette forme sous *alfaxor*, et l'on en trouvera quantité d'exemples chez Berggren à l'article *cuisine*. Selon toute apparence, le même *moxi* se trouve dans le port. *moxini-fada* (mélange de différents mets ou boissons).

Mozarabe, [* muztarabe dans Muñoz, *Fueros*, I, 360, *pg.* mosarabe, musarabe]. Par ce nom on désignait les chrétiens qui vivaient au milieu des Maures, et en particulier ceux de Tolède qui avaient dans cette ville six églises pour y exercer leur culte. Il dérive de مستعرب (*mosta'rib*), *arabisé*, nom que les Arabes donnaient aux tribus étrangères qui vivaient au milieu d'eux.

* Mudbage b.-*lat.* (pas dans Ducange). Dans un document de 1147, cité par Sª. Rosa (à l'article *acitara*), on lit: « Tres cappas, una de ciclaton, et alia mudbage, — — et una acitara de mudbage. » C'est l'arabe مدبّج (*moudabbadj*), *étoffe de soie brodée* ou *brochée d'or*.

Mudejar (Mauresque vivant sous la domination des chrétiens) de مدجار (*modjâr*), «celui qui est sous le patronage d'un autre. » Plus tard on donnait en Barbarie le nom de *Mudejares* aux Mauresques de Grenade, et celui de *Tagarinos* à ceux d'Aragon; cf. *D. Quijote*, I, ch. XLI. Ce dernier est l'arabe ثغرى (*thagrî*), de *thagr*, *la frontière*. L'Aragon était désigné en particulier par le nom de *at-thagr al-a'lâ*, *la frontière supérieure*. De ce mot arabe dérive encore le nom des *Zegris*, qui est bien connu par les romances mauresques.

* M. Müller remarque avec raison que l'étymologie de *mudéjar*, donnée par M. E., est inadmissible, d'abord parce que l'intercalation de la syllabe *dé*, qui a l'accent, serait inexplicable, ensuite parce que le terme par lequel on désignait les Mauresques qui vivaient sous la domination chrétienne, n'était pas *modjâr*, mais مدجّن, *moudeddjan*. M. Müller a traité de ce terme, qui manque dans les dictionnaires, non-seulement dans ses remarques sur le livre de M. E., mais aussi dans un opuscule

41

qu'il a publié deux années plus tard sous ce titre: *Die letzten Zeiten von Granada* (p. 137, 138). Il cite ces passages: Ibn-al-Khatîb, *Nofâdha al-djirâb*, man., fol. 135: رجل من مدجّنة الاشبونة او عمل بنبلونة ، «un homme des *moudeddjan* de Lisbonne ou du district de Pampelune;» Maccarî, II, 810, l. 19: وصل العدوّ الى المرج ومعه المرتدّون والمدجّنون، «l'ennemi arriva dans la Vega (de Grenade), accompagné des apostats et des *moudeddjan;*» à peu près les mêmes paroles se trouvent dans l'opuscule arabe publié par M. Müller, p. 40, l. 12; cf. *ibid.*, p. 41, l. 5. Puis, pour prouver que les *mudéjares* s'appelaient aussi اهل الدجن (*ahl ad-dadjn*) ou الدجـن (*ad-dadjn*) tout court, il cite Maccarî, II, 812, l. 19, Ibn-Khaldoun, *Hist. des Berbères*, I, 401, l. 1 (la bonne leçon, الدجـن, et non pas الدخـن comme porte l'édition, se trouve dans un man. du Musée britannique, Addit. MS. n°. 9575, que M. Wright a bien voulu collationner pour moi en quelques endroits), II, 557, l. 7. Quant à la signification de ces termes, il faut observer que le verbe دجن (*dadjana*) signifie à la 1re et à la 4e forme *demeurer, rester* بمكان *dans un endroit* (voyez Lane). *Ad-dadjn* (cet infinitif, employé en ce sens, est dans Lane) est par conséquent: *rester là où l'on est*, ne pas émigrer lorsque le pays où l'on demeure est tombé au pouvoir d'un prince chrétien. Ainsi on lit dans le texte publié par M. Müller (p. 52, l. 5) que les Grenadins qui émigrèrent vendirent leurs terres et leurs maisons, soit à des chrétiens, soit à des musulmans الذين عزموا على الدجن, «qui avaient l'intention de rester» (= de devenir Mudéjares); et plus loin (p. 53, dern. l.): عزموا على الاقامة والدجـن où الدجن est le synonyme de الاقامة (rester là où l'on est; الـدَجـن dans le man. n'est que la prononciation adoucie de الدَجْن). La 2e forme doit signifier: *faire* ou *laisser demeurer*, permettre à quelqu'un de rester là où il est, ne pas le forcer à émigrer, et le participe passif *moudeddjan*, comme M. Müller l'a observé: celui auquel on a donné la permission de rester là où il est. C'est ce qui s'accorde parfaitement avec les paroles de Marmol (*Rebelion de los Moriscos*, fol. 33 a), qui dit que les *Mudéjares* sont «los que se quedaron en España en los lugares rendidos.» La 5e forme du verbe se trouve dans le texte publié par M. Müller (p. 32, l. 8) avec le sens de *devenir Mudéjar*.

Muley, dans plusieurs noms propres, n'est qu'une altération de l'arabe مولاى (*maulâya*), *mon seigneur*.

* Musa (pas dans les dict.). *Lima musa* est dans la *Carpinteria de lo blanco* le nom d'une des poutres angulaires d'une charpente. Je présume que c'est une altération de موازى, مؤازى (*mowâzî*), *parallèle*, la poutre qui est parallèle à une autre.

* Muselina, *pg.* murselina, musselina, *fr.* mousseline, de موصلى (*maucilî*), l'adjectif de الموصل (*al-Maucil*), nom d'une ville sur la rive droite du Tigre, en français Mosul, Mossoul, Moussel, où l'on fabriquait les étoffes légères appelées mousselines. Les Arabes emploient *maucili* dans le même sens, p. e. *Mille et une nuits*, I, 176, II, 159 éd. Macnaghten.

* Muza *val.*   ⎫ Le second mot est donné par Berganza, dans le
* Muzlemo *a. esp.* ⎭ petit vocabulaire qui se trouve à la fin de ses *Antig. de Esp.*, avec l'explication «barbaro, rustico.» On voit que c'est l'arabe مسلم (*mouslim*), *musulman*. Le premier, que Ròs explique par «Sarraceno,» ne peut guère être autre chose qu'une altération du même mot.

N.

* Nababo *pg.* (dans les Indes orientales, gouverneur d'une province), *fr.* nabab, *angl.* nabob, de نواب (*nouwâb*), plur. de نائب (*nâïb*), qui signifie proprement *lieutenant*, et ensuite *vice-roi*, *régent*, *prince*. C'est par erreur qu'on a adopté ce mot sous la forme du pluriel.

Nadir (terme d'astronomie) de نظير السمت (*nadhîr as-semt*) qui signifie *le point opposé au zénith*, *le nadir*.

* Nafa, nefa, *fr.* (eau de) naffe (sorte d'eau de senteur, dont la fleur d'orange est la base), de نفحة (*nafha*), *odeur*, comme l'a observé M. Defrémery dans le *Journ. asiat.* de 1862, I, 93.

Naguela (cabane) de l'arabe *naguîla* (نغيلة ou نويلة?) qui désigne *une cabane* ou *une étable*; voyez P. de Alcala aux mots *casa pagiza o pobre*, *casilla pagiza*, *chibital de cabritos*, *çahurda*, *choça*, [*pocilga]. Toutefois ce *naguila* n'admet en arabe aucune étymologie plausible; c'est ce qui me porte à croire qu'il est d'origine étrangère. Serait-ce un mot africain? Peut-être celui dont les Romains ont fait leur *magalia?* Je ne suis pas à même de répondre à ces questions, ayant cherché en vain ce *naguíla* dans tous les glossaires berbères qui sont à ma disposition.

*Nammeixies *val.* («espadas anchas, como alfanges» Ròs). Ce mot, qui s'écrit en arabe de plusieurs manières: نمشة, نماجة, نماجاه, نماجا, et qui se prononce *nimdja*, *nimdje* ou *nimche*, est d'origine persane (نيمچـه, «a small, little, or short sword,» Richardson) et désigne en effet: *un poignard courbé ressemblant à un petit sabre, une dague;* voyez M. Fleischer dans son édition des *Mille et une nuits*, IX, Préface, p. 19, et les auteurs qu'il cite, auxquels il faut ajouter Quatremère, *Hist. des sult. maml.*, I, 2, 202. Les Berbères emploient aussi ce mot, mais sous la forme *lemcha* ou *limcha* et avec le sens d'*épée longue;* voyez Hornemann, *Reise von Cairo nach Murzuck*, p. 25, le vocabulaire de Venture dans la traduction franç. de Hornemann, II, 436, *Revue de l'Orient et de l'Alg.*, nouv. série, X, 561.

Naranja, *pg.* laranja (pomme d'orange), de نارنج (*nărandj*) qui désigne le même fruit. De ce mot arabe il faut dériver aussi l'italien *arancio* et le français *orange*, qui a été altéré par l'influence de *aurum*.

Nebli, [**pg.* aussi nebri] (espèce de faucon). P. de Alcala traduit *nebli especie de halcon* par نبلى (*neblî*), mot arabe dont l'étymologie m'est inconnue.

* Je ne connais pas non plus l'origine de ce mot. M. de Gayangos (dans le *Mem. hist. esp.*, VIII, 469) assure hardiment que c'est: «el halcon criado en Niebla.» C'est une de ces conjectures sans fondement, que cet auteur ne présente que trop souvent comme des vérités incontestables. Au reste ce mot était déjà en usage au Xe siècle, car dans la traduction latine du calendrier de Rabî' ibn-Zaid publiée par Libri (*Hist. des sciences mathémat. en Italie*, I, 443) on lit sous le mois de septembre: «Et in ipso egrediuntur falcones allebliati ex mari Oceano, et venantur usque ad principium veris.» Actuellement on s'en sert encore en Algérie; voyez M. Daumas dans la *Revue de l'Orient et de l'Alg.*, nouv. série, III, 235, qui écrit *el nebala*.

Nenufar (plante aquatique) de نينوفر (*neinoufar*).

Nesga (pointe triangulaire mise à une robe, etc., pour lui donner de l'ampleur). Cobarruvias rattache ce mot à la racine نسج (*nasadja*), *tisser*. Ceci me semble inadmissible, vu que le *dj* arabe devant le *a* n'est jamais rendu par *g*

* M. E. se trompe: la syllabe *dja* est rendue quelquefois par *ga*; on en trouvera des exemples dans l'Introd., p. 17. Pour ma part je crois que l'étymologie de Cobarruvias est bonne. L'Acad. dit que la *nesga* «se añade y *entretexe* á las ropas,» et chez P. de Alcala *entretexedura* est précisément سِمَج (*nesdj*), qu'il écrit *nezg*.

* NICAR. «*Cancionero de Baena*, p. 426:

A vuestra muger bien ay quien la nique.

Les éditeurs le dérivent de *fornicar*, «suprimida la primera sílaba;» l'arabe ناك (*náca*), 1ʳᵉ personne نكت (*nicto*), infin. نيك (*neic*), paraît mieux convenir.» Müller.

* NOQUE (fosse où les tanneurs font tremper leurs cuirs) de نَقَاعَة (*noquê'a*), «aqua in qua maceratur res.» Dans une liste de mots tirés des chartes arabes-siciliennes, que je dois à la bonté de mon excellent ami M. Amari, se trouve cet article: «منقع, dans une charte de 1182 (monastère des Bénédictins de Morreale). Dans la traduction latine contemporaine *apud* Lello (ou plutôt Mich. Del Giudice), *Descrizione del r. Tempio di Morreale*, Append., p. 10: «Menaka, scilicet ubi mollificatur linum.» La cuve ou étang artificiel à macérer s'appelle *bunaca* dans la Sicile orientale. Dans la province de Palerme *naca* signifie berceau d'enfant et l'eau profonde qui reste au-dessous d'une digue, etc.» — *Bunaca* est évidemment une altération de مناقع (*manaqui'*), le *m* ayant été changé en *b*, tandis que *naca* est نقعة (*nac'a*) (Freytag a seulement نقع, *nac'*), mot que je trouve dans ce passage d'Edrîsî (Clim. V, Sect. 2): واصله نقعة كثيرة الماء فى اصل جبل, «cette rivière provient d'un étang pourvu de beaucoup d'eau et situé au pied d'une montagne,» ou bien نَقَاعَة (*nacâ'a*), mot que Freytag n'a pas non plus, mais qui chez Bocthor est *lagune* et *mare*. Chez Ibn-al-Baitâr (art. اخينوس) je trouve le plur. نقايع. On y lit: نقايع الماء المجتمعة من العيون, «les mares formées par la réunion de l'eau des sources.»

O.

* ODIA, adia *pg.* (présent, cadeau), de هدية (*hadiya*); même sens.

OROZUZ, *pg.* alcaçuz (réglisse), de عرق سوس ('*irc sous*), la racine de la plante *sous*.

* Comme '*irc* n'aurait pas donné *oro*, M. E. aurait dû dire: du plur.

عروق سوس (*'oróc sous*), les racines de la plante *sous*. En effet, P. de Alcala n'a que le plur. sous *oroçuç* et sous *regaliza*.

OXALA (plaise à Dieu!) de ان شا الله (*in chá 'lláh*), « si Dieu le veut. »

P.

* PAPAGAYO, *ital.* pappagallo, *prov.* papagai, *a. fr.* papegai, papegaut (perroquet), «de ببغا (*babagá*).» Defrémery. Je crois bien que les Européens ont reçu ce mot des Arabes; mais quoiqu'il soit assez ancien dans la langue de ces derniers, il n'est pas d'origine arabe. M. de Slane, dans une note sur sa traduction d'Ibn-Khallicân (II, 149), a soupçonné qu'il appartient à quelque dialecte indien. Notre savant indianiste, M. Kern, m'assure qu'il n'en est pas ainsi. Je suppose donc que c'est un terme africain.

* PATACA, patacón (piastre forte), «de با طاقة (*bá táca*), au lieu de ابو طاقة (*abou táca*).» Müller. En effet, les Maures ont pris les colonnes d'Hercule, qui se trouvent figurées sur les piastres, pour une fenêtre, et pour cette raison ils ont donné à cette monnaie le nom de *père de la fenêtre*, celui de la fenêtre; voyez Hœst, *Nachrichten von Marokos*, p. 279, 280, dans la note, et le *Voyage au Ouadây* trad. par Perron, p. 675, où l'on trouvera aussi le synonyme *abou chebbâc*.

* PATO (oie) de بط (*batt*). L'omission de ce mot a été signalée par M. Defrémery et par M. Müller. Le mot arabe signifie à la fois *canard* et *oie* (cf. Lane). Aujourd'hui *pato* est en esp. *oie*, comme Franceson l'a dit avec raison (M. Müller, qui le contredit en prétendant que c'est *canard*, ne s'est pas souvenu du proverbe: Pato, ganso y ansaron, tres cosas suena, y una son), et *pata* est *oie femelle*; mais anciennement ce dernier mot signifiait *canard*, car P. de Alcala donne *pata anade domestica* qu'il traduit en arabe par بَطَّة.

Q.

* QUEMA (pas dans les dict.). Dans les actes des Cortes de la première moitié du XVe siècle, il est souvent question d'un impôt sur les marchandises qui entraient dans le royaume de Valence ou qui en sortaient. Cet impôt s'appelait *quema*, et selon les Castillans il avait été établi à leur préjudice et pour entraver leur commerce; aussi s'en plaignent-ils

continuellement à leur roi. Voyez les *Cortes de Leon y de Castilla*,
III, p. 18, n°. 14, p. 33, n°. 3, p. 48, l. 3 («la marca ó quema»),
l. 11, l. 14 et suiv., p. 55, dern. l. et suiv., p. 119, dern. l. et suiv.
C'est peut-être l'arabe قيمة (*quîma*) qui signifie *valeur;* mais la première
fois que je trouve nommé cet impôt, son nom est écrit *alla quema*
(«una imposicion ó tributo que llamavan *alla quema*»), ce qui est peut-
être الاقامة (*al-iquéma*), *évaluation* (cf. le Glossaire sur Belâdzorî, p. 91,
92). Dans l'un et dans l'autre cas la signification de ce nom serait
que les douaniers évaluaient les marchandises, en estimaient la valeur,
et que les marchands devaient payer des droits d'entrée ou de sortie en
raison de cette valeur; mais en arabe je n'ai rencontré ni l'un ni l'autre
mot dans le sens de droit d'entrée ou de sortie.

* QUEZA, quiza. Voyez ALQUICEL.

QUILATE, *a. pg.* quirate, *it.* carato, *fr.* carat (nom d'un petit poids),
de قيراط (*quîrât*) qui vient à son tour du grec κεράτιον.

* QUILE *pg.* (pas dans les dict.). Selon Teixeira (*Viage de la India
hasta Italia*, p. 110), les Portugais dans l'Inde donnaient ce nom à une
espèce de bitume appelée par les Arabes *quir* et dont ce voyageur parle
en détail (voyez p. 76, 109). C'est قير (*quîr*), chez Freytag *pix.*

* QUINA. Dans le *Libro de la Monteria* d'Alphonse XI on lit (fol. 26 *b*):
«Tome de la quina é del estorac.» C'est l'arabe قنّة (*quinna*), «gal-
banum.»

QUINTAL (poids de cent livres) de قنطار (*quintâr*). [* Voyez Mahn,
Etymol. Unters., p. 126].

R.

* RABADAN (maître berger). «El padre Guadix dize que vale tanto
como el gran pastor, ó el señor de las ovejas, en la lengua Arábiga»
(Cob.). Je crois avec lui que c'est رب الضأن (*rabb ad-dhan*), *le maître
des moutons.*

* RABATINES (vieux chrétiens de Valence). M. Müller cite un passage
de la chronique de Beuter, où on lit: «Rabatines — como llamaban los
Moros à los Christianos que vibian entre ellos,» et il pense que c'est
رضى (*rabadhî*), *habitant du faubourg.*

* RABAZUZ (jus de réglisse cuit) de رب السوس (*robb as-sous*); même sens.

Rabel [*rabé (Baena, Sanchez IV, Alc.), *pg.* aussi rebel, rabil, arrabil, rabeca, rebeca, *ital.* ribeba, *fr.* rebec] (espèce de violon) de رباب
(*rabéb*), violon à une ou à deux cordes. Voyez la description de cet
instrument chez M. Lane, *Modern Egyptians*, II, 84.

* Rabita de ابطة, (*râbita*), qui signifie en général: un endroit où l'on
vit retiré du monde et où l'on se livre à des œuvres de dévotion, *un
ermitage* (Alc. sous *ermita*, Dombay, p. 99; de même à mon avis chez
Ibn-Batouta, II, 215) ou *un couvent* (note de Quatremère, *Notice sur
Becrî*, p. 197 du tirage à part); aussi: une mosquée hors d'une ville.
Chez Marmol (*Rebelion de los Moriscos*, fol. 5 *b*) on lit: «Una hermita
ó rabita, que llamavan Mezquit el Morabitin.» M. E. avait donné la
forme valencienne, *rapita*, en ajoutant l'explication de Ròs: «mesquita
fuera de poblado.»

* Raceles (terme nautique de Séville: ouvrages extérieurs à l'avant
et à l'arrière d'un vaisseau, pour renvoyer les eaux vers le gouvernail)
est selon toute apparence d'origine arabe, car la racine رسل (*rasala*)
signifie *renvoyer*.

* Rafal, rahal, rafallo. A Majorque le mot *rafal* signifie: *une maison
hors d'une ville, une terre, une métairie, un hameau;* voyez Ducange
sous *rafal* et *raphalis*. C'est l'arabe رحل (*rahl*), prononciation adoucie
rahal, qui signifie *l'endroit où l'on demeure;* dans le sens du terme esp.
on le trouve dans une charte arabe-sicilienne publiée par Gregorio, *De
supputandis* etc., p. 36, l. 6, p. 38, l. 1 et 8. Ce mot a aussi été en
usage dans d'autres parties de l'Espagne. Dans une donation faite par
Alphonse III d'Aragon à des religieux de Minorque, dans l'année 1287,
on lit (*apud* Villanueva, *Viage literario*, XXI, 217): «alcariam, vocatam
Beniseyda, quae est circa portum de Maho, cum rafallo eiusdem alcariae, vocato Benicacaff, cum domibus, campis, ortis — — et pertinen-
tiis universis alcariae praedictae et rafalli.» Dans un privilége d'Alphonse X, analysé par Cascales (*Discursos hist. de Murcia*, fol. 48 *d*),
il est question de «quatro jugadas de heredad en los rahales del campo
de Cartagena.» Enfin on trouve chez Gonzalez de Clavijo (*Vida del
gran Tamorlan*, p. 203, l. 5): «E los omes desta ciudad desque llegaban
à alguna aldea ó rafallo;» car c'est ainsi qu'il faut lire au lieu de
cafallo, comme porte l'édition. En Sicile ce mot se trouve souvent
dans les noms de lieux; voyez Gregorio, *De supputandis* etc., p. 37, n. *b*.

Rafez, rahez (vil, commun). On trouve encore les formes *rehez*, *refez* (Sanchez), [*rahes, refes (Baena), raffez (Appolonio, copl. 523), raez], et en portugais *refece, arfece* (Sᵃ. Rosa), [* rafece]. C'est l'arabe رخيص (*rakhîç*), «vilis.» Faut-il rapporter à la même racine le mot *marfuz* (*Don Quijote*, I, ch. 40)?

*Oui; voyez l'article MARFUZ. Au reste, le sens de *rakhîç*, qui signifie *de peu de valeur, sans valeur*, s'est modifié en esp., car dans cette langue il a aussi reçu celui de *facile*. Il faut lire chez Berceo (*Vida de S. Domingo*, copl. 55) *refez* au lieu de *befez*, et biffer ce dernier mot dans le glossaire de Sanchez. De *arrefece* (= *ar-rekhîç*), les Port. ont formé le verbe *arrefeçar*.

Rambla (lieu sablonneux) de رمل (*raml*), *sable*.

*Lisez: de رملة (*ramla*), *grande plaine sablonneuse;* — voyez le Glossaire sur Edrîsî, p. 308, 309.

*Rasa (*Cancionero de Baena*, p. 254), raz (vocabulaire de Berganza, *Antig. de Esp.*, à la fin), *pg.* ras ou raz (dans les noms de certaines étoiles) (tête), de رأس (*ras*), *tête*.

Recamo, [*ital. ricamo] (broderie), RECAMAR, [* fr. recamer, ital. ricamare] (broder), de رقم (*racm*), du verbe *racama*, «striis signavit (pannum);» [* aussi *broder;* voyez l'article MORCUM].

Recua, *pg.* recova (troupe de bêtes de somme attachées à la queue l'une de l'autre), de ركوبة (*racouba*), «jumentum.»

*Il va sans dire qu'un mot qui ne signifie rien autre chose que *bête de somme*, n'a pas donné naissance à un autre mot qui signifie *une troupe de bêtes de somme*, et en outre ce *racouba* n'appartenait pas à la langue du peuple. Ayant mal accentué le mot esp.-port., M. E. en a aussi donné une fausse étymologie. C'est *récua, récova*, en arabe ركب (*recb*), *troupe de voyageurs montés sur des bêtes de somme*. Chez Teixeira (*Viage de la India hasta Italia*, p. 93, 102) recoa est, comme *recb* chez les Arabes, le synonyme de *cafila* et de *caravane*.

*Redoma (bouteille de verre, fiole). Les raisons qui me font soupçonner que ce mot est d'origine orientale, sont celles-ci: 1°. il n'a pas d'étymologie en latin; 2°. les autres langues romanes ne l'ont pas; 3°. la forme ancienne est *rotoma*; voyez-en un exemple à l'article IRAKE et joignez-y ce passage d'un testament de 959, cité par Sᵃ. Rosa à l'article *scala*: «In refertorio: vasculos, archas, cuncas, scalas duas inter rotomas et palmares [1]; » mais on trouve aussi *arrotoma* ou *arrodoma*; à l'exemple que j'ai donné sous l'article que je viens de citer, on peut ajouter celui-ci, tiré d'une donation de l'année 998 (*Esp. sagr.*, XL, 409): «Vasos vitreos: couza irake, palmares duos, portelas cum ansulas duas; arrotomas V; » en vieux port. on trouve aussi *arredoma* (voyez Moraes); or, cet *ar* pourrait bien être l'article arabe; 4°. à l'article ɪʀᴀᴋᴇ j'ai cité un passage où on lit «arrodomas aeyrakis,» et un autre où l'on trouve: «et tres fialas quas dicunt rotomas irachas; » on recevait donc ces *rotomas* de l'Irâc, et le dernier passage fait soupçonner que c'était un terme étranger, un terme arabe; 5°. Dombay, p. 91, donne: «lagena, رضـومـة, radūma, rudūma.» J'avoue que si on les considère séparément, aucune de ces raisons n'est concluante; mais je crois aussi que, prises ensemble, elles jettent quelque poids dans la balance. Quel serait donc le mot arabe? Je l'ignore, car la racine رضم ne semble pas convenir. Je dois donc me contenter de signaler le terme esp.–port. à l'attention des arabisants; peut-être trouveront-ils le mot arabe dans quelque auteur que je n'ai pas lu.

REGUEIFA pg., [* aussi rigueifa, *val.* regayfa] (tourte), de رغيفة (*raguifa*) que P. de Alcala traduit par *horonazo* [* lisez hornazo] *de guevos, oblada* et *torta*.

* L'arabe classique n'a que la forme *raguîf*, *gateau rond* (voyez Lane); *raguîfa*, au duel رغيفتان, se trouve dans le man. d'Ibn-Batouta que possède M. de Gayangos, là où l'édition (II, 240) porte رغيف et رغيفان; رغائف, le plur. de رغيفة, que P. de Alcala donne aussi, est employé par le jurisconsulte al-Cabbâb (man. 138 (2), fol. 78 v°). Chez Ròs *regayfa* est *torta*. Dans le Minho, notamment à Oporto et à Braga, on donne le nom de *regueifa* à des pains blancs en forme d'anneau.

REHALA («hato, cabaña de ganado» Sanchez) de رحل (*rahal*) que P. de Alcala traduit par *hato*.

* Cette étymologie est de Sanchez (t. IV), mais je doute qu'elle soit bonne. Le *hato* de P. de Alcala n'est pas = cabaña de ganado, mais

---

1) Sª. Rosa a lu *interrotomas* en un seul mot, et il en a donné cette explication: « i. e. interrasiles, cœlatas, vel incisas.» Il va sans dire qu'il s'est trompé. Le sens est que ces *scalae* (voyez Ducange sous *scala* n°. 3) tenaient le milieu entre les *rotomas* et les *palmares*.

c'est *troupeau;* les treize articles qui suivent (hato de vacas, hato de ovejas, etc.), le prouvent. Puis l'arabe *rahl*, prononciation adoucie *rahal*, aurait difficilement donné *rehála* en esp. Les vers de l'archi-prêtre de Hita auxquels se rapporte la note de Sanchez sont ceux-ci (copl. 1196):

> Rehalas de Castilla con pastores de Soria
> Recibenlo en sus pueblos, disen del grand estoria,
> Taniendo las campanas en disiendo la gloria,
> De tales alegrias non ha el mundo memoria.

Je crois que c'est le mot que Barth (*Reisen*, V, 712) écrit *rehála*, c'est-à-dire رحالة, et qu'il explique par *assemblage de tentes, camp.* Comme le verbe *rahala* signifie *voyager*, on peut fort bien avoir donné le nom de *rehála* à l'assemblage de cabanes que les bergers voyageurs dressaient pour y passer la nuit.

* REHALI. Dans la *Crónica de D. Alonso XI* (p. 402) on lit: « Aqueste Zaid Arraxid Miramamolin tenia en la tierra del Algarve sus siervos que recabdaban por él el pecho de los omes rehalis, que eran aquellos que labran las tierras, et non avian moradas en ningunas villas nin en nengunos logares ciertos.» Chez Barrantes Maldonado (dans le *Mem. hist. esp.*, IX, 63, 64, 134) les *rehalies* ou *moros rahalies* sont aussi les Bédouins, les *alarabes.* C'est le collectif رحالة, (*rahhála* ou *rehhála*) qui se trouve très-souvent chez Edrîsî et d'autres auteurs avec le sens de *nomades*, *Bédouins;* le général Daumas (*Mœurs et coutumes de l'Al-gérie*, p. 11) écrit *rehhala*, « les Arabes pasteurs;» ou bien c'est le plur. رحالين (*rahhalîn* ou *rehhálîn*) qui a le même sens (Ibn-al-Khatîb dans le Bulletin des séances de l'Acad. de Munich, année 1863, II, 7, l. 4 a f.).

* REHANI. Ce mot n'est pas dans les dictionnaires; mais M. Simonet m'apprend qu'il désigne à Cordoue une figue d'une excellente espèce. Il ajoute que c'est l'arabe ريحاني (*reihânî*). Freytag n'a pas cet adjec-tif, mais il est formé de *reihán* qui désigne en général une plante odo-riférante (cf. l'article ARRAIHAN), et il signifie *odoriférant*, car Ibn-al-Hachchâ, dans son *Glossaire sur le Mançourî* (man. 331 (5), fol. 160 rº), dit: والشراب الريحاني هو العطر الرائحة, « la boisson *reihânî* est celle qui a une odeur exquise.» Cette boisson est aussi nommée dans un passage de Rhazès que cite Checourî (*Traité de la dyssenterie catarrhale*, man. 331 (7), fol. 194 vº). Dans un autre passage du même médecin,

que Checourî cite aussi (*ibid.*), on lit: اربعة ارطال خـمـر صرف ريحانى.
Comparez *Mille et une nuits*, I, 56, l. 14 éd. Macnaghten, et le traité
de médecine qu'Ibn-al-Khatib a écrit sous le titre de *Kitâb 'aml man
tabb liman habb*, man. 331 (1), fol. 41 v°, 42 r°. C'est donc à cause
de son parfum qu'on a donné ce nom à cette espèce de figue.

REHEN, arrehen, *pg.* refem, arrefem (otage), de رهن (*rehn*) qui a le
même sens.

* REJALGAR, *fr.* réalgar ou réalgal (arsenic rouge). Mendoza (*Guerra
de Granada*, p. 27) a dit avec raison que ce mot est d'origine arabe
(« la yerba que los moros dicen rejalgar »), mais il s'est gravement
trompé en pensant que c'est le nom de la plante vénéneuse dite aconit.
Dans les trois premières lettres de *rejalgar* il est facile de reconnaître
le mot arabe رهج (*rehdj*), que Freytag n'a que dans le sens de *pulvis*,
mais qui a reçu celui d'*arsenic*. M. Cherbonneau (dans le *Journ. asiat.*
de 1849, I, 542) le traduit par *poison en poudre;* chez P. de Alcala
c'est *rejalgar;* Bocthor a رهج ابيض (*rehdj* blanc) sous *arsenic blanc*,
رهج اصفر (*rehdj* jaune) sous *orpiment*, رهج احـمـر (*rehdj* rouge) sous
réalgal, et dans l'inventaire des biens d'un juif marocain décédé en
1751 (man. 1376) je lis: ومـن الـرهـج ابيـض واصفو قنطار واحـد « un
kintâr de *rehdj* blanc et jaune. » Quant à *algar* dans *rejalgar*, c'est
exactement l'arabe الغار (*al-gâr*), car au Magrib on donnait à l'arsenic
le nom de رهج الغار (*rehdj al-gâr*). Ibn-al-Baitâr l'atteste formellement
à l'article شك (*chacc*), terme qui désigne *l'arsenic*, quand il dit: وعند
اهل المغرب هو رهج الغار, « chez le peuple du Magrib il s'appelle *rehdj
al-gâr*. » Le traducteur allemand, M. Sontheimer (II, 104), a lu en cet
endroit رهج الـفـار (*rehdj al-far*), *poudre contre les souris*, et comme
l'arsenic porte aussi en arabe le nom de *samm al-far*, *poison contre les
souris*, cette leçon pourrait paraître la véritable. Elle ne l'est pas cependant. Nos deux man. d'Ibn-al-Baitâr (n°. 13 (1) et n°. 420 c) portent
distinctement *al-gâr* avec le *g*. Je trouve la même leçon dans l'excellent manuscrit du *Glossaire sur le Mançourî* par Ibn-al-Hachchâ, où on
lit (man. 331 (5), fol. 172 v°): شك هو الدواء المعدنى المسمى رهج الغار,
« *Chacc* est la substance minérale qui s'appelle *rehdj al-gâr*. » Enfin le
mot espagnol *rejalgar* prouve que c'est ainsi qu'on disait. Le terme
signifie donc proprement *poudre de caverne*, et je suppose qu'on a donné

ce nom à l'arsenic, parce qu'on le tirait des mines d'argent (cf. Ibn-al-Baitâr). Je serais même porté à croire qu'à l'origine on a dit *rehdj al-gâr*, et non pas *redhj* tout court, car ce dernier terme ne signifie proprement que *poudre*.

RES (pièce de bétail) de رَأْس (*ras*), proprement *tête*, qui se dit dans le même sens.

RESMA (rame de papier) de رِزْمة (*rizma*) que P. de Alcala traduit par *rezma de papel*. Cette signification manque dans le lexique de Freytag.

* M. Diez (I, 352) trouve cette dérivation, qu'il connaissait par Sousa, invraisemblable en elle-même et mal appuyée par la signification arabe (paquet de hardes, selon lui), tandis qu'il donne l'épithète de belle à celle de Muratori qui fait venir le mot en question de ἀριθμός (nombre). Pour ma part je dois avouer que cette dernière me semble assez ridicule, et je crois au contraire que la dérivation tirée de l'arabe est excellente; seulement elle peut être prouvée mieux qu'on ne l'a fait jusqu'ici. — Le verbe *razama*, à la 1re et à la 2de forme, s'emploie en parlant d'habits ou d'étoffes qu'on lie ensemble dans un seul habit ou dans une seule pièce d'étoffe [1]. De là vient le substantif *rizma*, chez Freytag *paquet de hardes;* il signifie aussi *ballot*, comme dans les *Mille et une nuits* (II, 116 éd. Macnaghten): «Venez avec moi vers mon vaisseau, alors je vous donnerai le prix, ainsi qu'une *rizma* de laine d'Angora, une *rizma* de satin, une *rizma* de velours et une *rizma* de drap.» Telle est la signification primitive du mot; mais on l'a appliqué par extension à un paquet ou faisceau quelconque. Ainsi on l'emploie en parlant d'un faisceau de fouets ou cravaches (Zamakhchari), ou d'un faisceau de cuirasses (vieux vers chez le même). Chez Marcel, chez Hélot et dans le Dict. berbère c'est *paquet* (dans le dernier ouvrage la prononciation est *rezma*). Dans la biographie de Hasan Djabartî, le père, on lit, suivant la traduction de M. Dorn (*Drei arab. astron. Instrumente*, p. 97): «Son serviteur avait un gros paquet (*rizma*) d'où il tira l'exemplaire susdit des tables astronomiques.» Avec une signification un peu modifiée, *rizma*, par contraction *rima*, a passé dans l'esp.

---

1) Zamakhchari, *Asâs al-balâga*, man.: عنده رزمة من الثياب وهى ما شُكّ منها فى ثوب واحد ⁂

et dans le port.; Victor explique *rima* de cette manière: «un tas, amas, monceau, comme de hardes, d'habits et de matelas l'un sur l'autre;» de là *rimero* qui a le même sens. L'arabe *rizma* est aussi chez Bocthor *paquet enveloppé dans du papier; — paquet, lettres sous enveloppe.* En particulier c'est un ballot de papier, *une rame;* P. de Alcala l'a en ce sens, comme M. E. l'a déjà observé, et on le trouve aussi sous *rame* (de papier) chez Bocthor et chez Berggren. Cette signification est assez ancienne. Dans un passage d'Ibn-al-Khatîb, cité par Maccarî (I, 640, l. 14), on lit qu'Alî ibn-Sa'îd, qui florissait au XIIIᵉ siècle, écrivit un livre intitulé المورّزمة (*al-morazzama*), يشتمل على وقر بعير من رزم الكراريس, «lequel était si étendu que les *rizma's* de cahiers, dont il se composait, formaient la charge d'un chameau.» Evidemment *rizma* a ici le sens de *rame*, et le verbe *razzama*, dont *morazzama* est le participe passif, celui de *réunir des rames de papier.* Enfin je lis dans l'inventaire des biens d'un juif marocain décédé en 1751 (man. 1376): ومن كاغيد ست رزمات الانصة, «Six *rizma's* de papier de Hollande.» L'arabe *rizma* a aussi passé dans l'italien: *risma*, et de cette langue dans celles du Nord, soit avec la suppression de la dernière syllabe: allemand *Riess*, dan. *Riis*, suéd. *ris*, soit par contraction *rism*, *rîm* (Kilian donne *rismus*, *rimus*): angl. *ream*, holl. *riem*. Le fr. *rame* vient de *rasme*, *razme*, *razma*, car *razma* s'écrit en arabe avec la même voyelle (le fatha) que *rezma;* la prononciation est arbitraire ou bien elle dépend du dialecte.

* Les formes et les significations n'offrent donc aucune difficulté; mais selon M. Diez il serait aussi contre la vraisemblance que l'Europe eût reçu ce mot des Arabes, et c'est à cette objection que je dois encore répondre. Selon toute apparence l'Europe est redevable aux Arabes du papier de coton. Les plus anciens priviléges latins écrits sur du papier de coton sont du XIᵉ siècle, et l'on ne connaît pas non plus de livres écrits sur cette espèce de papier et qui seraient d'une date plus ancienne. On prétend bien que ce papier a déjà été en usage au milieu du IXᵉ siècle (voyez Schönemann, *Versuch eines vollständigen Systems der Diplomatik*, I, 488); mais supposé même que cette opinion soit vraie, elle n'ébranle pas ma thèse, car longtemps auparavant le papier de coton était la matière ordinaire sur laquelle écrivaient les Arabes [1], et tout

---

1) Déjà Hâroun ar-rachîd se servait de papier de coton pour les actes officiels, qu'avant lui on écrivait sur parchemin; voyez Ibn-Khaldoun, *Prolégom.*, II, 350.

semble indiquer que ce sont eux qui ont introduit en Espagne la fabrication du papier de coton et de linge. Xativa surtout (actuellement San-Felipe) était célèbre par ses fabriques de papier, et Edrîsî, qui écrivait au milieu du XIIe siècle, dit à ce sujet (p. 192 du texte): «On y fabrique du papier tel qu'on n'en trouve pas de pareil dans tout l'univers; on en expédie à l'orient et à l'occident.» C'est donc de là que les chrétiens recevaient leur papier, avant qu'ils le fabriquassent eux-mêmes, ce qu'ils firent assez tard; Alphonse X ne fonda les fabriques de papier en Castille que vers la fin du XIIIe siècle, tandis que l'Italie ne reçut pas avant le milieu du XIVe celles de Padoue et de Trévise. Les Arabes ont donc dû subvenir pendant longtemps au besoin de papier, et pour cette raison leur mot *rizma* est venu en Europe en même temps que leur papier.

RETAMA (genêt) de رتمة, (*retama*); même sens.

* REZMILLA (del genital miembro) («le balanus, la tête du membre viril,» Victor). P. de Alcala traduit *rezmilla del genital miembro* par رَأْس (*ras*) (tête), et راس الايـر (*ras al-air*, caput penis) se trouve en ce sens dans un vers cité par Maccarî, II, 634, l. 5; on dit aussi راس الذَّكَر (*Glossaire sur le Mançourî*, man. 331 (5), sous كمرة). Mais si *rez* est l'arabe *ras*, qu'est donc ce *milla?* Ni l'arabe ni l'espagnol n'a un tel mot pour *membre viril.*

RIBETE (bord, bande) de رباط, (*ribét*) que Bocthor traduit par «bande, long morceau d'étoffe.»

* RIMA. Voyez RESMA.

ROMÃA *pg.* (grenade) de رمان, (*rommán*) qui désigne le même fruit.

* ROMANA, *fr.* romaine (peson, instrument dont on se sert pour peser avec un seul poids), de رمانة, (*rommána*), chez Freytag «pondus stalerae, quo librantur alia,» chez Bocthor *poids* et *romaine* (peson).

ROQUE (terme du jeu d'échecs) de رخ, (*rokh*).

* «Le mot *roc*, désignant la tour au jeu d'échecs, vient de l'arabe *rokh*, nom d'un oiseau fabuleux, souvent mentionné dans les légendes et les contes orientaux. On en a fait le verbe *enrocar*, de même que nous avons fait de *roc* le verbe *roquer*.» Defrémery.

* ROTOVA (qui n'est pas dans les dict. esp.) de رتبة, (*rotba*) (qui n'est pas dans les dict. arabes). Dans un privilége donné par Alphonse X

en faveur des chrétiens établis à Murcie et publié dans le *Mem. hist.
esp.* (I, 281) on lit: «E otrossi por facer bien é merced á los vecinos
moradores de la cibdat é de su termino, é tambien á todos los del regno
de Murcia, otorgamos é mandamos que no den *recova* en ningun logar,
sino en aquellos logares o se solia dar en tiempo de Miralmemini, é que
no den mas de quanto era acostumbrado de dar en aquel tiempo. E
otrossi queremos é mandamos, que aquellos logares o la *rocova* se diere,
que se guarden de como estonce se guardaban, é si en los caminos ó
en los terminos o la *rocova* se dieren (*lisez* diere), daño ninguno se
ficiere á aquellos que la *rocova* tomaren, den recabdo de los malfechores,
é del daño, é sigan el rastro en guisa, que los otros vecinos del termino
o rastro pussieren lo puedan luego seguir, ó dar recabdo dello.» Nous
avons donc une fois *recova* et trois fois *rocova*. Cascales (*Discursos hist.
de Murcia*, fol. 47 c), qui a analysé le même privilége, a lu quatre
fois *retova*. Il écrit de même (fol. 48 d) en analysant une autre charte,
de l'année 1252, et ses paroles sont: «Mandó (le roi) que todos los
concejos del reino guarden los caminos cada uno en sus terminos, sin
pagar cosa ninguna por razon de guarda, ó de retova los unos de los
otros.» Plus loin (fol. 201 d) le même historien raconte que, dans
l'année 1414, «Lope Alvarez Osorio, comendador de Ricote, dava pesa-
dumbre á esta ciudad (Murcie) con sus Moros del valle, sobre la retova,
portazgo del puerto de la Losilla, termino de su encomienda: de manera, que assi los vezinos de Murcia, i de otros lugares desta comarca,
como de los de Hellin, Chinchilla, i Alcaraz, i de otras tierras del rei
recibian alli agravios, en razon de sus mercadurias, provisiones, i man-
tenimientos que llevavan i traian.» Je crois que les consonnes de *retova*
et les voyelles de *rocova* sont bonnes, ou, en d'autres mots, qu'il faut
écrire *rotova*; et dans ce *rotova*, comme j'écrirai dans la suite, je crois
reconnaître l'arabe رتبة (*rotba*), prononciation adoucie *rotoba*, au plur.
rotab. Cascales, comme on l'a vu, explique le mot esp. par *portazgo*,
c'est-à-dire, *péage*, *droit pour le passage*, et pour le moment nous pouvons nous contenter de cette explication. Or, je trouve *rotba* employé
dans la même acception par des auteurs magribins. Ibn-Djozai, le
rédacteur des Voyages d'Ibn-Batouta, dit en faisant l'éloge du sultan
de Maroc, Abou-'Inân (IV, 348): وامّا رفعه للمظالم عن الرعيّة فمنها الرُّتَب
التى كانت توخذ بالطرقات امر ايّده الله بمحو رسمها وكان لها مجبى

عظيم فلم يلتفت اليه, ce que les savants traducteurs ont rendu de cette manière: «Quant à la suppression des injustices qui pesaient sur ses sujets, il convient de mentionner *les taxes de péage* que l'on percevait sur les routes. Notre maître (que Dieu l'aide!) a ordonné de les abolir totalement, et il n'a pas été arrêté en cela par la considération qu'elles étaient la source d'une recette fort importante.» Ibn-Khaldoun (*Hist. des Berbères*, II, 306) dit de même en parlant d'un sultan: رفع المكوس والرتب والرسوم, «il supprima les droits de marché et les péages.» Mais quoique *rotba* doive se traduire de cette manière dans ces passages, ce n'est pas cependant la véritable signification du mot. Un *râtib* est *un soldat établi en garnison;* le verbe *rattaba* signifie *mettre en garnison* (voyez de Goeje, Glossaire sur Belâdzorî, p. 42), et je crois que *rotba* est proprement *l'endroit où sont postés des soldats chargés de veiller à la sûreté de la route.* Ce qui m'engage à le croire, c'est ce passage du *Cartâs* (p. 258): ازال اكثر الرتب والقبالات التى كانت بالمغرب الّا ما كان منها فى البلاد الخالية والمفازات المخيفة «Le sultan supprima la plupart des *rotba's* et des gabelles qui étaient dans le Magrib, à l'exception de celles qui se trouvaient dans les pays inhabités et dans les déserts infestés de brigands.» Dans la première charte esp. que j'ai citée, on voit aussi que les endroits où se payait la *rotova,* étaient *gardés,* qu'il y avait un poste de soldats; la seconde conduit au même résultat; elle prouve en outre que la *rotova* était proprement une contribution que les voyageurs payaient pour la sûreté de la route. Mais ces soldats étaient chargés en même temps de lever les droits d'entrée ou de passage établis sur les marchandises, et c'est pour cette raison que le terme a aussi reçu le sens de péage; comparez Ibn-Batouta, III, 184, où on lit qu'un inspecteur des marchés répondit au sultan, qui l'avait interrogé touchant le motif de la cherté de la viande, ان ذلك لكثرة المغرم على البقر فى الرتب, «que cela provenait du taux élevé de l'impôt établi sur les bœufs *dans les rotba's.*» — Avant de terminer cet article, je dois encore appeler l'attention sur trois passages d'Edrîsî. Donnant la route par terre d'Algéziras à Séville, ce géographe dit (p. 177, l. 2 a f. du texte): «D'Algéziras on se rend à الرتبة, puis à la rivière de Barbate,» etc. Ailleurs (p. 201, l. 11), en décrivant la route d'Almérie à Guadix: «Puis on se rend à Khandac-Fobair, puis à

الرتبة, puis à Abla où est une station.» Et plus loin (p. 202, l. 3),
dans la description de la même route: «Puis à Diezma, bourg où est
une auberge, puis à الرتبة, puis à Afraferîda,» etc. Cet الرتبة m'a embarrassé lorsque j'avais à traduire ces passages. J'ai cru avec Jaubert
que c'était un nom propre; mais les dictionnaires géographiques ne
l'ont pas. Je crois à présent que je me suis trompé et que c'est un
nom commun désignant *un poste de soldats-douaniers chargés de veiller
à la sûreté de la route et de percevoir le péage;* comparez Edrîsî, p. 197,
l. 3, où il est question de «la Râbita, qui n'est point un fort ni un
village, mais une caserne où sont des gardes chargés de veiller à la
sûreté du chemin.»

S.

* SABOGA (espèce de petite alose) de صبوغة (çabóga), qui manque chez
Freytag, mais qui chez Boçthor est *alose.* Vansleb (*Relation d'un voyage
fait en Egypte*, p. 72) nomme la *sebuga* parmi les poissons du Nil.

SACRE (espèce de faucon) de صقر (çaqr), «accipiter;» [* chez P. de
Alcala *cernicalo ave* et *halcon sacre*]. M. Diez donne à ce mot une origine
latine; il le considère comme la traduction du grec ἱέραξ, tandis que
les Arabes auraient emprunté leur *çaqr* aux langues romanes; mais
comme il est de fait que *çaqr*, loin d'être un mot moderne et particulier au dialecte vulgaire, était déjà en usage parmi les anciens Arabes
du désert (cf. le *Diwan des Hodzailites*, p. 208), cette opinion est tout-
à-fait erronée.

* SAFARA, çafara *pg.* ⎫ *Safara*, l'arabe صحراء (çahrâ),
* SAFARO, çafaro *pg.*, esp. zahareño ⎭ *désert*, semble avoir jusqu'à un
certain point droit de cité en pg. (voyez Moraes). De ce mot on dérive
safaro, zahareño, farouche, difficile à apprivoiser, en parlant d'un faucon.

* SAGENA, sejana *pg.* (prison des chrétiens captifs chez les Maures),
de سجن (sidjn), *prison.*

* SALEP, *pg.* salepo (sorte de racine bulbeuse et mucilagineuse). Ce
sont les racines bulbeuses de l'Orchis mascula, qui, à cause de leur
forme, s'appellent en arabe خصى الثعلب (khoçâ ath-tha'leb), *les testi-
cules du renard.* Le premier mot a été omis, et selon Boçthor et Berggren, le second a été corrompu par les Arabes en سهلب (sahleb). En
esp. et en pg. le mot est moderne.

* SANDALO, *fr.* sandal. Les anciens avaient le mot σάντχλον, *santalum*; mais les formes qui ont le *d* viennent peut-être directement de l'arabe صندل (*çandal*). Les Arabes faisaient fréquemment usage de ce bois odoriférant et c'étaient eux qui, au moyen âge, le vendaient aux Européens. — *Sandalo* désigne aussi en espagnol la plante appelée *menthe d'Arabie* ou *menthe sauvage* (Mentha sylvestris). Les lexiques n'attribuent pas ce sens à l'arabe *çandal*, mais il l'avait au Magrib, car je lis dans le *Glossaire sur le Mançourî* par Ibn-al-Hachchâ (man. 331 (5), fol. 165 v°) : نمّام هو الحبق المعروف عند اهل المغرب الصندل يشبه (*lisez* السيسنبر) السيسنبر وهو النعنع, « *Nammâm*; c'est l'espèce de menthe que le peuple au Magrib nomme *çandal* et qui ressemble au *na'na'* [mentha sativa]; c'est le *sisanbar* [σισύμβριον].» Aujourd'hui encore, selon Dombay (p. 73), *çandal* signifie dans le Maroc *mentha saracenica*.

SANDIA (sorte de melon) de سندية (*sindîya*), mot arabe qui manque dans les lexiques et que P. de Alcala traduit par *sandia* (*espèce de melon*). Suivant M. de Gayangos (trad. de Maccarî, I, 371), ces melons étaient originaires du pays de Sind et pour cette raison on leur aurait donné le nom de *sandia*. On trouve le mot arabe chez Ibn-Djobair, p. 317.

* Dans ce passage on lit البطيخ السندى, et l'étymologie proposée est d'une vérité incontestable, car chez Victor *sandia* est « une sorte de melon des Indes,» et P. de Alcala traduit aussi *sandia* par دلاع (*dillâ'*), «qui est le melon d'Inde» (Ibn-al-Baitâr dans de Sacy, *Abdallatif*, p. 127). Dans le *Glossaire sur le Mançourî* par Ibn-al-Hachchâ (man. 331 (5)) on trouve : بطيخ هندى وسندى هو الدلاع; comparez l'ancienne traduction latine du calendrier de Rabî' ibn-Zaid (*apud* Libri, *Hist. des sciences mathémat. en Italie*, I, 439), où on lit sous le mois d'août: «et fit bona adulaha, et est sandia.»

* SEBESTEN (jujubier) de سبستان (*sebestén*). Müller.

SECA, *ital.* zecca (hôtel des monnaies), de سكّة (*sicca*), « typus monetalis.»

* C'est l'arabe دار السكّة (*dâr as-sicca*), *hôtel des monnaies*; le premier mot a été supprimé.

* SECÁCUL (eryngium campestre, vulgo Chardon-Roland, panicaut) de شقاقل (*checâcoul*).

* Sen, sena, senes, *pg.* sene, senne, *fr.* séné, de سنا (*senâ* ou *sené*). Müller.

* Setuni, aceituni (pas dans les dict.). *Setuni* se trouve souvent chez Gonzalez de Clavijo, *Vida del gran Tamorlan*, comme le nom d'une étoffe qu'on recevait de la Chine; voyez p. 169, l. 20, p. 170, l. 35, p. 182, l. 24, p. 190, l. 14, p. 191, l. 8, p. 214, l. 26; il faut lire de même au lieu de *sutimi*, p. 91, l. 24; et dans un inventaire publié par Saez (*Valor de las monedas*, p. 534 *a*), « un jugon de aceytuni, negro, » est nommé parmi les « ropas de vestir. » C'est l'arabe زيتونى (*zeitounî*), ou, avec l'article, *az-zeitounî*. La ville chinoise Tseu-thoung, actuellement Thsiuan-tchou-fou, s'appelait chez les Arabes Zeitoun. On y fabriquait des étoffes damassées de velours et de satin, qui avaient une très-grande réputation et qui portaient le nom de *zeitouni*. Voyez Ibn-Batouta, IV, 269.

Sirop. Voyez axarabe.

* Sofa *pg.* et *fr.* de ضفة (*çoffa*) (Bocthor, Berggren).

* Soldan, sultan', de سلطان (*soltân*).

* Soliman (sublimé), « vraisemblablement le turc سلمن (*sulumen*), qui est une altération de *sublimé*. J'ignore si les Arabes se servent aussi de ce mot. » Müller. Chez les Arabes c'est سليمانى (*solaimânî*); voyez ce que j'ai dit sur ce terme dans le Glossaire sur Edrîsî, p. 388. M. Sanguinetti a donné cet article dans le *Journ. asiat.* de 1866, I: « سليمانى »; on donnait autrefois ce nom à un mélange d'acide arsénieux (oxyde blanc d'arsenic, arsenic blanc, ou mort aux rats) et de mercure, qu'on faisait sublimer. On appelle maintenant سليمانى les chlorures de mercure: le calomel et le sublimé corrosif. »

Sorbet, *pg.* sorbete, de شربة (*chorba*) qui dérive de la racine *chariba*, *boire*. Voyez p. 17 de l'Introduction.

T.

Taa, ta, taha (district), de طاعة (*tâ'a*) que P. de Alcala traduit par *region, comarca*, [*juridicion, provincia como quiera*]. Voyez p. 6 de l'Introd. Cf. Sª. Rosa.

* L'arabe *tâ'a*, que Freytag n'a que dans le sens d'*obéissance*, signifie assez souvent chez les auteurs magribins *Etats*, comme chez Ibn-Haiyân

(man. d'Oxford, fol. 71 v°): واحتفل فيمن حشده من اهل طاعته, « le
sultan réunit avec soin les habitants de ses Etats qui devaient prendre
part à cette expédition;» voyez aussi Ibn-Djobair, p. 242, l. 14, p. 250,
l. 4, Cartâs, p. 132, l. 8, p. 152, l. 8, p. 153, l. 7, p. 162, l. 10,
p. 244, l. 8 a f., Ibn-Batouta, III, 4, Ibn-Khaldoun, Hist. des Berbères,
II, 116, l. 3 a f., 120, l. 2 a f., 294, l. 8 a f., chronique anonyme
(man. de Copenhague, n°. 76, p. 55): ووصل الوفود من سائر بلاده ومنتهى
طاعته; ou bien province, district; voyez Ibn-Djobair, p. 216, l. 18;
Ibn-Haiyân (fol. 74 r°): ثم انتقل بعسكره الى مدينة استجة طاعة المارد
عمر بن حفصون, «Ensuite le sultan se dirigea avec son armée vers Ecija,
capitale d'un district qui appartenait au grand rebelle 'Omar ibn-Hafçoun.» Un man. du Coran que possède la Bibl. de Munich, a été écrit,
selon la suscription, dans l'année 924 (1518), فى بيلوس من طاعة
شاطبة وملك بلنسية, «à Bellús, district de Xativa, royaume de Valence;»
voyez Aumer, Die arab. HSS. in München, p. 3. Peut-être faut-il
donner le même sens à ce mot dans un passage du Kitâb al-agânî,
p. 19, l. 14, où Kosegarten a traduit piété, ce qui ne convient pas;
mais si l'on traduit طاعتكم par votre district, le passage est très-clair.

* TABA (osselet, petit os qui se trouve dans la jointure de la cuisse
et de la jambe; — juego de taba, jeu des osselets). Selon M. Diez
(II, 178) l'origine de ce mot est inconnue. Les significations qu'il a
conviennent si parfaitement avec كعبة (ca'ba) (cf. ca'b), que je n'hésite
pas à le considérer comme une légère altération de ce mot arabe, les
lettres c et t permutant souvent entre elles (cf. l'art. CARCAX). En arabe
le jeu des osselets s'appelle lâb el kâb, comme écrit Niebuhr (Reize
naar Arabië, I, 166), بالكعاب bil-ka'âb, comme on trouve chez Berggren
(p. 513; cf. Mille et une nuits, II, 178, l. 6 éd. Macnaghten), ak'âb,
comme donne M. Prax (dans la Revue de l'Orient et de l'Algérie, V, 84).

* TABAQUE, altabaque (petit panier), de طبق (tabac) qui signifie proprement assiette ou plat; mais en Orient les plats ou plateaux sont
souvent faits de jonc, de paille, etc. Ainsi on lit chez Pallme (Beschreibung von Kordofan, p. 32): «un plat de paille, fait avec des brins
du bois du palmier nain.» Dans les Mille et une nuits (II, 552 éd.
Macnaghten) on trouve: وكانا يعيشان من عمل الاطباق والمراوح « cet
homme et sa femme gagnaient leur pain en fabriquant des plateaux et
des éventails;» et M. Lane remarque dans une note sur sa traduction

de ce passage (II, 637): « Les premiers se font de jonc, etc., les seconds de feuilles de palmier ou de plumes. » Ibn-al-Hachchâ (*Glossaire sur le Mançouri*, man. 331 (5), fol. 157 v°) dit à l'article *saule* (خلاف): ويتّخذ « من قضبانه السلال والاطباق, « on se sert des branches de cet arbre pour en faire des corbeilles et des plateaux. » Dans le *Fakhrî* (p. 291) on trouve: ,ثم امر باحضار الطعام فأُحْضَر طبق خلاف وعليه رُغْفان « quand il eut ordonné d'apporter le manger, on plaça devant lui un plateau d'osier sur lequel se trouvaient des gateaux ronds [1]. » Un tel objet ressemble plus à un panier qu'à un plat. Aussi *tabac* a-t-il reçu le

---

1) La même expression, اطباق الخَلاف, se trouve dans un passage de Tha'àlibî (*Latâïf al-ma'ârif*, p. 14), où elle a embarrassé l'éditeur, M. de Jong, et où M. Fleischer la traduit par *des claies d'osier* (voyez le Glossaire de M. de Jong, p. XXV—XXVII). Cette traduction me semble convenir assez bien à ce passage, et il faut observer que *tabac* a un sens assez large; chez Barth (*Reisen*, V, 711) c'est « une table faite de paille entrelacée. » Au reste, comme M. de Jong a aussi parlé (p. XXVII) du *khaïch*, mais sans expliquer nettement ce que c'était, je crois devoir profiter de cette occasion pour publier un article fort curieux du *Glossaire sur le Mançouri*. Il est conçu en ces termes (man. 331 (5), fol. 157 v°): خيوش الخيش ثياب تتّخذ من ردى الكتّان يصرَّف فى انحاء شتّى والمراد هـذا المراد منها المراوح المتّخذة منها وصفتها ان يتّخذ منها خيشة على قدر الطنفسة واكبر واصغر بحسب ضيق البيت وسعته وتحشى بما فيه وقوف وقلّة انثناء كالحلفاء وشبهها وتعلّق فى وسط البيت ويوكّل بها من يجذبها من غارب البيت من خلفه بهدنة متوافقة ويرسلها جذبا وارسالا متتابعا فتحمل ريحـا كثيرة فتبرد هـواء البيت وربّما انقعت بمـاء الورد فتطيّب الهواء مع التبريد, «Sous le nom de *khaïch* on entend des étoffes de mauvaise toile de lin qui servent à différents usages. Dans ce passage de Rhazès ce sont des ventilateurs faits de cette étoffe. Ceci se pratique de cette manière: on en prend un morceau de la grandeur d'un tapis, un peu plus grand ou un peu plus petit selon les dimensions de la chambre, et on le rembourre avec des objets qui ont de la consistance et qui ne plient pas facilement, par exemple avec du sparte. L'ayant ensuite suspendu au milieu de la chambre, on le fait tirer et lâcher doucement et continuellement par un homme placé dans le haut de l'appartement. De cette manière il fait beaucoup de vent et rafraîchit l'air. Quelquefois on le trempe dans de l'eau de rose, et alors il parfume l'air en même temps qu'il le rafraîchit. »

sens de *panier*. Chez Hélot c'est «corbeille, panier,» et chez Berggren, «panier fait de brins de bois, pour y mettre toutes sortes de choses, comme du linge, le pain qu'on envoie à être cuit, etc.» Dans un passage des *Mille et une nuits* (I, 264 éd. Magnaghten, II, 287 éd. Habicht, I, 100 éd. de Boulac) ce mot arabe a certainement le même sens. On y lit qu'un homme ayant acheté pour cent dirhems de verrerie et l'ayant mise dans un *tabac*, il s'assit près d'un mur pour la vendre en détail. Dans la suite du récit ce *tabac* est nommé deux fois, et dans toutes les éditions, قفص, et ce dernier mot (proprement *cage*) ne signifie jamais *plateau*, mais bien *panier*[1]. — En outre *tabaque* signifie *broquette*, *petit clou à tête*. Est-ce le même mot arabe? Je ne lui connais pas ce sens.

* TABAXIR *pg.* (açucar de Bambù) de طباشير (*tabáchîr*); même sens. — *Tabaxir dos alfaiates* (espèce de craie dont se servent les tailleurs) de طباشير الخياط (*tabáchîr al-khaiyát*).

TABEFE *pg.* (du lait de brebis cuit avec un peu de farine et de sucre) de طبيخ (*tabîkh*), *ce qui est cuit*.

* Au Magrib le mot *tabîkh* avait réellement le sens spécial de *lait cuit*, qui n'est pas dans les dictionnaires. C'est ce qui résulte d'un passage du *Glossaire sur le Mançourî* par Ibn-al-Hachchâ (man. 331 (5), fol. 159 v°), à l'article رخبين. Ce dernier mot est expliqué de cette manière par Freytag d'après Golius: «oxygalae portio, qua lac dulce acidum redditur.» Or, Ibn-al-Hachchâ dit que le *rokhabîn* (c'est ainsi qu'il prononce) sert à rendre aigre le *tabîkh*, ce qui signifie évidemment *le lait cuit*.

* TABI esp., pg., ital., *b.-lat.* attabi, *fr.* tabis (sorte de gros taffetas ondé) de عتابى (*'attâbî*). M. Defrémery a signalé l'omission de ce mot. Son histoire est celle-ci: un arrière-petit-fils d'Omaiya, nommé 'Attâb, a donné son nom à un quartier de Bagdad, qui s'appelait par conséquent al-'Attâbìya. Dans ce quartier on fabriquait des étoffes bigarrées

---

1) Voyez à ce sujet mon Glossaire sur le Bayàn, p. 40, et comparez *Mille et une nuits*, II, 155, XI, 287, XII, 92 éd. Habicht-Fleischer, II, 228, 312, l. 5 a f., III, 430, IV, 646, l. 4 a f., 647, l. 1 éd. Macnaghten; Burton, *Pilgrimage*, I, 121: «The provisions were placed in a *kafas* or hamper artistically made of palm sticks;» Bocthor sous *hotte*; Berggren sous *panier*.

et ondées qui portaient pour cette raison le nom d'étoffes *'attābîya;* de là *'attābî*, qu'on employait substantivement pour désigner une telle étoffe. Voyez les auteurs cités dans le Glossaire sur Edrîsî, p. 342.

* TABICA. Selon Nuñez ce mot signifie 1°. cavité où sont posés les bouts des solives et des chevrons; 2°. espace entre les solives qui forment le toit. Le sens serait donc *cavité, espace vide*, et j'avoue volontiers que je n'aurais pas été à même d'expliquer l'origine de ce mot, si la *Carpinteria de lo blanco* n'était pas venue à mon secours. Dans ses extraits de ce livre, M. Lafuente y Alcántara donne bien: «El hueco que queda en una pared entre los maderos que sientan sobre ella para formar el techo;» mais il donne cette signification comme la seconde, tandis que la première est chez lui: «*Tabicas*, petites planches avec lesquelles on couvre les cavités qui sont entre les poutres qu'on place sur l'architrave.» Cette explication nous conduit à la racine طبــق (*tabaca*), *couvrir*. *Tabica* est, je crois, une légère altération de تطبيقة (*tatbîca*), le second *t* ayant été supprimé pour l'euphonie, c'est-à-dire, de l'infinitif de la 2ᵉ forme qui s'emploie substantivement, car chez Quatremère (*Hist. des sultans maml.*, II, 1, 202) *tatbica* est: «une plaque de fer ou de cuivre, garnie d'un clou, que l'on appliquait sur les harnais des chevaux, ou que l'on employait pour ferrer ces animaux.» Comme l'idée primitive n'est autre que celle de *couvrir*, on peut fort bien avoir appliqué ce terme à de petites planches servant à couvrir des cavités; mais les charpentiers espagnols, qui naturellement n'en connaissaient pas la véritable signification, l'ont appliqué par erreur aux cavités couvertes par les planches.

TABIQUE, taibique (pared delgada de ladrillo). En vieux castillan on trouve encore les formes [* *taxbique*, *Canc. de Baena*, p. 427], *tesbique*, et *texbique*, qui mettent hors de doute la dérivation de l'arabe تشبيك (*tachbîc*) que P. de Alcala traduit par *pared de ladrillo*. [* L'origine de ce terme a été fort bien expliquée par M. Mahn, *Etym. Unters.*, p. 71].

* TABUCO (petite chambre). M. Müller dérive ce mot de طبقة (*tabaca*), qui, comme il le prouve par quelques passages, ne signifie pas seulement *étage*, mais aussi *chambre*. C'est vrai pour ce qui concerne le dialecte de l'Egypte, mais dans celui de l'Espagne je n'ai jamais rencontré *tabaca* dans le sens de *chambre*, et en outre le changement de *tabaca* en *tabuco* serait assez étrange. Je préfère donc l'étymologie donnée par Cobarruvias et approuvée par l'Acad.; «tabuco,» dit-il, est « aposentico muy pequeño de atajos, como de taybiques, de donde tomó nombre.» Les voyelles i et u permutant entre elles, le changement de *tachbíc*, qui était déjà devenu *tabíc* (tabique), en *tabuco* n'a rien d'extraordinaire.

* TAFILETE, «peau finè qu'on passe en mégie, et qui vient du royaume de Tafilet; maroquin,» Nuñez. L'omission de ce mot a été signalée par M. Defrémery.

TAFUREA, taforea, *it.* taforie (navire pour transporter des chevaux). M. Jal dérive ce mot du grec φόρος, sans toutefois se dissimuler que l'adjonction de la syllabe *ta* est difficile à expliquer. Je crois qu'il faut entrer dans une autre voie. En arabe *taifour* ou *taifouríya* طَيفُورِيَة (Maccarî, II, 89) désigne *un plat*, *une écuelle*, et aussi (Maccarî, II, 354) *un bassin* de marbre. Or le mot arabe جفن (*djafn*), qui signifie également *écuelle*, désigne chez plusieurs auteurs espagnols une sorte de navire (voyez P. de Alcala au mot *fusta genero de nave*, le Gloss. sur Ibn-Adhârî, Ibn-Djobair, etc.). Ne pourrait-on pas supposer que le mot *taifouríya* a subi le même changement de signification? La forme du navire en question plaide en faveur de cette hypothèse. P. de Alcala traduit *nave tafurera* par *tafuría* et *tafurea* par *carrabíla*. Or ce dernier mot dérive de *carabo*, en arabe *cárib*, qui, selon Dombay, signifie au Maroc *navis rotunda*. Je serais donc porté à croire que *tafurea* a désigné, aussi bien que *djafn*, un navire de forme ronde. — La permutation de *ai* et de *a* n'est pas sans exemple dans le dialecte de l'Espagne; P. de Alcala écrit *caidûs* au lieu de *câdous* قادوس; en esp. *tabique* est aussi *taibique*, etc.

* TAGARA b.-*lat.* Ducange cite cet exemple tiré d'une charte portugaise: «Item recepit V tagaras, quae ponderaverunt VI uncias. Item unam tagaram, quae ponderavit,» etc. On peut y ajouter celui-ci, qui se trouve dans un document de 1073 (*Esp. sagr.*, XXXVI, p. LXI): «Ganavi de filia eius primogenita Domna Urraca unum frontalem — — et tagaram auream.» Dans la charte citée par Ducange les *tagarae* sont nommées parmi les *vasa;* c'est طُرجُهَارَة (*tardjahára*) (Freytag) ou طَنجَهَارَة (*tandjahára*) (voyez le Glossaire sur Ibn-Badroun), *une coupe* ou *un flacon*.

TAGARINOS. Voyez MUDEJAR.

44

TAGARNINA (sorte de chardon) de كُرنين (guarnîn) qu'on trouve chez Dombay, p. 74 (carduus), et avec le préfixe berbère ta, chez P. de Alcala (cardo lechar).

* Ajoutez: Berggren, chardon-bénit, قُرنين; Cherbonneau dans le Journ. asiat. de 1849, I, et Barbier, Itinéraire de l'Algérie, artichaut, قُرنُون; Cherbonneau dans le Journ. asiat. de 1861, II, scolimus hispanicus, قُرنينة; Hélot: كُرنين cardon d'Espagne; le Mosta'înî sous خُرشف, mais seulement dans le man. de Naples: ويعرف بالتكرنينة. Les Esp. ont sans doute reçu ce mot des Arabes ou plutôt des Berbères; mais les Grecs avaient aussi ἄκαρνα; de là le fr. acarne et l'esp. moderne acarnano.

* TAGAROTE (espèce de faucon) «dixose de una ribera que está en Africa dicha Tagarros, junto á la qual estan unas peñas donde se crian estas aves» (Cob.). Il est certain que ces faucons venaient d'Afrique, car dans un passage d'Espinar, cité par l'Acad., on lit également: »Los tagarotes tambien se crian en Africa,» et je suppose que tagarote est une altération de تاهرتى (Tâhortî), l'adjectif de Tâhort, nom d'une ville bien connue et auprès de laquelle il y a deux rivières (Becrî, p. 66 in fine).

* TAHALI, taheli, pg. taly, talim (baudrier). L'étymologie et l'histoire de ce mot ont déjà été expliquées par M. de Gayangos, dans le Mem. hist. esp., X, 620, et surtout par M. Müller, Die letzten Zeiten von Granada, p. 96—99, 160. C'est l'arabe تهليل (tahlîl) qui signifie proprement: prononcer la formule lâ ilâha illâ 'llâh, il n'y a pas d'autre dieu que Dieu. Cette formule, écrite sur un morceau de papier, servait d'amulette; dans la suite on y a ajouté des passages ou des chapitres du Coran, voire même un petit exemplaire du Coran complet, ou bien de petits ouvrages théologiques. Le tout était renfermé dans un étui auquel on donnait le nom de tahlil. Aux passages cités par les deux savants que je viens de nommer, j'ajouterai celui-ci, que je trouve chez Marmol, Descripcion de Affrica, II, fol. 97 b: «y al otro lado traen por reliquia una caja de oro, ó de plata labrada, con grandes borlas de seda y oro, y dentro de ella ciertos papeles ó pargaminos, en que traen escriptas sus oraciones, y hechizerias, que llaman taheliles, que assi mesmo cuelgan de otro rico tiracuello.» En Espagne, comme il conste par le témoignage d'un contemporain de Ferdinand et Isabelle, Hernando dc Baeza, les chevaliers chrétiens ont emprunté cet usage aux Maures, et leurs *tahelies*, comme ils disaient, étaient aussi des étuis qui renfermaient des reliques et des prières. Peu à peu, cependant, on a appliqué ce mot, d'abord à la bandoulière à laquelle était attaché l'étui et qui passait de l'épaule gauche sous le bras droit, puis à l'autre bandoulière qui passait de l'épaule droite sous le bras gauche, au baudrier qui servait à porter l'épée. — Je ferai encore remarquer un fait assez curieux: c'est qu'il existe en arabe un mot dont l'histoire est exactement l'inverse de celle de *tahali*. Ce mot est *hamäïl* (حـمـائـل). Dans l'arabe ancien il signifie *baudrier;* mais dans l'arabe moderne on l'a appliqué en outre au cordon qui sert à porter l'étui renfermant l'amulette, et enfin à l'amulette même. Comparez Maccarî, II, 527, l. 15, où le sing. *himäla* désigne le cordon dont j'ai parlé; Bocthor sous *amulette:* «amulette suspendu au cou avec un cordon, *hamäïl;*» Marcel, Hélot: «amulette, *hamäïl;*» d'Escayrac de Lauture, *Le Désert et le Soudan*, p. 447: «D'ailleurs le fakih ne cherche pas à tromper les autres, il croit aussi fermement qu'eux à l'efficacité de ses *hamaïl* (charmes);» Burton, *Pilgrimage*, I, 138: «passing the crimson silk cord of the hamail or pocket Koran over my shoulder, in token of being a pilgrim.»

TAHEN (bête de somme qui fait tourner la meule) de طحّان (*tahhén*) qui signifie *celui qui fait moudre*. Cf. ATAHONA.

* J'ignore où M. E. a trouvé ce *tahen*; les dict. dont je me sers ne l'ont pas.

* TALACA *pg.* (divorce) de طلاق (*taläc*); même sens.

* TALCO, talque, *fr.* talc (pierre spéculaire), de طلق (*talc*). Müller.

* TAMAR (terminer, dans le *Cancionero de Baena*, p. 140 b) de تمّ (*tamma*) qui a le même sens; chez les Mauresques *tammar, atammar* (*Mem. hist. esp.*, V, 448); ils avaient aussi *têm* (= تام) pour *complet;*
decendió en Maca con onrra têm,
lit-on dans un de leurs poèmes (dans les *Sitzungsber. der Akad. zu München*, de 1860, p. 237).

TAMARAS (des dattes) de تمر (*tamr*) qui désigne la même chose.

TAMARINDOS de تمر هندى (*tamr hindi*), «datte des Indes.»

TAMBUL de تنبول (*tanboul*), «du bétel.»

* Tangul *pg.* (cuivre de Barbarie) est un mot berbère qui signifie *cuivre;* Marcel (sous *cuivre*) l'écrit تونكولت (*toungoult*), Hœst, *Nachrichten von Marokos,* p. 274, تانقولت (*tancoult*). Berggren donne sous *cuivre* طَنْقُول (Barb.), et chez Laugier de Tassy (*Hist. du royaume d'Alger,* p. 295) on lit: «*tangoul* ou cuivre.»

˜ Tara. Voyez merma.

* Taray (tamaris). «Quand nous nous rappelons qu'un lieu planté de tamaris s'appelle *taharal,* nous pouvons considérer *taray* comme une contraction de *taharay,* et ceci nous donne la véritable étymologie. Le mot vient de طرفاء (*tarfâ*), par transposition et par le changement ordinaire de *f* en *h.*» Müller.

Tarbea (salle carrée) de تربيع (*tarbi'*), carré. * Ce vieux mot répond en tout point à l'esp. *cuadra;* aussi P. de Alcala traduit-il *cuadra de casa* par *tarbî'.* Dans le *Cartás* le terme arabe a un autre sens; voyez à ce sujet les remarques de Delaporte père dans le *Journ. asiat.* de 1830, I, 320.

* Tarea, atarea, pg. tarefa (tâche, ouvrage à faire dans un temps déterminé). Chez P. de Alcala *tarea en algun obra* est en arabe *tarêha,* pl. *tarâyh;* par conséquent طريحة ou طراحة. M. Müller compare طرح البضائع على التجار (de Sacy, *Chrest. ar.,* II, 56), «il força les marchands à prendre les marchandises pour tel prix qu'il jugea à propos;» le persan وبطرح دادن *Gulistan,* p. 42 éd. Semelet; طرح على, «imposer une denrée à un homme, le forcer de l'acquérir au prix qu'on lui fixe,» et طرح «prix forcé,» Quatremère, *Hist. des sult. maml,* II, 2, 42.

* Tarecos pg. (vieux effets, choses de peu de valeur) de تريك (*tarîc*), proprement ce qu'on laisse, ce qui ne vaut pas la peine d'être emporté.

* Tarida. Voyez terides.

Tarifa, *fr.* tarif, de تعريف (*ta'rîf*), l'infinitif du verbe *'arrafa* qui signifie *faire savoir, publier.* [* Chez Bocthor et chez Marcel *tarif* est تعريف, chez Berggren تعريفة].

Tarima, [* *pg.* aussi tarimba] (estrade), de طريمة (*tarîma*) que P. de Alcala traduit par *cama de madera.*

* Tarquin (vase, limon qu'on tire d'un étang, d'un fossé, etc.) «es nombre Arábigo de *tarquia,* que vale limpiadera,» dit Cobarruvias, et c'est presque vrai; c'est l'arabe تنقية (*tanquia*), chez P. de Alcala *mondaduras como de pozo.*

* Tartana, *fr.* tartane. On dérive ordinairement ce mot de طـريـدة (*tarida*), dont il sera question sous Teridas. Si cette étymologie est bonne, *tartana* doit être provenu de la forme *tarta* qu'on trouve chez Ducange.

* Taugel (regla ó pieza de madera que sirve para mantener la forma semicircular en una media naranja ó cúpula de madera; *Carpinteria de lo blanco*) de?

Taza, *fr.* tasse, de طـسـة (*tassa*) qui désigne la même chose.

Tazmia «lo que cabe á las partes de un monton, el qual termino se platica en el dividir los diezmos á las partes que los han de aver» Cob.?

* Comme *tazmia* est: la *portion* de grains («la porcion de granos,» Acad.) que les dîmeurs emportent de chaque battue, «distributae, vel assignatae partes in decimis frumenti» (Acad.), je serais porté à le considérer comme une altération de تقسيمة (*tacsîma*) qui peut fort bien avoir le sens de *portion*, car *casîm*, *macsam*, *quism*, *quisma* (Bocthor sous *portion*), etc., qui viennent de la même racine, signifient cela, et *cassama*, dont *tacsîma* est le nom d'action, est *partager*.

* Tegual («sorte d'impôt, comme la *farda*, qu'on payait au roi,» Acad.; «impôts, charges, tailles,» Victor). Ce mot, que Tamarid a signalé comme étant d'origine arabe, me paraît avoir perdu sa queue, et je crois aussi que Victor a fort bien fait de le considérer comme un pluriel. C'est à mon avis l'arabe تكاليف (*tecâlîf*), plur. de تكليف (*teclîf*), qui signifie précisément, quoique Freytag ait négligé de le dire, *impôts*, *charges*, *tailles*, *corvées*; voyez Maccarî, II, 465, l. 11, Bocthor sous *imposition* (= *farda*), *impôt*; chez un chroniqueur anonyme (man. de Copenhague, n°. 76, p. 108) on lit: (*lisez* وظائـف) فالزم اهلها وظائـفا

وتكالفا (*lisez* وتكاليف) وابتلاهم بانواع من المغارم والملازم ۞

* Telliz, *pg.* teliz (caparaçon de cheval), Telliza (courte-pointe, couverture de lit). Ces mots sont bien d'origine latine; ils viennent de *trilicium* (*trilix*), en ital. *traliccio*, en fr. *treillis*, en esp. *terliz*; mais les Arabes ont aussi reçu ce terme par l'entremise des Coptes, chez qui il était devenu θαλις (voyez Fleischer, *De glossis Habicht.*, p. 71, et ajoutez ce renseignement au Glossaire sur Belâdzorî de M. de Goeje, p. 19). C'est d'eux que les Esp. ont emprunté les deux termes placés à la tête de cet article, comme le montrent les formes et les significations. Dans les langues romanes le terme latin a gardé son sens primitif, celui de

sorte de toile ; mais les Coptes et les Arabes ont donné à θχλις, تليس
(tillis) ou تليسة (tillîsa) celui de *tapis grossier à diverses couleurs*, qui
sert soit de caparaçon, soit de courte-pointe. Voyez mon *Dict. des noms
des vêtem.*, p. 369, 370, et ajoutez ces passages à ceux que j'y ai donnés:
P. de Alcala sous *manta de cama*; *Mission historial de Marruecos*, fol.
275 b : «Un *telliz*, que es como un tapete basto;» Jackson, *Account of
Timbuctoo*, p. 23; Humbert, p. 204 (tapis bigarré).

* TENARMINI. C'est ainsi qu'il faut lire dans ce passage du *Libro de
la Monteria* d'Alphonse XI (fol. 21 a): «de *teliarmini* media honça,» car
c'est l'arabe طين ارمني (*tin armini*), *bol d'Arménie.*

* TERENIABIN (espèce de manne liquide qui vient de Perse) de ترنجبين
(*terendjobin*), qui vient à son tour du persan ترنگبين (*terengobin*). Marina, Müller.

* TERIACA peut être aussi bien l'arabe ترياق (*teryâc*) que le grec
θηριακὸν. Müller. Cf. ATRIACA.

TERIDES *val.* («ciertas navecillas sin remos, para llevar cavallos» Ròs),
cat. et *prov.* tarida, de l'arabe طريدة (*tarida*) qui désigne *un vaisseau
de transport.* Voyez P. de Alcala aux mots *galea* et *galeaça*).

* Cf. Quatremère, *Hist. des sult. maml.*, I, 1, 144, 145. La forme
tarida se trouve aussi dans les *Siete Partidas* d'Alphonse X, Part. II,
tit. 24, ley 7.

TERTIL (impôt sur la soie à Grenade) de ترطيل (*tertîl*), dérivé de *ratl*,
livre, parce qu'on levait huit maravédis şur chaque livre.

TIBAR, oro de tibar (de l'or pur), de l'arabe تبر (*tibr*) qui désigne
la même chose.

* L'expression très-incorrecte, *oro de tibar*, a fait penser aux lexicographes esp. (Tamarid, Cob., Victor, Acad.) que *tibar* était le nom
d'une rivière! Sur les différentes acceptions du mot arabe il faut consulter le lexique de M. Lane.

* TIRAZ *b.-lat.* (pas dans Ducange). C'est le nom d'une étoffe, comme
il résulte de ces passages empruntés à des chartes: «damadigas (dal-
matiques) duas, una deaurada et alia tiraz» (*Esp. sagr.*, XXXVI,
p. XLIII); — «dalmaticam de tiraz» (*ibid.*, p. LXI); — «dalmatica de
ozoli una, et alia tiraze» (*ibid.*, XL, 409); — «et uno pano tiraze,
que dent ad Quintila» (Sª. Rosa sous *tiraz*); — «et uno lenzo tiraz,
et una almozala serica, et alifaf» (le même sous *alifafe*); — «et una

almandra tiraze» (le même sous *almandra*). Il faut lire de même chez Sᵃ. Rosa sous *alveici*, où ce savant a fait imprimer: «unum de alveci, et alia tisaz.» L'arabe-persan طِراز (*tiráz*) désigne une étoffe de soie très-riche, dont Ibn-Khaldoun a parlé fort au long. Les maisons ou fabriques où on les tissait étaient renfermées dans les palais des califes; aussi lit-on dans la traduction latine du calendrier de Rabî' ibn-Zaid, publiée par Libri (*Hist. des sciences mathémat. en Italie*, I, 425): «Et in ipso (dans le mois de mai) mittuntur — — et sericum ad tiracia;» cf. p. 439, dern. l.

* TOLDA
* TOLDAR, entoldar
* TOLDO

} Cobarruvias a dérivé *toldo* du latin *tholus*, *toit en forme de coupole*, et M. Diez a approuvé cette étymologie en ajoutant que le *d* a été inséré comme dans *humilde* de *humilis*; mais la signification ne convient nullement, car *toldo* n'est pas un toit en forme de coupole; c'est *une banne, une grosse toile qu'on tend sur une cour ou sur un bateau, pour se garantir de l'ardeur du soleil*, et aussi (voyez Cob.) *un dais*. L'arabe ظلّة (*dholla*), qui vient de *dhill*, *ombre*, a exactement les mêmes acceptions, comme on peut le voir dans Freytag; voyez aussi Maccarî, I, 236, l. 20, 380, l. 19; d'autres mots dérivés de la même racine les ont aussi. De ce *dholla* on a fait, en insérant le *d*, comme dans *humilde* de *humilis*, *tolda* («obra de panno que cobre os barcos, e navios para abrigar do sol, e chuva a quem vai sobre a coberta,» Moraes), puis le verbe *toldar*, *entoldar*, *couvrir avec une tolda*, en enfin *toldo* dans le même sens que *tolda*.

TOMIN (sorte de poids; c'est, pour l'or, un huitième du *castellano*) de ثمن (*thomn*), *huitième partie*.

TORONGIL, *val.* tarongina (citronnelle, mélisse), de ترنجان (*torondján*).

* TORONJA (sorte de citron) de ترنجة (*torondja*). Marina, Müller.

TRUJAMAN, *val.* torcimany, *fr.* dragoman, drogman, de ترجمان (*tardjemân, tardjomân, tordjomân*), *interprète*.

* TURBIT, *fr.* turbith, de تربد (*tourbed*).

V.

* VISIR de وزير (*wezír*).

X

XABECA, xabega (grand filet de pêcheur), de شبكة (chabeca), *filet.*

* XABEQUE, xaveque, *pg.* xabeco, *fr.* chébeck. A présent on entend sous ce mot un petit bâtiment de guerre, en usage dans la Méditerranée; mais M. Jal (*Glossaire nautique*, art. *chabek* et *enxabeque*) a observé avec raison que c'était autrefois une barque de pêcheur, ce qu'il prouve par un passage portugais tiré de la *Chronica do Conde don Pedro* (XVᵉ siècle). Il se tient persuadé qu'il dérive de شبكة (chabeca), *filet* (voyez l'article précédent). Dans les dictionnaires de l'arabe classique on ne le trouve pas, mais chez Bocthor, chez Marcel et chez Naggiar *chébeck* est شباك, *chabbāc, chobbâc,* ou selon la prononciation africaine, *chabbéc* (*chebbéc*), *chobbéc.* Le mot vient donc bien de la racine شبك, comme l'a pensé M. Jal; mais j'ignore s'il a eu raison de dire qu'il signifiait dans l'origine *filet;* il faut faire un grand saut pour arriver d'un filet à un bâtiment dans lequel il y a des pêcheurs avec des filets, et quoique le mot donné par Bocthor et par Marcel ait la signification de *filet,* il en a encore d'autres qui nous sembleraient peut-être plus convenables, si nous possédions une description exacte de l'ancienne forme de ce navire.

* XABI (espèce de pomme sauvage; — espèce de raisin de Grenade) est l'adjectif arabe شعبى (*cha'bî*), car je trouve chez Checourî, *Traité de la dyssenterie catarrhale,* man. 331 (7), fol. 198 rº: التفّاح الربيعى وهو الشعبى, «la pomme printanière qui est celle qu'on appelle *cha'bî.*» Ce mot, qui est écrit dans le man. avec toutes les voyelles, n'est pas dans les dictionnaires, et j'ignore pourquoi on a donné ce nom à une espèce de pomme.

XALOQUE. Voyez XIRQUE.

* XAQUE. 1º. *Echec* (au jeu des échecs). Le roi au jeu des échecs s'appelle en persan شاه (*châh*), qui signifie *roi;* de là *xaque,* et l'on voit aisément que les expressions *dar xaque, donner échec,* etc., sont tout-à-fait impropres. Le port. *escaques,* les carrés ou cases de l'échiquier, est aussi inexact. Mais cette langue a conservé la véritable expression pour *échec et mat,* à savoir *xamate* ou *xaque mate.* C'est le substantif persan *châh* et le verbe arabe مات (*mât*), *le roi est mort,* car les Arabes, qui ont appris le jeu d'échecs des Persans, ont conservé au roi le nom qu'il porte chez ces derniers; voyez, p. e., Harîrî, p. 435, Aboulféda, *Annal.*, III, 302, Maccarî, II, 745, l. 6, *Mille et une nuits*, I, 375, l. 9 éd. Macnaghten, Bocthor sous *roi*, Berggren sous *jeu*. Au lieu de شاه مات (Bocthor et Marcel) ou الـشـاه مــات (*Mille et une nuits*, IV, 195 éd. Macnaghten), on écrit aussi شَـهْـمـات (vers chez Maccarî, II, 673, l. 1), et P. de Alcala a *xehmét* (sous *mate en el axedrez*). Chez les Italiens ce terme est devenu *scacco matto*, tandis que les Esp. disent *xaque y mate*. — 2º. En Aragon on donne le nom de *xaque* ou *xeque* à chacune des deux poches d'une besace. C'est l'arabe شَقّ (*chacc* ou *chicc*), qui s'emploie dans le même sens. — 3º. *Xaque* était aussi autrefois une manière dont les femmes peignaient et arrangeaient leurs cheveux. Elles les laissaient tomber vers le milieu du front, et les *partageaient* par une raie. Dans cette acception ce mot vient de la même racine شقّ (*chacca*), qui signifie *fidit, separavit*.

XAQUIMA (licou) de شَكِيمَة (*chaquîma*) qui désigne la même chose. Cf. [*P. de Alcala et] Bocthor.

* Comme Freytag n'a pas cette signification, j'ajouterai qu'on la trouve déjà dans un récit d'Abdérame III, qui vivait au Xᵉ siècle (*apud* Ibn-Haiyân, man. d'Oxford, fol. 30 vº). «Le domestique,» dit-il, «ayant apporté une jolie *chaquîma* de soie, mon grand-père me dit: Prends-la, Abdérame! Elle te sera de la plus grande utilité pour empêcher des accidents comme celui qui t'est survenu aujourd'hui. Mets-la sous la bride de ta monture (طوّقها دابّتك تـحـت اللجـام) et prends-en le bout dans ta main quand tu en descends; alors elle ne pourra pas s'enfuir.»

XARA (ronce) de شَـعْـراء (*cha'ra*) que P. de Alcala traduit par *mata o breña*.

* Aussi pour شرع (*char'*), la loi des Maures, Hernando de Baeza (dans Müller, *Die letzten Zeiten*), p. 61, Marmol, *Rebelion de los Moriscos*, fol. 22 b.

XARAFIM, xerafim *pg.* (monnaie dans les Indes orientales qui vaut environ trois cents *reis*, Moraes) est شَريفى (*charîfî*) ou أشرفى (*achrafî*), mots qui manquent chez Freytag, mais qui désignent une monnaie d'or (= *dînâr*) dont il est souvent question dans les Mille et une nuits; voyez M. Fleischer, *de Glossis Habicht.*, p. 26, 27, et dans son édition des *Mille et une nuits*, IX, Préface, p. 19, 20 ; ajoutez ces exemples tirés du recueil que je viens de nommer: VII, 44, 280, IX, 209, 210, 214, 217, 223, 226 éd. Habicht-Fleischer; dans presque tous ces passages, l'édition de Macnaghten porte *dinár* au lieu de *charîfî*. Ambroise Zeebout, le chapelain du sieur de Ghistele, avec lequel il visita l'Orient en 1481, écrit *seraf*, qu'il explique par *ducat*, et il dit qu'on se servait de cette monnaie à Tauris aussi bien qu'en Egypte (*Tvoyage van Mher Joos van Ghistele*, p. 6, 311). Chez Baumgarten, qui visita l'Orient vers l'année 1506, on lit (*Peregrinatio*, p. 23): « quinquaginta aurei, quos illi seraphos vocant. » Léon l'Africain (*Descriptio Africae*, p. 638 etc.) ecrit *saraffi* (= aureus, au Caire) et Marmol (*Descripcion de Affrica*, III, fol. 110 c) *çarafi* ou (III, fol. 111 c) *xarafi*. Rauwolf (*Aigentliche Beschreibung der Reisz*, p. 268) dit que le *saraffi* ou *ducat* valait deux florins. Thévenot (*Voyage au Levant*, I, 521) dit en parlant des monnaies dont on se servait de son temps en Egypte: «Le sequin turc, qu'ils appellent *Scherif*, vaut septante maidins.» Aujourd'hui le *charîfî* est rare en Egypte, où sa valeur est un peu au-dessous du tiers d'un livre sterling, comme on peut le voir chez M. Lane, *Modern Egyptians*, II, 299. Bocthor a *charîfî* sous *sequin*, et *achrâfi* (*sic*) sous *jeton d'or*.

XARAIZ (pressoir)?

* C'est de cette manière que l'Acad. écrit ce mot dont l'origine m'est inconnue. Dans le petit glossaire de Berganza (*Antig. de Esp.* à la fin) c'est *xaeriz;* dans le titre d'une loi des *Siete Partidas* (Part. V, Tit. 5, ley 31) *xaharices* au plur., avec les variantes *xarafices* et *xarahices;* puis, dans la loi même, *xahariz* au sing., sans variante.

* XAREL *pg.* Voyez GIREL.

XARETAS (rets ou bordages, faits de cordes ou de grilles de bois, qui couvrent les soldats d'un vaisseau pendant le combat) de شَرِيطَة (*charîta*) que P. de Alcala traduit par *cuerda de nave*. On le trouve avec cette signification [* à savoir, avec celle de *corde*], qui manque dans les lexiques, chez Ibn-Djobair, p. 166, et dans le *Cartâs*, p. 36.

* Comparez le Glossaire sur Edrìsì, p. 327. L'autre *xareta* (*gaine, ourlet creux à passer un cordon, pour attacher une jupe*) a la même origine.

XARIFO, fem. xarifa (pimpant, paré, bien mis), de شَرِيف (*charif*), *noble, excellent*.

XARIKO *b.-lat.* de l'arabe شَرِيك (*charic*) qui signifie *associé*. « Ce nom, qui est l'équivalent du *hospes* des lois germaniques, était commun au propriétaire et au paysan cultivateur. Le dernier rendait au premier quatre cinquièmes des récoltes, » M. Dozy, *Recherches*, I, 87 de la 2e édit. ; cf. le Glossaire sur Ibn-Adhârî, p. 15, 16.

* Dans les documents latins de l'histoire aragonaise, ce mot, qui y est écrit aussi *exarichus, exaricus, exarich, exericus* et *asarihe*, désigne constamment *le colon partiaire;* voyez Ducange sous *exarichus*, *Esp. sagr.*, XLIX, 154, 157, 366, 382.

* XARRAGUI. A vrai dire nous ne connaissons ce mot que par Cobarruvias qui donne: « *xarragui*, Arábigo, huertas de recreacion. » Selon l'Acad. il est tout-à-fait hors d'usage. M. Müller croit y reconnaître l'arabe شراقى (*charâqui*), qui manque dans les dictionnaires, mais qui, comme l'attestent les auteurs cités par le savant bavarois, à savoir Macrîzî, I, 100 édit. de Boulac, Abdallatîf, p. 330, Lane, *Modern Egyptians*, II, 32, désigne les terres arrosées artificiellement parce qu'elles sont trop hautes pour que l'inondation du Nil puisse les atteindre. Je dois avouer que cette étymologie ne me paraît pas admissible. En premier lieu la signification n'est pas du tout la même, les *charâqui* n'étant pas des jardins. En second lieu je ne crois pas que ce mot ait été en usage en Espagne; on ne s'en sert qu'en Egypte. Cependant je ne proposerai pas d'autre étymologie. Pour pouvoir le faire sans danger, il faudrait posséder d'autres données sur le mot esp. que le maigre renseignement fourni par Cobarruvias, et avoir la certitude que ce n'est pas un nom propre, car الروص الشريق (*ar-raudh ach-charîc*) dans un vers que cite Maccarî (I, 312, dern. l.) semble réellement un nom propre.

* XELMA (Sousa et Moraes), xalma (Vieyra) *pg.* (ridelle, chacun des deux côtés d'une charrette, qui sont faits en forme de râtelier), de سلم (*sollam*), *échelle*, selon Sousa. En effet, une ridelle est une espèce d'échelle, et en allemand une charrette à ridelles s'appelle aussi *Leiterwagen*, littéralement, *charrette à échelle*.

* XENABE, xanable, axenable (*Libro de la Monteria*, fol. 26 *d*) (moutarde), de صناب (*cinâb*) qui vient à son tour de σίναπι.

XEQUE de شيخ (*cheikh*), un *cheikh*.

XIRQUE (vent du sud-est) de شرقى (*charquî*), l'adjectif de *charc, l'orient*.

A l'italien *sirocco* et au portugais *xaroco*, *xarouco* il faut attribuer la même origine. L'espagnol *xaloque* semble aussi une altération du même mot arabe.

* Ce *xaloque* est revenu aux Arabes, mais leur *charquî* avait tellement changé en route, qu'ils ne l'ont pas reconnu. Ils l'ont prononcé *chalouc*, *chelouc*, *cholouc*, avec cette incertitude dans les voyelles que les mots étrangers ont ordinairement chez eux, et ils l'ont écrit avec le ك, شلوك. Déjà P. de Alcala a *xulúq* sous *viento entre oriente y austro*; l'orthographe en caractères arabes se trouve chez Bocthor et chez Berggren sous *siroc*, mais Naggiar et Delaporte (*Dialogues*, p. 33) écrivent شلوق, et on lit chez Palgrave (*Narrative of a year's journey through Arabia*, I, 17): «*shelook*, modified form of the semoom, the sirocco of the Syrian waste, though disagreeable enough, can hardly be termed dangerous.»

* Xucla (point voyelle dans l'écriture arabe) «en arabe شكل (*chacl*), chez les Grenadins *choucla*, *xucla*; cf. P. de Alcala, *Arte*, etc., fol. 11 vº, 21, et *xacla*, fol. 20 vº.» Müller. — Ce شُكْلَة, au plur. شُكَل, se trouve aussi chez Ibn-Batouta, I, 11, où il faut prononcer بالشُكَل, et non pas بالشُكْل, comme l'ont fait les éditeurs, car le sens exige un pluriel. Ibn-al-Baitâr, dans sa préface (I, p. viii), dit de même en parlant des mots berbères et espagnols qu'il donnera dans son livre: «Je les écrirai بالشُكَل والنَّقَط avec les voyelles et les points.» De là le verbe *xuclar*, *munir de points voyelles*, qu'emploie Alonso del Castillo (dans le *Mem. hist. esp.*, III, 25, 36).

Z.

Zabacequias (regidores de agua) de صاحب الساقية (*çâhib as-séquiya*) qui signifie *inspecteur de la acequia*. Voyez ce dernier mot.

Zacatin (petite place). Acad.: «Tamarid dice, que en Arábigo vale lo mismo que *ropavejéro*. Pudo llamarse assi la Plazuela, por estarles señalado esse sitio.» Un fripier (ropavejéro) s'appelle en arabe سقاط (*saccât*); le mot espagnol en question me semble donc être une altération de *souc as-saccâtîn*, سوق السقاطين, «le marché des fripiers.»

* Dans une lettre que j'ai reçue de lui, M. E. remarque avec raison

que *zacatin* est *as-saccâtin* seul, sans *souc*, et que, dans le langage ordinaire, les endroits où demeuraient les personnes qui exerçaient les
différents métiers, se nommaient d'après le nom, mis au plur., de ces
ouvriers. Il cite Ibn-al-Athîr, X, 122: واحرقوا ايضا النحّاسين وغيرها
من الاماكن, «ils brûlèrent aussi le *nahhâsîn* (c.-à-d. le quartier des *nahhâsîn*, des chaudronniers) et d'autres endroits;» et il ajoute, ce qui est
vrai aussi, qu'on trouve chez P. de Alcala plusieurs exemples de cette
manière de s'exprimer. Comparez encore Ibn-al-Coutîya (man. de Paris, fol. 28 v°): قيل له قتيل بالقصّابين فى شبيرة, «on lui dit: on a
trouvé, dans le Caçç&bîn, un cadavre dans un panier [1],» où al-Caçç&bîn

---

1) Le mot شبيرة (car telles sont les voyelles du man.), *chaira* ou *cheira*, qu'Ibn-al-
Coutîya emploie ici et dans la suite de son récit, signifie sans doute *panier*, car plus
loin le texte porte que le préfet de police se fit amener tous les ouvriers en sparte
(الخصّارون); ce mot, qui manque dans Freytag, est *espartero* chez Alcala, *qui storeas
conficit* chez Dombay, p. 103, *nattier* chez Roland de Bussy) et qu'il leur demanda:
عمل الشبيرات والقفاف مشتبه او يعرف بعضكم عمل بعض, «Fait-on toujours
les *chaira's* et les corbeilles de la même manière, ou bien chacun de vous est-il en état
de reconnaître le travail de son confrère?» On voit qu'ici *chaira* est le synonyme de
coffa (esp. *alcofa*) ou *couffa*, *corbeille*. En effet, chez P. de Alcala *xáyra* ou *xéyra*,
avec le pl. *xaguáir* ou *xeguáir*, est *cofin, panera para guardar pan et sera de esparto*.
Dans le *Dictionnaire berbère* on trouve: «Paniers doubles qui servent aux transports à
dos d'âne ou de mulet, أشوارى, *achouari*.» M. Cherbonneau (dans le *Journ. asiat.*
de 1849, I, 545) donne شوارى comme le sing. et شوارية comme le plur., et il explique ce terme par «panier double en *diss* (herbe), pour charger les mulets.» Chez
Roland de Bussy «paniers pour les mulets» est شوارى. Dans l'ouvrage de Chénier
(*Recherches sur les Maures*, III, 90) on trouve qu'on fait avec les feuilles du *doum*
«des *chouaris*, ou grandes besaces pour transporter les grains.» Le colonel Scott (*A
journal of a residence in the Esmailla of Abd-el-kader*, p. 220, cf. p. 224) parle de
«baskets or *schwaries*,» et M. Espina (dans la *Revue de l'Orient et de l'Alg.*, XIII, 147)
nomme parmi les ouvrages de sparterie «des *chéria*.» Selon M. Carette (*Etudes sur la
Kabilie*, I, 284, II, 330) des *choudri* sont des sacs de charge; M. Rohlfs (*Afrikanische
Reisen*, p. 4) écrit *schueri* («grosse Strohkörbe an den Seiten der Pferde»), et Riley (*Loss of the
American brig Commerce*, p. 305, 306) a donné une description détaillée des *shwerry*,
comme il écrit. De tout cela il résulte que la signification du terme qu'emploie Ibn-al-
Coutîya est certaine, et ce qui ne l'est pas moins, c'est qu'il faut le mettre en rapport
avec les mots esp. *sera* (pg. *ceira* ou *seira*), *panier de sparte*, et *sarria* (aussi catal. et

est le quartier où demeurent les *caççâb* ou bouchers; *Kitâb akhbâr al-*'*açr* (dans Müller, *Die letzten Zeilen*, p. 5): وصل السيل الى الصاغة

والحـدّادين وغير ذلك من الاسواق, où *aç-çâga* et *al-haddâdîn* désignent, comme on voit, les bazars des orfèvres et des forgerons; Marmol (*Descripcion de Affrica*, II, fol. 94 *b*): «El Caçarin (= الـنّـقَّـصـاربن) donde estan los que blanquean y curan los lienços.» De même l'Albaicin à Grenade s'appelait proprement ربض البيازين (*rabadh al-baiyâzîn*) (Ibn-al-Khatîb, man. de Paris, fol. 5 r°), mais ordinairement on disait *al-baiyâzin* tout court.

* ZAFA (écuelle) de صَكفة (*çahfa*); même sens.

ZAFARI adj., *pg.* romãa safaria (grenade dont les grains sont carrés). Une grenade s'appelle en arabe *rommân*, et en Espagne une espèce de grenade très-renommée portait le nom de *rommân safarî* سفرى; il en est question chez Maccarî, I, 123, l. 7. Nous savons par un passage d'Ibn-Ḥaiyân, cité par Maccarî, I, 305, que ces grenades ont leur nom d'un certain Safar ibn-'Obaid al-Kilâ'î, qui en avait planté le premier dans son jardin. [* Dans l'excellent man. de l'*Hist. des cadis de Cordoue*, que possède la Bibl. d'Oxford, le nom propre de ce contemporain d'Abdérame Ier est سَقر (Safr) (p. 221; cf. le vers dans Maccarî, I, 305, l. 20), et l'adjectif سَقرى (*safarî*)].

ZAFARECHE (étang) et ZAFARICHE (endroit où l'on met des cruches pleines d'eau). C'est sans doute de صهريج (*cihrîdj*), «étang,» qu'il faut dériver ce mot dans l'une et dans l'autre signification. Le lieu au-dessous

---

prov., a. fr. *sarrie*, basque *sarrea*), *sorte de filet de jonc pour transporter la paille.* Par conséquent on se demandera peut-être si je n'aurais pas dû noter ces mots dans le texte sous la lettre S. Je répondrai que je n'ai pas osé le faire. Les mots romans dont il s'agit ne sont pas d'origine arabe, car les lexiques ne donnent rien qui ressemble à شيرة, *panier*, et l'arabe n'a pas même de racine شبر. Ils pourraient être d'origine berbère, et dans ce cas j'aurais dû leur consacrer un article; mais quoique je ne nie pas la possibilité d'une telle origine, je ne suis pas en état de le prouver. M. Diez compare l'ancien allemand *sahar* (jonc, sparte) et le bas-latin *sarex* pour *carex* (jonc); on pourrait penser aussi à une origine basque. En un mot, l'étymologie de ces termes romans me paraît encore tout-à-fait incertaine; mais ce qui en tout cas est fort remarquable, c'est que déjà à l'époque où écrivait Ibn-al-Coutîya, c'est-à-dire, au Xe siècle, le terme en question avait acquis droit de cité dans le langage des Arabes d'Espagne. Ce qui l'est aussi, c'est qu'il est encore en usage dans tout le Nord de l'Afrique.

du buffet où l'on mettait les cruches était probablement rempli d'eau pour les tenir fraîches.

* M. Defrémery observe: «Cette conjecture est exacte, sauf que *zafareche* a été formé du pluriel صهاريج (*çahârîdj*), et non du singulier.» Je dois remarquer à mon tour que cette observation serait vraie si le peuple prononçait réellement *cihrîdj*, comme donnent les dictionnaires de la langue classique et comme écrit M. E. ; mais il n'en est pas ainsi: le peuple prononce *çahrîdj* (Dombay, p. 95, cf. Berggren sous *citerne*), ce qui en esp. donne régulièrement *zafareche* ou *zafariche*. Au reste il faut encore observer que la forme port. est *chafariz* (*fontaine*).

* ZAFERIA (hameau, ferme, métairie) de?

* ZAFIO, pg. safio (rustre, grossier, ignorant), est sans aucun doute, avec le changement du *djîm* en *z* ou *s* (cf. l'Introd., p. 17), l'arabe جافى (*djâfî*) qui a absolument le même sens; cf. le Glossaire sur Edrîsî, p. 278.

* ZAFRE (poudre de bismuth qu'on emploie dans les fabriques de faïence). Comme le bismuth est un demi-métal d'un blanc *jaunâtre*, je pense que ce mot vient de la racine صفر (*ç-f-r*) qui exprime l'idée de *jaune*. *Açfar* est *jaune*, *çofr*, du *cuivre jaune*, et chez P. de Alcala aussi *herrumbre* (rouille ou scorie du fer).

ZAGA, azaga (arrière-garde), de ساقة (*sâca*), «postrema pars exercitus.»

* *Zaga* a cette signification dans la Chanson du Cid (vs. 454, 457), et aussi en vieux pg. (voyez Sᵃ. Rosa sous *çaga*, Moraes sous *saga*). Les autres acceptions de ce mot s'expliquent aisément quand on connaît celle-ci.

ZAGAL (jeune homme fort, vigoureux, courageux (aussi en valencien, voyez Ròs); jeune berger subordonné au *rabadán* ou maître berger) de زغل (*zagal*) qui désigne *un jeune homme courageux*. Ce mot, qui manque dans les lexiques, se trouve chez P. de Alcala aux mots *osado, animoso fuerte, grande en coraçon, poderoso en la guerra*, [* *bivo con vigor, ombre valiente, poderoso en armas, valiente*]; de plus il nous donne un autre mot arabe de la même racine, à savoir زغلة (*zogla*), qu'il traduit par *osadia, grandeza de coraçon, embravecimiento*, [* *animosidad, âtrevimiento*, بزغلة *feroçmente*]. Pour ôter tout doute à l'égard de ma transcription en caractères arabes, il me suffira de citer deux passages de Maccarî, II, 800, l. 6, et 803, l. 19, où on lit qu'Abou-Abdallah, ordinairement nommé Boabdil, l'oncle de Boabdil el chico, portait le surnom de الزغل (az-zagal).

* Marmol (*Rebelion de los Moriscos*, fol 15 *b*) dit en parlant de ce Boabdil: «llamaron al tio *Zagal*, que es nombre de valiente.» — Peut-être y a-t-il du rapport entre ce mot et le زغلـول (*zogloul*) de l'arabe classique, *léger, actif*, en parlant d'un homme, *enfant, un homme qui manque de dignité* (voyez Freytag et Lane), chez Ibn-al-Khatib (dans Müller, *Beiträge*, p. 50, l. 2 a f.) *garçon d'auberge.*

Zaguan. Voyez azaguan.

* Zaguaque. Je ne trouve ce mot dans aucun dictionnaire excepté dans celui de Victor, qui le traduit par *encan, criée.* Marmol l'emploie en ce sens quand il dit (*Descripcion de Affrica*, III, fol. 111 *b*): «Venden papel liso, y bruñido, y los que lo venden tienen tambien ricas joyas y preseas, que se venden en zaguaque por un pregonero que las trae de una tienda en otra, hasta que se rematan.» De là le verbe *zaguacar* et le substantif *zaguacador* chez Marmol (II, fol 94 *c*): «Ay en Fez una alhondiga que llaman de la fructa donde acude toda la fructa que se vende en la ciudad: y alli traen las seras en almoneda por mano de los çaguacadores que diximos que çaguagan en el alcayceria.» Ces mots viennent de سواق (*sauwác*). Dérivé de *souc, marché, sauwác* désigne un homme qui se trouve habituellement sur le marché, *un marchand* (Dombay, p. 104, «marchand en détail,» Humbert, p. 100), ou bien *un crieur*, un homme qui vend à la criée, un *zaguacador* (l'une et l'autre signification manquent dans Freytag). C'est donc abusivement que les Esp. ont employé *zaguaque* dans le sens de *criée.*

* Zaharron. Voyez mascara.

* Zahenes, zayenes, zaenes, acenas, hacenes, zayenes (doblas) (anciennes monnaies d'or). Ce mot, sur lequel on peut consulter Saez, *Valor de las monedas* (*passim*), vient bien du nom propre زيان (*Ziyán* ou *Ziyén*), comme l'a dit M. de Gayangos (dans le *Mem. hist. esp.*, X, 556), mais les monnaies en question ne doivent nullement leur nom, comme il le prétend, à un roitelet de Valence qui s'appelait Ziyén. Elles ont été nommées ainsi d'après les Beni-Ziyén qui, pendant plusieurs siècles, ont régné sur Tlemcen. Diego de Haedo (*Topografia de Argel*, fol. 24 *c*) l'atteste expressément, quand, après avoir parlé des monnaies d'or appelées *ziana* et *media ziana*, il ajoute: «estas suertes de monedas, ru-

bia, media ziana, y ziana, se labran solamente en **Tremecen.»** Cervantes (*Don Quijote*, P. I, c. 40) parle aussi de cette monnaie quand
il dit: «diez cianiis, que son unas monedas de oro bajo que usan los
moros, que cada una vale diez reales de los nuestros,» et d'anciens dict.
français donnent *ziam* comme le nom d'une monnaie en usage à Alger.

ZAHINAS (bouillie claire) de سخينة (*sakhîna*) que P. de Alcala traduit
par *çahinas de harina* et par *harinas gachas para comer.*

* ZAHORA, ZAHORAR. Nuñez traduit le substantif par *bacchanale, débauche bruyante,* et le verbe par *avoir des bacchanales.* Anciennement
ce terme ne se prenait pas en aussi mauvaise part. Il vient de سحور
(*sahôr*), *repas après minuit dans le mois de Ramadhân* (Humbert, p. 13);
les Mauresques écrivaient *çohor* et ils ont formé de ce substantif le verbe
çohorar ou *çahorar* (voyez le *Mem. hist. esp.*, V, 438, 439). L'archiprêtre de Hita emploie aussi *zaherar* dans le sens de *manger pendant
la nuit*, quand il dit (copl. 282):

> Desque te conoci, nunca te vi ayunar,
> Almuerzas de mañana, non pierdas la yantar,
> Sin mesura meriendas, mejor quíeres cenar,
> Si tienes que, ó puedes, á la noche zaherar.

Sanchez, dans son glossaire, n'a pas du tout compris le mot: il pense
qu'il signifie *prendre haleine.* Au reste, comme les musulmans prennent après le jeûne un repas très-copieux — «ils se soûlent jusques
au crever,» dit le missionnaire Roger (*La terre saincte*, p. 229) — on
voit facilement pourquoi ce mot a reçu le sens indiqué par Nuñez.
«Pendant le Ramadhân,» dit M. Wingfield (*Under the palms in Algeria
and Tunis*, I, 221), «aussitôt que le soleil a disparu derrière les montagnes, on rattrape le temps perdu en se plongeant dans une débauche
bruyante, en mangeant, en buvant, en chantant.»

ZAHORI («ingénieux qui dîsent voir ce qui est sous la terre, qui dé-
couvrent les sources des eaux, les mines et trésors,» Victor; «personne qu'on suppose avoir la vertu de découvrir tout ce qui est caché,
même sous terre, pourvu qu'il n'y ait point de tapis bleu par-dessus,»
Acad.). Si ce mot est d'origine arabe, ce que je n'ose pas affirmer, il
faut le dériver de ساحر (*sâhir*), *sorcier*, ou bien d'une forme *sahourî*
سحورى (?).

* Ce mot a une tout autre origine, mais M. E. est fort excusable de ne pas l'avoir trouvée. C'est زهرى (zoharî), qui n'est pas dans les dict., mais qui, selon Ibn-Khaldoun (Prolégom., I, 209, l. 2) signifie *géomancien*. Cet auteur ajoute que ce nom, qui signifie proprement *serviteur de la planète Vénus* (en arabe الزهرة, *az-zohara*), a été donné aux géomanciens par les astrologues, «parce qu'il y a une grande analogie entre leurs procédés et la manière de reconnaître les indications par lesquelles, dit-on, cette planète guide vers la connaissance des choses cachées celui qui prend les nativités pour base de ses opérations.»

ZAIDA de سيّدة (saiyida), señora.

* Cobarruvias donne bien *zaida* en ce sens, mais comme un mot arabe. En castillan il n'a jamais désigné autre chose qu'une sorte de héron, ou de petite grue. Le héron porte chez Bocthor le nom de صيّاد سمك (çaiyâd samac), c.-à-d., *pêcheur*, parce qu'il se nourrit de poissons. *Zaida* doit avoir la même origine, et je pense que c'est صائدة (çâida), le féminin de *çâid*, *pêcheur*.

* ZAINO *esp. pg. ital.*, *fr.* zain (cheval tout bai, sans aucune marque de blanc). Tout le monde veut que ce mot soit arabe, mais personne n'en a donné une étymologie plausible. Serait-ce une altération de اصم (açamm) qui, chez Bocthor, signifie *zain*? Chez Martin (*Dialogues*, p. 98) احمر صمّ est *bai-brun*.

ZALA (dévotions, prière) de صلاة (çalât), *la prière*.

* ZALAMA. Voycz -ZALEMA.

* ZALEA (peau de mouton préparée sans ôter la laine) de سلاخة (salékha), qui, comme l'a observé M. Müller, signifie chez P. de Alcala *cuero pelleja con pelo*; j'ajouterai qu'il donne le même mot sous *pelleja de animal* et sous *piel o pelleja*. Dans l'arabe classique une peau de mouton s'appelle سلخ (salkh).

ZALEMA (révérence, salut respectueux) de سلام (salâm ou salém), *salut*, ou bien de l'expression *salâm 'aleic*, qui signifie *salut sur toi!*

* Comme les flatteurs prodiguent les salamalecs, *zalama* et *zalameria* ont reçu le sens de *flatterie, adulation outrée; hacer zalamerias*, cajoler, flatter, louer pour obtenir, pour séduire; Victor a en ce sens *hacer zalémas*, «faire des révérences, faire des simagrées comme font les flatteurs,» etc.

* ZALONA («vaisseau et mesure de poids contenant douze livres d'huile,»

Victor; «grande cruche,» Acad.). On s'étonnera peut-être quand je dis que ce mot andalous vient de جرّة (*djarra*) ; mais je crois pouvoir justifier cette assertion. Observons d'abord que la *djarra*, en esp. *jarra*, était destinée à contenir de l'huile, car on lit dans un privilége d'Alphonse X (*apud* Capmany, *Memorias sobre la marina de Barcelona*, II, 40): «cada jarra daceyte que los mercaderes Catalanes compraren en Sevilla,» et dans un document catalan de 1331 (*ibid.*, p. 412): «dùes gerres olieres.» Quant au changement des lettres, le *z* se substitue au *djîm* (voyez l'Introd., p. 17); aussi l'esp. *jarra* est-il dans l'ancien pg. *zarra*; et le *r* se change en *l*, ces lettres étant du même organe. *Djarra* peut donc devenir *zala*, et comme ce mot désigne une cruche ordinaire, tandis que celle dont il s'agit est très-grande, les Esp. y ont ajouté leur augmentatif *ona*, comme de *jarra* ils ont formé *jarron* (grande cruche).

ZAMBOA, [* azamboa, acimboga] (espèce de citron, cédrat) de زنبوعة (*zanbó'a*). Ce mot arabe, qui manque dans les lexiques, se trouve chez Maccarî, II, 144, et P. de Alcala le traduit par *toronja*.

* Ce mot semble d'origine berbère; voyez le *Dict. berbère* sous *citron*. On le trouve aussi chez Ibn-al-'Auwâm, I, 523 et ailleurs, et chez M. Cherbonneau, dans le *Journ. asiat.* de 1861, II.

ZAMBRA (fête nocturne des Mauresques) de سامرة (*sâmira*) qui désigne des hommes qui passent la nuit ensemble en se racontant des contes *asâmir* [* ?], du genre de ceux que nous lisons dans les Mille et une nuits.

* Cette étymologie est nouvelle, si je ne me trompe, car Cobarruvias, Marina et M. Diez [1] avaient dérivé *zambra*, non pas de la racine سمر (*samara*), mais de la racine زمر (*zamara*). Elle me semble loin d'être heureuse. M. E. s'est formé une idée fausse d'une *zambra*. Ce n'était nullement ce qu'il pense, mais une fête où l'on faisait de la musique et où l'on dansait. Par le plaidoyer de Francisco Nuñez Muley en faveur des Mauresques, rapporté par Marmol (*Rebelion de los Moriscos*, fol. 39 b), on voit clairement que le mot désignait proprement *une bande de musiciens*. Selon ce Mauresque, le célèbre Ximenez aimait que les *zambras* accompagnassent le saint sacrement pendant les processions de

1) Dans sa 2de édition, ce dernier a aussi mentionné l'opinion de M. E.

la Fête-Dieu et à l'occasion d'autres fêtes de l'église, «donde concur-
rian todos los pueblos á porfia unos de otros qual mejor zambra sacava,
y en la Alpuxarra andando en la visita, quando dezia missa cantada,
en lugar de organos, que no los avia, respondian las zambras, y le
acompañavan de su posada á la yglesia. Acuerdome que quando en la
misa se bolvia al pueblo, en lugar de Dominus vobiscum, dezia en Arábigo: ybara ficun [يبارك فيكم], y luego respondia la zambra.» Grâce à
ce passage, la dérivation de la racine *zamara*, qui signifie *jouer sur un
instrument à vent*, est mise hors de dòute. La raison pour laquellè
zambra a aussi reçu le sens de *danse* ou *bal*, a déjà été expliquée fort
bien par Cobarruvias. «A la rigueur,» dit-il, «*zambra* signifie musique d'instruments à vent; on l'a appliqué à la danse, parce que l'on
danse au son des larigots et des flûtes.» Chez Gongora c'est l'air propre à une certaine espèce de danse:

> Taña el zambra la xabeba,
> Falala laila.

Une seule question nous reste à résoudre: quelle est la forme du mot
en arabe, car jusqu'ici nous n'avons parlé que de la racine? Les dictionnaires ne l'ont pas; la chose elle-même, comme Francisco Nuñez
Muley le dit dans son plaidoyer, était particulière aux Mauresques; il
n'y avait pas de *zambras*, assure-t-il, ni en Afrique, ni en Turquie;
«es cosa de provincia;» il n'est donc pas étonnant que le terme en
question ne se troûve pas dans les lexiques. La comparaison de *alfombra*, *alhambra*, *rambla*, nous conduirait à la forme زمرة, *zamra;* mais
je n'ai jamais rencontré un tel mot et je doute de son existence. Je
crois donc devoir entrer dans une autre voie. Ainsi que je l'ai dit plus
haut, *zambra* désigne proprement *des musiciens, une bande de musiciens.*
Or, P. de Alcala, chez lequel *zamr* est: instrument de musique en général, traduit *harpador*, *juglar* et *tañedor de flautas* par زامر, *zámir*
(qu'il prononce *zîmir*), et chez lui le plur. de ce mot est *zamâra*. Je
ne vois pas pourquoi il écrit un *a* long, car le participe *zámir* devient
au plur. زمرة, *zamara*, avec le *a* bref (cf. de Sacy, *Gramm. ar.*, I, 362).
Cette forme *zamara* est celle dont la signification convient: *musiciens;*
je crois donc que c'est elle qui a donné naissance au mot esp. Quand
on prononce très-rapidement le second *a*, *zamara* devient régulièrement
zambra.

* ZAMOR *b.-lat.* (pas dans Ducange). Dans une donation du Xe siècle, publiée dans l'*Esp. sagr.* (XXXIV, 455), on lit: « Casululas X. una vermicula in una tela duobus fatiebus, alia zamor vermicula, tertia de algoton. » C'est l'arabe سمّور (*sammôr*), *zibeline*.

* ZAQUE (petite outre à mettre du vin) de زقّ (*zicc*) qui a le même sens; chez P. de Alcala la voyelle est aussi *a*. Müller.

ZAQUIZAMI (« le lambris d'une maison, plancher fait de lambrissure, » Victor) de سقف فى السماء (*sacf fî's-samâ*, ou suivant la prononciation espagnole *samî*) qui désigne exactement la même chose. Cf. P. de Alcala *in voce*.

* Dans le Glossaire sur Edrîsî (p. 319), où j'ai traité fort au long de ce mot, j'ai dit que P. de Alcala a fait une faute dans l'article cité par M. E., que son *fi* est de trop, et qu'il écrit correctement *çaqfçamî* sous *techo de çaquiçami*. C'est سَقْف سَمَا (*sacfi samî*) = سَقْف سَمَاء dans l'arabe littéral, *plancher plafonné*. Dans la langue vulgaire, quand il y avait annexion d'un complément, le nom qui sert d'antécédent se prononçait quelquefois avec le *kesra*; j'en ai cité plusieurs exemples.

* ZARABIA (pas dans les dict.) Voyez CARABIA.

ZARAGATONA, zargatona (herbe aux puces), semble être une altération de بزر قطونا (*bazr catônâ*), « plantago psyllium, » Ibn-al-Baitâr, I, 132, « herbe aux puces, » Bocthor.

* Ce mot se trouve aussi chez Avicenne (I, 101, l. 20), dans le *Mosta'înî* (sous le ب), chez Ibn-al-'Auwâm, II, 619, et chez Berggren (p. 871); d'autres citations se trouvent dans le Glossaire de M. de Jong sur le *Latâïf al-ma'ârif* de Tha'âlibî, p. XXXIII; mais jusqu'à présent on a écrit بزر قطونا en deux mots et l'on a considéré le premier comme l'arabe *bazr* (semence). Cette opinion est désapprouvée par Ibn-al-Hachchâ dans son *Glossaire sur le Mançourî* (man. 331 (5), fol. 153 v°: بَزْرَقَطُونَآء وهو قول ضعيف غير معروف). Selon cet auteur c'est un seul mot ou بَزْرَقَطُونَا (avec ou sans le *medda*), et la première partie n'est pas plus arabe que la seconde. Il semble en effet d'origine persane. — Au reste la première syllabe de *bazar*, comme prononçaient les Arabes d'Espagne, a déjà été supprimée par ces derniers, car P. de Alcala traduit *zargatona* par *zarcatóna*.

ZARAGUELLES, *pg.* ceroulas (sorte d'anciennes culottes plissées), de

سْراوِيل (sarâwîl), pl. de سِروال (sirwâl), culotte. Cf. M. Dozy, Dict. des noms des vêt., p. 203 et suiv. Au portugais zarelo (Sᵃ. Rosa) il faut donner la même origine.

ZARATAN (gangrène) de سَرَطان (saratân), « cancer. »

ZARCA (femme aux yeux bleus) de زَرقاء (zarcâ) qui a le même sens. De ce zarca on a formé le masc. zarco.

* ZARRACATIN (revendeur, brocanteur) me semble une altération de سَقاطِين (saccâtîn), plur. de saccât, qui a le même sens. Sur la forme du plur., que ce mot a en esp., on peut voir ce que j'ai dit à l'art. ALHAQUIN. Cependant on pourrait aussi dériver zarracatin de سَقطى (sacatî) qui est le synonyme de saccât; voyez le Glossaire de Habicht sur le VIIᵉ volume de son édition des Mille et une nuits, et surtout la note de M. Lane dans sa traduction de cet ouvrage, II, 328, n. 88.

ZARZAHAN (sorte de soie fine fabriquée par les Maures) de زَردحان (zardahân), comme écrit P. de Alcala, chez Ibn-Batouta زَردخانة (zardakhâna); voyez M. Dozy, Dict. des noms des vêt., p. 369.

* Ibn-Batouta, ainsi que je l'ai dit, écrit ailleurs زَردخانى (zardakhânî); c'est le sarsani de Gonzalez de Clavijo, Vida del gran Tamorlan, p. 161, l. 23.

* ZATALI (pas dans les dictionnaires) était à Murcie le nom d'un fruit, car je lis chez Cascales (Discursos hist. de Murcia, fol. 266 b): « naranjas, limones, limas, acimbogas, cidras, çatalies, i otros muchos frutos deste genero. » Ce mot est-il d'origine arabe?

ZAVALCHEN. « Assim chamavão os Mouros ao Magistrado, que decidia as suas causas, e fazia dar á execução as suas sentenças, e só elle podia authenticar com o seu sinal qualquer instrumento, » Sᵃ. Rosa. Dans les deux premières syllabes il est facile de reconnaître l'arabe صاحب ال çâhib al; mais quant à la syllabe chen, je n'ai pas réussi à en découvrir le sens. — Sᵃ. Rosa, qui ne donne aucune variante, dit que le mot vient de zaval qui correspond au latin dominus, et de archen, iudiciorum, de sorte que zavalchen signifierait dominus iudiciorum. — Peut-être zavalchen n'est-il qu'une corruption de zavalmedina. Il se pourrait bien qu'un passage d'une charte, écrit indistinctement ou mal lu, eût fait glisser cette forme dans les dictionnaires.

* M. E. n'aurait pas dû citer Sᵃ. Rosa (car de l'aveu de ce dernier le terme en question ne se trouve pas dans des documents portugais),

mais Ducange, chez lequel Sª. Rosa a trouvé les renseignements qu'il donne. Le seul auteur qui emploie le mot *zavalchen* est, je crois, Vitalis Canel, évêque d'Huesca, qui s'exprime ainsi dans un passage cité par Ducange: «Sunt et alii iudices et officiales, inter Iudaeos videlicet et Saracenos. Zavalchen enim Saracenorum iudicat causas, dictus a Zaval, Dominus, et Archen, id est, iudiciorum. Qui Zavalchen executioni mandat sententias a se latas, et facit citationes, et caeteras compulsiones, quae in Saracenorum curia imminent faciendae. Item exercet tabellionatus officium inter eos, ita quod nullus alius inter Saracenos facit publicum instrumentum,» etc. Dans un autre passage du même auteur, que Ducange cite sous *alaminus*, le mot est écrit *zavalachen*. Je dois avouer que je n'avais aucune conjecture à proposer sur son origine; mais M. Defrémery m'écrit qu'il soupçonne que c'est صاحب الاحكام (*çâhib al-ahkém*), et cette explication me paraît excellente, car ce terme arabe, le synonyme de *hâkim*, signifie précisément *dominus iudiciorum*, et les Esp. prononcent le *m* final comme *n* (cf. l'Introd., p. 21). La meilleure orthographe est par conséquent *zavalachen*.

ZAVALMEDINA. Ce mot, qui s'écrit encore *zahalmedina*, *zalmedina*, *çahalmedina*, *salmedina*, est fréquent dans les documents espagnols jusqu'au XIIIᵉ siècle (cf. Ducange, Sª. Rosa) pour désigner le magistrat chargé du gouvernement civil d'une ville. C'est l'arabe صاحب المدينة (*çâhib al-medîna*) qui était en Espagne le nom par lequel le peuple désignait le préfet de police, dont le titre officiel était *çâhib as-chorta*. C'est ce qu'attestent formellement Maccarî, I, 134, l. 18, et Ibn-Khaldoun, *Prolégomènes*, II, 30, l. 13; cf. Ibn-Adhârî, II, 266.

* ZAVAZOGUE (ni dans Ducange ni dans les dict. esp.). Dans l'ancienne traduction espagnole des actes du concile de Léon, tenu dans l'année 1020, l'article 35 est conçu en ces termes (*Cortes de Leon y de Castilla*, I, 18): «Todos los carniceros con otorgamiento del conceio vendam ella carne de porco et de cabron et de carnero et de vaca por pesso, et den la iantar al conceyo connos (*var.* ensemble connos) cevacogues.» Il faut lire *cevaçogues*, ou plutôt, avec d'autres manuscrits, *zavazogues*, car les *zavazogues* sont les صاحب السوق, *çâhib as-sôc*, *inspecteurs du marché*. Le texte latin porte dans cet article, comme l'Acad. a fait imprimer (*ibid.*, p. 9), *zavazaul*; corrigez *zavazauc* (c'est, dans ce cas, le sing.), ou bien lisez, comme dans la variante, *zavazoukes*. L'opinion de Lista sur ce mot, que M. Muñoz a adoptée (*Fueros*, I, 152), est tout-à-fait inadmissible.

* ZIRBO *pg.* (péritoine, membrane qui revêt intérieurement toute la capacité du bas-ventre) de ذرب (*therb*) qui a le même sens; cf. Bocthor sous *péritoine*.

ZOCA, zoco (marché, foire, Victor), de سوق (*sôc*), *marché*.

ZOFRA (tapis) de سفرة (*sofra*), « corium quod solo insternitur. »

* ZOINA *pg.* (prostituée) de زانية (*zâniya*); même sens.

* ZOQUETE. M. Defrémery dérive ce mot dè سقط, *soct*, *sact* ou *sict*, *avorton ;* mais la forme s'y oppose, car *zoquéte* doit correspondre à un mot arabe ayant un *é* long (اَ) dans la seconde syllabe, et en outre ce savant semble avoir pris une signification figurée de *zoquéte* (*petit homme malbáti, bout d'homme*) pour la signification primitive. Selon l'Acad. c'est proprement: *le morceau de bois gros et court qui reste de celui qu'on a travaillé ;* c'est évidemment سقاطة (*soquéte*), *le rebut, desecho* chez P. de Alcala.

ZORAME, cerome, cerrome, çurame (capote mauresque, Sª. Rosa) de زلحم (*zolham*), espèce de manteau en drap ou en laine; cf. M. Dozy, *Dict. des noms des vêt.*, p. 194, 195.

* C'est sur l'autorité de Hœst que j'ai écrit ce mot avec ces caractères arabes; mais chez Sousa c'est سلهام, chez Delaporte père (dans le *Journ. asiat.* de 1830, I, 320) سلهوم (« manteau à capuchon, qu'on nomme partout ailleurs *bornous* »), chez Renou (*Description géogr. de l'empire de Maroc*, p. 25) *selhâm*, ce qui, d'après le mode de transcription adopté par la commission scientifique de l'Algérie, est سلهام. Il paraît donc que c'est ainsi que ce mot doit s'écrire. Il semble d'origine berbère et il n'est en usage qu'au Maroc. Chez les auteurs arabes du moyen âge je ne l'ai jamais rencontré. Le vêtement qu'il désigne a été décrit par plusieurs voyageurs; à ceux que j'ai déjà cités ailleurs, on peut joindre ceux-ci: Jackson, *Account of Timbuctoo*, p. 136; Davidson, *Notes taken during travels in Africa*, p. 12; Drummond Hay, *Western Barbary*, p. 3, 41 ; le prince Guillaume de Lœwenstein, *Ausflug von Lissabon nach Andalusien und in den Norden von Marokko*, p. 142; le baron d'Augustin, *Erinnerungen aus Marokko*, p. 9, 88; le baron de

Pflügl dans les *Wiener Jahrbücher*, LXVII, Anz. Bl., p. 6; voyez aussi Barth, *Reisen*, V, 704. Ce mot se trouve dans le *Cancionero de Baena* sous la forme *çulame*. On y lit (p. 590):

> Que son tres personas é un solo perfecto
> El cual nos cubra con su buen çulame;

mais les auteurs du glossaire ont eu la malheureuse idée d'y voir l'arabe *salâm*, *salut*. Ils ont négligé d'expliquer comment on peut *couvrir* des personnes d'un *salut*, et c'est évidemment un contre-sens, tandis que la signification *manteau* convient parfaitement. Aussi lit-on ailleurs dans le même recueil (p. 461):

> E Dios é la Virgen vos den fortalesa
> E syenpre vos cubran con su mantellina.

Joignez-y qu'on rencontre le mot espagnol sous la même forme dans une ordonnance de 1351 publiée dans les *Cortes de Leon y de Castilla* (II, 80): «la capa ó çulame;» les mêmes paroles se trouvent à la page 97 de cette collection; ailleurs, p. 118, on rencontre les variantes *çurame* et *çorame*.

* Zorzal (grive) de زرزال (*zorzál*), autre forme de زرزور (*zorzour*), qui désigne *un étourneau*, mais aussi *une grive*. P. de Alcala a زرزال sous *tordo* et sous *zorzal*. Marcel (sous *étourneau*) donne زرزور et زرزول, et ce زرزول est, pour ainsi dire, la transition de زرزور à زرزال. Voyez le Glossaire sur Edrîsî, p. 311.

Zumaque, pg. summagre, *fr.* sumac, de سماق (*soummâc*), «rhus coriaria,» Ibn-al-Baitâr, II, 46.

* Zuna, azuna, l'arabe سنة (*sounna*), *la loi* des Maures, dans le traité entre Alphonse I{er} d'Aragon et les Maures de Tudèle (*apud* Muñoz, *Fueros*, I, 416, l. 11, p. 417, l. 3; mais à la page 416, l. 14, il faut lire *alcadi* au lieu de *alcuna*).

* Zurumbet, zerunbet, de زرنباد (*zerounbéd*), «amomum zerumbeth,» Ibn-al-Baitâr, I, 523.

APPENDICE.

A.

« ADALA, dala, *fr.* dalle (tuyau qui sert à conduire l'eau de la pompe hors du vaisseau). Je crois que M. Diez dérive à tort ce mot de l'arabe *dalâla* (ductus viæ), car ce dernier ne désigne nullement « un conduit d'eau. » Ce n'est que l'infinitif du verbe *dalla*, qui ne se dit pas dans le sens de « conduire l'eau, » et en employant l'expression « ductus viæ, » Freytag a voulu dire : « l'action de montrer le chemin. » » Engelmann.

« AGARRAR (cramponner, accrocher). C'est bien à tort que Marina a voulu trouver du rapport entre ce mot et l'arabe *djarra* (traîner). *Agarrar* est formé du substantif *garra* (griffe), qui est d'origine celtique. Cf. Diez, p. 164, Diefenbach, *Celtica*, I, 129. » Engelmann.

« ALABÃO. A en croire Sousa, ce mot est usité dans l'Alentejo où il signifie « brebis qui donnent beaucoup de lait. » Il le dérive de اللبان (*al-labbân*) auquel il attribue la même acception. Bien que *laban* désigne en arabe « du lait, » je n'ai jamais rencontré *labbân* dans le sens de « qui donne beaucoup de lait. » Ainsi, sans rejeter cette étymologie, je ne suis pas à même de la confirmer. Suivant Bluteau, le mot en question désigne « un troupeau de brebis qui donnent du lait, » et *alavão de galinhas* se dit *por grande numero dellas*. De là il semble résulter que ce terme exprime l'idée de *troupeau*, *multitude*, plutôt que celle de *donner du lait*. C'est ce qui me rend encore plus suspecte l'étymologie proposée par Sousa. » Engelmann. — Elle est, en effet, insoutenable. Le terme en question signifie *troupeau*, *troupe*. Chez Vieyra on trouve l'expression *alavão de patos* (troupeau d'oies).

ALAMEDA (place plantée de peupliers). M. Defrémery dérive ce mot de l'arabe الميدان (*al-meidân*), *hippodrome*. On sait qu'il vient de *alamo* qui signifie *peuplier*.

« ALBOROTO, *pg.* alvoroto (tumulte, émeute, vacarme). M. Diez dérive
ce mot, ainsi que *alborozo* qui en effet semble avoir la même origine,
de l'arabe الفرط (*al-foroṭ*), «res quæ modum excedit.» C'est une signification trop générale et difficile à mettre en rapport avec celle de
alboroto. En outre le changement de *f* en *b* serait tout-à-fait irrégu-
lier. — Le P. Guadix le dérive de *al-borod* «que vale polvareda, porque
la gente alborotada con el movimiento de los pies levanta mucho polvo.»
Cette étymologie n'est guère plus admissible, car *bâroud* signifie en
arabe *poudre à canon* et ne se dit jamais dans le sens de *poussière*. —
La véritable étymologie est donc encore à trouver, et j'avoue que je
n'ose pas même décider s'il faut la chercher dans l'arabe ou dans une
autre langue.» Engelmann. — Une troisième étymologie a été proposée par M. Müller, qui fait venir *alboroto* de العربدة (*al-'arbada*). Elle
est sans doute moins invraisemblable que les deux autres, car chez P.
de Alcala ce mot signifie *ruydo question* et *trance de armas;* il semble
même qu'il traduit *alboroçar* par *'arbad*. Mais d'un autre côté elle offre de grandes difficultés phonétiques, et en outre la forme la plus ancienne, *avorozo* (dans la *Chanson du Cid*, vs. 2658, transport de joie),
montre que la première syllabe n'est pas l'article arabe.

ALIAGA, aulaga, abulaga (ajonc, Ulex Europaeus L.). «La diversité
de ces formes, qui doivent avoir une origine commune, montre que ce
mot a subi une altération considérable; est-ce que nous nous trompons
si nous le rattachons à l'arabe الجولق (*al-djaulac*), «spinosi fruticis
species?» L'Acad. esp. le traduit par *ulex.*» Müller. — *Djaulac*, qui
est un mot de l'arabe classique, car il se trouve dans le *Câmous*, désigne sans doute le même arbrisseau, car P. de Alcala traduit *aliaga*
par *djaulac;* mais il ne faut pas en dériver *aliaga*, car on lit chez Ibn-
al-Baitâr : جولق يسمّى باللطينيّة وهى عاجميّة الاندلس يـلاقـه وهـو مـن
جنس الشوك ويغلط من يـجعله دارشيشعان فاقْهُمْ ، «le *djaulac* s'appelle en
latin, c'est-à-dire, dans la langue des Espagnols, *yalâca;* c'est un arbrisseau épineux, mais il faut remarquer que ceux qui l'identifient avec
le *dârachaicha'ân* [1] se trompent.» Le *dârachaicha'ân* est l'*aspalathus*, et Clu-
sius a aussi donné à l'*aulaga* espagnol le nom de *aspalathus alter secundus*,

---

1) Ces voyelles sont dans le *Câmous*.

ce qu'Ibn-al-Baitâr, comme on voit, n'aurait pas approuvé. Un écrivain plus ancien que le botaniste arabe que je viens de nommer, à savoir l'auteur du *Mosta'înî*, dit sous l'article *dârachaicha'ân*: ويقال له بالعجميّة يــلاقــه, « on l'appelle en espagnol *youlaca*. » Ces voyelles se trouvent dans le man. de Naples, et c'est de ce *youlaca* que vient la forme esp. *aulaga*, qui a été corrompue en *abulaga*. Prononcé comme *yalâca*, *yalâga*, il a donné *aliaga*. — L'arbrisseau dont il s'agit portait encore un autre nom en espagnol, car dans le man. de Naples du *Mosta'înî* on lit: يْلاقَه او أرْجِلاقَة, « youlâca ou ardjilâca. » Je retrouve ce mot dans le dialecte valencien, car je lis chez Fischer (*Gemälde von Valencia*, I, 248): «Ulex Europaeus, en esp. aliaga de Europa, en val. argilagues d'Europa. » En France aussi on disait au moyen âge *argilax*; Carpentier (dans ses additions au Glossaire de Ducange) l'a trouvé dans une charte de 1308. — Quelle que soit l'origine de ces mots, il est certain qu'ils ne sont pas arabes.

«ALMADREÑA (sabot). En arabe مطر (*mamtar*) désigne un manteau pour la pluie (*matar*). Pourrait-on supposer l'existence d'un mot *almatrania*, dérivé de la même racine, qui aurait désigné la chaussure que l'on met quand il pleut? C'est à coup sûr une conjecture très-hasardée, mais qui me semble néanmoins préférable à la dérivation donnée par les Académiciens de Madrid, qui font venir *almadreña* de «*madera* (bois) avec l'article arabe.»» Engelmann. — Au lieu de forger ce mot monstrueux, M. E. aurait mieux fait de s'en tenir à l'étymologie proposée par l'Acad. Elle dit avec raison qu'un sabot étant fait de bois, *madera*, on l'appelait *madereña*, par contraction *madreña*, car c'est ainsi qu'on dit dans quelques districts, sans *al*. Les Acad. pensent que cet *al* a été ajouté par les Arabes; c'est possible, mais en arabe je n'ai jamais rencontré le mot en question, et en esp. il y en a d'autres qui ont cet *al*, quoique les Arabes ne les aient pas employés, p. e. *almaceria* (du latin *maceria*), *alfardo* (fard, dans le *Canc. de Baena*), *almodrote* (du latin *moretum*, voyez l'Acad.). De même en port. *alfarreca* (perruque), *alcorcova* (= *corcova*, voyez Diez).

«ALMENA (créneau) de الـمِنَع (*alman'a*), «munimentum,» *guarida para defender.*» Engelmann. — Le mot arabe auquel a pensé M. E., n'a jamais signifié *créneau*; mais le latin *mina*, qui ne s'emploie qu'au plur., *minae*, a ce sens, et c'est avec toute raison que M. Diez (II, 89) y rattache l'esp. *almena*. Il observe que c'est le mot latin avec l'article arabe.

ALPARGATE ⎱ (sandale de corde, faite avec du chanvre ou du sparte).
ALBORGA   ⎰ Dans mon *Dict. des noms des vêtem.* (p. 53) j'ai reproduit l'étymologie que Diego de Urrea a donnée de *alpargate*, et M. Engelmann en a fait de même à l'article *alcorque;* mais comme je la crois à présent tout-à-fait inadmissible, je ne m'en occuperai pas. Sousa, Moura, Marina et M. Müller le font venir de البلغة (*al-balga*), ce qui me paraît aussi insoutenable, car ce mot, qui désigne aujourd'hui une espèce de chaussure, est très-récent en arabe; on le trouve souvent chez les voyageurs du XIXᵉ siècle, mais jamais chez les auteurs du moyen âge, et il me semble d'origine espagnole. A mon sens tous les mots dont il s'agit viennent du basque. Pour désigner une chaussure bien connue, cette langue a le terme *abarquia*, que l'on dérive de *abarra* (bois tendre ou branches, parce que ces souliers se fabriquaient à l'origine de cette matière) et de *quia* (chose) (voyez Diez, II, 80, d'après Astarloa). En espagnol ce mot est devenu, comme on sait, *abarca;* en port. on dit aussi *alabarca*. De là le pg. *alparca*, *alparcata*, l'esp. *alborga*, *alpargate*, l'arabe moderne *párga* (chez Alcala sous *alpargate* et sous *esparteña*), les Maures ayant pris à tort la première syllabe pour l'article arabe, et *balga* par le changement de *p* en *b* et de *r* en *l*.

«ANEMONE, *pg.* anemona, anemola, *fr.* anémone (sorte de renoncule), de شقائق النعمان (*chacâ'ic an-no'mân*). C'est de No'mân ibn-Mondhir, roi de Hira, que ces fleurs ont tiré leur nom.» Engelmann. — Ce mot est au contraire le grec ἀνεμώνη, dont *an-no'mân* dans la dénomination arabe est une altération, comme l'avait déjà observé M. de Slane dans sa traduction anglaise d'Ibn-Khallicân (II, 57).

«ARCABUZ, *fr.* arquebuse, de l'arabe القوس (*al-caus*), arc. On sait que l'arquebuse, avant d'être une arme à feu, était une arme à jet. Comme le fait observer M. de Chevalet (*Origines de la langue franç.*, I, 435), «après l'invention de la poudre, le nom de plusieurs machines de guerre jusqu'alors en usage passa aux armes à feu qui les remplacèrent. C'est ce qui arriva pour l'arquebuse.» En arabe, les mots قوس البندق (*caus al-bondoc*), littéralement *l'arc aux avelines*, désignaient une espèce d'arbalète, et non une arquebuse, comme a écrit M. Quatremère (*Hist. des Mongols de la Perse*, p. 291, note; cf. de Sacy,

Chrest. ar., III, 68), citant un passage de Mas'oudì, écrivain du Xe siècle de notre ère.» Defrémery. — Il est vrai que, dans l'arabe moderne, la 2e forme du verbe, *cauwasa*, signifie *tirer un coup de fusil* (Humbert, p. 136, Hélot), et le substantif *cowâs* ou *cowâsa, coup de fusil* (Humbert, p. 135); cependant je ne vois pas comment *al-caus* pourrait être devenu *arcabuz*. Joignez-y que les Arabes ont adopté ce dernier mot pour désigner soit *un pistolet*, qu'on appelait autrefois une petite arquebuse (voyez Mahn, *Etym. Unters.*, p. 97, Cobarruvias, fol. 83 *d*, etc.), soit *un petit fusil* (Humbert, p. 135), mais que, loin d'y voir leur *al-caus*, ils l'ont prononcé القابوس (*al-câbous*) ou الكابوس. Le terme *arquebuse* est indubitablement d'origine germanique. Il vient soit de l'allemand *Hakenbüchse*, comme le veut M. Littré (*Dict. de la langue française*), soit du flamand *haeckbuyse*, aujourd'hui en néerlandais *haakbus* (cf. M. Diez, I, 29), qui signifie arquebuse à croc, de *Haken*, *haeck*, *haak*, croc, et de *Büchse*, *buyse*, *bus*, canon d'arme à feu. *Haeckbuyse*, que Kilian (*Etymologicum Teutonicae linguae*, I, 209 éd. van Hasselt) signale comme un ancien mot flamand, donne régulièrement en français *haquebuse*; aussi ce mot s'écrivait-il anciennement sans *r*; Kilian donne *haquebouse* comme le terme français; chez Commines, Marot et Rabelais c'est *haquebute* (voyez M. Littré). Le *r* a été inséré par le peuple pour faciliter la prononciation et parce qu'on croyait à tort que le mot venait de *arc* (aussi écrivait-on *arcus busius* en bas-latin). Du terme français les Italiens ont fait *archibuso* ou *arcobugio*, et les Espagnols *arcabuz*. On voit aussi que le français *arquebuse à croc* (grosse arquebuse que l'on appuyait sur un croc pour tirer) n'est autre chose qu'une tautologie, les deux premières syllabes du mot exprimant déjà l'idée de *croc*.

«ASARABACARA (nard sauvage). L'arabe زهر البقر (*zahr al-bacar*), auquel Marina compare ce mot, m'est inconnu.» Engelmann. — Aussi ce terme n'a-t-il jamais existé, excepté dans l'imagination de Marina. *Asarabacara* est composé de deux mots, dont l'un est ἄσαρον, *asarum*, et l'autre βάκχαρις, *baccharis*, en esp. *bacaris* et *bacara*; voyez Dodonaeus, *Cruydt-Boeck*, p. 510 *a*, 629 *a*. Il n'a donc rien à faire avec l'arabe.

«ATAMBOR, tambor, *it.* tamburo, *fr.* tambour, de طنبور (*tonbour*), mot arabe qui dérive du persan *tanbour*» Engelmann. — C'est une grave erreur, mais dans laquelle d'autres sont tombés aussi (voyez la note de M. Sachau sur Djawâlîkî, p. 47). Notre *tambour* est peut-être d'origine celtique (cf. Pott dans le *Zeitschrift* de Höfer, II, 356); toutefois je ne veux rien décider à cet égard; ce qui est certain, c'est qu'il ne vient pas du mot arabe donné par M. E. et qui, au moyen âge, a toujours désigné une espèce de lyre. Aujourd'hui les Barbaresques ont bien, dans leur musique militaire, un grand tambour qu'ils appellent *atambor* (voyez Salvador Daniel, *La musique arabe*, p. 41), mais c'est un mot qu'ils ont emprunté aux Espagnols et que les Mauresques de Grenade écrivaient, non pas طُنْبور, mais تَنْبُور (voyez le *Mem. hist. esp.*, V, 425).

ATORA (le Pentateuque) viendrait, selon M. Müller, de التَّـورُاة (*at-taurât*); mais je ne vois pas pourquoi ce ne serait pas l'hébreu הַתּוֹרָה (*ha-tora*).

B.

BANGO, *pg.* et *fr.* bangue (chanvre des Indes), « de l'arabe بنج (*bandj*) ou plutôt peut-être du persan بنگ (*bang*). » Müller. — Ce mot se trouvait déjà chez Sousa; mais comme sa forme indique qu'il vient du persan et non pas de l'arabe, M. Engelmann a eu raison, je crois, de ne pas l'admettre.

BARDA (chaperon de mur fait de ronces ou de paille cimentée avec de la terre et des pierres) « a probablement la même origine que *albarda*, mot que M. Engelmann rattache avec raison à البَردعة. Le chaperon qui sert à garantir un mur de la pluie, a été comparé à une *selle*. » Müller. — Une telle métaphore me paraît trop hardie, et en arabe je n'ai jamais rencontré *barda'a* en ce sens. Je me tiens convaincu que l'origine de l'esp. *barda* doit être cherchée ailleurs.

« BARRENA (tarière, vrille). Il est assez difficile à décider si ce mot vient de l'arabe, ou bien s'il faut le rattacher à l'italien *verrina*, dans les dialectes *berrina*, *barrina* (cf. Diez, p. 368). En arabe une tarière se nomme *barîma*. Mais P. de Alcala traduit *barrena* par *birrîna* ou *barrîna*, pl. *barârin*, et *barrenar* par *berren*. Ces mots sont-ils d'autres formes de *barîma*, ou bien Alcala a-t-il seulement transcrit le mot espagnol? Le *m* et le *n* permutent facilement entre eux dans la prononciation espagnole, et en outre le mot en question a aussi passé dans le berbère, car dans cette langue une tarière s'appelle *ta-bernin-t*. C'est ce qui me porte à accepter la première supposition. Le portugais *verruma* au contraire, se rapproche plus de la forme *barîma*.» Engelmann. — Ce serait une erreur de croire que P. de Alcala se borne quelquefois à transcrire les mots espagnols au lieu de les traduire: les termes espagnols qu'il donne comme des termes arabes étaient réellement en usage parmi les Mauresques. Aussi le mot بريمة s'emploie-t-il dans l'arabe moderne; on le trouve chez Ibn-Loyôn (*Traité d'agriculture*, man. de Grenade, بريمة) et chez Roland de Bussy. Mais c'est à mon avis un terme que les Arabes et les Berbères ont reçu des Espagnols, et il appartient aux langues indo-germaniques, de même que l'arabe *barrîma* (car c'est ainsi qu'il faut écrire, voyez Lane) qui vient du persan بيرم (*bairam*), forme que l'arabe a aussi (voyez le même).

«Barro (argile) de برى (*barâ*), «terra (*ut ex qua quid formatur*).» (?).» Engelmann. — M. E. a agi sagement en faisant suivre cette étymologie d'un signe de doute; mais il aurait fait encore mieux de ne pas l'emprunter à M. Diez. Il n'ignorait pas que Freytag a seulement employé l'expression «ut ex qua quid formatur» pour indiquer le rapport qui existe entre ce substantif et le verbe *baraä* (former, créer); il savait aussi sans doute que le substantif *barâ* n'appartient pas à la langue ordinaire, et qu'on ne l'a jamais employé dans le sens d'argile. En un mot, c'est une étymologie absurde.

«Buz, el beso de reverencia selon Cobarruvias, qui a déjà donné la véritable étymologie: بوس (*bous*).» Müller. — Il ne me paraît pas nécessaire de donner une origine arabe à un mot qui se trouve aussi en persan, dans les langues germaniques et dans les langues celtiques; voyez Diez, II, 107.

C.

«Calafatear. Je crois que c'est bien à tort qu'on a voulu dériver de l'arabe ce terme nautique qui appartient à presque toutes les langues européennes. Suivant M. Jal (*Glossaire nautique*, p. 388) «calfater fut d'abord chauffer le navire (*calefacere*); le chauffeur fut en même temps un ouvrier habile à réparer le bâtiment, un charpentier dont la fonction spéciale fut de remplir les fentes du bois avec de l'étoupe, et les recouvrir de poix ou brai.» La signification primitive, *chauffer*, et les formes *calfaicter*, *calfacter*, *calfecter*, *calefecter* qui se trouvent dans

l'ancien français, me semblent mettre hors de doute la dérivation de
calefacere ou *calefectare*. Ce n'est que par hasard que le son de ces
mots a quelque ressemblance avec le substantif arabe قِلْفَة (*kilfa*), étoupe, et le verbe قَلَف (*calafa*), dont les Turcs ont tiré leur *calfat* et les
verbes *calfat etmek* et *calfatlamac*. Le verbe arabe moderne [1] جَلْفَط
(*djalfata*), qui se trouve plus d'une fois chez Edrîsî (cf. قَلْفَط (*calfata*)
chez Bocthor), n'a rien de commun avec ce *calafa* et sans doute il est
emprunté aux idiomes occidentaux. Quant au καλαφατεῖν des Grecs
modernes, je n'ose pas décider s'il leur est venu de l'italien ou du
turc.» Engelmann.

«CALIBRE de قَالِب (*câlab*) qui désigne «le moule dans lequel on verse
l'airain fondu, une forme, un corps moulé d'après une certaine forme»
et chez P. de Alcala *horma de çapatero*. Pour l'insertion de la lettre *r*
voyez p. 23, n⁰. 1 de l'Introduction.» Engelmann. — Le mot *câlab*
vient de καλάπους ou καλόπους; il désigne donc primitivement *forme*,
modèle qui sert à donner à un soulier la forme qu'il doit avoir (= *horma
de çapatero* chez Alc.; *Mille et une nuits*, IV, 681, l. 16 éd. Macnaghten), et par extension, *forme*, *modèle*, en général; voyez Fleischer, *de
Glossis Habicht.*, p. 72. Mais quant à *calibro*, je crois avec M. Mahn
(*Etym. Unters.*, p. 5, 6) qu'il faut en chercher l'origine, non pas dans
l'arabe, mais dans le latin. L'accent ne permet pas de le dériver de
câlab, et la signification de ce dernier mot ne convient pas non plus.
Aux arguments donnés par le savant que je viens de nommer, on peut
ajouter que, selon M. Jal (*Glossaire nautique*), le français du XVIᵉ siècle
avait *équalibre* pour *calibre*.

«CAMISA, *it.* camicia, *fr.* chemise, de قَمِيص (*camîç*). Bien que le
nom de ce vêtement nous soit venu par l'intermédiaire des Arabes, il
faut en chercher l'origine plus haut. Le mot arabe dérive du sanscrit
kschumâ (kschaumi), lin, *kschaumas*, fait de lin; le vêtement a reçu
ce nom de la matière dont on le fabriquait. De même l'hébreu *ktonet*
a signifié d'abord *lin*, *étoffe de lin*, puis *vêtement fait de lin*, *chemise*.
Cf. M. Burguy, *Glossaire de la langue d'Oïl*, p. 72, M. Mahn, *Etym.*

---

1) * Ce verbe n'est pas moderne, car on le trouve déjà dans une lettre du calife
Omar Iᵉʳ; voyez Djawâliki, p. 49, l. 3 a f. Selon Ibn-Doraid, cité par l'auteur que je
viens de nommer, *djilinfât* (calfat) serait un mot syriaque.

Unters., p. 22. » Engelmann. — M. E. aurait pu voir chez le dernier auteur qu'il cite, qu'en Europe ce mot est beaucoup plus ancien que l'époque arabe, attendu que *camisia* se trouve déjà chez un auteur du IVe siècle, à savoir chez saint Jérôme.

« CARABO (espèce de barque). Ce terme espagnol, ainsi que le latin *carabus* (cf. Ducange) et le grec κάραβος, me semble dériver de l'arabe قارب (*cârib*) qui désigne une petite barque. Faut-il y chercher aussi l'origine de *carabela* ou *caravela*, it. *caravella*, fr. *caravelle?* Cf. M. Jal, *Gloss. naut.* » Engelmann. — Ce sont au contraire les Arabes qui ont emprunté ce mot aux Européens. M. Engelmann aurait pu voir dans le livre de M. Jal que *carabus* se trouve déjà chez Isidore de Séville, qui mourut en 636.

« CENDAL (étoffe de soie très-fine) de صندل (*çandal*) que Bocthor traduit par *taffetas* et par *levantine*, sorte d'étoffe en soie. » Engelmann. — C'est encore un mot que les Arabes ont emprunté, il n'y a pas longtemps, aux Européens. Chez les auteurs arabes-espagnols on ne le trouve jamais.

« CHIVARRA, que j'ai rencontré dans une relation de voyage au Mexique, avec le sens de pantalon de chasse ou de voyage, me paraît venir de سروال (*sirwâl*).» Defrémery. — Ce mot, qu'aucun dictionnaire espagnol ne connaît, est probablement mexicain, et c'est par hasard que le son en ressemble tant soit peu à *sirwâl*.

COFIA, *ital.* cuffia, *fr.* coiffe. L'arabe a كوفية (*coufia*); mais dans mon *Dict. des noms des vêtem.* (p. 394) j'avais dit: « Personne, je pense, ne voudra donner au mot كوفيـة une origine arabe, » en ajoutant que les Orientaux l'ont emprunté aux Italiens. A ma grande surprise j'ai vu que M. Müller, sans toutefois fonder son opinion sur aucune preuve, voudrait plutôt dériver le mot européen de l'arabe. Quand on se rappelle que كوفية n'a pas de racine en arabe et qu'il n'a été en usage en Orient qu'à partir du règne des Mamlouks, tandis que *cofea* se trouve déjà chez l'évêque de Poitiers Fortunat, qui écrivait au VIe siècle, on jugera sans doute cette manière de voir assez étrange. Sur l'origine du mot on peut consulter Diez, I, 149, 150.

« COLMENA (ruche). Ordinairement on dérive ce mot de l'arabe كوارة من نحل (*couwâra min-nahl*), « ruche d'abeilles. » Je crois que M. Mahn (*Etym. Unters.*, p. 54—56) a raison de dire que cette expression a été

forgée dans le seul but d'expliquer le mot espagnol en question. Le savant que je viens de nommer préfère lui donner une étymologie celtique, de *kôlôen-wénan*, composé de *kôlôen*, tout ouvrage tissu en paille
(*kôlô*), corbeille, et de *gwénanen*, pl. *gwénan*, abeille.» Engelmann. —
Il est sans doute absurde de donner à ce mot une origine arabe; cependant je dois observer contre le raisonnement de M. Mahn, que les
Arabes disaient réellement *couwâra an-nahl*, car on trouve chez Ibn-al-
Baitâr à l'article اشق: كوائر النحل وسخ اذا علم وبدله.

«CURTIR (tanner). Si l'étymologie donnée par M. Diez (de *conterere*)
semble peut-être trop hasardée, on pourrait penser à l'arabe قرظ (*caradh*)
qui a le même sens.» Müller. — Sans compter qu'il est toujours dangereux de dériver un verbe espagnol d'un verbe arabe, cette étymologie
est inadmissible pour deux raisons: 1°. parce que les verbes espagnols
dérivés de l'arabe se terminent en *ar* et non en *ir*; 2°. parce que *caradh* n'est pas dans la langue du peuple le mot ordinaire pour *tanner*;
P. de Alcala et les dictionnaires de la langue actuelle ne donnent que
dabag (دبغ).

D.

«DURAZNO (duracine, espèce de pêche à chair ferme). Ce mot vient-il
de l'arabe دراقن (*dourâkin*) ou bien du grec δωράκιον?» Müller. — Ni
de l'un ni de l'autre, mais du latin *persica duracina* (chez Pline),
«pêches qui ont la chair ferme,» comme M. Müller aurait pu trouver
chez Diez, II, 120.

E.

EMBUDO, *ital.* imbuto, *cat.* embut (entonnoir). M. Müller dérive ce mot
de انبوب (*onboub*, dans la langue vulgaire *anboub* ou *enboub*), surtout
parce que P. de Alcala traduit *enbudo* par *anbúb*. Cependant j'aimerais mieux dériver le mot en question, comme l'a fait Ménage que M.
Diez a suivi, de *butis*, tonneau (comme *entonnoir* en français), car le
bas-latin a *imbotare* (Ducange, I, 829 a), l'italien *imbottare*, dans le
sens d'*entonner*.

«ESCARLATA, *it.* scarlatto, *fr.* écarlate (espèce de couleur et d'étoffe),
de اشكرلاط (*echcarlât*), mot qui manque dans les lexiques. On le trouve

dans un passage du *Holal-al-mauchiya* (*apud* Dozy, *Dict. des noms des vêtem.*, p. 111) et chez Maccarî, I, 137.» Engelmann. — Les Arabes ont emprunté ce mot aux Européens et ne l'ont employé qu'assez tard.

F.

«FARDA *pg.* (vêtement de soldat). Ce mot dérive-t-il de فرض (*fardh*), «pannus seu vestimentum»?» Engelmann. — Non, car en ce sens *fardh* ne s'emploie pas dans la langue ordinaire. Le portugais *farda*, qui signifie *uniforme* et *livrée* (voyez Moraes), a la même origine que le pg. *fato* (vêtements, ustensiles), en esp. *hato*, et le fr. *hardes*. Ces mots sont indo-germaniques. Le sanscrit, comme me l'apprend M. Kern, a *pata* (tissu, pièce d'étoffe, drap, vêtement), et dans l'islandais le substantif *fat* signifie *vêtement*, et le verbe *fata*, *vêtir*.

«FAROL. Ce mot ne serait-il pas formé par transposition de فنار (*fanâr*)? Dans ce cas il y aurait eu permutation des liquides et la voyelle *â* aurait été changée en *o*. P. de Alcala donne: «lanterna, *fanâr*).»» Müller. — Ni l'un ni l'autre mot n'est d'origine arabe; ils viennent de φανὸς et de φάρος, comme M. Diez l'a observé avec raison (I, 172).

G.

«GAITA (instrument de musique) de غيطا (*gaita*), mot qui manque dans les lexiques. Il se trouve chez Ibn-Batouta, II, 126, dans la signification de *flûte*.» Engelmann. — Comme ce mot n'a pas de racine en arabe et qu'il a seulement commencé à être en usage au XIVe siècle, je me tiens persuadé, quoique M. Salvador Daniel (*La musique arabe*, p. 78) soit d'un autre avis, que les Arabes d'Espagne et d'Afrique l'ont emprunté aux Espagnols.

«GALA de خلعة (*khil'a*) qui désigne «un vêtement d'honneur» donné par un prince. De *gala* s'est formé le substantif *galan*, qu'on a dérivé à tort de غلام (*golâm*), «jeune homme.» Mais le *khâ* ne se change jamais en *g*. C'est un puissant argument contre l'étymologie proposée.» Engelmann. — Quoique cet argument ne soit pas valable (cf. l'Introd., p. 13, no. 6), l'étymologie proposée par M. Engelmann doit cependant être rejetée. Les mots dont il s'agit sont d'origine germanique; voyez M. Diez, I, 197.

«Gallofa (pain qu'on donne au mendiant) semble être l'arabe علوفة ('aloufa), fourrage.» Müller. — D'abord on ne donne pas de fourrage aux hommes, mais aux bestiaux. En second lieu, le mot gallofa n'appartient pas proprement aux provinces espagnoles qui étaient sous la domination arabe. C'est, comme le dit Cobarruvias, un terme de Saint-Jacques-de-Compostelle. Les pauvres pèlerins qui allaient visiter ce saint lieu, étaient pour la plupart des Français, et selon le lexicographe que je viens de nommer, on appelait Galli offa le morceau de pain qu'on leur donnait quand ils mendiaient.

«Garita (loge de sentinelle, «puesto, sitio, ó pequeña mansion formada de pieles, ó de otra cosa» Marina). En arabe خريطة (kharíta) ne signifie que bourse de cuir; je ne suis pas à même de décider s'il a été usité dans une acception analogue à celle du mot espagnol.» Engelmann. — «L'explication de Cobarruvias — le diminutif esp. de غار (gâra), petite caverne — ne serait-elle pas admissible?» Müller. — «Il est évident que garita n'est autre chose que notre mot guérite.» Defrémery. — En effet, il est absurde de dériver ce mot de l'arabe; il est d'origine germanique; voyez Diez, I, 232.

«Garza (sorte d'oiseau, héron). P. de Alcala traduit ce mot par غرسة ou غرصة (garça). Je n'ose pas décider si c'est là un mot arabe, ou bien si ce n'est que la transcription du terme espagnol, dont il faudrait alors chercher l'origine ailleurs.» Engelmann. — Quelle que soit l'origine de ce mot (cf. Diez, I, 205), il est certain qu'il n'est pas arabe.

«Gazapo, dans le sens de menteur, trompeur, et yazapa, mensonge, tromperie, font penser à كذاب (cadzdzâb) et كذب (cadzib) qui ont les mêmes significations.» Müller. — Gazapo signifie jeune lapin, lapereau, et métaphoriquement homme rusé. En hollandais on appelle un homme rusé et qui exécute adroitement ce qu'il a à faire «un vieux lapin.»

«Gumena (gros cordage de vaisseau, câble d'une ancre) est aussi كومنة dans le dialecte du Maroc; mais il est douteux si l'un dérive de l'autre; probablement ils ont tous les deux une origine commune, mais inconnue.» Müller.

M.

«Majo, maja. Je paraîtrais trop hasardeux en dérivant ce mot de l'arabe بهج (bahidj), au fém. بهجة (bahidja), joyeux, beau, aimable, si je ne pouvais prouver que ce terme a passé réellement dans la langue vulgaire avec le changement du *b* en *m* et le retranchement du *h*. Lorsqu'après la prise de Barbastro un juif fut arrivé auprès d'un des comtes chrétiens afin de racheter des captifs, ce dernier lui fit montrer par une fille de chambre les richesses qu'il gardait dans des coffres. يا ماجه ينادى بعض اولائك الوصائف يريد يا بهاجة فبعير (فيغير) بعاجمته «« ô Madjdja,» cria-t-il à une de ces servantes, tandis qu'il voulait dire: ô *Bahidja*; mais il altéra le mot selon son idiome barbare» (Ibn-Bassâm, man. de M. de Gayangos, fol. 35 v°). Dans l'espagnol de nos jours *madjdja* ne peut s'écrire que *maja*.» Müller. — Je connaissais ce passage depuis longtemps, et je l'avais traduit (dans mes *Recherches*, II, 366) un an avant que M. Müller publiât cette note; mais j'avoue que l'idée ne m'était jamais venue d'y trouver l'origine du mot esp. *maja*, et en y réfléchissant, il m'est impossible d'adopter l'opinion du savant bavarois. En premier lieu, je ne suis pas convaincu que *majo, maja* est un terme ancien; les lexicographes du XVIIᵉ siècle, Victor et Cobarruvias, ne le connaissent pas. En second lieu, le passage arabe dont il s'agit ne me semble pas prouver la thèse de M. Müller. Il montre qu'un comte normand disait en estropiant l'arabe *madjdja* au lieu de *bahidja*; mais ce qu'il ne prouve pas, c'est que le peuple en général, les Espagnols chrétiens ou les Arabes (car c'est eux que M. Müller semble avoir en vue quand il parle de «langue vulgaire»), aurait altéré ainsi le mot en question.

«MASARI. Suivant M. de Gayangos (traduction de Maccarî, I, 492), ce mot désigne dans le dialecte des Baléares «un petit cabinet.» L'arabe مصرية (*maçriya*) s'emploie dans un sens analogue; voyez le *Cartâs*, p. 26. Chez Ibn-Batouta, IV, 93, il désigne une cabine de vaisseau.» Engelmann. — Si ce mot, qu'on cherche en vain dans les dictionnaires, est d'origine arabe, j'ignore à quelle racine il faut le rapporter. Dans une lettre très-intéressante, adressée à de Sacy et insérée dans le *Journ. asiat.* de 1830 (I, 319), Delaporte père, alors vice-consul de France à Tanger, dit ceci: «Je crois qu'il faudrait écrire مسرية au lieu de مصرية, faisant dériver ce mot de la racine سرى, *s'élever* ou *marcher de nuit*. Il y a une espèce d'analogie entre مسرية et بيت, ce dernier mot voulant dire *le lieu* où l'on passe la nuit, et ensuite où l'on habite.» J'ai à peine besoin de réfuter cette étymologie: le verbe سرى implique toujours l'idée de mouvement, de voyage pendant la nuit, jamais celle de repos, et en outre l'orthographe مصريّة est constante chez les auteurs arabes. Mais si l'étymologie de Delaporte est inadmissible, son explication est au contraire d'une haute valeur. «مصرية,» dit-il, «est une chambre ou *appartement supérieur isolé*, soit qu'il tienne à une maison, ou qu'il soit placé au-dessus d'une boutique. On y monte par un escalier dont la porte est toujours pratiquée sur la rue. Cet appartement, qui ne forme qu'une seule pièce, a toujours une petite fenêtre sur la rue, et jamais sur la cour intérieure des habitations: il sert ordinairement de logement aux personnes qui ne sont pas mariées. Toute autre chambre supérieure à laquelle on se rend par l'escalier intérieur d'une maison, se nomme غـرفـة (*gorfa*).» Je trouve aussi ce mot dans les *Voyages* d'el-Aïachî, où on lit (p. 94): «Je descendis à Tripoli à une مصرية qui est à la porte de la mosquée appelée djâmi' al-hâdj Ibrâhîm,» et le traducteur, M. Berbrugger, remarque sur ce passage: «A Alger on appelle ainsi un logement dont l'entrée est dans le vestibule, et qui, séparé du reste de la maison, sert à loger les esclaves.» Chez Roland de Bussy on trouve: «مـصـريـة (*méçrïa*) *chambre du vestibule*.» Maccari (Seconde partie, III, 350 éd. de Boulac) cite une pièce de vers écrite sur les murs de المصرية المطلّة على الرياض المرتفعة على القبّة الخضراء, «la *maçrïa* qui avait vue sur les jardins et qui s'élevait au-dessus de la *cobba* verte.» Ailleurs (I, 356 éd. de Leyde), après avoir donné le nombre des maisons que contenait la ville de Cordoue, il ajoute: سوى مصارى الكراء, «sans compter les *maçârî* qu'on louait.» C'est de ce pluriel, qui se trouve aussi chez Ibn-Batouta et dans le *Cartâs*, que viendrait le mot *masari* dont on se sert aux Baléares, si toutefois il est d'origine arabe, ce dont je doute fort. En arabe, comme je l'ai déjà dit, il n'a point de racine, et on ne le trouve que chez des auteurs magribins. Je serais tenté de lui attribuer une origine latine et de le dériver du verbe *manere*, d'où viennent aussi *magione*, *maison* (= *mansione*), *masure* (= *mansura*). En effet, la basse latinité a *maseria* (Ducange), le provençal *mazeria* (Raynouard, IV, 148), l'italien *masseria* (*masseria*), le vieux français *mésière*, dans le sens de *maison*, *petite maison*, *maison de paysan*, *masure*. J'identifie avec ce terme le *masari* des Baléares, et je crois qu'il a donné naissance au mot magribin مصرية, que je prononce par conséquent *maçrïa*. Une autre circonstance me confirme dans cette supposition. Quelques-uns des mots que j'ai donnés, ainsi que d'autres qui viennent également du verbe *manere*, signifient en outre *métairie*, ou plutôt «collectio quaedam possessionum ac praediorum.» En Sicile on disait en ce sens et au moyen âge *massaria* (prononcez massaria et voyez Ducange). Or, on retrouve le même mot en Barbarie. «Jardins ou métairies, qu'ils appellent *Masseries*,» dit le père Dan (*Histoire de Barbarie*, p. 284; cf. p. 285, 433), et dans un ouvrage allemand sur l'Algérie (*Nachrichten und Bemerkungen über den algierschen Staat*, Altona, 1798) on lit (I, 137): «Lorsque les maisons de campagne sont entourées de beaucoup de terres qui y appartiennent, et que des Kabyles habitent dans les cabanes de paille construites autour de l'édifice principal, afin de labourer le sol et de paître les troupeaux, de telles possessions s'appellent ordinairement *masseries*.»

Mogeles. Chez M. Müller on lit: «Mogoles (poulies) de بكرة (bacra)?» *Mogoles* n'existe pas; probablement le savant bavarois a eu en vue *mogeles*, qui signifie en effet *moufles de vaisseau, fouets, queues-de-rat*; mais on peut aussi bien dériver *alfana* d'*equus* que *mogeles* de *bacra*.

«Mulato de مولد (mowallad) qui désigne «celui qui est né d'un père arabe et d'une mère étrangère.» Il va de soi-même que ce mot n'a rien de commun avec *mule*, dont on a voulu le dériver.» Engelmann. — Je dois avouer que j'approuve au contraire l'étymologie répudiée par M. Engelmann, et que le mot arabe *mowallad* ne me semble pas convenir. Il signifie proprement *adopté* (aussi P. de Alcala le donne-t-il sous *adoptado*), et en Espagne on appelait ainsi, sous le règne des Omaiyades, les Espagnols qui avaient embrassé la religion de Mahomet; c'étaient pour les Arabes *des adoptés*. Mais jamais il n'a désigné un mulâtre, un fils d'un nègre et d'une blanche, ou d'un blanc et d'une négresse. *Mulato* est proprement un mot portugais, et dans cette langue il signifie 1°. *mulet*, 2°. (figurément) *mulâtre* (voyez Moraes). Les enfants nés du mélange de la race blanche et de la race noire étant fort méprisés, on leur a donné ce sobriquet injurieux. J'ajouterai encore que mon excellent ami M. Veth, après avoir défendu dans une Revue hollandaise l'opinion de M. Engelmann, m'a dit plus tard, et avant que j'eusse examiné sérieusement l'origine du mot en question, qu'il avait changé d'avis et qu'il croit à présent avec Moraes que *mulato* est *mulet* pris figurément.

N.

« Naipe (carte à jouer). Les savantes recherches de M. Merlin (*Revue archéologique* de 1859, p. 193, 280, 747) ont réfuté d'une manière suffisante tout ce qu'on avait dit sur l'origine orientale des cartes à jouer, et ont mis hors de doute le fait qu'elles ont été inventées en Italie. C'est donc faire des efforts impuissants que de vouloir trouver dans l'arabe l'explication étymologique du mot en question. Cependant je me crois obligé de dire un mot des conjectures qu'a avancées M. Mahn (*Etym. Unters.*, p. 29). Ce savant trouve dans les quatre couleurs des cartes une allusion aux quatre ordres. Les *spade* désigneraient la noblesse, les *coppe* les ecclésiastiques (!), les *denari* les marchands, et les *bastoni* les paysans. Cette hypothèse une fois admise, il dérive le mot *naipe* de l'arabe *nâïb* (vicaire, substitut). — Le fait est que M. Mahn n'a pas compris le véritable sens de ce mot arabe. Un *nâïb* désigne un *substitut, un délégué, un vicaire;* un vice-roi, un gouverneur d'une province, peut être le *nâïb du sultan;* mais ce mot ne s'emploie jamais dans l'acception que nous donnons au mot *représentant*, quand nous disons que les états généraux représentent le peuple. L'idée même de représentation n'existant pas chez les Orientaux, il va sans dire qu'ils n'ont pas dans leur vocabulaire un mot pour désigner un représentant du peuple. — Et encore M. Mahn aurait-il dû démontrer que les Arabes ont eu des cartes qu'ils nommaient *nâïb*, ou bien il aurait dû expliquer le fait singulier et incroyable que les Italiens ou les Espagnols se seraient servis d'un mot arabe pour exprimer une chose nationale. » Engelmann.

P.

« Petaca (étui, p. e. pour des cigares) de بطاقة (*bitâca*) (qui vient du grec πιττάκιον), *un morceau de papier, une lettre*. Le changement de signification est le même que dans القرطاس, *du papier*, et *alcartaz, cornet*.» Müller. — C'est au contraire un mot mexicain (de *petlacalli*) et qui signifie proprement *coffre;* voyez Diez.

R.

Radio. De même que l'avait fait Marina, M. Müller dérive cet adjectif, qui n'est plus en usage, de ردى (*radi*); mais le sens de ces deux mots n'est pas du tout le même. Le terme arabe signifie *mauvais* et rien autre chose, tandis que le mot espagnol avait un sens bien différent, comme le prouve ce passage de la *Chronica general* que cite l'Acad.: « Acogeronse mui fuertemente á los montes, é andaban radíos por ellos á unas partes, é á otras, como facen los lobos.» Voyez aussi Sanchez, II et IV.

Rincon, rancon, rencon (coin, angle), de ركن (*rocn*) selon M. Müller. M. Engelmann connaissait cette étymologie par Marina et par Moura, mais je crois qu'il a eu raison de ne pas l'admettre; voyez Diez.

S.

« Sabalo (alose). Quel est le terme original, le mot roman ou le mot arabe شابل (*chābal*)? » Müller. — L'arabe ancien ne connaît pas ce terme, qui n'a jamais été en usage qu'au Magrib (cf. le Glossaire sur Edrîsî, p. 325, 388). C'est peut-être un mot très-ancien et qui a été en usage, en Espagne et parmi les Berbères, depuis un temps immémorial.

« Sabana, savana (linceul, drap de lit), de سبينية (*sabaníya*) qui désigne *une pièce de toile blanche*, comme on en fabriquait à Saban, qui est le nom d'un endroit près de Bagdad. Voyez plus de détails sur ce mot chez M. Dozy, *Dict. des noms des vêt.*, p. 200, Gloss. sur Ibn-Adhârî, p. 21. Dans un passage de ce dernier auteur il désigne *un mouchoir, sonadero de mocos* chez P. de Alcala. » Engelmann. — J'ai à me reprocher d'avoir donné autrefois cette étymologie; mais M. Engelmann aurait pu savoir par le *Journ. asiat.* de 1854 (I, 171, 172), ou par la première partie des *Mémoires d'hist. orient.* de M. Defrémery (p. 205, 206), qui a paru dans la même année, que j'ai rétracté ce que j'avais dit à ce sujet. *Sabana*, comme M. Diez l'a dit avec raison, vient du grec σάβανον, b.-lat. *sabanum* (toile rude pour s'essuyer au sortir du bain, frottoir). Quant à l'arabe *sabaníya*, je n'ose pas décider s'il vient de ce même mot grec ou bien du nom propre Saban.

T.

« Tafur, tahur, *pg.* taful (celui qui pipe au jeu), de دحول (*dahoul*), *trompeur, perfide* (?). » Engelmann. — Etymologie inadmissible, 1°. parce que le mot arabe n'appartient pas au langage ordinaire, 2°. parce que le *d* initial ne se change pas en *t*.

TASQUILES (recoupes, éclats qui s'enlèvent des pierres, quand on les taille). M. Müller demande si ce mot vient de تصقيل (taçquîl), qu'il traduit par *l'action de polir*. Je ne le crois pas, car *taçquîl* serait l'infinitif de la 2ᵉ forme, et celle-ci n'existe pas. En outre, la signification ne conviendrait point. *Tasquiles* n'a rien à faire avec l'idée de *polir*, et supposé même qu'il en fût autrement, la forme (l'infinitif) serait assez étrange.

TELINAS (tellines) ne dérive pas de l'arabe دلينس (dellînas), comme le pense M. Müller, car le *d* arabe, quand il est initial, ne devient pas *t* en espagnol, mais du grec τελλίνη, qui a passé aussi dans le latin et dans le français, et d'où le terme arabe vient également.

«TINA, TINAJA (grande cruche de terre; — cuvier), de l'arabe طين (tîn), *argile*, mot qu'on emploie encore de nos jours en Afrique pour désigner *une aiguière;* cf. Duveyrier dans le *Zeitschrift der d. morgenl. Gesellschaft*, XII, 185.» Müller. — Etymologie très-malheureuse! Il est vraiment singulier que M. Müller n'ait pas connu le latin *tina*, qui se trouve déjà chez Varron avec le sens de *cuvier* et d'où viennent *tina*, fr. *tine*, ital. *tinaccio*. Quant à l'arabe *tîn* il n'a jamais signifié *aiguière* chez les Arabes d'Espagne, et ce que Duveyrier a donné dans le Journal asiatique allemand, est un glossaire berbère.

X.

«XERGA (étoffe de laine grossière) de l'arabe شاركة (chârica) qu'on trouve chez P. de Alcala aux mots *xerga o sayal*, *sayal de lana grosera*, *picote o sayal*. N'ayant jamais rencontré ce mot ailleurs, je ne sais pas si je l'ai transcrit correctement en caractères arabes.» Engelmann. — Les Mauresques ont emprunté ce mot aux Espagnols. Son étymologie a été expliquée par M. Diez, I, 364.

Z.

«ZARANDA (crible). N'ayant jamais rencontré l'arabe *çârand* par lequel P. de Alcala traduit le mot espagnol, et n'étant pas en état de lui donner une étymologie arabe, je suis porté à croire qu'Alcala n'a fait que transcrire l'espagnol *zaranda*, dont il faudrait par conséquent chercher l'origine ailleurs.» Engelmann.

ADDITIONS ET CORRECTIONS.

Pag. 32, l. 25. Au lieu de Ibn-Labboun, lisez: Ibn-Loyôn.

Pag. 61, art. ALBACORA. Selon Grose (*Voyage to the East Indies*, I, 5) ce poisson aurait été nommé ainsi à cause de sa couleur blanche; mais comme la seconde partie du mot ne s'explique pas par le latin, j'hésite à reconnaître le latin *alba* dans la première.

Pag. 73, art. ALBORONIA. L'arabe بورانية ne manque pas dans Freytag (voyez I, 171 b), quoiqu'il ne soit pas à sa place, et ce qu'on y lit confirme ce que j'ai dit sur l'origine de ce mot. D'un autre côté, l'étymologie de *alboronia* que j'ai proposée, trouve un appui dans un passage de Rhazès. Les melongènes sont, comme je l'ai dit, l'ingrédient principal de l'*alboronia*. Or Ibn-al-Baitâr, à l'article باذنجان, qui signifie *melongène*, cite un passage de Rhazès où on lit: وانما تبقى الحدّة, والحرافة فى المشوى بلا دهن وفيما لم يصلق من البورانى الّا انه فى البورانى اقلّ «ce fruit ne retient son âcreté que dans les mets rôtis sans huile et dans le *bôrânî* qu'on ne cuit pas [1]; seulement elle est moindre dans le *bôrânî*.» On voit donc que les melongènes entrent dans le *bôrânî* (forme qui manque chez Freytag) ou *bôrânîya* des Arabes comme dans l'*alboronia* des Espagnols.

Pag. 73, art. ALBOROQUE. Le mot *baraca* se trouve aussi dans le sens de *cadeau*, *gratification*, chez un chroniqueur anonyme (man. de Copen-

---

[1] صلق pour سلق (comme porte ici le man. 420 b) est très-fréquent, ce que Freytag aurait dû noter.

hague, n°. 76, p. 10) qui s'exprime en ces termes: وذكر ابن صاحــب الصلاة قال حدّثنى ابو الحسن انّه كان يعطى فى البركة لعساكره فى غزوته الى قفصة الف دينار تمادى ذلك مدّة غزوته الى ان انصرف سوى العلوفات والمواسات والمرافق فى كلّ مـنـزل «Ibn-Çâhibi-'ç-çalât dit ceci : Selon le rapport d'Abou-'l-Hasan, le calife donna à chacun de ses soldats, pendant toute la durée de son expédition contre Cafça, mille dinârs en guise de gratification, sans compter les fourrages, les commodités de la vie et les provisions qu'ils trouvaient à chaque étape.» Plus loin (p. 21) on lit dans le même ouvrage: اخرج البركة لجميع العساكر مـن الفرسان والرجال, «le calife fit donner une gratification à tous les soldats de la cavalerie et de l'infanterie.» Ailleurs (p. 23): les chaikhs arabes étant arrivés avec les soldats de leurs tribus, انـعـم عليهم بالكسوات العجيبة والبركات الجزيلة, «le calife leur fit donner des vêtements magnifiques et des gratifications très-considérables.» Plus loin (p. 52): وخرجت المرتّبات والبركات, «on donna aux troupes leur solde et leurs gratifications.» Dans un autre endroit (p. 70): وافيضت على الواصلين بالنباء سـوابغ البركات, «ceux qui avaient apporté la nouvelle de cette victoire furent comblés de cadeaux.» Plus loin (p. 91): فلمّا خرجوا ونزلت محلّته بظاهر تـونس طلبوا منه عادتهم التى هى البركة والاحسان, «lorsque les soldats furent sortis de Tunis et qu'ils eurent établi le camp en dehors de cette ville, ils lui demandèrent ce qu'on leur donnait ordinairement, à savoir des gratifications et des présents.» Et encore (p. 115): le sultan partit de Maroc avec son armée, بـعـدمـا اعـطـى للموحّدين بركاتهم وللمتجـنّدين اعطياتهم على جرى عادتهم, «après avoir donné leurs gratifications aux Almohades et aux soldats leur paie, selon la coutume.» Un autre passage (p. 44), où on lit: واخذوا باقيتهم المسمّى بالبركة, semble indiquer que *baraca* est synonyme de *bâkiya*, qui signifie proprement *arrérages*.

Pag. 77, l. 13. Au lieu de: pendant qu'ils faisaient une razzia, lisez: pendant que la population n'était pas sur ses gardes.

Pag. 107. En parlant d'une expédition que le sultan almohade Almançor entreprit contre Cafça dans l'année 582 de l'Hégire, un chroniqueur anonyme (man. de Copenhague, n°. 76, p. 34) dit: وفى هذه الحركة اختزع اثزاك النعد (?) لنزوله فى غاية الحسن والجمال, «pour cette expédition il avait fait faire un *áfarág* d'une beauté et d'une élégance très-remarquables et que l'on dressait quand il s'arrêtait. »

Pag. 112, 113, art. ALFERECIA. L'idée de M. Engelmann, qui met ce terme (*alfeliche*) en rapport avec la racine خلج (*khaladja*), mérite peut-être plus d'attention que je ne lui en ai accordé. Le mot اختلاج (*ikhtilâdj*) est du moins un terme de médecine et signifie réellement *con-vulsions*, car je trouve dans le *Glossaire sur le Mançourî* (man. 331 (5), fol. 152 r°): اختلاج هو اضطراب العضو او جزء منه لريح مُسْتَكِنة فيه منقول من خَلَجَهُ واختلاجه اذا جذبه من موضعه وانتزعه. Aussi M. Sontheimer (I, 162) traduit-il *Zuckungen* dans ce passage d'Ibn-al-Baitâr: واذا حدث فى البدن اختلاج او رعشة او لقوة. *Al-ikhtilâdj*, prononcé comme *al-iftilîdj* par suite de l'*imâla* et du changement ordinaire de *kh* en *f*, devient facilement *alfeliche*.

Pag. 181, l. 24. Ajoutez: Chez Ibn-Haiyân (man. d'Oxford, fol. 29 r°) il est question du مصلَّى فحص المضارة العتيق, « vieux *moçallá* (grande place en plein air, où le peuple se réunit pour faire la prière en certaines occasions) dans le champ de la *moçâra*» près de Cordoue.

Pag. 186, art. ALQUITARA. Chez Hélot *alambic* est aussi قَطَّارة.

Pag. 193, l. 7 a f. — 5 a f. *Noudba* avec le sens de *garnison* se trouve aussi deux fois dans ce passage d'Ibn-Haiyân (man. d'Oxford, fol. 86 r°): وملك القصبة وحصنها وضم فيها ندبة من اصحابه واصلح من شانها وقوَّاها وندب داخلها ندبة من رجاله, « s'étant emparé du château, il le fortifia et y mit quelques-unes de ses troupes en garnison» (dans la phrase suivante l'auteur répète la même chose en d'autres termes). Ailleurs (fol. 85 v°) il emploie *nadb* dans la même acception, quand il dit: وحصَّن قصبتها — وادخل فيها الندب, « il fortifia le château de la ville et y mit une garnison. »

Pag. 207. Avant *asequi* il faut ajouter cet article:

*ARZOLLA. Dans le sens d'*amande qui n'a pas atteint sa maturité*, c'est اللوزة (*al-lauza*); voyez l'article *alloza*, où j'ai déjà noté *arzolla* comme une forme portugaise; mais ce mot désigne en outre la plante appelée chardon-de-Notre-Dame ou caille-lait. Dans cette acception c'est un tout autre mot, mais que les Espagnols ont aussi reçu des musulmans. Il n'est pas dans les dictionnaires arabes, mais je l'ai trouvé chez Ibn-al-Baitâr. En parlant d'une plante dont le véritable nom m'est encore inconnu, car dans les man. ce nom, qui n'est pas non plus dans les lexiques, est écrit de différentes manières (dans la traduction de Sontheimer c'est t. I, p. 27, deuxième article), ce botaniste dit que le goût du médicament qu'on en prépare ressemble un peu à celui de l'artichaut; puis il ajoute que la plante en question ressemble aussi un peu, pour ce qui concerne la forme de sa racine, ses feuilles, ses fleurs et son goût, à celle que les botanistes appellent *arzola*, النبات المعروف

عند الشجّارين بالأرزلة. Cet *arzola*, qui est écrit deux fois très-distinctement dans nos man. 13 et 420 *b* (le premier ajoute les voyelles), est selon toute apparence le même mot que l'esp. *arzolla* dans le sens de *Chardon-de-Notre-Dame*. Dans la traduction de Sontheimer il est altéré d'une manière fort étrange, car au lieu de *arzola* on y lit deux fois *reis*.

Pag. 220, art. AXOBDA. M. Defrémery m'écrit: « Ne pourrait-on pas lire *axorda*, de الشرطة (*ach-chorta*)? Cf. le val. *eixortins*, et *xurta*, qui, dans les lois de la dynastie aragonaise de Sicile, jusqu'au XIVe siècle, sert à désigner les patrouilles de police (Amari dans le *Journ. asiat.* de 1846, I, 229).» Il est vrai qu'il n'y avait pas de patrouilles de police dans les camps, mais seulement dans les villes; toutefois il se pourrait que l'auteur de la Chanson du Cid eût réellement eu ce mot en vue et qu'il l'eût appliqué improprement à des sentinelles.

Pag. 302, 303, art. MARFUZ. Plus j'y songe, plus je doute de cette étymologie de *marfuz*. J'ai déjà dit qu'un participe passif *markhouç*, formé du verbe neutre *rakhoça*, est contre les lois de la grammaire. En outre je ne puis pas prouver que les Arabes ont employé ce participe, et je ne vois pas non plus pourquoi ils l'auraient formé, car comme ils avaient *rakhîç* (esp. *rafez*), ils n'avaient pas besoin de forger *markhouç* et de l'employer dans le même sens. Je crois donc devoir entrer dans une autre voie. Le *dhâd* final devenant quelquefois *z* (p. e. dans *hamez*), je pense à présent, avec les auteurs du glossaire sur le Cancionero de Baena, que *marfuz* est l'arabe مرفوض (*marfoudh*), le participe passé du verbe *rafadha*. Ce verbe signifie *abandonner, rejeter, réprouver* (Bocthor sous ce dernier mot), et son participe passé a le sens de *rejetable, qui doit être rejeté* (Bocthor), *réprouvé*. Ainsi on lit chez Ibn-Haiyân (*apud* Ibn-Bassâm, man. de M. Mohl, fol. 42 v°) qu'Ibn-Hazm parla et écrivit contre les juifs مـن المرفوضة المذاهب اولى مـن غيرهم.

اعل الاسلام «et contre les musulmans des sectes réprouvées.» Le sens de *réprouvé* convient à tous les passages espagnols où se trouve *marfuz*.

Pag. 337, l. 6 a f. Comparez ce passage dans le Voyage de M. Rohlfs, qui a paru cette année (*Reise durch Marokko*, p. 1): «En chemin nous fûmes arrêtés deux fois par des gens armés qui voulaient lever un droit de passage sur nos chevaux. — — Plus tard j'appris qu'ils étaient réellement autorisés, dans leur qualité de gardiens de la route, à lever une contribution sur chaque animal qui passait.»

INDEX.

Le signe § indique que le mot est altéré dans les chartes, les chroniques, etc.

A.

aarif *val.* — alarife.
ababa — hamapola.
ababol — hamapola.
abbarrada *pg.* — albarrada.
abelmosc *fr.* — abelmosco.
abihar — albihar.
abivas — adivas.
abojon — albañal.
abonon — albañal.
abulaga — p. 371.
açacal *pg.* — azacan.
açacalar *pg.* — acicalar.
açafrao *pg.* — azafran.
açaqual *pg.* — azacan.
aceifa *pg.* — acepha.
aceipha — acepha.
acenas — zahenes.
acenia *pg.* — aceña.
acenoria — azanoria.
acetere *pg.* — acetre.
acetrum *b.-lat.* — acetre.
achachia *b.-lat.* — achaque.
achaquia — achaque.
aciar — acial.
aciche — aceche.
acidates — acirate.
acige — aceche.
acimboga — zamboa.
acipipe *pg.* — acebibe.
acoton *a. fr.* — algodon.

açofrare *b.-lat.* — azofra.
açotea *pg.* — azotea.
açoucagem *pg.* — azogue.
açougui *pg.* — azogue.
açouque *pg.* — azogue.
açoute *pg.* — azote.
açucate *pg.* — acicate.
adafina — adefina.
adail *pg.* — adalid.
adala — p. 370.
adalil — adalid.
adaraga — adarga.
adaragadante — ante.
adarme — adareme.
adehala — adahala.
adia *pg.* — odia.
adibe *pg.* — adive.
adinas — adivas.
adiva — adive.
adnuba *b.-lat.* — annuduva.
adraja — adaraja.
adta — hasta.
adua *pg.* — annuduva.
adulaha *b.-lat.* — sandia.
adzembles *val.* — acemila.
aeyraki *b.-lat.* — irake.
aeyralis *b.-lat.* § — irake.
afico — hafiz.
agarrar — p. 370.
agomia *pg.* — gumia.
aguasul *val.* — algazul.
agumia *pg.* — gumia.

aixorca *val.* — axorca.
ajonge — aljonge.
ajonjoli — aljonjoli.
ajorar — jorro.
alabao *pg.* — p. 370.
alabega — albahaca.
alacral *pg.* — alacran.
alacrao *pg.* — alacran.
alahea *pg.* — alahela.
alambar — ambar.
alambel *pg.* — alfamar.
alamber — alamar.
alambic *fr.* — alambique.
alambor — alcabor.
alambre *pg.* — ambar.
alameda — p. 370.
alamina — alamin.
alanzel — arancel.
alanzorear — alhanzaro.
alara § — alagara.
alarif *val.* — alarife.
alarve *pg.* — alarbe.
alaxur — alaxu.
alazao *pg.* — alazan.
albacor — albacora.
albafora *pg.* — albafar.
albanez *pg.* — albani.
albañar — albañal.
albañil — albani.
albañir — albani.
albara — albala.
albaran — albala.

50

albarcoque — albaricoque.
albardi *val.* — albardin.
albarra — albala.
albarréa *pg.* — albarran.
albarraz — abarraz.
albayal § — alagara.
albaz § — alchaz.
albecora — albacora.
albelló *val.* — albañal.
albellon — albañal.
albercocca *ital.* — albaricoque.
albercoque — albaricoque.
alberengena — berengena.
albernoz — albornoz.
albetoça *pg.* — albatoza.
albexi *b.-lat.* — alguexi.
albicocca *ital.* — albaricoque.
albixeres *val.* — albricias.
albofera — albohera.
albolga — alholba.
albollon — albañal.
albolon — albañal.
alboquorque — albaricoque.
alborga — p. 373.
alborni — borni.
alboroc — alboroque.
alboroto — p. 371.
alborozo — p. 371.
albricoque *pg.* — albaricoque.
albudeca — albudega.
albuelvola — alborbola.
albuerbola — alborbola.
alcaballa *pg.* — alcabella.
alcacer — alcacel.
alcaceria *cat.* — alcaiceria.
alcaçarias *pg.* — alcaiceria.
alcachofa — alcarchofa.
alcachofra *pg.* — alcarchofa.
alcacil — alcaucil.
alcaçova *pg.* — alcazaba.
alcaçuz *pg.* — alcazuz — orozuz.
alcadef *pg.* — alcadafe.
alcadefe *pg.* — alcadafe.
alcaeceria — alcaiceria.
alcamonia *pg.* — alcamonias.

alcamphor *pg.* — alcanfor.
alcamunia *pg.* — alcamonias.
alcance — p. 83, n. 1.
alcandora *pg.* — alcandara.
alcaot *prov.* — alcahuete.
alcaravão *pg.* — alcaravan.
alcarcil — alcaucil.
alcatara — alquitara.
alcatruz *pg.* — alcaduz.
alcavala — alcabala — alcabella.
alcavera — alcabella.
alcavot *prov.* — alcahuete.
alcayote *pg.* — alcahuete.
alchazar — alcacel.
alcherevia *pg.* — chirivia.
alcheria *pg.* — alcaria.
alchimilla — alquimia.
alchoton — algodon.
alcofa *pg.* — alcahuete.
alcofol — alcohol.
alcofoll *cat.* — alcohol.
alcomenias — alcamonias.
alcomonia *pg.* — alcamonias.
alcorão *pg.* — alcoran.
alcorça *pg.* — alcorza.
alcorce *pg.* — alcorza.
alcorde — alcarrada.
alcoscuzu — alcuzcuz.
alcoton — algodon.
alcova *ital.* — alcoba.
alcôve *fr.* — alcoba.
alcunha *pg.* — alcuna.
alcuño — alcuña.
alcupetor — alcapetor.
alcuzcuzu — alcuzcuz.
aldargama — adargama.
aldrava *pg.* — aldaba.
alducar — aducar.
alefriz *pg.* — alefris.
alephanginas — alefanginas.
alesor — alaxor.
alexor — alaxor.
alezan *fr.* — alazan.
alfabar *pg.* — alfamar.
alfabega — albahaca.

alfagara *b.-lat.* — alagara.
alfagia — alfargia.
alfagiara *b.-lat.* — alagara.
alfajara *b.-lat.* — alagara.
alfalfe — alfalfa.
alfalfez — alfalfa.
alfama § — aljama.
alfanbar *pg.* — alfamar.
alfanegue *b.-lat.* — alfaneque.
alfanehe *b.-lat.* — alfaneque.
alfanez *b.-lat.* — alfaneque.
alfaquim — alhaquin.
alfar — alfahar.
alfarero — alfahar.
alfarroba *pg.* — algarroba.
alfarxes — alfargia.
alfaxu — alaxu.
alfaxur — alaxu.
alfazema *pg.* — alhucema.
alfechna *b.-lat.* — alfetena.
alfeliche — alferecia — p. 390.
alfenim *pg.* — alfeñique.
alferiche — alferecia.
alfetna *b.-lat.* — alfetena.
alfiler — alfilel.
alfinde — alinde.
alfinete *pg.* — alfilel.
alfoli — alholi.
alfondeca *b.-lat.* — alhondiga.
alfonsigo — alfocigo.
alforatus *b.-lat.* — alforado.
alforins *val.* — alholi.
alforiz — alholi.
alforrat *cat.* — alforado.
alforrécas *pg.* — alhurreca.
alforria — alholba.
alforva — alholba.
alforvas *pg.* — alholba.
alfostigo — alfocigo.
alfoufe *a. pg.* — alfobre.
alfoufre *a. pg.* — alfobre.
alfouve *a. pg.* — alfobre.
alfovre *a. pg.* — alfobre.
alfuja *pg.* — alfugera.
alfurja *pg.* — alfugera.
algaba — algava.

algacel — gacel.

algarabio — algarabia.

algaravia — algarabia.

algaribo — algarivo.

algarve *pg.* — alquerque.

algazarra *pg.* — algazara.

algazu — gazua.

algebrista — algebra.

algela *pg.* — alahela.

algerive *pg.* — algerife.

algibebe *pg.* — aljabibe.

algiroz *pg.* — algeroz.

algodão *pg.* — algodon.

algofar *pg.* — aljofar.

algofra — algorfa.

algorio — alguarin.

algoritmo — alguarismo.

algoton — algodon.

algravia *pg.* — algarabia.

alguergue *pg.* — alquerque.

alhaba — alfaba.

alhabega — albahaca.

alhacena — alacena.

alhadida — alidada.

alhagara *b.-lat.* — alagara.

alhaili — aleli.

alharma — alfarma.

alhandega *pg.* — alhondiga.

alhaonarse — haron.

alhargama — alfarma.

alhaxix — alhexixa.

alheli — aleli.

alhiara — aliara.

alhidada — alidada.

alhinde — alinde.

alhobzes — alfoz.

alholla — alfolla.

alholva — alholba.

alhorza — alforza.

aliacran — aliacan.

aliaga. — p. 371.

alicece *pg.* — alizace.

aliceres — alizares.

alicerse *pg.* — alizace.

alicesse *pg.* — alizace.

alifase § — alifafe.

aliphafe *b.-lat.* — alifafe.

aliphase § — alifafe.

aliphasis § — alifafe.

aliquival — alquival.

aljabebe *pg.* — aljabibe.

aljabeira *pg.* — algibeira.

aljafifar — aljofifa.

aljaroz *pg.* — algeroz.

aljava *pg.* — aljaba.

aljofifar — aljofifa.

aljorses *pg.* — aljaraz.

aljube *pg.* — algibe.

aljufaina — aljofaina.

aljup — algibe.

allebliati (falcones) *b.-lat.* — nebli.

alludel — aludel.

almadena — almadana.

almadina — almadana.

almadrac — almadraque.

almadreña — p. 372.

almafariz — almirez.

almaffega *pg.* — almarrega.

almafil *b.-lat.* — marfil.

almafre *pg.* — almofar.

almagacen — almacen.

almaizal — almaizar.

almajanech *cat.* — almajaneque.

almandaraque — almandarahe.

almandra *b.-lat.* — p. 152, n. 1.

almandraque *a. pg.*, — p. 152, n. 1.

almarcen — almacen.

almarfaga *pg.* — almarrega.

almarge *pg.* — almarcha.

almargeal *pg.* — almarcha.

almargem *pg.* — almarcha.

almaribate — almarbate.

almarjales — almarcha.

almarracha *pg.* — almarraxa.

almartega — almartaga.

almartiga — almartaga.

almastec — almaciga.

almastiga — almaciga.

almatrac *prov.* — almadraque.

almatracum *b.-lat.* — almadraque.

almatrach *cat.* — almadraque.

almaxia — almexia.

almazem *pg.* — almacen.

almegi — almexia.

almegia — almexia.

almena — p. 372.

almiar — almear.

almiça *pg.* — almece.

almice *pg.* — almece.

almirage — almirante.

almiraglio *ital.* — almirante.

almiraje — almirante.

almiscar *pg.* — almizque.

almizcle — almizque.

almocadem *pg.* — almocaden.

almocafre — almocafe.

almocelia — almocella.

almoceria — almocella.

almocovar *pg.* — almocavar.

almocrate — almojatre.

almoeda *pg.* — almoneda.

almofaça *pg.* — almohaza.

almofada *pg.* — almohada.

almofariz — almirez.

almofalla — almohalla.

almofre — almofar.

almofreixe *pg.* — almofrex.

almofrexe — almofrex.

almogarif *val.* — almoxarife.

almohatre — almojatre.

almoíanege — almajaneque.

almojater — almojatre.

almondega — albondiga.

almoqueire *pg.* — almocreve.

almoronia — alboronia.

almosarife *pg.* — almoxarife.

almotacel *pg.* — almotacen.

almotafa — almostalaf.

almotafaz — almostalaf.

almotalaf *val.* — almostalaf.

almotalafe — almostalaf.

almotalefe — almostalaf.

almotazaf — almostalaf.

almoxerife — almoxarife.

almozala — almocella.

almozarife *pg.* — almoxarife.

almozela — almocella.

almucabala *pg.* — almocabala.

almucantarat — almicantarat.

almucella — almocella.

almuceria — almocella.

almude *pg.* — almud.

almuia — almunia.

almuinha — almunia.

almunha — almunia.

almuri — almori.

almutaceb — almotacen.

almutazafe — almotacen.

almuzala — almocella.

almuzalla — almocella.

alnagora — anoria.

alpargate — p. 373.

alpicoz — alficoz.

alquequenge — alkaquengi.

alqueria — alcaria.

alquetifa — alcatifa.

alquice — alquicel.

alquicer — alquicel.

alquiés *pg.* — alquez.

alquiler — alquile.

alquimilla — alquimia.

alquirivia *pg.* — chirivia.

alquiser — alquicel.

alquivar — alquival.

altabaque — tabaque.

altaforma *pg.* — atahorma.

altramuz — atramuz.

aluaxaque — aguaxaque.

aluayaque § — aguaxaque.

alvacil *a. pg.* — alguacil.

alvacir *a. pg.* — alguacil.

alvanel *pg.* — albani.

alvara — albala.

alvaraz *pg.* — albarazo.

alvarcoque — albaricoque.

alvaroc — alboroque.

alvaroch — alboroque.

alvarráa *pg.* — albarran.

alvasil *a. pg.* — alguacil.

alvasir *a. pg.* — alguacil.

alvayade *pg.* — albayalde.

alvazil *a. pg.* — alguacil.

alvazir *a. pg.* — alguacil.

alveci *b.-lat.* — alguexi.

alveici *b.-lat.* — alguexi.

alveitar *pg.* — albeitar.

alverca *pg.* — alberca.

alviçaras *pg.* — albricias.

alvoroc, alvoroch — alboroque.

alvoroto *pg.* — p. 371.

amapola — hamapola.

amarillo — ambar.

amazaquen — almaciga.

ambra *ital.* — ambar.

ambre *fr.* — ambar.

amexa *pg.* — ameixa.

amfioen *holl.* — anfiao.

amiral *fr.* — almirante.

amiralh *prov.* — almirante.

ammiraglio *ital.* — almirante.

amoradux — almoradux.

amoucouvar *pg.* — almoucavar.

amuya — almunia.

anacala — anacalo.

anafaga — annafaca.

anafalla — anafaya.

anafe — alnafe.

anafil *pg.* — anafil.

anafim *pg.* — anafil.

anaxir — anexim.

anacal — anacalo — anaquel.

anafaga — annafaga.

anagal — anacalo.

anaza — anacea.

andaimo *pg.* — andaime.

andamio — andaime.

anemola *pg.* — p. 373.

anemona *pg.* — p. 373.

anemone — p. 373.

anémone *fr.* — p. 373.

anexir — anexim.

anhadel *pg.* — anadel.

anil *pg.* — anil.

anir — anil.

annacal — anacalo.

annadem *pg.* — anadel.

annafaga — annafaca.

annaffaga — annafaca.

anoria — anoria.

anta *pg.* — ante.

anubda *b.-lat.* — annuduva.

anuda *b.-lat.* — annuduva.

anudiva *b.-lat.* — annuduva.

anuduba *b.-lat.* — annuduva.

aqueton *a. fr.* — algodon.

arabia *pg.* — algarabia.

araca *pg.* — arac.

arambel — alfamar.

arancio *ital.* — naranja.

araque *pg.* — arac.

arbollon — albanal.

arcabuz — p. 373.

arcaduz — alcaduz.

archibuso *ital.* — p. 374.

arcobugio *ital.* — p. 374.

arfece *pg.* — rafez.

argilagues *val.* — p. 372.

argilax *a. fr.* — p. 372.

argola *pg.* — argolla.

arixes — alarixes.

armaga — alfarma.

armajal — almarcha.

armajara — almajara.

armazem *pg.* — almacen.

arquebuse *fr.* — p. 373.

arrabalde *pg.* — arrabal.

arrabil *pg.* — rabel.

arrabique *pg.* — arrebique.

arracadas — alcarrada.

arraes *pg.* — arraez.

arrais *pg.* — arraez.

arrate — arrelde.

arratel *pg.* — arrelde.

arraxaque — arrexaque.

arrayan — arraihan.

arre — arriero.

arreaz *pg.* — arreas.

arrecadas *pg.* — alcarrada.

arrecife — arracife.
arredoma *pg.* — redoma.
arrefeçar *pg.* — rafez.
arrefem *pg.* — rehen.
arrehen — rehen.
arrel — arrelde.
arri *prov. ital.* — arriero.
arrial — arriaz.
arriaz *pg.* — arreas.
arrieiro *pg.* — arriero.
arrodoma *b.-lat.* — redoma.
arrotoma *b.-lat.* — redoma.
arrotovas — arrocovas.
arsanayado — arsenal.
arzel *fr.* — argel.
arzolla — alloza — p. 390.
asarabacara — p. 374.
asarihe *b.-lat.* — xariko.
asenha *pg.* — aceña.
asoth — azogue.
assania *pg.* — aceña.
assassino *pg.* — asesino.
ata — hasta.
atafona *pg.* — atahona.
ataharre — atafarra.
atahud — ataud.
atambal — atabal.
atambor — p. 374.
atara — merma.
atarace — ataracea.
atarazana — arsenal.
atarea — tarea.
atarrafa *pg.* — atarraya.
atarrea — atafarra.
ataut — ataud.
até *pg.* — hasta.
atha *pg.* — hasta.
athanor — atanor.
atincal *pg.* — atincar.
atora — p. 375.
attabi *b.-lat.* — tabi.
atucia — atutia.
aubère *fr.* — hobero.
aubergine *fr.* — berengena.
aubricot *prov.* — albaricoque.
aucoton *a. fr.* — algodon.

aucton *a. fr.* — algodon.
aulaga — p. 371.
aulaquida — alguaquida.
auqueton *a. fr.* — algodon.
avahar — albafor.
avaria *pg. ital.* — averia.
avarie *fr.* — averia.
avelorios *pg.* — abalorio.
avives *fr.* — adivas.
avorozo — p. 371.
axadrez — axedrez.
axarope — axarabe.
axenable — xenabe.
axenuz — agenuz.
axovar — axuar.
axuayca — axorca.
azabara — acibar.
azafema *pg.* — azafama.
azaga — zaga.
azahanoria — azanoria.
azahaya — azagaya.
azamboa — zamboa.
azambujo *pg.* — acebuche.
azarba — azarbe.
azaro — anzarotes.
azarolla — acerola.
azarote — anzarotes.
azebre — acibar.
azédarac *fr.* — acedaraque.
azeipha — acepha.
azemala *pg.* — acemila.
azemel *pg.* — acemila.
azemela *pg.* — acemila.
azemola *pg.* — acemila.
azena *pg.* — aceña.
azenia *pg.* — aceña.
azevar *pg.* — acibar.
azeviche *pg.* — azabache.
azevre *pg.* — acibar.
aziar *pg.* — acial.
azimela *pg.* — acemila.
azoch — azogue.
azoche — azogue.
azofora — azofra.
azoot — azogue.
azorafa — girafa.

azorecho *pg.* — azul.
azote — azogue.
azoth — azogue.
azougue *pg.* — azogue.
azud — azuda.
azufaifa — azofaifa.
azulejo — azul.
azuna — zuna.
azutea — azotea.
azzardo *ital.* — azar.

B.

bacora — albacora.
badea — albudega — badeha.
bafari *pg.* — bahari.
balais *fr.* — balax.
balaja — balax.
balanquin — baldaqui.
balaxo — balax.
balduquin — baldaqui.
bandujo — bandullo.
bango — p. 375.
baraca *b.-lat.* — barraca.
baracca *ital.* — barraca.
baraque *fr.* — barraca.
barda — p. 375.
bardas — almadraba.
bareca *b.-lat.* — barraca.
barga — barraca.
barregana *pg.* — barragan.
barrena — p. 375.
barro — p. 376.
basane *fr.* — badana.
batafaluga — batafalua.
bechen *fr.* — behen.
bedana *b.-lat.* — badana.
beduino *pg.* — bedouin.
befez § — rafez.
beijoim *pg.* — benjoim.
beijuim *pg.* — benjoim.
belguino *ital.* — benjoim.
beliz *pg.* — belis.
belledino *ital.* — baladi.
belzuino *ital.* — benjoim.
benjoin *fr.* — benjoim.

benjui — benjoim.

benzawi *pg.* — benjoim.

benzoin *pg.* — benjoim.

beringela *pg.* — berengena.

bezaar — bezar.

bezoar — bezar.

bézoard *fr.* — bezar.

bisnaga — biznaga.

bisnaga *pg.* — biznaga.

boronia — alboronia — p. 388.

borzeguim *pg.* — borcegui.

bosan *fr.* — buza.

bouracan *fr.* — barragan.

bringella *pg.* — berengena.

brodequin *fr.* — borcegui.

bunaca *sicil.* — noque.

buz — p. 376.

C.

caballa — alcabala.

cabdia — alcabtea.

cabella — alcabala.

cabilla *pg.* — cabilda.

cacifo *pg.* — cafiz.

cadaf *cat.* — alcadafe.

cadahe — cadae.

cadde *pg.* — cande.

cafallo § — rafal.

çafara *pg.* — safara.

çafaro *pg.* — safaro.

çaga *pg.* — zaga.

çahalmedina *b.-lat.* — zaval-medina.

cahiz — cafiz.

caire *fr.* — cairo.

calafatear — p. 376.

calanga — galanga.

calibre — p. 377.

camicia *ital.* — p. 377.

camisa — p. 377.

çamoçan § — camocan.

camphre *fr.* — alcanfor.

camucan — camocan.

cancabux — cambux.

candi — cande.

candil *pg.* — cande.

carabo — p. 378.

carabus *b.-lat.* — p. 378.

caracca *ital.* — caraca.

caracoa — caraca.

caracora *b.-lat.* — caraca.

caracove *fr.* — caraca.

caraffa *ital.* — garrafa.

caraffe *fr.* — garrafa.

caraque *fr.* — caraca.

carat *fr.* — quilate.

carato *ital.* — quilate.

carchexi § — alguexi.

carcioffo *ital.* — alcarchofa.

carmes — alquermez.

carmesi — alquermez.

carmin — alquermez.

carquois *fr.* — carcax.

carraca — caraca.

cartaz *pg.* — alcartaz.

cazeni *b.-lat.* — kazini.

cazur § — cazuz.

ceifa *pg.* — acepha.

ceifar *pg.* — acepha.

ceira *pg.* — p. 357, n. 1.

ceitil *pg.* — cepti.

celga *pg.* — acelga.

celtre — acetre.

cendal — p. 378.

cenefa — azanefa.

cenia — acena.

cenit — azimut.

cenoria — azanoria.

ceptil *cat.* — cepti.

cequia — acequia.

cerbatana — cebratana.

cerome — zorame.

ceroulas *pg.* — zaraguelles.

cerrome — zorame.

cetoal — cedoaria.

cetre — acetre.

ceuti — cepti.

cevacogue § — zavazogue.

cevaçogue — zavazogue.

chafariz *pg.* — zafareche.

chaleco — jileco.

charabé *pg.* — carabe.

chébeck *fr.* — xabeque.

chemise *fr.* — p. 377.

cherevia *pg.* — chirivia.

chervis *fr.* — chirivia.

chifla — chifra.

chiffre *fr.* — cifra.

chimeas *pg.* — chumeas.

chiroui *fr.* — chirivia.

chivarra — p. 378.

choça *pg.* — choza.

chumbeas *pg.* — chumeas.

chupa — aljuba.

chuque — chuca.

cicatea *basq.* — acicate.

cifaque — cifac.

cipayo — espay.

citara — acitara.

cofia — p. 378.

çofra *b.-lat.* — azofra.

coiffe *fr.* — p. 378.

coir *angl.* — cairo.

colcothar *pg.* — colcotar.

colmena — p. 378.

cooma *pg.* — coima.

coracora *pg.* — caraca.

corocora *pg.* — caraca.

çotea *pg.* — azotea.

couza *b.-lat.* — alcuza.

cramoisi *fr.* — alquermez.

cuffia *ital.* — p. 378.

çulame — zorame.

çurame — zorame.

curtir — p. 379.

D.

dafina — adefina.

dala — p. 370.

dalle *fr.* — p. 370.

danafil *pg.* — anafil.

danta *pg.* — ante.

dante — ante.

darga — adarga.

dargadante — ante.

darsena — arsenal.

diafa *pg.* — adiafa.
dinheiro *pg.* — dinero.
doana *prov.* — aduana.
dogana *ital.* — aduana.
douane *fr.* — aduana.
dragoman *fr.* — trujaman.
drogman *fr.* — trujaman.
dula — adula.
durazno — p. 379.

E.

écarlate *fr.* — p. 379.
eissarop *prov.* — axarabe.
eixovar *val.* — axuar.
embudo — p. 379.
embut *cat.* — p. 379.
enrocar — roque.
entoldar — toldar.
enxadrez *pg.* — axedrez.
enxaqueca — axaqueca.
enxebe — axebe.
enxerga *pg.* — enxerca.
enxerqua *pg.* — enxerca.
enxoval *pg.* — axuar.
enxovia *pg.* — algibe.
eouza § — alcuza.
erraca — arac.
escaveche *pg.* — escabeche.
espar — acibar.
exarich *b.-lat.* — xariko.
exarichus *b.-lat.* — xariko.
exaricus *b.-lat.* — xariko.
exericus *b.-lat.* — xariko.
exovar *b.-lat.* — axuar.
eyxarvia *pg.* — enxaravia.
eyxeco *pg.* — enxeco.
eyxequo *pg.* — enxeco.

F.

fabarraz — abarraz.
fabrègue *fr.* — albahaca.
falaxa *pg.* — falacha.
falouque *fr.* — faluca.
fanga *pg.* — fanega.

farda — alfarda — *pg.* p. 380.
farol — p. 380.
fasta — hasta.
fata — hasta.
fateixa *pg.* — fatexa.
fatol § *b.-lat.* — fatel.
felouque *fr.* — faluca.
felua — faluca.
feluca *ital.* — faluca.
filele *pg.* — fileli.
filuca *ital.* — faluca.
filucca *ital.* — faluca.
fistico *pg.* — alfocigo.
foam *pg.* — fulano.
foao *pg.* — fulano.
fodeli *val.* — fodoli.
folam *pg.* — fulano.
fomahante — fomahant.
forrar *pg.* — horro.
forro *pg.* — horro.
fouveiro — hobero.
frise *fr.* — friso.
fullano *pg.* — fulano.
fuluz *pg.* — foluz.

G.

gabela — alcabala.
gabella *val.* — gabilla. —
 ital. alcabala.
gabelle *fr.* — alcabala.
gacela — gacel.
gacele — gacel.
gafeti — algaphite.
gaita — p. 380.
gala — p. 380.
galan — p. 380.
galangal — galanga.
gallofa — p. 381.
gambo — cambux.
gambox — cambux.
gambux — cambux.
ganan — alganame.
gandulera *val.* — gandul.
ganham, ganhão *pg.* — alganame.

garengal — galanga.
garita — p. 381.
garroba — algarroba.
garza — p. 381.
gazapa — p. 381.
gazapo — p. 381.
gazella *pg.* — gacel.
gazelle *fr.* — gacel.
gazia *pg.* — gazua.
gaziva *pg.* — gazua.
gazzarra *ital.* — algazara.
gazzurro *ital.* — algazara.
gelba *pg.* — gelva.
genet *fr.* — ginete.
genette *fr.* — gineta — ginete.
gengible — agengibre.
gengibre — agengibre.
gergelim *pg.* — ajonjoli.
ghiazzerino *ital.* — jacerina.
giannetta *ital.* — ginote.
giannetto *ital.* — ginete.
giara *ital.* — jarra.
giarro *ital.* — jarra.
giba *b.-lat.* — algibeira.
giberna *ital.* — algibeira.
giberne *fr.* — algibeira.
gilet *fr.* — jileco.
gineta — ginete.
ginnetto *ital.* — ginete.
giraffe *fr.* — girafa.
gith *pg.* — git.
giulebbe *ital.* — julepe.
giuppa *ital.* — aljuba.
giz *pg.* — gis.
gomia *pg.* — gumia.
gorguez *pg.* — gorguz.
guadamacil — guadamaci.
guadameci — guadamaci.
guadamecil — guadamaci.
guadamecim *pg.* — guadamaci.
guadamexim *pg.* — guada-
 meci.
guahete — guahate.
guajate — guahate.
guajete — guahate.

guarguz *pg.* — gorguz.
guarismo — alguarismo.
gumena — p. 381.
gumileme *pg.* — elemi.
gurguez *pg.* — gorguz.

H.

habarraz — abarraz.
hacenes — zahenes.
haiz — hafiz.
haloque — aloque — faluca.
harambel — alfamar.
harem *fr.* — haren.
harma — alfarma.
harmaga — alfarma.
harmale *pg.* — alfarma.
harre — arriero.
hasard *fr.* — azar.
hata — hasta.
hatti *val.* — hasta.
hégire *fr.* — hegira.
helga — alhelga.
hilil *val.* — alfilel.
hixara — hegira.
hoqueton *fr.* — algodon.
horra — horro.
hostol *cat.* — estol.
houri *fr.* — huri.

I.

imbuto *ital.* — embudo.
iracha *b.-lat.* — irake.
iraga *b.-lat.* — irake.
issarop *prov.* — axarabe.

J.

jabalconar — jabalon.
jabalcones — jabalon.
jabalin — jabali.
jabalonar — jabalon.
jaceran — jacerina.
jaco — jacerina.
jahes — jaez.

janet *cat.* — ginete.
jaque *fr.* — jacerina.
jarre *fr.* — jarra.
jarro *pg.* — jarra.
jasaran — jacerina.
jaseran — jacerina.
jasmin *pg. fr.* — jazmin.
jazerant *fr.* — jacerina.
jazerenc *fr.* — jacerina.
jazerina *pg.* — jacerina.
jifa — gifa.
jorrao *pg.* — jorro.
jova — jovada.
jovata — jovada.
joverius *b.-lat.* — jovada.
juba — aljuba.
jubatta *b.-lat.* — jovada.
jugeoline *fr.* — aljonjoli.
julep *fr.* — julepe.
jupe *fr.* — aljuba.
jusasives *val.* — jucefia.
juvada *arag.* — jovada.
juverius *b.-lat.* — jovada.

K.

karabé *pg.* — carabe.
kazimi *b.-lat.* §. — kazini.
kazmi *b.-lat.* § — kazini.
koir *angl.* — cairo.
kyre *angl.* — cairo.

L.

lacrao *pg.* — alacran.
lambel *pg.* — alfamar.
lambique *pg.* — alambique.
lançarote *pg.* — anzarotes.
laque *fr.* — laca.
laqueca *pg.* — alaqueca.
laranja *pg.* — naranja.
largis *pg.* — alarguez.
laud — alaude.
lelies — lelilies.
lifara — alifara.
lilaila — fileli.

lilas *fr.* — lilac.
lililées — lelilies.
lililies — lelilies.
lime *fr.* — lima.
liuto *ital.* — alaude.
llubi *val.* — alubia.
lohoc *pg. et a. fr.* — looch.
lok *fr.* — looch.
looch *fr.* — looch.
luth *fr.* — alaude.

M.

macabes — almocavar.
maçaroca *pg.* — mazorca.
machila *b.-lat.* — maquila.
magacen — almacen.
magasin *fr.* — almacen.
maggazino *ital.* — almacen.
maginacete — machumacete.
magran — almagran.
mahozmedin — mazmodina.
maja — p. 381.
majo — p. 381.
manchar *pg.* — almïxar.
maquia *pg.* — maquila.
maquilla *b.-lat.* — maquila.
maraboti *prov.* — maravedi.
marabout *fr.* — morabito.
maraice *b.-lat.* — marahez.
marayce *b.-lat.* — marahez.
marcasita — marcaxita.
marcassite *fr.* — marcaxita.
marfaca *b.-lat.* — almarrega.
marfega — almarrega.
marffica *b.-lat.* — almarrega.
marfica *b.-lat.* — almarrega.
marfim *pg.* — marfil.
marga — almarrega.
margomadura — morcum.
marjal — almarcha.
marmutina — mazmodina.
marquesita — marcaxita.
marraga — almarrega.
marragon — almarrega.
marraiz *pg.* — marahez.

marrega — almarrega.

masari — p. 382.

mascarade *a. fr.* — mascara.

maschera *ital.* — mascara.

mascordin *val.* — mazmodina.

masque *fr.* — mascara.

matafalua — batafalua.

matafaluga — batafalua.

matassins *fr.* — matachin.

matelas *fr.* — almadraque.

materacium *b.-lat.* — almadraque.

materas *fr.* — almadraque.

materasso *ital.* — almadraque.

materatium *b.-lat.* — almadraque.

matical *pg.* — mitical.

mattaccino *ital.* — matachin.

mazmutina — mazmodina.

mechal § — mitical.

meitega *pg.* — almeitiga.

mencal § — mitical.

menjui — benjoim.

mercal § — mitical.

meschita *ital.* — mesquita.

mesquin *fr.* — mezquino.

mesquinho *pg.* — mezquino.

mestech *cat.* — mistico.

metal § — mitical.

meteal § — mitical.

metcal — mitical.

metgal — mitical.

methcaes *pg.* — mitical.

metical *pg.* — mitical.

mezmudina — mazmodina.

moammar — mohamar.

mocarabes — almocarabes.

moeda — moheda.

mofatra *pg.* — mohatra.

moganguice *pg.* — mogangas.

mogeles — p. 384.

mogigato — mogato.

mollita *pg.* — moslemita.

momarrache — mascara.

momie *fr.* — momia.

monção *pg.* — monzon.

morabitinus *b.-lat.* — maravedi.

moraduix *val.* — almoradux.

morgom *b.-lat.* — morcum.

moronia — alboronia. — p. 388.

morsequill *pg.* — borcegui.

mosarabe *pg.* — mozarabe.

mosefo *pg.* — moçafo.

mosequin *pg.* — borcegui.

mosquée *fr.* — mesquita.

motalafe — almostalaf.

moução *pg.* — monzon.

moucre *fr.* — almocreve.

mousseline *fr.* — muselina.

mousson *fr.* — monzon.

moxama — almoxama.

moxeraba — almoxarra.

moxil *murc.* — moxi.

moxinifada *pg.* — moxi.

mozmudina — mazmodina.

muchachim *pg.* — matachin.

mudalafe — almostalaf.

mufti *fr.* — mofti.

muharra — moharra.

mulato — p. 384.

mummia *ital.* — momia.

murselina *pg.* — muselina.

musarabe *pg.* — mozarabe.

musselina *pg.* — muselina.

mussone *ital.* — monzon.

muxama *pg.* — almoxama.

muztarabe — mozarabe.

N.

nabab *fr.* — nababo.

nabob *angl.* — nababo.

naca *sicil.* — noque.

nafaca — annafaca.

naffe (eau de) *fr.* — nafa.

naipe — p. 385.

naora — anoria.

nebri *pg.* — nebli.

nefa — nafa.

nerma — merma.

nochatro — almojatre.

noria — anoria.

O.

olmafi *b.-lat.* — marfil.

orange *fr.* — naranja.

orraca *pg.* — arac.

overo — hobero.

oxi — alguexi.

oxsi — alguexi.

ozoli § — alguexi.

P.

papagai *prov.* — papagayo.

paparaz *pg.* — abarraz.

papegai *a. fr.* — papagayo.

papegaut *a. fr.* — papagayo.

papola — hamapola.

pappagallo *ital.* — papagayo.

patache — albatoza.

patacon — pataca.

pateca *pg.* — albudega.

petaca — p. 385.

Q.

queza — alquicel.

quirate *pg.* — quilate.

quiza — alquicel.

R.

rabé — rabel.

rabeca *pg.* — rabel.

rabil *pg.* — rabel.

radio — p. 385.

raez — rafez.

rafallo — rafal.

rafece *pg.* — rafez.

raffez — rafez.

rahal — rafal.

rahali — rehali.

rahes — rafez.

rahez — rafez.

rak *pg.* — arac.

rame *fr.* — resma.

rancon — p. 386.

rapita *val.* — rabita.

ras *pg.* — rasa.

raval — arrabal.

raxiba *cat.* — arracife.

raz — rasa.

razzia *fr.* — gazua.

réalgal *fr.* — rejalgar.

réalgar *fr.* — rejalgar.

ream *angl.* — resma.

rebec *fr.* — rabel.

rebeca *pg.* — rabel.

rebel *pg.* — rabel.

rebique *pg.* — arrebique.

recamer *fr.* — recamo.

récif *fr.* — arracife.

recoa — recua.

recova *pg.* — recua. — § rotova.

refece *pg.* — rafez.

refem *pg.* — rehen.

refes — rafez.

refez — rafez.

regayfa *val.* — regueifa.

rehez — rafez.

rencon — p. 386.

retova § — rotova.

ribebe *ital.* — rabel.

ricamare *ital.* — recamo.

ricamo *ital.* — recamo.

riem *holl.* — resma.

riess *allem.* — resma.

riis *dan.* — resma.

rigueifa *pg.* — regueifa.

rimero — resma.

rincon — p. 386.

ris *sued.* — resma.

risma *ital.* — resma.

rob — arrope.

robe *pg.* — arrope.

roc *fr.* — roque.

rocova § — rotova.

romaine *fr.* — romana.

roquer *fr.* — roque.

rotoma *b.-lat.* — redoma.

rusafa — arrizafa.

S.

sabalo — p. 386.

sabana — p. 386.

safanoria *val.* — azanoria.

safaria (romãa) *pg.* — zafari.

safio *pg.* — zafio.

saga *pg.* — zaga.

saguao *pg.* — azaguan.

salepo *pg.* — salep.

salmedina *b.-lat.* — zavalmedina.

sandal *fr.* — sandalo.

sanefa *pg.* — azanefa.

sarabatana *pg.* — cebratana.

saravatana *pg.* — cebratana.

sarbacane *fr.* — cebratana.

sarrea *basque* — p. 358, n. 1.

sarria — p. 357, n. 1.

sarrie *fr.* — p. 358, n. 1.

sarsani — zarzahan.

savana — p. 386.

scacco matto *ital.* — xaque.

scarlatto *ital.* — p. 379.

sciloppo *ital.* — axarabe.

sciroppo *ital.* — axarabe.

seira *pg.* — p. 357, n. 1.

sejana *pg.* — sagena.

sena — sen.

sene *pg.* — sen.

séné *fr.* — sen.

senes *pg.* — sen.

senne *pg.* — sen.

sequin *fr.* — cequi.

sera — p. 357, n. 1.

setri *cat.* — acetre.

sifac *pg.* — cifac.

sirocco *ital.* — xirque.

sirop *fr.* et *esp.* — axarabe.

siroppo *ital.* — axarabe.

siruppus *b.-lat.* — axarabe.

sitouar *cat.* — cedoaria.

sitoval *cat.* — cedoaria.

smala *fr.* — acemila.

sorbete *pg.* — sorbet.

spahi *fr.* — espay.

sultan — soldan.

sumac *fr.* — zumaque.

summagre *pg.* — zumaque.

syrop *fr.* — axarabe.

syrupus *b.-lat.* — axarabe.

syruppus *b.-lat.* — axarabe.

T.

ta — taa.

tabis *fr.* — tabi.

taforea — tafurea.

taforie *ital.* — tafurea.

taful *pg.* — p. 386.

tafur — p. 386.

taha — taa.

taharal — taray.

taheli — tahali.

tahona — atahona.

tahur — p. 386.

taibique — tabique.

talc *fr.* — talco.

talha *pg.* — almotolia.

talim *pg.* — tahali.

talque — talco.

talvina — atalvina.

taly *pg.* — tahali.

tambor — p. 374.

tambour *fr.* — p. 374.

tamburo *ital.* — p. 374.

taracea — ataracea.

tarcasso *ital.* — carcax.

tare *fr.* — merma.

tarefa *pg.* — tarea.

tarif *fr.* — tarifa.

tarimba *pg.* — tarima.

tarongina *val.* — torongil.

tarquais *fr.* — carcax.

tarrafa *pg.* — atarraya.

tarta *b.-lat.* — tartana.

tartane *fr.* — tartana.

tasquiles — p. 387.

tasse *fr.* — taza.

taurique — ataurique.
taxbique — tabique.
teliarmini § — tenarmini.
telinas — p. 387.
teliz *pg.* — telliz.
tesbique — tabique.
testinia *b.-lat.* — p. 295, n. 1.
texbique — tabique.
tina, tinaja — p. 387.
tincal *pg.* — atincar.
tiracia (pl.) *b.-lat.* — tiraz.
torcimany *val.* — trujaman.
trechar, trecharse—almoxama.
tremoço *pg.* — atramuz.
turbith *fr.* — turbit.
tutia — atutia.

V.

vacari — bacari.
valcavera — alcabella.

X.

xabeba — axabeba.
xabeco *pg:* — xabeque.
xabega — xabeca.
xadrez *pg.* — axedrez:
xaeriz — xaraiz.
xafarron — mascara.
xahariz — xaraiz.
xalma *pg.* — xelma.
xaloque — xirque.
xamate *pg.* — xaque.
xanable — xenabe.
xaqueca — axaqueca.
xarabe — axarabe.

xarafiz — xaraiz.
xarahiz — xaraiz.
xarel *pg.* — girel.
xaroco *pg.* — xirque.
xarouco *pg.* — xirque.
xarope — axarabe.
xarque *pg.* — enxerca.
xaveque — xabeque.
xepe — axebe.
xeque — xaque.
xerafim *pg.* — xarafim.
xerga — p. 387.
xuclar — xucla.
xué *pg.* — chué.

Y.

yovo — jovada.
yssarop *prov.* — axarabe.
yxeco *pg.* — enxeco.

Z.

zabida — acibar.
zabila — acibar.
zaenes — zahenes.
zagaie *fr.* — azagaya.
zaguacar — zaguaque.
zaguacador — zaguaque.
zaguan — azaguan.
zahalmedina *b.-lat.* — zavalmedina.
zahareño — safaro.
zain *fr.* — zaino.
zalameria — zalema.
zalmedina *b.-lat.* — zavalmedina.

zanahoria — azanoria.
zanefa — azanefa.
zarabotana *ital.* — cebratana.
zaradion § — caradion.
zaradique § — caradion.
zaranda — p. 387.
zarbatana — cebratana.
zargatona — zaragatona.
zarelo *pg.* — zaraguelles.
zarra *pg.* — jarra.
zavalachen *b.-lat.* — zavalchen.
zavazauc *b.-lat.* — zavazogue.
zavazaul § *b.-lat.*—zavazogue.
zavazoukes *b.-lat.* — zavazogue.
zayenes — zahenes.
zecca *ital.* — seca.
zegri — mudejar.
ziam *fr.* — zahenes.
zecchino *ital.* — cequi.
zédoaire *fr.* — cedoaria.
zénith *fr.* — acimut.
zero *ital.*, zéro *fr.* — cero.
zerunbet — zurumbet.
zirgelim *pg.* — aljonjoli.
zobayo — p. 261, n. 1.
zoco — zoca.
zorra *pg.* — jorro.
zorreiro *pg.* — jorro.
zorro *pg.* — jorro.
zorros *pg.* — jorro.
zulaque — azulaque.
zurracha *pg.* — azurracha.
zutano — fulano.

INDEX ARABE.

Cet index est fait par racines. Le signe † indique que le mot ou sa signification
manque dans le Lexique de Freytag.

———◆◆◆———

١

† الارغيس — alarguez.

آزاددرخت — acedara-
que.

† آفراج, افراج †, افراق †,
افراك †, افراك †, —
alfaneque. — p. 389.

مثمبر † — almavar.

مثمبرة † — almavar.

ابنوس — abenuz.

† ابو شباك — pataca.

† ابو طاقة — pataca.

† تأثير — atacir.

(pl. de اثفية) اثافى —
alnafe — atifle.

† اثال † — aludel.

اتّجار, ائتنجار — ati-
jara.

اجر — aljor.

† اذان الارنب—haloch.

مؤذن — almuedano.

أرزة — alerze.

† ارزلة — p. 391.

ازر — II † et V † — ali-
zares.

† ازار — alizares.

† مئزر — almaizar.

† موازى — musa.

اساس — alizace.

† اسريقون — azar-
con.

اسطوان — azaguan.

اسطول — estol.

اسفرنرية † — azanoria.

اسفنارية — azanoria.

† اشرك — borcegui.

† اشكرلاط — p. 379.

† مأصورة — mazorca.

† اطرون — alatron.

—berb. افاسين pl., افوس
alfeizar.

افيون — anfião.

الف — II † — alifar.

لا اله الا الله — leli-
lies — lilaila.

† ام الناس — elemi.

امير — almirante.

امير المومنين — mira-
mamolin.

† امارة — alimara.

أميرون † — almiron.

امين † — alamin.

انبيق — alambique.

انزروت — anzarotes.

أوج — auge.

أوقية — alguaquia.

اينخف *berb.* — arre-
quife.

ب

بابوش — babucha.

بادزهر — bezar.

بادنجان — berengena.

بازهر — bezar.

بيغا — papagayo.

بثور ,pl. de بثر — botor.

بَخُّور † — alboaire.

بُخَيرة † , بُخَيْر † — alboaire. — albohera.

بخرى † — bahari.

بخور — albafor.

بخور جاوى † — ben-
joim.

بخور سودانى †— elemi.

بدن † — bedem.

بدوى — bedouin.

برّة † — albala.

برّان † — albarran.

برّانى † — albarran.

براة † — albala.

برعان † — albarran.

مبرت — almibar.

برد X † — albardan.

بُرد — burdo.

بارد † — albardan.

بردان † — albardan.

برادة † — albardan.

برّادة † — albarrada.

بُرْدَع I † — albarrada.

بردعة — albarda.

بردى † — albardin.

بردون † — albardon.

برص — albarazo.

بارع — baril.

برقوق — albaricoque.

بركة — alberca.

بوكة † — alboroque. —
p. 388.

بروك † — alboroque.

بركان † — barragan.

مبروم † — maroma.

برن II † — p. 375.

برينة † — p. 375, 376.

برنس — albornoz.

برنى , pl. برانى † —
borni.

برنية — albornia.

برهم † — alcatenes.

بزرقطونا † — zaraga-
tona.

بزاقة † — almeja.

بستناج † — biznaga.

بستيناج — biznaga.

بسناج † — biznaga.

بشتناقة † — biznaga.

بشارة — albricias.

بشناقة † — biznaga.

بط — pato.

بطيخة — albudega —
badeha.

بطسة — albatoza.

بطاش † — albatoza.

بطل I † et V † —
balde.

باطل † — balde.

بطن † — baden. —
† bandullo.

باطن † — badina.

بطانة † — albaden. —
† albitana. — (?) † al-
vitana. — † badana.

بطانية † — albaden.

باطية — batea — ba-
tega.

بطارة — albatara.

بغدادى — baldaqui.

بقر — albacara.

بقرى † — bacari.

بقية — albaquia.

باقية † — p. 389.

بكّارة † — albacara.

باكور † — albacora.

بلبال † — bulebule.

بلخش — balax.

بلدى † — baladí.

بلور † — abalorio.

بليس † — belis.

ابليس — belis.

بلوطة — bellota.

بلّاعة — albañal.

بلّوعة — albañal.

بلغة † — p. 373.

بنداريـة † — albenda.

بندق — bodoque.

بندقة — albondiga.

بنيقة † — albanecar. —
† albanega.

بنّاء — albañi.

بهار — albihar.

بهمن — behen.

بورأبى † — p. 388.

بورانية — alboronia. —
p. 388.

بورق — borax.

بورى — albur.

بوزة — buza.

بوش † — albuce.

بوق — albogue.

مبيتة † — leila.

بيدر † — almear.

بيضة — albaire.

بيضاء † — albaida.

بياض † — albayalde.

پ

پرغة † — p. 373.

پلوطة — پلوط †
marlota.

ت

تابوت — ataud.

تافرمة † — atahorma.

تانقولت berb. — tangul.

تاهرتى † — tagarote.

تبر — tibar.

تنجارة — atijara.

متنجر — almajar.

توربد — turbit.

ترجمان — trujaman.

ترّاس † — p. 206, n. 1.

متترس † — p. 207, n. 1.

توسانة † — arsenal.

توساخانة † — arsenal.

تريك — tarecos.

تركاش — carcax.

تومس — atramuz.

ترنجة — toronja.

ترنجان — torongil.

ترنجبين — terenia-
bin.

تورياق — atriaca — te-
riaca.

تكرنينة † — tagarnina.

تليسة et تليس † —
telliz.

تمّ I — tamar.

تمر — tamaras.

تمر هندى — tamarin-
dos.

تنبور † — p. 375.

تنبول — tambul.

تنكار — atincar.

تنور † — atanor.

تنورى † — atanor.

توتيا — atutia.

تونگولت *berb.* — tan-
gul.

ث

ثرب — zirbo.

ثردة — açorda.

ثفر — atafarra.

مثقال — mitical.

ثمن — azumbre. —
tomin.

ج

جاوى † — benjoim.

جَبّة , جُبّ † — al-
gibeira.

جُبّ — algibe. — chi-
bo.

جبّة — aljuba.

جَبّب † — aljabibe.

جابذة † — jovada.

جبر † I — algibeira.

جبر — algebra.

جبيرة † — algibeira.

جبس † — gis.

جبلى † — jabali.

مجبنة † — almojaba-
na.

مجبا — almaja.

جدوار — cedoaria.

جرّ † I — jorro.

جرّة — aliara — jar-
ra — zalona.

مجرّ — almanjarra.

جرس — aljaraz.

جرف — jorfe.

جرافة † — girafa.

مجرفة † — almocafe.

جرنيط † — gineta.

مجرى † — almajara.

جزر — aljazar.

جصّ — algez.

جعبة — aljaba.

جفافة † — aljofifa.

جفر — jofor.

جفن † — tafurea.

جفنة — aljafana.

جُفَينة — aljofaina.

جاثى † — zafio.

جلال † — girel.

جُلّاب — julepe.

جلبة † — gelva.

جلجلان † — aljon-
ge — aljonjoli —
gergelim.

جليس † — geliz.

جليكة † — jileco.

جلوى † — albayalde.

جميع — algemifao.

جامعة — algemas.
† chumeas.

جماعة † — aljama.

مجامع † — almogama.

جملون † — jabalon.

جميل — algimifrado.—
† jamila.

جنبية † — jambette.

جناجلى † — aljonge.

جناجلين † — aljonge —
aljonjoli.

جهاز — jaez.

جوكان — choca.

جيب † — algibeira.

جير II † — jaharrar.

جير † — p. 124, n. 1.

جيّار — jaharrar.

جائز — jacena.

مجايزة † — almojaya.

جيفة † — gifa.

ح

حب الراس — abarraz.

حب المسك † — abel-

mosco.

حبة — alfaba.

حبّة بورة † — hama-

pola.

حبّة حلوة — batafa-

lua.

حباري † — hobero.

حبس — habiz.

حبق — albahaca.

حبل المساكين † — al-

bohol.

حبول † — albohol.

حتة † — fatia.

حتّى — hasta.

حاج † — alhoja.

حاجر † — alfarge.

حاجام — alfageme.

حديدة † — alhadida.

حادّة † — alhada.

حرّ † — alforra. —

horro.

حرّة † — horro.

حربة — moharra.

حرّاث — haarraz.

حراق — alhurreca.

حرّاقة † — faluca.

حركة — alharaca.

حرام , حرم — hamaril-

lo.

حرمة † (?) — alhorma.

حرام † — alfareme.

احرام † — alfareme.

مكروم — maharon.

حرمل — alfarma.

حرون † — haron.

حزّة † — alforza.

حزين † — hacino.

محسنة — almohaza.

محتسب — almotacen.

حشاش † — aciche.

حشيش — alhexixa.

حشيشى † — asesino.

حشاشى † — asesino.

حشو † — alaxu.

محشى — moxi.

محشية † — almexia.

حصّار † — p. 357, n. 1.

حصن — hizan.

حصان † (?) — alazan.

حفرة — alfobre.

محافر (?) — almocafe.

حافظ — hafiz.

حقّ † — hoque.

حقّ كشف الوجه † —

hoque.

حكيم — alhaquin.

حلّة — alahela.

حلّة † — alfolla.

محلّة † — almohalla.

حلبة — alholba.

محلب — mahaleb.

محلف † — almostalaf.

مستحلف † — almos-

talaf.

حلق II † — falca.

حلق † — falca.

حلقة — alhelga. —
† falca.

حلاوة † — alfeloa.

حلى — halia.

حمرة † — alfombra.

حمال † — alhamel.

حمالة † — tahali.

حمائل † — tahali.

حمى † — alhema.

حنّا — alheña.

حنبل † — alfamar.

حنظل — alhandal.

حنيّة — alhania.

حاجة † — alhaja.

حوائج † — alhaja. —
† algagias.

حور † — huri.

حورى † — huri.

حورية † — huri.

حوارى — alhavara.

محور † — almihuar.

حوز — alfoz.

حائط, pl. حيطان † — alheta.

حائكين — alhaquin.

حير — alfeire.

خ

خارصينى † — kazini.

خبازى — alboheza.

خباء † — alquival.

مخدّة † — almarrega. — almohada.

خروبة — algarroba.

خرج — alforja.

مخرز † — almarada. — almofate.—almofrez.

مخراز † — almarada.— almofate.—almofrez.

خرشوف † — alcarchofa.

خروع — cherva.

خز — alchaz.

خزامى — alhucema.

خزانة — alacena.

مخزن — almacen.

خس — alface.

خسيس † — hacino.

خص — choza.

خصى الثعاب — salep.

مخاطرة † — mohatra.

خطّاف — fateza — † gafete.

خفتان — caftan.

خفارة † — alifara.

خفقان — algafacan.

مخفية (?) † — almofia.

خلال † — alfilel.

اختلاج † — p. 390.

خلخال — carcajes.

خليفة — califa.

خلوق † — haloch.

خلوقى † — aloque.

خلنجان — galanga.

خمر — caramo.

خمرة — alfombra.

خنجر — alfange.

خنيفة † — falifa.

خام — alhalme.

خانات — alcana.

خيرى — aleli.

خيش † — p. 342, n. 1.

خيط † — alhaite.

خياط — alfayate.

خياطة † — alheta.

خيلى † — aleli.

دارسنة † — p. 206, n. 1.

مدبنج — mudbage.	دقّة † — adufa.	**ذ**
دبران — aldebaran.	دفلى — adelfa.	ذئب † — adive.
دبغ, دباغ† (?)—debo.	دفينة † — adefina.	ذئبة — adivas.
دجن V † — mudejar.	مدفونة † — adefina.	ذبوج † — adivas.
دجن, اهل الدجن† — mudejar.	دقاق † — adutaque.	ذروة † — adarve.
مدجّن † — mudejar.	دكّة † — adoquin.	ذكى † — atequiperas.
دخالة † — adahala.	دكان † — adoquin.	
مدخول † — adahala.	دل II † — adela.	**ر**
درجة † — adaraja.	دليل — adalid.	رأس — rasa — res — rezmilla.
مدارج † — malecon.	دلالة — adela.	رائس † — arraez — arrayaz.
دريس † — arrioz.	دلاع — sandia.	رئاس — arriaz.
درفة † — adufa.	دينار — dinero.	ربّ الضان †— rabadan.
درق II † — adarga.	دانق — danique.	رُب — arrope.
درقة — adarga.	دنيا † — adunia.	رُب السوس — rabazuz.
درّاق † — adarga.	مدهون † — almodon.	رباب — rabel.
درمكة † — adargama.	دار الصنعة, دار صنعة †, — dar	ربض — arrabal.
درمكة † — adargama.	دار, دار صناعة †, الصناعة † — arsenal.	ربضى — rabatines.
درهم — adareme.	دور † — ador.	ربط I † — almarbate.
دسار † — adazal.	دوار † — aduar.	ربطة † — almarbate.
دشيش † — alexixas.	دائرة † — aderra. — † ataire.	رباط — arrebate. — † ribete.
دشيشة — alexixas.	دولة † — adula.	رابطة † — morabito. — † rabita.
دعمة — ademe.	ديوان † — aduana.	
دعامة — ademe.	ديسة † — aldiza.	
دعائم (pl.) — andaime.		
دق — adufe.		

مربط †—almarbate.— † marbete.

مرابط † — morabito.

مرابطى † — maravedi.

ربع — arroba.

تربيع † — tarbea.

ربيك † — arrebique.

رتب II † — rotova.

راتب † — rotova. — † pl. رُتَب arrocovas.

رتبة † — rotova.

مرتبة † — martava.

رتع † — almartaga.

مرتعة † — almartaga.

رتمة — retama.

ارجل — argel.

رَجْل † — rafal.

رَحَّالة † — rehala.

رَحَّالون ou رَحَّالة † — rehali.

رخ — roque.

رخيص — rafez.

رز — arroz.

رزّة — alguaza. — † pl. ززاز arricises.

رزم II † — resma.

رزمة † — resma.

(مرسوم pl. de مراسم)— arancel.

مرشّة † — almarraxa.

رشاقة † — arrexaque.

رشم I † — marchamo.

موشم † — marchamo.

ترصيع — ataracea.

رصيف † — arracife.

رصافة † — arrizafa.

رضومة † — redoma.

رطل — arrelde.

ترطيل † — tertil.

مرعز †, pl. مراعز — † — marahez.

مرعزى † — marahez.

مرعزاء † — marahez.

رغيفة † — regueifa.

مرفوض — p. 391.

مرفقة — almarrega.

مراق — mirac.

رقيب, pl. رقباء — † pl. de arrocovas.

رقروق †(?)—aladroque.

رقم I † — morcum — recamo.

رقّام † — morcum.

مرقوم † — morcum.

مرقاة † — malecon.

رُكّة † — mazorca.

رَكْب — recua.

ركاب † — arrocoba.

راكب †, pl. de رُكّاب — arrocaba.

ركابى — arricaveiro.

ركيب † — arrequive.

تركيبة † — arrequive.

ركصات — alcarrada.

رملة † — rambla.

رمان — romāa.

رمانة — romana.

رماء — arrime.

مرمى † — merma.

رهج † — rejalgar.

رهج الغار † — rejalgar.

مرهم — alcatenes.

رهن — rehen.

ريحان † — arraihan.

ريحانى † — rehani.

مستراح † — almandarahe.

ريّاض † — arriates.

روطة † — arruda.

ز

زارقون † — azarcon.

زاووق et زاوق — azogue.

زبيب — acebibe.

زبج † — azabache.

زبوج † — acebuche.

زبطانة — cebratana.

زجّ II † — p. 177, n. 1.

زجاج † — p. 177, n. 1.

زحمة — azafama.

زدوار — cedoaria.

زرب I † et II † — almadraba.

زرب † — algerife. — † algeroz. — † al-madraba. — azerve.

زريبة † — algerife.

مزربة † — almadraba.

مزراب † — algeroz.

زربطانة † — cebratana.

زرد † — jacerina.

زردحان † — zarzahan.

زردخانة † — zarzahan.

زردخانى † — zarzahan.

زرزال † — zorzal.

زرزور † — zorzal.

زرزول † — zorzal.

زرافة — girafa.

زرقاء — zarca.

زرقطونا † — zaragatona.

زرقون † — azarcon.

زرنيخ — azarnefe.

زرنباد — zurumbet.

زعرورة — acerola.

زعفران — azafran.

زغل † — zagal.

زغلة † — zagal.

زغلول † — zagal.

زغاية † — azagaya.

زفيزف — azofaifa.

زق — zaque.

زكاة — asequi — azaqui.

زلاج † — azurracha.

زليج † — azul.

زلق † — azulaque.

زلاقة † (?) — azulaque.

زهام † — cemime.

زمّر † — zambra.

زمرة † (pl. de زامر) — zambra.

زملة — acemila.

زاملة † — acemila.

زمّال † — acemila.

زنبوج † — acebuche.

زنبوعة † — zamboa.

زنجار — azinhavre.

زنجبيل — agengibre.

زنجلان † — aljonjoli.

زنقة — azinhaga.

زانية — zoina.

زهر † — azar.

زهوى † — zahori.

ازهار † (pl. de زهر) — azahar.

زاج — aceche.

زوقة † — azogue.

زيت — aceite.

زيتونة — aceituna.

زيتونى † — setuni.

زيار — acial.

زيبرقون † — azarcon.

س

سبتى — cepti.

سبج † — azabache.   سریقون † — azarcon.   مسكين — mezquino.

سبستان — sebesten.   سطح — azotea.   مَسَل — mesèll.

سبنیة † — p. 386.   مسطّح † — mistico.   سلاقون † — azarcon.

سپاهی † — espay.   سطل — acetre.   سلاخة † — zalea.

ستارة † — acitara.   سفرة — zofra.   سلسلة — cereceda.

مسجد — mesquita.   (رمان) † سفری — zafari.   سلطان — soldan.

سجن — sagena.   سفرانیة † — azanoria.   سلطانیة † — altamia.

سخور — zahora.   سفط — azafate.   سلقة † — acelga.

سحلب † — salep.   سغناریا † — azanoria.   سلقون † — azarcon.

سخر II † et V † —   سغناریة † — azanoria.   سلام — zalema.
azofra.

سخرة † — azofra. —   سقطی — zarracatin.   سلم — xèlma.
mascara.

    سقاط — cegatero.   سلیمانی † — soliman.

مسخرة † — mascara.   سقاطین — zacatin. —   مسلم — moslemita. —
zarracatin.   muza. — muzlemo.

سخینة — zahinas.   سقاطة † — zoquete.

سك — azuda.   سقف سما † — zaqui-   سلهام † — zorame.

سكة † — azuda.   zami.   سلیقون — azarcon.

سدلة † — p. 71, n. 1.   سقاء — azacan.   سمت — azimut.

مسدی † — almoceda.   سقاء — azacan.   سمید — acemite.

سرب † — azarbe.   ساقیة — acequia.   سمور — zamor.

سربیة † — carabia.   سقایة — azacaya.   سماق — zumaque.

سرج † (?) — azarja.   سكة — ceca. — cequi.—   سنة — zuna.
seca.

سرطان — zaratan.   سنبر † — azumbar.

سروال pl. de سراویل —   مسكینة † — almaciga.   سنبل † — azumbar.
zaraguelles.   سكباج — escabeche.   سندیة † — sandia.

سربیة — azaria.   سكر — azucar.   سنارة بهیم † — azanoria.

سناريّة † — azanoria.

سَنا — sen.

سانيّة † — aceña.

سيدة — zaida.

سور — azor.

سوسانة — azucena.

سوط — azote.

سوق — azogue. —
zoca.

ساقة — zaga.

سوّاق † — zaguaque.

مسواك — moçuaquim.

سار I et V † — almu-
zara.

سيبة † — almuzara.

سيران † — almuzara.

مسارة † — almuzara.

سيلقون † — azarcon.

ش

شابل † — p. 386.

شاركة † — p. 387.

شاه مات, شاه — xaque.

شب — axebe.

شبابة † — axabeba.

شبكة — enxavego. —
† enxavegua, — xa-
beca,

شبّاك † — xabeque.

تشبيك † — tabique.

شتمبز — (?) git.

شرب † — enxaravia.

شربة — sorbet.

شربية † — enxaravia.

شراب † — axarabe.

مشربة † — almoxarra.

شرطة — p. 391.

شرطى — eixortins.

شريطة † — xaretas.

شرع — xara.

شرفة † — axarafe.

شريف — xarifo.

شريفى † — xarafim.

اشرفى † — xarafim.

مشرف † — almoxarife.

شرق — enxerca.

شرقى — xirque.

شواقى † — xarragui.

شركة — axaraca. —
† axorca.

شركى † — borcegui.

شريك † — xariko.

شطبة † — axataba.

شطرنج — axedrez.

شطريّة † — axedrea.

شطيّة † — axataba.

شعبى † — xabi.

شعراء —emxara—xara.

شفرة — chifra.

شق — enxeco.—xaque.

شقة † — chuca،

شقاق — axuagas.

شقيقة — axaqueca.

شقاقل — secacul.

شقاف † pl. de شقف †
— axaquefa.

شُكْلة † — xucla.

شكيمة † — xaquima.

شكا I † — achaque.

شكاء † — achaque.

شكارة † — achaque.

شكينة † — achaque.

شلوق † — xirque.

شلوك † — xirque.

شميت † — (?) git.

شمسة † — aximez.

شمسية † — aximez.

شماسة † — aximez.

شمع II † — almoxama.

مشمّع † — almoxama.

شنج V † — alferecia.

شنوز † — agenuz.

شهرة † — mascara.

شَهْمات † — xaque.

شوار — axuar.

شوكة † — acicate.

شول † — chulo.

مشول † — chulo.

شونيز † — agenuz.

ان شا الله — oxala.

شُوَىْ † — chué.

شيخ — xeque.

شيرة † — p. 357, n. 1.

شواری † — p. 357, n. 1.

شينى † — giny.

ص

صبر † — acibar.

صبار † — acibar.

صبّارة — acibar.

صبوغة † — saboga.

صاحب الاحكام † — za-valchen.

صاحب الساقية † — za-bacequias.

صاحب السوق † — za-vazogue.

صاحب المدينة † — za-valmedina.

صحراء — safara.

صحفة — zafa.

مصحف — moçafo.

صدقة — azadeca.

صفّة † — sofa.

صفيحة — azafeha.

صفر — cero — cifra.

صُفر † — azofar. — Cf. zafre.

صفاق — cifac.

صقر — sacre.

صلق I † — p. 388, n. 1.

صلاة — azalato. — zala.

†— مصاليات pl., مصلّى †— almocella.

اصمّ † — (?) zaino.

صناب — xenabe.

صندل † — sandalo. — † p. 378

صنفة — azanefa.

صهريج — zafareche.

صولة، صول — açular.

صائدة † — zaida.

صيّاد سمك † — zaida.

مصارة † — almuzara, — p. 390.

صيف II † — acepha.

صيفة † — acepha.

صيفية † — acepha.

صياف † — acepha.

صائفة † — acepha.

صَيْقَل † — acicalar.

صينى † — ceni.

ص

ضبّة — aldaba.

ضرب I † — almadraba.

مضرب † — almadraba.

مضروبة † — almadraba.

ضفيرة — atafera.

ضيعة † — aldea.

ضيفة † — daifa.

ضيافة † — adiafa.

ط

طالقون † — ceni.

طبيبخ † — tabefe.

طباشير — tabaxir.

طبق † — tabaque.

تطبيقة † — tabica.

طبل — atabal.

طحّان — tahen.

طاحونة — atahona.

طرجهارة — tagara.

طرح I † — merma. —
† avec على tarea.

طرح † — tarea.

طُرحة † — merma.

طرّاح † — atarraya.

طراحة†—almatrixa.—
† atarraya. — (ou
طريحة) † tarea.

مطرح † — almadraque.

طريدة — tartana. —
terides.

طراز — tiraz.

طرفاء—atarfe.—taray.

مطرف — metraphus.

طراق — atarracar.

طراقة † — atarracar.

مطرقة † — matraca.

طريمة † — tarima.

اطرية — aletria.

طسة — taza.

طشتانبة † — p. 295,
n. 1.

طفاحل, طفح (?) † —
atafea.

طالعة, pl. طوالع † —
atalaya.

طلايع pl. de طليعة†—
atalaya.

طلق — talco.

طلاق — talaca.

طلى IV † — almotolia.

مطلى † — almotolia.

مطمورة † — mazmorra.

طنجهارة † — tagara.

طنقول † — tangul.

طوب — adobe.

طاعة † — taa.

طيفور † — ataifor. —
† tafurea.

طيفورية † — tafurea.

طين ارمنى — tenarmini.

ظ

ظلّة — tolda.

ع

عبوا † (?) — boal.

عتابى † — tabi.

عجارة — alagara.

عجمية † — aljamia.

معجون — machuma-
cete.

معدن — almadana—
almaden.

معدية † — almadia.

عذارى † — assaria.

عربى — alarbe.

عربية — algarabia.

مستعرب — mozarabe.

معرج † (?) — almarax.

عوادة — algarrada.

عروسة † — alaroza.

عريش † — alarixes.

عريشة † — alarixes.

معرش † — alarixes.

عرض — alarde.

عريف † — alarife.

تعريفة et تعريف † —
tarifa.

عرق سوس—alcazuz.—

عروق سوس — orozuz.

عرق † — arac.

عرقى † — arac.

عراقى — irake.

عروة — arreas.

عشور — alaxor.

عصير † — alacir.

معصرة † — almazara.

عصفة † — algazafan.

عصفر — alazor.

عصا † — aaça.

عضادة † — alidada.

عطّار † — alatar.

عفص — algazafan.

عافية — alafia.

معفية † (?) — almofia.

عقيقة — alaqueca.

عقرب — alacran.

علج † — elche.

علقة † — alahilca.

(الستور) المعلقة † — alahilca.

تعاليق † — alahilca.

علقم † — alcam.

عمود † — alamud.

عمارة † — alamar.

معمّر † (?) — mohamar.

عنب الكلب † — alga-
laba.

عناب — aluneb.

عنبر — ambar.

عنبرى † — ambar.

عنزروت — anzarotes.

عنصرة † — alhanzaro.

عنصرى † — p. 136, n. 1.

عود — alaude.

عور II — averia.

عوار — averia.

وجه معار † — mascara.

معونة † — almoyna.

وجه عيرة . عيرة † — mascara.

ع

غدامسى — guada-
maci.

غدور — adur.

غرب — algarve. — gar-
bino.

غربى — algarabia.

غراب — gorab. — gua-
rapus.

غريب — algarivo.

غربال — alvarral. —
arel. — garbillo.

غرد I † — algarada.

غرصة ou غرصة † —
p. 381.

غرف † — garrafa.

غرفة — algorfa.

غرّاف † — garrafa.

غرّافة † — garrafa.

غرامة † — derrama —
garrama.

مغرم † — almagran.

غز — algoz.

غزر I † — algazara.

عزارة † — algazara.

غزير † — algazara.

غزال — gacel.

غزالة † — gacel.

غزو — gazua.

غزوة † — gazua.

غازى † — gazi.

غسول † — algazul.

غاسول † — algazul.

غضار † — alguidar.

غسّاس II † — almoga-
taz.

مغطّى † (?) — mogate — mogato.

غافت — algaphite.

مغفر — almofar.

غل — argolla.

غلّة † — guilla.

غلالـة † — alara. — † algara.

غالبة † — algalaba.

غلام (?) — chulamo.

غليـة — galls.

غالية — algalia.

غنـج — gancho. — mogangas.

غندر II † — gandul.

غندرة † — gandul.

غندور † , fém. ة — gandul.

متغنـدر † , fém. ة — gandul.

غنيمة — galima.

غنّام † — alganame.

غار — algar.

غارة — algara.

مغاور — almogavares.

غاص I † — algaida.

غوص † — algaida.

غيصة † (?) — algaida.

غول — golo.

غابة — algava.

غيس † — gueice.

غيصة — algaida. — moheda.

غيطة † — p. 380.

ف

فأس † — alferce.

فأل — alfil.

فتّة † — fatia.

فتـات † — alfitete. — † fatia.

فتاتة † — alfitete. — † fatia.

فتيتة † — alfitete. — † fatia.

فتيلة † — fatila.

فتنة — alfetena.

مفتى — mofti.

فاحص † — p. 181, n. 1.

فخار — alfahar.

فدا — alfada.

فربيون — alforfião. — fervion.

فرج — farrachador.

فرجة — alfugera.

فردة † — alfarda.

مفرد † — alfarda.

افريز — friso.

فرس — alfaras.

فارس — alferez.

فرش I † — alfarge.

فرش † — alfarge.

فرشبة † — alfargia.

فراش — alfreses.

مفراش † — almofrex.

فرص , pl. فراص — alefris.

فرضة † — alfarda.

فروضات † , pl. du pl. de

فرص † — alfarda.

فرفور † — alforfon.

فستق — alfocigo.

فساكة † — alfeiza.

فصّة — alfalfa.

فصفصة — alfalfa.

فصلاء , pl. فصالى † — fatel.

ERRATA.

―――~~~――

―――――――

فصول † — fodoli.

فضولى — fodoli.

فقوص — alficoz.

فقع — alfaços (alfacos).

فقيه — alfaqui.— foque.

فكاك — alfaqueque.

فلوس, pl. de فلس — foluz.

فلقة — falca.

فلقة † — falaca.

فلوكة † — faluca.

فلان — fulano.

فم الحوت —fomahant.

فن — fin.

فانيد — alfeñique.

فندق †—alhondiga.— fonda. — fundago.

فندون † — alhondon.

فنقة † — fanega.

فنيقة † — fanega.

فنك — alfaneque.

فوطة † — fota.

أفاويه — alefanginas.

فاص I †, suivi de على— alfaide.

فيص † — alfaide.

فيل — alfil.

فيلالى † — fileli.

ق

قابوس † — p. 374.

قبّة † —alcoba.—†al-cubilla.

قبارة † — alcaparra.

مقبرة † — almocavar.

مقابر † — almocavar.

قبطى † — mazari.

قبطية — alcabtea.

قبل V † — alcabala.

قبالة † — alcabala.

قبيلة — alcavella. — cabilda. — gabilla.

متقبل † — almocabel.

قبّان — alcoba.

قبو † — alcabor.

قباء — cabaya.

قحقة † — carcajada.

قدح † — cadae.

قدس † — alcaduz.

قادوس † — alcaduz. — † alcaraviz.

قداف — alcadafe.

قديم — cadimo.

مقدّم — almocaden. — † mocadão.

قذر † — aducar.

قران — alcoran.

قارب — p. 378.

مقربص, قربص † — almocarabes.

قردايون † — caradion.

قرس — alcarraza.

قرصة, قرص — alcorza.

قرط, pl. اقراط — al-carrada.

قرطاس † — alcartaz.

قرق — alquerque.

قرق † — alcorque.

قرقب — carcavo.

قراقر, pl. قرقورة † — caraca.

قرمز — alquermez.

قرمزى — alquermez.

قرن † — carne.

قرنين † — tagarnina.

قرية — alcaria.

قسوس — cazuz.

قسيس — caciz.

تقسيمة † — taxmia.

قصبة — alcazaba.

مقصب † — almocaza.

قصر — alcazar.

قصيفة † — alcoceifa.

قصيل — alcacel.

قاضى — alcalde. — cadi.

قطرة † — alcatra. — alcatrate.

قطران — alquitran.

قطارة † — alquitara. — p. 390.

قطاعة † — alcotana.

قطيعة † — alcatea.

مقطع † — alcotana.

قطيفة † — alcatifa.

قطام , قطامى — alcotan.

قطن — algodon.

قطان — alchatin.

قعر II † — p. 188, n. 1.

قفة — alcofa.

قفر — acafelar.

قفيز — cafiz.

قفص — alcahaz. — † p. 343, n. 1.

قفطان † — caftan.

قافلة — cafila.

قلة † — alcolla.

قلال † — alcaller.

قلعة — alcala.

قلعى — calaim.

قلقطار — colcotar.

قلهرة † — calahorra.

قلى — alcali.

قمقام — cancano.

قنة — quina.

قنب — canibo.

قنبى † — alcanavy.

قنبر † — cairo.

قنبار † — cairo.

قند — cande.

قندور † — alcandora.

قنديل — alcandora. — candil.

قنطرة — alcantara.

قنطار — quintal.

مقنطرات — almicanta-rat.

قناع — alquinal.

قنم † — canhamo.

قهقهة — carcajada.

قهوة — cafe.

قائد — alcaide.

قواد — alcahuete.

قارة — alcar.

قارة pl. de — alcor. قور

قاس II † — p. 374.

قواس , قواسة † — p. 374.

قاعة — alicatado.

قائم مقام — caimacan.

قيمة † — coima.

† ? quema.

اقامة † ? — quema.

قوا (?) — alqueive.

قيد — alcayata.

قياد — alcayata.

قير † — quile.

قيروان — caravana.

قياس † — alquez.

قيسارية † — alcaiceria.

ڨ

ڨرنون † — tagarnina.

ڨرنينة † — tagarnina.

ك

كابوس † — p. 374.

كاكنج †— alkaquengi.

كبابة — cubeba.

كبير †— almoucavar.

كبيرة †— almoucavar.

كبارة †— alcaparra.

مكبّر †— almoucavar.

كبريت — alcrebite.

كبس I †— alcabaz.

كبسة †— alcabaz.

كبّاس †— alcabaz.

كابول — alcabala.

كبابة †— cabaya.

اكتاف , pl. كتف —al-daca.

كثيراء †— alquitira.

كحل خولان †— alar-guez.

كحيلا †— alcohela.

كرّاز †— alcarraza.

كرسي †— alcorci.

كوسنة — alcarceña.

كوكم — curcuma.

كروم pl. , كرمات et †— carmen.

كُرّة — alcora.

كراء — alquile.

كروان †— alcaravan.

كرويا — alcaravea.

كراويا — chirivia.

كرينة — alcaria.

مكارى — almocreve.

كروكو †— alcroco.

اكسبير — elixir.

اكسيريين †— elixir.

كسكس — alcuzcuz.

كسكسو †— alcuzcuz.

كساء †— alquicel.

كعبة , كعب — taba.

كَفُر †— acafelar.

كافر — cafre.

كافور — alcanfor.

كفل — alcafar.

كلّة †— alcala.

اكليل — alecrim.

تكاليف pl. , تكليف †— tegual.

كمّية †— gumia.

كمخا — camocan.

كمون — alcamonias.

كمونية †— alcamonias.

كنبار †— cairo.

كنبوش †— cambux.

كندرة — alcandora.

كنزية †— alcancia.

كنية — alcuña.

كهربا — carabe.

كوّارة †— alcavallas.

كوزة — alcuza.

كومنه †— p. 381.

كيروان †— alcaravan.

كيل — alqueire.

مكيلة — maquila.

كيميا — alquimia.

ڭ

كرغيط berb. — gorguz.

كرنين †— tagarnina.

ل

لاتينة †— p. 64, n. 1.

لازورد — azul.

لاطية †— p. 64, n. 1.

لامى †— elemi.

لُب †— adive.

لبان †— benjoim.

لبان حساوى †— ben-joim.

تلبينة — atalvina.

لِحاف † — alifafe.

ملحفة — almalafa.

لزق I et II † — azu-
laque.

لزاق † — alizaque.

لزاقة † — azulaque.

لسان الحمل — carmel.

لصاق † — alizaque.

لعوق — looch.

لقاط , لقاطة † — ? †
luquete.

لقاط † — alicates.

لك † — laca.

لمط † — ante.

لوبياء — alubia.

لوزة — alloza.

ليلة † — leila.

ليلية † — leila.

ليلك † — lilac.

ليلاك † — lilac.

ليم † , nom d'unité
ليمة † — lima.

ليمون — limon.

ماطنة † — almadana.

مجستى — almagesto.

مخّة — almocati.

مدّ — almud.

مدينة — almedina.

مرّة † — marras.

مرى — almori.

مرتك — almartaga.

مرج — almarcha.

مردودش † — almora-
dux.

مردقوش — almoradux.

مرس † — baraço.

مرقشيثا † — marcaxita.

مرو — almaro.

ممزوج — menjurge.

مسيح — macio.

تمساخر † — mascara.

مسك — almizque.

مشمش — ameixa.

مصرى † — mazari.

مصرية † — p. اl 382.

مصطكا — almaciga.

مصمودى † — mazmo-
dina.

ماعون † — mahona.

مغرة — almagra.

ملاحة — almallahe.

ملوطة — marlota.

مملوك — mameluco.

مناجنيق — almajane-
que.

منا — almena.

منية † — almunia.

موصلى — muselina.

مومميا † , مومية † —
momia.

مائدة — almeitiga.

ميدان — almidana.

ميز II † — alcamiz.

مَيْز † — alcamiz.

ميس † — almez.

ميص † — almece.

ميعة † — almea.

ن

نارنج — naranja.

منبت † — almanta.

منيتة † — almanta.

نبقة — anafega.

نبلى † — nebli.

نجد II † et IV † —
p. 311, n. 1.

منجل † — manchil.

انخالة — anifala.

ندب I † — annuduva.

نَدْب † — annuduva.—
p. 390.

ندبة † — annuduva.—
p. 390.

منديل — mandil.

منادى † — almoneda.

نورة † — añacea.

نوارة † — añacea.

نَسْج — nesga.

نشيد — anexim.

نشادر — almojatre.

منشر † — almixar.

نصب I٠† — almancebe.

نصبة † — almancebe.

منصب † — almancebe.

نطرون — anatron.

منطقة — almanaca.

ناظر — anadel.

نظم — añazmes.

نظير السمت — nadir.

ناعورة — anoria.

نعامة — ema.

نغيلة † ? — naguela.

نفاحة — nafa.

نفخ — alifafe.

نفير — añafil.

نفقة — annafaca.

نفى IV † — monfi.

نفاية † — anafaya. —
añafea.

منفى † — monfi.

نقعة † — noque.

نقاعة † — noque.

نقاعة † — noque.

مناقع † — noque.

نقّال † — anacalo —
† anaquel.

تنقية † — atanquia. —
† tarquin.

نماجاه † — nammeixies.

نماجة † — nammeixies.

نمشة † — nammeixies.

منهر † — almenara.

ناثب pl. de نواب — na-
babo.

منار † — almenar.

منارة † — almenara.

منور † — almenar.

نويلة † ? — naguela.

نير — añil.

ناكر — nicar.

نينوفر — nenufar.

ه

هبيد — hamec.

هجرة — hegira.

هدية — alfadia — odia.

هرج II † — mascara.

هَرْج † — mascara.

هرجة † — mascara.

مهرج † — mascara.

تهريج † — mascara.

تهريجة † — mascara.

مهراس — almirez.

هرى — algorin. — al-
guarin. — alholi.

تهليل † — tahali.

هند † — alinde.

هندى † — alinde.

مهيص — hamez.

و

وجه V † — matachin.

وَجْه , وجه معار † ,

وجه عيرة † — masca-
ra — matachin.

مُوجَّه † — matachin.

متَوجَّه † — matachin.

واحـد بـواحـد — gua-
hate.

ورد † — guedre.

تَوريق † — ataurique.

وزير — alguacil. — visir.

مَوسط † — almizate.

مَوسم † — monzon.

وشف — aguaxaque.

وشى — alguexi.

تَوشية † — atauxia.

وصى † — albacea.

وظافة † — guadafiones.

وفر II † — ahorrar.

مُوفية (؟) † — almofia.

وقيد † — alguaquida.

وقيدة † — alguaquida.

وقى † — aloquin.

وقية — alguaquia.

مولّد — p. 384.

ولول † — alborbola.

مولَى — muley.

ى

ياسمين — jazmin.

يرقان — aliacan.

يلك † — jileco.

يوسفية † — jucefia.

SUPPLÉMENT AUX ADDITIONS.

Pag. 83, art. ALCAMONIAS. En arabe *cammôni* s'employait en effet comme un substantif, car on lit chez Ibn-al-Baitâr, à l'article توت : واخذ بعده : خبز, et ailleurs, à l'article فلياخذُ عليه قطعة من الكمونى الفوتنأجى والغلافلى والكمونى✿

Pag. 322, art. MUDEJAR. Le terme arabe d'où dérive ce mot, se trouve aussi dans un passage du *Masâlik al-abçâr*, publié par M. Amari, *Bibl. Arabo-Sicula*, p. 150, l. 7. On y lit que les musulmans qui vivent sous la domination chrétienne, portent au Magrib le nom de مدجلون. Cette leçon est fautive, et ce que M. Fleischer veut y substituer (voyez les Annot. critiche, p. 45), à savoir مدخَّلون, n'est pas bon non plus. C'est مدجَّنون qu'il faut lire.